《中国道教通史》编写组

主　　　编：卿希泰　詹石窗

本卷主编：陈耀庭

本卷撰稿人：（按姓氏笔画为序）

王　卡　王彤江　尹志华　朱展炎　伍伟民　李　申

李远国　陈耀庭　罗映光　赵建永　徐李颖　盖建民

詹石窗

编辑主持：方国根　李之美

本卷责编：崔秀军　段海宝

国家出版基金项目

中国道教通史

第五卷

卿希泰　詹石窗　主编

人民出版社

本书系教育部人文社会科学重点研究基地
四川大学道教与宗教文化研究所
重大项目（批准号12JJD730003）成果

主编简介

卿希泰，1927年1月生，2017年2月仙逝。四川三台县人，四川大学文科杰出教授。1951年四川大学法律系本科毕业，1954年中国人民大学哲学专业研究生毕业。1959年负责创办四川大学哲学系，任系党总支书记、副系主任；1980年负责创建四川大学宗教学研究所，并任所长、教授、博士生导师。曾任国家社科基金宗教学科规划评审组副组长、首届全国高校哲学学科教学指导委员会委员、中国宗教学会副会长、四川省首批学术和技术带头人、国家“985工程”四川大学宗教与社会研究创新基地首席专家、四川大学学术委员会委员、四川大学宗教学研究所名誉所长等职。卿先生主编的《中国道教史》与《中国道教思想史》成为中国道教研究领域的标志性成果。此外，尚有《中国道教》《道教与中国传统文化》《中外宗教概论》以及《道教文化新探》《刍荛集》《道教文化与现代社会生活》等著作十多种，组织出版《儒释道博士论文丛书》百余种。先后荣获国家级和部省级的优秀科研成果奖13项，其中一等奖6项，二等奖6项。1991年，国务院颁予“在社会科学研究事业做出突出贡献的专家”证书，并被评为四川省优秀教师、四川省优秀博士生导师、成都市劳动模范。

主编简介

詹石窗，1954 年生，福建厦门市人，四川大学文科杰出教授。1982 年获厦门大学哲学学士学位，1986 年获四川大学宗教学研究所哲学硕士学位，1996 年获四川大学宗教学研究所哲学博士学位。曾任福建师范大学易学研究所教授、厦门大学闽江学者特聘教授、厦门大学人文学院副院长、中国国务院参事室“国学馆道家分馆文字总纂”、福建省老子研究会会长。现任四川大学老子研究院院长，四川大学道教与宗教文化研究所教授委员会主席、博士生导师，中国国家社会科学基金学科评审专家，中国老子道学文化研究会副会长等职。先后主持中国国家社会科学基金特别委托重大项目“百年道教研究与创新工程”（首席专家）、中国教育部哲学社会科学重大课题攻关项目“百年道学精华集成”（首席专家）、中国国家社会科学基金重大项目“百年道家与道教研究著作提要集成”（首席专家）等十多个课题。主要著作有《道教文学史》《易学与道教思想关系研究》《中国道教思想史》（副主编）等 30 余部，组织编纂《国学新知文库》等多系列大型学术丛书，在《中国社会科学》《哲学研究》等海内外学术刊物发表学术论文 250 多篇。论著先后获得省部级奖 15 项。其个人专著《道教与女性》《道教文化十五讲》已在国外出版并得到学界高度认可。

凡　例

一、为了保持一贯的体例和风格，本书遵照如下重要原则和要求：

1. 坚持实事求是的历史科学精神，对具体问题进行具体分析。

2. 从内容到结构均须正确反映道教本身发生、发展和演变的客观规律，依据其规律进行道教发展史的科学分期。

3. 坚持史论结合，以史为据，尽量采用第一手原始材料，避免空泛议论。

4. 对历史上的道派、人物和经典以及道教与儒释的关系等，要切实按照它的本来面目去认识和叙述，尽量做到客观、全面地辩证分析和正确评价。

5. 对疑难问题，应本着"百家争鸣"方针，采取商量态度，避免主观武断，强加于人。

6. 尽可能借鉴国内外已有研究成果，避免闭门造车。所依据的材料，必须详细注明出处，以便为读者进一步探讨提供线索。

二、本书凡引《道藏》，均系文物出版社、天津古籍出版社、上海书店1988年版本；《藏外道书》系巴蜀书社1994年影印版。引用时均略去出版年与书版地。

三、本书所引用的《二十五史》，均系中华书局标点本，引用时均略其作者姓名。

四、本书所谓《大正藏》，即日本国大正十三年(1924年)修纂的《大正新修大藏经》，引用时均略去出版年与出版地。

五、本书涉及《四库全书》所收本，均为台湾商务印书馆1986年出版《文渊阁四库全书》本，引用时略去出版年和出版地。

六、凡引用文集已包含作者名者,书前不再出现作者名。

七、凡行文中涉及传统干支纪年者,在其后用括号加上公元年作为说明,如“熹平二年(173 年)”;若属公元前者,在其后加上“前”字,如汉武帝刘彻(前 140—前 87 年在位)。至于人物的生卒年,则在其人名之后加括号说明之,括号内的阿拉伯数字即是其出生或去世之年。

目　录

第十三章

道教在新中国成立后的重整与改革开放的崛起

1949年10月1日,毛泽东主席在北京天安门城楼上向全世界庄严地宣告了中华人民共和国的诞生,"中国人民从此站起来了"。历尽苦难的中华民族从此摆脱了帝国主义、封建主义和官僚资本主义的统治,以崭新的姿态屹立在世界面前——这就是新中国。在中国共产党的领导下,古老的中国焕发出耀眼的青春光彩,在政治、经济、文化等各个方面发生了翻天覆地的变化,全体中国人民无不为民族的新生而欢欣鼓舞。在旧中国,广大道教徒和全国人民一样饱受帝国主义、封建主义和官僚资本主义三座大山的压迫;新中国诞生后,他们与全国人民一道,以极大的政治热忱和饱满的爱国主义激情,积极投身到建设新中国的时代洪流中,这不能不直接影响到整个道教的面貌,从而使道教发展的历史,进入了一个崭新的历史时期,翻开了新的篇章。

第一节　古老道教的转变

1949年9月新中国诞生前夕,在中国共产党的领导下,各民主党派、各人民团体、各地区、人民解放军、各少数民族、国外华侨及其他爱国民主人士代表参加的中国人民政治协商会议第一届全体会议在北京召开。9月29日通过了《中国人民政治协商会议共同纲领》,这可说是新中国的第一部宪法,它代表了全国人民的意志,其第一章"总纲"第五条,即明确规定:"中华人民共和国人民有思想、言论……及宗教信仰……的自由权。"[①]第六章"民

① 中共中央文献研究室编:《中国人民政治协商会议共同纲领》,《建国以来重要文献选编》第一册,北京:中央文献出版社1992年版,第2—3页。

族政策"第五十三条亦规定:"各少数民族均有……保持或改革其风俗习惯及宗教信仰的自由。"①新中国成立后,党和政府以实际行动保证了宗教信仰自由政策的贯彻实施:1950年4月13日,周恩来总理在全国统一战线工作会议上发表了《发挥人民民主统一战线积极作用的几个问题》的讲话。讲话指出:我们对宗教界民主人士是以他们的民主人士身份去联合的……我们的政策,是要保护宗教信仰自由。② 1952年8月8日,中央人民政府委员会第十八次会议批准《中华人民共和国民族区域自治实施纲要》。纲要第二十六条规定:各民族自治区自治机关必须保障自治区内的一切人民,不问民族成分如何,均享有中国人民政治协商会议共同纲领所规定的思想……宗教信仰……的自由权。③ 1952年10月8日,毛泽东主席在接见西藏致敬团代表时发表讲话,他说:共产党对宗教采取保护政策,信教的和不信教的,信这种教的或信别种教的,一律加以保护,尊重其信仰。今天对宗教采取保护政策,将来也仍然采取保护政策。④

一、旧貌换新颜

在实施过程中,党和政府对道教界上层爱国人士和下层广大教徒采取了团结的方针,尊重他们的宗教信仰和宗教感情,并在思想上给以关心和教育,在生活上给予帮助和照顾,在政治上让他们与各界人民一样享有参政议政的平等权利,为繁荣祖国共理国家大事当家作主。广大教徒皆衷心拥护党和政府的宗教政策,以主人翁的态度与全国人民一道投入社会主义建设的行列,使道教从过去日益衰落的困境下走出来获得了新生,古老的道教也开始"旧貌换新颜",发生了许多新变化。从1949年新中国的成立到1966年"文化大革命"之前,道教的这种新变化主要有以下几个方面:

第一,建立宫观民主管理体制,革除传统旧制弊端。据李养正先生《当

① 中共中央文献研究室编:《中国人民政治协商会议共同纲领》,《建国以来重要文献选编》第一册,北京:中央文献出版社1992年版,第12页。

② 罗广武主编:《新中国宗教工作大事概览》,北京:华文出版社2001年版,第3页。

③ 罗广武主编:《新中国宗教工作大事概览》,北京:华文出版社2001年版,第70页。

④ 罗广武主编:《新中国宗教工作大事概览》,北京:华文出版社2001年版,第74页。

代中国道教》一书的介绍，在民主改革前，宫观旧制表面上看是实行推举方丈、监院和执事的制度，但监院升座后实质上就变成了封建家长制，由其与八大执事等上层道士统管道观一切事物，享有各种特权。这种管理体制，也是旧中国社会政治制度在道教内的反映，带有阶级压迫的性质。宫观内设有严厉的处罚规约，对于违犯戒规的道士，轻则体罚、禁闭，重则处死。这一切，都与新中国倡导的社会主义民主和法制相悖。随着社会主义民主改革进程的深入发展，民主、自由、平等的时代新风也吹进了宫观内，广大道教徒耳闻目睹新中国的变化，并且亲身感受到了这种变化，于是在事实的启发教育下，也纷纷觉醒，强烈要求解放，渴望民主和平等，要求改变不合理的清规戒律，参与宫观管理。这样，大多数宫观在保留传统管理体制中的执事职务和称谓的基础上，由全观道教徒选举有德有才者组成民主管理委员会，讨论决定宫观内外的大事。传统的执事只管理一般性事务，重点是宗教活动，最高负责人监院只负责执行决定，无任何特权。宫观内一切不符合社会主义宪法、法令的惩罚条例或规戒均被废除。在符合社会主义法制的原则下，制定新的宫观规约，道徒的人格得到尊重。由于贯彻执行了党和政府的宗教信仰自由政策，原本出于生活所迫而并无虔诚道教信仰的不少道教徒，也根据其自愿还俗返家，开始了新的生活；有重大恶迹的少数道教徒，也受到了法律的制裁。道教队伍得到纯洁，教徒素质得到提高，为正常宗教活动的开展奠定了很好的基础。

第二，革新旧的宫观经济体制，实现自给自养。在旧社会，道教徒的经济生活来源，一是靠香火钱，从事正常宗教活动所得的信徒供养；二是靠宫观的田地房产的收租等收入。规模较大的宫观，都有不菲的土地，这些土地有的是历代统治者所赐，有的是无偿占有，有的是低价购来，也有的是信徒捐赠。宫观把土地租给佃农耕种，按亩收取租谷，或是由道徒自己耕种。宫观与这些佃农或道徒之间也存在封建的经济剥削关系，而且，大宫观的住持有处置下层道徒及所属佃农的权利。这种情况当然与社会主义体制不相合，所以宫观经济制度的改革很自然地也纳入了整个中国经济制度改革的行列。经过土改、房改后，常住宫观的道士也同农民一样分得了土地，组织起来，从事生产，自食其力，摆脱了“寄生”生活。后来又都集体参加了当地的农业生产合作社、高级生产合作社等。而上层道教徒也力所能及地参加生产劳动，由生活靠地租剥削收入，转变为自食其力的劳动者。于是，“大宫观再也不是地主庄园，而是向自食其力的劳动集体转变”①，道教内部的封建剥削制度彻底废除了，这是道教界适应时代发展的一个重大变化。

第三，转变政治思想、政治立场和政治态度，积极参与社会主义政治建设。道教自从在魏晋南北朝上层化了以后，在长期的封建社会里，基本上保持了这种态势。在半封建半殖民地的旧中国，社会经济制度并未发生根本性的变化，因此，这一时期的道教政治思想、政治立场和政治态度，并无根本性的变化。新中国建立后，彻底推翻了几千年来的剥削统治，社会经济制度发生了根本性的变革，生活在新社会的道教徒，必须适应社会发展的要求，在可以保持自己原来的宗教信仰和宗教世界观的同时，在政治思想、政治立场、政治态度等方面自然要与社会主流思潮保持一致，接受中国共产党的领导，走社会主义道路。关于这个问题，有些宗教界人士不太理解，担心经济基础的改革会影响到宗教信仰。1957 年 8 月，周恩来总理在一次座谈会上明确解释说：“有的宗教朋友担心，既然经济基础的改革会影响到思想方面，那么，是否也会影响到宗教呢？经济基础的改革对思想方面的影响是必然的。但是，思想方面的变化，不会像政治制度的改革那样发展，思想变化的过程是最慢的。信仰宗教的人，不仅现在社会主义的国家里有，就是将来进入共产主义社会，是不是完全没有了，现在还不能说得那么死。”②一方面指明了经济基础的改革，必然要求政治思想方面也要有相应的变革与之相一致，同时又指明了政治思想、政治立场、政治态度与思想信仰并不是一回事，前者可以随着经济基础的改变而改变，后者的变化过程则是很慢的。因此，对一个宗教徒来说，社会经济制度的变革，并不要求他们放弃自己的宗教信仰，改变他们的宗教世界观，而只是要求他们在政治思想、政治立场、政治态度上与社会主义制度相适应，遵守国家的宪法和法令，努力与社会主义社会相协调。周恩来的讲话，十分准确地表达了马克思主义关于宗教问题

---

① 李养正：《当代中国道教》，北京：中国社会科学出版社 1993 年版，第 9 页。

② 《周恩来统一战线文选》，北京：人民出版社 1984 年版，第 383 页。

的基本观点，为道教的新生指明了方向。广大道教徒在旧社会里本来就与广大人民群众一道同样受着“三座大山”的压迫，其中不少人还参与了反帝爱国的旧民主主义革命斗争和抗日救亡以及共产党领导的新民主主义革命斗争，与共产党早就有血肉相连的关系。所以，道教徒在政治思想、政治立场、政治态度上的这种变化，可说是极其自然的。而这种变化，恰恰正是古老的道教“旧貌换新颜”的一个重要标志。从新中国成立初期到 1958 年这一段时间，道教界在党的领导下，积极参加了民主改革、土地改革、三反五反、抗美援朝等一系列社会主义改造和社会主义建设的重大政治活动，出现了新气象，取得了令人可喜的成绩，表明道教与社会主义社会是完全能够相适应的。①

二、中国道教协会成立

道教的教团组织，历来是以师承关系为纽带的宗派组织。中华人民共和国成立之前，整个道教界实际上没有一个统一的教会组织。而且同一宗派，在其发展过程中又不断分化出一些小宗派，各立山头、互不相属，像一盘散沙，形不成道教的整体力量，不利于道教的发展。辛亥革命后，道教界的有识之士，曾企图改变这种状况，发起组织联合各宗派的全国统一的教会组织，但当时由于各种主客观条件尚不具备，这种努力始终未能实现。

1950 年 9 月 29 日，政务院第五十二次政务会议通过《社会团体登记暂行办法》，办法规定：凡社会团体均应依照本办法的规定向人民政府申请登记，社会团体包括：(1) 人民群众团体；(2) 社会公益团体……(5) 宗教团体……②这就为建立全国性的宗教团体提供了政策和法律上的依据。1953 年 5 月 9 日至 11 日，中国伊斯兰教协会成立会议在北京召开，正式成立了中国伊斯兰教协会。1953 年 5 月 30 日到 6 月 3 日，中国佛教协会成立会议在北京广济寺举行，正式成立了中国佛教协会。1954 年 7 月 22 日到 8 月 6 日，中国基督教全国会议在北京公理会教堂举行，“中国基督教三自爱国运

① 参见李养正：《当代中国道教》，北京：中国社会科学出版社 1993 年版，第 7、9 页。
② 罗广武主编：《新中国宗教工作大事概览》，北京：华文出版社 2001 年版，第 11 页。

动委员会”正式成立。

在党和政府宗教信仰自由政策的支持下和兄弟宗教协会纷纷建立的大形势下，道教界的有识之士亦开始考虑成立全国性的道教组织。1956年夏，沈阳太清宫方丈岳崇岱及全国其他爱国高道，共同发出了组建中国道教协会的倡议，得到道教界的积极响应，同时，人民政府也给予了大力支持。7月初，岳崇岱被邀请为全国政协特邀委员，参加中国人民政治协商会议。11月26日，全国各地区各宗派道教著名人士岳崇岱、易心莹、陈撄宁、孟明慧、刘之维、刘理航、杨祥富、李净尘、苏宗赋（女）、李锡庚、尚士廉、李维川、李永德、韩守松、王理学、吴荣幸、杨慧堂、乔清心、阎崇德、朱混一、张礼谦、赵理朴、张修华等23人①，代表全国道教界，齐集北京西苑饭店酝酿成立道教的全国性组织——中国道教协会。他们先成立了筹备委员会，推举岳崇岱为主任，陈撄宁、孟明慧为副主任，并拟定了《中国道教协会发起书》。《发起书》说：“……中华人民共和国的成立，结束了中国人民被压迫被屈辱的历史，道教徒也获得了研习教义、发扬道教优良传统的良好条件。七年来，我们亲眼看到了国家建设的蓬勃发展，人民生活的逐步提高，宗教信仰的自由日益得到了尊重和保护。同时，我们道教徒和全国人民一道，参加了各项爱国运动和保卫世界和平运动……为了团结全国道教徒在爱护祖国，积极参加社会主义建设和保卫世界和平事业中进一步贡献我们的力量，为了协助政府贯彻宗教信仰自由政策，并进一步发扬道教优良传统，我们觉得需要有一个全国性的道教组织。因此，我们发起成立中国道教协会。”②文中还指出了道教与我国文化和社会生活的关系，并回顾了近世以来道教的基本状况。经过近半年的准备工作，1957年4月8日至12日，全国各名山宫观，道派及道教学者92名代表，在北京举行了新中国成立后道教界的第一次全国代表大会，正式宣布中国道教协会成立，岳崇岱当选为会长，陈撄宁、汪月清、易心莹、孟明慧、乔清心当选为副会长，秘书长由陈撄宁兼，副秘书长为黎遇航。会议制定了《中国道教协会章程》，提出道教协会的宗旨：“团

① 国务院宗教事务局政策法规司编：《中国宗教团体资料》第1辑，北京：中国社会出版社1993年版，第138页。

② 转引自李养正：《当代中国道教》，北京：中国社会科学出版社1993年版，第57页。

结和教育道教徒爱国爱教，积极参加社会主义建设，发扬道教优良传统，反映道教界的情况和问题，提出建议，协助政府贯彻宗教信仰自由政策。”①会址设立在北京西便门外的白云观内。会议还选举了第一届理事会，推举出理事 61 人，其中，岳崇岱、汪月清、易心莹、孟明慧、乔清心、陈撄宁、黎遇航、杨祥福、李锡庚、苏宗赋、刘之维、韩守松、韩壬泉、吴荣福、刘理航、王理学、尚士廉等人为常务理事。② 从此，中国道教改变了长期以来处于一盘散沙的状态，第一次有了包括各宗派各地区的团结统一的全国性教会组织。会议结束后，当时的中华人民共和国副主席朱德、李济深，粮食部部长章伯钧，国务院宗教事务局局长何成湘等领导人在中南海接见了全体会议代表和部分工作人员。

全国统一的道教协会得以促成，首先在于新中国成立，结束了几千年的封建统治，结束了旧中国近百年半封建、半殖民地的屈辱历程，诚如岳崇岱会长在《关于道协筹备工作的报告》中指出的：“道教是中国汉民族中固有的宗教。两千年来曾对我国文化和社会生活有着深远的影响，历来都有着众多信徒，只是由于近百年来帝国主义的侵略和旧中国反动政府的黑暗统治——它们对我们道教施行摧残与压迫——才使得我们道教陷于分散凌乱、一蹶不振的地步。”③其次，新中国成立之后，党和政府从政策和法律上给予了宗教信仰自由以保障。“1949 年全国人民获得解放后，人民成立了自己的政府，人民政府实行了‘宗教信仰自由’的政策，这一政策早在 1949 年的共同纲领上已有规定，尤其在 1953 年制定的《中华人民共和国宪法》中的第 88 条，作了更明确的规定，成为我国根本大法中的一条，这是我们一切信仰宗教的人（包括我们道教徒）所十分欣慰的。”④最后，道教协会此次筹备组的人员构成和出席的代表兼顾了不同宗派和不同地区，具有很大的

① 转引自李养正：《当代中国道教》，北京：中国社会科学出版社 1993 年版，第 58 页。

② 参见国务院宗教事务局政策法规司编：《中国宗教团体资料》第 1 辑，北京：中国社会出版社 1993 年版，第 147 页。

③ 国务院宗教事务局政策法规司编：《中国宗教团体资料》第 1 辑，北京：中国社会出版社 1993 年版，第 139—140 页。

④ 国务院宗教事务局政策法规司编：《中国宗教团体资料》第 1 辑，北京：中国社会出版社 1993 年版，第 140 页。

广泛性和平等性，与新中国建立前道教各派山头林立、互不相属、地方性组织众多的情况迥然有异，"筹备会照顾教徒分布地区与道派的情况，商定了邀请出席这次会议的代表名单，这次会议代表的产生，一部分是由发起人提名或各方同玄推荐，一部分是经各地道教界介绍，经各地有关部门和道教界的协商，并最后由筹委会决定的，此次出席会议的代表共计 93 人，代表 22 个省和 3 个直辖市的各派道友"①。

三、热火朝天年代道教的社会活动与文化建设

中国道教协会成立及开展工作后不久，反右斗争在全国范围内铺开，道教界亦受到冲击；随之而来的"大跃进"、"人民公社化"等运动也波及道教界。1958 年春，中国道协在北京西郊宾馆召开理事大会，开展反右斗争，会长岳崇岱被错划为右派分子，回到沈阳太清宫后不久就去世，中国道协会长一职遂由陈撄宁代理。

1958 年夏，在全国范围内相继开展的"大跃进"、"大炼钢铁"运动，使宗教文物蒙受了巨大损失，不少宫观道院珍贵的古鼎、古钟、古炉等被熔毁。在"人民公社化"的过程中，农村的一些宫观道院被纳入人民公社，道士成为公社社员，城市里宫观道院的道士则参加当地手工业、轻工合作社。常住道士成为农民或工人，宫观成为劳动生产组织。李养正先生对此时期有一个总结，他说："总的来说，所谓'大跃进'时期给予道教的影响是广泛而深刻的，是宫观体制上的根本改变，包括整个道教界。"②

不可否认，从 1957 年开始的这些运动确实存在着一些过火行为，对道教徒的宗教感情有所伤害，对宫观内的宗教活动有所侵犯，党的宗教信仰自由政策受到"左"的路线的干扰。应当指出的是，人民政府并不曾明文改变或取消宗教信仰自由政策，出现的问题是实际工作中的失误和偏差。当然，这些错误和偏差造成的后果是相当严重的。

1961 年，党和政府对于"大跃进"、"大炼钢铁"、"人民公社化"等运动

① 岳崇岱：《关于道协筹备工作的报告》，《中国宗教团体资料》第 1 辑，北京：中国社会出版 1993 年版，第 141 页。

② 李养正：《当代中国道教》，北京：中国社会科学出版社 1993 年版，第 13 页。

和自然灾害带来的严重经济形势,及时采取了对策,提出了“调整、巩固、充实、提高”八字方针,亦包括调整政府同宗教界的关系,增进相互间的了解和团结。同年11月1日至9日,中国道教协会举行了第二次全国代表大会,代表名额103人,除因事因病请假的4人外,实际到会人数为99人。他们来自全国26个省(市),其中全真派85人(内有坤道12人),正一派14人,平均年龄60岁以上。

这次会议上,代表们对国内外形势、宗教政策、道教前途以及中国道协的工作方向等问题进行了充分的讨论。会议讨论并通过了第一届理事会工作报告,修改章程报告和中国道教协会第二届全国代表大会决议,选举了第二届理事会理事65人。代表们还在北京白云观举行了祝愿“世界和平、祖国富强”的道场。全体会议代表还在会议期间受到党和国家领导人国务院副总理习仲勋、中央统战部副部长张执一等的接见。

在这次会议上,陈撄宁被推举为会长,易心莹、孟明慧、乔清心、蒋宗翰、黎遇航为副会长,秘书长由黎遇航兼任,副秘书长为陈理实和曾宗恒。在65名理事中,有18名常务理事。他们是:陈撄宁、易心莹、孟明慧、乔清心、黎遇航、杨祥富、李锡庚、苏宗赋、刘之维、韩守松、韩壬泉、万照虚、尚士廉、于诚润、蒋宗翰、于通文、曾宗恒(女)、陈理实。①

陈撄宁会长在《中国道教协会第一届理事会工作报告》中汇报了中国道协成立以来所做的相关工作,主要如下:

第一,协助党和政府贯彻宗教信仰自由政策,团结道教界人士,为社会主义事业服务。一方面,协助政府清理隐藏在道教界的反动会道门分子,保证道教徒能够在政府的保护下,安心过正当的宗教生活;另一方面,协助处理各地道友关于宗教政策落实的相关来信和访问,帮助各地道友消除疑虑。

第二,思想改造方面。各地道友为了在政治思想上进行有效的自我改造,都积极参加了各地宗教界的学习组织,接受实际而生动的教育,积极参

① 参见国务院宗教事务局政策法规司编:《中国宗教团体资料》第1辑,北京:中国社会出版社1993年版,第157页。

与社会主义的政治建设。

第三,劳动生产方面。各地绝大部分道友在当地政府的领导下,都陆续参加了生产组织,从事劳动。方式多种多样,在农村中,主要是参加人民公社的农、林、牧、副、渔业。在城市中,主要是参加手工业、加工工业以及服务性行业的生产。如沈阳太清宫、关帝庙的道友,除年老体弱者外,都参加了兴无塑料厂。西安八仙宫的道友,参加了人民公社。

第四,学术研究工作。一是收集、摘录了道教史料十余万字,抄写了有关“道教提要”方面的资料约三十万字;二是编写了“道教略识”一稿;三是为北京中华书局审阅了《太平经合校》稿及其他有关道教学术的书稿六种;四是协助上海道协筹委会,为上海中华书局新辞海编辑所拟定了“道教词目”136条,“迷信词目”20多条,并草拟了“词目释文”;五是编写了分类方法不同的两种“道教目录”初稿,并将全部道藏总卷数初步校正;六是编写了“历代道教大事记”初稿;七是为中国人民大学编写《北京宗教志》及湖南省宗教事务处编写《湖南宗教志》,分别提供了资料;八是成立图书室,收藏了有关道教的经典著作和必要的参考书;九是制定了研究工作及培养道教知识分子工作的计划大纲,增加了研究工作人员,加强了研究工作力量。此外,各地道友在当地政府支持下,也进行了许多研究工作,如协助宗教事务部门撰修地方宗教志等。

第五,日常事务。主要是处理各地道友来信,接待外宾访问交流和陪同国务院宗教事务局组织的宗教界参观团到各地名山宫观进行视察和访问,协助中央建筑研究所了解道观建筑形式和特点,清点各地宫观文物,接管白云观开展相关教务,组织政治、业务学习和劳动锻炼。①

关于中国道协以后的工作任务,陈撄宁会长作了几点展望:一是在中国共产党和人民政府领导下,继续协助政府贯彻宗教信仰自由政策,团结道教界人士,进一步为社会主义事业服务;二是继续进行政治思想改造,进行社会主义和爱国主义的学习,并结合劳动生产,进行思想改造,提高政治觉悟;

① 陈撄宁:《中国道教协会第一届理事会工作报告》,《中国宗教团体资料》第1辑,北京:中国社会出版社1993年版,第150—154页。

三是进一步开展研究计划,大力进行收集、整理、综合、研究历史资料,拟编写“中国道教史”,计划在五年内写出一部学术性较强的“中国道教史”;四是培养道教知识分子,开办“道教徒进修班”,为各名山宫观培养教务、管理及学术人才,同时出版《道协会刊》,以刊载道教界学术研究成果;五是注意保护和保管道教经典和文物古迹。①

这次会议所制定的工作计划,不仅获得了道教界的赞同,也得到了党和政府有关部门的热情支持,在会后基本上都得到落实。如:中国道协设立了研究室,展开了对道教的学术研究工作;《道协会刊》出版;“道教徒进修班”开办;为蒋宗翰道长升任白云观方丈举行了隆重的升座典礼;等等。这一切都反映出了党和政府调整方针得到切实的贯彻,取得良好的成效。宗教信仰自由政策落到实处,道教界的日常宗教活动走上正轨,得到健康发展,出现了新气象。

1962 年 9 月 27 日至 10 月 7 日,第二届道协常务理事会第二次会议在北京举行,陈撄宁作了关于“道协 1962 年上半年工作情况及下半年工作安排”的报告,《道教徒进修班教学计划》、《道协工作简则》、《中国道教史提纲》(草稿)经过讨论获得通过;会议上,各地道教情况还进行了交流。

道教自 1949 年新中国成立以后,发生的变化是明显的。1957 年 3 月 13 日,岳崇岱道长在全国政协第二届第三次会议上以《扭转消极思想,参加社会活动》为题发表讲话,他在讲话中,回顾了道教发展的历史,特别指出:“道教是中华民族固有的宗教,他深入民心,虽时有兴衰,而民间信仰则是普遍的始终未断,这是不能否认的。而道教徒过去在旧社会时候都是消极厌世,抱着独善其身,与人无患、与世无争、不问政治的思想,但那时的政治也不允许你问。自解放后,政治转变了,社会光明了,各地道教徒经过一系列的学习,参加各项社会活动,觉悟都大大的提高了,扭转过去消极厌世,不问政治的思想,知道团结群众,发扬热爱祖国的精神,与全国人民一道同有选举权和被选举权,有光荣的政治立场,并能参与国家大事。这是历史上从

① 参见陈撄宁:《中国道教协会第一届理事会工作报告》,《中国宗教团体资料》第 1 辑,北京:中国社会出版社 1993 年版,第 154—155 页。

来所没有过的。我们生在这个稀有的时代，赶上伟大的社会主义的社会建设，是何等的幸运啦！”[①]这一讲话既概括了自新中国成立以来社会重大变化对道教徒的影响，也总结了道教徒自身在参与社会政治活动中思想观念的变化。1962年陈撄宁在政协全国委员会三届三次会议上以《分析道教界今昔不同的情况》为题的讲话和在政协全国委员会第三十五次常委会上关于中国道教协会第二届全国代表会议情况的报告，十分中肯地而全面地、实事求是地总结了道教界的基本状况。

首先，陈撄宁先生认为，我国目前正当社会主义建设阶段，“我们就不能用旧时代的眼光来看新时代的道教”[②]。其次，对道教在新、旧两个社会的状况作了比较。他说：“道教中人大概都是倾向保守，因此他们的人数本来就不多，清代光绪年间听老一辈说，那时全国道教徒只有八万人左右，后来更是越过越少；在解放前几年，他们自己估计，全国道教徒人数仅及光绪年间的十分之五；去岁中国道教协会召集全国道教代表会议时，大家估计现在道教徒人数比解放前又减少了一半（社会上信仰道教学术的人士，其数比正式道教徒要超过几倍，今不算在内）。”[③]这就是说，就道教徒的人数来看，无论是解放前，还是解放后，都呈下降态势。但是陈撄宁分析说，道徒数量减少的原因，解放前、后是不同的。他说：“自辛亥革命以后至全国解放以前，各省军阀的混战，反动派挑起的内战，日寇侵略的抗战，三十几年中没有停过，国家风雨飘摇，百姓流离失所，活者尚且自顾不暇，那有余力顾到死者，民间对于职业道士的需要范围，就一年比一年缩小，他们纵或不为饿殍，也得改业谋生。再加农村破坏，香会不能按期举行；经济萧条，施主无法解囊乐助；仅靠庙产收入，又不及往年之多，非职业道士也大受影响（几个畸形发展的市区在例外）。这些就是解放前道教人数所以减少的原因。”接着，他又说：“再看解放以后至今日，国内呈现了从来未有的安定，经济基础十分巩固，

① 转引自李养正：《当代中国道教》，北京：中国社会科学出版社1993年版，第246—247页。原文载1957年3月14日《人民日报》第4版。

② 陈撄宁：《分析道教界今昔不同的情况》，《道教与养生》，北京：华文出版社1989年版，第431页。

③ 陈撄宁：《分析道教界今昔不同的情况》，《道教与养生》，北京：华文出版社1989年版，第431页。

人民生活都有保障,为什么道教人数减少的趋势并未曾扭转?我们应该从两方面看问题:在社会方面是,科学知识日益普及,群众觉悟日益提高,生者既不需要于杳茫中求安慰,死者也不需要在神座下求超升,人民信仰的程度就随着日益薄弱;在道教徒本身方面是,长期经过学习,努力自我改造,思想耻于落后,还俗准许自由,他们追求幸福的将来,当然不屑留恋于过去。这些就是解放后道教人数所以继续减少的原因。"①基于这样的分析,陈撄宁先生得出结论说:前一种原因是社会破坏,显示人民生活贫困,令人悲观;后一种原因是社会进步,显示人民觉悟提高(道教徒也包括在内),使人乐观。

第二,陈撄宁先生对道教前途提出了看法。他说:"道教界多数人认识到只要拥护党的领导,坚决走社会主义道路,为社会主义建设贡献自己的力量,他们和全国人民一样,有着光明的前途。但是,道教界人士对于整个道教的前途问题不免忧心忡忡。看到年轻的道教徒差不多都还俗了,剩下的都是老年人,他们后来的光阴也很有限,继承者又无其人,年轻人不愿出家,偶尔有人要来出家,他们也不敢收徒弟。"②针对道教后继乏人的闻题,陈撄宁提出了他的看法说:"我对于这个问题也有两种看法,一是道教的形式,一是道教的精神。即如出家与在家,蓄发与剪发,吃素与吃荤,道装与便装,以及斋醮祈祷,诵经礼忏等各种科仪,这些都是道教的形式;又如气功疗病,动功健身,静功养性,药食延龄,其他高深的如内丹、外丹、老庄哲学等,这些都是道教的学术,而道教的精神也就寄托在这些学术上面。形式随着时代的进化,不敢保证它永久不变;学术因为群众所需要,非但能够长远流传,而且将来还可以逐渐发展,只要道教学术一日存在,道教精神也就一日有寄托,我们何必抱杞人之忧。"③而且这也是"目前道教人士所最关切的问题,

---

① 陈撄宁:《分析道教界今昔不同的情况》,《道教与养生》,北京:华文出版社 1989 年版,第 431—432 页。

② 陈撄宁:《陈撄宁会长在政协全国委员会第三十五次常委会上关于中国道教协会第二届全国代表会议情况报告摘要》,《道教与养生》,北京:华文出版社 1989 年版,第 437 页。

③ 陈撄宁:《陈撄宁会长在政协全国委员会第三十五次常委会上关于中国道教协会第二届全国代表会议情况报告摘要》,《道教与养生》,北京:华文出版社 1989 年版,第 438 页。

不在宗教生活的外表形式，而在优良传统的学术精神，很想继续把它发扬光大，为人民长寿健康作出一定的贡献”①。总而言之，“解放后十余年来，我国社会制度起了根本变化，道教虽还是那古老的面貌，而道教徒的面貌却是焕然一新。已往到各处云游挂单的，现在已成为某一处固定的劳动力；已往不事生产的，现在也获得先进生产者荣誉；已往悲观厌世的，现在对前途很抱乐观；而且出家与返俗绝对自由，方内和方外一律平等，道教中人有做各级人民代表的，也有做省市政协委员的，丝毫不受歧视。他们经过长期学习，大部分人已认识到整个国家命运就是道教徒自己的命运，只要一心一意靠拢了党，服从领导，积极参加社会主义建设事业，能够做到维护群众的利益，个人利益也就在其中，今后用不着再为自己个人打算。其中思想搞不通的人未尝没有，但就全体而言，只居极少数，他们将来也还有逐渐自我改造的可能。以上就是今日道教界的普遍情况”②。

到 1966 年上半年，据统计，大陆著名道教宫观有 637 座，常住职业道士 5000 人，散居道士数万人。③

第二节　“文化大革命”期间与“十一届三中全会”后的道教步履

1966 年，史无前例的“文化大革命”爆发。林彪、江青反革命集团肆无忌惮地践踏国家宪法，党的各项政策和方针不能正确贯彻落实，新中国遭受了一场空前的大劫难。

一、“文化大革命”对道教的猛烈冲击

在极左路线的影响下，宗教被作为应彻底予以清除干净的“四旧”之魁

① 陈撄宁：《分析道教界今昔不同的情况》，《道教与养生》，北京：华文出版社 1989 年版，第 434 页。

② 陈撄宁：《分析道教界今昔不同的情况》，《道教与养生》，北京：华文出版社 1989 年版，第 433—434 页。

③ 参见朱越利主编：《今日中国宗教》，北京：今日中国出版社 1994 年版，第 634 页。

首，道教自然也不能幸免于难。结果造成不少爱国道教界人士枉遭不白之冤，有的被打成“反革命”、“坏分子”，被视为专政对象；有的遭到残酷的斗争，有的含冤而逝。一般的道教徒也被勒令还俗，被驱逐出宫观道院。作为宗教活动场所的宫观道院或被封闭，或被占用，或被拆毁，记载中华民族古老历史文化传统的具有很高文物价值的大量碑碣、经书、法器也被横遭破坏，古老的道教文化面临毁灭的局面。“在‘文化大革命’爆发前，大约全国还有著名道教宫观637座，常住职业道士五千人，散居道士数万人。在十年浩劫中，在全国可以说已经没有一座实际保持教制的道教宫观了。道士既无可诵之经书，更无可作醮仪之道坛……一切宗教活动之必需品，均化为乌有。有些无处可去的年老体弱的道士，蜷缩于破房残舍的角落，也是日夜心惊肉跳，苟延残喘。”①

二、“十一届三中全会”后道教迈出新步伐

然而，“文化大革命”中简单粗暴的高压方式并不能伤及道教徒最深层的宗教意识。正如后来担任中国道教协会会长的傅元天所说：“那段时期宗教活动被迫停顿了，但是我们心中的信仰仍然存在。人民不能公开信奉道教，但不少人暗地里仍然信奉，父传子、子传孙，不公开举行仪式，只对天朝拜。”②这个时期的道教，“只是形式上的沉没，并不是它‘生命’的结束”③。

1976年林彪、江青反革命集团被押上了历史的审判台。1978年党中央开始了全面地拨乱反正工作，召开了十一届三中全会，党的工作重心由阶级斗争转为工业、农业、国防、科学技术四个现代化建设为中心。同时，在全国范围内进行全面落实政策的工作。在宗教问题上，制定了一系列关于宗教工作的政策，提出了解决实际问题的有效措施。从逐步恢复各宗教团体、为宗教界人士的冤假错案平反、退还宗教房产、恢复宗教活动场所等四个方面着手落实宗教信仰自由政策。同年12月1日至11日，中央统战部在北京

---

① 李养正：《当代中国道教》，北京：中国社会科学出版社1993年版，第15—16页。
② 李豫川：《当代道教大师傅圆天》，《中国道教》1998年第3期。
③ 李养正：《当代中国道教》，北京：中国社会科学出版社1993年版，第16页。

召开了第8次全国宗教工作会议，确定：全面正确地贯彻执行中发65号文件，认真落实党的宗教政策，妥善安排信教群众的宗教生活和活动场所，团结广大信教群众参加社会主义建设。① 1982年4月2日至8日第9次全国宗教工作会议提出：新的历史时期宗教工作的基本任务就是要坚定不移地贯彻执行宗教信仰自由政策，巩固和扩大各民族宗教界的爱国政治联盟，为建设现代化的社会主义强国，完成祖国统一事业、维护世界和平而共同奋斗。② 特别是彭真同志在第五届全国人民代表会议常务委员会第23次会议上作的《关于中华人民共和国宪法修改草案的说明》，指出："我国公民有宗教信仰的自由。这是马列主义、毛泽东思想对待宗教问题的一贯方针。草案恢复和发展了一九五四年宪法的有关规定，写得更加明确、具体。""在我国，不论信仰宗教的公民，还是不信仰宗教的公民，在政治上的共同点是爱国，拥护社会主义。有些人信仰这种或者那种宗教，这是客观存在的社会意识形态问题，决不能，也不应该采取强制手段去解决。"《中华人民共和国宪法》第三十六条规定：

> 中华人民共和国公民有宗教信仰自由。任何国家机关，社会团体和个人不得强制公民信仰宗教或者不信仰宗教，不得歧视信仰宗教和不信仰宗教的公民。国家保护正常的宗教活动。任何人不得利用宗教破坏社会秩序，损害公民身体健康，妨碍国家教育制度的活动。宗教团体和宗教事务不受外国势力支配。

如果说宪法第三十六条以非常精辟、简练的语言概括了党和政府宗教政策的基本内容，那么，中共中央1982年第19号文件《关于我国社会主义时期宗教问题的基本观点和基本政策》③，则详尽地对宪法的规定作了解释和说明："宗教信仰自由，就是说，每个公民既有信仰宗教的自由，也有不信仰宗教的自由；有信仰这种宗教的自由，也有信仰那种宗教的自由；在同一宗教里面，有信仰这个教派的自由，也有信仰那个教派的自由；有过去不信

---

① 参见朱越利主编：《今日中国宗教》，北京：今日中国出版社1994年版，第153页。

② 朱越利主编：《今日中国宗教》，北京：今日中国出版社1994年版，第154页。

③ 参见国家民族事务委员会、中共中央文献研究室编：《新时期民族工作文献选编》，北京：中央文献出版社1990年版。

教而现在信教的自由，也有过去信教而现在不信教的自由”，“在贯彻执行这项政策的过程中，在强调保障人们信教自由的同时，也应当强调保障人们有不信仰宗教的自由。这是同一问题的两个不可缺少的方面。任何强迫不信教的人信教的行为，如同强迫信教的人不信教一样，都是侵犯别人的信仰自由，因而都是极端错误和绝对不允许的”。该文件还指出，要充分认识到信教群众和不信教群众在政治上、经济上根本利益的一致性，不要夸大他们之间在信仰上的差异，要促进他们之间的团结，共同致力于社会主义现代化建设。这个文件，认真总结和汲取新中国成立以来党在宗教工作中正反两个方面的历史经验，全面阐述了党对宗教问题的基本观点和基本政策，从而成为党和政府正确对待和正确处理我国社会主义历史条件下宗教问题的纲领性文件。

在党和政府新时期宗教信仰自由政策的指导下，“文化大革命”中遭受不白之冤，受到不公正待遇的爱国道教界人士，得到了彻底的平反昭雪，振兴道教的工作全面铺开，道教的发展进入了历史上最好的时期，道教界的面貌日新月异，呈蓬勃向上的发展趋势。

1979 年 9 月初，因道教方面对外学术交流的需要，国务院宗教事务局找回部分原中国道协工作人员（王伟业、周蔚华、李养正、刘厚祜等），组建了“道教研究组”，从事学术研究。不久，国务院宗教事务局又决定扩大“道教研究组”的工作范围，进行恢复中国道教协会和恢复北京白云观作为道教宫观的筹备工作。这样，又增聘了一些办事人员，设立了办公室和研究室两个办事机构，另建《道协会刊》编辑部和图书资料室，新购图书近 3 万册。①

1980 年，中国道教协会重新开始恢复停顿了长达 12 年之久的工作。1980 年 5 月 6 日在北京召开了第二届二次理事扩大会议，通过了关于召开第三次全国代表会议的决定。1980 年 5 月 7 日至 13 日在北京召开了中国道教协会第三次全国代表会议。各地、各道派代表及道教研究工作者 52 人

① 参见李养正：《新编北京白云观志》，北京：宗教文化出版社 2003 年版，第 42—44 页；赤耐主编：《当代中国的宗教工作》，北京：当代中国出版社 1998 年版，第 372 页。

聚集北京，出席会议。黎遇航致《开幕词》，他说："我会自一九六一年十一月召开第二次代表会议以来，已经十九年没有召开全国性会议了，这完全是由于林彪、'四人帮'推行极左路线，猖狂践踏党和政府的宗教信仰自由政策所造成的。在'四人帮'横行的日子里，国家和民族处于危急存亡之秋，人民遭受浩劫，道教界人士亦处于灾难之中。在'文化大革命'期间，中国道教协会多数工作人员陆续调离，不得不停止了活动。粉碎'四人帮'后，党领导全国人民拨乱反正，在各方面肃清林彪、'四人帮'极左路线的流毒和影响，宗教信仰自由政策得到了重申和贯彻。"①王伟业代表第二届理事会作《工作报告》，他说："道协在一九五七年成立，至今已有二十三年，回顾以往的历程，是曲折和起伏的，有比较顺利的时期，也有过困难的时期，总的来说，在党和政府的支持和关怀下，道协的工作方向是正确的，成绩是主要的。"②报告对中国道协的工作作了回顾，并提出了今后工作的方向是围绕全国工作重点——社会主义现代化建设，团结全国道教界人士积极参加四化建设，为台湾回归祖国，实现祖国统一，反对霸权主义，维护世界和平贡献力量。而且具体提出了六条意见。这次会议，选举了第三届理事会，黎遇航当选为会长，王教化、陈理实为副会长，王伟业为秘书长，刘之维、张常明为副秘书长，理事 39 名，其中常务理事 13 人，他们是：王教化、王理仙、王伟业、傅元天、苏宗赋（女）、刘之维、李锡庚、张常明、陈理实、战全生、韩壬泉、韩高超、黎遇航。原《中国道教协会章程》在这次会议上作了修改，提出新的宗旨为："团结全国道教徒，继承和发扬道教的优良传统；在人民政府领导下，积极参加祖国社会主义现代化建设；协助政府贯彻宗教信仰自由政策；推动和开展道教研究工作；反对霸权主义，维护世界和平。"③

这次大会还通过了《致台湾省道教界书》，它说："……愿与台湾诸道长共推爱国爱教之热忱，促祖国统一之大业，于国于教，皆幸胜焉！道教之丛林宫观，遍布全国，名山福地，胜迹依然。台湾省诸道长及道教学者，倘能作大陆之游，朝拜祖庭，寻访仙迹，切磋教义，交流心传，彼此定能获益慰怀，同

① 《开幕词》，《道协会刊》第 5 期，1980 年 7 月。
② 《第二届理事会工作报告》，《道协会刊》第 5 期，1980 年 7 月。
③ 《中国道教协会章程》，《道协会刊》第 5 期，1980 年 7 月。

增道谊。”①会议还特别为台湾代表留出了理事席位。

1982 年 10 月 21 日至 27 日，第三届理事会第二次会议在北京白云观召开，在这次会议上提出了道协两年多来的《工作报告》、《拟作为宗教活动场所的道教全国重点宫观名单》和道教知识专修班的教学计划、制订了《道教界爱国爱教公约》。1984 年 12 月 3 日至 9 日，第三届理事会第三次会议在北京白云观召开，提出了《工作报告》，对 1982 年以来的主要工作做了总结，对以后工作提出了建议。

1986 年 9 月 8 日至 17 日，中国道协第四届全国代表会议在北京白云观举行，应出席会议代表 97 名，有 3 名因事因病请假，实际到会 94 名。这次会议代表除了有德高望重的老年道徒外，还有不少青年道士。黎遇航代表第三届理事会作了《工作报告》，他总结了第三届理事会六年来的工作，认为各项工作已走上正轨，取得了可喜的成绩。尤其是在协助政府在道教界落实宗教政策，培养道教人才，协助地方道教恢复地方道协工作，进行道教学术研究，修缮北京白云观，开展对港、澳、台及国际友好交往活动等方面成绩显著。对以后工作提出了努力做好宫观管理，推动道教界积极参加社会主义现代化建设，加强爱国守法教育，促进道教活动正常化，开展对外友好往来和加强同港、澳、台道教界的联系等五点建议。会议通过选举产生了第四届理事会，黎遇航为会长，王教化、刘之维、傅元天为副会长，李文成为秘书长，张继禹、黄明、闵智亭、黄信阳为副秘书长。理事 55 名，其中常务理事 21 名，他们是：王教化、王理仙、王伟业、任法融、刘之维、李文成、李锡庚、李养正、苏宗赋、闵智亭、陈理实、吴信达、战全生、张常明、张继禹、袁志鸿、黄信阳、傅元天、韩壬泉、韩高超、黎遇航。根据形势的发展，会议重新修改了《中国道教协会章程》，规定中国道教协会的任务为：“一、反映道教界人士和信教群众的意见和要求，提出建议，协助政府落实宗教政策；二、促进道教界人士学习时事政策，进行爱国守法教育；三、促使宗教活动正常化，反对利用道教进行违法、非法活动；四、协助道教界人士管理好宗教活动场所，保护道教文物古迹；五、推动道教界人士为四化建设服务，举办生产、服务和社

① 《致台湾省道教界书》，《道协会刊》第 5 期，1980 年 7 月。

会公益事业;六、进行道教文史资料的征集、研究和出版工作,对道教的历史和状况进行调查研究;七、培养道教人才;八、加强同港、澳、台道教界人士的联系,开展国际友好往来。”会议还对道教协会宗旨做了修改,其新宗旨为:“在人民政府领导下团结全国道教徒,继承和发扬道教优良传统;代表道教界合法权益,协助政府贯彻执行宗教信仰自由政策;积极参加社会主义现代化建设,为促进祖国统一,反对霸权主义,维护世界和平贡献力量。”①此后,《中国道教协会章程》经过了多次修订,以与道教事业的发展和时代的进步相适应。

此次会议提出当前最核心的任务是培养道教接班人。中共中央政治局委员、中央书记处书记习仲勋在接见会议代表时的讲话中指出:“目前,我国道教界老一辈的朋友绝大多数年事已高,很难承担教务活动和研究工作的繁重任务,培养年轻道教人才已经刻不容缓。希望道教协会积极创造条件,采取多种形式,培养一批又一批热爱祖国、拥护党的领导和社会主义制度,又有较深造诣的年轻的宗教职业人员,使道教界后继有人。”②

1992 年 3 月 2 日至 6 日,中国道教协会第五届全国代表会议在北京京丰宾馆举行。应出席会议代表 115 人,实到 111 人,4 人请假。这次会议代表的平均年龄 49 岁,中、青年道徒占了代表总数的三分之一,显示了道教界后继无人的状况得到明显改观。代表们来自全国 23 个省市,正一道徒 20 人,全真道徒 88 人,道教学者 3 人。黎遇航致开幕词,傅元天代表第四届理事会作《工作报告》,会议通过了修订后的《中国道教协会章程》、《道教宫观管理办法》、《道教散居正一派道士管理试行办法》,选举了第五届理事会。傅元天当选为会长,谢宗信、陈莲笙、闵智亭为副会长,黎遇航为顾问,李文成为秘书长,张继禹、黄信阳、陈兆康为副秘书长。理事 70 人,其中常务理事 31 人。

傅元天的《工作报告》对第四届理事会的工作做了总结,认为:“五年多来,我会遵循国家政策,在大好形势下,工作有生气、有特色,取得了可喜成

① 《中国道教协会章程》,《中国道教》1987 年第 1 期。

② 习仲勋:《在接见中国道教协会第四届会议代表时的讲话》,《中国道教》1987 年第 1 期。

绩。”从《工作报告》可以看出，第四届理事会在加强宫观管理、办好教务以及培养人才等方面，做了许多工作。制订了《道教宫观管理试行办法》，这是结合道教传统和现代民主管理方法的有益探索。制订了《关于道教全真派传戒规定》，在北京白云观举行了已中断六十年的全真派传戒盛典。协助江西龙虎山恢复新中国成立以来首次对台湾和海外正一道士授箓活动。此外，在调查研究的基础上，提出了《关于加强散居正一道士管理的意见》。该届理事会对人才培养抓得很紧，举办了四期专修班，又于 1987 年开办了进修班，更大的成果是于 1990 年 5 月正式成立了中国道教史上第一所高等学府——中国道教学院。①

此次会议对以后的工作提出了七点意见：第一，坚持爱国主义、社会主义教育；第二，认真贯彻执行党的宗教信仰自由政策；第三，加强宫观管理，办好道教事务；第四，开展道教文化研究，发扬道教优良传统；第五，培养道教人才，继承道教事业；第六，努力实现自养，为社会主义建设做贡献；第七，积极开展友好往来，为祖国统一大业服务。②

这次会议修订的《中国道教协会章程》，由原来的 13 条增至 16 条，增写了道教界应该做到“爱国爱教，遵纪守法”，“促进国家安定团结”等内容。新章程规定道教协会的宗旨为：“在人民政府的领导下团结全国道教徒，爱国爱教，遵守国家《宪法》、法律、法规与政策，继承和发扬道教优良传统，代表道教界合法权益，协助政府贯彻执行宗教信仰自由政策，促进国家安定团结，积极参加社会主义现代化建设，为祖国统一，维护世界和平贡献力量。”③

3 月 6 日，全体代表在北京白云观参加了虔诚祝愿国家繁荣昌盛，人民幸福安康，祝愿中国道教协会在以后取得更大成绩的“祈祷法会”。

会议期间，中央统战部、国务院宗教事务局等有关部门领导到会，并发表讲话，向代表们传达了全国宗教工作会议精神。

1994 年 10 月 8 日至 11 日，中国道协第五届二次理事会在北京召开，傅

① 参见傅元天：《中国道教协会第四届理事会工作报告》，《中国道教》1992 年第 3 期。
② 参见傅元天：《中国道教协会第四届理事会工作报告》，《中国道教》1992 年第 3 期。
③ 《中国道教协会章程》，《中国道教》1992 年第 3 期。

元天会长以《加强管理、服务社会、发扬道教优良传统》为题作工作报告。报告对两年来的工作进行了总结,就以后的工作提出了意见。报告认为,两年来,中国道协召开了道教界先进集体、先进个人表彰会,举办了新中国成立以来首次大型宗教活动"罗天大醮",对散居正一派道士的管理工作有了新的进展,在倡议资助贫困地区宫观维修和希望工程,办好道教学院,培养青年道友,积极开展道教文化研究,编撰出版《道教大辞典》,对外友好往来广交朋友,普结善缘,积极协助党和政府贯彻宗教政策,了解情况、调查研究、开展教务等方面,都取得了一些成绩。工作报告也提出了道教发展中出现的新情况和新问题:"如一些宫观民主管理制度不健全,道风不正;有的管理混乱,戒律松弛;留人随便,用人不当,结果使贪污盗窃的事件时有发生;有极少数人无视道规、法纪,打架行凶,伤害他人;有的闹不团结,争权夺利;有的宫观领导不能以身作则,还有极个别的以庙谋私,中饱私囊等等。"①指出这些问题,"都是与道教教义规戒不相容的,也是与社会主义两个文明建设相违背的,不仅阻碍道教事业的健康发展,而且有损道教声誉,影响安定团结"②,值得高度重视。有鉴于此,提出以后工作的注意力和重点是加强宫观管理和道教自身建设,促进道教事业的健康发展。提出总的工作要求是:"认真学习贯彻国务院颁布的两个宗教法规,继续协助政府贯彻宗教信仰自由政策,积极引导道教和社会主义社会相适应。加强宫观管理,整顿道风,坚持爱国主义和社会主义教育,努力搞好自身建设;积极组织和开展各项教务活动,加快道教人才的培养,有计划地开展道教文化研究,增进对外友好往来。在新形势下,团结和带领广大道教徒和信教群众爱国爱教,维护社会稳定,为祖国经济建设服务。"③

1998年8月20日至24日,中国道教协会第六届全国代表会议在北京召开。出席本届会议的代表188人,因故缺席9人。闵智亭代表会议主席团致《开幕词》,张继禹代表第五届理事会作《工作报告》。会议期间,中共中央政治局常委、全国政协主席李瑞环在人民大会堂亲切接见了与会代表。

① 傅元天:《加强管理,服务社会,发扬道教优良传统》,《中国道教》1994年第4期。
② 傅元天:《加强管理,服务社会,发扬道教优良传统》,《中国道教》1994年第4期。
③ 傅元天:《加强管理,服务社会,发扬道教优良传统》,《中国道教》1994年第4期。

李瑞环对中国道协成立四十多年来所做的工作给予了充分肯定,对道教界在1998年抗洪救灾中的表现给予了高度评价。他希望道协新一届领导集体继续发扬爱国爱教的优良传统,挖掘、整理道教文化中与现阶段精神文明建设相一致的内容,团结联系广大信教群众,和各族人民一道齐心协力、扎实工作,为完成世纪之交的宏伟任务作出应有的贡献。①

此次会议选出理事99名,常务理事50名,名誉理事21名。闵智亭当选为会长,张继禹、任法融、刘怀元、王光德、黄信阳、黄至安(女)、丁常云、唐诚青、赖保荣为副会长,袁炳栋为秘书长。黎遇航、谢宗信、陈莲笙三位老道长被聘请为顾问。"新的理事会和新的领导集体从年龄结构和知识程度上都比上一届有较大转变,进一步实现了领导班子的年轻化与知识化。"②

会议将中国道协第五届理事会的工作总结为六个方面,主要成绩有:召开了全国道教界爱国爱教先进集体、先进个人表彰大会;举行了全真派第二次传戒和正一派首次国内授箓活动;在人才培养方面,中国道教学院举办了高功班一期、专修班二期(其中坤道班一期)、进修班一期;出版了第一部由道教界自己编撰的《道教大辞典》,还编撰了《道教手册》、《道教文化丛书》、《道教神仙画集》;举办了数届道教文化研讨会;在北京举办了由北京白云观、台北指南宫、香港青松观共同参加的大型法会"罗天大醮"。③

会议提出今后的工作意见是:第一,坚持爱国主义和社会主义教育,不断提高爱国主义觉悟。第二,提高素养,树立良好道风。第三,加强宫观管理,努力办好教务,协助党和政府贯彻执行宗教政策。第四,加强道教人才培养。第五,重视道教文化研究。第六,积极开展对外友好往来。④

会议讨论修改并通过了《中国道教协会章程》及《关于道教宫观管理办法》、《道教散居正一派道士管理暂行办法》。修改后的《章程》,在"本会宗

① 参见李瑞环:《在接见中国道教协会第六届代表会议全体代表时的讲话》,《中国道教》1998年第4期。

② 《迈向新世纪的盛会》,《中国道教》1998年第4期。

③ 参见《高举爱国爱教、团结进步旗帜,努力办好道教事业——中国道教协会第五届理事会工作报告》,《中国道教》1998年第4期。

④ 参见《高举爱国爱教、团结进步旗帜,努力办好道教事业——中国道教协会第五届理事会工作报告》,《中国道教》1998年第4期。

旨”中增加了“办好教务”、“促进道教与社会主义社会相适应”等内容，并将“代表道教界合法权益”改为“维护道教界合法权益”。①

2005 年 6 月 22 日至 24 日，中国道教协会第七届全国代表会议在北京召开。出席本届会议的代表 237 名。任法融代表会议主席团致《开幕词》，张继禹代表第六届理事会作《工作报告》。会议期间，中共中央政治局常委、全国政协主席贾庆林在人民大会堂接见了与会代表。贾庆林在讲话中说，中国道教协会成立近 50 年来，积极协助党和政府贯彻落实宗教工作方针政策，坚持爱国爱教，坚持与社会主义社会相适应，为我国的改革发展稳定作出了重要的贡献。他希望中国道协新一届领导班子团结和引导信教群众，为促进经济社会发展贡献聪明才智；深入挖掘、大力弘扬道教经典中有利于社会和谐的积极内容，为构建社会主义和谐社会发挥应有的作用；推动道教与社会主义社会相适应；切实加强自身建设，努力培养人才。②

会议选出理事 122 人，常务理事 60 人。任法融当选为会长，张继禹、杨同祥、黄信阳、黄至安（女）、丁常云、唐诚青、赖保荣、刘怀元、王全林、林舟、张金涛、张凤林为副会长，袁炳栋继续担任秘书长。陈莲笙被聘为顾问。

会议将中国道协第六届理事会的工作亦总结为六个方面。举其著者：在甘肃民勤县建立了“中国道教生态林基地”，以实际行动支援西部建设，治理荒沙，绿化祖国；制订了《关于宫观方丈、住持任职退职的试行办法》；2002 年在千山五龙宫举办了新中国成立以来全真派第三次传戒法会；指导江西龙虎山天师府多次对海外正一派道士授箓；举办了国内道教界首次纪念老子诞辰活动；多次举办以“道教文化与现代社会”为主题的学术研讨会；召开常务理事会专题研究道教人才培养问题，形成了《道教教育工作座谈会纪要》；编修出版了《中华道藏》；闵智亭会长出席了 2000 年联合国举行的世界宗教和精神领袖千年和平大会。③

① 参见《中国道教协会章程》，《中国道教》1998 年第 4 期。

② 参见《贾庆林会见中国道教协会第七次全国代表会议代表》，《中国道教》2005 年第 4 期。

③ 参见《爱国爱教，弘道利人，开创道教事业的新局面——中国道教协会第六届理事会工作报告》，《中国道教》2005 年第 4 期。

会议对以后的工作提出了五个方面的建议：第一，继续深入学习邓小平理论、“三个代表”重要思想，把协助党和政府落实《宗教事务条例》作为今后一个时期的重要工作来抓。第二，切实加强自身建设，继承和发扬道教教义中与社会主义道德要求贴近的优良传统和积极内容。第三，弘扬道教优秀文化，继承道教优良传统。第四，进一步做好海外联谊和对外交流工作。第五，努力为广大信教群众服务，构建和谐社会。①

会议又一次修改了《中国道教协会章程》，对“本会宗旨”的表述有了较大的调整，增加了“兴办道教事业，弘扬道教教义，传扬道教文化，遵守社会道德风尚”等内容；在“组织机构”一章中，有“本会理事会设道教教务工作委员会、道教教育和文化工作委员会、道教联谊工作委员会等专门委员会，各专门委员会的职责由本会常务理事会制定”、“本会根据道教事业建设和发展需要，可设置文化、教育、慈善、服务等事业机构”等内容，说明中国道教协会注重内部组织机构的建设和作用的发挥。②

会议还修改了《关于正一派道士授箓规定》、《关于对国外正一派道士授箓试行办法》、《关于全真派道士传戒的规定》、《关于道教宫观方丈、住持任职退职的试行办法》等教内规章。

2007 年 9 月 19 日，中国道教协会成立五十周年庆祝大会在北京人民大会堂隆重举行。中共中央政治局常委、全国政协主席贾庆林，中共中央政治局委员、国务院副总理回良玉，全国政协副主席、中央统战部部长刘延东等领导出席大会，并与全体代表合影留念。回良玉代表党中央、国务院在大会上讲话，充分肯定了中国道教协会五十年来的工作成绩，并对道教界提出了四点希望：第一，坚持与时俱进，适应社会发展；第二，发扬优良传统，促进社会和谐；第三，发挥独特优势，推动友好交往；第四，注重人才培养，提高整体素质。③ 任法融会长在大会上致辞表示，五十年前中国道教协会的成立，

① 参见《爱国爱教，弘道利人，开创道教事业的新局面——中国道教协会第六届理事会工作报告》，《中国道教》2005 年第 4 期。

② 参见《中国道教协会章程》，《中国道教》2005 年第 4 期。

③ 参见《中国道教协会成立五十周年庆祝大会在北京人民大会堂举行》，《中国道教》2007 年第 5 期。

是道教历史上的一件具有里程碑意义的大事,是党和政府宗教信仰自由政策的生动体现,是中国道教徒在中国共产党的领导下爱国大团结的生动体现。它使道教界一盘散沙的局面得到改变,赋予古老的道教以新的生机与活力,使之能够适应时代前进的步伐而健康发展。[①] 张继禹副会长作中国道教协会五十年历程回顾的报告,提出五十年来的基本经验是:不断与社会主义社会相适应,是道教事业健康发展的根本保障。而"相适应"的途径,又主要体现在以下几个方面:第一,自觉拥护中国共产党的领导,拥护社会主义制度,是"相适应"的政治方向;第二,积极协助党和政府贯彻落实宗教信仰自由政策,是"相适应"的职责所在;第三,不断加强道教自身建设,是"相适应"的重要保证;第四,对道教教义思想作出符合社会进步要求的阐释,是"相适应"的理论基础;第五,服务社会,促进和谐,是"相适应"的必然要求。[②]

2010 年 6 月 21 日至 23 日,中国道教协会第八届全国代表会议在北京召开。会议代表 324 人,实到 316 人,另有特邀代表 42 人。任法融致开幕词,张继禹作七届理事会工作报告,黄信阳作修改《章程》的说明。会议期间,中共中央政治局常委、全国政协主席贾庆林等领导在人民大会堂接见了与会代表。贾庆林在讲话中希望道教界在今后的工作中要积极服务科学发展,努力促进社会和谐,大力弘扬道教文化、继承优良传统,不断加强自身建设,与全国人民一道为夺取全面建设小康社会新胜利而共同奋斗。[③]

会议选出理事 165 人,常务理事 89 人,咨议委员 29 人。任法融连任会长,张继禹、黄信阳、黄至安(女)、丁常云、唐诚青、赖保荣、刘怀元、林舟、张金涛、张凤林、孟崇然(女)、黄至杰、李诚道(即李光富)、李军(即李一)等 14 人为副会长(李一后来辞职)。

会议将第七届理事会的工作总结为七个方面,我们从中看到突出成绩

---

① 参见任法融:《中国道教协会成立五十周年庆祝大会致辞》,《中国道教》2007 年第 5 期。

② 参见《爱国爱教,团结进步,走与社会主义社会相适应的道路——中国道教协会五十年历程的回顾》,《中国道教》2007 年第 5 期。

③ 参见《中国道教协会第八次全国代表会议在北京胜利召开》、《中国道教协会第八次全国代表会议决议》,《中国道教》2010 年第 3 期。

主要有:在河南中岳庙隆重举行了以“祈福中华·论道中岳”为主题的庆祝新中国六十华诞系列文化活动;制定了《道教教职人员认定办法》、《道教宫观方丈住持任职离职办法》等规章;组织实施全国道教教职人员认定和道士证发放工作;举办首届玄门讲经活动,恢复道教学经讲经优良传统;在党和政府支持下,修建中国道教协会会所和中国道教学院校舍;拟订了《中国道教学院十年(2010—2019)规划纲要(草案)》,培养了两届研究生;制订了《中国道教界保护环境的八年规划(2010—2017)纲要意见》;在西安和香港举办了首届“国际道德经论坛”,规模之大,规格之高,影响之远,在新中国尚属首次;举办了首届“道教与养生”学术研讨会;组织海峡两岸道教经乐团在台湾共同举办了“蓬莱仙韵诵太平”道教音乐会。①

本次会议又一次修改了《中国道教协会章程》,将“本会宗旨”作了新的表述,在“组织机构”一章中明确规定理事会设立7个专门委员会,分别是:道教教务委员会、道教教育委员会、文化艺术委员会、慈善公益委员会、道家养生委员会、权益保护委员会和海外交流委员会。②

会议还修订了《道教宫观管理办法》,通过了《道教主要教职任职办法》。

会议对之后五年的工作提出了八个方面的建议:第一,加强学习,建立学习型道教组织,着力提高道教与社会主义社会相适应的能力;第二,加强服务和指导职能,着力发挥桥梁和纽带作用;第三,加强自身建设,着力推动道教事业健康发展;第四,加强宫观管理,着力探索既承继传统又适应现代社会的宫观管理模式;第五,加强道教院校建设,着力推进道教人才培养工作;第六,加强研究与宣传,着力弘扬道教优秀文化;第七,加强对外联谊工作,着力为促进祖国和平统一大业和维护世界和平作贡献;第八,加强公益慈善事业,提升道教形象,着力探索道教服务社会的新途径。③

① 参见《爱国爱教,团结进步,为促进社会和谐和经济社会发展发挥更加积极的作用——在中国道教协会第八次全国代表会议上的报告》,《中国道教》2010年第4期。

② 参见《中国道教协会章程》,《中国道教》2010年第4期。

③ 参见《爱国爱教,团结进步,为促进社会和谐和经济社会发展发挥更加积极的作用——在中国道教协会第八次全国代表会议上的报告》,《中国道教》2010年第4期。

2015年6月26日至29日，中国道教协会第九届全国代表会议在北京召开。来自全国29个省、自治区、直辖市的355名代表和66名特邀代表出席会议。任法融致开幕词，黄信阳作八届理事会工作报告，唐诚青作修改《章程》的说明。会议期间，中共中央政治局常委、全国政协主席俞正声和中共中央政治局委员、中央统战部部长孙春兰等领导在人民大会堂接见了与会代表。俞正声希望新一届中国道教协会高举爱国爱教旗帜，努力弘扬优秀传统文化，提高服务社会的能力水平，着力加强人才培养，注重增强信仰定力，树立和巩固中国道教的良好形象。①

会议选举产生了199人组成的第九届理事会。九届一次理事会选举产生了92人组成的常务理事会，选举李光富为会长，张凤林、黄信阳、黄至安（女）、唐诚青、赖保荣、张金涛、孟崇然（女）、黄至杰、孟至岭、袁志鸿、胡诚林、董崇文、谢荣增、陆文荣、张高澄、吴诚真（女）、董中基、张诚达、吉宏忠等19人为副会长，张凤林兼任秘书长；推选咨议委员会委员47人，任法融为咨议委员会主席，丁常云、刘怀元、林舟等3人为咨议委员会副主席。

会议将第八届理事会的工作总结为五个方面，主要成绩有：2001年在湖南南岳举办以“尊道贵德，和谐共生”为主题的第二届国际道教论坛，2014年在江西鹰潭龙虎山举办以“行道立德，济世利人”为主题的第三届国际道教论坛；发布倡议书，引导信教群众文明敬香、合理放生、建设生态道观；中国道教协会会所和中国道教学院校舍建设竣工并投入使用；指导龙虎山嗣汉天师府对海内外正一派道士进行授箓，指导举办“武当大兴600年”暨罗天大醮活动、王重阳祖师诞辰900周年纪念活动；每年举办玄门讲经活动和道教音乐汇演；出版《中华道藏》线装本，编纂《老子集成》丛书，召开中国道教协会弘扬传统文化座谈会，组织指导各地开展形式多样、各具特色的文化活动，如成都道教文化节、广东道教文化节、长三角地区道教论坛等；指导中国道教学院制定《全国道教院校教师资格认定办法实施细则》等文件，推动道教院校规范化建设；积极开展“道行天下”活动、开拓道教国际交往

① 参见《俞正声会见中国道教协会第九次全国代表会议代表》，《中国道教》2015年第3期。

新局面等。会议在充分肯定成绩的同时,也指出,在道风建设、组织建设、制度建设、人才培养、文化研究等方面还存在诸多有待改进之处:信仰淡化、不守戒律的现象亟须加以遏制,一些宫观存在着与商业挂钩、借教敛财、伤害信众感情及世俗化、家族化等不良现象;道教协会的桥梁纽带作用没有得到充分发挥,道教界的凝聚力有待增强;教规教制还需进一步健全和完善,已有规章制度的监督落实没有到位;适应社会进步和道教事业发展的道教教育体系尚未完整建立,人才匮乏成为道教事业发展的瓶颈;对道教经典的研究还比较薄弱,对道教教义作出符合时代要求的新阐释的工作还需要进一步加强。①

会议又一次修改了《中国道教协会章程》。修改后的《章程》更加规范更加完善,为协会高效有序地开展工作提供了更加有力的制度保障。新《章程》中表述的中国道教协会宗旨为:"团结、带领全国道教徒爱国爱教,拥护中国共产党的领导和社会主义制度,遵守国家宪法和法律法规,培育和践行社会主义核心价值观,积极与社会主义社会相适应;兴办道教事业,弘扬道教教义,维护道教界合法权益;发扬道教优良传统,传扬道教文化,为促进经济社会发展,为维护宗教和睦、民族团结、社会和谐、祖国统一、世界和平作贡献,为实现中华民族伟大复兴的中国梦发挥积极作用。"②

会议针对当前教务活动中存在的突出问题,修订了《道教宫观管理办法》、《道教宫观主要教职任职办法》、《关于全真派道士传戒的规定》、《关于正一派道士授箓的规定》等 4 个已有教规制度,制定了《道教全真派冠巾活动管理办法》、《道教正一派传度活动管理办法》、《道教宫观规约》、《关于道教协会和宫观负责人带头加强道风建设的若干意见》等 4 个新的教规制度,彰显了中国道教整肃道风、振衰除弊的坚定决心。

会议对之后五年的工作提出了八个方面的建议:第一,加强教制建设,依法依规推动道教工作开展;第二,加强教务指导,保障道教健康传承发展;

① 参见《加强道教自身建设,弘扬道教优秀文化,为实现中华民族伟大复兴的中国梦贡献力量——在中国道教协会第九次全国代表会议上的报告》,《中国道教》2015 年第 3 期。

② 《中国道教协会章程》,《中国道教》2015 年第 3 期。

第三，加强组织建设，发挥桥梁纽带作用；第四，加强道风建设，树立道教良好形象；第五，加强人才培养力度，建设高素质道教队伍；第六，加强道教文化研究，弘扬优秀传统文化；第七，弘扬道教生态环保理念，开展公益慈善活动；第八，围绕“一带一路”建设，扩大对外友好交往。①

第三节　改革开放以来道教的新气象

改革开放以来，党和政府的宗教信仰自由政策得到了深入的贯彻落实，道教界在这三十余年间获得了良好的发展，出现了许多新气象，可以说是迎来了百年来道教发展的黄金时期。这些新气象主要表现在如下几个方面：

一、适应社会变迁的思想路向与举措

面对社会的巨大变化，道教发扬爱国主义优良传统，积极参与社会政治生活，协助党和政府贯彻落实宗教信仰自由政策，参加祖国社会主义现代化建设，为社会公益事业服务。

爱国主义是道教的优良传统之一。在道教进入历史发展的新时期中，这一优良传统不断发扬光大。1986 年中国道教协会第四届全国代表会议修订的《中国道教协会章程》，将中国道教协会明确定位为“我国道教徒的全国性的爱国宗教团体”，其主要任务之一就是“促进道教界人士学习时事政策，进行爱国守法教育”②。中国道教协会把团结全国道教徒“爱国爱教”落实到具体行动上。例如，在中国道协第三届二次理事会上，制订的《道教界爱国爱教公约》得到广大道教徒的赞同。拥护中国共产党的领导和社会主义制度，热爱祖国，遵守《中华人民共和国宪法》，积极为社会主义现代化建设贡献力量；遵守国家的政策法令，进行正常的宗教活动，不妨碍生产和社会秩序，不利用宗教进行非法、违法活动；认真学习时事政策，提高

① 参见《加强道教自身建设，弘扬道教优秀文化，为实现中华民族伟大复兴的中国梦贡献力量——在中国道教协会第九次全国代表会议上的报告》，《中国道教》2015 年第 3 期。

② 《中国道教协会章程》，《中国道教》1997 年第 1 期。

爱国主义和社会主义觉悟；遵守社会公德，爱护公共财物等等，成为全国道教徒的共同准则。[①] 特别是 1993 年 6 月 10 日，道教界首次召开爱国爱教先进集体和先进个人表彰大会，从全国各名山宫观共评选出先进集体 53 个，先进个人 159 名，反映了道教界人士在新的历史时期的思想面貌。傅元天会长在会上作的《发扬道教优良传统，为社会主义建设作贡献》的报告，总结了“道教界十多年来在宫观管理，开展教务，培养人才，为社会主义建设服务等各方面涌现出的先进事迹”，并提出希望和要求，鼓励全国道友继续发扬爱国爱教精神，“把道教界为社会做贡献作为一项中心任务，在全国道教界掀起学习先进、鼓励先进、表彰先进的新风尚。加强爱国主义和社会主义教育，加强自身建设，不断提高道教徒素质，管好宫观，实现自养，把道教事业推向前进”[②]。傅元天提出：“我们不仅要做一心为道的好道徒，更要做热爱社会主义祖国的好公民。道教徒享受宗教信仰自由的权利，也必须尽公民应尽的义务，这就是爱国爱教的原则，这个原则什么时候也不能动摇。”[③]各级道协组织亦开展各种形式的爱国主义学习班，向教徒们进行爱国主义教育。当 1991 年夏季，我国部分省、市发生严重的旱涝灾害时，全国各地的道协以及宫观不仅集体向灾区慷慨解囊，而且许多道徒亦把自己平时节约的个人积蓄捐献给灾区人民。[④] 1993 年 9 月，海峡两岸及香港地区道教界在北京白云观举行“罗天大醮”，祈祷世界和平，护国佑民，并把大醮期间的功德收入 100 万元，全部资助给“希望工程”。[⑤] 1998 年，我国长江、松花江、嫩江流域发生了历史罕见的特大洪水，全国各地道教界纷纷捐款捐物，支援灾区人民。据不完全统计，各地道协、宫观和道士自发向灾区捐款 124 万元。8 月 20 日中国道协第六次全国代表会议开幕之际，又专门举行了“全国道教界爱心献灾区”捐款活动，各地道协、宫观共捐款 400 余万元，

① 参见李养正：《当代中国道教》，北京：中国社会科学出版社 1993 年版，第 64—65 页。

② 《道教界爱国爱教先进集体和先进个人表彰会倡议》，《中国道教》1993 年第 3 期。

③ 傅元天：《发扬道教优良传统，为社会主义建设事业作贡献》，《中国道教》1993 年第 3 期。

④ 参见《全国道教徒与灾区人民心连心》，《中国道教》1991 年第 4 期。

⑤ 参见《“罗天大醮”委员会关于资助“希望工程”人民币壹佰万元的决定》，《中国道教》1993 年第 4 期。

与会代表个人捐款8万多元。[①] 道教界的爱心受到了时任全国政协主席李瑞环的称赞，他在与中国道协领导班子座谈时说："你们在会上踊跃捐款，赢得了社会各界的好评。对捐款，不能简单以绝对数多少为标准，关键要看尽心尽力的程度。道教界的朋友们相对比较清贫，拿出那么多钱支援灾区很不容易，说明你们的确尽了心、尽了力。"[②]2008年5月12日，四川汶川发生8级大地震，给灾区人民的生命财产造成了巨大损失。道教界心系灾区，踊跃捐款捐物，积极参与抗震救灾，并启建法坛，为灾区举行消灾解厄法会。5月13日中国道协就将协会和白云观的第一笔捐款30万元送到中国红十字会总会。各地协会、宫观积极响应，截至5月30日，内地道教界已经向灾区捐款1531万元。难能可贵的是，四川道教界在自身严重受灾的情况下仍然主动捐款40余万元。港澳台道教界同样心系同胞，踊跃捐款，香港道教界捐款750万元港币，澳门道教界捐款46万元澳门元，台湾道教界捐款2200万元新台币。5月31日，中国道教协会在四川大邑鹤鸣山举办了"中国道教界为汶川地震灾区祈福追荐赈灾大法会"，以道教特有的方式为灾区人民祈福消灾。在法会上，两岸四地道教界人士和慈善大德现场捐款近1000万元，捐献药品及物资价值400多万元。[③]

对于社会上发生的重大政治事件，道教界人士亦表现了坚定的政治立场，始终拥护党和政府作出的决策、部署。面对国际上涌动的打着人权旗号攻击我国社会主义制度和宗教政策的反华言行，道教界人士也是坚决予以驳斥，表现了极其坚定的爱国立场。黎遇航说："回顾建国前中国近百年历史，世界列强对我们中国疯狂掠夺、欺凌，中国人连生存的希望都很渺茫，还到哪里去争民主、争自由，还有什么人权可谈呢？那时候，国家都不能自主，还谈得上什么'宗教信仰自由'？"[④]并以道教界在新中国发生的深刻变化

---

① 参见《全国道教界，爱心献灾区》，《中国道教》1998年第4期。

② 李瑞环：《与中国道教协会第六届领导班子成员座谈时的讲话》，《中国道教》1998年第4期。

③ 参见《祈祷灾消福生，奉献大慈大爱——道教界积极支援地震灾区纪实》，《中国道教》2008年第3期。

④ 黎遇航：《只有在新中国才实现宗教信仰自由》，《中国道教》1992年第1期。

的事实,有力地抨击了“中国无人权”的谬论。闵智亭在参加联合国召开的“世界宗教和精神领袖千年和平大会”时,面对西方记者提出的“中国共产党是无论神者,怎么能认真执行宗教信仰自由政策”的问题,义正词严地回答:“正因为中国共产党是无神论者,所以在处理宗教事务上才没有倾向性,才能正确对待宗教,并能对各个宗教一视同仁。”①

道教界人士积极投身于社会政治活动,参政议政,道教界的政治地位不断提高。黎遇航道长于1980年被增补为第五届全国政协委员,1987年被增补为第六届全国政协常务委员。第七届全国政协(1988年4月—1993年3月),黎遇航道长连任常务委员,另一位道长当选为委员。第八届全国政协(1993年3月—1998年3月),傅元天、黎遇航两位道长当选为常务委员,另有两位道长当选为委员。第九届全国政协(1998年3月—2003年3月),闵智亭等两位道长当选为常务委员,任法融等三位道长当选为委员。第十届全国政协(2003年3月—2008年3月),闵智亭道长继续当选为常务委员,任法融等四位道长当选为委员。值得注意的是,第十届全国人大(2003年3月—2008年3月)出现了3位道教界代表。第十一届全国政协(2008年3月—2013年3月),任法融道长当选为常务委员,黄信阳等七位道长当选为委员。第十一届全国人大(2008年3月—2013年3月),两位道长当选为代表。第十二届全国政协(2013年3月—),任法融道长连任常务委员,黄信阳等八位道长当选为委员。第十二届全国人大(2013年3月—),两位道长当选为代表(2015年其中1位道长因故辞去代表职务)。这些全国人大代表、全国政协委员,肩负着全国道教界和信教群众的信任与重托,与来自全国各地、各行各业的其他代表、委员一道,共商国是,为祖国发展建言献策。他们认真履职,悉心准备议案、提案,积极参与发言、讨论,在接受媒体采访时侃侃而谈,展现出新时期道教人士参与国家政治生活的高度自觉,以及自信、积极的精神风貌。②

① 王书献:《爱国爱教玄门钦——纪念闵智亭大师仙逝五周年》,《中国道教》2009年第1期。

② 参见张浩智:《荣誉与责任,智慧和担当——全国两会道教界代表委员的所思、所感和所言》,《中国道教》2013年第2期。

道教界在协助政府贯彻宗教信仰自由政策方面，也是积极而有成效的。中国道教协会恢复之后，不断与全国各地100余个各级道协组织、宫观等加强教务方面的联系，深入各地了解情况，发现存在的问题，及时向政府有关部门反映，并且，根据实际情况，制订了一系列道教管理方面的措施及规则。这些措施和规则的出台，体现了道教界在协助政府贯彻宗教信仰自由政策，依照《宪法》和法律管理道教，维护道教界合法权益所作的努力。而且，各地的道教组织也根据当地实际情况，制定了一些更为详细的管理道教的规则，在贯彻实施中，都收到了良好的效果。

二、组织管理体系的不断完善

“道教会”是近代以来兴起的道教新型组织形式，新中国成立后发展了这一组织形式，并注入了爱国爱教、团结进步的新内涵。改革开放以来，中国道教的各级组织不断完善。我国的道教组织体系以中国道教协会为唯一全国性道教团体，按梯次形成了各省（自治区、直辖市）、市、县（市辖区）、名山的道教组织，共分五个层级。按照属地管理原则，上一层级道教组织与下一层级道教组织之间是业务指导关系。各级道教组织均接受本层级宗教事务部门的管理。

“文化大革命”前已经成立的上海市道教协会筹委会、辽宁省道教协会、成都市道教协会和武汉市道教协会等分别于20世纪80年代初逐步恢复工作。

落实宗教政策后，很多省一级道教协会相继成立。到2013年止，除天津、内蒙古、新疆、西藏外，其他各省、自治区、直辖市均成立了道教协会。

在省会、较大城市以及道教文化较发达的市（尤其是有重点宫观的地区），目前大多设立了市级道教协会，成都、西安、沈阳、武汉、广州、杭州、苏州、温州等为其中代表。有不少的县和市辖区也成立了道教协会，进一步完善了道教的组织体系。一些道教名山如武当山、青城山、龙虎山、齐云山等也成立了道教协会，对于加强内部管理、促进名山内部各宫观的团结合作起到了积极作用。

各级道教组织的成立，是加强道教组织建设的重要举措，有利于道教界凝聚力量，团结进步，贯彻教规教制，开展慈善公益活动，树立道教良好形象。各级道教组织积极协助党和政府贯彻宗教信仰自由政策，开展教务、研究、管理、教育和联络等工作，成为党和政府联系道教人士和信教群众的重要桥梁和纽带。

在党和政府新时期宗教信仰自由政策的指导下，中国道教协会参照国务院颁布的《关于汉族地区佛教道教寺观管理试行办法》，提出了《拟作为宗教活动场所的全国重点宫观名单》及一些作为地方开放宫观的名单。1982 年，国务院宗教事务局批准山东泰山碧霞祠、崂山太清宫、江苏茅山道院、浙江杭州抱朴道院、江西龙虎山天师府、湖北武当山紫霄宫、武当山太岳太和宫、武昌长春观、广东罗浮山冲虚古观、四川青城山常道观、青城山祖师殿、成都青羊宫、陕西终南山楼观台、西安八仙宫、华山玉泉道院、华山九天宫、华山镇岳宫、辽宁千山无量观、沈阳太清宫、河南嵩山中岳庙、北京白云观等 21 座宫观为全国道教重点宫观。在政府关心、道众的努力下，这 21 所道教宫观逐渐恢复了其原有风貌。随着政治上拨乱反正，党的宗教信仰自由政策在各级政府的切实贯彻下，在“文化大革命”中被遣散的道士陆续返回宫观。随着新入道者的增加，这 21 所宫观已远不能满足道徒和信教群众正常宗教活动的需要，于是一些被占用、拆毁的地方宫观陆续发还、重建，由道教界自主管理。这些宫观落实宗教政策的过程大多比较曲折，有些一直延续到 20 世纪 90 年代或 21 世纪初才得以解决。到目前为止，依法登记的道教活动场所约有 8269 处。[①] 因此，如何加强对宫观的管理便日显重要和紧迫，早在 1986 年召开的中国道教协会第四届全国代表会议上，黎遇航所作的《工作报告》便提出“在政府宗教事务部门的行政领导下，做好对宫观的管理工作”的要求。报告说到，依据各地经验，要管理好宫观，首先要健全管理机构，并相应地建立一套民主管理制度；其次是制订管理规则；第三要健全财务制度。[②] 1987 年 6 月召开的中国道协四届二次常务理事会上通

---

① 参见《国家宗教局召开佛教道教活动场所基本信息公告工作座谈会》，国家宗教事务局网站 2015 年 12 月 18 日报道。

② 参见黎遇航：《团结广大道教徒积极参加两个文明建设——中国道教协会第三届理事会工作报告》，《中国道教》，1987 年第 1 期。

过了《关于道教宫观管理试行办法》，这个《试行办法》受到各地道教组织的关注，中国道协还派人赴各地调查、了解广大道教徒对《试行办法》的意见。在几年试行后，中国道协又对《试行办法》进行修订，正式形成了《道教宫观管理办法》，并在第五届全国代表会议上获得通过。它包括道众的管理和教育、宗教活动、财务人事、宫观维修、文物保护、消防治安和内外接待等方面的内容。它不仅体现了党的宗教信仰自由政策，而且条文具体可行，是新中国成立以来道教界第一个全国性的、符合当前宫观实际的管理办法，对于道教界加强道教自身建设具有重要的意义。中国道教协会第六届、第八届和第九届代表会议又先后对《道教宫观管理办法》进行了修订和完善。

三、人才培养新模式的形成

人才匮乏，是制约道教事业发展的“瓶颈”问题。中国道教协会重新恢复工作后，即着手道教人才的培养工作。为提高道教徒的道教学识、文化素质，先后举办了多期“道教知识专修班”，培养了一批道教宫观管理和道教文化研究人员，并注意对女道士的培养，开设“坤道班”。1990 年 5 月创建了“中国道教学院”，道教界第一次有了培养高级专业人才的学校。道教学院提出了明确的办学目的和任务。这就是在中国共产党和人民政府的领导下，坚持爱国爱教的原则，根据国家宪法及道教教理教义进行教学的办学宗旨；培养爱国爱教的、具有较高道教知识和修养并有志为道教事业服务的青年道教徒，继承和发扬道教优良传统，弘扬道教文化。① 与此同时，各地方道协也相继积极举办各种形式的道教知识培训班，有条件的地方还成立了道教学院。目前已正式招生的地方道教院校有上海道教学院、青城山道教学院、武当山道教学院、河北道教学院、南岳坤道学院、浙江道教学院等。一大批有较高道教学识的青年教徒，已成为道教建设队伍中的骨干力量，在各级道教协会和各地道教宫观中发挥着重要作用。

中国道教协会历届理事会都高度重视人才培养工作。“文化大革命”后首次召开的道教界全国代表会议，在《决议》中就提出：“根据实际情况培

① 参见《中国道教学院章程》，《中国道教》1990 年第 3 期。

养一批爱国的、具有一定道教学识的人才。”[①]根据这一精神，中国道协于1981年草拟了《道教知识专修班计划》，并经三届二次常务理事会讨论通过，随之开始了招生工作。在1988年11月召开的中国道协四届二次理事会上，闵智亭道长作了《我们的当务之急是培养道教事业继承人》的发言。“为了能够多出人才、快出人才”，他提出几条措施：第一，师父带徒弟；第二，宫观建立学习制度；第三，省、地、县级道协办一年、半年或短期培训班；第四，中国道协办“中国道教学院”培养高层次道教知识分子。[②] 这次会议还通过决议：“为了道教事业的需要，一致赞同筹建中国道教学院。理事会议还鼓励地方道协组织和宫观根据实际情况开设各种形式的道教徒学习班。”[③]1992年召开的中国道协第五届代表会议，在《决议》中明确提出，“要把培养人才的工作放在重要的位置，通过多种形式努力培养爱国爱教、具有道教学识的专门人才”[④]。1998年召开的中国道协第六届代表会议强调，“道教正处在历史发展的大好时期，培养人才是当务之急”，提出中国道教学院要争取建设成为较完善的四年制高等院校，要组织编写好各门课程的教学大纲和教材。[⑤] 1999年11月，中国道协六届二次常务理事会，专题讨论了道教教育工作。闵智亭会长作了《抓住机遇，育才弘道》的讲话，回顾了道教教育工作的历程，总结了经验，提出要解决好道教教育体系、教材、师资、生源、经费和场所等问题。[⑥] 2005年召开的中国道协第七届代表会议，提出要继续认真贯彻落实《道教教育工作座谈会会议纪要》，增加教育经费投入，切实抓好中国道教学院师资队伍建设，尽快制定、编写出统一的教学大纲和教材。[⑦] 2010年召开的中国道协第八届代表会议，强调21世纪的竞

① 《第三次代表会议决议》，《道协会刊》1980年第5期。

② 参见闵智亭：《急需培养道教事业继承人》，《中国道教》1989年第2期。

③ 《中国道教协会第四届二次理事会决议》，《中国道教》1989年第2期。

④ 《中国道教协会第五届代表会议决议》，《中国道教》1992年第3期。

⑤ 参见《高举爱国爱教、团结进步旗帜，努力办好道教事业——中国道教协会第五届理事会工作报告》，《中国道教》1998年第4期。

⑥ 参见闵智亭：《抓住机遇，育才弘道》，《中国道教》1999年第6期。

⑦ 参见《爱国爱教，弘道利人，开创道教事业的新局面——中国道教协会第六届理事会工作报告》，《中国道教》2005年第4期。

争是“人才的竞争”，提出“必须要加强道教院校建设”，“要加强人才培养的针对性，培养外语人才，培训讲经人才；重视对中青年骨干力量的培训，每年举办一期宫观执事以上人员培训班”，“要理顺办学机制，加快在全国形成高、中、低有机结合的人才培养体制”。[①] 2015 年 6 月召开的中国道协第九届代表会议，提出“要进一步增强责任感和紧迫感，研究完善道教院校发展规划，整合全国道教学院资源，探索教育新途径，优化课程设置，推进专业课统编教材，做好骨干教师的培训，建立教学质量评价体系，形成培养道教人才的长效机制”[②]。

为了提高宗教院校的教育教学水平和规范化管理水平，2012 年，国家宗教事务局公布，从 2013 年 1 月 1 日起实施《宗教院校教师资格认定和职称评审聘任办法（试行）》和《宗教院校授予学位办法（试行）》。按照这两个《办法》的要求，中国道教协会制订了《全国道教院校教师资格认定办法实施细则（试行）》、《全国道教院校教师职称评审聘任办法实施细则（试行）》和《全国道教院校申请学位授予资格办法（试行）》等相应规章。2014 年 5 月，中国道教协会在武当山召开了道教教育委员会会议、全国道教院校学位授予工作小组会议和全国道教院校教师资格认定工作小组会议。这次会议的召开，对推动全国道教院校建设走向制度化、规范化，具有十分重要的意义。[③] 2015 年 8 月，中国道教协会又在四川青城山召开了全国道教院校规范化教学研讨会。此次会议围绕道教院校教学大纲制定、课程设置及教材编写规划等方面进行了深入的交流、研讨，总结了过去多年的办学经验，针对当前存在的问题，提出了意见和建议，就道教院校今后的工作方向达成了共识。[④]

---

① 参见《爱国爱教，团结进步，为促进社会和谐和经济社会发展发挥更加积极的作用——在中国道教协会第八次全国代表会议上的报告》，《中国道教》2010 年第 4 期。

② 《加强道教自身建设，弘扬道教优秀文化，为实现中华民族伟大复兴的中国梦贡献力量——在中国道教协会第九次全国代表会议上的报告》，《中国道教》2015 年第 3 期。

③ 参见殷鸣放：《一次全国道教教育的盛会》，《中国道教》2014 年第 3 期。

④ 参见殷鸣放：《全国道教院校规范化教学研讨会在青城山召开》，《中国道教》2015 年第 5 期。

在各方面的努力下，中国道教学院和各地道教学院正在逐步与现代教育体系接轨，朝着兼具教学和研究能力的现代化学府的方向发展。

四、理论研究与学术探讨

过去，由于种种原因，无论是道教界还是学术界在继承和发扬道教优良传统、弘扬道教文化方面都是做得很不够的。党的十一届三中全会后，中国道教协会恢复工作，立即把开展学术研究提到议事日程。1980年中国道教协会第三届全国代表会议修订了《中国道教协会章程》，在宗旨表述中，增写了"推动和开展道教的研究工作"一句。陈理实道长在《修改〈中国道教协会章程〉的说明》中指出，"中国道教协会对道教研究负有不可推卸的责任，不仅要把它作为道协工作的重点，而且要吸收一些道教研究者参加协会的工作，在理事会中也应有一定的道教研究者的代表"①。此后，道教研究的工作逐渐开展并繁荣起来。中国道教协会成立了道教文化研究所，原来只在内部发行的《道协会刊》改为面向国内外公开发行的《中国道教》杂志，收集、翻印各种经籍，编撰出版道教历史文化丛书。特别是1994年7月出版发行的《道教大辞典》，"共收入辞文条目12000余条，计270余万字，内容包括了道教教理教义、经典道书、神仙人物、道派规戒、斋醮科仪、符箓法术、内丹外丹、修持方法、名山宫观、文学艺术等道教的各方面……这是道教界自己编纂的一部道教工具书，也是目前出版内容最丰富的一部道教工具书……"②由中国道协组织编纂的《中华道藏》，于2004年正式出版。这是新中国成立后道教界规模最大的一次道经整理成果。《中华道藏》在尊重道教固有经教体系的基础上，充分吸纳当代学术研究成果，重新进行分类编目，使之更适应现代文明的规范。而全部加上新式标点，更为普通读者阅读《道藏》提供了极大的便利。目前，中国道协又在积极筹备编纂《中华续道藏》。许多地方道协也开展了对本地道教的研究工作，并创办刊物，如《上海道教》、《三秦道教》、《海峡道教》（原名《福建道教》）、《广东道教》、《江

① 陈理实：《修改〈中国道教协会章程〉的说明》，《道协会刊》1980年第5期。

② 傅元天：《加强管理，服务社会，发扬道教优良传统——在中国道教协会第五届二次理事会上的报告》，《中国道教》1994年第4期。

苏道教》、《湖南道教》、《大道》（湖北）以及《江西道教》、《河北道教》、《弘道》（广州市道协）、《龙虎山道教》、《玄门道语》（西安八仙宫）、《凝眸云水》（北京东岳庙）、《灵宝》（江西铅山县葛仙山）等。这一切都为世人研究道教，了解道教开阔了视野，提供了宝贵的资料。尤其值得注意的是，道教界还运用现代科学技术手段，编纂和发行了一些影视音像图片资料，特别是关于道教音乐、斋醮仪式的录像带、光盘的发行，使一些鲜为人见的道教宗教生活情况生动地呈现于公众眼前，这是现代道教文化事业的一个重要方面。它打破了人们对道教内部生活的神秘感、好奇心，增进了一般人对道教的了解，也为发掘、整理和保存道教文化作出了重要贡献。

随着对道教文化研究的发展，道教界相继举行一系列道教学术研讨会。1989 年 9 月 6 日至 8 日，中国道协召开“道教文化研讨会”。与会成员以各地道教界学者为主，也邀请了一些教外研究道教文化的学者，共 35 人。这是新中国成立后第一次由道教界组织的学术研讨会。与会者宣读论文 21 篇。就在这次会议上，中国道教协会宣布成立道教文化研究所。[①] 1992 年秋，中国道教协会道教文化研究所、西安市道教协会、西安市八仙宫联合发起召开了“西安中国道教文化研讨会”。会议邀请了我国内地和港澳台地区以及法国、日本等国 55 名道教界人士和道教学者参加，收到论文 41 篇。这些论文内容丰富，题材广泛，全部论文汇集作为《中国道教》1992 年增刊向国内外公开发行。这次研讨会旨在“沟通学术界与道教界的关系和相互了解，使两股力量互益互补，结成一股力量，为弘扬民族文化作出贡献”[②]。对于改变“学术界与道教界很少接触与交往，对道教文化往往限于文献研究，不能深入到宫观进行实地考察；道教徒只限于背诵经典，修持于宫观，未能开阔知识视野，深究义理”[③]的状况，是一次有益的尝试，其意义不可低估。当年 9 月，武当山道教协会也邀请中外专家学者 20 余人召开“中国武当道教文化国际学术研讨会”。1993 年 10 月，武当山道协又举行了第二次

① 参见《中国道协召开道教文化研讨会，中国道协道教文化研究所成立》，《中国道教》1990 年第 1 期。

② 《西安中国道教文化研讨会论文集·前言》，《中国道教》1992 年增刊。

③ 《西安中国道教文化研讨会论文集·前言》，《中国道教》1992 年增刊。

研讨会,参加的中外专家学者及道教界人士近 60 人,提交学术论文 60 篇。这两次研讨会,对在道教史上占有相当地位的武当道教的沿革及著名道士、武当山供奉主神玄天上帝信仰、武当道教武术、武当道教斋醮法事音乐、武当山古代道教建筑群、武当山志书等方面开展了讨论,还介绍了国外研究道教及武当道教文化的情况。特别是第二次会议,研讨的范围非常广泛,反映了学术研究的范围正在拓展、深入。1994 年秋,由龙虎山道教协会、江西省社会科学院、台湾“中华道教总会”联合发起举办了“龙虎山道教文化学术研讨会”,来自全国 13 个省、市和台湾地区,以及法国、英国、美国等国的道教研究专家、学者 55 人出席了这次研讨会,大会收到学术论文 31 篇,其中绝大部分是关于天师道的。会议期间,代表们就如何进一步探究天师道文化精华、适应社会主义发展和道教文化如何与现代化相结合等问题进行了广泛的讨论。1998 年 8 月,中国道教协会道教文化研究所、庐山仙人洞道院和台北文化三清宫共同在江西庐山举办了“中国道教文化研讨会”。会议收到论文 50 余篇,其中道教界 10 余篇。2000 年 8 月,中国道教协会道教文化研究所又在庐山举办了第二届中国道教文化研讨会。这次会议就中国道教如何更好地与社会主义社会相适应的问题进行了探讨。此后,道教界主办的学术研讨会日益增多。其中影响较大的有:2001 年在江苏茅山举办的以“二十一世纪道教展望”为主题的道教文化研讨会;2002 年 9 月在江西南昌举办的净明道文化研讨会;2002 年 11 月在上海、2003 年 11 在福建泉州、2004 年 11 月在湖南南岳、2008 年在江西南昌举办的以“道教思想与中国社会发展进步”为同一主题的连续四次研讨会;2005 年 5 月在武当山举办的“海峡两岸武当山文化论坛”;2008 年 12 月在广州举办的“道教与养生”研讨会;2009 年在西安举办的骊山问道活动;2012 年 10 月在江苏金坛举办的“茅山乾元观与江南全真道”国际学术研讨会;2013 年在上海举办的“正一道:历史与现状”国际学术研讨会等。香港青松观与内地学术机构合作,也举办了多次道教学术研讨会。

道教界举办的社会影响最大的学术活动,则是三次国际性的道教论坛。

第一届论坛于 2007 年 4 月在西安和香港举办,名为“国际道德经论坛”。此次论坛的代表来自 17 个国家和地区。中共中央政治局常委、全国政协主席贾庆林，联合国秘书长潘基文，法国前总统德斯坦和英国菲利普亲王等发来贺信，全国人大常委会副委员长许嘉璐宣布论坛开幕，全国政协副主席刘延东代表中国政府和中国政协在开幕式上致辞。全国政协副主席董建华出席闭幕式并致辞。①

第二届论坛于 2011 年 10 月在湖南南岳举办，名称改为“国际道教论坛”，扩展了论坛涵盖面。此次论坛的代表来自 23 个国家和地区。中共中央政治局常委、全国政协主席贾庆林和英国菲利普亲王等发来贺信，中共中央政治局委员、中央书记处书记、中央宣传部部长刘云山宣布论坛开幕，全国政协副主席杜青林出席开幕式并致辞。②

第三届论坛于 2014 年 11 月在江西鹰潭龙虎山举办。此次论坛的代表来自 27 个国家和地区。中共中央政治局常委、全国政协主席俞正声，中共中央政治局委员、国务院副总理刘延东，英国菲利普亲王和联合国教科文组织等发来贺信。全国政协副主席马飚出席开幕式并致辞。③

一些地方的道教界在政府的支持下，还举办了面向普通民众的道教文化节活动，如成都道教文化节、广东道教文化节、广州道教文化节、湖南道教文化节等等。这些道教文化节都是综合性的道教活动，对于挖掘当地道教资源、弘扬道教文化、服务民众信仰需要等都起到了促进作用。

五、恢复传统的“传戒”与“授箓”仪典

“传戒”是指全真道十方丛林宫观中德高望重的高道向正式道士传授“初真戒”、“中极戒”和“天仙戒”三坛大戒，“戒律”是出家道士必须遵守而不可违背的修持准则，是道教的道德原则具体体现。“授箓”则是正一道向道众宣扬各种自律规戒并授予神职的一种制度和仪式，其重要性与全真道的“传戒”是相同的。这两种仪典在中国道教史上都已中断达四十余年（据

① 参见尹志华：《国际道德经论坛在西安和香港成功举办》，《中国道教》2007 年第 3 期。

② 参见郑琢：《尊道贵德，和谐共生——国际道教论坛在南岳衡山隆重举行》，《中国道教》2011 年第 5 期。

③ 参见《开幕式暨文艺演出》，《中国道教》2014 年第 6 期。

近代历史记载,“传戒”活动最后一次是在1947年由成都二仙庵举办;“授箓”活动最后一次是在1946年由江西贵溪天师府举办)。

1988年召开的中国道协四届二次理事会就全真派传戒问题进行了讨论,会议决定,“对全真派道士按仪范传戒进行研究和准备,并提出方案”①。会议期间还成立了以傅元天副会长为首的传戒仪典筹备小组。1989年4月又邀集全国著名宫观高道二十余人,在四川青城山召开传戒筹备会议,起草了全真道传戒规定和传戒议事日程。② 1989年9月16日,中国道教协会四届五次常务理事会通过了《关于全真道传戒的规定》。这个“规定”提出了“道教徒要爱国爱教,遵纪守法;严持道教教理、教义和规戒,维护道教徒合法权益,振兴道风,肃穆道仪,提高道教徒的道德素质,具足正信,继承和发扬道教优良传统”的宗旨,并从律条、宗派、时间、地点、受戒条件、受戒文牒内容样式、经费、演戒要求等方面制定了具体规条。③

1989年11月12日至12月2日,中国道教协会在北京白云观举行了隆重的全真派传戒受戒活动,“由全国各地名山宫观举荐来京受戒的全真派道士共计75名,其中乾道占60%,坤道占40%,年龄最高的为75岁,年纪最小的21岁。绝大多数为中青年道士,60岁以上的老年道士约占受戒人数的20%”④。传戒律师为受过天仙大戒的北京白云观二十二代方丈王理仙老道长,另外有千山无量观的许至有、四川青城山天师洞的江诚霖、四川鹤鸣山的张信益、北京白云观的曹理义、沈阳太清宫的李高智、浙江苍南县燕窠洞的陈宗耀等大师协助演礼。全真道的传戒活动,传统上需时一百天,世称“百日圆满三坛大戒”。但是,为了不影响日常教务,本次传戒在时间上作了变通,定为二十天。虽然时间不长,仍如法如仪“进行了迎师礼、演礼、考偈;审戒、诵皇经、礼斗忏;讨论戒条、传授衣钵、发戒牌、普表谢神、做铁罐施食道场。中间穿插着讲经、学习《太上感应篇》、《邱祖垂训文》,学习道教

① 《中国道教协会第四届二次理事会决议》,《中国道教》1989年第2期。
② 参见《恢复传戒仪典,重振全真道风》,《中国道教》1989年第3期。
③ 参见《中国道教协会关于全真道传戒的规定》,《中国道教》1990年第1期。
④ 陈雄群:《北京白云观解放后首次开坛传戒》,《中国道教》1990年第2期。

徒的修养、教理教义和道教的经典”①。

全真派的第二次传戒活动于1995年11月1日至21日在四川青城山举行，戒坛方丈律师由中国道协傅元天会长担任。据统计，这次受戒的道教徒有400多人，年龄最大的121岁，最小的21岁。② 第三次传戒活动于2002年8月22日至9月11日在辽宁千山五龙宫举行，五龙宫方丈王全林道长任传戒大律师。入坛受大戒的道士近200人，受方便戒者约200人。③

正一派的授箓仪式在1991年10月3日至10月9日，在江西龙虎山嗣汉天师府举行。这次授箓传度是在历史上中断多年以后，基于台湾和海外道教徒朝山谒祖，纷纷恳求的情况下举行的。为海外道教徒授箓，这在道教史上是第一次。为了搞好这次授箓活动，中国道协于1991年7月下旬在上海召开了研究会，作出了恢复正一派授箓传度的决定，成立了法务指导小组。这次授箓传度的三大师分别是传度师汪少林道长、保举师张金涛道长、监度师张继禹道长。④ 受箓弟子共36名，由新加坡、马来西亚和中国台湾等地宫观举荐，其中乾道35名，坤道一名，年龄最大者为68岁，最小者为27岁。在授箓传度期间“进行了启师、洒净、讲经、说戒、颁发职帖、法器……道场活动，中间穿插了请水开坛、安龙奠土、申文发奏、宿启进表等道场，又学习了《道德经》、《玉皇忏》等经典”⑤。

1994年4月，中国道教协会在上海召开了道教正一派授箓座谈会。中国道协副会长陈莲笙作了题为《关于正一派道士授箓的目的和意义》的讲话。会议就《道教正一派道士授箓规定（草稿）》进行了认真讨论。1994年10月，中国道协五届二次理事会通过了《关于道教正一派道士授箓规定》。

① 陈雄群：《北京白云观解放后首次开坛传戒》，《中国道教》1990年第2期。

② 参见《中国道教隆重举行全真道建国以来第二次传戒法会》，《中国道教》1996年第1期。

③ 参见《道教全真派在五龙宫隆重举行传戒法会》，《中国道教》2002年第5期。

④ 参见《龙虎山嗣汉天师府为台湾和海外道教徒举行隆重授箓传度》，《中国道教》1992年第1期。

⑤ 《龙虎山嗣汉天师府为台湾和海外道教徒举行隆重授箓传度》，《中国道教》1992年第1期。

该“规定”提出了正一派道士申请授箓,宫观举办授箓,升授、加授、经箓品格,时间、经费等具体规定,并提出此规定的目的是“为加强对正一派道士的管理,继承道教正一派授箓之传统,健全正一派规仪教制,提高正一派道士素质,促进道教活动正常化”①。

1995 年 12 月 5 日至 7 日,正一派首次在龙虎山天师府举行对国内道士授箓传度仪式。来自江苏、上海、湖南、湖北、安徽、甘肃、浙江、江西、云南和福建等省市的 190 余名正一道士前来受箓,年龄最大者 70 多岁,最小的 20 多岁。此次传度法会由江西龙虎山天师府的何灿然道长担任传度师,上海的陈莲笙道长担任监度师,茅山的周念孝道长担任保举师。道士们经过启师、拜斗、传度、斋供、上表、送圣等仪式,圆满完成了授箓活动。②

2001 年 8 月,中国道教协会再次在上海召开正一派道士授箓工作座谈会。会议回顾了 1991 年对海外和 1995 年对国内正一派道士恢复授箓传度以来的情况,研究了存在的问题,讨论了关于授箓工作的有关规定。③

2006 年 12 月 20 日至 22 日,正一派授箓(升箓)活动在龙虎山天师府举行。这是继 1995 年恢复内地正一派道士授箓以来的第二次授箓活动,而升箓则是近百年来的第一次。此次授(升)箓活动的三大师分别是传度师邱裕松、监度师张继禹、保举师张金涛。参加这次授箓(升箓)活动的箓生共有 35 人,都在 1995 年被授三五都功经箓,此次升授的是正一盟威经箓。④

2007 年 12 月、2008 年 12 月、2010 年 11 月、2012 年 11 月、2013 年 11 月、2015 年 12 月,中国道教协会又在龙虎山天师府连续举行了六次正一派授箓活动,分别有来自内地各省、自治区和直辖市的 263 名、133 名、237 名、328 名、300 名、425 名道士获授法箓。

对港澳台及海外正一派道士的授箓活动,自 1991 年以来,每年都在龙

① 《中国道教协会关于道教正一派道士授箓规定》,《中国道教》1994 年第 4 期。

② 参见《中国道教正一派首次国内授箓传度法会在江西龙虎山举行》,《中国道教》1996 年第 1 期。

③ 参见《中国道教协会在沪召开正一派道士授箓工作座谈会》,《中国道教》2001 年第 5 期。

④ 参见《丙戌年冬至内地(升)授箓活动圆满结束》,《中国道教》2007 年第 1 期。

虎山天师府举办一次。2015 年 9 月，还举办了对台千人专场授箓活动。[①]

道教界的“传戒”和“授箓”仪典的恢复，以及两个“规定”的制定，对于健全道教的教戒仪规制度，发扬道教优良传统，引导道众勤进修持，肃穆道仪，端正道风，提高道德素质和宗教素质，服务于社会主义建设，促进道教的健康发展，其意义之重大是不言而喻的。

六、宫观自养与社会慈善工作

从 20 世纪 80 年代初以来，道教界顺应时代的要求，道教宫观名山已不仅仅是传统的宗教活动场所，在现代社会中还具有旅游设施功能，成为著名的宗教名胜，吸引不少游人前往参观；各地宫观都根据实际情况，因地制宜逐渐发展“自养”事业。这不仅使得道众生活有了明显改观，宫观修葺有了经费来源，满足了自身需要，而且还有余力兴办公益事业，也为满足社会的需要作出贡献。诸如湖北武当山、四川青城山、湖南南岳衡山、广东罗浮山、辽宁千山、苏州道协、茅山道协、广州三元宫、上海城隍庙、崂山太清宫、成都青羊宫等在开展道教“自养”事业方面各有特色，取得了很好的经济效益和社会效益。

道教圣地武当山，从明代开始生产治疗小儿惊风、老年痰火的特效药“紫金锭”。20 世纪 60 年代中断生产。1983 年 10 月，王教化等六位老道长，捐出个人积蓄 2000 多元，恢复“紫金锭”生产。[②] 道教人士还配合政府部门增强接待游客能力，旅游朝圣者逐年上升。

据《中国道教》1987 年第 1 期报道，青城山道协利用本山资源经营酒厂、茶厂和为游人、香客服务的食堂、招待所等，努力开辟自养渠道。他们生产的“洞天乳酒”、贡茶、泡菜和白果炖鸡被誉为“青城四绝”，深受游客欢迎。长沙县河图观有坤道 22 人，每年生产 4 万多双劳保手套，被评为先进生产单位。陕西西安八仙宫道众耕种农田 20 亩，每年收获小麦约 4000 斤。

---

① 参见孔翔毓：《海峡两岸道教界的盛典——2015（乙未）年对台千人专场授箓活动纪述》，《中国道教》2015 年第 5 期。

② 参见《会讯》，《道协会刊》1985 年第 16 期。

陕西周至县楼观台一年收获小麦1万斤、玉米8000斤。他们还和其他单位合资联营开办了餐厅、茶座、商店等。陕西陇县龙门洞的十多位道长耕种了12亩土地,不仅能自给,还为其他道观支援粮食。江苏茅山道院在九霄宫开办了商店、食堂、招待所、茶馆和照相馆,在元符宫开办了泥人厂、豆腐坊等。河南嵩山中岳庙成立了服务部,经营陶瓷、书籍和食品等,同时还耕种了6亩土地。成都青羊宫自营香烛店,开办茶馆,印制道教经书出售。①

1986年11月至1987年5月,全国政协宗教组曾经请北京、上海、福建、四川、浙江、甘肃、青海七省(市)政协宗教组对本省(市)各宗教自养状况进行了调查,道教界自养成绩明显。青海土楼观、北京白云观、四川青城山、成都青羊宫、杭州抱朴道院、江苏茅山道院等宫观的自养实践都获得了肯定。②

1993年召开的道教界爱国爱教表彰会,也对各地宫观、道协以及先进个人在自养方面的成绩作出了表扬。比如湖北武当山、四川青城山、湖南南岳玄都观、广东罗浮山、辽宁千山等宫观开办茶座,苏州道协开办香厂,茅山道协开办矿泉水厂,成都青羊宫、长沙云麓宫服务部经销道教经书和道教音乐磁带等。③

20世纪90年代以后,随着全社会经济状况的极大提升,道教大部分宫观收入不断增加,不仅基本上不存在自养问题,而且更多地参与到社会公益慈善事业中来。据不完全统计,21世纪以来,道教界在抢险救灾、植树造林、修桥铺路、施医赠药、捐资助学、帮扶弱势群体等方面,捐款捐物折合人民币近4亿元。这些慈善捐赠帮助了受灾弱势群体,减轻了政府负担,赢得了社会各界的广泛赞誉。道教界在公益慈善事业体制、机制和组织模式等方面也进行了新的探索。中国道教协会理事会设立了慈善公益委员会,北京市道协、上海城隍庙、江苏茅山道院、福建福清石竹山道院等都设立了专

① 参见《发扬爱国爱教精神,积极为四化做贡献——各地代表座谈参加四化建设情况》,《中国道教》1987年第1期。

② 参见全国政协宗教组暨七省(市)政协宗教组:《关于宗教团体和寺观教堂贯彻自养方针的调查报告》,《中国道教》1988年第1期。

③ 参见傅元天:《发扬道教优良传统,为社会主义建设事业作贡献》,《中国道教》1993年第3期。

项慈善基金。各地道协和宫观还设立了许多长期性的项目，如上海各宫观开展的对口援助云南少数民族的援助项目，山东崂山太清宫和泰山碧霞祠每年定期拿出 10 万元注入当地慈善基金会，海南省道协每年承办"南天情"大型慈善活动等等。[①] 2015 年 12 月，《中国道教协会关于道教界开展公益慈善和社会服务活动的指导意见》正式发布，标志着道教公益慈善事业向正规化、专业化方向又前进了一步。

七、对外交流与影响力的提升

随着我国改革开放事业的发展，道教界的对外交往活动也日趋活跃。初期，主要是接待港澳台和国外客人来访，20 世纪 90 年代以后，道教人士逐渐走出了国门，道教文化在国外的传播有了长足的进展。

在 20 世纪 80 年代初期，道教界已开始接待港澳台地区和国外友人的来访。据王伟业在《工作报告》中介绍，从 1980 年到 1982 年的两年间，中国道协就接待了"世宗和"秘书长荷马·杰克、《中国人》英方导演史可如、美洲佛教协会主席谢满根、日本早稻田大学教授泽田瑞穗等外宾和侨胞来访。到白云观参观的外宾和侨胞共 80 余起，200 多人次，他们来自 14 个国家和地区。[②] 北京白云观于 1984 年 3 月重新开放后，至当年 11 月底，就接待港澳香客 300 余人，国际知名人士韩素音、李约瑟、成之凡、洼德忠等均曾来访。[③]

1986 年 10 月，中国道教协会邀请香港道教联合会来内地参访，跨出了对外友好交好的重要一步。自此，中国道协与港澳台和海外道教界的交往日益增多，友谊日益加深。交往也从初期的相互认识、相互了解向相互学习、相互交流、相互支持的方向扩展，逐步形成了以道教教务活动为纽带，以道教文化交流为桥梁，以国际组织会议和国际间学术交流为平台，积极参与各项活动，努力扩大道教在海外影响的对外交往特点。[④]

---

① 参见陈杰：《继承传统下的进取与创新——近年来道教界从事公益慈善活动的情况分析》，《中国道教》2013 年第 2 期。

② 参见王伟业：《工作报告（1982 年 10 月 22 日）》，《道协会刊》1982 年第 10 期。

③ 参见王伟业：《工作报告（1984 年 12 月 3 日）》，《道协会刊》1985 年第 16 期。

④ 参见中国道教协会联络部：《加强交流，扩大影响，努力开创外事工作新局面》，《中国道教》2007 年第 6 期。

以道教教务活动为纽带。1993年,北京白云观、香港青松观、台北指南宫在北京联合举行了祈祷世界和平、护国佑民罗天大醮,来自7个国家和地区的500多人参加了活动。以后,1998年在台北指南宫、2001年山西绵山、2007年在香港、2012年在武当山分别举办了罗天大醮,港澳台和内地许多宫观参加了活动。2003年3月,中国道协在北京举办了道祖老子诞辰纪念活动,港澳台地区和韩国、新加坡、马来西亚的23个道教团体500余人应邀参加。2004年5月、2006年5月,中国道协分别在江西庐山和山西芮城举办了纪念吕祖诞辰系列活动,来自港澳台地区、泰国、马来西亚的道教界人士与内地道教界人士一起,探讨对吕祖慈爱济世精神的弘扬。2005年5月,中国道协组成传戒团,赴马来西亚美里省莲花山三清殿,为当地道教徒隆重举行了全真派传戒仪典。2011年、2012年和2014年,中国道教协会派团出席了意大利道教协会举办的道教节活动。

以道教文化交流为桥梁。2001年,在香港蓬瀛仙馆的倡导下,内地、香港地区、台湾地区和新加坡的道教经乐团在香港举办了首届道教音乐汇演,受到海内外道教界和社会各界的欢迎。此后,道教音乐汇演每年举办一次,已先后在台北、新加坡、北京、广州、成都、上海、兰州、昆明等地举办了15届。2005年7月,应台湾“中华道教总会”的邀请,中国道协组成96人演出团,赴台湾举办了“海峡两岸道教音乐会”,三场巡演,深受台湾同胞的好评。2004年和2005年,中国道协邀请台湾道教界人士在西安和武当山参加了海峡两岸道教文化交流活动。各地举办的道教文化节,也邀请港澳台和国外人士参加。从2012年起,中国道协开展“道行天下”文化交流活动,已先后向意大利罗马大学、德国洪堡大学和汉堡大学、美国国会图书馆、哈佛大学和亚利桑那州立大学、韩国中央图书馆和高丽大学、泰国朱拉隆功大学、法政大学和华侨崇圣大学、英国牛津大学、法国国家图书馆和巴黎高等研究实验学院、比利时高等汉学院和根特大学、日本关西大学、筑波大学和东洋大学赠送了《中华道藏》和《老子集成》等道教典籍。2013年9月26日至10月7日,中国道教协会在比利时、英国和法国举行了道教音乐和武术演出、道教文化展览、道教讲座和体道班等系列活动,引起了广泛的关注。活动所具有的开放性让普通欧洲人近距离地了解了道教,感受到中国传统文化的魅力。

以国际组织会议和国际间学术交流为平台。中国道教协会积极派团参加国际宗教会议,在环境保护、宗教对话、世界和平等问题上,发表道教界的主张。1995年4月和5月,中国道协代表先后出席了在日本和英国召开的"世界宗教与环境保护会议",使中国道教成为"世界宗教与环境保护联盟"的成员。2000年8月,中国道协会长闵智亭赴美国出席了在纽约联合国总部召开的"世界宗教和精神领袖千年和平大会",代表中国道教在开幕式致祈祷词,并在大会上发言。中国道协还派代表出席了"亚洲宗教和平会议"、"世界宗教和平会议"和哈萨克斯坦总统纳扎尔巴耶夫发起的"世界和传统宗教领袖大会",积极呼吁宗教和睦、世界和平、人与自然和谐相处。中国道协还积极参与和组织国际学术交流活动。2009年,中国道教协会会长任法融等赴韩国出席了首届"仙和道"国际学术会议。2012年11月,中国道教协会代表赴纽约出席了在联合国总部举行的尼山世界文明论坛。中国道教界也主动搭建国际学术交流平台,其中影响最大的就是国际道德经论坛和国际道教论坛。

新中国道教界出现的新气象和新变化远远不止我们以上所述这些,限于篇幅,这里就不再一一介绍了。所有这一切,无疑都是中国的宗教信仰自由政策得到认真地贯彻执行和落实的体现,是党和政府及各级有关部门关心、支持的结果。当然,也是与道教界道众自身的努力分不开的,他们在时代潮流的推动下,发扬道教长于"通变"的精神,在政治上与党和政府保持一致,自愿接受中国共产党的领导,与全国人民一道,同心同德,为繁荣社会主义现代化事业尽心出力。在当今改革开放深入发展、国家政治稳定、社会安定、经济发展、人民生活水平已经大大提高,道教长期向往的国泰民安、丰衣足食的环境和条件已经满足的情况下,道教界的有识之士又作出了更为深层的思考,认为:道教面临的改变课题是广泛而复杂的,至少有下列五项:

"一是教义思想必须增加新内容。将道教信仰和当代社会生活相结合,在宇宙观、社会观、善恶观和神仙观等方面回答当代道教徒关心的问题,对道教如何适应社会主义社会作出教义的解释。"

“二是宗教生活必须作出新调整。根据当代道教徒的要求，对科仪和道德的内容作出取舍，淘汰不合时代的，新增道教徒需要的。”

“三是教徒规戒必须符合时代的要求。根据社会要求和教义思想，制定符合当代生活实际的规戒，既保证教徒队伍的纯洁，又能吸引朋友和留住教徒。”

“四是积极进行各种服务社会、壮大自己的入世活动。从事各种经济活动，为宗教生活和社会生活服务，增强自身经济实力。出版道教经典和书刊，建立和扩大同教徒信众的联系，为教徒排忧解难。”

“五是在团体和庙观管理中，借鉴社会成功的经验，培养人才，鼓励竞争，提倡民主，奖勤罚懒，不断增强道教发展的活力。”①

总之，“中国道教出现了半个世纪以来从未有过的生动局面，各地道观整修开放；道教活动得到恢复；一些老年教徒积极整理遗产，著书立说；一批有信仰、有文化、有朝气的青年道士培养成才，有的还走上了领导岗位；教内外编撰出版的道教书籍在社会上发行，引起重视。”②随着社会的迅速发展，道教将面临一个新的未来。

第四节　当代道教界已故知名道长的弘道业迹

道教的发展和繁荣，离不开道教界许多高道大德的大力弘扬。在当代中国道教界，许多高道为了道教事业的兴盛，付出了诸多心血和努力。在国家、民族危难之际，他们能挺身而出，积极救亡，扶危济困，高风亮节，体现了道教“仙道贵生，无量度人”的慈悲济世情怀。在社会主义建设时期，他们高举爱国爱教旗帜，带领信众积极参与社会主义建设，积极响应党和国家的号召，引导道教与社会主义社会相适应，为广大信教群众树立了良好的榜样。此外，他们还通过著书立说，言传身教，大力宣扬道教“尊道贵德”、“敬

① 陈莲笙：《培养人才，加强联合和适应时代的要求》，载《西安中国道教文化研讨会论文集》，《中国道教》1992 年增刊。

② 陈莲笙：《培养人才，加强联合和适应时代的要求》，载《西安中国道教文化研讨会论文集》，《中国道教》1992 年增刊。

天法祖”、“仙道贵生”、“无量度人”等教义，为社会主义的道德建设和精神文明贡献了道教的价值资源。下面我们选择当代道教界几位已故（逝世时间截止到2013年）知名道长的弘道事迹作一简要介绍。

一、岳崇岱：首任会长的担当

岳崇岱（1888—1958年），俗名岳云发，道号东樵子，道教全真龙门派第廿六代法嗣。中国道教协会发起人之一，中国道教协会第一任会长。

岳崇岱祖籍山东省寿光县大化庄，光绪二十二年（1896年）山东遭灾，大批难民“闯关东”来到关外，岳崇岱也随全家逃荒到辽宁省建平县公营子，落脚之后以务农为生，在做农活之余随祖父读书识字。随着年龄的增长、知识的积累，再审视自己所经历生活的艰辛与磨难时，不由得产生出尘避世的想法。于是在民国元年（1912年）毅然赴辽宁医巫闾山圣清宫出家修道。

岳崇岱入道后，遍访东北各大名山宫观，两年后回到圣清宫。因其从小务农之故，悟出了出家人不能完全依靠供养而要自养的道理，于是在圣清宫带领庙里道众种植果树、庄稼以自给自足。1920年到沈阳太清宫常住，被推选为知客，后任监院。岳崇岱仍然提倡道人要自食其力，深谙农事的他率领太清宫道众在沈阳城东张官屯地庄子耕耘土地达14年之久。1939年被推选为伪满道教总会常任理事。1944年再次返回闾山圣清宫清修4年，之后曾到北京白云观参访，新中国成立前返回沈阳太清宫。

1949年沈阳解放，岳崇岱经道众推选任沈阳太清宫方丈。新中国实行宗教信仰自由政策，岳崇岱也开始了他道教生涯崭新的一页。他拥护党和政府，经常组织道众学习政府公布的方针政策，读报了解国家时事，以适应社会主义新形势。不变的是，他仍然主张道教界应坚持修持与劳动生产两不误，一方面过正常的宗教生活，一方面自食其力，积极开展自养。他倡议并带领太清宫道众开办了纸匣工厂，组织道众从事生产劳动。他事必躬亲，办事干练，平易近人，生活简朴，从不计较个人得失，唯靠庙内衣单费维持生活，不搞特殊化。

岳崇岱喜读书，好学不倦，精研道经，且识整体顾大局，在道众中威望甚高。1956年7月间，岳崇岱被全国政治协商会议吸收为特邀委员。他有鉴于我国天主教、基督教、佛教、伊斯兰教皆建立了自己的全国性爱国宗教团体，唯道教仍如一盘散沙，没有任何一个组织把全国的道教界统领在一起，于是联络全国各地区道教界知名人士，倡议成立中国道教协会。在得到大家一致赞同和支持后，于同年11月在北京举行了发起人会议，并成立了“中国道教协会筹备委员会”。岳崇岱为众望所归，被推选为筹备委员会主任，遂移居北京白云观，把自己的工作重点放在了筹建“中国道教协会”的工作之上。他一方面物色人才，建立办事机构，一方面募资修缮白云观以备作中国道教协会会址。

1957年3月9日，岳崇岱代表道教界参加全国政协第二届第三次全体会议，受到了周恩来总理（时兼任全国政协主席）的接见。3月13日在会议上作了题为《扭转消极思想，参加社会活动》的发言。岳崇岱在这篇发言中梳理了道教的历史、宗派及基本教义，提出道教要扭转过去消极厌世、不问政治的思想，积极参与社会主义建设。现将此篇发言节录于此：

> 道教是中国的固有的宗教，也就是中国的古教。他的起始是由于原始社会庶物崇拜逐渐演进到宗祖崇拜。所谓庶物崇拜如“夏后氏以松，殷人以柏，周人以栗”；宗祖崇拜即“天子七庙，诸侯五庙，大夫三庙，士人二庙，庶人祭于寝室（即俗称家堂）”。那时，人民知识简单，以为天地间各种变化风云雷雨、山川草木、江河湖海等等皆有神主宰之。以后又演进为人格神，如燧人氏为灶神，祝融氏为火神，尧舜禹为三官大帝，周朝三母为娘娘神，天有上帝，地有社神，大都是为纪念一些伟人和发明创造者的功绩而形成的。《礼记》上曾这样说：“有功于国则祀之，有益于民则祀之，能捍大灾、能御大难则祀之，立法于后世者则祀之。”这些都是封建帝王利用民间的崇拜，借以范卫世道人心，补助政治之不足。所谓神道设教，这对民间信仰曾起过很大的作用，至今普遍的绵延未绝。道教创立起始于道家，周朝的老子著《道德经》八十一章，阐发道之玄妙，而不承认天地万物是神生的。他说：“有物混成，先天地生，寂兮寥兮，独立而不改，周行而不殆，可以为天下母”，又说：“万物生于有，有生于无”。所以老子的学说是朴素的唯物论。道家又

尊道而贵德，神则次之，尚谦虚、柔弱、不争、清静、无为、淡泊、寡欲、功成名遂身退，偏重于修养而淡于仕进，如范蠡、孙武子、商山四皓、张良、黄石公等，都是依道家的学说立身行事的。到东汉时，有成都张陵，他是留侯八代孙，开始创立道教。他引老子为鼻祖，并将民间一切神的信仰完全统纳于道教之内，从此信神与修道化而为一。随着社会的转变，代有传人，代有废兴，枝分派别，逐渐复杂，其中有丹鼎派、符箓派、清静派、政治派、全真派、正一派，有先出世而后入世，有先入世而后出世，如魏伯阳、陶弘景、葛洪、魏征、李泌、李淳风等，有时遁居城市，有时逸隐山林。迨至元初，成吉思汗聘请道士丘长春问长生久视之术，长春则告以敬天爱民、好生恶杀之道，并拯救过无数人民的性命。

道教是中华民族固有的宗教，他深入民心，虽有时兴衰，而民间的信仰则是普遍的始终未断，这是不能否认的。而道教徒过去在旧社会时候都是消极厌世，抱着独善其身、与人无患、与世无争、不问政治的思想，但那时的政治也不允许您问。自解放后，政治转变了，社会光明了，各地道教徒经过一系列的学习，参加各项社会活动，觉悟都大大地提高了，扭转过去消极厌世、不问政治的思想，知道团结群众，发扬热爱祖国的精神，与全国人民一道有选举权和被选举权，有光荣的政治立场，并能参与国家大事，这是历史上从来所没有过的。我们生在这个稀有的时代，赶上伟大的社会主义的社会建设，是何等地幸运哪！

在1956年年末，在中央政府号召协助下，成立中国道教协会筹备委员会，这更鼓舞了全国道教徒加强建设社会主义社会的爱国思想，而我本人被推举为筹备委员会的主任。今后我站在宗教岗位上，团结全国的道教徒，爱护祖国，积极参加社会主义建设和保卫世界和平事业，协助政府贯彻宗教信仰自由政策，联系各地道教徒，发扬道教的优良传统，遵守中国人民政治协商会议章程总纲内七项准则，加强自己的学习，贡献出自己一切力量，为建设社会主义而奋斗！

《人民日报》于1957年3月14日一版刊载了岳崇岱方丈的这篇发言，这是中国道教在新时代发出的重要声音。

1957年4月，中国道教界第一次全国代表会议在北京召开。岳崇岱在会上作《关于道协筹备工作的报告》。他说：

道教是中国汉民族中固有的宗教，两千年来曾对我国文化和社会生活有着深远的影响。历来都有着众多信徒，只是由于近百年来帝国主义的侵略和旧中国反动政府的黑暗统治——它们对我们道教施行了摧残与压迫——才使我们道教陷于分散凌乱、一蹶不振的地步……解放以来，很多事实都证明，政府是确实尊重道教徒的宗教信仰以及保护我们过宗教生活的。今天我们在北京，各方道友同聚一堂来成立自己的组织，这无疑是又一次具体有力地说明了在我们的国家里，宗教信仰是自由的……这几年来，我们道教界的改变也是很大的，如过去消极厌世、独善其身、不问政治的闲散思想有了些改变，大家都积极参与了祖国建设事业，有很多教友，都参加了各级政协组织和人民代表大会，被选为各级政协委员或人民代表；过去我们各地道教徒是互相隔膜、不相往来的，现在也逐渐消除隔膜与加强团结了；随着国家农业社会主义改造的发展，有些常住也改变了过去的生产方式，而组织了生产与修道相结合的农业生产合作社。我们认为以上这些改变，都是非常有益的，是进步的具体表现。以上所说，我们的精神是：我们处在这样一个民主、自由的国度，同时我们在各方面都逐渐健全起来了，因之我们认为，我们道教界走上了一个新的坦途，我们有了整顿教务、研究义理、发扬道教优良传统的良好条件。另一方面，我们道教在文化学术方面，有着祖国先哲们丰富的遗留下来的文献，我们也有着养身却病、益寿延年等修养方法，这些都逐渐为人们所重视和接受，这也促使我们道教徒要组织起来，为整顿教务、研究义理、发扬道教优良传统而积极工作。这一切都说明了成立道教协会的客观条件与主观条件都已成熟，这是一个良好的历史机缘。①

岳崇岱还代表筹委会对道协成立后的工作提出四点建议：第一，今后道教协会的一切工作，应以宗旨为指针；第二，需要设立专门研究道教教理、学

① 国务院宗教事务局政法司编：《中国宗教团体资料》第1辑，北京：中国社会出版社1993年版，第139—140页。

术的机构，使得我们道教的教理与学术得以弘扬，在学术上放出光辉；第三，根据工作需要，同时又要在精简节约的原则下，设立工作机构；第四，紧密团结全国道教徒，发挥一切积极因素为祖国服务。[①]

4 月 12 日中国道教协会正式成立，岳崇岱当选为会长。4 月 15 日上午，岳崇岱会长与全体代表到中南海，受到中华人民共和国副主席朱德、李济深接见并合影留念。岳崇岱就任会长后，便着手建立正式办事机构、延聘人才，并设计开展会务计划。开展工作不久，全国掀起了"反右"斗争政治运动波及道教界。1958 年春，中国道教协会亦在北京召开理事扩大会，开展"反右"斗争。岳会长被错误地打成"右派分子"，同年 5 月离京返回沈阳太清宫，不久含冤自杀。1978 年中共十一届三中全会以后，为其彻底平反昭雪恢复名誉。

岳崇岱一生爱国爱教、光明磊落，堪称一代杰出的全真道士，至今仍为广大道教徒所思念。[②]

二、黎遇航：道门法统的守护者

黎遇航（1916—2002 年），道名黎顺吉，道教正一派道士，江苏金坛人。中国道教协会第二届副会长兼秘书长，第三、四届会长，第五、六届顾问。全国政协第五届委员，第六、七、八届常务委员。

黎遇航 1916 年农历九月二十一日生于江苏省金坛县西岗乡西城村，出生 7 个月后母亲黎纪氏外出未归，之后音讯皆无，由祖母抚养。5 岁时祖母离世，又被送交姑母抚养。父黎洪春是个瓦工，在一次事故中眼睛损伤，影响生计，全家度日艰难，遂入茅山元符万宁宫西斋道院学道，拜耿云清道长为师，正式皈依为道教正一派道士。因思念不在身边的儿子，经师父同意又将儿子接到万宁宫中随自己生活。儿时的黎遇航天资聪颖、举止有礼，深为耿云清道长及观中道众喜爱，耿云清道长让自己最得意的徒弟徐龙田法师

① 国务院宗教事务局政法司编：《中国宗教团体资料》第 1 辑，北京：中国社会出版社 1993 年版，第 141—142 页。

② 此节主要参考了李养正：《当代中国道教》，北京：中国社会科学出版社 1993 年版，第 243—247 页。

收黎遇航为徒,取道名顺吉,意为“顺太上无为之法,兆我教继往开来、兴旺发达瑞吉”,同时又取学名“遇航”。黎遇航从此生活、成长在道观之中,不仅向徐龙田法师学习道教音乐与斋醮科仪,还师从当地有名的教师吴济之先生(为进步人士,抗战时参加新四军)学习诗词文章、琴棋书画,并全面系统地学习儒道文化。在十七八岁时就成为了既能诗善画又稔知道教斋醮科仪的高功,并受师父之命承担起为道观带徒弟的责任。1935年被推举为元符宫住持。但是随后由于日本侵华战争的全面爆发,黎遇航平静的山居生活也被打断了。

1937年8月13日,上海战事爆发,与上海相隔不远的茅山地区也是人心惶惶。为了安全,黎遇航奉父亲及师父之命带着一个徒弟远走安徽含山避难。这是21岁的黎遇航第一次出远门,怎知到了当地师徒被逃难的人群冲散,遍寻不见。独自一人的他辗转于安徽、河南、湖北、湖南、江西等地,饱尝艰辛。在江西吉安漂泊时,偶遇与新四军有密切联系的乡亲周长青,并见到了驻扎此地的新四军。不久,新四军先遣队东进,他与周长青因熟悉情况,随新四军回到茅山,投入了茅山抗日斗争之中。1938年6月,新四军一支队在陈毅司令员率领下进入茅山,深入敌后创建苏南抗日根据地,司令部和政治部就设在茅山乾元观。在茅山,黎遇航目睹了日寇的残暴。1938年8月,日寇对茅山进行残酷的扫荡,仅茅山三宫五观的道士,就被日寇屠杀了35名。黎遇航的父亲黎洪春亦因拒绝给鬼子带路,被日寇刺杀于华阳洞顶的石头山上。面对国仇父仇,黎遇航化悲痛为力量,更加积极热情地投入抗日工作。他曾帮助新四军做征收、保管粮食及通讯等工作。他不仅主动为新四军带路,筹备军粮、看护伤员,同时还担任一个情报站的站长,在搜集情报的同时配合新四军派出的武装人员进行锄奸活动,并先后送自己的两个徒弟参加了新四军。这段岁月成为他刻骨铭心的记忆,也成为他日后提倡爱国爱教精神的不竭源泉。

抗战胜利后,新四军奉命北撤。黎遇航不幸身染重病,未能随队伍北上,留在茅山地区养病。国民党反动派大肆搜捕新四军留守人员,黎遇航不得不亡命上海,重披道袍。后返回茅山元符万宁宫西斋道院,任万宁宫住持。新中国成立后,黎遇航满怀热情迎接新社会,配合共产党和人民政府帮助茅山地区的道教界跟上时代的步伐，提高思想认识。他将茅山的道众组织起来学习新政策，参加生产劳动，积极投身到社会主义建设事业中，使得茅山地区的道教界顺利地完成了土地改革。黎遇航倡导茅山的道士摈弃旧习惯，通过劳动达到自养的目的。在他的带领下，道众炼焦炭、烧石灰、编制柳条筐、耕种粮食，不仅做到了自给自足，还能运出山外换回其他的劳动、生活用品。不久，组织上希望他能发挥自身的优势，顾全大局为当地的教育事业做些工作，于是他下山到下泊宫小学，从 1951 年至 1957 年历任该校教师、校长。1953 年当选为句容县人大代表，1954 年当选为江苏省政协委员。

1957 年 4 月，中国道教协会成立，黎遇航被选为常务理事并调到北京，担任中国道教协会副秘书长。在 1961 年召开的中国道教协会第二届全国代表会议上当选为中国道教协会副会长兼秘书长。他协助陈撄宁会长，积极开展工作。当时道教界有识之士意识到，前些年紧张的生产劳动和政治运动，使道教徒的宗教生活受到了一定的影响，在修持与教义授受方面有所荒疏，同时也产生了后继乏人之忧。中国道教协会集中了这方面的意见，制定了《中国道教协会研究工作及培养道教知识分子计划大纲》。随后，中国道协成立了道教研究室，创办了不定期刊物《道协会刊》，开办了道教徒进修班。

1966 年"文化大革命"爆发，道教界受到严重冲击。在当时条件下，他只能凭着自身有限的力量为保护道教做一些事情。红卫兵破"四旧"，要毁坏北京白云观的文物，当时居住在里面的黎遇航为此曾大伤脑筋，多少天寝食不安。后来他还是想出了办法，并电话请示周总理办公室，经总理同意，由自己的亲戚带上三五个红卫兵，先把价值不大的坛坛罐罐砸毁数件，然后将珍贵文物收藏起来，全部贴上红卫兵的封条，这样使得造反派们不敢轻举妄动，从而保护了白云观的一大批重要文物，他戏称此事为"金蝉脱壳计"。陈撄宁会长在"文化大革命"伊始受到了冲击，他想方设法给予保护，帮其渡过难关。之后不久，中国道教协会停止了一切活动，他也于 1969 年被疏散回到茅山。

回到故地，黎遇航仍然坚持为地方政府做些自己力所能及的工作，积极主动地参加地方的血吸虫防治工作，配合有关部门宣传计划生育等政策、法规，并抽时间参与撰写《茅山抗日革命史》，为社会留下抗日战争中当地的英雄历史。他时常到革命烈士墓地义务向前来参观的人们讲解、宣传抗日英雄的事迹。

1980年,中国道教协会恢复工作,并召开第三届全国代表会议,黎遇航当选为会长,回到北京工作。同年担任第五届全国政协委员。1986年中国道教协会召开第四届代表会议,他连选连任会长职务。1987年,在全国政协六届三次常委会上增选为常务委员,并任全国政协宗教委员会副主任。后又当选为全国政协第七、八届常务委员。1992年至2002年担任中国道教协会第五、六届理事会顾问。他还担任过中国和平统一促进会常务理事等职务。

黎遇航担任中国道教协会会长期间,在协助党和政府落实宗教信仰自由政策、维护道教界合法权益、加强道教自身建设、推动道教教务活动的正常开展、弘扬道教文化等方面,做了大量工作。

经过"文化大革命"的冲击,全国多数道观遭破坏、损毁,出家人也大多被迫还俗回到社会,几乎没有任何宗教活动。面对这样一种状况,黎遇航不辞劳苦地奔波于各地,与当地政府积极沟通,推动当地道观的恢复开放和地方道教组织的成立。1982年,以黎遇航为会长的中国道协遵照国务院批转的《关于汉族地区佛教道教寺观管理试行办法》,提出了《拟作为宗教活动场所的全国重点宫观名单》(计二十一处宫观,分布在十七个地区),上报国务院宗教事务局。1984年,国务院正式确立了道教重点宫观二十一处。黎遇航不顾年老体弱,经常深入到全国各地道教宫观进行调查研究,指导地方的教务工作。他曾代表中国道教协会参加全国政协宗教组,赴西安、成都、武汉等地调查宗教政策的落实情况,推动这些地区的全国重点宫观的交接工作。他注重道教的教制建设,领导制订了《中国道教协会关于道教宫观管理试行办法》。

黎遇航非常重视道教文化的研究。他在1980年中国道教协会第三届全国代表会议的《闭幕词》中指出,"道教流传下来的学术资料是很丰富的。只要这些学术为人民所需要,道教的优良传统就能够得到继承和发扬。现在国内宗教界和学术界有不少人都在研究道教,热情很高,这是十分可喜的。国际上也有不少人重视道教研究。这不仅为我们研究工作提供了良好的条件，而且将激励我们把开展道教研究作为工作重点，继承道教知识，发扬道教的优良传统，并在学术领域里作出应有的贡献”①。在1986年召开的中国道教协会第四届代表会议上，他又强调：“道教的文化学术，是道教的优良传统，应当继承和发扬。”他还提出了具体的计划：“组织力量，在一至三年内编写出版《洞天胜境》、《道教史话》、《道教知识汇编》及《道教史纲要》等书，使更多的人能了解道教的文化与历史。”②1987年，在他的领导下，原来不定期的、内部发行的《道协会刊》改版为公开发行的《中国道教》季刊。1989年，经国务院宗教事务局批准，中国道教协会成立了中国道教文化研究所。

黎遇航重视道教人才的培养，强调要做好道教工作，要发展弘扬道教，必须培养自己的优秀人才。在他的领导下，中国道教协会先后开办了四期道教知识专班修和一期进修班。1990年中国道教学院成立，从此道教界的人才培养迈上了院校化、规范化的新台阶。他在中国道教学院开学典礼上说：“道教宗元道、经、师三宝，修道必习经诰，习经诰必有师授始能悟道明理，臻得道果。办学授经，这是弘道的重要途径，因此办好中国道教学院，是振兴和发展道教事业的大事。”他指出：“当前我们道教界存在的主要问题是缺少人才。老一代道学渊博、献身道教事业的老道长，大都年事已高；年轻一代道友，一般文化素质和道德修养又不高，很不适应道教事业开展的需要。因此道教学院担负着继往开来、育才弘道的光荣任务。要努力争取在短时期内，更多更好地培养出一批爱国爱教、对道教义理有较深造诣、有较强管理教务能力的合格人才，改进宫观管理和开展学术研究。”他同时强调，培养人才只靠道教学院是远远不够的，要上下齐努力，两条腿走路，各地道协组织和宫观也应采取灵活方式办学，把培养人才放在首要地位。③

黎遇航重视与港、澳、台道教界及国际宗教界的联系与友好交往。他在

① 《道协会刊》第5期，1980年7月。

② 黎遇航：《团结广大道教徒，积极参加两个文明建设——中国道教协会第三届理事会工作报告》，《中国道教》1987年第1期。

③ 参见黎遇航：《继往开来，育才弘道——在中国道教学院开学典礼上的讲话》，《中国道教》1990年第3期。

北京先后接待了香港紫阙玄观、香港道教联合会、香港蓬瀛仙馆、香港青松观和香港竹林仙馆参访团。1988 年 10 月,《中国道教》杂志社代表与台湾《道教文化》杂志社代表在香港进行道教经典资料的交换。这是阔别了近四十年之久的两岸道教界首次聚会一堂。1989 年 8 月,台湾“中华道教总会”一行 15 人参访了中国道教协会和北京白云观。1990 年 4 月,黎遇航会长接待了来访的台湾《道教杂志》创办人龚群和美国加州三藩市紫根阁负责人谢满根一行。1990 年 12 月接待了台湾道教科仪交流朝圣团,并在全国政协礼堂举办了“海峡两岸醮仪讲坛”。他还在北京白云观会见了美国中孚道院凯蒂博士一行。他曾在讲话中指出:“现在由于社会主义祖国的强大,国际地位日益提高,在国外的华侨和华裔子孙把信仰道教和研习道教文化,看作是继承中华民族传统文化的一个重要方面,并以此增进炎黄子孙对祖国的深厚情感与尊敬。远在法国、美国、澳大利亚、加拿大都有道教宫观和组织,研究道教文化的团体也很多。他们办有刊物,还经常举行国际性道教文化交流。”①因此,中国道教要重视弘扬自己的文化,以便更好地走向世界。

1992 年,因年事已高、体弱多病,黎遇航不再担任中国道教协会会长职务,只任顾问一职。2002 年 12 月 20 日,黎遇航道长在北京因病逝世。新华社、《人民日报》等中央新闻单位分别发表报道和文章,对黎遇航一生爱国爱教、长期与党和人民政府团结合作,为巩固和发展党同宗教界的爱国统一战线、为中国的道教事业作出的突出贡献给予了高度评价。②

黎遇航的道教思想,集中体现在他撰写的《道教的信仰及教理教义》一文中。他说,道教最根本的教理教义,是“道”和“德”。“道”是以“清静为宗、虚无为体、柔弱为用”的一种“道”。“德”是从“道”中分化出来的,“道”是总体,“德”是个体,指万物所含有的特性而言。道教主张以“清静”、“无为”、“柔弱”、“不争”、“抱一”、“寡欲”等作为处事与修养之方法,也都是从

① 黎遇航:《继往开来,育才弘道——在中国道教学院开学典礼上的讲话》,《中国道教》1990 年第 3 期。

② 关于黎遇航的生平事迹,主要参考了《黎遇航顾问生平》,《中国道教》2003 年第 2 期;李养正:《当代中国道教》,第 251—254 页;袁志鸿:《道教名宿黎遇航》,《中华儿女(海外版)》1999 年第 12 期。

“道”与“德”的基本原则中发挥出来的。[1]

黎遇航对道教文化充满自信和自豪感。他认为，道教是我国的古老宗教，保存有丰富的经籍和文献资料，是祖国传统文化的重要组成部分。道教文化有着鲜明的民族特色，既有我国传统的神学理论，也有独特的神仙信仰；既相信天道承负，也坚持“我命由我不由天”的贵生思想。一千八百多年来，道教绵绵相传，经过无数前辈的研习与探索，形成了自己的义理体系，对我国的哲学、养生学、医药学、生态学、文学、化学、音乐等都有积极贡献。他号召道教徒学习道教知识，弘扬道教文化，发扬道教优良传统，济世利人，有益于社会。他说：“道教文化在国际上从来没有像现在这样被重视，影响面之广、研究者之多，是空前的。”“中国道教的灿烂文化，随着祖国的强大，以新的面貌，走向世界。作为中国人应该有这种自豪感，作为中国的道教徒更应该重视对道教文化的研究，要做出成绩，报答社会主义祖国。”[2]

黎遇航在早年的读书生活中，尤其喜爱中国古典诗歌。晚年他曾追述说：“被屈原的《离骚》所吸引，对其高洁的人品和诗歌高度的抒情性深表佩服，不久便对我国传统的诗歌文化产生了浓厚的兴趣。于是我从屈原诗开始读起，三曹（曹操、曹丕、曹植）等建安文人诗，阮籍等人的畅玄诗，李白、杜甫等人的唐诗，苏东坡、辛弃疾等人的宋词，关汉卿、白朴、马致远等人的元曲，无不一一拜读。从而为以后的诗词创作奠定了良好的基础”[3]。他一生创作了大量诗词，于 1999 年结集成《遇航诗词集》出版发行。

三、傅元天：在拨乱反正中重振道教

傅元天（1925—1997 年）[4]，俗名傅长林，四川简阳人，道教全真派第二十三代传戒大律师。中国道教协会第四届副会长、第五届会长，全国政协第八届常务委员。

---

① 参见黎遇航：《道教的信仰及教理教义》，《中国道教》1987 年第 1 期。

② 黎遇航：《继往开来，育才弘道——在中国道教学院开学典礼上的讲话》，《中国道教》1990 年第 3 期。

③ 黎遇航：《遇航诗词集 · 前言》，北京：中国盲文出版社 1999 年版。

④ 按龙门派派字谱，应为“傅圆天”，但“圆”常简写成“元”，故习用“傅元天”。

傅元天出身农民家庭，上有兄、姊 5 人，为家里的“幺儿”，父母十分疼爱。但他自幼体弱多病，因父母虔诚信仰道教，于是在他 12 岁那年，母亲带他到灌县水磨乡（今属汶川县）黄龙观，拜张永平道长为师，学习道教养生术。张永平青年时代曾在清末川滇边务大臣赵尔丰（1845—1911 年）所统率的巡防军任参将。他目睹清廷上下腐败，百姓水深火热，毅然脱离军界，出家修道。1943 年，张永平羽化。过了两年，20 岁的傅元天正式到黄龙观奉道出家。

黄龙观虽在川西地区有一定名气，但因地处深山僻壤，檀施较少，只能靠 30 亩香火地维持 40 多名道士的生计。所以观里早有规矩：只供道士吃饭，不供衣单。傅元天住观修行后，深知黄龙观的困难，每次回简阳俗家探亲，临走时总是尽量向父母多要点钱，带回道观接济那些贫穷的道士。他深知一个道士想成为有修为的“高道”，必须广阅道经典籍、研究道教哲理，于是他每次从简阳俗家归来时，都要特意绕道成都二仙庵，选择一些自己需要的道书买回来读。

1950 年，当地实行土改。鉴于黄龙观 30 亩香火地不够住观道士分配，傅元天离开该观，独自一人进入川西北人迹罕至的深山老林，在一处被猎人称为“老虎窝”的地方安顿下来，垦荒自养，刻苦修持。1956 年正月的一天，傅元天离开“老虎窝”到山下的灌县城（今都江堰市）备办生活用品，在街上遇到灌县统战部的两位干部。两人向傅元天说，有许多老干部到青城山参观考察时，都问到山中道教宫观文化的保护和道教界的情况，因此灌县政府决定将四散的道教徒再请回来住观修持。恰巧两位干部认识傅元天，便邀请他到青城山常住。傅元天接受了邀请，来到青城山常道观（俗称天师洞），拜见了著名高道易心莹大师，并被幸运地留在大师身边，得以列其座下而闻道。傅元天后来回忆说：“易心莹大师虽然不是我的师父，但是他将我当做他的学生，教诲我，培养我，我在心灵深处把他当作先生，他确实是我的好老师。”①

1959 年，青城山实现人民公社化，灌县政府划拨五十亩土地归青城山道众，将天师洞、上清宫等六个道观组合成一个生产队，由易心莹担任队长，傅元天为副队长兼会计。他响应人民政府鼓励道教界参加祖国建设的号

① 张明心、马瑛主编：《青城山道教志》，北京：中央文献出版社 2007 年版，第 211 页。

召,组织道众在山上种茶、种庄稼,积极从事生产劳动。

1962年,上清宫无人管理,易心莹见傅元天老成稳重、工作踏实,便委托他前往上清宫进行管理。1964年,傅元天被推举为上清宫当家。

1966年"文化大革命"爆发后,道教受到冲击,位于青城山顶峰的上清宫,亦未能够避免"打砸抢抄"的厄运。傅元天虽然对此混乱局面大惑不解,但仍每日依旧率道众劳动,尽心维护古道观。他把受到"红卫兵"冲击的易心莹大师接来上清宫居住,亲自奉养。他在易心莹的指导下,带领道众将宫观内名人楹联、匾额碑刻等,全部用纸糊上,再用"最高指示"或革命口号覆盖,使这些珍贵文物得以保存下来,功不可没。

在动乱岁月,为谋道众生计,他将道家秘传之猕猴桃素酒配方,反复勾兑实验,终于掌握了制作"道家洞天乳酒"的方法与技能,于是他开始设厂制作。岂知刚有经济效益,便引起某些人眼红,悍然以公社名义平调归"公",将傅元天排挤出厂。傅元天亦一笑置之,依然率道众务农。乳酒厂终因强占者不知制作秘方,且不善经营,不久亏损倒闭。

易心莹大师在"文化大革命"期间悲愤而逝,临终前将所有橱柜的钥匙交给傅元天,并把青城山道教的未来托付与他,希望他能带领道众渡过难关,日后振兴道教。

1978年党的十一届三中全会召开后,随着宗教信仰自由政策的贯彻落实,青城山道教界得以重见天日。1979年12月,青城山道教协会成立,傅元天当选为会长。根据当时青城山道教的情况,他立即着手做以下几件事:

一是将流散在社会中真正有道教学识专长的老道长请回山,担任传授全山道众道教科仪规范传统的师傅;二是筹划青城山道教以后生产服务的方向和措施,决心以劳动自养、以实体经济解决宫观道士的生活和建筑修缮等方面的主要经费;三是主持制定《青城山道教宫观管理制度》;四是按道教传统为青城山新道徒举行冠巾仪式。①

傅元天的这些想法、计划和措施得到了政府宗教事务部门的热情关怀

---

① 参见张明心、马瑛主编:《青城山道教志》,北京:中央文献出版社2007年版,第211页。

和大力支持。首先,江至霖和张至益两位老道长被请回青城山。江至霖道长曾担任过成都二仙庵传戒大师,擅长全真科仪法事。他帮助傅元天很快在青城山的道观中组建起了"经忏班",培养起一批娴熟道场活动的年轻道士。张至益道长则精通内家功夫和多种拳术,他到青城山后,带动全山青年道众开始了传统的武功和养生修炼。

在生产服务方面,傅元天决定重新筹建道家乳酒厂。1983 年"洞天乳酒"试产成功,并获四川省重大科技成果奖。1985 年,他又创办了青龙岗茶厂,生产"青城贡茶"和"青城苦丁茶";其后又开发了"道家矿泉水"等新的生产项目,为青城山道教的"自养"事业闯出了新路,也为当地经济建设和旅游事业的发展作出了贡献。

1984 年 4 月,政府将青城山常道观、上清宫等七处宫观归还给道教协会管理,作为四川省首批对外开放的道教宫观。傅元天立即主持制定了《青城山道教宫观管理试行办法》,成立了"青城山道教宫观管理委员会"。稍后,又补充制定了《关于进一步完善分庙核算、责任到人的管理办法》,为新时期道众民主管理宫观积累了宝贵的经验。

1986 年青城山举行了道教徒冠巾仪式,傅元天亲任冠巾师。1988 年在青城山天师洞开办了为期半年的"成都道协道教知识进修班"。傅元天在开学典礼上讲话,要求学员们珍惜时间,勤奋学习,掌握道教基本知识和宫观管理知识。① 1991 年又创办青城山道教学校。傅元天在开学典礼上说,学校的学制为两年,学员以青城山道教徒为主,也招收全省正式道教徒。学校的目的是培养一批拥护党的领导、坚持走社会主义道路,有宗教学识的优秀人才。②

1986 年,中国道教协会第四次代表会议召开,傅元天当选为副会长,1989 年兼任中国道教文化研究所名誉所长,1990 年兼任中国道教学院副院长。1992 年 3 月,中国道教协会召开第五次全国代表会议,他众望所归当选为会长,并兼任中国道教学院院长,同年,当选为全国政协常委。1993 年 3 月,四川省道教协会第二届代表会议召开,傅元天当选为会长。

---

① 参见《傅元天副会长在成都道协道教知识进修班开学典礼会上的讲话》,《中国道教》1988 年第 4 期。

② 参见傅元天:《在青城山道教学校开学典礼上的讲话》,《中国道教》1992 年第 1 期。

据他自己回忆，担任中国道教协会负责人以来，他所做的最满意的事情有以下几件：一是提请政府正式批准成立“中国道教学院”，二是 1989 年亲自领导了在北京白云观举行的全真派新中国成立以来首次传戒活动，三是 1993 年在北京白云观主持了大陆、台湾、香港三地道教界联合参与的“罗天大醮”大法会，四是 1995 年支持在江西龙虎山举行首次对国内正一派道士授箓活动，五是 1995 年在青城山举行新中国成立后的第二次全真派传戒活动，被道众推举担任方丈大律师。①

1989 年 11 月 12 日至 12 月 2 日，道教全真派在北京白云观举行隆重的传戒大典。这是新中国成立后，道教界首次举办传戒法会。作为此次活动的主持者之一，傅元天被授予“大师”称号。他在传戒法会上作了《修戒之目的和我们受戒后的努力方向》的讲话。他说：“道士持戒后，应更好地爱国爱教。”理由何在呢？他指出如下几点：第一，自古至今，没有不爱国、不孝父母、不敬师长、不讲社会道德的神仙。第二，没有共产党就没有新中国，没有共产党祖国也不可能这样繁荣富强，人民也不可能这样丰衣足食，社会也不可能有这样的安定团结。对道教界来说，也就没有新中国道教，更谈不上今天在白云观传戒和受戒。因此，我们道教界人士应更加热爱社会主义祖国，坚决拥护共产党的领导，严格遵循党和政府的政策法令，努力作中华人民共和国的模范公民。第三，得戒弟子，回到各地宫观后，每做一件事，都要用太上之律条来很好地衡量，也都要对国家对人民有益，对社会自觉负责。② 他不仅是这样要求别人的，更自觉地以身作则，他说：“在职务上，我是中国道教协会副会长，但我和大家一样有缘成为同坛戒子，从受戒之日起，我将进一步正心修身，努力做好表率，为道教事业奉献全部精力。”③

1990 年 5 月 5 日，中国道教学院在北京白云观正式成立，并举行了隆重的开学典礼。傅元天在开学典礼上说：“我作为一个热爱社会主义祖国、虔诚信仰道教的老年道教徒，亲眼看到中国道教学院成立，内心感到十分高

① 参见张明心、陈明光主编：《不言之教——纪念傅圆天大师诞辰八十八周年》，北京：中国国际文化出版社 2013 年版，第 83 页。
② 参见傅元天：《修戒之目的和我们受戒后的努力方向》，《中国道教》1990 年第 2 期。
③ 参见傅元天：《修戒之目的和我们受戒后的努力方向》，《中国道教》1990 年第 2 期。

兴。”“道教学院的成立，充分体现了党的宗教信仰自由政策的认真贯彻，我们一定不辜负党和政府的关怀，努力把道教学院办好。”①

1993 年 9 月，北京白云观、香港青松观、台北指南宫联合在北京举办祈祷世界和平、护国佑民的“罗天大醮”法会，傅元天被推选为法会主席。他在欢迎词中说，信道、修道、研道、弘道是我们玄门弟子义不容辞的责任。愿大家同心同德，爱我中华，遵祖师圣训，传优良道风，修自身功德，祈求上天赐福于国家昌盛，人民幸福，世界和平。法会期间在人民大会堂向“希望工程”捐款人民币 100 万元，受到社会各界好评。②

1995 年 5 月 10 日，正一派道士授箓座谈会在江苏茅山道院召开，傅元天出席并发表讲话。7 月 11 日至 13 日在四川青城山召开的中国道协五届六次常务理事会上，傅元天明确提出，将于当年在龙虎山天师府举行面向国内正一派道士的正式授箓活动，要求各地道协和道教宫观给予支持和协助。同年 12 月 5 日至 7 日，新中国成立以来道教正一派首次授箓传度法会在龙虎山天师府隆重举行。

1995 年 11 月 1 日至 21 日，中国道教协会在青城山举行全真派第二次传戒法会，傅元天被推举为方丈大律师，法名傅宗天。他在法会上主讲《道德经》、教理教义和修持。他在讲道中强调：“先学会做人，才能学做神仙。”他引用张三丰祖师的话说：“全于人道，仙道不远也。”他认为，尽忠尽孝就是神仙。作为道教徒，忠于祖国、忠于人民，拥护党的领导，孝敬师长、父母，这就是修道的根本。只有认识到国强才会教兴这条不变的真理，才能真正悟到修道的真途。他指出，道教徒要以人道立基，以仙道修命，坚持道教的正道宗旨，劝人向善、克制私欲、排除妄念。只有使思想纯净、心胸坦荡，才能修真修性，益寿延年。他认为这才是道教学说的精义要旨。③

① 参见《中国道协副会长傅元天在中国道教学院开学典礼上的讲话》，《中国道教》1990 年第 3 期。

② 参见《北京白云观举行“罗天大醮”，海内外数百位同道参加盛典》，《中国道教》1993 年第 4 期。

③ 参见王明凯：《道法不离世间法——傅圆天大师谈道德修持》，载张明心、陈明光主编：《不言之教——纪念傅圆天大师诞辰八十八周年》，北京：中国国际文化出版社 2013 年版，第 130—131 页。

傅元天担任中国道教协会会长以后,不顾年老多病,深入全国各地名山宫观调查研究,为促进道教的健康发展而辛勤操劳。他积极协助政府贯彻落实宗教信仰自由政策,致力于维护道教界合法权益。都江堰旁的二王庙,因一些历史遗留问题长期未能归还道教界管理,他多年来利用各种机会向四川省及党中央反映情况,在参加全国政协八届三次会议的时候又向大会提交了有关二王庙落实政策的提案,并当面向时任全国政协主席的李瑞环同志做了汇报。他在辞世前又把道教界收回二王庙的愿望写进遗书中。最终二王庙落实宗教政策问题在他离世 3 年后得到圆满解决。

他积极倡议比较富裕的道观和道教组织对贫困地区的道观伸出援手,发起了资助"三山(齐云山、鹤鸣山、太白山)"宫观维修建设的活动,得到了全国二十多个道观和道教组织的响应,促进了三山宫观的维修。

1996 年,傅元天率领一个由道教界人士和社会文化人士共同组成的考察队,来到了四川彭州市古阳平治遗址。阳平治曾是天师道二十四治的首治,也是张天师的飞升之地,当时已成一片废墟。作为会长的傅元天,深知阳平治在道教文化中的地位及意义,当着随行众人发下誓愿:今生今世,一定要穷尽毕生精力,重振阳平治!在他的感召下,香港飞雁洞住持刘松飞鼎力相助,终于建成了宏伟的阳平观。

他积极开展同港澳台道教界及海外道教界的友好往来。1992 年 12 月,他率中国道教代表团对香港著名道教宫观及社团组织进行了参访,达到了加强联系,沟通情况,增进友谊的目的。从 1994 年到 1996 年,傅元天先后三次与台湾道教界人士联合举办"两岸道教科范交流会"。1995 年,他曾以中国道教协会会长的名义发表了《为促进祖国和平统一贡献力量》的文章,指出两岸道教徒同根同源,同是玄门弟子,文化和信仰的观念把海峡两岸道教徒紧紧地连为一体。他呼吁两岸道教徒要以太上立教的宗旨为追求,本着维护民族传统的精神,弘扬道教,继承和发扬祖国传统文化,为促进祖国的和平统一大业贡献力量。①

傅元天羽化后,《人民日报》发文:"傅元天大师一生爱国爱教,五十年

① 参见傅元天:《为促进祖国和平统一贡献力量》,《中国道教》1995 年第 2 期。

代以来积极响应政府号召,组织带领道众种粮种茶,劳动自养。中共十一届三中全会后,他积极协助党和政府贯彻执行党的宗教信仰自由政策,为维护青城山良好环境,维修道教宫观古迹作出了贡献。他热爱社会主义祖国,拥护中国共产党的领导,在担任中国道教协会的重要领导职务后,更是以自己的实际言行,广泛团结全国道教徒爱国爱教,遵纪守法,努力发扬道教优良传统。他拥护祖国统一,并积极为增进与香港、台湾地区和海外道教界的友好往来和实现祖国统一呼吁奔走。他坚贞的爱国爱教精神和高尚的道德风范受到海内外道教徒的钦佩。”①

四、闵智亭:让世界了解道教

闵智亭(1924—2004年),号玉溪道人,河南省南召县人,道教全真华山派道士。中国道教协会第五届理事会副会长、第六届理事会会长,全国政协第九、十届常务委员会委员。

闵智亭俗名闵广铨,1924年5月5日出生于河南省南召县。家庭世以经商为业,生活殷实。1941年因日寇将战火烧至南阳,学校流亡而辍学。由于家学渊源,自幼养成民族自尊心理,且素喜读《留侯传》及陶渊明田园诗,早有出世之想,故在外敌入侵、山河破碎之际,只身投奔华山,在毛女洞拜刘礼仙道长为师,出家修道,宗奉全真华山派,派名智亭。

出家后的闵智亭更为好学,不仅每日勤奋诵习道教经典,还认真研读各时代不同版本的《华山志》,并在华山做实地考察,把华山前山后岭几乎踏遍。师父刘礼仙道长鉴于自身文化水平不高,鼓励他外出参访,以求深造。闵智亭于1943年前往西安八仙宫挂单,得监院邱明中、都讲商明修等高道教诲,又师从著名高功赵理忠道长学习道教经韵和科仪。1945年,闵智亭被举任为八仙宫知随、行堂知事。

① 关于傅元天的生平事迹,主要参考《傅元天大师生平简介》,《中国道教》1997年第3期;李养正:《当代中国道教》,第254—257页;李豫川:《当代道教大师傅圆天》,《中国道教》1998年第3期;张明心、马瑛主编:《青城山道教志》第十五章之《道门领袖傅圆天》,北京:中央文献出版社2007年版,第200—220页;张明心、陈明光主编:《不言之教——纪念傅圆天大师诞辰八十八周年》。

抗日战争结束后，闵智亭踏上了南下访道之路，于 1946 年赴武昌长春观，受到监院陈明昆道长赏识，随其学道，并担任高功经师、号房、巡寮等执事，其间常与道友一起到汉口等地做经忏，道教经忏科仪日臻熟谙。

1947 年，为寻访一位传说中的郎姓高道，闵智亭离开湖北前往沪杭一带，先短暂停留于上海白云观，后去杭州玉皇山福星观挂单，担任过号房、大殿主、知客等执事。当时福星观监院是高道李理山，闵智亭从他那里学到不少天文星象学知识。他同时向清白道人周济学习书画，向古琴大师徐元白讨教古琴技艺，从道教诗人黄夷吾学习古诗词，又有幸结识了著名学者马寅初先生，并受其点拨。他在杭州停留的两年，所学颇多，成为一个多才多艺的道人。

1949 年冬，闵智亭又来到上海白云观，在那里任外账房执事。上海白云观藏有明代《正统道藏》一部，于 1950 年组织专家进行翻检修补，闵智亭参加了这项工作并得以结识了道教学者陈撄宁与丁福保两位大师，所获良多。

1951 年，闵智亭离沪重返西安八仙宫，先后担任过知客、总理、都管等执事，还当选了西安市七区人大代表和西安市青联委员。1956 年夏回到华山，在玉泉院常住。他协同华山道众成立了华山服务社，把华山的宫观组成一个集体，自己担任会计职务，带领道众积极投身到社会主义建设事业中，努力适应新社会、服务新中国。1962 年受邀参加华阴县文史研究会工作，与专家们一同整理地方史志资料。“文化大革命”中，与众多道士一样被迫下山还乡。

1978 年十一届三中全会后，宗教信仰自由政策得到落实，闵智亭又回到华山玉泉院。随着流散道士逐渐返回，华山的道观里又热闹起来，华山服务社也随之恢复。这期间他仍担任服务社出纳一职，并时常参与外事接待工作，闲暇时便清修悟道并撰写《华山道教史》。

1985 年，闵智亭应中国道教协会之邀，赴京主持中国道教协会“道教知识专修班”教学工作。同年冬，当选为中国道教协会第四届理事会常务理事、副秘书长。在他的工作重心转移到北京之后，仍然牵挂着华山及西安的道教工作，不仅身兼西安八仙宫监院一职，还在 1986 年陕西省道教协会成立时当选为第一届副会长兼秘书长，1987 年当选西安市道教协会第一届会长，连续担任第七、八、九届陕西省人大代表，第八、九、十、十一届西安市政协常务委员。

1989 年，中国道教协会成立道教文化研究所，闵智亭被推选为所长。1990 年中国道教学院成立，担任副院长；1992 年当选为中国道教协会第五届理事会副会长；1998 年当选全国政协第九届常务委员、中国道教协会第六届理事会会长，兼任中国道教学院院长；2003 年当选全国政协第十届常务委员，并任全国政协民族和宗教事务委员会副主任。

闵智亭在担任中国道教协会领导职务期间，高举“爱国爱教”的旗帜，拥护党的领导，协助党和政府贯彻落实宗教信仰自由政策，积极探索道教与社会主义社会相适应的途径。他曾多次语重心长地告诫道众：“一个虔诚的道教徒，首先应该是一个忠诚的爱国者。只有把自己的一切融入国家、奉献社会，才是道教的未来和希望。”①他在《道教的优良传统与道教徒的修养》一文中写道：“自觉履行对社会和国家的义务，维护社会安定和祖国统一，爱国爱教，拥护中国共产党的领导，拥护社会主义制度，搞好宗教活动场所的管理，这对一个道教徒来说，是应该做到的起码道德要求。”在谈到道教与社会主义社会相适应的问题时，他说：“道教与社会主义社会相适应，是要在政治上相适应”，“建设有中国特色社会主义，是全国各族人民的最大政治。我们道教徒首先是国家公民，建设有中国特色的社会主义是我们应该作出的贡献，坚持‘四个维护’，依法管理好宗教活动场所，随着社会主义发展的各个阶段调整我们自身建设，革除那些封建迷信活动和不问政治的观念，要关心国家大事，加强政治学习，爱国守法，坚定不移地拥护中国共产党的领导，走社会主义道路，这就是与社会主义社会相适应。而不是改变我们的信仰，改变我们的宗教形象，或者一心向钱看，追求高级的物质享受，就与社会主义社会相适应了。恰恰相反，这不是适应，而是腐败，是与我们道教信仰相悖的”②。

---

① 《闵智亭会长生平》，《中国道教》2004 年第 1 期。

② 闵智亭：《道教杂讲随笔》，北京：中国道教学院编印，第 94、96 页。

闵智亭重视道教自身建设，一直强调要加强信仰建设、道风建设和组织建设，完善道教教制。为使道教工作沿着健康的轨道发展，他自己先后多次或委派其他人员到全国各地道协、宫观，就道协工作、宫观管理状况实地调查研究、指导工作，制定出了符合实际、规范有序的管理办法或措施。他亲自主持修订和完善了《道教宫观管理办法》、《散居正一派道士管理暂行办法》、《道教宫观方丈、住持任职退职的试行办法》、《关于正一派道士授箓的规定》、《关于对国外道士授箓试行办法》等有关规制。他组织和指导了2002年8月在辽宁省千山五龙宫举行的全真派传戒活动以及2003年11月在江西省龙虎山天师府举行的对海外正一派授箓活动，促进了道教教务的规范化建设。

闵智亭十分重视道教人才培养。1989年，他曾专门撰文，提出"急需培养道教事业继承人"。他指出："现在我们道教的严重问题是缺乏既有广泛的道教知识，又有广泛的社会知识；既有组织管理能力，又有思辨写作能力；既能维护国家利益，又能维护道教利益；既有坚定的信仰，又有开放型的先进思想这样的全面人才。"因此，"培养人才是当务之急"。他希望"全国道教界人士都能大刀阔斧地为培养道教事业继承人开路，像已开办'道教知识专修班、进修班'的道协、宫观那样拿出人力、物力、财力为培养人才大开方便之门"。① 1990年中国道教学院成立，他担任副院长，提出了"尊道贵德、学修并进"的办学宗旨。他一直亲自给学员授课，并编写了《道教仪范》作为教材。他主持召开中国道协六届二次常务理事会，对道教人才培养问题进行了专题研究。他在讲话中对道教学院的工作提出了明确的目标："第一，要继续重视对学员的政治思想教育；第二，要在坚持对学员进行系统的道教知识、文化知识教育的同时，重视培养他们的道教感情和道教信仰，提高他们的道教修养，严格道教修持；第三，要制订和道教仪规相一致的管理办法，严格管理，从严治校；第四，继续抓好道教界中青年骨干力量轮训进修。"②这次会议形成了《道教教育工作座谈会纪要》，及大地推动了中国

① 闵智亭：《急需培养道教事业继承人》，《中国道教》1989年第2期。

② 闵智亭：《抓住机遇，育才弘道》，《中国道教》1999年第6期。

道教学院和地方道教界的人才培养工作。他支持修改《中国道教学院章程》,使中国道教学院成为第一个分专业的全国性宗教院校,为学院正规化建设奠定了坚实基础。他把培养学员的专业素质和管理能力作为新时期道教人才的发展方向,并倡议举办了首届道教研究生班,为道教事业培养了许多高级人才。他思想解放,提出学院应开设计算机课和外语课。他关心学员的生活,每届新生报到后他都要亲自到学生宿舍看望,并到学生食堂检查伙食,叮嘱管理人员:"小道友们刚来,生活上可能不习惯,要多照顾他们。"为了道教学院的长远发展,他在各种场合呼吁有关部门支持中国道教学院建设,曾先后两次向中央领导反映道教学院校址问题,引起了党中央的高度重视。在中央的大力支持下,现在中国道教学院新校舍已建成使用。

闵智亭重视道教文化研究,积极促进道教界与学术界的交流与合作。他认为,道教中"济世救人"、"尊道贵德"、"导人向善"等优良传统与社会主义精神文明建设的内容是相契合的,应当充分整理予以发扬光大,使之为社会主义精神文明建设作出应有的贡献。1992 年,在他的倡导下,中国道教文化研究所和西安市道教协会共同举办了"首届西安国际道教文化研讨会"。此后,他又支持召开了"道教文化与现代生活"、"二十一世纪道教展望"、"道教思想与中国社会发展进步"等道教文化研讨会,对道教如何与现代社会相适应、发挥道教的当代价值进行了积极的探索。2003 年,他倡议举办了全国道教界首次纪念老子诞辰活动。他在纪念大会上发表讲话说,我们举行道祖老子诞辰纪念活动,就是要继承和弘扬道祖老子所提出来的基本思想:一是尊道贵德的思想,二是顺应自然的思想,三是慈爱宽容的思想,四是行善劝善的思想,五是崇俭抑奢的思想。他提倡各地积极创办道教刊物,以传播弘扬道教文化。

闵智亭精通道教经韵。为了传承道教传统经韵,他根据成都二仙庵《重刊道藏辑要》中的《全真正韵》,演唱了其中 53 首经韵,并增补了全真道宫观常用的其他 15 首经韵,由武汉音乐学院的老师录音、记谱,编成《全真正韵谱辑》一书。① 该书的出版,为当代全真宫观提供了经韵授受范本。

① 《全真正韵谱辑》于 1991 年由中国文联出版社出版发行。

闵智亭积极推动道教文化的对外交流。1988 年 5 月,他与谢宗信道长一同应加拿大多伦多市道家太极拳社蓬莱阁道观邀请,赴加拿大访问、讲学。在多伦多停留的几天里,他们分别为当地道教信众及对道教文化感兴趣的群众讲解了"道教的根本教理及其哲学思想"、"道教气功疗病法"、"太极图与内丹方术、太极图与先天八卦关系"、"斋法和醮仪"、"道要歌"等。这是中国道教史上第一次有道教徒到大洋彼岸去讲课,是道教同海外交流、交往的良好开端。1993 年,北京白云观举行"罗天大醮",海内外数百位同道参加。他见此盛况后,撰文说,这次大醮以事实证明道教已具有国际性,而且国外道友的信仰还非常虔诚。他同意台湾张柽先生的倡议,道教界应具有超前思想,看到未来,积极创造条件,筹备成立世界性的道教组织,为弘扬民族文化和弘扬道教爱好和平、人类平等、世界大同的传统精神而努力作出建树。① 2000 年 8 月,联合国"宗教与精神领袖世界和平千年大会"在美国纽约召开,来自世界五大洲的众多宗教领袖出席了大会,闵智亭在开幕式上代表中国宗教领袖致祈祷词,呼吁"世界和平,永无战争"、"国家统一,社会安宁",表达了中国宗教界爱好和平的心声;后又在会上代表中国道教界阐述了道教关于"人与自然和谐共生"的主张,引起了广泛关注。2002 年 6 月,他出席了在印度尼西亚召开的亚洲宗教界和平委员会第六次会议,当选为"亚宗和"六主席之一,扩大了中国道教文化在世界上的影响。闵智亭以其宗教领袖的聪明睿智和人格魅力,向海外展示了中国道教的良好形象。

闵智亭全心奉道,戒行精严,生活俭朴,平易近人。他自入道之初就勤学好问、孜孜以求,既善琴棋书画,又通天文星象,还能吟诗舞剑,以道教"全才"著称。他一生不辞劳苦,坚志弘道,特别是在担任中国道教协会会长期间,为中国道教事业的发展奔波操劳,倾尽全力,贡献良多。②

闵智亭笔耕不辍,著有《五祖七真高道传》、《道教仪范》、《道教杂讲随

① 参见闵智亭:《我对北京"罗天大醮"的几点感想》,《中国道教》1993 年第 4 期。
② 参见蒋坚永:《爱国爱教,信仰虔诚——纪念闵智亭大师羽化十周年》,《中国道教》2014 年第 1 期。

笔》等,其中《道教仪范》被国家宗教局批准作为全国道教院校教材。①

闵智亭在他的论著中,阐发了他对道教的理解。他认为,“道教思想是中华文化的结晶。道教把古先民万物有灵原始信仰、对祖先崇拜的鬼神信仰和老庄哲学思想融会于一,予以继承和发扬,形成博大而系统的道教思想”②。他强调,道教的根本信仰是“道”。诸子百家各有各的“道”,而道教信仰的道,乃是太上老君所降授的“道”,其具体精义,均载于《道德经》。他说,道教深信,通过一定的修炼,人是能够返本还原,和大自然的“道”同一体性,能够永世长存。③ 他指出,道和德是道教信仰的核心教理。道无形,以德彰显,道和德是不可分的。修道是自身心灵建设,修德是自身行为建设。心灵完美,行为完美,则谓之道全德备。④

闵智亭认为,道教修道的精义在于“贵生”。他说,符箓斋醮等科教对阐扬道教起了一定作用,在民间有一定信仰,但这只是道教宗教形式的一面,道教的另一面则是一直贯穿于教内的对“长生久视”的追求和探讨。道教认为,人通过方术修炼,可以祛病延年,可以长生不死。道教不信“命由天定”,相信“我命在我,不属天地”。道教徒在探求长生方术上想了很多办法,付出了可贵的代价。唐代以前偏重“外丹”,后转向“内丹”。内丹学也称“金丹道”,是探讨生命元素、逆转生理机能,达到无药却病、健康长寿的科学。他深信,“仙道可学,长生可致”,将会被全世界人们所公认、所采纳。⑤

针对世人对道教“消极无为”的误解,他解释说:“道教是一种宗教,但其精神是积极的,是重视现实世界的。”他认为,人们多知道道教讲“无为”、“自然”,很少有人能进一步知道“无为”、“自然”的深化义旨。他指出,道

① 以上关于闵智亭的生平事迹,主要参考了《闵智亭会长生平》,《中国道教》2004 年第 1 期;张兴发:《仙踪渺黄鹤,人事忆白莲——记中国道教协会会长闵智亭大师》,《中国宗教》2004 年第 1 期;王书献:《爱国爱教玄门钦——纪念闵智亭大师仙逝五周年》,《中国道教》2009 年第 1 期。

② 闵智亭:《道教教义的现代阐释 · 序言》,北京:宗教文化出版社 2003 年版。

③ 参见闵智亭:《道教的根本教理及其哲学思想》,《中国道教》1988 年第 4 期。

④ 参见闵智亭:《道教简议》,《道教杂讲随笔》,北京:中国道教学院编印,第 60 页。

⑤ 参见闵智亭:《道教修道的精义在于“贵生”》,《中国道教》1988 年第 1 期。

教讲“无为”，不是什么也不去做，而是不强为；讲“自然”，不是无所用心，一任自流，而是要遵循客观规律。① 他认为：“道教的人生处世观，是出世与入世并重。出世法是自我完善身心修养的独善操守，讲究全抛世事、心底下工，但也不是块然无心，而是常存利济。入世法是应机行的兼善普惠，讲究大起尘劳，济人利物，拯危救难，但也决不居功傲物，心存功利，而是常存急流勇退（之心）。”②

对于道教如何应对当前出现的新情况、新问题，他说：“在市场经济的影响下，一些不良现象也会在道教徒思想方面、在宫观管理方面有所反映。随着人民物质生活水平普遍提高，宫观富裕了，道教徒这时更应保持老子所教导的‘一曰慈，二曰俭，三曰不敢为天下先’的艰苦朴素的传统本色，多做社会公益事业。道教宫观有很多在名胜风景区，与风景管理部门、园林部门、文物部门都有密切关系，有些地方因利益关系，直接影响着道教宫观自养收入，这方面绝大多数是‘文革’遗留问题，须各有关方面妥善协调解决。”③

对于道教在当今社会如何才能发挥积极因素，服务社会、利益人群，闵智亭认为：“道教的社会道德、人伦道德、人生观和价值观是中华民族的传统美德，如何光大这些美德，首先要与社会主义精神文明建设相结合，把道教追求的‘内功外行’修持法融于精神文明建设之中。道教讲的‘内功’是心性修养和道德的自我完善；‘外行’是积功累德，苦己利人，为社会为人们做好事，不为名，不为利，施恩不求报。”④

关于道教今后发展的方向，闵智亭认为：“首先要抓道教徒的素质建设。素质包括：信仰素质、文化素质、道德素质、宫观管理素质。素质不提高就不能从理性上认识爱国爱教的精神实质。要提高道教徒的素质，必须抓教育，除中国道教学院外，各地也要办学或开办专修班、培训班等。再就是

---

① 参见闵智亭：《道教修道的精义在于“贵生”》，《中国道教》1988 年第 1 期。

② 闵智亭：《道教简议》，《道教杂讲随笔》，北京：中国道教学院编印，第 60 页。

③ 《修道积德，苦己利人——中国道教协会会长闵智亭道长一席谈》，《中国宗教》1998 年第 4 期。

④ 《修道积德，苦己利人——中国道教协会会长闵智亭道长一席谈》，《中国宗教》1998 年第 4 期。

抓道教文化研究工作。道教文化是华夏民族文化的重要组成部分,弘扬道教文化就是弘扬我们民族文化。道教文化已引起国际上一些学者的重视,他们有不少研究成果,但我们的宣传工作还不够。今后在这方面还应多做工作,让世界了解道教。"①

五、陈莲笙:以道立教,以教弘道

在20世纪末期的中国道教界,陈莲笙道长是一位颇受海内外景仰的正一宗师。关于他的生平事迹,刘仲宇教授曾著有《弘道八十年——陈莲笙道长事略》作了较系统的论述。关于他的思想,上海市道教协会曾出版了《陈莲笙文集》,汇编了陈莲笙生前的大部分著述,供教内外研究。《中国道教》和《上海道教》等报刊杂志都有文章对陈莲笙作过报道和评述。本节拟在前人研究成果基础上,就陈莲笙在道教文化建树方面的贡献作一概述。

(一)生平著述

陈莲笙(1917—2008年),上海市人。原名吴良叙,5岁时,过继给姨父陈荣庆为其子嗣,遂更姓陈氏,名曰莲笙。据许慎《说文解字》,"莲"为"扶渠之实",今称芙蓉,所谓出淤泥而不染,象征高洁。"笙",乃喻"正月之音",象征"物生"。合起来,"莲笙"表征格调高雅、大音纯正、生生不息、与道和通。此名系由陈荣庆所赐,由此可知陈荣庆对过继子嗣寄予厚望。

陈荣庆是上海道教著名的正一派道士,祖上数代奉道,法脉悠久,在上海具有很高知名度。十多岁时就出任上海火神庙当家,清代末年最后第二任道会司道会,后还俗,创建清虚道院,在上海沪西地区有众多门徒,影响很大。陈莲笙在此家庭中,自小耳濡目染,受道教文化熏陶,故而能够练就道教童子功,这是他后来能够在道教斋醮科仪方面达到炉火纯青的家庭教育基础。

1927年,陈莲笙十岁时拜师于朱星垣道长门下,受到严格的唱念做基本功训练。20世纪30年代初,随着上海逐渐繁华,民众对道教斋醮科仪需

① 《修道积德,苦己利人——中国道教协会会长闵智亭道长一席谈》,《中国宗教》1998年第4期。

求旺盛，陈莲笙随师演习道教经书，同时学习吹拉丝竹音乐，四处访道求学，不辞辛苦。1933 年，陈莲笙复受业于张村甫道长门下，拜为度师，修习正一斋醮科仪。1934 年，陈莲笙十七岁时成为上海道教界最年轻的法师。1935 年，陈莲笙蒙江西龙虎山第 63 代天师张恩溥颁授“万法宗坛”度牒和“三五都功箓”。1940 年，因其道学和演法根底厚实，陈莲笙被上海保安司徒庙聘为高功法师。1947 年，张恩溥在“大世界”主办第二次大型宗教活动“罗天大醮”，特邀陈莲笙担任法师。1947 年，陈莲笙担任上海道教会理事和沪中区主任，负责调解和处理各帮派道徒之间的教务和矛盾。1956 年，上海市道协筹委会成立，陈莲笙被推选为秘书长，主持教务并大力搜集、整理道教历史资料。1959 年以后，他致力于研读道书、编写上海道教史料以及整理道教斋醮音乐的工作。在“史无前例”的“文化大革命”时期，陈莲笙与诸多宗教界人士一样受到冲击，被迫离开道教宫观，转入南市区立新电器厂参加生产劳动。在中国共产党十一届三中全会以后，宗教信仰自由政策得到贯彻落实，1981 年，上海道教协会筹委会恢复工作，陈莲笙仍担任秘书长。1985 年，上海道教协会正式成立，陈莲笙被推选为副会长兼秘书长。1986 年，陈莲笙创办了上海道教协会的道学班，亲自主持教学工作，为上海道教界培养道教斋醮活动和宫观管理的人才。1987 年，陈莲笙与原上海市道教协会副会长、华东师范大学教授潘雨廷先生等一起创办上海道教文化研究室，编辑和发行《上海道教》杂志，并曾先后任社长和主编等。1990 年，陈莲笙当选上海市道教协会会长。

陈莲笙历任中国道教协会第一、二、三、四届理事、上海市政协第七、八、九届委员，第八、九届常委。1992 年 3 月，在中国道教协会第五届代表会议上当选为副会长。1998 年，为了提携新秀，他主动提出不再担任中国道教协会常务理事等职务，只担任顾问。2000 年底，陈莲笙升座为上海城隍庙住持。① 他充满爱国之心和虔诚的爱教之情，一心为道教事业而工作，勤勤恳恳，兢兢业业，数十年如一日，受到海内外道教界的尊敬和学术界的高度

① 有关陈莲笙的生平主要采纳中国道教协会和上海市道教协会发布的资料，以及《陈莲笙文集》的附编:《陈莲笙生平》。本节仅仅作了简单的文字调整和润饰而已。

赞赏。

在长期的学道与传道生涯中,陈莲笙不仅积极进行道教实践活动,而且勤于著述和教学。因上海道学班的教学需要,他撰写了《道教徒修养讲座》八讲、《道教宫观管理讲座》八讲。由于担任全国和上海市道教协会的领导职务,陈莲笙经常要在一些重要活动中发表讲话。对于道教因为面临社会转型而遇到的诸多问题,陈莲笙从道教立场和时代角度进行研究和分析,撰写了许多有分量的文章。在他80岁诞辰纪念的时候,他的许多重要文章、讲稿汇编成册取名为《道风集》,由上海社会科学院出版社于1996年出版。10年之后,即2006年,恰逢陈莲笙90寿辰,应各地道门新秀的要求,《道风集》增补了许多新的文章,由上海辞书出版社出版了《道风集》的增订本。《道风集》虽然成书于20世纪八九十年代,一些文章出于中国改革开放的初期,而有的文章则写作于21世纪初,其间跨越了两个世纪中的30多年,因此,这些文章反映了陈莲笙晚年的思想历程,也是道教在新时期的恢复和再兴历史的忠实记录和见证。

2009年,陈莲笙羽化周年之际,上海辞书出版社出版了《陈莲笙文集》。该文集分上、中、下三编:上编为《道风集》增订本,中编为《史料整理编》,下编为《著述两种》。这部文集收编的文献,除了《道风集》是已行世者外,中、下编则是首度公开面世,弥足珍贵。此外,陈莲笙道长还与香港蓬瀛仙馆黎显华馆长以及中国道教协会副会长张继禹道长合作拜受《太岁神传略》,此书由宗教文化出版社于2005年出版。为了满足弘道需要、向广大读者传播正确的道教知识,上海辞书出版社还将《陈莲笙文集》中的《道教常识答问》独立出来,配上精美插图,于2012年出版了单行本。

陈莲笙《在上海城隍庙住持升座典礼上的开示词》中说:“道是道教的根本,道是无所不在的。以道立教,以教弘道。”①在陈老看来,道教之所以能够确立起来,是因为有“道”这个信仰的核心基础;但“道”要能够在社会上传播,则又需要道教组织的存在和有道之士的弘化。通过道教组织和道门中人的各种活动,道才能够显扬,这就叫作“弘道”。长期以来,陈莲笙身

① 陈莲笙:《道风集》,上海:上海辞书出版社2006年版,第244页。

体力行，弘道度人，积极推动道教的恢复与发展，为当代道教文化建设做出了卓著贡献。

（二）保存整理道教史料

言及陈莲笙对道教文化建设的贡献，首先要追溯到1960年前后，他对道教史料的保存与整理。这方面经过他整理的主要文献有：《上海近代道教的变迁》、《上海白云观史料》、《上海保安司徒庙（虹庙）史料》、《上海市道教协会筹备委员会旧藏道书资料册》等。这四种文献，记录了近现代上海道教的历史变迁，包括宫庙沿革、教务活动以及书籍收藏的一些情况。

由于上海在近代以来在政治、经济文化的特殊地位，陈莲笙所记述的近代上海道教面貌实际上映射出全国道教活动的一些情况，具有全国性意义。例如《上海近代道教的变迁》第四部分叙说辛亥革命后主要的宗教活动，首先记录了全真派举行的6次"放戒"活动。文献对每次放戒的事由、时间、地点以及支持赞助者、受戒人数、放戒内容等都有记录，凡是情况清楚的，文献都予以明确陈述，凡是有部分不明晰的，文献则以"尚待了解"作为交代，体现了作者实事求是的精神。

对于事件的陈述，陈莲笙严格遵循真实、准确的原则，也体现了鲜明的政治立场。例如1943年、1944年在黑龙江双城无量观以及辽宁沈阳太清宫举办的放戒，文献在陈述放戒起因、支持赞助情况、规模之后，紧接着指出了这两次放戒的内容除了宣扬初真、中极、天仙三戒和《道德经》、全真仪规外，"还举行了为日本军国主义圣战必胜祈愿的金箓道场"，客观记录了事件的各个义项。随后，文献指出这次放戒的性质是"一场献媚于日本军国主义及其扶植的伪满反动统治阶级的宗教活动"①，令后人得以看清其真实面目，反映了道教在特定历史时期、特殊环境中的特殊情况。

文献所具有的鲜明政治立场也体现在上海本地道教一些主要宗教活动的记录与描述中。在这个部分，文献主要记录了8次活动，包括1925年在延真观举行的"正一道教祈祷和平大会"、1932年在"荣记大世界"举办的"罗天大醮"、1934年于清凉寺举行的全国祈雨消灾大会、1936年于清凉寺

---

① 陈莲笙：《陈莲笙文集》下册，上海：上海辞书出版社2009年版，第281页。

举行的“祝蒋介石平安返京”祈祷会、1943年于清虚观举行的“祈祷世界和平，追悼中日阵亡将士”的法会活动、1944年于保安司徒庙举行的“追悼南京国民政府主席汪精卫”的宗教活动、1946年于上海宁波同乡会举行的“祝蒋介石六十寿辰”的宗教活动、1947年于“荣记大世界”举行的“罗天大醮”等。对于这些活动，文献一方面如实地描述了活动的主旨、基本情况等，另一方面则又分清了不同时期活动主办者、参加者的身份等。例如在1943年举行的那次活动，文献对主办方的陈述是“敌伪上海特别市道教会理事长陈爱棠”与“敌伪上海特别市社会福利局”，让读者明了此时道教会不得不受到违反中华民族根本利益的敌伪政权的控制，当时举办的所谓“追悼中日阵亡将士”活动，并非是上海道教界正直人士的心愿。

本着对历史负责的态度，陈莲笙对近代以来上海道教史料的记录整理，并不回避问题，更不掩盖内部矛盾。例如第一部分言及1940年所存六所道观之一的上海城隍庙，文献称自1920年起，各殿改为“包殿制”，即由承包商投标经营，从而使邑庙的大殿、中殿、寝宫、星宿殿、阎王殿、财神殿、文昌殿、许真君殿、玉清宫等分别变成了“投机商人以拜神为名的迷信敛财之‘店’”①。这样的描述可谓一针见血，既指出了历史上道教宫庙在管理上存在的商品化的世俗弊端，又揭露了这一商品化的弊端并非来自道教自身而是来自外来的压力和控制。

再如第二部分叙说1840年至1949年扩展的道观，文献在介绍雷祖殿（即上海白云观）的时候特别提到一件事情，即1877年（光绪三年四月初十），住持徐志成因拒绝“正一教主”（六十一代天师）张仁晸莅沪“听差”而被押。随着，全真派十方道以“教分两途，向无捐衔”的理由力争，终获释放。这项记录可由《上海白云观史料》篇收录的《为乞准释回雷祖殿住持徐志成禀单》获得佐证。该《禀单》谓：“全真与正一教本两途，其天师灵符确系无锡上真道院道士袁圆明挂单来沪所赠，注有法官名字在上，是以谨敬悬挂，岂敢假造，谅邀洞鉴。至所起道箱内伫道印法器，为庙中需要之件，尚有成佛匠王子卿所寄衣箱两只，乞赐验明，一并给还。”在陈述了情况之后，

① 陈莲笙：《陈莲笙文集》下册，上海：上海辞书出版社2009年版，第262—263页。

《禀单》以请求的口吻说："为亟，陈明下情，伏乞大老爷点鉴，准将道师徐志成释回，并将道器衣箱等件给还，沾仁无既，上禀。"[1]这个《禀单》表明，近代时期，全真派与正一派在组织上具有相对独立性，所以当时属于全真派的雷祖殿住持徐志成在第六十一代天师张仁晸到上海"听差"时敢于拒绝派差。徐志成由此被锁押，反映了全真派与正一派之间于当时存在的误解和矛盾。陈莲笙根据史料如实记载，为后人提供了第一手可靠的研究资料。

从陈莲笙收集整理的史料中，我们不仅可以看到近代上海道教组织状态、宫观数量、派别状况等，也能够感觉到在帝国主义列强入侵中国时道教生存的艰辛状况。例如天后宫，陈莲笙在陈述其历史变迁时言及该宫创始于宋代的咸淳年间，可谓历史悠久。其间曾于清代的雍正时期重建，但到了1853年(咸丰三年)又毁了。约在1865至1870年间，在重建即将竣工的时候却被法国帝国主义烧毁，并且被强占其地。住持李谦山虽然提出指控，但却无济于事。因为"地方官僚、庙主与法国帝国主义相互勾结"[2]，所以该宫在后来便改建于苏州河之北，"名为出租，实为出卖"[3]。这反映了在民族国家遭受入侵的背景下道教生存的辛酸。

在陈莲笙保存下来的史料中，还包括一份书单，以表格形式排列。表格的项目包括名称、卷数、册数、内容、著作者或注释者、刊印时间、刊印单位、备注。著录的道书凡155种。从陈莲笙的著录看，"文化大革命"前，上海道教协会筹委会收藏的道书包括诸多不同类型。其中有道教知识入门概说类，如《道教入门》、《道教概说》、《道教指南》等；有道派历史类，如《长春道教源流》、《道统源流》、《道教源流》、《中国道教史》、《道教史概论》；有宫观名山志类，如《万寿宫通志》、《长春观志》、《茅山志辑要》、《金盖山志》等；有道派谱系类，如《金盖心灯》、《觉云本支道统薪传》、《白云仙表》、《登真录》等；有道门戒律类，如《全真清规》、《清规玄妙全真采访内外集》、《大成提要》、《玄门必读》等；有斋醮科仪类，如《心香妙语》、《灵宝文检》、《大成金书》、《广成仪制》等；有神仙宝卷类，如《历代神仙通鉴》、《蓝天宝卷》等；

---

① 陈莲笙：《陈莲笙文集》下册，上海：上海辞书出版社2009年版，第292页。
② 陈莲笙：《陈莲笙文集》下册，上海：上海辞书出版社2009年版，第264页。
③ 陈莲笙：《陈莲笙文集》下册，上海：上海辞书出版社2009年版，第264页。

有道门重要经典及其注疏类，如《太上十三经注解》、《三十六部真经》、《道德经白话解说》、《南华真经副墨》、《黄庭经讲义》、《皇经合注》、《太上感应篇引经笺注》等；有道门大师文集语录类，如《吕祖全书》、《邱祖语录》、《修道真言》、《盘山王栖云王真人语录》、《云水集》等；有医道养生修真类，如《吕祖医道还元》、《千金宝要》、《玄机口诀》、《丹经示读》、《道窍谈》、《体真心易》、《灵源大道歌白话注解》等；有音乐类，如《琴学入门》、《芝圃唱和集》等；有三教文化汇通类，如《三教全书》、《三教合一新经》等；有道教发展规划类，如《复兴道教计划书》等。这批文献中的最早版本是明代永乐年间刊刻的《九霄经》，还有许多是19世纪刊刻的；就刊刻单位来看，有许多名称包含有"善"字，例如冯积善堂、明善书局、善成堂、湘潭崇善堂、净明善堂、湖北宏道善堂、善书流通处、浙江同善分社等，说明近代以来"劝善"已经成为道教活动的一个突出的导向。在这个书目表格中，尤其值得注意的是，有关内容的义项，陈莲笙用了非常洗练的言辞予以概括提示，例如在陈撄宁所撰的《复兴道教计划书》的内容项中注明"分9纲29条复兴道教计划"，又于括号中说明"与《复兴道教计划书》(初稿)略有出入"。陈撄宁先生撰写的《复兴道教计划书》初稿成于1942年，修订稿则出于1947年。陈莲笙在内容义项中如此陈述，表明他不仅仔细阅读，而且认真比较过。虽然陈莲笙所著录的这批道教文献在"文化大革命"期间遭受焚毁的厄运，但他的著录则从一个侧面表明了他的重要思想：道教要发展，必须注重思想建设，著书立说，注重文化普及与传播，注重社会道德教化。

（三）道教知识普及与社会道德教化

道教知识普及与社会道德教化，这是密切相关的工作。一方面，道教知识普及是为了更好地进行社会道德教化，故而在道教知识普及中应该包含道教伦理主张的内容；另一方面，社会道德教化是基本的弘道工作，作为道教组织，倘若离开道德教化，也就失去了社会存在价值。而要进行道德教化，就得有一定的知识准备。如果说道教知识普及是社会道德教化的一种必要准备，那么社会道德教化则是道教知识普及的一种思想传播之延伸。在这两个方面，陈莲笙都作出了自己的贡献。

就普及方面来说，陈莲笙所撰《道教常识问答》是很值得推荐的知识读本。自“文化大革命”结束以来，随着道教组织的逐步恢复，道教知识普及读本也应运而生。最早撰写这方面著作的是四川大学的曾召南与石衍丰先生，早在1987年，两位先生由于承担“道教文化概说”课程的教学工作，即着手编撰《道教基础知识》，先是发给研究生阅读，后来由四川大学出版社于1988年出版。20世纪90年代以来，学术界与道教界又有几种关于道教知识读本问世。其中，比较重要的有卿希泰先生与其学生王志忠、唐大潮合写的《道教常识答问》，该书由江苏古籍出版社于1996年出版；此外，尚有中国社会科学院世界宗教研究所编写的《道教知识读本》，该书于2000年由宗教文化出版社出版。这些读本的出版，为道教知识普及奠定了基础，对于改革开放之初广大读者认识道教来说具有积极作用。在此情况下，上海辞书出版社之所以又邀请陈莲笙撰写《道教常识答问》，是因为时隔多年道教无论在组织上还是在思想文化建设上都与十多年前有比较大的变化，而社会对道教文化的需求也日益增长。

就内容来看，陈莲笙《道教常识答问》一书除了基本知识模块、章节安排与具体条目与此前诸多同类型著作有很大不同外，还有四大特色：

一是遵循信仰与文化逻辑相统一的原则，对道教知识进行深入浅出的介绍。例如在第二章中关于“道”的理解问题，作者提问：先秦道家也讲“道”，道教所信奉的“道”与道家之说的区别在哪里？对于这个问题，陈莲笙首先从概念的稽考入手，指出在古代汉语中，“道”这个词的最初含义是“道路”，接着又指出在先秦时期“道”被道家作为一个哲学概念而赋予新意，并且列举《老子》中使用“道”的次数，以证明“道”在道家思想体系中的确具有举足轻重的意义。尔后笔锋一转，列举当今人们概括“道”的五种内涵，即所谓“混沌未分的原始状态”、“自然界的运动”、“最原始的材料”、“肉眼看不见，感官不能直接感知”、“事物规律”等等。对于这种概括，陈莲笙并不予以否认，而是从一般人的认识眼界和道教信仰的不同层面进行逻辑分析。一方面，承认从一般人的眼界来看，上述五种含义“不能说不对”；另一方面，又指出那样认知所存在的局限性就在于仅仅从现实世界出发，从人类已经认知的事物出发。但是，人们面对的世界其实有两个部分，一个是已经认识的世界，另一个是还没有被认识的世界。根据这个前提，陈莲笙指出,道教信奉的"道"的含义,"包含着一切已经认知的世界以及一切尚未被认知的世界,包含一切我们已经理解的状态、运动、规律以及尚未被我们知晓的状态、运动和规律。'道'涵盖着人类赖以生存的自然界,人类自己组织的社会,以及尚未被人类认知的任何界别,任何领域。而所有这些被认识的和尚未被认知的领域都'生发'于'道',并受'道'所支配,依凭'道'而运动、发展和变化着"①。这段话把道教所讲的"道"的适用范围扩展到一切领域、一切界别、一切存在形态,作者充分运用当代学科知识、哲学的逻辑推理来解释所有现象界,这就使得道教之"道"具有无限的视野,打破了以往认知时空的局限性。

二是对不同观点采取多元并存的方式,从而使读者可以比较全面地了解各方面的见解。例如在第一章中关于道教是何时创立的问题,一开始就指出道教界与学术界存在着两种不同说法:一说道教由黄帝和老子创立,称为"黄老道",以黄帝历法纪元元年作为计算道教创立的年份,故认为道教已经创立四千多年;接着又介绍第二种说法,即以东汉张陵创立正一盟威之道(五斗米道)作为道教诞生的标志,依此则道教形成以来也有1800多年历史。在介绍中,陈莲笙并没有对哪种说法为正确问题作出评判,这是因为两种说法都有自己的历史文献根据,都可以找到各自的理由。再说,不同说法牵涉到对宗教的定义,更牵涉到道教内涵的深入认识。要彻底解决这个问题,已经超出了"常识"的范围。因此,在这个问题上采取"述而不判"是目前最好的处理方式。

三是具有很强针对性,就社会上流行的关于道教的一些不准确认识予以澄清、纠偏。例如第七章提出的当今应该如何来理解道教的长生成仙目标?陈莲笙在回答时首先概要性地指出人们常对道教的长生成仙理想有许多疑问或者责难。为什么会有疑问或责难呢?这是因为一般人是从现实层面考虑问题,从而寻求实例证明,这就把理想目标与实际操作混为一谈。针对这个问题,陈莲笙指出,长生成仙作为一种宗教理想,可以停留在理想层面,并不需要实例证明。"只要道教徒相信世界上有不死的神仙,相信学道

---

① 陈莲笙:《道教常识答问》,上海:上海辞书出版社2012年版,第17页。

修道就能够得道成仙，那么，长生成仙在道教中就是一个有吸引力的并且不必证明的理想目标。”①这个定位把长期以来宗教信仰与实验科学相互混淆的界限划分清楚了。接下来，陈莲笙提出了理解“长生成仙”的三个角度。“从人的生存时间上说，长生可以理解为健康长寿。从人的生存状态上说，长生还意味着克服对死亡恐惧，坦然面对个体生死，超出个体生死，达到永生境界。从人的能力和品格上说，成仙可以理解成智慧超群、境界高妙、众善奉行、精神自在的高人。”②这样解说，就摆脱了以往一些人所理解的关于长生成仙的僵化模式，从而使之成为可欲可求的人生理想。为了深化这种理解，陈莲笙又从智慧、道德、心态三个层次进一步解说“长生成仙”的生命内涵，即“在智慧方面，有卓越的洞察力、预见性和灵活应变的才能，能大智若愚，和光同尘，道隐无名；在道德方面，关怀民众与社会，与人处利而不害，为而不争，不计较个人得失，不留恋名利权位；在心态方面，潇洒自在，善于解脱怨恨，善于化解烦恼，始终保持着愉悦、自得、乐观、豁达、随和、潇洒、从容、舒缓等品质”③。这些解释可以说是对道教长期坚持的关于“欲修仙道，先修人道”的最好注脚与思想发挥。因此，陈莲笙概括指出：“一个修道的人如果能够做到以上三者，他便是现实生活中的活神仙。”④由此看来，所谓神仙，虽然是一种理想目标，但对于如何做人、如何为社会大众服务却是很有引导意义的。

四是具有鲜明的时代色彩和前瞻意识，为道教在未来的发展坚定了信心，提供了重要思路。阅览《道教常识答问》，我们有一个感觉，即陈莲笙撰写这本书不仅是要向信众以及广大读者介绍道教的一般知识，而且要化解人们心中的疑团，不仅是要准确地叙说历史，而且要解决当下的实际问题。所以，我们看到，陈莲笙的回答具有很强的现实感，这种情况从第八章开始更加强烈。例如人们非常关心的道教宫观能否采用当代出现的新技术和高科技产品问题，陈莲笙一开始即指出，当代社会发展迅速，新技术、新产品层

① 陈莲笙：《道教常识答问》，上海：上海辞书出版社 2012 年版，第 116 页。
② 陈莲笙：《道教常识答问》，上海：上海辞书出版社 2012 年版，第 116 页。
③ 陈莲笙：《道教常识答问》，上海：上海辞书出版社 2012 年版，第 116 页。
④ 陈莲笙：《道教常识答问》，上海：上海辞书出版社 2012 年版，第 116 页。

出不穷,道教宫观能否采用新技术和高科技产品,这也是当代道教能否适应时代的标志。在陈莲笙看来,道观当然可以采用新技术和高科技产品。理由何在?他从两个角度予以阐述。首先,陈莲笙从道教神学思想上说,道教信仰的核心是“道”,而“道”本来就意味着发展变化,世界上所有事物千变万化即是道的体现,任何新技术和新产品都是人对“道”的新认识的成果,我们应该对人类关于“道”的新认识和新成果表示欢迎。这个解释化解了许多人把道教信仰与科学技术相对立的心结,恢复了历史上道教与科学技术密切相结合的优良传统。其次,陈莲笙从道教适应当代社会以及弘道需要予以说明,指出当代社会,科学技术发展突飞猛进,道教界如果闭门守旧,就不能适应当今社会的发展。因此,“道观添置汽车、电话、传真机和手机,办公使用电脑及其辅助设备,或者在弘道中使用多媒体等等,都是顺应‘道’的发展和变化,都是为了弘道和传道的需要,都是为了适应当今飞速发展的社会生活及其节奏”①。这样解释,提供了当代道观采用新技术、新产品的信仰根据,从而拓展了道观适应当代社会的广阔前景。当然,陈莲笙也对如何具体采用新技术、新产品予以告诫,指出在添置新技术产品的时候要注意节约,要能够使用、善于使用,如果添置“过于豪华,是违背天意的。添置了又不珍惜使用,也不符合太上‘啬’的教导”②。这个告诫依然遵循着“道”的信仰,依然体现了道教的基本教义精神。

在《道教常识答问》的最后,陈莲笙言及中国道教未来发展趋势,这是信众以及很多社会人士非常关心的问题。以往,有一种错误认识和举动,以为道教很快就会退出历史舞台,甚至不惜运用行政手段企图消灭道教;改革开放以后,纠正了以往那种无情打击道教的错误做法,但许多人心目中依然存有疑虑,担心道教的前途。为此,陈莲笙从宗教赖以存在的根源、“道”的永恒特性与发展变化、道教与中华传统文化的相互关系等多个层次,说明了道教存在的长期性以及随着社会变化而有不同表现形式的前景,指出:“社会发展和进步实际上就是人类不断学道、认识道、接近道的过程。在这个过

① 陈莲笙:《道教常识答问》,上海:上海辞书出版社2012年版,第154页。
② 陈莲笙:《道教常识答问》,上海:上海辞书出版社2012年版,第154页。

程没有完成之前，道教自然不可能消亡。”[①]这个判断对于道教坚定自己的信念、努力弘道、为当代社会服务是非常重要的。

道教如何为当代社会服务呢？陈莲笙不仅看到了进行道德教化的紧迫性、可能性，而且身体力行，从道教历史文化中寻找资源，并且予以新的诠释。在这方面，陈莲笙的重要成果就是编定《人生赠言》。《人生赠言》这本书的母体是曾经流行于上海城隍庙的签诗，陈莲笙从道德教化角度，选取其中富有启迪教育意义的部分，加以注释、解说。

从大众阅读需要考虑，《人生赠言》将传统的经典注疏体例与当代写作方式相结合，形成了一种雅俗共赏、人们喜闻乐见的新形式。该书每个部分先列上七言签诗一首，继而注释陌生词汇，再进行释义，解读诗歌的思想内容。读此书，不仅是一种很好的艺术欣赏，而且可以感受到那种“寓教于文”的道德精神。譬如开篇有诗云：

天上仙花难问种，人间尘事几多更。
前程已注公私簿，罚赏分明浊与清。[②]

对于这首签诗，陈莲笙在解释了什么是“种”、什么是“尘”、什么是“公私簿”等词义之后，结合诗歌中运用的典故，重点阐发做人应该把握“公私”与“清浊”的界线，之所以如此，是因为“人一生的祸福就是自己把握这两条界限的结果”[③]。接着，陈莲笙对“天上仙花”所蕴含的典故予以陈述：据说安南国（今越南）国王之女雪梅，以征求对联览婿，其上联为“太极殿前三尺雪”。广东人黄华贵以下联“广寒宫里一枝梅”应征，最后成为安南国的驸马。陈莲笙对这个典故的意义作了很好的揭示，指出：“黄华贵的对联，包含了他对雪梅公主的爱慕和讨好之意。但是，就联意而言，冰雪既是纯洁，又是考验。冰雪中只有梅华开放，显示梅华能战胜困难独得天地之灵秀。梅华原来是天上的仙花，不管人间冗事有几多变化，始终我行我素，独放异彩。因此，人世间的事情尽管复杂多变，天上的仙花总能盛开，美好的结果

① 陈莲笙：《道教常识答问》，上海：上海辞书出版社 2012 年版，第 124—125 页。
② 陈莲笙：《陈莲笙文集》下册，上海：上海辞书出版社 2009 年版，第 335 页。
③ 陈莲笙：《陈莲笙文集》下册，上海：上海辞书出版社 2009 年版，第 335 页。

总能获得。只要认准目标，努力争取，分清公私，区别清浊，趋利避害，不混迹于浊流，就可以获得福报。”①这个解说既揭示了诗歌典故的奥妙，又给人以鼓舞，指出了人生在世想获得成功，一方面必须有追求的目标，另一方面还得公私有界、清浊分明，其背后隐藏的意思是做人不仅要遵循法律法规，而且要有道德底线，对于当今人们的现实生活无疑是很有帮助的。这种解读方式贯穿《人生赠言》始终，非常具有启发性和道德教育价值。

（四）积极推动道教与当代社会相适应

作为一位见证了新旧社会制度交替和改革开放历史变迁的道教信仰者，陈莲笙深深感受到社会转型给宗教信仰和个人生活带来的巨大影响。陈莲笙一生经历了从民国到中华人民共和国的巨大变革。从1949年以后，又经历了数次政治运动的折腾，直到改革开放的新时期，可以说他的“一生在思想上不断地经受着激荡。作为一个道士，当然不会处于社会漩涡的中心，但是，陈莲笙个人，却一直关心着国家和民族命运，尤其是进入新中国之后，他积极地学习，力求快些适应新时代”②。到了改革开放之初，他虽然年过花甲，却一直保持着一种努力理解新环境、使自己的思想活动“与新的时代特点相协调的态度”。故而，“他对于如何弘道，是从积极地理解时代特点开始的”③。用陈莲笙自己的话来说，就是“适应时代”④。

在陈莲笙看来，“适应时代”，就是要调整自身，积极面对社会发展的新情况、新变化和新问题。从这一意义而言，“调整”意味着在一定条件下的自我改变。这不仅需要革新精神，也需要革新行动。陈莲笙根据上海乃至江南地区道教的实际情况，指出了道教面临改变课题的广泛而复杂的内容，并且从理论上阐述了革新的逻辑必然性，他说：“道法自然，这是太上的至言。自然这个词包含着自然界和社会的丰富含义在内。道应该是变化的而

① 陈莲笙：《陈莲笙文集》下册，上海：上海辞书出版社2009年版，第335—336页。

② 刘仲宇：《弘道八十年：陈莲笙道长事略》“附录二”，上海：上海辞书出版社2008年版，第225—226页。

③ 刘仲宇：《弘道八十年：陈莲笙道长事略》“附录二”，上海：上海辞书出版社2008年版，第225—226页。

④ 陈莲笙：《陈莲笙文集》上册，上海：上海辞书出版社2009年版，第197页。

不是凝固的，是开放的而不是封闭的，是支持变化的而不是抱残守缺的。”[1]根据“道”的理论，道教的教理教义、宗教生活规戒等都是可以调整的。一方面，作为道教基本信仰的“道”是自古以来就是原就存在的，因此道教徒应该有坚定的以“道”为核心的信仰；另一方面，“道”的具体内容应该随着时代而丰富和发展。

陈莲笙充分意识到，弘道必须靠人。所以，他非常强调道教人才培养的重要性，在许多不同的场合，陈莲笙都谈到这个问题。早在 1992 年 10 月在西安召开的“中国道教文化研讨会”上，陈莲笙就论及，当代社会的竞争归根结底是人才的竞争，因此，道教必须大力吸收人才、培养人才、起用人才和留住人才。五年之后，陈莲笙在《道教宫观管理讲座》第三讲《选拔人才》中回顾了道教人才培养的情况，指出培养道教人才仍然是个迫切而首要的问题。为什么迫切呢？陈莲笙从现状入手，予以阐发。他说：“在这五年里，不是说我们没有培养人才。我们培养出了一批青年道士，有的还走上了领导岗位，只是道教缺乏人才的问题仍要进一步努力解决。”[2]这就是说，从整个道教事业来讲，还需要大量的人才。其原因是各地恢复开放的道观越来越多，都需要有道士驻观，进行宗教活动。陈莲笙指出了当时的情况是：不少老道士年老体弱，病的病，瘫的瘫，走的走，即使还坚持在道观里，也需要继续补充，提高素质，提高层次以适应日益繁重的道观管理工作要求。此外，陈莲笙还从年龄结构方面考虑人才培养的需求。他说，要逐步使道观中道士的年龄结构形成较为合理的梯队层次，使道教事业能有序地一代一代继承下去。从这些情况可知，陈莲笙是基于现实的考虑而强调道教人才培养的。

由于社会变迁，道教面临着新的环境。作为当代道教的领导人之一，陈莲笙非常关心道风建设。按照陈莲笙在《迈向新世纪》一文中的概括，“道风建设，包括信仰建设和制度建设两个方面”[3]。这两个道教理论与实践问

---

① 陈莲笙：《道风集》（增订本），上海：上海辞书出版社 2006 年版，第 9 页。
② 陈莲笙：《道风集》（增订本），上海：上海辞书出版社 2006 年版，第 87 页。
③ 陈莲笙：《道风集》（增订本），上海：上海辞书出版社 2006 年版，第 49 页。

题，一直以来都是陈莲笙潜心考虑和深入探索的。

关于道教信仰问题，陈莲笙在许多场合都予以强调。在《以道德之力振兴道教》一文中，陈莲笙指出，“保持‘道’的信仰特点，体现道士的精神风貌，是在当代社会中振兴道教的关键所在”①。按照陈莲笙的思路，道教在当代社会是能够振兴的，而振兴道教的关键所在靠两条，一是“道”的信仰必须牢牢地保持着，因为这是道教之所以为道教的基础，没有以“道”为基础的信仰，即便振兴了，也不是道教。可见，保持“道”的信仰特点是道教的灵魂所在。至于“体现道士的精神风貌”，说到底也还是以“道”的信仰为前提的。陈莲笙在《道教徒修养讲座》第一讲《奉道行事》中指出：“作为道士，他有一些根本的东西是不能变的，变了就不是道士了。即使他还留在道观里，穿着道装，他的心也不是道士了。”②由此可见，坚持“道”的信仰，这对于道教来说是根本。既然是根本，就必须保持。

从数十年的理论探索和道教实践活动中，陈莲笙深深体悟到，坚持信仰必须在两个方面得到落实：

第一，正确处理爱国爱教的关系，将爱国爱教化为道教徒的自觉行动。陈莲笙说：“讲到‘爱国’，大家都知道爱祖国的道理。我们的国家历史悠久，文化伟大，有可歌可泣的英雄业绩，有吃苦耐劳的人民。在当今世界上，作为一个中国人是值得自豪的。但是光有这一点是不够的，因为我们爱国不仅爱历史上的祖国，还必须爱现实的祖国，爱社会主义祖国，爱中国共产党领导下的社会主义国家。”③这番肺腑之言表达了一个道教信仰者经历新旧社会之后对于祖国内涵的全面而深刻的理解，反映了道教界的心声。

陈莲笙在表明道教徒爱国立场的同时，也阐述了爱教的精神。他一方面追溯了道家与道教的思想文化影响，另一方面则着重说明爱教的内涵，这就是：道心要坚、道术要精、道戒要严。在此基础上，陈莲笙论述了爱国与爱教的辩证关系，指出爱国与爱教不是相互对立的，而是相互统一的两个方面。他说：“在爱国的前提下，我们也要保护自己宗教信仰自由的权利，保

① 陈莲笙：《道风集》（增订本），上海：上海辞书出版社 2006 年版，第 13 页。
② 陈莲笙：《道风集》（增订本），上海：上海辞书出版社 2006 年版，第 33 页。
③ 陈莲笙：《道风集》（增订本），上海：上海辞书出版社 2006 年版，第 39 页。

护道观的正当宗教活动,维护自己的合法权益。在我们的合法权益受到侵犯时,我们要紧密依靠政府的领导,以法律为准绳,敢于在协商不成、调解无效时,对簿公堂。”[①]这种陈述反映了陈莲笙爱国爱教的坚定信念,也体现了他对中国共产党领导下的人民政府充满信赖和信心。

第二,让信仰跟上时代步伐,建立一套完整的规章制度,实现“无为而无不为”的宫观管理。在数十年的道教协会领导岗位上,陈莲笙积累了丰富的道教宫观管理经验,他在《上海道教》杂志连载的《道教宫观管理讲座》正是以其宫观管理的实践经验为基础的。此外,陈莲笙在其他一些文章、讲话稿中也多论及宫观管理的问题。一方面,陈莲笙指出,鉴于道教历史上的传统规戒,有些已不能适应新形势下道教发展的需要了,因此有必要加以调整、补充和完善;另一方面,陈莲笙认为,道教宫观管理,千头万绪,归根结底,就是要遵循老子《道德经》所说的“无为而无不为”。他说,“无为”可以理解为一种高度自觉的管理境界,而“无不为”则可以理解为管理措施的严格执行。如果宫观里的执事们人人各司其职,各尽其责,整个宫观的“人财物”的管理自然就有条不紊,自“无不为”而到“无为”。[②] 由此可以看出,陈莲笙是把老子《道德经》的“道法自然”的哲学智慧用到宫观管理的实践中。

由于心系道教命运,陈莲笙不仅在各种场合从当代视角解读道教经典教义,而且积极推动道教的思想随着社会发展而革新。一方面,他通过《上海道教》和上海道学班等文化教育阵地传播道教思想的变化精神和关于如何适应时代的主张;另一方面则把道教活动场所的恢复与道教思想教义的传播结合起来。早在 1994 年,上海城隍庙修复委员会成立的时候,陈莲笙就在新闻发布会的讲话中指出:“庙观是弘扬宗教教义、与人为善的场所;是崇尚忠孝慈爱、感化人心的场所;是发扬道教优良传统的场所;是履行和满足道教徒和广大信众过好正常的宗教生活和宗教活动的场所。它完全可以有利于社会主义现代化建设,有利于两个文明建设,有利于安定团结、社会稳定。”[③]陈莲笙这篇讲话既肯定了庙观在传播道教思想教义中的重要作

① 陈莲笙:《道风集》(增订本),上海:上海辞书出版社 2006 年版,第 39 页。
② 参见陈莲笙:《道教宫观管理讲座》第一讲《重视管理》,《上海道教》1997 年第 1 期。
③ 陈莲笙:《道风集》(增订本),上海:上海辞书出版社 2006 年版,第 191 页。

用,也表明了他在如何弘扬道教思想文化方面的一些独到见解。

作为一位德高望重的老道士和道协领袖,陈莲笙的弘道思想对于当代道教理论建设具有重要的推动作用。他一直重视道教界与学术界联手开展道教思想文化研究,例如,中国第一次"道教思想与中国社会发展进步研讨会"就是在他的理念启迪下筹划的,也是在他的大力支持下得以圆满举行的。这次研讨会由中国道教协会道教文化研究所、上海道教协会联合主办,上海市社会科学院宗教研究所、上海华东师范大学宗教文化研究中心协办,上海城隍庙承办,于 2002 年 11 月 5 日至 7 日在上海明珠大饭店隆重召开。来自北京、上海、山东、江苏、福建、江西、四川、湖北、湖南、广东、辽宁等省市以及香港地区的教内和教外许多学者和宗教部门的分管领导近百人参加了研讨会。研讨会共进行了九场讨论,发表论文达 29 篇。这次研讨会举办的宗旨,是挖掘道教教义思想中的精华,对其进行整理,并力求进行新的阐释,使之能够紧跟当代社会的发展。① 会后出版论文集《道教教义的现代阐释——道教思想与中国社会发展进步研讨会论文集》,其后记评价这次会议说:"值得注意的是,这本论文集中收录道教内部学者的文章达到 14 篇,约占总量的二分之一。这是历届道教学术研讨会所不曾有过的。以前,即使是道教界主办的学术会议,绝大多数论文都是由学术界提供。这次道教界论文所占比例之多,一改旧观,是一次飞跃。这说明,道教界不仅有了与学术界对话的平台,而且有越来越强的对话能力和创新能力。这是进一步前进的基础。"②

继 2002 年上海会议之后,以"道教思想与中国社会发展进步"为主题的学术研讨会又分别召开了多次。2003 年 11 月 3 日至 5 日,"道教思想与中国社会发展进步研讨会"第二次会议在福建泉州召开。出席本次会议的有有关部门领导以及一些高等院校、研究所的知名学者和部分省市道教协

① 参见李纪:《"道教思想与中国社会发展进步"研讨会在上海召开》,《中国道教》2002 年第 6 期。

② 中国道教协会道教文化研究所、上海市道教协会、上海城隍庙:《道教教义的现代阐释——道教思想与中国社会发展进步研讨会论文集》,北京:宗教文化出版社 2003 年版,第 430—431 页。

会领导与名山宫观的住持、道长共计200余人。其中道教界约60人。这次会议就道教教义思想中“道与神仙”的问题进行深入阐述。2004年11月7日至10日，“道教思想与现代社会发展进步”第三次研讨会在著名道教胜地南岳衡山隆重召开。参加这次会议的有中国道教协会、部分省市道协和主要名山宫观的负责人，国内知名的道教研究专家和学者一百余人。2008年11月15日至16日，第四次“道教思想与中国社会发展进步”研讨会在江西南昌举行，此次会议的议题是“道教与经济社会发展”。回顾2002年以来关于“道教思想与中国社会发展进步”的四次学术会议，我们可以发现，每次会议的议题都有所不同，但从不同方面积极对道教思想教义作出新的解释，推动其适应当代社会的发展需求，这个基本精神却是贯穿始终的，而这一点恰恰是陈莲笙先生30多年来一直提倡的。事实证明，始于上海的当代道教思想教义革新的星星之火已经逐步在全国燃开。陈莲笙道长当年许多具有前瞻性的看法不仅对道教思想现代化具有推动作用，而且对于未来道教思想发展具有重要的启迪价值。

第十四章
改革开放以来中国大陆道教研究的勃兴

中国的道教研究从 20 世纪初开始到“文化大革命”结束为止，均属于道教研究的起步阶段，无论是就研究力量和研究成果来说都显得非常单薄，没有一个专职道教研究的学者，只有一些从事其他专业的学者兼做一点道教研究，而且都是自发地、分散地进行的，也没有在全国有组织、有计划地开展道教研究，其研究成果也是凤毛麟角，屈指可数。

改革开放以来，道教研究被提上了党和政府的议事日程，得到了重视和支持，并从各个方面加以大力推进，开始了在全国有组织、有计划地进行道教研究，从而使道教研究取得了蓬勃的发展和丰硕的成果。

道教研究的发展和道教文化的弘扬，需要党和政府的宗教信仰自由政策的正确指导，需要“百花齐放，百家争鸣”的学术研究的自由环境，更需要道教界自身对于文化自觉的积极要求，当然，也和学术界对道教历史和道教思想文化积极地进行科学研究工作密不可分。例如，学者们通过科学研究论证了鲁迅先生关于“中国根柢全在道教”的重大意义之后，这种论证在取得了各级党政领导和学术界与道教界的一致认识之后，便可成为推动道教和道教文化全面发展的一种动力。

1982 年 3 月中共中央在《关于我国社会主义时期宗教问题的基本观点和基本政策》中即明确地指出了道教研究的指导思想：“用马克思主义立场、观点、方法对宗教问题进行科学研究，是党的理论工作的一个重要组成部分。”

这个文件还指出了开展道家研究的关键是要建设一支理论队伍，“建设一支用马克思主义武装起来的宗教理论研究工作队伍，努力办好用马克思主义理论研究宗教问题的研究机构和大学的有关专业，是党的理论队伍建设的一个不可缺少的重要方面”①。

与此同时，党中央的文件中还指出在宗教信仰自由政策指导下开展学术研究时正确处理学术界和道教界的关系的重要性，文件说：“学术界要尊重宗教界的思想信仰，宗教界也要尊重学术界对于马克思主义的宗教理论的宣传活动。”只有道教界与学术界相互尊重和相互支持与相互合作，道教和道教学术研究才能得以全面而深入发展，并且有助于道教这一中国传统文化的组成部分的恢复和振兴。

第一节　改革开放以来大陆道教学术研究的蓬勃发展

1978年12月，中共中央召开十一届三中全会，党中央开始了全面拨乱反正工作，党的工作重心由阶级斗争转向工业、农业、国防、科学技术四个现代化建设。在宗教问题上，一方面协助宗教界落实各项政策，保证宗教界各项工作顺利进行；另一方面则强调以马克思主义的宗教观来研究各种宗教，总结宗教产生、发展的规律和特点，支持学术界开展各大宗教的学术研究。在党和政府的重视和支持下，道教研究取得了前所未有的发展，呈现了与以往不同的特点，道教研究迎来了蓬勃发展的大好局面。

一、成立道教学术研究机构

1949年到改革开放之前，道教研究一直未能得以全面展开，中国一直没有专门研究道教的学术机构。改革开放后，在党和政府的政策支持和资金扶持下，一批以宗教学和道教学术研究为中心的研究机构纷纷成立，并且还创办了有关宗教学以及道教研究的学术期刊，为道教研究的全面开展创造了良好的条件。

1963年12月30日，毛泽东同志作了关于加强研究宗教问题的批示，

① 《关于我国社会主义时期宗教问题的基本观点和基本政策》，中共中央文献研究室综合研究组、国务院宗教事务局政策法规司编：《新时期宗教工作文献选编》，北京：宗教文化出版社1995年版，第72页。

1964年5月,中国社会科学院世界宗教研究所成立,任继愈先生(1916—2009年)为首任所长。改革开放以后,在1981年,中国社会科学院世界宗教研究所成立了道教研究室。[①] 经过多年来的发展和调整,现在世界宗教研究所设有佛教研究室、基督教研究室、伊斯兰教研究室、道教和中国民间宗教研究室、儒教研究室、宗教学理论研究室、当代宗教研究室、宗教文化艺术研究室、编辑室(《世界宗教研究》杂志社)、资料室、科研处、办公室等科研及管理部门,另外还设立了跨部门的道家与道教文化研究中心。世界宗教研究所的道教研究一直以道教文献、道教历史、道教思想以及民间宗教与道教关系为特色,出版了《太平经合校》、《道藏提要》等一系列重要著作,培养了一批道教研究方面的硕士生和博士生,为我国的道教研究作出了卓越贡献。世界宗教研究所目前主办有《世界宗教研究》和《世界宗教文化》等两个宗教学研究刊物,同时还主编《中国宗教研究年鉴》和《中国宗教学》。《世界宗教研究》创刊于1979年,主要登载国内外学者的学术论文,介绍国内外宗教学研究动态和重要资料,是国内首创的宗教学专业学术期刊,国内外公开发行,自2010年起由原来的季刊改为双月刊,每年六期,系国家社会科学基金资助期刊、全国中文核心期刊、"中文社会科学引文索引"(CSSCI)来源期刊。[②]

1980年9月,经教育部批准,四川大学宗教学研究所成立,卿希泰教授为首任所长。四川大学宗教学研究所是中国高校系统第一个宗教学专业研究机构,1999年,被教育部确定为人文社会科学重点研究基地,并改名为四川大学道教与宗教文化研究所。四川大学道教与宗教文化研究所以道教为主要研究对象,侧重于道教史、道教思想史、道教科技、道教文艺与美学、道派史研究等各方面,出版有《中国道教史》、《中国道教思想史》等代表性著作。同时,该所还设有中国佛教、宗教学理论、西南少数民族宗教、基督教和宗教美学等专业。1982年,该所成为中国高校第一个宗教学硕士学位授予

---

① 参见胡孚琛主编:《中华道教大辞典》,北京:中国社会科学出版社1995年版,第1692页。

② 参见曹中建主编:《中国宗教研究年鉴》(1996),北京:宗教文化出版社2010年版,第216页。中国宗教学术网:"世界宗教研究所简介"。

点；1990年，又成为第一个宗教学博士学位授予点，30余年来培养有几百位宗教学专业的硕士和博士。1992年，成为第一个宗教学省级重点学科；1999年，成为教育部人文社科重点研究基地；2002年，成为第一个宗教学国家重点学科；2003年，成为宗教学专业独立的哲学博士后流动站；2005年，成为国家"985工程"宗教与社会研究创新基地。四川大学道教与宗教文化研究所主办的《宗教学研究》季刊，创刊于1982年，是中国高校唯一一份公开发行的宗教学专业学术期刊，入选CSSCI来源期刊、全国中文核心期刊、中国人文社会科学核心期刊。2012年起成为国家社科基金资助学术期刊。

上海社会科学院宗教研究所成立于1980年，罗竹风先生（1911—1996年）为首任所长。上海社会科学院宗教研究所设有宗教学原理、当代宗教和宗教史等研究室，并有内部发行的《当代宗教研究》季刊杂志，拥有宗教学硕士学位授予权。上海社会科学院宗教研究所立足上海，面向全国，围绕宗教与当代社会、道德、法律、公共政策、社会和谐以及世界和平的关系等诸项问题，致力于当代宗教学的学科建设。此外，宗教教义、神学、历史与文化等传统学科也是该所关注的重要对象。在道教研究方面，上海社会科学院宗教所主要侧重于道教史、道教斋醮科仪、道教神学、当代道教与海外道教研究等方面的课题，出版有《上海道教史》、《香港道教》、《道教在海外》、《道教神学概论》等研究著作。①

云南省社会科学院宗教研究所创建于1984年11月，是云南省宗教学专业研究机构，主要从事云南省内的五大宗教和民族民间宗教的历史与现状、宗教与少数民族社会文化、宗教与云南和谐社会建设、宗教文化开发与云南经济社会发展等方面的研究。在此基础上，辐射中国西南及中国少数民族地区，从事中国西南少数民族乃至中国宗教的比较研究，同时为政府有关部门提供对策性报告和建议。该所目前设有宗教理论政策研究室、佛教研究室、道教研究室、基督宗教研究室、伊斯兰教研究室、民族民间宗教研究室、资料室、行政办公室等。②

---

① 参见上海社会科学院宗教研究所网："所况介绍"。

② 参见中国宗教学术网："云南省社会科学院宗教研究所"。

中国人民大学宗教研究所创建于1991年6月，主管单位为中国人民大学哲学系，方立天(1933—2014年)教授为首任所长。该所以研究佛教、道教、基督教为主。1996年，中国人民大学基督教文化研究所成立，主管单位为中国人民大学中文系。1999年12月，中国人民大学在两系两所的基础上，重新组建了佛教与宗教学理论研究所，所长仍是方立天教授。2000年9月，中国人民大学佛教与宗教学理论研究所被批准为教育部人文社会科学重点研究基地。2009年，中国人民大学成立了宗教高等研究院，方立天教授担任院长。① 方立天教授多年来一直从事佛教学术研究，取得了丰富的研究成果，曾经担任中国宗教学会副会长、中国哲学史学会副会长。

北京大学宗教学研究所成立于1994年10月，首任所长为楼宇烈教授。该所主要研究范围是佛学、道教典籍、基督教学术思想史。1982年，北京大学创办了中国高等院校的第一个宗教学本科专业。1995年，北京大学创建了全国高校第一个宗教学系，系主任为叶朗教授。2009年11月，北京大学宗教文化研究院成立，楼宇烈教授为荣誉院长，张志刚教授任院长。

北京大学宗教文化研究院的专家人才来自北京大学的宗教学系、哲学系、历史学系、社会学系、外国语学院、国际关系学院、考古文博学院以及公共卫生学院等院系，旨在充分发挥北大人文社会科学的综合优势，协调与整合全校的宗教学教学与研究力量，组织高素质的科研团队，广泛开展国内外学术交流与合作，致力于研究宗教学领域的一些重大的和具有前瞻性的课题，为构建和谐社会和国家发展战略服务。②

陕西省社会科学院宗教研究所的前身是1994年成立的历史宗教研究所，1999年更名为宗教研究所，是该省较早成立的宗教学专业研究机构，也是目前陕西唯一的宗教研究所。该所的主要研究方向为马克思主义宗教学理论、佛教、道教和宗教现状、宗教艺术、宗教戒律、宗教政策法规、民间信仰以及陕西基督教、伊斯兰教的研究等。道教方面的主要著作有《道衍全

① 参见曹中建主编:《中国宗教研究年鉴》(1996)，北京:宗教文化出版社2010年版，第224页。中国高校人文社会科学信息网:"中国人民大学宗教研究所简介"。

② 参见曹中建主编:《中国宗教研究年鉴》(1996)，北京:宗教文化出版社2010年版，第223页。中国宗教学术网:"北京大学宗教文化研究院"。

真》、《丘处机与龙门洞》、《长安·终南山道教史略》、《陕西道教两千年》、《长安道教与道观》等等。①

厦门大学在1999年底，成立了宗教学研究所。该所以卿希泰教授、陈支平教授为名誉所长，詹石窗教授为首任所长。2003年5月15日，经厦门大学校长办公室会议研究批准，成立“厦门大学道学与传统文化研究中心”，詹石窗教授为首任主任。现由黄永锋教授接任中心主任。厦门大学宗教学研究所的主要研究方向是：(1)中国道教文化；(2)中国佛教文化；(3)中国民间宗教；(4)宗教学基本理论与当代宗教研究。此外，在基督教、天主教研究方面也做了一些工作。该所道教方面的学术成果主要有：《易学与道教符号揭秘》、《易文化传统与民族思维方式》、《道教医学导论》等系列论著。

道教学术专门研究机构的成立以及各研究机构的道教研究期刊的创办和持久发行，反映了中国大陆的道教研究得到了各级政府的高度重视，也从侧面反映了我国道教研究的规模逐渐扩大而正规以及研究水平越来越高。中国道教研究已经走上了良性发展之路。

二、设立各类道教研究课题

中国的哲学社会科学的研究项目原来是正式列入国民经济和社会发展的五年计划，由全国人民代表大会讨论通过。然后，再交给学术界的代表大会来落实承担任务的单位和具体负责人选。

1982年12月10日，第五届全国人民代表大会第五次会议审议通过了《中华人民共和国国民经济和社会发展第六个五年计划》，其中第二十六章“哲学社会科学”里制定了“第六个五年计划(六五)”(1981—1985年)期间哲学社会科学重点研究项目的发展目标，项目有十二个项，即：(1)马克思主义基本理论和哲学的研究；(2)经济学和现实经济问题的研究；(3)政治学和法学的研究；(4)社会学的研究；(5)民族问题的研究；(6)文学艺术的研究；(7)语言学的研究；(8)史学的研究；(9)教育问题的研究；(10)宗教

① 参见中国宗教学术网：“陕西省社会科学院宗教研究所”。

问题的研究；(11)国际问题的研究；(12)哲学社会科学教科书、《中国大百科全书》哲学社会科学各卷和各种辞书、工具书的编纂，古籍和历史档案的整理。其中第十项"宗教问题的研究"列举的主要课题有：马克思主义关于宗教问题的理论、中国佛教史、中国道教史、基督教史、伊斯兰教史等。

为了繁荣和发展我国的社会科学研究事业，从 1986 年起，中国开始设立国家社会科学基金。① 哲学社会科学各级项目不再交全国人民代表大会审核、批准和管理，而是交由国家社会科学基金规划和评审领导小组管辖、协调，组织高校和科研机构的研究人员进行申报和实施。随着国民经济的稳步发展，国家对于人文学科的科研经费的投入也越来越多，科研项目也区分为国家级、省部级、地市厅级等各层次，经费来源也日趋多样。其中，国家级别的项目由国家社会科学研究基金支付开销，省部级的项目则由教育部或者各省财政承担科学研究项目经费。

就国家社会科学基金项目而言，又区分为国家社会科学基金重大招标项目、重点项目、一般项目、青年项目、西部项目、后期资助项目、中华学术外译项目、成果文库等项目。此外，还有单列学科：教育学、艺术学、军事学等项目。从 2012 年开始，国家社会科学基金开始资助部分人文社会科学类学术期刊的正常出版发行。

自 1991 年至 2013 年，国家社科基金项目中宗教学类的立项就达到了 796 项，其中，按时间先后划分，1991 年至 1999 年立项数为 97 项，2000 年至 2009 年立项数为 309 项，2010 年至 2013 年立项数为 390 项。按内容区别划分，重大项目 16 项，重点项目 51 项，一般项目 382 项，青年项目 169 项，西部项目 145 项，后期资助项目 19 项，中华学术外译项目 4 项，成果文库 6 项，未注明项目类型的有 4 项。② 由此可以看出，国家对于宗教研究的鼎力支持，逐年增加投入和立项数，极大地鼓舞了宗教研究专家学者的研究热情。

---

① 参见单天伦：《我国社会科学研究体制改革的一个重要措施——谈国家社会科学基金的建立》，《中国高等教育》1988 年第 9 期。

② 参见全国哲学社会科学规划办公室主页："项目数据库"。其数据统计截止时间 2014 年 4 月。

在道教研究项目方面。20 世纪 80 年代至 1990 年，由全国社科规划办立项、得到国家社会科学基金资助的道教研究项目就有 3 项，[1]分别是：四川大学宗教所承担的重点项目“中国道教史”（六五规划项目）、福建师范大学詹石窗主持的青年项目“道教文学史”（七五规划项目，1989 年立项）、一般项目“道教养生文化”（1990 年立项）。

从 1991 年至 2013 年，以道教研究为主题的国家社科基金项目立项数就达到 110 余项。

其中，1991 年至 1999 年国家社会科学基金道教项目立项数共 15 项，主要的选题如下：

第一，道教经典研究，如四川大学俞理明主持的一般项目“道教典籍语言研究”（1991 年立项），上海社会科学院陈耀庭主持的一般项目“藏外道书提要研究”（1994 年立项），中国社会科学院王卡主持的一般项目“敦煌道教文献研究”（1998 年立项）等；

第二，道派研究，如中国社会科学院吴受琚主持的一般项目“道教上清派史略”（1994 年立项）等；

第三，道教思想研究，如中国社会科学院卢国龙主持的一般项目“道教哲学”（1992 年立项）、四川大学卿希泰主持的重点项目“中国道教思想史”（1996 年立项）等、四川大学姜生主持的青年项目“明清道教伦理及其历史流变”（1996 年立项）等；

第四，道教科技研究，如中国社会科学院金正耀主持的一般项目“外丹术”（1996 年立项）、山东大学姜生主持的一般项目“中国道教科学技术史”（1998 年立项）、四川大学陈霞主持的一般项目“道教与可持续发展研究”（1999 年立项）等；

第五，道教与文学、艺术、美学等交叉学科研究，如福建师范大学詹石窗主持的一般项目“道教符号学与神秘主义研究”（1996 年立项）、四川大学潘显一主持的一般项目“道教美学思想史研究”（1997 年立项）、湖南师范

[1] 参见吴云贵：《我国宗教学研究现状与发展趋势》，《中国宗教研究年鉴》（1996），北京：宗教文化出版社 2010 年版，第 1—17 页。

大学张松辉主持的一般项目"元明清道教与文学"等;

第六,宗教政策研究,如四川大学李刚主持的一般项目"魏晋南北朝宗教政策研究"(1993 年立项)等。

其中,2000 年至 2009 年国家社会科学基金道教项目立项数有 40 多项,主要选题有:

第一,道教经典研究,如中国社会科学院王卡主持的重点项目"敦煌道教文献·图录·释文"(2006 年立项)、上海中医药大学金芷君主持的一般项目"《道藏》医籍研究与校注"(2008 年立项)等;

第二,道教史研究,凸显在区域道教史的研究上,如陕西省社会科学院樊光春主持的一般项目"西北地区道教历史与现状研究"(2004 年立项)、浙江大学孔令宏主持的后期资助项目"江西道教史"(2008 年立项)、山东轻工业学院赵芃主持的重点项目"山东道教史"(2009 年立项)等;

第三,道派研究,如中国社会科学院陈进国主持的青年项目"道教闾山派研究——明清道、儒、佛关系的一种个案"(2003 年立项)、厦门大学盖建民主持的一般项目"道教金丹派南宗研究"(2004 年立项)等;

第四,道教思想研究,如四川大学吕鹏志主持的青年项目"道教的基本教义及其现代价值"(2000 年立项)、南京大学孙亦平主持的一般项目"杜光庭与唐宋道教思想"(2001 年立项)、四川大学张钦主持的青年项目"明清道教养生文化研究"(2002 年立项)、厦门大学乐爱国主持的一般项目"中国道教伦理思想史"(2005 年立项)、中国社会科学院戈国龙主持的一般项目"道教内丹学研究"(2007 年立项)等;

第五,道教与文学、艺术、美学等交叉学科研究,如四川省社会科学院胡文和主持的一般项目"中国道教石刻艺术史"(2000 年立项)、四川大学苟波主持的青年项目"道教与明清文学"(2003 年立项)、四川大学李裴主持的青年项目"隋、唐、五代道教审美文化研究"(2006 年立项)、西南大学蒲亨强主持的一般项目"《道藏》所载音乐资料辑研"(2007 年立项)等;

第六,道教碑刻资料研究,如中国社会科学院吴受琚主持的一般项目"道教碑刻集成"(2005 年立项)、云南省社会科学院萧霁虹主持的西部项目"云南道教碑刻辑录"(2007 年立项)、山东师范大学赵卫东主持的青年

项目“山东道教碑刻收集、整理与研究”(2008 年立项)等;

第七,道教与少数民族关系研究,如四川大学张泽洪主持的一般项目“西南少数民族宗教与道教祭祀仪礼比较研究”(2001 年立项)、西南民族大学蔡华主持的一般项目“道教与彝族传统文化”(2002 年立项)、中央民族大学刘成有主持的一般项目“我国少数民族中的佛道教在中国未来文化发展中的战略地位和作用研究”(2005 年立项)等;

第八,道教与民间信仰关系研究,如福建农林大学林宜安主持的一般项目“妈祖信仰的文化认同功能研究”(2003 年立项)、广西民族大学罗宗志主持的一般项目“信仰治疗—广西盘瑶巫医研究”(2004 年立项)、四川大学闵丽主持的一般项目“太平天国的宗教信仰与道教关系研究”(2005 年立项)、华侨大学黄海德主持的一般项目“中国民间信仰与海外华人道教”(2006 年立项)、南京大学徐小跃主持的一般项目“中国民间宗教与佛道二教关系研究”(2006 年立项)等;

第九,道教与传统文化关系研究,如山东师范大学牟钟鉴主持的一般项目“全真七子与齐鲁文化”(2001 年立项)、四川大学张泽洪主持的一般项目“道教唱道情与中国民间文化研究”(2007 年立项)、四川省社会科学院李远国主持的一般项目“道教文化对中华民族发展的影响:信仰、神系与图像的研究”(2007 年立项)、中国社会科学院姜守诚主持的青年项目“汉晋道教与方术民俗—以出土资料为背景”(2009 年立项)等;

第十,道教各类制度研究,如华东师范大学刘仲宇主持的一般项目“道教授箓制度研究”(2006 年立项)、上海大学杨莉主持的青年项目“中古道教女性出家制度研究”(2007 年立项)等;

第十一,海外道教研究,如中央统战部朱越利主持的一般项目“海外道教学经典论著的翻译和研究”(2005 年立项)、南京大学孙亦平主持的一般项目“东亚道教研究”(2006 年立项)、四川大学胡锐主持的青年项目“马伯乐道教学术论著《道教与中国宗教》的翻译与研究”(2009 年)等;

第十二,三教关系研究,如南京大学洪修平主持的一般项目“儒佛道三教关系与中国宗教的发展及精神”(2007 年立项)等;

第十三,民间道经研究,如广西大学张廷兴主持的西部项目“广西师公唱本收集、整理与编选”（2009 年立项）等；

第十四，百年道教研究回顾，如四川大学詹石窗主持的特别委托项目“百年道教研究与创新工程”（2009 年立项）。

与 20 世纪 90 年代的道教科研项目相比较，21 世纪头十年（2000 年至 2009 年）国家社会科学基金道教研究类的科研项目，无论在广度上或者在深度上，都有了长足发展。这表现在敦煌道经的研究、区域道教史研究、道教交叉学科研究、道教与少数民族关系研究、道教金石资料的整理以及道教与民间信仰关系的研究都已经开展起来，并且找到了各自的切入点。

2010 年至 2013 年，国家社会科学基金道教类研究的立项数达到了 40 余项，选题范围更是呈现了多样化、专题化的倾向，主要有：

第一，道教经典的整理与研究，尤其是大型道教地方志文献的辑要、道教善书的整理等，如四川大学杨光文主持的一般项目“中国道教书目史”（2010 年立项）、中国人民大学何建明主持的重大项目“中国地方志佛道教文献汇纂（1949 年前）”（2011 年立项）、四川大学于国庆主持的青年项目“道教善书与社会治理研究”（2011 年立项）、厦门大学黄永锋主持的一般项目“《道枢》及其百种引书的收集、整理与研究”（2012 年立项）、华东师范大学罗争鸣主持的一般项目“《历世真仙体道通鉴》整理与研究”（2012 年立项）等；

第二，道教史的研究，尤其是在断代史、区域道教、口述史研究方面比较突出，如华中师范大学刘固盛主持的一般项目“湖北道教史”（2010 年立项）、四川大学郭武主持的重点项目“明清道教史”（2011 年立项）、陕西省社会科学院樊光春主持的一般项目“陕西道教历史典籍整理与研究”（2011 年立项）、四川省社会科学院丁常春主持的西部项目“民国时期道教研究”（2011 年立项）、浙江大学孔令宏主持的后期资助项目“浙江道教史”（2012 年立项）、南京大学孙亦平主持的重点项目“江苏道教文化史”（2012 年立项）、四川省社会科学院陈云主持的青年项目“巴蜀道教史研究”（2012 年立项）、中国社会科学院汪桂平主持的一般项目“东北道教史”（2012 年立项）、陕西省社会科学院潘存娟主持的西部项目“陕西当代道教口述史料整理与研究”（2012 年立项）、四川省社会科学院刘雄峰主持的一般项目“山西道教史研究”（2013年立项）等；

第三，道派研究，如陕西省社会科学院陈文龙主持的西部项目“道教灵宝派通史研究”（2012年立项）等；

第四，道教思想研究，如中国社会科学院戈国龙主持的一般项目“道教内丹学的理论体系及其现代意义”（2010年立项）、北京大学郑开主持的一般项目“道教心性学研究”（2012年立项）、河南工程学院贾辰阳主持的青年项目“存思术源流考论”（2013年立项）等；

第五，道教与文学、艺术、美学等交叉学科研究，如四川师范大学李俊涛主持的青年项目“中国道教图像学研究与数字化艺术推广研究”（2012年立项）、四川省社会科学院苏宁主持的一般项目“道教壁画宗教审美类型研究”（2013年立项）、漳州师范学院程群主持的一般项目“道教舞蹈研究”（2013年立项）等；

第六，道教与少数民族关系研究，如西北民族大学看本加主持的一般项目“甘青藏地区道教的地域性、民族性流变研究”（2010年立项）、四川大学张泽洪主持的一般项目“中国西南少数民族梅山教与南岭走廊文化建设研究”（2011年立项）、云南民族大学曾黎主持的青年项目“云南少数民族地区儒释道共存的历史与现状研究”（2012立项）等；

第七，道教与民间信仰关系研究，如兰州大学刘永明主持的一般项目“唐五代宋初敦煌道教与民间信仰研究”（2010年立项）、西南大学曾维加主持的青年项目“巴渝道教与民间信仰的历史与现状研究”（2010年立项）等；

第八，道教科技方面的研究，在专题研究与断代研究方面的比较突出，如玉林师范学院袁名泽主持的西部项目“道教农学思想纲要”（2010年立项）、广西民族大学容志毅主持的一般项目“东晋道士发明火药的模拟实验及文献再检索”（2011年立项）、四川大学姜生主持的重大项目“宋元明清道教与科学技术研究”（2013年立项）、四川大学盖建民主持的重点项目“道教与中国传统天文历法互动关系研究”（2013年立项）、山东大学韩吉绍主持的后期资助项目“道教炼丹术与中外文化交流”（2013年立项）等；

第九，民间道经的整理与研究，如云南省社会科学院萧霁虹主持的一般项目"云南道教经典的收集与研究"(2012年立项)、四川大学朱展炎主持的青年项目"广西桂东南地区民间道经的整理与研究"(2013年立项)等;

第十,海外道教的译介和研究,如四川大学张崇富主持的西部项目"《道藏通考》的翻译与研究"(2011年立项)、山东大学宇汝松主持的一般项目"道教南传越南研究"(2012年)、南京大学孙亦平入选成果文库的"东亚道教研究"等。

从历年国家社会科学基金道教类项目的立项情况来看,立项数目逐年上升,选题范围不断由宏观转向微观研究,尤其在区域道教史、道教与民间信仰、道教交叉学科、道教与少数民族关系、民间道经等选题上的研究,更是表明道教研究的重心逐渐由过去重视道教通史研究、道教经典研究转向道教包含的丰富内容的具体而深入的专题研究,这从又一个侧面反映了改革开放后我国道教研究取得了长足的进展。

三、举办各类道教学术会议

20世纪80年代以后,随着国家经济的发展以及对道教研究的重视,我国的道教研究逐步走上正轨,学术界、道教界相互交流日渐增多,各类道教学术研讨会也频繁召开,其中既有学术界主办的道教学术研究交流,也有道教界与学术界联合主办的学术研讨会,道教界和学术界两股力量精诚团结,为弘扬道教文化作出了积极努力,为我国传统文化的继承、发展和繁荣做出了很大贡献,现择其要者综述如下①。

据初步统计,20世纪80年代我国召开的道教学术研讨会有6次,②分别如下:

① 此处道教学术会议内容参见卿希泰:《十年来道教研究的回顾与展望——纪念党的十一届三中全会胜利召开十周年》,《宗教学研究》1988年第4期;曹中建主编:《中国宗教研究年鉴》(1996—2008),宗教文化出版社2010年版;曹中建主编:《中国宗教年鉴》(2009—2010),北京:宗教文化出版社2011年版;曹中建主编:《中国宗教年鉴》(2011—2012),北京:中国社会科学出版社2013年版。又见中国宗教学术网。

② 此处内容参见卿希泰:《十年来道教研究的回顾与展望——纪念党的十一届三中全会胜利召开十周年》,《宗教学研究》1988年第4期;于光《10年来我国道教学术会议活动综述》,《中国宗教研究年鉴》(1996),北京:宗教文化出版社2010年版,第119—121页。

1981 年 7 月,在北京香山举行了全国宗教学术讨论会,道教组有近 20 人参加,会上就《太平经》的评价和葛洪的评价等问题进行了专门讨论。

1983 年 7 月,在北京大学勺园就《道藏》编目问题进行了专题讨论,到会代表约 20 人。

1984 年 4 月,在杭州就《道藏提要》的一些问题进行了专题讨论,到会代表约 40 人。

1987 年 11 月,由《哲学研究》编辑部、四川大学宗教学研究所、四川省社会科学院哲学与文化研究所等联合主办的"道教与中国传统文化研讨会"在成都举行。与会者从哲学史、宗教史、思想史、文化发展史、中医、气功、外丹与应用化学等方面对道教与道家、道教与中国传统文化、道教与科学技术等关系进行了深入探讨。

1989 年 9 月 6 日至 8 日,中国道教协会在北京召开了"道教文化研讨会",到会者共 35 人。参加会议的以道教界学者为主,同时也邀请了部分教外专家。与会者认为,对道教文化的研究刚刚开始,今后应加强道教科仪、医学、养生和艺术等方面的研究。在这次会议上,"道教文化研究所"正式成立。

1989 年 11 月 9 日,由上海科学思想研究会主办的"道家、道教与科学技术研讨会"在上海举行,来自上海各高校及有关科研单位的 60 余名专家参加此次会议。

20 世纪 90 年代,据初步统计,中国大陆举办的道教学术会议增加至 16 次[①],按其主题内容分类如下:

第一类是有关道教俗神的会议,如,1990 年 4 月首届妈祖研究国际学术讨论会在福建省莆田市举行,近百位来自美国、日本、韩国以及中国大陆、中国台湾、香港等地区的专家学者,就妈祖的生平、妈祖信仰的起源、妈祖信仰的属性、台湾及海外的妈祖信仰、妈祖文化的内容等问题进行广泛探讨。

第二类是有关道教的专题研讨会,其专题有道教音乐、道教道派和道教

① 参见于光:《10 年来我国道教学术会议活动综述》,《中国宗教研究年鉴》(1996),北京:宗教文化出版社 2010 年版,第 119—121 页;《中国道教》(1990—2000)。

典籍等。如,1990 年 6 月 3 日,中国道教协会道教文化研究所和中国音乐学院在北京联合举办了“道教音乐研讨会”。1991 年 6 月,由中国旅游文化学会、北京史地民俗学会和山东省文登市旅游局在文登市举办了“中国道教全真派发祥地文登国际研讨会”,有来自日本、美国、苏联、韩国和中国台湾、香港以及内地的 100 多位专家学者参加会议。1996 年 8 月,中国道教协会、中国社会科学院道家与道教研究中心、华夏出版社共同召开了“《道藏》整理座谈会”。来自北京、四川、上海等地的部分道教专家学者参加了会议。会议就《道藏》的整理、出版等方面问题作了深入讨论。

第三类是有关道家道教思想文化的学术会议,如,1990 年 7 月,由湖北省哲学史学会、湖北省道教学术研究会、湖北省社会科学院、武汉大学哲学系等 11 家单位在湖北襄樊市联合举办了“全国道家(道教)文化与当代文化建设学术讨论会”。1992 年 8 月,由中国社会科学院世界宗教研究所和台湾“中华”宗教哲学研究社在西安联合举办了“海峡两岸道家思想与道教文化研讨会”。1994 年 11 月,由四川大学宗教学研究所、北京大学中国哲学与中国文化研究所、香港青松观道教学院联合举办的“道家、道教与中国文化学术研讨会”在四川大学召开。1998 年 8 月,由中国道教协会道教文化研究所、台北文化三清宫和庐山仙人洞道院联合举办的“庐山中国道教文化研讨会”在江西庐山召开,会议就道与道教的含义、道教的济世价值、道教劝善书与现代精神文明、全真道信仰的真谛和基本教义、老子思想的当代意义、道教法术的社会功能和时代转换、道教科技的现代意义、道教的哲学思想、道教宫观文化、道教生态智慧等问题进行了深入探讨和交流。

第四类是有关道教名山宫观文化的研讨会,如,1992 年 9 月,由武当山道教协会在武当镇主办的第一届“中国武当道教文化国际学术研讨会”,有中国道教研究学者和来自日本、美国的 20 余名专家出席会议,收到论文 20 余篇,就武当道教的历史及著名道士、玄天上帝信仰、武当道教武术、武当道教斋醮法事音乐、武当山道教古建筑群、日本的道教研究及武当文化等问题进行了探讨。1994 年秋季,由龙虎山道教协会、江西省社会科学院、台湾“中华”道教总会联合主办的“龙虎山道教文化学术研讨会”在江西龙虎山举行。

第五类是有关道儒释三教关系的研讨会，如，1995 年 2 月，中国社会科学院世界宗教研究所佛教研究室和道教研究室在北京联合举办“南北朝佛道关系研讨会”。有北京地区的学者共 30 余人出席会议。这是第一次以南北朝佛道关系为主题的学术研讨会。会议重点讨论了佛道教造像比较、佛道教经典比较、佛道教思想异同、佛道教斗争与融合的特点和发展趋向、“老子化胡论”及“夷夏之辨”等问题。

与 20 世纪 80 年代相比较，90 年代中国大陆举行的道教学术会议无论是在数量、规模上，还是在内容范围上，都有了明显的扩大和提高。

从 21 世纪初开始，随着中国大陆道教学术研究的进一步发展，学术交流日趋频繁，每年召开的道教学术会议平均将近 4 次。据初步统计，2000 年至 2013 年召开的道教学术会议有近 50 余次①，会议的议题也有所扩大：

第一，以道教文化为主题的研讨会。如，2000 年 8 月，由中国道教协会道教文化研究所和江西九江道协庐山仙人洞道院在庐山共同主办第二届“庐山中国道教文化研讨会暨二千年庐山中国道教文化笔会”，会议以“生活道教”为主题进行了热烈的讨论。2000 年 10 月，由四川大学宗教研究所主办的“四川大学宗教学研究所建所二十周年暨道学与中国传统文化国际学术研讨会”在四川大学举行，此次会议围绕三清玉皇信仰、西王母信仰、其他神仙信仰、道教的神仙思想、道教与民间信仰的关系等问题展开了讨论。这是中国大陆举行的首次以神仙信仰为主题的研讨会，盛况空前。2001 年 8 月 26 日至 28 日，由中国道教协会道教文化研究所、江苏省句容市茅山道院联合主办，南京大学宗教学系、江苏省道教协会协办的“茅山中国道教文化研讨会”在江苏省句容市召开。会议围绕“二十一世纪道教展望”的主题就道教的发展前景、道教目前存在的问题、如何加强道教自身建设、道教的发展方向等问题进行了研讨。

第二，以道教教义思想为主题的研讨会。如，2002 年 1 月，由香港道教学院主办、香港青松观资助的“道教教义与现代社会”国际学术研讨会在香

① 参见《中国道教》(2000—2013)各年期刊以及四川大学道教与宗教文化研究所网站、弘道网等。

港召开。来自日本、法国及中国大陆和香港、台湾地区的专家学者30余人出席会议，围绕道教的教理教义、道教的发展以及道教与现代社会等问题进行了热烈的讨论。

2002年11月，由中国道教协会道教文化研究所、上海道教协会联合主办，上海社会科学院宗教研究所、华东师范大学宗教文化研究中心协办，上海城隍庙承办的“道教思想与中国社会发展进步研讨会”在上海召开。与会学者就道教教义思想的核心问题，道教的组织、规戒、科仪、法术，道教与社会主义社会相适应等问题展开了讨论。此后，第二次、第三次、第四次“道教思想与中国社会发展进步研讨会”分别于2003年11月、2004年11月、2008年11月在福建泉州、湖南衡山和江西南昌举行，参加会议的专家学者遍及教内外和各省市、各部门，盛况空前，主题广泛。

第三，以著名高道为主题的研讨会。如，2003年11月，由浙江大学人文学院、中国社会科学院哲学研究所等共同举办的首届“葛洪与中国文化国际学术研讨会”在浙江海宁举行。来自海峡两岸及韩国、美国等地的150多位专家学者围绕“葛洪、道家道教与科学”的主题展开了热烈讨论和交流。

2004年8月，由海南省地方志办公室和海南省地方志学会主办、海南中野旅游产业发展有限公司协办的“白玉蟾与海南道教学术研讨会”在海南省定安县举行。来自道教界、学术界和史志界的专家学者共30多人参加了会议，会议主要围绕白玉蟾的道教思想、文化成果、历史影响等问题进行了研讨。

2007年9月，由山东师范大学齐鲁文化研究中心、鲁东大学胶东文化研究中心主办，山东省栖霞市丘处机研究会承办的“丘处机与全真道国际学术研讨会”在山东栖霞市举行。来自日本、韩国、中国大陆及港台地区的60余位专家学者参加了会议。会议就丘处机研究、龙门派研究、全真道研究以及全真道与和谐社会的构建等问题进行了讨论。

2008年12月，由香港青松观全真道研究中心、深圳大学国学研究所联合主办的“《全真学案》学术研讨会”在深圳召开。与会的十一位学者就自己所提交的学案研究作了介绍发言，国内外知名道教学者还对这十一个全真学案进行了评审。

第四,以道教宗派和区域道教为主题的研讨会。如,2002 年 9 月,由中国道教协会道教文化研究所、江西省道教协会、江西南昌西山万寿宫联合召开,江西师大道教文化研究中心协办的“中国道教净明道文化研讨会暨道教文化笔会”在江西南昌举行。会议围绕净明道的历史、经典、传承、教义、现代意义以及与儒家忠孝道德的关系等问题进行了讨论。

2005 年 5 月,由浙江大学道教文化研究中心、四川大学道教与宗教文化研究所、天台县社会科学界联合会联合承办的“天台山暨浙江区域道教国际学术研讨会”在浙江省天台山举行。与会的有来自中国大陆和港澳台地区以及美国、日本、澳大利亚、比利时、斯洛文尼亚、法国、韩国的 137 名中外学者,其中有外国学者 29 人,港澳台地区学者 14 人。会议围绕天台山道教历史、杭州地区道教历史以及浙江其他地区道教历史和现状、道教文学艺术、道家与道教的异同、道教与科学的关系等问题进行了探讨。

2005 年 8 月,由山东师范大学齐鲁文化研究中心、烟台师范学院胶东文化研究中心和文登市人民政府在文登市联合召开了“全真道与齐鲁文化国际学术研讨会”。来自日本、韩国、加拿大、中国大陆及台湾、香港地区等的著名学者、道教界人士共 80 多位,与会学者分别就齐鲁文化与道教起源、先秦道家、全真道的心性思想、全真道与三教关系、全真道在海外的传播、王重阳及全真七子、明清全真道等问题进行了深入探讨。

2008 年 4 月,由华中师范大学道家道教研究中心、香港青松观全真道研究中心主办,中国道教协会道教文化研究所等协办的“全真道与老庄国际学术研讨会”在湖北武汉举行。来自美国、日本、韩国、澳大利亚、中国大陆及港澳台地区的专家学者和道教界人士共 130 余人参加了研讨会。大会围绕全真道历史、人物、思想、信仰和老庄哲学等问题展开了讨论。

2013 年 11 月,由上海市道教协会、华东师范大学明道道教研究所、华东师范大学宗教文化研究中心共同主办的首届“正一道教:历史与现状”国际学术研讨会在上海举行。来自美国、德国、澳大利亚、中国大陆以及香港、台湾地区的著名高等院校和研究机构的学者,以及部分道教界人士等近百余人参加了研讨会。会议期间,与会学者就正一道教的历史和当代发展、经典教义、科仪法术、文学艺术、科学技术等问题进行了研讨和交流。

第五，以道家和道教思想为主题的研讨会。如，2004 年 6 月，作为“中国（成都）道教文化节”的组成部分，由四川大学道教与宗教文化研究所、美国波士顿大学宗教系、香港圆玄学院联合主办的“道教与当代世界”国际学术研讨会在青城山成功举行。来自海内外一百多位学者参加了本次研讨会，会议主要围绕区域道教研究、道教理论的现代价值及意义、道教史的深入研究以及道教思想史方面的问题进行了深入探讨。

2005 年 4 月，由厦门大学人文学院哲学系、道学与传统文化研究中心与《东南学术》杂志社等有关团体联合举办的“国际道学与思想文化学术研讨会”在厦门大学召开。来自中国大陆、香港地区、台湾地区和韩国、日本的专家学者出席了此次会议。会议就道学基础理论与基本概念内涵、道学思想与科学文化、道学与社会文化和谐关系、道教养生文化及道教美学、三教关系、道学与民间信仰等问题展开了深入讨论。

第六，以道教养生文化为主题的研讨会。如，2005 年 10 月由四川大学道教与宗教文化研究所、四川大学道教养生文化研究中心和成都市道教协会、青城山道教协会、青城山风景名胜管理局联合主办的“道教养生文化与当代世界”国际学术研讨会在青城山召开。

2008 年 12 月，由中国道教协会、广东省道教协会联合主办，广东圆玄道观承办，香港道教联合会、香港圆玄学院协办的“道教与养生”研讨会在广州市花都区举办。会议围绕“道教养生学的理论与实践”主题，就道教养生学的源流、道教养生与饮食起居、道教养生与中医学等问题进行了深入探讨。

第七，以纪念老一辈著名道教学者为主题的研讨会。如，2011 年 6 月，中国社会科学院世界宗教研究所、中国社会科学院道家道教文化研究中心、四川大学道教与宗教文化研究所在四川大学联合举办“纪念王明先生百年诞辰学术研讨会”，深切缅怀中国道教研究的拓荒者王明先生，纪念先生在中国哲学思想史、道教史、道教文献学等领域做出的卓越贡献。

2012 年 8 月，由中国社会科学院世界宗教研究所与中国道教协会道教文化研究所联合主办，江苏省道教协会、苏州市道教协会协办，常熟真武观、江苏隆力奇生物科技股份有限公司承办的“陈国符先生与中国道教研究”学术研讨会在江苏常熟市真武观召开。会议围绕陈国符先生的道教研究、道教内外丹与医药学研究、道教音乐与仪式研究、道教传统文化与现代社会研究等专题进行了深入讨论。

综上所述，从20世纪90年代开始，我国的道教学术会议从参会人数和国别、会议内容、国际交流项目数量等方面观察，都呈现了可喜的局面，尤其在国际交流、道教界与学术界联合办会上，反映了我国道教研究从一开始就具有的国际性、开放性和多元性的特点。①

四、出版各类道教学术专著②

从20世纪初到改革开放之前（1978年12月），中国大陆的道教研究尚处在起步时期。这一时期可以划分为两个阶段。

第一阶段从1900年到1949年。根据这半个世纪里有关道教研究论著统计，有160人左右曾经做过道教研究工作，这些从事道教研究的人多以历史和哲学研究为主业，道教研究多是自发而分散，附带进行。代表性的学者有：刘师培、翁独健、汤用彤、王明、蒙文通、陈国符、陈寅恪、许地山、傅勤家等。这一阶段的道教研究范围，多集中在《道藏》整理、索引编纂和源流考辨、早期道教历史和外丹术等方面，文章不多，专著更少。论文总数大约有200篇，专著仅十来种。

第二阶段从1950年到1978年。这一阶段从事道教研究的仍然只是一些非道教专业的学者，其中有些学者如王明、陈国符等，在这个阶段成了道教研究的领头人。搞道教研究的学者，不仅人数少，形不成一支队伍，而且还常常受到极“左”思潮的干扰，把道教研究视为禁区，导致这一阶段的道教研究基本处于停顿状态。近三十年中，道教方面的论文仅50篇左右，专

① 此外，“国际道教学术研讨会”和以海峡两岸道教为主题的会议也召开了多次，本书第十七章第九节“道教研究的国际会议”将有专门论述，此不赘述。

② 本部分内容参见朱越利、陈敏：《道教学》第11章“中国道教学成果”，北京：当代世界出版社2000年版；卿希泰：《道教研究百年的回顾与展望》，《四川大学学报》（哲学社会科学版）2006年第4期。

著更少。比起第一阶段,研究成果的数量和质量略有下降。①

从1978年12月党的十一届三中全会确立了改革开放路线后,党和国家的各项工作步入正轨,道教研究也迎来了前所未有的发展时期。这一时期的道教研究成果无论在数量上还是在质量上,都比以前有了巨大的增长和长足的进步。这些道教研究成果,不仅有出自老一辈学者如陈垣、蒙文通、王明、陈国符等人的新著,而且还有大批后续的中青年学者的著述。其数量之大,是前一个时期无法比拟的。从时间来说,前一时期累计有80年,此一时期大约只有30年。可是从道教研究成果来说,30年的数量则是过去80年的大约10倍至20倍。至于成果的质量,那就更加没法比较了。这表明近三十年中国道教研究进入了一个崭新的时期。下面我们就选择这一时期的道教研究学术专著给以综述。

(一)道教经典研究

首先是对《道藏》的研究。主要成果有任继愈主编、钟肇鹏副主编的《道藏提要》(中国社会科学出版社,1991年)、朱越利的《道经总论》(辽宁教育出版社,1991年)《道藏分类解题》(华夏出版社,1996年)、丁培仁编著的《增注新修道藏目录》(巴蜀书社,2008年)等。

《道藏提要》初版于1991年,1995年进行第二次修订,2005年又进行第三次修订。本书是中国社会科学院世界宗教研究所的集体研究成果,执笔人有王卡、羊化荣、李永晟、朱越利、吴受琚、陈兵、戴景素、钟肇鹏等。该书对明《正统道藏》及《万历续道藏》所收道经进行逐一考订,对道经的作者、成书年代、版本、主要内容都作了简明扼要的说明,立论有据,资料翔实,并附有编撰人简介、新编道藏分类目录、正续道藏经目录、编撰人索引、道藏书名索引等,至今仍是道教研究者的常用工具书,具有很高的学术价值。

《道经总论》全书分道经之源、道经的产生、道藏编纂史、道经分类、道经目录、敦煌道经、藏外道经举例、道经评价等8部分内容。书末附有"综

① 本部分内容参见卿希泰:《道教研究百年的回顾与展望》,《四川大学学报》(哲学社会科学版),2006年第4期。陈敏:《20世纪中国道教学研究》,《中国宗教研究年鉴》(1997—1998),北京:宗教文化出版社2010年版,第159—169页。

合索引”。《道藏分类解题》采用中国图书馆分类设计方法对道藏所收经籍重新设计分类系统，并对《道藏》所存书目重新分类排列和解题，从而方便了现代人对《道藏》进行快速检索和阅读。因此，此书是对《道藏》传统分类的突破。

《增注新修道藏目录》改革了《道藏》原有的三洞四辅传统道书分类系统，从目录学的角度对现存与道教相关的6000种道书重新分类编目。其分类系统包括道教义理类、戒律清规类、科范礼仪类、符箓道法类、术数图像类、修炼摄养类、仙境宫观类、神谱仙传类、文学艺术类、总类等十个大类。本书考证了所收主要道书的作者、编著年代、内容、传承和流变等著述情况，其数量是明正统《道藏》所收书目的4倍。

其次，在碑刻资料的收集和整理上，比较重要的有陈垣编、陈启超和曾庆瑛校补的《道家金石略》（文物出版社，1988年），龙显昭、黄海德主编的《巴蜀道教碑文集成》（四川人民出版社，1997年），吴亚魁编著的《江南道教碑记资料集》（上海辞书出版社，2007年），赵卫东编著的《山东道教碑刻集：临朐卷》（齐鲁书社，2011年），黎志添、李静编著的《广州府道教庙宇碑刻集释》（中华书局，2013年），萧霁虹编著的《云南道教碑刻辑录》（中国社会科学出版社，2013年）。《道家金石略》收录了大约1500篇道教碑刻资料，除移录《道藏》中的资料外，还征引了大量拓片、金石志、其他道经、地方志、文集及丛书中的资料。其他几部新出的道教碑刻资料集，多是地方道教碑刻资料的收集和整理，进一步拓宽了道教史和地方道教研究的资料厚度。

在敦煌道经的研究上，主要有陈鼓应主编的《道家文化研究》第13辑（生活·读书·新知三联书店，1998年）、王承文的《敦煌古灵宝经与晋唐道教》（中华书局2002年）、王卡的《敦煌道教文献研究：综述·目录·索引》（中国社会科学出版社，2004年）《道教经史论丛》（巴蜀书社，2007年）、刘屹的《经典与历史——敦煌道经研究论集》（人民出版社，2011年）。

《道家文化研究》第13辑共收录敦煌道教研究方面的论文15篇，敦煌文献1篇，译文1篇，全书内容包含了敦煌道教文献与敦煌道教历史、对敦煌道书中有代表性的《南华经》、《化胡经》、《变化经》等的研究，对敦煌道书中以《灵宝经》及由此派生出来的《昇玄经》、《本际经》为中心的研究。

《敦煌道教文献研究:综述·目录·索引》一书利用敦煌经洞发现的道教文献,从综述篇、目录篇、研究篇、资料篇全面考察了隋唐时期敦煌地区道教的发展情况,对敦煌道教文献进行了较为全面的整理。《经典与历史——敦煌道经研究论集》主要是对敦煌道经中的《老子化胡经》、《昇玄内教经》、《太上妙法本相经》等三部经典进行系统研究。

近三十年对于道教专经的研究,取得了比较丰硕的成果。王明的《抱朴子内篇校释》(1980年中华书局第一版,1985年增订后收入《新编诸子集成》第一辑)第一次全面校释了《抱朴子内篇》。杨明照的《〈抱朴子外篇〉校笺》(中华书局,1991年)第一次全面校笺了《抱朴子外篇》。饶宗颐的《老子想尔注校证》(上海古籍出版社,1991年)是在港版《老子想尔注校笺》的基础上扩充而成,对这部久已亡佚而在敦煌文献中发掘出来的残缺道经进行了校正、注释和分析,为早期道教研究提供了难得的原始资料。此外,还有王明的《无能子校注》(中华书局,1981年)、王卡点校的《老子道德经河上公章句》(中华书局,1983年)、胡孚琛的《魏晋神仙道教——抱朴子内篇研究》(人民出版社,1989年)、朱森溥的《玄珠录校释》(巴蜀书社,1989年)、俞理明的《〈太平经〉正读》(巴蜀书社,2001年)、王宗昱的《〈道教义枢〉研究》(上海文化出版社,2001年)、郭武的《〈净明忠孝全书〉研究:以宋、元社会为背景的考察》(中国社会科学出版社,2005年)等。

(二)道教史研究

道教史研究一直是道教研究的基础和重点工作,从1980年以来,大陆学术界从通史、专史(包括断代史、道派史、区域道教史、人物传记)等角度对道教历史进行了全方位的研究,取得了丰硕成果。

就道教通史而言,任继愈主编的《中国道教史》和卿希泰主编的《中国道教史》最具代表性。

任继愈主编的《中国道教史》,最初是一卷本,由上海人民出版社于1990年6月出版。后经过修订、增补,于2001年9月由中国社会科学出版社出版了二卷增订本。该书从汉至明清对道教的发展进行了简明扼要地论述,同时对明清时期民间宗教与道教的关系进行了重要阐述,弥补了以前道教史所忽略的一个重要内容。

卿希泰主编的《中国道教史》是四卷本，由四川人民出版社出版，第一卷出版于 1988 年 4 月，第二卷出版于 1992 年 7 月，第三卷出版于 1993 年 10 月，第四卷出齐在 1995 年 12 月。1996 年对第一版《中国道教史》，在内容、装帧、校对上作了很多改进，推出了四卷修订本。该书从先秦两汉道教的历史源流叙述开始，直至新中国成立后道教的新生为止，同时兼顾港澳台和海外道教发展的最新情况，可以说是一部中国道教发展的全景通史。出版后在海内外获得巨大反响。2013 年，中华书局还出版了卿希泰的一卷本《简明中国道教史》，可以说是四卷本《中国道教史》的浓缩版。

此外，南怀瑾的《中国道教发展史略》（复旦大学出版社，2007 年）、潘雨廷的《道教史发微》（上海社会科学院出版社，2003 年；复旦大学出版社，2012 年）等也在不同层面对道教历史的发展提出了不同的看法，丰富了道教史的研究思路。

在道教专史研究方面，突出体现在断代史、道派史、区域道教史、道教人物等各个方面。

关于道教断代史研究，有汤一介著《魏晋南北朝时期的道教》（陕西师范大学出版社和台湾东大图书公司同时出版，1988 年）、詹石窗著《南宋金元的道教》（上海古籍出版社，1989 年）、黄小石的《明清全真道论稿》（巴蜀书社，2000 年）等。

关于道派史研究，有张继禹的《天师道史略》（华文出版社，1990 年）、郭树森主编的《天师道》（上海社会科学出版社，1990 年）、王士伟著《楼观道源流考》（陕西人民出版社，1993 年）、黄小石著《净明道研究》（巴蜀书社，1999 年）、盖建民著《道教金丹派南宗考论：道派、历史、文献与思想综合研究》（社会科学文献出版社，2013 年）等。

关于区域道教史研究，比较早的有李远国著《四川道教史话》（四川人民出版社，1985 年）、王光德、杨立志合著的《武当道教史略》（华文出版社，1993 年）、樊光春著《长安·终南山道教史略》（陕西人民出版社，1998 年）。进入 21 世纪，区域道教史研究一直持续不衰，有了很多成果，例如，郭武著《道教与云南文化——道教在云南的传播、演变及影响》（云南大学出版社，2000 年）、吴亚魁著《江南全真道教》（香港中华书局，2006 年；2012 年，上海古籍出版社出版修订本)、萧霁虹、董允著《云南道教史》(云南大学出版社,2007 年)、樊光春著《西北道教史》(商务印书馆,2010 年)、孔令宏、韩松涛著《江西道教史》(中华书局,2011 年)等等。

关于当代道教发展和传播研究著述,有李养正著《当代道教》(东方出版社,2000 年)、陈耀庭著《道教在海外》(福建人民出版社,2000 年),这些著作对道教在历史上的传播和当代现状都有很好的描述、总结和研究。

关于道教人物的历史研究,有南京大学出版社出版的系列人物评传,如钟国发著《陶弘景评传》(2005 年)、孙亦平著《杜光庭评传》(2005 年)、强昱著《成玄英评传》(2006 年),以及齐鲁书社出版的“全真学案”系列,如郭武著《丘处机学案》(2011 年)、何建明著《陈致虚学案》(2011 年)、尹志华著《王常月学案》(2011 年)、强昱著《刘处玄学案》(2012 年)等,这些道教历史人物的研究拓宽了传统道教史研究的范围,提供了一种从不同视角来研究处在历史长河中的道教人物的新方法和新思路。

在道教考古研究方面的著述,主要有张勋燎、白彬合著的六卷本《中国道教考古》(线装书局,2006 年),该书从墓葬(如买地券、画像石、墓志、碑文、镇墓文等)、道教文物(解注陶容器、印章、钱币、神符、咒文、摇钱树等)、道教遗迹(造像、石塔、八卦图像、太极图等)等专题结合道教史籍文献对道教史上的一些重要道士、神仙、道派进行了深入研究,收集了许多道教史研究上需要的考古佐证材料,是近年来宗教考古学和道教考古学的一部力作。

宫观历来是道教活动的主要场所,历代道教宫观志则是一定区域道教发展情况的重要而系统的记载。近年来,宫观志也得到了道教界和学术界的重视。一些历代编撰的宫观志和名山志得到了出版和再版,比如江苏古籍出版社 2000 年出版的《中国道观志丛刊》,全书 36 册,收录了许多唐代到明清时的宫观山志,2004 年,广陵书社又影印出版了《中国道观志丛刊续编》,收录了许多明清时人编撰的宫观志和名山志,如,明人黄天全撰《九鲤湖志》、清人达昌撰《龙神祠图记录》、清人金志章撰、沈永清补《吴山伍公庙志》等,为研究道教宫观历史提供了宝贵的资料。当代道教界人士也编撰了一些新的宫观志和名山志,例如,林胜利、陈垂成编《泉州道教》(鹭江出版社,1993 年),杨世华、潘一得编著《茅山道教志》(华中师范大学出版社,

2007年），张金涛主编《中国龙虎山天师道》（江西人民出版社，2000年），郑土有、刘巧林合著《护城兴市——城隍信仰的人类学考察》（上海辞书出版社，2005年）等等。

（三）道教思想研究

在道教思想通史方面的著述，比较早的是卿希泰著《中国道教思想史纲》（四川人民出版社，第一卷出版于1980年，第二卷出版于1985年），《续·中国道教思想史纲》（四川人民出版社，1999年）。三本思想史纲对汉魏两晋南北朝、隋唐五代北宋以及南宋到明等三个时期的道教思想发展进行了史学的扼要论述，只是对于清代至近现代道教思想的发展还没有述及。经过12年（1996—2008年）的准备、写作和打磨，由卿希泰主编、詹石窗副主编的《中国道教思想史》（四卷本）在2009年由人民出版社出版发行。《中国道教思想史》采取宗教学、历史学、社会学、解释学、符号学、文化哲学等多学科交叉的研究方法，对汉代以后直至当代的道教思想的发展历程进行了全方位叙述与深入分析，揭示了中国道教思想的多元创造与时代特征，弥补了之前"思想史纲"的不足。《中国道教思想史》出版后，被认为是"填补了道教思想通史研究的学术空白，是我国道教学术研究的又一个重要里程碑"。此外，在断代思想史的研究上，还有李大华的《道教思想》（广东人民出版社，1996年）、孔令宏的《宋明道教思想研究》（宗教文化出版社，2002年）、葛兆光的《屈服史及其他：六朝隋唐道教的思想史研究》（生活·读书·新知三联书店，2003年），这些著述都从不同层面丰富了道教思想史的深度和研究视角。

道教哲学作为道教理论研究的重要一环，一直受到学术界的重视，比较早论述道教哲学的专著有李刚的《汉代道教哲学》（巴蜀书社，1995年），该书系统地探讨了道教哲学成立的原因、地位、含义、价值、特质以及与道家哲学的区别联系等问题，然后分别从汉代道教经籍《太平经》、《老子河上公章句》、《老子想尔注》、《周易参同契》中论述了汉代道教哲学的发端、孕育和滥觞等情况。其后，以"道教哲学"为名的研究著作还有卢国龙著《道教哲学》（华夏出版社，1997年）、吕鹏志著《道教哲学》（台湾文津出版社，2000年）。卢国龙的《道教哲学》偏重于历史的视角梳理道教哲学产生的历史渊源和主要哲学流派，上篇主要论述“从‘神道设教’到‘道教’”，中篇“从‘玄道’到‘重玄之道’”以及下篇“从方仙道到内丹道”，其中对道教哲学的整体把握精准，论说周密，但是全书研究时间下限只到唐宋，尚缺明清至近现代的内容。吕鹏志的《道教哲学》主要从世界观、人生观和认识论等角度对道教哲学进行总体分析和概述，偏重于对道教哲学内容的思辨性系统阐述，但缺乏对道教哲学的历史流变的探索。

此外，重玄学的研究亦是道教哲学的重要组成部分，这方面的专著有卢国龙著《中国重玄学》（人民中国出版社，1993 年）、强昱著《从魏晋玄学到初唐重玄学》（上海文化出版社，2002 年）、李刚著《重玄之道——开启众妙之门》（巴蜀书社，2006 年）。

国内第一本系统研究道教神学的专著是陈耀庭著《道教神学概论》（香港青松出版社，2011 年），该书对道教神学的概念、结构、分类、核心、特点等问题进行了深入分析，明确提出道教思想属于有神论思想体系，道教哲学是有神论哲学，道教神学的核心即是道德神学，还对“道”、“德”的神性作了界定。

道教作为出世入世并重、天道人事贯通的宗教，在探询长生成仙之道时，也建立了完整的伦常思想体系，因而道教伦理学也是近三十年学术界探讨的重点之一，有关这方面的著述可以分成三类：

第一类是对道教伦理作整体研究的，如李刚著《劝善成仙——道教生命伦理》（四川人民出版社，1994 年）、姜生著《宗教与人类自我控制——中国道教伦理研究》（巴蜀书社，1996 年）、丁常云著《弘道扬善——道教伦理及其现代价值》（上海辞书出版社，2006 年）、乐爱国著《中国道教伦理思想史稿》（齐鲁书社，2010 年）。

第二类是断代道教伦理史研究，如姜生著《汉魏两晋南北朝道教伦理论稿》（四川大学出版社，1995 年）、姜生、郭武合著《明清道教伦理及其历史流变》（四川人民出版社，1999 年）。

第三类是道教劝善书的研究，主要有陈霞著《道教劝善书研究》（巴蜀书社，1999 年）、唐大潮、曾传辉等译《劝善书今译》（中国社会科学出版社，1996 年）等等。

道教作为中国本土宗教，本是中国传统文化的一部分，而且又与传统文化的其他成分紧密相连。其思想和形式都来源于传统文化，又从整体上对中国传统文化产生了深远影响，所以鲁迅先生才会说“中国根柢全在道教”。因此，道教与中国传统文化的关系的研究一直是学术界关注的领域。这方面的主要著作有葛兆光著《道教与中国文化》（上海人民出版社，1987年）、卿希泰主编《道教与中国传统文化》（福建人民出版社，1990年）等，这些著述从不同层面揭示了道教与传统文化的紧密关系。

此外，对道教思想的研究，还呈现出许多不同视角的研究成果。

有的是从综合性的角度进行研究的，如胡孚琛著《道学通论——道家道教仙学》（社会科学文献出版社，1999年）就包含有通论篇、道家篇、道教篇、方术篇、仙学篇、道藏篇等不同角度对神仙道教进行了综合论证和考辨的内容。

有的是从符号学的角度进行研究的，如詹石窗著《易学与道教思想关系研究》（厦门大学出版社，2001年）、《易学与道教符号揭秘》（中国书店，2001年）则从易学与道教的关系入手，以符号学的新视角来解读道教思想的象征意义以及与易学的紧密关系。

有的是从探索黄老的角度进行研究的，如李申著《道教本论：黄老、道家即道教论》（上海文化出版社，2001年）力证黄老、道家即道教，为我们解读黄老、道家与道教的关系提供了一种新视角。

有的是从三教交涉角度来研究道教思想的，如唐大潮著《明清之际道教“三教合一”思想论》（宗教文化出版社，2000年）。

有的是从心性学和道论进行研究的，如张广保著《金元全真道内丹心性学》（生活·读书·新知三联书店，1995年）、《道家的根本道论与道教的心性学》（巴蜀书社，2008年）等。

有的是从“人学”或者“生死学”的角度进行研究的，如杨玉辉著《道教人学研究》（人民出版社，2004年）。李大华著《生命存在与境界超越》（上海文化出版社，2001年）、李霞著《生死智慧：道家生命观研究》（人民出版社，2004年）、郑志明著《道教生死学》，（中央编译出版社，2008年）等。

还有许多是从人物和道派等角度来研究道教的，如，刘宁著《刘一明修道思想》(巴蜀书社,2001年)、汤伟侠著《汉魏六朝道教教育思想研究》(巴蜀书社,2001年)、李远国著《神霄雷法:道教神霄派沿革与思想》(四川人民出版社,2003年)、孙亦平著《杜光庭思想与唐代道教的转型》(南京大学出版社,2004年)。张崇富著《上清派修道思想研究》(巴蜀书社,2004年)、刘屹著《敬天与崇道——中古经教道教形成的思想史背景》(中华书局,2005年)、朱展炎著《驯服自我——王常月修道思想研究》(巴蜀书社,2009年)等。这些著作都从不同层面上深化了对于道教的研究。

(四)道教与文学艺术研究

对于道教和传统文化中各种文艺的融汇结合的研究,主要有道教美学、道教文学、道教音乐和道教美术等类别。这类研究丰富了道教研究的新思路、新方法和新角度。

在道教美学研究方面,比较早的成果是高楠著《道教与美学》(辽宁人民出版社,1989年),该书认为道教是"审美型的宗教",从"真幻结合的此岸诱惑"、"道教思维与中国古代美学范畴"和"中国古代文化结构与道教审美型"等方面揭示"道教"和"美学"的关系。其后,潘显一著《大美不言——道教美学思想范畴论》(四川人民出版社,1997年),明确提出"道教美学",探讨道教美学的各种重要范畴。李裴著《隋唐五代道教美学思想研究》(巴蜀书社,2005年)、申喜萍著《南宋金元时期的道教美学思想》(巴蜀书社,2009年)等侧重于从断代史的角度研究道教美学。潘显一、李裴、申喜萍等著《道教美学思想史研究》(商务印书馆,2010年),则是对道教美学思想的地位、历史演变、思想源头、发展脉络和文化史价值进行了全面论述,也是对道教美学的深入探讨和研究总结。

在道教文学研究方面,第一部比较系统研究道教文学的是詹石窗著《道教文学史》(上海文艺出版社,1992年),该书探讨了汉至北宋时期道教文学逐步形成和完善的过程,其后,詹石窗还出版了《南宋金元道教文学研究》(上海文化出版社,2001年)、《道教与戏剧》(台湾文津出版社,1997年;厦门大学出版社,2004年),拓展了他对早期道教文学史的研究成果。此外,伍伟民、蒋见元合著《道教文学三十谈》(上海社会科学出版社,1993年)、张松辉著《汉魏六朝道教与文学》(湖南师大出版社,1996年)、苟波著

《道教与神魔小说》（巴蜀书社，1999年）、孙昌武著《道教与唐代文学》（人民文学出版社，2001年）、杨建波著《道教文学史论稿》（武汉出版社，2001年）等都从不同层面上深化了道教文学的研究。

在道教音乐研究方面，从20世纪80年代起，一直沿着乐谱收集和记录以及开展道教音乐整体和区域的理论研究等两个方面展开。

关于道教音乐的乐谱收集和记录方面，主要成果有武汉音乐学院部分师生编印的《中国武当山道教音乐》（中国文联出版公司，1987年）。该书收集和记录保存了八十余首经韵简谱，分属全真派、正一派所用的"课诵"、"施食"等仪式。该书还概要介绍了武当山道教音乐的历史渊源、所属道派、音乐类别、形式特点等内容。其后，主要有史新民、周振锡、王忠人、向思义、刘红采录、记谱、编辑《玉溪道人闵智庭传谱：全真正韵谱辑》（中国文联出版公司，1991年），王忠人、向思义、刘红、史新民、周振锡采录、记谱、编辑《中国龙虎山天师道音乐》（中国文联出版公司，1993年），傅利民著《斋醮科仪，天师神韵：龙虎山天师道科仪音乐研究》（巴蜀书社，2003年），曹本冶、刘红著《龙虎山天师道音乐研究》（文化艺术出版社，2011年），曹本冶著《道教仪式音乐——香港道观"盂兰盆会"个案研究》（文化艺术出版社，2011年），曹本冶、朱建明著《上海白云观施食科仪音乐研究》（文化艺术出版社，2012年）。

关于区域性道教音乐研究方面，主要成果有陈莲笙著《上海道教音乐集成（第一卷）》（上海音乐学院出版社，2006年），刘红著《天府天籁——成都道教音乐研究》（人民出版社，2009年），刘红著《苏州道教科仪音乐研究：以"天功"科仪为例展开的讨论》（文化艺术出版社，2010年），孙秀华、张磊著《山西道教音乐》（三晋出版社，2010年）。

关于道教音乐通论研究方面，主要成果有蒲亨强著《道教与中国传统音乐》（台湾文津出版社，1993年），周振锡、史新民、王忠人、向思义、刘红合著《道教音乐》（燕山出版社，1994年），蒲亨强著《神圣礼乐——正统道教科仪音乐》（巴蜀书社，2000年），史新民编《道教音乐》（人民音乐出版社，2005年），蒲亨强著《中国道教音乐之现状研究》（南京师范大学出版社，2012年），刘红主编《中国道教音乐史略》（文化艺术出版社，2013年），蒲亨强著《道教音乐学》(宗教文化出版社,2013 年),等等。

（五）道教与科技研究①

道教与科技方面的研究,肇始于 20 世纪 20 到 30 年代对中国古代化学史(炼丹术及古代冶金术)的研究,从 40 年代末至 70 年代末,此领域的研究重点仍多是从古代化学史的角度附带探讨道教与科技的关系。从 20 世纪 80 年代起,随着道教研究的全面开展,道教与科技关系的研究开始受到道教界和学术界的普遍重视,开始出现一系列的研究专著。

金正耀著《道教与科学》(中国社会科学出版社,1991 年)是国内第一部以道教与科学关系为研究对象的专著,该书以汉魏两晋道教历史及其教义演变为中心,区分为"救世的宗教与科学"及"度世的宗教与科学"两篇,探讨了道教与科学的关系。只是其论述角度偏重于道教的内外丹术与科学的关系,其他科技内容的探讨则略显不足。金正耀著《道教与炼丹术论》(宗教文化出版社,2001 年),该论文集收录了道教与炼丹术研究的一些文章,涉及唐宋时期的炼丹术研究成果以及与道教相关的青铜器研究等内容。祝亚平著《道家文化与科学》(中国科学技术出版社,1995 年),讨论了儒释道三家,特别是道家,对中国古代科技文化的影响和作用,该书比较充分地利用了《道藏》中的科技史料,从科学思想、天文物理、炼丹化学、数学、地理与气象、技术与发明、生命科学等各领域进行了全面地探讨,弥补了以前探讨道教科技的不足。进入 21 世纪以后,对于道教的科技思想的探讨呈现了多样化的局面,主要著述有姜生、汤伟侠主编《中国道教科学技术史 · 汉魏两晋卷》(科学出版社,2002 年),《中国道教科学技术史 · 南北朝隋唐五代卷》(科学出版社,2005 年)。盖建民著《道教科学思想发凡》(社会科学出版社,2005 年),蒋朝君著《道教科技思想史料举要——以〈道藏〉为中心的考察》(科学出版社,2012 年),袁名泽著《道教农学思想发凡》(广西师范大学出版社,2012 年),等等。这些著述都从不同层面推动了道教与科技关系的研究往纵深、微观方向发展。

---

① 参见盖建民:《道教与科技研究百年研究与展望》,曹中建主编:《中国宗教研究年鉴》(1999—2000),北京:宗教文化出版社 2011 年版,第 192—202 页。

在道教古炼丹术和中国古化学史的关系研究方面，较有代表性的是陈国符、孟乃昌、赵匡华等人的研究。

陈国符在《道藏源流续考》（明文书局，1983 年）和《中国外丹黄白法考》（上海古籍出版社，1997 年）中遵循清代乾嘉考据方法，辨明了道经中的炼丹术语、词义共 3192 项，其中包括了炼丹仪器的使用和准确的化学反应。关于丹经丹诀的年代，前人多是用推测和估计的方法，陈国符先生除了使用道教书目、道书引用书目、历代艺文志、宋代书目以外，又参考历代地理志、历代韵谱，根据地理区划的沿革和历代用韵的不同，考明了 40 余种丹经丹诀的年代，取得了突破性进展。

孟乃昌在中国外丹黄白术研究上成果卓著，其所著《道教与中国炼丹术》（燕山出版社，1993 年）是我国第一部炼丹史专著。《〈周易参同契〉考辨》（上海古籍出版社，1993 年）是作者另一部研究传统外丹术的著作，全书分为通考、通解、通释，其中包括化学知识、实验和理论，炼丹术的基本理论，"还丹"的演变，内外丹术的联系等内容，指出中国炼丹术的理论是铅汞论。此外，孟乃昌还与孟庆轩合编了《万古丹经王〈周易参同契〉三十四家注释集萃》（华夏出版社，1993 年）。

北京大学化学史专家赵匡华主编的《中国古代化学史研究》（北京大学出版社，1985 年）汇集了 1977 年至 1984 年间古化学史研究方面的论文，其中有关外丹黄白术模拟实验的则有郑同等《单质砷炼制史的实验研究》、赵匡华等《关于我国古代取得单质砷的进一步确证和实验研究》等论文多篇。

（六）道教内丹研究

道教的内丹研究，肇始于 20 世纪 80 年代的气功热。气功作为人体保健养生的手段，在民间和学术界都受到重视。道教研究中也出现了不少著述，如，李远国著《气功精华集》（巴蜀书社，1987 年）、《道教气功养生学》（四川省社会科学出版社，1988 年）、《中国道教气功养生大全》（四川辞书出版社，1991 年）等，陈兵著《道教气功百问》（今日中国出版社，1989 年），等等。这些著述在理论和实践层面都涉及了人体科学的很多内容，但多停留在道教气功作为一种养生功法的层面上，还没有像内丹术那样深入到道教修炼的核心问题。

道教内丹研究方面的著述起初集中于内丹史的整理和研究。早期有王沐编选的《道教五派丹法精选》(中医古籍出版社,1989 年),该书辑选了道教内丹东南西北中五派具有代表性的内丹著作,以简要的语言介绍各派的历史源流、著作者的生平以及各派丹法的特点。胡孚琛把王沐先生研究内丹的论文结集出版了两种版本的《内丹养生功法指要》(1990 年东方出版社第 1 版,2008 年第 2 版,2011 年第 3 版;2008 年中华书局第 1 版),该书收录了王沐先生研究《悟真篇》、《大成捷要》、内丹功法、道教丹功四诀窍、丹道功法纲要等道教内丹术的有关成果。在文中,作者深入考察各派丹法,同时结合自身修炼内丹的体会,对内丹术的很多关键词语进行了考证和解释,有很多独到的见解。郝勤著《龙虎丹道——道教内丹术》(四川人民出版社,1994 年),该书从内丹概说、内丹源流、内丹理论、男丹炼法、双修丹法、女丹论要等各方面对道教内丹术进行了全面探讨,系统地介绍了道教内丹术的相关知识。

进入 21 世纪以来,道教的内丹术研究走上了更精密的层面,一方面是理论探讨,另一方面是实践印证。其中,胡孚琛和戈国龙的研究尤为值得关注。胡孚琛系统研究内丹著述主要有:《道教与丹道》(中央编译出版社,2008 年)、《丹道法诀十二讲》(社会科学文献出版社,2009 年)、《丹道仙术入门》(社会科学文献出版社,2009 年)等。其中《丹道法诀十二讲》从现代科学、哲学、精神分析学、中西医学的角度解读内丹学、禅宗和密宗修炼的奥秘,同时也介绍各派丹道的具体修炼方法,并将丹家秘传抄本附录于后,具有较高的文献价值。

戈国龙研究内丹著述主要有:《道教内丹学探微》(巴蜀书社,2001 年;中央编译出版社,2012 年)、《道教内丹学溯源》(宗教文化出版社,2004 年;中央编译出版社,2012 年)、《灵性的奥秘:修道的基本理论与方法》(中央编译出版社,2011 年)等。其中,《道教内丹学探微》着重梳理内丹术的历史源流,探索内丹学的理论和实践方法的形成。《道教内丹学溯源》则从比较研究的角度探讨内丹学理论和佛教禅学的关系,从道家修道、内炼方术、外丹烧炼等方面对道教内丹学的历史发展和理论定位作了详细地讨论。该书将道教内丹学与传统的道家修道内炼等修仙方式区别开来，突出了道教内丹学的独特性。

（七）道教医药养生

道教医药养生是道教学术研究的一个重要领域，也是学术界和社会关注的热点。道教作为一个以"仙道贵生，无量度人"为宗旨的宗教，十分重视人的身心康健。道教在历史上与传统医学的交涉过程中，逐渐形成了道教医学理念和养生理论。

在道教医学研究方面，盖建民著《道教医学导论》（中华道统出版社，1999 年），在 2001 年，经过修订，宗教文化出版社出版简体版，更名为《道教医学》。该书是第一部系统研究道教医学的专著。作者认为道教与医学，有其历史和逻辑的必然性，从历史上看，先秦时期的道家思想、易学思想、古代巫术、神仙方士的实践活动，都为中国传统医学和道教的产生提供了基础；从逻辑上说，道教采取"以医传道"、"借医弘道"的创教模式，其结果必然是重视医学技术。此外，孟乃昌著《道教与中国医药学》（燕山出版社，1993 年）、程雅君著《金元四大医家与道家道教》（巴蜀书社，2006 年）等著述都从不同层面丰富了道教医学研究的广度和深度。

在道教养生文化研究方面，陈撄宁著《道教与养生》（华文出版社，1989 年）出版后，2008 年宗教文化出版社又出版了胡海牙、武国忠编的《陈撄宁仙学辑要》，系统地编辑了陈撄宁在丹道养生和仙学方面的独特见解和理论贡献。此后又有一些养生文化的研究著述问世，如，李远国编著《中国道教养生长寿术》（四川科技出版社，1992 年）、《道教养生法》（燕山出版社，1993 年），陈耀庭、李子微、刘仲宇合编《道家养生术》（复旦大学出版社，1992 年），等等。进入 21 世纪以来，社会对道教养生文化关注热度持续不断，詹石窗著《道教科技与文化养生》（科学出版社，2004 年）、《道教与中国养生智慧》（东方出版社，2008 年），提出了"文化养生"的新概念和新思路。吕锡琛等著《道教健心智慧：道学与西方心理治疗的互动研究》（中国社会科学出版社，2008）则从西方精神分析学的角度来探讨道教养生功法具有的心理治疗作用，可以说是一种有益的尝试和创新。

（八）道教斋醮科仪研究①

自20世纪80年代开始，道教斋醮科仪方面的研究从空白中起步，到21世纪初，出现了一些专著。其中比较早的是陈耀庭著《道教礼仪》（宗教文化出版社，2003年）、闵智亭著《道教仪范》（宗教文化出版社，2004年）。这二本著作的原稿都曾被不同的道教学院使用过，作为培养青年道士的教材。二书都有道教仪范概述、道教宫观仪范、全真斋醮科仪等内容，其读者的主要群体是青年道教徒和道教信众。张泽洪著《步罡踏斗——道教祭礼仪式》（四川人民出版社，1994年），全书从斋醮源流、宫观仪范、醮坛仪范、斋醮仪式、当代斋醮巡礼五个方面介绍了道教祭礼仪式的历史源流、醮坛规则、科仪、法乐辞章等内容。此后，张泽洪还出版有《道教斋醮科仪研究》（巴蜀书社，1999年）、《道教斋醮符咒仪式》（巴蜀书社，1999年）、《文化传播与仪式象征：中国西部少数民族与道教祭祀仪式比较研究》（巴蜀书社，2008年）、《道教礼仪学》（宗教文化出版社，2012年）等论著。吕鹏志著《唐前道教仪式史纲》（中华书局，2008年）从仪式专史的角度深化了道教斋醮科仪的研究。此外，道教界人士也出版了一些斋醮科仪的专著，如，任宗权著《道教手印研究》（宗教文化出版社，2004年）、《道教科仪概览》（宗教文化出版社，2006年）、《道教章表符印文化研究》（宗教文化出版社，2006年）以及彭理福著《道教科范——全真派斋醮科仪纵览》（宗教文化出版社，2011年）。

在符箓法术的研究方面，有刘仲宇著《道教法术》（上海文化出版社，2002年）、《符箓平话》（宗教文化出版社，2013年）、《道教授箓制度研究》（中国社会科学出版社，2015年），其中《道教授箓制度研究》是国内第一部系统研究道教授箓制度的专著，对道教符箓和授箓制度的起源、历史、流变和仪式过程以及与道教法术的关系等问题进行了深入探讨。此外，张振国、吴忠正著《道教符咒选讲》（宗教文化出版社，2006年）对道教斋醮科仪中的常见神咒进行了注释，比如，净口神咒、净身神咒、净心神咒、安魂魄咒等，从中可以一窥道教符咒的奥秘。

① 参见张泽洪：《百年道教科仪研究》，曹中建主编：《中国宗教研究年鉴》（1997—1998），北京：宗教文化出版社2011年版，第212—215页。

（九）道教综合介绍、工具书和资料汇编及大型丛书的编撰出版

随着宗教信仰自由政策贯彻落实，民众需要认知道教，学术界包括一些德高望重的老教授，也亲自动手写作和出版了综合介绍道教的书籍和工具书。比较早的是曾召南、石衍丰合著《道教基础知识》（四川大学出版社，1988年）、朱越利著《道教问答》（华文出版社，1989年）、李养正著《道教概说》（中华书局，1989年）等。其后，卢国龙著《道教知识百问》（今日中国出版社，1989年），李养正主编《道教手册》（中州古籍出版社，1993年），卿希泰、唐大潮、王志忠合编《道教常识答问》（江苏古籍出版社，1994年）、郭武著《道教历史百问》（今日中国出版社，1995年）、世界宗教研究所道教室编《中国道教基础知识》（宗教文化出版社，1999年）等普及型读物相继出版。詹石窗2003年在北京大学出版社出版了《道教文化十五讲》，熊铁基、刘固盛2004年在安徽教育出版社出版了《道教文化十二讲》，这两本书都以大学本科学生为读者对象，对于新一代青年知识分子认识和理解道教文化发挥了很好的弘传作用。

在道教辞书的编撰上，早期有任继愈主编《宗教辞典》（上海辞书出版社，1981年）的道教分支部分，由卿希泰负责。1998年，任继愈将《宗教辞典》扩编为《宗教大辞典》，并将其中道教部分以《道教小辞典》名称于2000年交上海辞书出版社单独出版；1988年有罗竹风主编《中国大百科全书·宗教卷》由中国大百科全书出版社出版。其中道教分支部分，由卿希泰分科主编。1990年5月，中国大百科全书出版社又将道教分支部分以《中国大百科全书选辑·道教》的名称单独出版。比较全面、系统的道教辞典是闵智亭、李养正主编《道教大辞典》（华夏出版社，1994年）、胡孚琛主编《中华道教大辞典》（中国社会科学出版社，1995年）。《道教大辞典》以道教经书为依据，从中选出道教常用的名词、术语、短句作为词目，将近两万条，内容包括了教理教义、仙籍语论、道经道书、神仙人物、道派组织、斋醮科仪、清规戒律、道功道术、洞天福地、灵图符箓、仪典节日、仙道禁忌、方技术数、执事称谓、文化艺术等等相关内容。[①]《中华道教大辞典》计有十六大门类

---

① 闵智亭、李养正主编：《道教大辞典》“凡例”，北京：华夏出版社1994年版。

(道家、道教门派人物、教理教义、斋醮科仪戒律、符箓法术占验、道教医药学、养生功夫、内丹学、房中术、外丹黄白术、神仙民俗、文学艺术、洞天福地与宫观、近代活动与学术研究、民间宗教等),近二万词目,其中包括了道家思想、道教门派和人物、教义教理、道书经典、斋醮科仪、符箓、法术、占验术数、医药、房中养生、诸家气法、武术、健身术等内容。两部辞典无论从收录的词条书目数量、撰写人员构成以及条目分类上,都比以前编写的辞典有很大的进步,反映了我国道教界和学术界的道教研究二十年取得的成就。

此外,从 20 世纪 80 年代至 21 世纪初,有一批大型道教丛书先后出版,它们为我国道教研究提供了可靠的文献基础和厚实的资料储备,其中有《道藏》(上海书店、文物出版社、天津古籍出版社,1988 年)、《藏外道书》(巴蜀书社,1994)、《中华道藏》(华夏出版社,2004 年)、《道藏辑要》(巴蜀书社,1995 年)、《敦煌道藏》(中华全国图书馆文献缩微复制中心,1999 年)、《三洞拾遗》(黄山书社,2005 年),等等。这些大型丛书出版极大地促进了道教界的文化自觉以及学术界的道教研究。

(十)翻译介绍国外道教研究成果

随着改革开放,宗教信仰自由政策贯彻落实,学术研究的拨乱反正,道教活动和道教学术研究逐步走向正轨,道教界开始关注道教的海外传播,学术界开始关注近百年海外对于道教的研究成果,并且开始介绍和翻译海外道教学术著作,以开拓国内学术界的研究视野以及吸收新的研究方法和成果。

20 世纪 80 至 90 年代,学术界对海外道教研究专著的译介主要以日本的研究成果为主,偏重于道教史、思想史、道经研究等方面,如,萧坤华翻译日本窪德忠的《道教史》,起初刊登于《宗教学研究》杂志,1987 年由上海译文出版社出版单行本。随后,朱越利等翻译日本福井康顺等监修的《道教》三卷,1990、1992 年由上海古籍出版社陆续出版。21 世纪初,日本学者对于道派和道经等研究成果,也陆续被译介进来,如小林正美著、李庆译《六朝道教史研究》(四川人民出版社,2001 年),秋月观暎著、丁培仁译《中国近世道教的形成:净明道的基础研究》(中国社会科学出版社,2005 年),吉川忠夫和麦谷邦夫编、朱越利译《真诰校注》(中国社会科学出版社,2006

年),蜂屋邦夫著、钦伟刚译《金代道教研究——王重阳与马丹阳》(中国社会科学出版社,2007年),小林正美著、王皓月译《中国的道教》(齐鲁书社,2010年),小林正美著、王皓月和李之美译《唐代的道教与天师道》(齐鲁书社,2013年),等等。

除了对日本道教研究的关注外,欧美道教研究的成果也被学界所重视。1990年已故的法国安娜·塞德尔发表了《1950年至1990年,西方的道教研究记事》,2000年上海古籍出版社出版了蒋见元和刘凌翻译该书节译本《西方道教研究史》。2002年中华书局又出版了吕鹏志翻译的该书全译本《西方道教研究编年史》。安娜·塞德尔以史书性的笔法系统介绍了西方道教研究的历史渊源、重要代表人物及其著作,是了解西方道教研究的入门途径和重要窗口。此外,对于民间宗教和道教关系的研究,对于中国宗教的特殊性的研究,也反映了欧美学界的学术兴趣,他们多从人类学、民族学、社会学的角度入手,重点分析民间宗教以及道教与社会互动的关系,宗教与政治上层的互动等等。这方面的译著有美国韩明士著、皮庆生译《道与庶道:宋代以来的道教、民间信仰和神灵模式》(江苏人民出版社,2007年),法国禄是遒著、李信之译、李天纲校《中国民间崇拜:道界神祇》(上海科学技术文献出版社,2009年),法国禄是遒著、王惠庆译《中国民间崇拜:道教仙话》(上海科学技术文献出版社,2009年),美国康豹著、吴光正等译《多面相的神仙·永乐宫的吕洞宾信仰》(齐鲁书社,2010年),英国巴瑞特著、曾维加译《唐代道教:中国历史上黄金时期的宗教与帝国》(齐鲁书社,2012年),等等。海外道教研究著述的译介和推广,促进了我国学术界与国际学术界的交流合作,拓宽了中国道教研究的研究视野,为道教和道教研究的整体发展提供了良好的资讯和参照系。

综上而论,改革开放以来,中国大陆的道教研究在党和政府的政策、人力和资金的支持下,取得了长足发展。无论是在道教研究机构设置、研究人才培养、研究项目设立、学术会议召开和各类专著出版上,和以前相比较都有了根本性的改变。如果说近三十年是我国道教发展的黄金时期,那么,我国的道教研究也迎来了一个黄金发展时期。百花齐放,百家争鸣,使得中国大陆的道教研究逐步赶上海外的研究水平,取代西方而成为世界的道教研究的中心和重镇，帮助中华民族自己的宗教在新时代焕发出了应有的活力。

第二节　当代已故知名学者对道教学术研究的开拓

新中国成立以来，道教学术研究之所以蓬蓬勃勃地发展，除学术研究的环境发生变化外，还同一些学者长期以来对道教研究这一学术事业的潜心耕耘、开拓创新分不开。他们是当代道教研究的学术领头人。下面我们扼要介绍几位在当代道教学术研究中有代表性的已故知名学者。

一、蒙文通：道教研究的当代拓荒者

蒙文通先生是中国20世纪的国学大师。他不仅在众多学术领域有极深的造诣和创新性贡献，而且在道家道教研究领域更有别开生面的贡献。学术界将蒙文通道家道教学术思想统称为蒙文通道学思想。

（一）简历和学术思想

蒙文通（1894—1968年），名尔达，字文通，四川盐亭人。家庭世代儒学，其父君弼，为盐亭县诸生（秀才），补廪膳。蒙父育有四子，蒙文通居长。

蒙文通幼时敏悟强记，5岁进私塾。12岁时，随伯公甫先生在成都读小学和中学。17岁时（1911年）入存古学堂，师从国学大师廖平先生和刘申叔（师培）先生，按廖、刘的学旨研修经学。蒙文通21岁时（1915年）作《孔氏古文说》。该文辨析旧史与六经的联系与区别，受到廖平的嘉许并发表于《国会荟编》1915年第八期。28岁时（1922年）作《经学导言》。其师廖平见此书后，不仅不以自己的学生发表了与自己不同的学术观点而不高兴，反而对蒙文通的识力称赞有加，他在读后写道："文通文通如桶底脱落，佩服佩服，将来必成大家。"①

从1923年至1933年，蒙文通三四十岁之际，他南下吴越，随欧阳竟无大师研学唯识学；教授于南京中央大学，先后发表《古史甄微》、《经学抉原》

① 龚谨述：《蒙文通先生传略》，载蒙默编：《蒙文通学记》，北京：生活 · 读书 · 新知三联书店1993年版，第186页。

两书；他北上京津，执教于北大，讲授《周秦民族与思想》；移居于天津，写成了《犬戎东侵考》、《秦为戎联考》、《赤狄白狄东侵考》等一系列古代民族交涉史论著。“9·18”事变及卢沟桥事变前后，有人希望他参与“中日提携”，并许以撰述重利，蒙文通严词拒绝，决不与日伪同流合污。

在抗日战争的艰苦岁月，蒙文通返川后任教于四川大学，先后撰写了《周秦民族史》、《中国史学史》、《古地甄微》三稿，并陆续撰写《儒家政治思想之发展》、《墨学之流变及其原始》等文。1939 年，蒙文通因在课堂讥讽时政遭解聘，乃就教于东北大学。1940 年又转任四川省图书馆馆长并在华西大学兼任教授。在任四川省图书馆馆长期间，尽管当时国难当头，民不聊生，得书不易，蒙文通仍大力搜求，数年间馆内藏书已达近十万册。同时，他还编印《图书集刊》共 9 期数十万言。

1944 年蒙文通集所写有关诸稿为《儒学五论》，由路明书店出版，是为论儒学的一本阶段性总结。次年，转治道家言。写有《杨朱考》、《黄老考》，后合为《杨朱学派考》、《晚周仙道分三派考》诸文，于是进而读《道藏》，拟探求道论之意究。虽当时未翻印全藏，但《举要》之书，使先生所获颇多，诸道书之辑校及诸道书之论说，皆在此四五年间，积稿达十余种百余万言，皆前贤所未及者。新中国成立以来，对旧稿亦偶有订补，唯一新作系 1958 年间蜀中道协将承担纂写“道教史”事而写的《道教史琐谈》。

蒙文通在深研《道藏》过程中，逐步发现千百年来道教流变的形迹并且这些流变与中国佛教的兴衰过程紧密相关。他认为，道家在晋唐时期“重玄”兴盛，是吸取了佛家中观之义；在唐宋时期“坐忘”流行，是吸取了佛家天台之说；在金元时期“全真”兴起，则是吸取了佛家禅宗之论。蒙文通在重玄学派重要人物成玄英及李荣的《老子》疏、注久已亡佚的情况下，从诸书中辑出而为完璧。此外还辑出严君平《道德指归论》轶文，陈景元老、庄二注，同时辑征晋、唐间《老子》旧注四十余家轶文，以及校订《老子》、《河上公注》及《王弼注》等。

1949 年后，蒙文通仍执教于华西大学、四川大学，兼任中国科学院历史研究所研究员、学术委员会委员，并先后担任成都市人民代表、政协委员，中国民主同盟成都市委委员、四川省委委员等职。

此外,蒙文通素来喜好论述西南古族及地方史,在晚年撰述尤多。他先后撰写了《巴蜀史的问题》、《山海经的写作时代与产生地域》、《成都二江考》等著述。1964 年,蒙文通见近世国际之论越南史者,颇多纰缪之说,而且事多有关中越关系,终于在 1968 年 5 月写成约十万字的《越史丛考》,辨明是非。次月,蒙文通辞世,此书便成为绝笔之作。蒙文通一生以其广博的学识和精湛的思维、丰厚的著述服务于国家民族,为学术界树立了一个学术典范和爱国楷模。

（二）关于道家、道教的产生与上古民族史和地方史的相互联系

道教是中国的宗教。蒙文通对道家和道教文化的研究,是将其置于中国民族史和地方史的背景里研究的。

1.“三系学说”的追流溯源。

蒙文通在《古史甄微》中,就综合运用历史地理学、民族学和文化人类学的方法,创立了中华远古民族文化的三系之说。

蒙文通认为,中华远古民族有北(河洛)、东(海岱)、南(江汉)三源之分。他指出,“《五帝本纪》说:‘自黄帝至舜、禹皆同姓’。此明黄帝以下,自另一族。黄帝号有熊氏,皇甫谧言:‘有熊,今河南新郑是也’。盖起于河、洛之间,是西北民族也”①。这记述的是北方河洛民族的情况。他又指出:“黄帝兴于熊耳,自别为西北民族,盖最后始兴,而能战胜西南共工、炎帝之族,渐次南下,以征服神州大陆者也。”②炎帝之族,包括共工氏等,这是南方江汉民族。他还指出,“而旸谷、九河并东方地,是遂人九头之出于东方可证也”,“今姑名此海岱民族为泰族,亦犹江淮民族以炎帝而姑名为炎族,河洛民族以黄帝而姑名为黄族也”③,这是东方海岱民族。

2.《山海经》考的独到见解。

蒙文通在《略论〈山海经〉的写作时代及其产生地域》一文中,提出了《山海经》就是“巴蜀地域所流传的代表巴蜀文化的典籍”的著名学术观点。

关于《山海经》的写作时代,蒙文通认为该书应是文化较为原始的时代

① 《蒙文通文集》第 5 卷,成都:巴蜀书社 1999 年版,第 50 页。
② 《蒙文通文集》第 5 卷,成都:巴蜀书社 1999 年版,第 47 页。
③ 《蒙文通文集》第 5 卷,成都:巴蜀书社 1999 年版,第 56 页。

（或是交通闭塞，文化落后地区）所记载的远古传说之辞，而不可能是秦汉时期文化已经相当发展、交通也相当便利的时代的产物，因此，“其为先秦时代的古籍，是可以肯定的”。但究竟作于先秦何时？经过大量考证，蒙先生列数北山经写作时代不得早于周定王五年、大荒经部分的写作时代当在周室东迁以前等等。总此看法，蒙文通认为，“山海经的写作年代也不能晚于公元前四世纪中叶邹子五运之说兴起之后”[①]。

关于《山海经》的产生地域，蒙文通认为它不是中原传统文化的产物。之前蒙文通曾指出：以上古居民分三个集团，即北（河洛）、东（海岱）、南（江汉）三个地域；先秦的学术文化也大体分为北（三晋）、东（齐鲁）、南（荆楚）三个系统。先秦中原文献以东、南、西、北为序，南方则以南、西、北、东排序（山海经为南西北东排序），反映了不同地域文化传统的不同特点；中山经、海内经、海外经等所说的“天下之中”均指巴蜀荆楚之地或只是巴蜀地区，其中多次提到“巫山”、“巴国”、“巴人”，并有“白水出蜀、东南注江”和六次提到开明，这应当和蜀国传说中的古帝王——十二世“开明”——是有关系的。根据以上观点，蒙文通认为，山海经产生的地域，“可能是出于古蜀国的作品”和“巴国的作品”[②]。有些篇目“情况略有不同，它所说的‘天下之中’虽也包括了巴蜀地区，而同时却也包括了荆楚地区，这部分很可能是接受巴蜀文化以后的楚国作品了”[③]。

《山海经》中的很多神话典故和宗教信仰内容与道教有着千丝万缕的渊源联系，这部“代表巴蜀文化的典籍”为后来五斗米道在四川的产生奠定了丰厚的社会文化背景。

3. 五斗米道的民族联系。

首先从道家道教的产生背景看我国早期道教的形成。蒙文通先生认为，“道家之学始于晚周，而道教则源于汉末；道家之于道教，初似无大关系，自后世道教徒奉老子为神人，尊老、庄书为经典，道家之于道教遂若不可复分”。蒙文通强调：“凡《太平经》所信奉之神如‘青童君’之类，举不见于

① 《蒙文通文集》第1卷，成都：巴蜀书社1987年版，第57页。
② 《蒙文通文集》第1卷，成都：巴蜀书社1987年版，第53页。
③ 《蒙文通文集》第1卷，成都：巴蜀书社1987年版，第53页。

古载记,亦非汉家祀典所有"①,在这里当指早期道教具民间性。

其次从我国西南民族的关系背景看五斗米道的产生。蒙文通先生指出:"张道陵之五斗米道,又称天师道。于道藏,太平道属太平部,天师道正一部,厘然有别。天师道盖原为西南少数民族之宗教,汉末西南民族向北迁徙,賨人、氐人北入汉中及汉水上游(详别论),五斗米道亦于此时入汉中。"②他还提出:"《晋书》又记:'五斗叟郝索聚众为乱',叟即西南民族之称,知五斗米教原行于西南少数民族;符箓之事始于张道陵,符箓固非中国汉字也;故余疑其为西南民族之宗教而非汉族之宗教。"③

(三)关于晚周仙道三派和先秦道家南北二派的历史考证

道教的产生在很大程度因袭于道家学说,研究道学自然离不开对晚周仙道和先秦道家流派的深入分析。

1. 关于晚周仙道三派的考证分析。

在晚周仙道划分中,葛洪的《抱朴子》将神仙之事分为"房中"、"行气"、"导引"、"药饵"四家。但早于《抱朴子》的《淮南子》等书则另有论说。蒙文通据此并综合各论将其划分为三派。一是"行气派",其代表人物有王乔、赤松、彭祖等,于古为最著,是与北方燕齐有殊的南方仙道。二是"服食派"(亦称"药饵派"),其代表人物有羡门、安期等(初为服草木,西汉时已服金石),主要流行于北方燕齐地区。服食派可追溯至上古传说中的后羿、姮娥。三是"房中派",其代表人物有容生、务成、玄女、素女等,此派主要流行于秦地,"早行于晚周,至汉而著录已多,则其传已盛"④,"于东汉时称彭祖,盖起于黄山君之说,非其始也"⑤。

晚周仙道既非纯粹道家,亦非后之道教,但作为道教之先驱,其在二者的承传发展中占有重要地位。

① 《蒙文通文集》第1卷,成都:巴蜀书社1987年版,第315页。

② 《蒙文通文集》第1卷,成都:巴蜀书社1987年版,第315—316页。另见四川大学1938年周秦民族史讲义附录:羌民与賨叟及其北迁。

③ 《蒙文通文集》第1卷,成都:巴蜀书社1987年版,第316页。

④ 《蒙文通文集》第1卷,成都:巴蜀书社1987年版,第337页。

⑤ 《蒙文通文集》第1卷,成都:巴蜀书社1987年版,第316页。

晚周仙道与老、庄原相违隔，蒙文通先生对此作了甚为精辟的论述。蒙文通认为：仙道三派，“此似皆与老子无关，《庄子》书始有‘千二百岁’、‘乘彼白云，至于帝乡’之说”①。蒙文通先生还认为，“此见道家之学，于神仙之事原相违隔，故葛书诋之。至庄子讥斥长生，曾不一事……此申死生为一之旨，其余神仙家言，相去诚千亿里矣”②，这里的差别是极为显明的。

不仅如此，道家之言与神仙之术还极为矛盾，几同冰炭。蒙文通认为：“《抱朴·勤求》言：‘老子以长生久视为业，而庄周贵于摇尾涂中，不为被网之鼋、被绣之牛，饿而求粟于河侯，以此知其不能齐死生也。’葛氏既斥齐死生之说，而又讥其未能齐死生，是道家与神仙，几同冰炭，于此益明。”③

2. 关于先秦道家南北二派的考证分析。

与晚周仙道三派相联系，先秦道家学说及南北二派的划分考证，亦是蒙文通先生在道学研究中的又一贡献。

蒙文通对先秦道家思想的研究着力尤深，在《杨朱学派考》中把道家区别为南北两派，明确提出“北方道家说”并对其学派源流作了细致的分流，汤锡予先生于1956年曾面告肖萐父先生：蒙文通先生有先秦道家分为南北两派之说，甚精。这一学术观点，亦被肖萐父先生称为“特有创见的研究成果”④。

一般谈及道家仅指老、庄，蒙文通先生却认为先秦时期的道家分为两派，一是北方的杨朱之学，此为道家的主流，二是南方的老庄之学，此为道家的支流。蒙文通认为单以老、庄统称道家，是后来玄学清谈崇尚“虚无”之偏辞所致。

蒙文通在《杨朱学派考》中指出，孟子所称杨朱、墨翟之言盈天下，天下之言，不归杨则归墨。而杨氏之言不多见，后之流变亦不可考，未能如墨氏之显，则安见其言之盈天下？然以“为我”之旨言之，则后来之传，亦有可寻。

---

① 《蒙文通文集》第1卷，成都：巴蜀书社1987年版，第316页。
② 《蒙文通文集》第1卷，成都：巴蜀书社1987年版，第339—340页。
③ 《蒙文通文集》第1卷，成都：巴蜀书社1987年版，第340页。
④ 肖萐父：《吹沙二集》，成都：巴蜀书社1999年版，第217页。

杨朱、庄周,一北一南,思想分野十分显明。过去,由于各种偏见,认为杨朱学派抛仁绝义,危害人心。但蒙先生引经据典,说明杨朱派重生亦贵义,并由此构成南北道家的分野:北方道家杨朱之徒,不废仁义;南方道家老庄一派,非薄仁义。

蒙文通先生还进一步对南方道家之庄周学派的流变与思想特征进行了分析。他在多处论及《庄子》一书夹杂着其他学派的各种观点和著述,并非纯为庄子学派之作。他论述道:《庄子》一书,抵牾者多。校书者不能辨而误入庄书者每有之。"田骈、接予之属皆齐人,说与老庄大同,故《汉志》并系之道家,而道家要以北人为多。苟以仁义之说衡之,北方之道家杨朱之徒,不废仁义,斯为正宗。而庄周南方之学,翻为支派也。"[①]通过这些分析,北方道家杨朱倒是正宗,而南方道家庄周则成了支派。

(四)关于道家黄老学论及道教发展的"五阶三变"

蒙文通先生在研究晚周仙道三派和先秦道家二派的基础上,对汉代黄老之学与杨朱、庄周之联系区别的研究,以及从思想发展上对道教"五阶三变"的研究,皆取得了丰硕成果,作出了重大贡献。

1. 关于道家黄老学略论。

道家南北二派,是道教之重要思想渊源。起于战国、盛于汉初的黄老之学,是道学思想发展史上的一个重要研究内容。

稷下学宫中的许多学者,既是黄老之学的代表人物,也是杨朱学派的代表人物,他们以道家思想为中心,既融入名法之要,又兼采阴阳儒墨,强调重道亦重法,提出了一系列"王天下者之道"的治国方略。蒙先生之"汉世所谓黄老,概当与杨朱者流两于庄周无与"的论断,可以从黄老之学与杨朱学派相关代表人物的著述中得到印证。

关于黄老派的法理学说,《吕览·察今》一篇取自于杨朱学派的慎子,其关系十分清楚。它说:"先王之所以为法者何也?先王之所以为法者人也……故治国无法则乱,守法而弗变则悖,悖乱不可以持国。世易时移,变

① 《蒙文通文集》第1卷,成都:巴蜀书社1987年版,第250页。

法宜矣。譬若良医,病万变,药亦万变”。这是黄老派言法的基本精神。①

关于黄老之学中的墨学成分,《庄子・天下篇》说宋钘、尹文“以禁攻寝兵为外,以情欲寡浅为内”②。蒙文通先生认为:兼爱是东方地区的共同思想。庄周一派的思想,总是以不屑之意待人,轻视绝俗,而自视甚高,使人与人相轻。商、韩一派总是以权术对人,使人与人相贼,他们从不同的角度都反对仁义。东方的墨儒谈仁义,主张人与人相爱。杨朱、墨翟都主张仁义,与老、庄、商、韩都不同。百家盛于战国,但后来却是黄老独盛,压倒百家,兼爱可能是其重要的因素。③

2. 关于道教“五阶三变”说。

蒙文通先生在考证黄老之学以后,进一步把目光转向道教源流及其理论创造的研究,非常精辟地提出了“五阶三变”之说,即在发展的五个阶段中经历三次变化,高度概括了道教思想发展的几个关键之处。

第一阶段,汉魏始兴,三源合一。

道家道教,原本殊途,尔后同归。太平道似源出儒墨,五斗米道原行于西南少数民族,符箓之事则始于张陵,再加上始于晚周的神仙道,这便构成了蒙文通先生的“道教三源说”,即太平道、天师道、神仙道共同构成道教的源头。当然,“三源合一”并非三源平列,道教之所以能在四川建立,其中天师道和西南民族在道教形成过程中的重要地位和作用则是显而易见的。入晋后,太平道与五斗米道渐合为一,“皆侈言修炼之事。尔后天师道大行,与神仙家、太平道遂若不可复分”④。

第二阶段,魏晋玄风,组织完备。

魏晋时玄风昌炽,老学盛极一时。此时,道教徒莫不注《老》、解《庄》,出现了道教理论大发展的局面,“以极于寇谦之,而道教之组织、教仪、经典乃大备矣”⑤。在此阶段,寇谦之对天师道进行了各方面的改革,使得道教

① 参见《蒙文通文集》第1卷,成都:巴蜀书社1987年版,第271—272页。

② 《蒙文通文集》第1卷,成都:巴蜀书社1987年版,第274页。

③ 参见《蒙文通文集》第1卷,成都:巴蜀书社1987年版,第276页。

④ 《蒙文通文集》第1卷,成都:巴蜀书社1987年版,第317页。

⑤ 《蒙文通文集》第1卷,成都:巴蜀书社1987年版,第317页。

自产生以来组织更加完整、教仪更加完全、经典更加完备，由此大盛于北方，对后世道教的发展影响较大。

第三阶段，隋唐以还，历经一变。

隋唐以降，重玄宗、坐忘论流行，道教教义受佛学影响，由原来肉身飞升之仙学，演变成为心性修养之心学。蒙文通对此概括道："隋唐以还道教诸师，皆信轮回之说，不以形躯即身成道为旨要，以不生不死言长生。此为罗什注老以来，道家之一变。"①心性之学的演变，这算第一变。

第四阶段，隋唐道教，再经一变。

隋唐道家，以精、气、神三位一体为宗，并把佛老结合起来解释三一，特别是罗什以来的般若宗以及天台宗，为隋唐道士所取甚多。此时道教已不言白日飞升。蒙文通概括说："道家以三一为宗，而归于神与道合，神与道合则不生不死，此余所知于唐、宋道家之说也。隋、唐道士所取于佛法者，为罗什以来之般若宗，司马子微后逮于两宋，道家所取于佛法者为智者之天台宗。不言白日飞升，为隋唐道教之一变。"②佛老结合的演变，这算第二变。

第五阶段，宋之道教，又一变也。

到了宋代，所谓钟（离权）、吕（岩）之传道，实际上近于陈抟（图南）之传，甚至可以远溯至司马子微的承传，这时的符箓外丹之说更加衰落。所以蒙文通说："宋之道教，凡钟吕传道所谓，实近于陈图南之传，远绍子微，而经箓外丹之说以衰，此道教之又一变也。"③这里所传之道，即内丹之道。外衰内盛的演变，这算第三变。

此后，北方全真道教建立称为北宗，南方又有金丹派南宗，南宗言修命，北宗言修性。南北二宗分分合合，相互取益。再至后来的全真、正一两派的发展，基本上奠定了今天道教的格局。

蒙文通先生的"五阶三变"说高度概括了道教思想发展的几个关键点及几个关键变化，从而跳出了过去一些研究者治道教多注目于教仪、法事、丹鼎、符箓、斋醮、章咒等内容的窠臼，因而能从纷繁复杂的现象中直切事物

① 《蒙文通文集》第 1 卷，成都：巴蜀书社 1987 年版，第 365 页。
② 《蒙文通文集》第 1 卷，成都：巴蜀书社 1987 年版，第 365—366 页。
③ 《蒙文通文集》第 1 卷，成都：巴蜀书社 1987 年版，第 366 页。

的本质与要害，至今仍具有十分重要的学习借鉴价值。

（五）关于道家重玄学派的研究分析

蒙文通先生对道家重玄学派的系统发掘，开近代重玄学研究之先河，是在道家、道教研究领域中的最突出贡献。

1. 重玄学派的出现。

晋唐时期的重玄思想是中国思想史上的一个引人注目的重要内容。自汉代董仲舒罢黜百家，独尊儒术以后，道家便在中国思想领域逐渐淡化。但蒙文通通过对《道藏》中几十部有关《老子》、《庄子》的注疏的研究，发现了自晋唐以来，在道教中始终存在一个探究老庄奥旨的思想流派，即今天被学界公认的重玄学派。正如蒙文通所说："晚周以来之道家，虽不必为道教，然自魏、晋而后，老、庄诸书入道教，后之道徒莫不宗之，而为道教哲学精义之所在，又安可舍老、庄而言道教。顾道教在中国已近二千年，注《老》、《庄》者亦蜂起猬集，一如历代儒家之宗仲尼而注《五经》，其间旨义之同异不可胜究，而言道教史者每浑然不分，未能表见各宗各家之面目。"①在对各家《老》、《庄》注疏的比较研究中，重玄学派终于显现而出。

重玄理论和重玄学派的出现，是促使道教从低层次的修炼方术向高层次的思辨哲理的推进和飞跃，是对道教理论渊源追溯进行的梳理、分析、拓展和深化，是道教宗教哲学的首次创建，是道教发展史上的里程碑，对后世道教的发展产生了十分重要的影响。

2. 重玄学派的溯源。

蒙文通考证，晋唐间确有一学脉相承的重玄学派，此学派溯源于孙盛，创立于孙登，完善于成玄英、李荣。

成玄英、杜光庭皆传承孙登之说，但孙登其人所指又有不同。

成玄英将重玄的宗源追溯到东晋的孙登，认定重玄以东晋孙登为宗。（此说见于《老子义疏开题》，此卷不见于《道藏》各书，唯巴黎图书馆曾有残卷，此残卷蒙老未曾得见）杜光庭则将重玄的宗源追溯到魏隐士孙登，认定重玄以魏隐士孙登为宗。

---

① 《蒙文通文集》第1卷，成都：巴蜀书社1987年版，第317页。

长期以来,学界不少人均依杜光庭之说,认为最早以重玄注老子的是魏隐士孙登。但蒙文通先生早在20世纪50年代就批驳了杜说之误而与成说不谋而合。指出:"杜以孙登为魏人,殆疑与嵇、阮同时居苏门之孙登,此为大谬。注老之孙登为东晋人,见《经典释文序录》,即孙盛之侄,'少善名理',重玄一宗始于孙登,殆即答孙盛之难。"①

可见,在成、杜二说中,蒙文通认为重玄一宗始于晋世孙登而非魏隐士孙登,这是蒙文通在清理重玄学渊源上的一大贡献。蒙文通说:"重玄之说,倡于孙登,《经典释文·序录》:'孙登《集注》二卷,字仲山,太原中都人,东晋尚书郎'。杜以孙登为隐士,字公和,魏文、明二帝时人,此涉与嵇、阮同时前一孙登而致误者也。"②史家考证,历史上注老的孙登只有一人,而此人只能是晋代的孙登。其旁证分析如下:成玄英提晋代孙登而不提魏代孙登,杜光庭反之,只提魏代孙登不提晋代孙登,由此可推断,注《老》孙登只有一人,成杜之说必有一误;另据考证,魏代隐士孙登确实未曾注《老》,《晋书》只说他好易,隋唐诸种史志均未言及他有注《老》之举,由此可以推断,说魏代隐士注《老》只是杜氏一家说法,于前无据,于后无踪,此为不可信之孤证,恐为杜氏一时失察。因此,成说晋代孙登注《老》为可信之说,重玄之宗应为晋代孙登。蒙文通先生是现代学者中最先辨明杜光庭错误的人,其理论价值十分重大。

(六)关于道教与佛教的相互渗透

儒释道是中国传统文化的三大支柱,它们相互渗透、相互补充,是为中国传统文化的一大特色。而其中道教三论(派),即重玄论、坐忘论、全真派,又与佛教三宗,即中观宗、天台宗、禅宗具有紧密的相对应的渗透联系。蒙文通先生指出:"言佛学史者,论东土大乘之盛,首为中观宗(三论宗),继之者为天台宗(法华宗),后则为禅宗。余观道教之发展亦与此有关。上已述重玄一宗殆撷取般若之精,而唐世坐忘之说昔人显谓其出于天台,而金、元之全真则禅宗也。"③

① 《蒙文通文集》第1卷,成都:巴蜀书社1987年版,第323页。
② 《蒙文通文集》第1卷,成都:巴蜀书社1987年版,第351页。
③ 《蒙文通文集》第1卷,成都:巴蜀书社1987年版,第325页。

除上述重玄论广纳般若之学，与中观宗（三论宗）的相互渗透外，我们不妨循此再来分析坐忘论、全真派与天台宗、禅宗的相互渗透。

一是坐忘论与天台宗的相互渗透。蒙文通先生在《坐忘论考》中指出，"《玉涧杂书》言：'道释二氏，本相矛盾，而子微之学，乃全本于释氏，大抵以戒、定、慧为宗，观七篇叙可见'。又云：'善巧方便，唯能入定，发慧迟速，则不由人，勿于定中急急求慧，求则伤定，伤定则无慧，定而慧自生，此真慧也。此言与智者所论止观，实相表里，子微中年隐天台玉霄峰，盖智者所居，知其源流有自'。然《坐忘》之旨，出于天台，昔人已先言之"[①]。这已把坐忘论与天台宗历史上的渊源关系和内容上的实相表里阐述得十分清楚了。

二是全真派与禅宗的相互渗透。禅宗的实际创始人慧能禅学思想的主要特点是："识心见性"，"顿悟成佛"。

全真道的创立者王重阳则声称"儒门释户道相通，三教从来一祖风"，并以一本三枝为喻，认为"三教者不离真道"，教虽有三，其道则一。全真道不侈谈神仙长生，主张性命双修、先性后命的内丹修炼，这一点与禅宗相关论述十分契合。

总之，"自佛法来东土，般若最盛。继之则天台最盛。又继之则禅宗最盛。宜道家进展之迹，亦依此三宗"[②]。蒙文通先生言简意赅地阐明了道教三论（派）与佛教三宗之间的相互渗透关系及基本发展线索。

（七）关于道教思想与理学思想的内在联系

宋代理学是在儒学原有教义的基础上，对佛道高度思辨的心性本体论、宇宙生成论、认识反映论等理论加以整合与创新的成果。儒、释、道三家学说的交融互动构成了宋代文化发展的主流，而其中儒道的交融联系，则是蒙文通先生之特别关注。蒙文通认为自己学问最深处，恰恰是不着一字的宋明理学。[③] 对理学思想与道教思想内在联系的研究，便因之成了蒙文通学问深处的重要内容。

---

① 《蒙文通文集》第1卷，成都：巴蜀书社1987年版，第363—364页。

② 《蒙文通文集》第1卷，成都：巴蜀书社1987年版，第366页。

③ 参见徐百柯：《蒙文通：儒者豪迈》，《中国青年报》2004年9月1日B4版。

1. 陈抟学系中的道家与理学思想。

陈抟为道教史上承先启后的重要人物,被称为“奇逸人中龙”,亦是对宋代理学具有重大影响的重要人物。主要表现在两个方面。

一是陈抟在道家思想方面的承传。蒙文通在《陈碧虚与陈抟学派》一文中仔细梳理了陈抟以后道教一派人物的传承学系。如图所示:

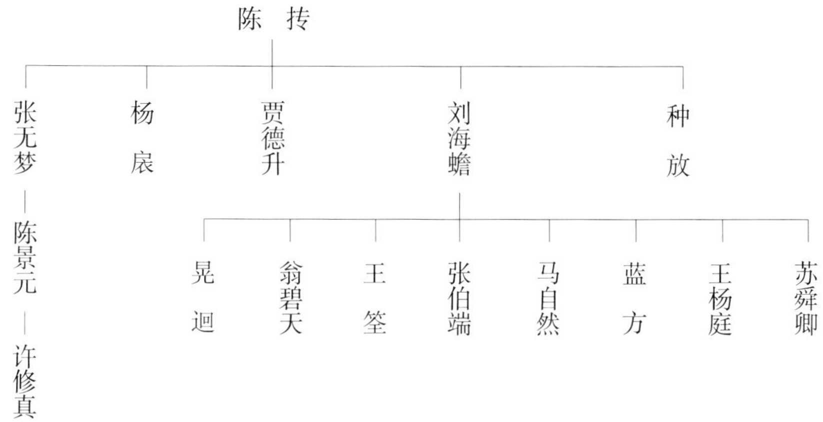

他对此说明:彭鹤林《道德真经集注》引《高道传》:“鸿蒙子张无梦,字灵隐,好清虚,穷老、易,入华山与刘海蟾、种放结方外友,事陈希夷先生,无梦多得微旨……于是始知碧虚之学,源于希夷……今碧虚固道士之谈老、庄者,求抟之学,碧虚倘视三家为更得其真耶!”①可见,陈景元师承张无梦,张无梦师承陈抟;张无梦又与杨宬、贾德升、刘海蟾等结为方外之友。蒙文通在此提出了与前贤不同的独到看法。如前人都以南宗之祖张伯端上系刘海蟾,再上系钟离权、吕洞宾。蒙文通则据《高道传》提出刘海蟾上系于陈抟,于是遂以陈抟为南宗远祖,而以钟、吕传道为无稽之谈。陈抟以下道家学派承传十分清晰。

二是陈抟在理学思想方面的承传。陈抟早年习儒,相传他作《无极图》(刻于华山石壁)和《先天图》。其《无极图》后被周敦颐演化成“太极图说”,其《先天图》被邵雍演化成“先天象数”体系,它们均为宋代理学的重要

① 《蒙文通文集》第1卷,成都:巴蜀书社1987年版,第373页。

组成部分。

蒙文通在《陈碧虚与陈抟学派》一文中还仔细梳理了陈抟以后理学一派人物的传承学系。如图所示：

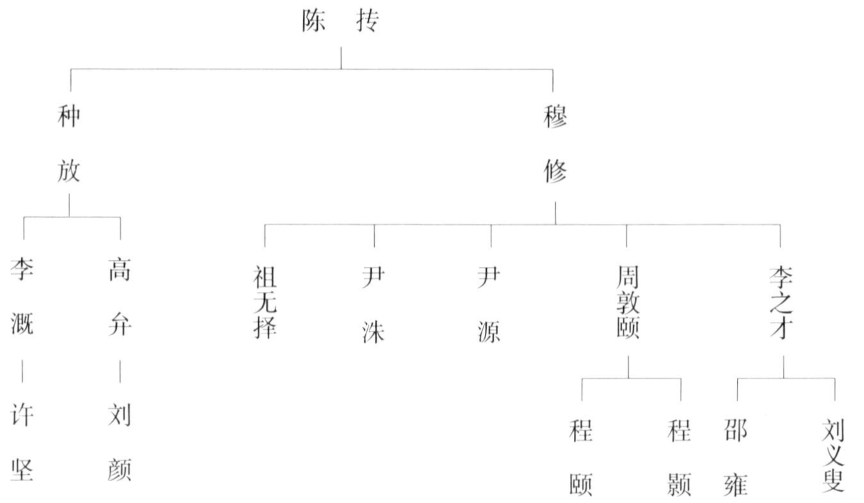

他对此说明："于是始知碧虚之学，源于希夷。昔人仅论濂溪、康节之学源于陈氏，刘牧河图洛书之学亦出希夷，而皆以象数为学。又自附于儒家。"①此段话说明，濂溪（即周敦颐）、康节（即邵雍）均为理学初期重要人物，不仅他们师承来源于陈抟，而且刘牧的河图洛书之学亦来源于陈抟，包括象数之学。他在《道教史琐谈》中还写道："陈抟（希夷）之学传之周、邵、刘牧，为《太极》、为《先天》、为《河图》、《洛书》，尽人知之，若希夷全为象数之学；周子于二程，其学若不相同，后人不免以至二程始为理学之正。此论亦深。至及余校碧虚《老子注》，观其所常用之词语，所常用之经传文句，得其思想旨要，则全同于二程，乃与周、邵之文不类。由碧虚之书，然后知二程之学实为希夷之传；周、邵之书拘格于文体（周、邵用文言，二程用语体），不能尽其微意，遂若二程过之耳。以碧虚《老子注》校之理学而研究之，于其同处可以见陈抟之精髓，于其异处亦可见儒、道终有辨，分析其异同而批判

① 《蒙文通文集》第1卷，成都：巴蜀书社1987年版，第373页。

其得失,此道教史一大事也。”[1]然此不仅是道教史之大事,亦是儒学史之大事。与上述南宗之事合而观之,则陈抟于我国学术思想影响之大,不言而喻。至于希夷与张伯端内丹之术如何贯通,以见出希夷实南宗之祖;另又辨析碧虚与二程之异同而论其得失,以展现希夷学术之“卓绝精微”(蒙文通语),则值得学界进一步研究。

2. 朱元晦著述中的理学与道家思想。

朱熹,字符晦,为宋代理学的集大成者。朱元晦与道家思想、老子之学保持联系,但却不注老子。蒙文通先生对此论述道:“宋代注老者至多,正统收入《道藏》亦富,其不收入而尚存于今者,以余所知,唯吕知常、范应元二家而已。其不注老子而于老子之学最有关者,朱元晦也。朱子于《阴符》、《参同》皆有述作,虽不注老,而董思靖、范应元各家之注,引用其言实多。朱学盛行一世,影响甚大,可于各家注中辑出朱子之文,更求之《语类》及《大全集》,取其论及《老子》者裒为一帙,其文必丰。”[2]这表明,除不注老子以外,朱子对道家思想的发挥和联系既反映在对《阴符》、《参同》的述作中,更反映在各家注老对其言论的引用中,如果考而寻之,辑而出之,其文必丰看来是没有疑义的。

朱熹走上理学之路后,总体上对道家道教采取了否定和批判的态度。朱熹认为,三纲五常是无法逃离的,而佛老灭绝人伦和三纲五常,从理论上看是因为他们堕于虚无空寂。但是,朱熹对老庄亦有积极正面的评价。他认可程颐提出的“庄生形容道体之语,尽有好处。老氏‘谷神不死’一章最佳”的看法[3],并对庄子《养生主》、《天道》等有不同程度的好评。朱熹理学思想在总体上仍有形上思维的道家特征。例如,朱熹“理本气末”本体论中的“理”,显然受了“道”的影响。又如,朱熹“理一分殊”的“一”与“殊”(即一与多)也是受了道生万物,万物复归于道的影响。还如,朱熹的“格物致知”与庄子的“庖丁解牛”相关联,更是打上了道家认识论的印迹。他在《语

① 《蒙文通文集》第1卷,成都:巴蜀书社1987年版,第326—327页。
② 《蒙文通文集》第1卷,成都:巴蜀书社1987年版,第328页。
③ 参见(宋)黎敬德编:《朱子语类》卷97,北京:中华书局1986年版,第7册,第2498页。

类》中曾多次引用庄子"庖丁解牛"的典故,说明理之得名,理之会通,理之观察,理之掌握,皆可于庖丁解牛而得。

由上可见,朱熹理学思想与道家思想实有许多关联贯通之处,除已论及,还有朱子《阴符》、《参同》述作及各家注老引言,在此不作赘述。

3. 蜀学、新学与道家思想。

北宋儒学,比较显耀的有三派,这就是洛学、蜀学和新学。三学中的蜀学、新学与道家思想的内在联系至为深邃,蒙先生曾言:"至荆公新学、东坡蜀学,皆深入于佛、老,虽不属于道教,然实为道家之学。"①

宋时蜀学,以三苏影响最大,被称为"苏氏蜀学"。

苏洵具有三教兼宗的思想倾向,但其哲学思想不太系统,道家思想亦不显明。

苏轼一生历尽坎坷,在激烈的政治斗争中几经大起大落,道家思想和道家的养生之道与他相伴终身并从心理和生理上支持他渡过和超脱重重困苦。在本体论上,苏轼认为:"夫道之大全也,未始有名,而《易》实开之,赋之以名;以名为不足,而取诸物以寓其意。"②这些观点直接来源于《老子》。在认识论上,苏轼十分重视虚静状态对认识的作用,说:"虚而一,直而正,万物之生芸芸,此独漠然而自定,吾其命之曰静。"③这些观念亦来自老庄。在政治观上,苏轼以秦汉治道的比较,肯定汉初奉行黄老无为而治的意义。他说:"吾观夫秦自孝公以来,至于始皇,立法更制,以镌磨锻炼其民,可谓极矣。萧何、曹参亲见其斫丧之祸,而收其民于百战之余,知其厌苦憔悴无聊,而不可与有为也,是以一切与之休息,而天下安。"④以此说明黄老之道是优于法儒两家的。在人生观上,苏轼一方面虽有积极进取的"当世志",另一方面又常怀留恋林泉的"归隐心",他感叹"不向南华结香火,此身何处是真依"的出入世矛盾的难以解脱而最终接受了道家的人生观。

① 《蒙文通文集》第 1 卷,成都:巴蜀书社 1987 年版,第 327 页。

② (宋)苏轼:《东坡易传》卷 8,台北:台湾商务印书馆 1983 年版。

③ (宋)苏轼:《东坡全集》卷 38《静常斋记》,《文渊阁四库全书》,台北:台湾商务印书馆 1986 年版,第 1107 册第 530 页。

④ (宋)苏轼:《东坡全集》卷 36《盖公堂记》,《文渊阁四库全书》,台北:台湾商务印书馆 1986 年版,第 1107 册第 506 页。

苏辙由于性格比苏轼沉静淡泊且潜心研读，其思想三教融合的倾向越来越明显并更为深入和系统。蒙文通指出："苏子由作《老子解》，合佛、道为一，东坡最称其书，此为蜀学，后来林希逸祖之。"①苏辙所作《老子解》较为系统地阐发了他的道家思想，进一步印证了蒙文通先生蜀学"虽不属于道教，然实为道家之学"的论断。

宋时新学，王安石是其代表和创立者。新学与新法相联系，其主要思想是积极有为和权时达变。积极有为源自孔孟儒家思想，权时达变源自老庄道家思想，而儒道兼综则是新学的一大特点。

王安石由于主持"熙丰变法"而成为中国历史上影响深远的政治家。新学的基本特征是立足于儒，又自别于俗儒，它出入佛老而归于儒，是社会和学术革新的产物。蒙文通先生说："荆公最信奉佛、老……荆公注《老子》最有精义，其解'三十辐共一毂'章即集中之《老子》说，立义甚辩。"②可见新学打上了较深的道家印迹。

总之，荆公新学与东坡蜀学一样，皆深入佛老，虽不属于道教，但仍融会了诸多道家之学。蒙先生独具慧眼指出了这一点，对我们研究宋明理学与道家道教的关系颇具启发意义。

（八）关于道书辑校的求善正误

中国历代典籍，浩如烟海，其中不乏重大价值的佚书佚文。蒙文通先生在道书辑校方面苦心孤诣，钩沉补遗，成果颇丰。他在道家、道教方面的创新性成果，大都得益于他对历代道书补遗正误的辑校整理上。

1. 辑校道书。

蒙文通历任四川省图书馆长八年之久，在这期间，从 1945 年后，他翻阅了大量道书、敦煌遗经及相关经籍，针对明清以来大量道家经籍尤其是许多老、庄注疏本的散佚，发现了一批学人以为失传的汉、唐两宋时期的道经。他孤心钩沉，竭精勘正，辑校精善古代典籍达二十余种，其中道书达十多种。有的著述几近湮没，经蒙文通旁征转引，甚至用同源于一书的数家疏解对比

① 《蒙文通文集》第 1 卷，成都：巴蜀书社 1987 年版，第 327 页。
② 《蒙文通文集》第 1 卷，成都：巴蜀书社 1987 年版，第 327 页。

补证,最后得出近乎完璧的新勘善本。2001 年 8 月,蒙文通《道书辑校十种》正式出版发行。这些著述的集结问世,不仅使这批珍贵的道经重见天日,亦为我国的道学研究提供了可靠的史料。

2. 补遗正误。

蒙文通先生在道书辑校过程中识漏辩错、分析对比,对一些疑缺讹误详加校考,一一纠正,并对新的述论作了精当而令人叹服的说明。

关于对《老子义疏》残卷作者的考证。敦煌秘籍问世后,数十年中残卷佚篇莫知作者。罗叔言影印《鸣沙石室古籍丛残》中的《老子义疏》本为《成疏》,但其疑为梁道士孟智周所作,或又疑为刘进喜所作。蒙文通以写本校辑本,然后知兹之所辑,对此予以订正,论定为成玄英所作。

关于对《老子成玄英疏》和《老子李荣注》两书的校辑。成玄英并疏老、庄,于史有载。但是,蒙文通校辑道书时,面临的却是老疏散佚已久,庄疏残缺不全。从强思齐的《道德真经玄德纂疏》和署名顾欢的《道德真经注疏》中,蒙文通发现两书录有大量成疏内容,且两书对成氏之说又各有取舍,互补性很强。于是,蒙文通以强、顾二疏为基础,并参考校阅了宋李霖《道德真经取善集》、范应元《道德经集注》和鸣沙山出土的《老子义疏》残卷等书,最后将成玄英《老子义疏》辑成完璧。此一成果,使散佚千年的道书要籍重见天日,为研究道家重玄学派提供了十分宝贵的思想资料。

在校理成玄英《老子义疏》的过程中,蒙文通发现,凡引成说的诸种经籍都引用了李荣的《老子注》,于是一并辑出。李荣注老,《道藏》犹存《道经》残卷,《德经》则久佚失。蒙文通据此残卷,又搜求得敦煌卷子,经过大量分析对比,补遗更正,最后使《老子李荣注》成一全书。

3. 追本溯源。

蒙文通在成、李疏、注辑校完毕后,发现二书所用经文竟与传世各本皆不能合,于是又汇集唐开元前各家引文作为探究古本《老子》之资料。这项工作要比较各本之异同,校理诸经之细微,其艰难程度竟数倍于校成李之疏、注。

于是他选定开元以前未损字之本(唐后诸家,变古愈远,只择其特重要者)"搜其遗文,章益其句,句益其字,意复其旧。遂勾稽所见,以《正统道藏》王弼本为底本，列开元前诸子及经、史注、疏所引《老子》遗文，择要存之，并随文略予校补，成书二卷，题为《老子征文》，虽不可言已复柱下之旧，然其异同之间，可供学人治《老》之参考者多矣"①。正统王弼注本经文因多依御注本而非昔日王弼之旧，于是蒙文通又以傅奕之《道德经古本篇》、范应元《老子道德经古本集注》为底本，重新校辑。1968 年蒙先生去世，其子蒙默教授遵先君遗愿继续整理。1973 年，《老子》甲、乙二种在长沙马王堆汉墓出土，这是一部真正的古本。令人欣慰的是蒙默教授最终将《征文》整理完毕，并在整理中将世本《老子》所无的佚文若干条附录于后。这些佚文辞高义古，与传世《老子》相近，且可探考他事，是此汉世之别本《老子》。附录与正文一起，完整体现了作者初衷，对研究《老子》是一份不可多得的珍贵资料。

（九）蒙文通道学思想的主要贡献

1. 蒙文通道学思想丰富了道学研究的理论宝库。

根据其"古史三说"、"古族三分"、"文化三系"的理论，从先秦仙道三派考证，到道家南北二派辨析；从道家道教产生溯源，到上古民族地理甄微；从道家黄老学论演化，到道教"五阶三变"归纳；从重玄道论发掘开创，到道佛相互渗透阐释；从道学理学内在联系，到辑校道书发微钩沉，蒙文通先生在上述研究领域不拘成说、不苟附和、详人所略、发人所无，终致取得了独创性的重大创获，极大地丰富了道学研究的理论宝库。

2. 蒙文通道学思想加强了道学研究的史料基础。

蒙文通一生辑校精善古代典籍达二十余种，其中道书达十余种，仅 1993 年出版的《道书辑校十种》一书即达 85 万字。在辑校过程中，蒙文通披阅了《道藏》，比较了各个版本，搜求了新发现的道书敦煌卷子，提出了选编分类思路，完成了常人难以想象的大量的篇章字句的辑轶对比及校勘误漏的工作，并提出仿《四库书目提要》作《道藏提要》，仿朱彝尊《经义考》作《道德经考》，并拟扩大及《庄》、《列》诸书。道书辑校的完成为以后的中国道学研究打下了丰厚的史料基础，其字里行间无不包含着蒙文通的一世

① 《蒙文通文集》第 6 卷，成都：巴蜀书社 2001 年版，第 115—116 页。

心血。

3. 蒙文通道学思想促进了思想文化的交流融合。

蒙文通学术无藩篱，早年博通经传，淹贯子史，出入释老，咸有撰述，故当其接触《道藏》，即能提出三教贯通之微隐，揭橥其家法条理之异同，明重玄之撷取般若，辨坐忘之出于天台，更指出全真之并纳禅宗理学，于土生土长之长生方术飞跃为道家形上之思辨，作为中国根柢的道教兼容并包三教哲理的精微，使我古老中华文化闪耀于多元文化之星空而无愧色。

4. 蒙文通道学思想推动了传统文化的承传弘扬。

蒙文通是蜀学发展过程中承先启后的大师，其道学思想无论在地域上还是在内容上，都具有博采各地众家之长的特色和优势。应该说，蒙文通以自己广博深邃而极富创见的学术成果，推动了中华传统文化的承传和弘扬。

二、王沐：跨越教界与学界的精专人才

王沐（1908—1992 年），河北乐亭人，著名道教内丹研究学者，曾任中国道教协会理事。王沐先生研究内丹学 60 余年，对道教内丹诸派功法作了全面的考察，并结合自己的内修作了平实的叙述，堪称以学术态度对待道教内丹术的开拓者之一。

（一）生平事迹

王沐自小生长在道教文化氛围浓郁的环境之中，祖母信奉道教，身为中医的父亲也喜好收集一些与道教相关的书籍。幼年时即随祖母背诵道教经文，也不时翻看父亲的藏书，偶尔还偷偷地照着书上的介绍自己练功，由此对道教产生了浓厚的兴趣。十几岁时，全家随父亲搬到辽宁省开原行医。16 岁时遇一道士传授口诀，其后就一直按照所得口诀修炼。成年后考入东北大学，就读于该校中文专业。毕业后东渡日本东京大学留学，研习法律。在日留学期间，王沐仍对道教保持着浓厚的兴趣，并时常去西神田旧书店街闲逛，曾淘到不少丹书方面的上佳之作，并应用自己深厚的古文功底，对书上的功法进行研究并依之修炼。抗日战争前，王沐回到中国，先是在北平经营一家名为“华工食堂”的西餐厅，这是当时北平第一家俄式西餐厅。1932 年，到国立北平图书馆供职，得以窥见不少道教秘籍。1936 年，经人介绍专

程去山东济南拜师，拜道教全真龙门派下郝姓高道修习内丹功法。之后便一直坚持每天练功，50年从未间断，是位自己实修的内丹学者。在京期间，由于法学专业的背景，王沐曾在北京的法院任法官。20世纪40年代在济南任济南图书馆馆长。

新中国成立后，王沐入华北大学读书，毕业后留校教俄语，同时考上了新法学研究生。三年后毕业，被分配到国家司法部工作。后因国务院机构变动，司法部撤销，他于1956年到北京市第22中学任语文老师，直至1976年。“文化大革命”期间，王沐受冲击，被批斗、抄家，之后全家被遣送回河北省原籍。在故乡的时间里，他反而有了充裕的时间彻底清理自己的心境，如他后来所强调的，做人要有菩提心，要讲诚信、宽容，要懂感恩、忏悔，而练功最重要的是先养清闲气、止念，再下苦功，把功夫练成片。这些都是他当时所悟，也为他日后从事内丹研究打下了基础。经此磨难，他反而更坚定了自己的信仰，后来曾作诗追述说：“骇浪惊涛启夙慧，清风明月证前缘。”

“文化大革命”后期，王沐回到北京，因其研究内丹颇有成就，有人向中国社会科学院推荐他，经任继愈先生首肯，王沐被中国社会科学院世界宗教研究所聘为教师，教授研究生课程，当时教有朱越利、陈兵、吴受琚三位学生。据朱越利先生回忆，王沐讲课非常认真，因在自己家中授课，每次上课前都亲自把要讲的内容抄在一张大纸上，然后挂在墙上，仔细分析讲解，仅讲授一本《悟真篇》就用了一年的时间。

1980年，王沐经人介绍到中国道教协会研究室工作，继而被聘为中国道教协会道教知识专修班教师。他先后在中国道教协会工作了8年，凝结着他多年研修成果的大部分作品都完成于这一时期。因中国道教协会办公地点在北京白云观内，王沐与白云观道士交往甚多，也为白云观做了不少实事。如，帮助恢复白云观文物陈列室，整理、保护观里的文物，撰写白云观讲解词、说明书等等，很受年轻道士的尊敬。他一直担任中国道教协会道教知识专修班一至四届的教师，为道教界的人才培养和道教理论知识的传播作出了贡献。因20世纪80年代社会上对于气功学的推崇，王沐在社会上的名声日盛，曾经有美国的大学邀请他去讲学，但因故未能成行，只于1986年受邀在北京大学讲课。

王沐先生为人谦和、开朗、与世无争，一生唯致力于内丹功的研究与教学。无论是在社科院教学还是在道协工作期间，与学生、同事及道士们的关系都非常融洽。中国社会科学院哲学所的胡孚琛研究员曾师从王沐先生学习内丹功法。他评价王沐先生说："先生为人诚实可亲，性情平和，谈吐从容，举止如苍松翠柏，闲云野鹤。"

1990年，王沐的妻子不幸遭遇车祸，离他而去。1992年1月24日，王沐于睡梦中突发脑淤血，第二天早上被送入医院，于三日后去世。他去世的时候，白云观有许多道士参加了追悼会，为他送别。后来其家人将他的部分藏书捐给了白云观。

王沐先生是现代内丹学研究的开创者之一。他的专著有《悟真篇浅解》，发表的文章汇集成《内丹养生功法指要》，均由中华书局出版。他还主编了《道教五派丹法精选》丛书。在这些书中，他对内丹术的缘起、发展和宗派进行了梳理，并用现代语言对内丹功法纲要进行了阐述，并揭示了人体四秘窍及玄关一窍的特点。

（二）对内丹学的整体认识

王沐先生继承了陈撄宁先生对于内丹学的认识，肯定了内丹学的科学价值，希望将内丹的理论和实践从宗教中剥离出来，而归入科学研究的对象。他认为，道统与丹统，实际上并非一事。"内丹功法虽为道教的核心，实际上却独成系统，为儒道两家所重视，非只道教的不传之秘"①。"内丹学虽号称仙学，却与一般宗教有着本质的不同，它不以迷信骗人，唯重人体的实验。丹经中的'神仙'等字眼，只是一种比喻，它的确切含义是指那些修炼内丹功法取得成效的人。内丹学提出'我命在我不在天'的口号，实际上是要与造物主争权，要夺天地造化之功，要在人体内模拟宇宙反演之道，要做大自然的主人。这种思想，同保守落后的中国儒家传统以及追求来世、崇拜死亡的世界三大宗教都大相径庭"②。

王沐先生同意陈撄宁先生所言的"神仙之术，首贵长生，唯讲现实，极

① 王沐：《内丹养生功法指要》，北京：东方出版社1990年版，第121页。

② 王沐：《内丹养生功法指要·前言》，北京：东方出版社1990年版。

与科学相接近”。他把内丹学的科学价值归结为“可以揭开人体的内在奥秘,是进行人体科学研究和探索的重要途径”①。王沐先生还注意到,在20世纪80年代“气功热”的背景下,内丹仙学正在引起国内外学者和科学家的注意,不同学科的专家都在进行人体科学的探索。他赞同钱学森教授所言,这样的研究应由整理材料入手,建立起唯象气功学,有了这个体系,然后再变为真正的科学,那就是科学革命了。

王沐先生还把修炼内丹功法的效果,归纳为五个方面,即消除人体的疾病,调整人的情绪,激发人的青春活力,变化人的气质,开发人的智力。他还从自己的经历出发,谈了炼功实践对于内丹学研究的重要性。他说:“治内丹学古来不尚空谈,只有在自己的炼功实践中才能获得真知。”②因此,他希望有更多的中青年学者修习内丹功法。王沐先生还认为,世之习内丹而无效者,多为炼功不得法。他总结了自己在炼功实践中的一些经验和教训,认为:“要想取得成效,还须处理好广度与深度的关系,我那一段炼功得之于广而失之于浅,因之歧路亡羊,未获真诠……1936年,我从师受丹功口诀,专炼全真派丹法,由博返约,渐有所悟。内丹功法,全赖苦行,必须历阶而升,不能躐等而进,不可贪多务得。”③

(三)对内丹术缘起、发展和宗派的梳理

对于道教内丹术的缘起、发展和宗派,以前很少有人作出系统梳理。为此,王沐先生写作了《内丹功法的缘起和发展》④、《道教丹功宗派漫谈》⑤等文章。他认为,内丹承传系统和道教的宗教系统并非一脉,楚越古代功法实为其发源之地。内丹术的发展可以分为四个时期,即先秦两汉时期、魏晋南北朝时期、隋唐时期和五代至宋元明清时期。⑥

先秦两汉时期。王沐先生认为,内丹的功法在周代已有传承。赤松、王

① 王沐:《内丹养生功法指要·前言》,北京:东方出版社1990年版。
② 王沐:《内丹养生功法指要·前言》,北京:东方出版社1990年版。
③ 王沐:《内丹养生功法指要·前言》,北京:东方出版社1990年版。
④ 收入王沐:《内丹养生功法指要》,北京:东方出版社1990年版。
⑤ 原载《中国道教》1987年第2期,收入王沐:《内丹养生功法指要》,北京:东方出版社1990年版。
⑥ 参见王沐:《内丹养生功法指要》,北京:东方出版社1990年版,第116—124页。

乔为行气派功法的祖师。东周安王时期的《行气玉佩铭》中系统地记载了古代的行气方法,此法包括行气、炼、化的过程,与近代的小周天丹功颇为接近,应是最初的内丹功法。在此阶段,内丹术只称为内炼或行气,并无“丹”的名称。至东汉,属于吴越方士系统的魏伯阳作《周易参同契》,首次以易理论玄理,以黄老思想讲性功,以炉火药物名称代命功。

魏晋南北朝时期。王沐先生认为,这个时期的内丹术融汇了各家养生术,并吸收了中医医理、方技和佛教修养理论。其中,道教的上清派整理群经,又将功法推进一步。代表人物为魏华存(著《黄庭经》)、陶弘景(著《服气导引法》)。

隋唐时期。王沐先生认为,这个时期的外丹黄白术最为兴盛,但《参同契》的内丹功法,亦在此时受到重视。代表人物为茅山上清派道士司马承祯(著《坐忘论》、《天隐子》),以黄老思想为主体,融汇佛教止观禅定学说,阐发了内丹静坐的理论。《云笈七籤》所列“诸家气法”及“内丹诀法”,多属唐代作品,大都是些养生杂法,和内丹功法尚有区别。

五代至宋元明清时期。唐末五代,外丹术败落下去,内丹术遂代之而兴。王沐先生认为,五代的彭晓所著的《周易参同契分章通真义》阐述内丹之奥旨,推动了内丹功法的彰显。五代的钟离权(著《灵宝毕法》)、吕洞宾开启钟吕金丹派,陈抟则以《无极图》讲内丹功法,实际上都是《参同契》丹功的延续。又有北宋张紫阳(著《悟真篇》)和金代的王重阳(著《立教十五论》)分别开创了金丹派的南北二宗。王沐先生断言,张伯端《悟真篇》功法亦本《参同契》,并加深了对《参同契》的理解;南宗丹功为中国仙学的直系,而北派静功则为《参同契》之支流。无论是北派、南派,还是明代陆潜虚创立的东派、清代李涵虚创立的西派,都是对楚越古代功法的发展。

王沐先生还提出了“五派丹法”之说,并编选了《道教五派丹法精选》(中医古籍出版社,1989 年)一书。他在《道教丹功宗派漫谈》[1]一文中认为:道教养生功法自唐末五代以后,由重视外丹转入内炼,形成一个内丹丹

① 参见王沐:《内丹养生功法指要》,北京:东方出版社 1990 年版,第 13—22 页。

功系统，并逐步分成五大派，师徒相传，历久未衰。

近代王重阳创立的全真教在丹法上被尊为北派。其代表作为《金关玉锁诀》，主要阐述炼功时如何无漏。王沐先生将其经文中所说的“白牛去时，紧扣玄关，牢镇四门，急用仙人钓鱼之法，又用三岛手印指黄河逆流，白牛自然不走”一句，解释为欲漏不漏时紧守丹田。他认为，北派功法以“先修性、后修命”为其丹法的特色，实际上是以修心为主。王重阳所传七弟子虽然各立门户，分成七派，但是功法大致相近。王沐先生还将明末清初伍冲虚、柳华阳所传承的伍柳派，以及清末民初刘名瑞、赵避尘所传承的千峰派，都归为北派。

北宋的张伯端开创了南派丹法。他著有《悟真篇》、《金丹四百字》等书，主张先命而后性。南宗经过石泰、薛道光、陈楠、白玉蟾的传承而在南宋时期发扬光大。王沐先生认为，到元代晚期，南北两派的清修理论已经渐趋接近，至明清时期，伍冲虚、柳华阳等人已将两者汇成一体。

王沐先生认为，中派未立教团，亦非金丹内炼派系，乃后来内丹炼师将接近中派学说及丹功功法列在一起，称为中派。其实是对南派、北派功法的综合并加以改革。该派的代表人物为宋末元初的李道纯，清代的闵一得与黄元吉。李道纯融汇三教，主张中和，以儒家所言“喜怒未发之谓中，发而中节之谓和”之意，与内丹功法相结合，暗示“阴阳未发而内炼，阳气初动而中节”。在王沐先生眼里，中派为李道纯打破三教界限所创立的一种新的丹功。

东派由明代的陆西星所创。王沐先生认为，其丹法在筑基阶段大致与其他派别相同；在筑基完成后，则人元与天元合修。东派并未立教，传者极少，后经西派李西月加以补充发展，所继承者也以西派为多。

西派创始人为清代的李西月。王沐先生认为，李西月以陆西星后身自居，在丹法上亦沿袭继承之。但因李西月曾受张三丰丹法，与钟、吕丹法汇合，所以与东派又不尽相同。李西月主张炼丹之士如果年老油干，则必须用栽接之法，始能发出嫩枝。

（四）对《悟真篇》的梳理与阐释

在众多丹经中，王沐先生对北宋张伯端所著的《悟真篇》的研究最为深入。他著有《悟真篇研究》①一书，还先后发表了《〈悟真篇〉丹法源流》②、《〈悟真篇〉丹法要旨》③等文章。王沐先生对《悟真篇》作者张伯端的生平及其时代作了考察，对《悟真篇》的各家注本及其与南宗的关系进行了简要介绍，还对《悟真篇》深奥难懂的语句作了深入浅出的解释。

首先，王沐先生把《悟真篇》丹法的哲学基础归纳为“逆修以达道”。《道德经》所描述的宇宙生成论为：“道生一，一生而，二生三，三生万物。”按照内丹学的解释，宇宙生成的顺行程序是“一炁”分为阴阳，以心为性，以肾为命；心为离为阳，肾为坎为阴，阴阳生三，即精、气、神三宝，由此而孳育万物。王沐先生认为，《悟真篇》中的丹法则反此程序而行，即以精气神三个生命元素相配合，以元神、元炁为阴阳，通过修炼使元神、元炁结成金丹，“逆行”以扭转自然中生老病死的规律，由有入无，重返虚空，从而复归于道。

其次，王沐先生对性、命以及修性、修命的含义作出了自己的解释。他认为，性为理性，命为生命；道学是心性还虚，因此道经称它为性；丹法是技术，所以道经称它为命。修性即修心，修命即求术；修性可看作内丹功法中的修心炼性，修命则为其中的水底求玄。尽管性功无为，命功有为，但其目的则一，即求脱胎换骨，永葆青春，使精神变化与肉体变化合凝，作为成丹的初步。王沐先生还认为，《悟真篇》中的“了命”一词，即为完成丹法步骤的代号。

再次，王沐先生对《悟真篇》的命功内容进行了介绍。他认为，精、气、神三种“药”有次序的不同。其中，神为主宰，气为动力，精为基础。在全部丹法里，始终不离神字，如以神驭炁，以神炼精。王沐先生还介绍了一些命功运用的方法。他在解释《悟真篇》中“恍惚之中寻有象，杳冥之内觅真精”一句时认为，在炼精化炁阶段，必须以神为体，以意为用，从似有如无中采而炼之。在解释“漫守药炉看火候，但安神息任天然”一句时认为，在炼炁化

① 中国道教协会编印。
② 原载《道协会刊》第 7 期，后收入《内丹养生功法指要》，北京：东方出版社 1990 年版。
③ 原载《道协会刊》第 9、10 期，后收入《内丹养生功法指要》，北京：东方出版社 1990 年版。

神阶段，药既归炉，尤为无为互用，所以炼时只以真息与元神相依，心意安定，任其天然，不加意导。在解释“道在希夷合自然”一句时认为，在炼神还虚阶段，药已凝结，有为已成，哺乳温养，均属无为，故应合乎自然，无待勉强。王沐先生还将内丹修炼的几段功夫分别概括为：筑基功夫是调补先天；炼丹功夫是炼和化，炼神功夫是七返九还。

接下来，王沐先生对《悟真篇》丹法的授受渊源进行了梳理，分析了其与《行气玉佩铭》、《阴符经》、《道德经》、《参同契》、《无极图》、《先天图》及钟离权、吕洞宾的师承关系。他还考证了张伯端所传的四个系统的弟子，并对历代注释《悟真篇》的注本按清修派和阴阳派进行了分类和介绍。

最后，王沐先生归纳出《悟真篇》丹法的要旨。他指出，《悟真篇》丹法主张是先命后性，先有为后无为；丹法起手功夫叫作命功，了手功夫叫作性功。但并不是在入手开始就只讲丹诀，不讲修心，不过按照丹法内炼步骤，每阶段有所偏重，实际并非独修的。王沐先生认为，在初步筑基阶段，是性命双修的，到了第二阶段即炼精化气阶段，主要则偏重命功，第三阶段即炼气化神阶段，由性功多于命功，第四阶段即炼神还虚阶段，则纯入性功。所以它主性主命的比重程度，是随功法进度而变化的。①

（五）坚持自己独立的学术观点

王沐先生平时为人非常随和，在生活中从不与人争短长；但对于学术问题，则又有自己独立而深入的思考，从不迷信权威，人云亦云。

自20世纪80年代中期以来，学术界开始了对于李道纯的研究。卿希泰、詹石窗两位先生在《船山学报》1986年第1期发表了《李道纯“老学”浅析》一文，开启了李道纯思想研究的先河。文章把李道纯的本体论归结为《道德会元》中作为“道”的代名词的“真常”二字，他们还把“真常”的特性概括为不可言状、永恒不变、运行有则、顺应中和、虚静无为五个方面；认为比起过去的“老学”来，“真常”这一概念显得更抽象、概括，更富有思辨特色，从不断逆推的运动中摆脱出来，求其虚静恒久。②

---

① 参见王沐：《内丹养生功法指要》，北京：东方出版社1990年版，第74—75页。

② 参见卿希泰、詹石窗：《李道纯“老学”浅析》，《船山学报》1986年第1期。

王沐先生很欣赏由李道纯开创的中派丹法。他把中派丹法列为其选编的《道教五派丹法精选》的第一集，足见其对于中派丹法的推崇。在卿希泰、詹石窗两位先生的文章登出不久，王沐先生就在《船山学报》1986 年第 2 期，发表了《李道纯之道统及其他》一文，以作为回应。在文中，王沐先生认为，李道纯系以“中和”立教，而非以“真常”立宗，应放眼大处，不必在“真常”两字上多费功夫，以致混淆体用界线，忽略其创新精神实质。①

很显然，王沐先生并不完全同意卿希泰、詹石窗两位先生以“真常”一词对李道纯的思想所进行的概括，所以他才会在《船山学报》紧接着的一期阐述了自己的不同观点。但王沐先生写作此文的出发点只是想搞清楚问题，并没有与两位学者一争高下的意思。所以，王沐先生在文中既没有点出两位学者的名字，也没有指出他们所写文章的题目，只不过提了句“不必在‘真常’两字上多费功夫”而已。

自陈撄宁先生开始，中国道教协会研究室（现升格为道教文化研究所）就致力于内丹学研究。作为研究室的研究人员，王沐先生继承了陈撄宁先生的衣钵，在内丹学研究中颇有建树，成为 20 世纪 80 年代中国内丹学研究的代表性人物。除了上文提到的著述和文章，王沐先生还发表了《女丹概论》、《析王船山〈楚辞通释 · 远游〉》、《道教养生法与〈老子〉的关系》、《〈大成捷要〉丹功讲解》②等文章。任继愈先生曾经对王沐先生的内丹学研究给予了高度评价，称他“治学谨严，不哗众取宠，成一家之言”。

三、王明：道教文献考据的卓越贡献者

王明（1911—1992 年），字则诚，别号九思，浙江省温州市乐清县人。中国哲学史专家，道教研究专家。生前是中国社会科学院哲学研究所研究员，中国哲学史研究室主任，中国社会科学研究生院兼任教授、博士生导师。他还是国务院古籍整理出版规划小组成员，中国哲学史学会副会长。由于他在中国哲学思想史和道教史研究方面的突出贡献，成为享受政府特殊津贴

① 参见王沐：《李道纯之道统及其他》，原载《船山学报》1986 年第 2 期；后收入王沐：《内丹养生功法指要》，北京：东方出版社 1990 年版，第 23—26 页。

② 均收入王沐：《内丹养生功法指要》，北京：东方出版社 1990 年版。

的专家。

（一）为学不止的人生历程

王明出生在浙江温州乐清县铧锹村的农民家庭。父亲王国彦，务农为业。母林氏，性贤淑，因病早逝。王明幼失慈怙，家境贫寒。七岁就读于村塾，十三岁入读本县虹桥镇高级小学。1926 年考入温州第十中学，后转至省城杭州高级中学。在校发愤苦读，晚间常焚膏继晷，自学不辍。1932 年中学毕业，以优异成绩考入北京大学中文系。在北大，王明曾聆听马裕藻、郑奠、罗庸等讲授的中国经学史、文学史、文学批评和文字音韵学等课程，还选修了钱穆的中国古代史。北大文学院长胡适讲授的中国文学史和思想史，对王明也有较大影响。这些著名学者的面传心授，使王明扎下深厚的国学功底。在大学就读期间，王明先后发表《黄梨洲的文学主张》（《晨报》副刊）、《欧阳修的治学精神》、《墨子的伦理学》（天津《益世报》）、《落后的宋氏族》（《食货半月刊》）等学术文章。1937 年撰写的毕业论文《先秦儒学字义考》，得到胡适好评。这年正值抗日战争爆发，王明遂回家乡从事救亡宣传。

1939 年，王明远赴云南昆明，投考西南联大的文科研究所研究生。该研究所创办于当年暑期，所长是傅斯年，导师有汤用彤、唐兰、陈寅恪等著名国学大师。王明是该所的首届研究生之一。在这里，他听过陈寅恪讲授的隋唐史、余嘉锡的目录学、黄节讲授的三国曹氏父子诗、顾随讲授的词选等课程。还常去隔壁的陈寅恪住处请教。1941 年，在汤用彤指导下，王明开始研读《道藏》，编纂《太平经合校》，并撰写了长篇论文《太平经合校 · 导言》，获得哲学硕士学位。随后到台湾“中央研究院”历史语言研究所，任助理研究员，走上了研究中国哲学思想和道教历史、文献的学术之路。

1942 年，“中研院”史语所从昆明迁到四川南溪县李庄镇板栗坳，所址租用村民的两座老式平房。当时史语所下设历史、考古、语言及人类学等研究组。傅斯年任所长，陈寅恪、李济、李方桂、吴定良分别任研究组主任，研究员有董作宾、岑仲勉、陈盘、劳干等著名学者。学者们闭门研究，油灯下著述，有过许多研究成果。王明在《历史语言所研究集刊》上发表的重要论文《周易参同契考证》，就是在这里写成的。1944 年春，王明回浙江省亲，因乐清沦陷，日寇轰炸，道路不通，遂滞留家乡，参与创办乐清师范学校。次年接任校长职务，从事教学工作。

抗战胜利后，“中央研究院”历史语言研究所迁回南京，王明于 1947 年返所，继续学术研究。陆续发表了《论太平经钞甲部之伪》、《老子河上公章句考》、《黄庭经考》等重要论文，引起学术界的重视。同时还在一些报刊上发表了《元气说》、《论种民》、《儒释道三教论报应》、《论老子与道教》、《曹操论》等文章。

1949 年，“中央研究院”随国民党当局迁往台湾。中华人民共和国成立后，在北京设中国科学院，王明遂到中国科学院考古研究所工作，担任学术秘书。1950 年又到华北人民革命大学研究部，学习马克思主义哲学和中共党史等。这次马克思主义学习对王明影响很大，帮助他在后来的学术研究中都力图运用马列主义观点认识和解释问题。1957 年，王明调入哲学研究所任副研究员，研究中国思想史。先后发表《论董仲舒的思想方法》、《汉代哲学思想中关于原始物质的理论》、《试论阴符经及其唯物主义思想》、《清初市民阶级的思想家唐甄》等论文。1959 年以后还参与了《中国哲学史资料选辑》、《中国大同思想资料》的编辑工作。1960 年，《太平经合校》由中华书局出版。

1966 年“文化大革命”开始后，学术研究完全停顿，王明随研究所集体下放到河南信阳明港“劳动锻炼”。在艰苦的环境中，王明仍不忘研究工作，私下完成了《抱朴子内篇》的校释工作。十年动乱过后，1977 年中国社会科学院成立，王明随机构撤换，进入中国社会科学院哲学研究所工作，出任所学术委员、中国哲学史研究室主任、研究员，中国哲学史学会副会长，国务院古籍整理出版规划小组成员。他的研究成果，《抱朴子内篇校释》、《无能子校注》、《道家与道教思想研究》等也相继出版。《太平经合校》也获得再版。王明还被聘为中国社科院研究生院教授，博士生导师。

1988 年，王明身患肾疾，仍著述不辍，撰写学术论文十余篇，抄改书稿二十余万字，结集成《道教与传统文化研究》一书。然而未及此书出版，王明与世长辞，享年 81 岁。王明的一生，其为人正直严谨，不慕名利，不欺暗室，操行堪为师表。其治学勤苦认真，言必有据，立论平实，反对浮华空谈。

"文章千古事,得失寸心知";"板凳要坐十年冷,文章不着一句空",就是先生治学的座右铭。正所谓:平生经两世,为学止一身。斯人唯谨慎,寄语要认真。

（二）《太平经》研究的专家

王明是研究中国哲学思想史和道教史的著名学者,尤其在道教经书的整理和研究方面卓有成就,是公认的道教典籍文献研究专家。

道教是中国固有的传统宗教,与儒学、佛教合称三教,在中国传统思想文化中占有重要地位。在道教形成和发展的漫长历史中,积累了大量的经典文书。这些典籍内容丰富,对研究中国古代哲学、宗教、科技和文化史,都具有珍贵的史料价值。自魏晋以来,历代道门学者对道书的整理和研究都极为重视。清末大学者刘师培,曾在道观中研读《道藏》,撰写《读道藏记》,开启教外学者研习道教经书之风气。近代国学大师陈寅恪、陈垣、汤用彤、蒙文通、胡适等人,都曾对道教的历史和经典有所研究。国外汉学家对道教的研究在近代也大有进展,尤其以日本和法国学者对道教文献的研究成果最多。

道教文献研究中存在的首要难题是:现存《道藏》中收入的典籍,大多成书年代不明,典籍作者不知。而且《道藏》经书编排分类混乱,篇章残缺,文字讹脱甚多,有的难以卒读。加之人们对道教历史、教义、方术和科仪制度等知之较少,更增加了研究困难。因此对道书加以考订和整理校释,成为道教学术研究中的基础工作。王明正是在这一领域中用力最勤的拓荒者。他对道教典籍,特别是《太平经》一书的整理和研究,奠定了自己在学术上超前启后的地位。

《道藏》中收入的《太平经》,是汉代原始道教的重要经典。内容主要讲奉天地,顺五行,澄清乱世,使天下太平的政治思想;亦有兴国广嗣,教人养生成仙之术,而多巫觋杂语。这部汉代的"神书",曾被汉末黄巾起义军首领张角用来传播太平道,对原始道教组织的形成影响很大。因此它是研究早期道教历史最重要的文献资料。大约南北朝时期定型的《太平经》传世版本,原本有一百七十卷,分为甲乙丙丁戊己庚辛壬癸十部。但现存的《道藏》本《太平经》仅残存经文五十七卷,另有唐末道士闾丘方远节录的《太平经钞》十卷，以及佚名氏撰写的《太平经圣君秘旨》一卷、《太平经复文序》一篇。此外，在其他古籍道典中引述《太平经》的佚文资料也有不少。近代中国学者对这些残存资料的文本和内容，最早加以考订和研究的成果，是汤用彤先生 1935 年在北京大学《国学季刊》上发表的论文《读太平经书所见》。王明在西南联大文科研究所攻读研究生期间，从 1941 年开始在汤用彤指导下研读整理《太平经》，此后数十年不断整理研究，编成《太平经合校》一书，并撰写有关论文数篇。

《太平经合校》一书，主要依据《道藏》所收《太平经》和《太平经钞》这两种残缺的版本，并参考其他 20 多种文献中引述的《太平经》文字，采用“并、附、补、存”四种体例，将这些残缺资料整编成大致上完整可读的文本。这种独创的校补体例，在古籍整理中前所未有，但取得了成功。王明在晚年总结自己治学经验时说：“《太平经合校》这部书，分量繁重，情况复杂，所花时间不少。这书的合校工作，不是一般以一个完整本子对另一个完整本子两两对勘，而是以节抄本《太平经钞》来校补残缺不全的《太平经》书。因为情况特殊，《太平经合校》也特地采取并、附、补、存四例来编订……这个编订的办法，我认为比较客观而周到。”

这里所说的“并、附、补、存”体例，就是以《道藏》所收《太平经》残本为底本，将《太平经钞》等其他典籍中所见与底本相同的经文并入底本（并）；将其他典籍中所见与底本有差异的经文，附录于底本相关段落之后（附）；将其他典籍中所见底本脱落的《太平经》佚文，补入底本相关章节中（补）；将其他经书中所见疑似《太平经》的佚文，附存于底本相关章节之后（存）。这样就能整合来自多个数据的《太平经》残篇佚文，辑补成相对完整可读的文本。王明先生开创的这个古籍整理体例，不仅对整理《太平经》是有效的，而且适用于整理其他残佚的古代经典。例如，近代敦煌发现的许多古佚道经残卷，都可用此体例加以整理合校，大致恢复其原本样貌。

王明整理研究《太平经》的另一成果是考订其成书年代。早在汤用彤先生的论文中，已经考订《太平经》为汉代古籍。但近代日本有些道教学者，仍认为此书晚出于南北朝时期。他们的证据是现存《太平经钞》的甲部，杂有汉代以后问世的文献。为此，王明在 20 世纪 40 年代撰写《论太平经钞甲部之伪》一文，指出《太平经》甲部的原文早已亡佚，现存的《太平经钞》甲部，系后人用《灵书紫文》等南北朝道书所补的伪书。这一详密的考证，为判定《太平经》系汉代道书解决了关键的疑点。在1982年撰写的《论太平经的成书年代和作者》一文中，王明先生重申了《太平经钞甲部》是伪书的观点，并进一步从该书中常用名词术语、地理名称、汉代社会风尚和思想观念等诸多方面，详细论证了现存《太平经》残本大体可信为汉代方士著作。其书不是出于一人一时之手，而是一本集体编写的道书。综合王明及其他中外学者的意见，可知《太平经》的成书经历了相当长的年代，最早可追溯到西汉末，最终定型为现存文本已是南北朝末年了。要确定该书中哪些内容问世较早，哪些是后人添加窜改，仍需更深入细致的研究。

《太平经合校》虽对原书作了校补，但较经文原本一百七十卷还缺损甚多。特别是现存《道藏》本没有一个完整的目录，使人难以了解《道藏》旧本残缺部分的内容。近代发现的敦煌遗书中，有南北朝末抄写的《太平部卷第二》残本一件（S.4226号），其内容正是《太平经》十部，一百七十卷，三百六十六篇的完整目录。该目录前后还有序跋，概述《太平经》传世源流、经文要旨和修习传授之科仪。这一抄本的发现，可以补足《道藏》本的缺陷，引起许多国内外道教学者的重视。王明在20世纪60年代初《太平经合校》出版后，才见到敦煌抄本的缩微胶片。1965年他撰写了《太平经目录考》一文，对敦煌抄本详细考校，订正其篇目抄写的错漏。对这篇目录的研究，还更进一步证明了现存《太平经钞》甲部系伪书的结论，并发现《太平经钞》癸部才是原本《太平经》甲部的真正抄文，而原本《太平经》癸部已全部佚失。王明的这篇研究，较日本学者（如吉岗义丰等人）的同类研究更为细致。

对《太平经》的思想内容，王明也有研究，发表了《太平经合校·前言》、《论太平经的思想》、《从墨子到太平经的思想演变》等论文。这些文章主要以马克思主义哲学的观点分析《太平经》的思想内容。认为《太平经》的哲学和社会政治思想都很复杂。在政治上有维护封建统治阶级利益的言论，也有揭露豪门贵族黑暗统治，反对残酷剥削，主张富者周穷救急，贫者劳动互助的言论。在哲学上有天人感应论和善恶报应论的宗教神学思想，也有朴素的唯物主义和辩证法思想。全书的重点是调和社会矛盾，幻想致国太平，具有改良主义的性质。这些论证，显然带有我国改革开放之前学术研究的特点。相比之下，王明关于墨子与《太平经》在宗教思想方面的相似性的比较研究，颇有些新意。

总而言之，王明对《太平经》的整理和研究，用力最勤。其《太平经合校》一书，是公认的迄今最好的版本，创造了道教古籍整理的典范。近年来国内外研究《太平经》的学者越来越多，他们对该书思想内容的诠释和分析方法或有不同，但所用文本无不以《太平经合校》为准，对该书年代的考订也无大异议。近年来还有些学者用考古发现的汉代镇墓文和解注文与《太平经》的文本对比研究，更加证实了最初的《太平经》系汉代民间术士著作的结论。

（三）道教史与科技史的研究

在中国传统的儒释道三教中，道教与古代科学技术的发展关系最为密切。在《道藏》中有许多关于炼丹、气功、医药、占卜类著作，这些典籍对研究中国古代化学、冶炼、天文、气象、医药和人体科学，都具有珍贵的史料价值。英国近代汉学家李约瑟在其巨著《中国科学技术史》中，就特别注意利用《道藏》中的文献资料。但是在这方面同样遇到的难题是，《道藏》中的许多典籍，如果不作考订梳理，就不能用于精确的科技断代史研究。因此对道教典籍整理，就成为研究中国古代科技发展史的重要课题。在这一领域贡献最多的中国大陆近代学者，首推王明和天津大学陈国符教授。

早在20世纪40年代，王明撰写的《周易参同契考证》一文，就对汉代方士魏伯阳的炼丹术著作《周易参同契》作了开创性的研究。对《参同契》的年代、作者、内容，以及《参同契》与汉代象数易学的关系、金丹思想的来源，《参同契》的文本流变等问题，王明都作了详细考证和论述。指出《参同契》是一部结合黄老学、象数易学和炼丹术的著作，其主要内容是讲述外丹烧炼的原理。对《参同契》是内丹修炼著作的传统观点，王明在此文中提出了质疑和批评。这篇功力扎实的论文，引起当时学术界的重视。李约瑟博士在抗战期间到四川乡间的中研院史语所讲学时，曾同王明讨论《参同契》的成书年代问题。

王明始终重视对中国科技史的研究。20世纪50年代在中科院考古所工作期间，他曾研究过中国古代造纸术，在《考古学报》上发表了《蔡伦与中国造纸术的发明》、《简和帛》、《隋唐时代的造纸》等论文。他还准备编写《中国造纸史略》，后因工作调动而停顿。到哲学所工作后，王明整理了晋朝道教学者葛洪的名著《抱朴子内篇》。这是他在《太平经》之外，用功夫最多的一项工作，历时约20年，于1978年出版了《抱朴子内篇校释》一书。该书以清人孙星衍的平津馆校刊本为底本，参校十余种前人校刊本和古本，并加标点和注释，附录有关资料。初版印行后，王明得悉辽宁省图书馆藏有南宋绍兴中浙江临安刊本《抱朴子内篇》，系海内外孤本。遂又托友人代为校录异文，补入中华书局1985年出版的《抱朴子内篇校释》（增订版）。新版中还增补了日本田中庆太郎氏所藏《抱朴子内篇》的敦煌残写本。这是迄今整理《抱朴子内篇》最精的校注本。

葛洪的《抱朴子内篇》是研究中国道教史和科技史的重要资料。正如王明在《抱朴子内篇校释序言》、《论葛洪》、《太平经和抱朴子在文化史上的价值》等文章中指出的：这部书一方面宣扬了魏晋神仙道教的系统理论，论证神仙可成，劝人勤学仙道，富有宗教哲学的内容；另一方面，该书中记录了许多金丹、仙药方诀和修炼方术，论述了炼丹实验和药物服食的方法，因此又是研究中国古代化学、医药学和器物制造技术的重要资料，富有科学技术的内容。葛洪具有宗教思想家和科学家的双重品质，研究他的生平和著作，在文化史上的价值无疑是重要的。《抱朴子内篇校释》出版后，为研究中国道教史、思想史、科技史的学者提供了一部重要的史料。

除葛洪之外，南朝茅山道士陶弘景也是道教史上多才多艺的著名学者。王明先生对他的生平和著作也有深入研究。《论陶弘景》一文对陶弘景在医学、药物学、天文历算、地理学、铸造术、炼丹术等方面的贡献，以及其文学、艺术、经学造诣、在道教史上的地位等，都做全面的评述。王明晚年还准备撰写《陶弘景年谱》、《陶隐居集校注》。前者只完成初稿，后者未及完成便已去世。

1979年，王明应邀参加在瑞士召开的第三次国际道教学术会议，在会上宣读论文《中国道家到道教的演变和若干科技的关系》。这篇短文总结了他多年研究道教史和科技史关系的心得。对道教炼丹术、养生术对中国古代化学、医药卫生学的贡献有客观的评价。应该指出的是，在20世纪50年代至80年代，对宗教与科学关系问题的研究，还存在着意识形态上的教条主义观点。片面强调宗教对科学发展的负面影响，而不承认宗教也曾促进科学发展的历史事实。这种观点对王明先生也有影响，但在具体的学术研究中，王明对历史上道教与科技关系的研究和评价还是客观和实事求是的。

（四）道教史与思想史的研究

王明是整理道教典籍的专家，也是中国思想史、特别是道教思想史研究的专家。在20世纪80年代以前，国内学术界对中国古代思想史的研究，重点在先秦诸子百家、汉代黄老学、儒家经学、魏晋玄学、南北朝隋唐佛学、宋明理学等方面。大抵以研究儒家思想为主，道家和佛教哲学次之，而对道教哲学思想的研究则较为薄弱。这是因为中国学者历来重视"大传统"，重视反映上层正统思想文化的研究，而对下层民众信仰的道教，则不屑一顾。特别是在1949年以后，将宗教视作毒害人民的精神鸦片，因此，对宗教哲学和仪礼行为的研究几乎一片空白，成为禁区。对佛教的研究还有一些，而道教研究则几乎无人问津。

在那个时代，王明则是国内学术界研究道教思想史的极少数拓荒者之一。他的治学特点，是将道教古籍的文本整理与其思想内容的研究结合起来，考据学的方法与唯物论的分析方法并用。他的研究方法并不新奇，但因涉及的领域是少有人开垦的荒地，因此也取得一些独特的成果。除上述《太平经》和《抱朴子》、《参同契》等道书的研究外，较为重要的成果还有对《老子河上公章句》、《黄庭经》、《阴符经》以及无能子的研究。

《老子河上公章句》是一部注解《老子》的重要著作，被道教奉为经典，在学术史上有较大影响。关于该书的作者、年代和思想内容，历来有不同看法。王明的《老子河上公章句考》对该书作了详细研究，得出该书是东汉黄老学者伪托河上公而作的结论，认为《河上公章句》的思想内容兼有治国与养生两方面，而以道教养生思想为主。文中还论述了汉代道家黄老学从西汉初期以"经术政教之道"为主，演变为东汉时期以"自然长生之道"为主的历史过程。这些观点都得到学术界的公认。

《黄庭经》是魏晋神仙道教的一部重要经典，主要讲述道教上清派存神养生术的法诀。历史上曾有许多著名学者（如王羲之）及道教徒诵读、传写和注解此经。对此经的年代和版本也有不同意见。王明的《黄庭经考》一文，考定《黄庭经》约出于魏晋之际，西晋天师道祭酒所得文本为《黄庭内景经》，东晋初又有《黄庭外景经》出现。经文所述积精存神的养生术渊源于秦汉医学，是中医学说与神仙道教思想结合的产物。隋唐时代出现的各种《黄庭经》异本和注解，也与中医脏腑学说有关，系黄庭学之衍变。论文还对王羲之“写经换鹅”的传说作详细考证。这是近代学者研究《黄庭经》的一篇力作。

《阴符经》是一篇只有三百多字的道经，其天人相盗、五行无常胜的思想颇有特色。历史上研究和注解此经的著名学者（如朱熹）和道士也不少，收入《道藏》中的《阴符经》注本就有近 30 种。关于此经的作者和年代，自北宋以来也争论不休。王明《试论阴符经及其唯物主义思想》一文，对《阴符经》的作者和年代也作了详密考证，认为该书约出于公元 6 世纪，系北朝末年某位隐士所作。在对经文思想的论述中，王明认为《阴符经》的作者在“人与自然法则的关系”问题上，发展了道家的学说，具有唯物主义倾向。这篇论文的作者考证部分，至今仍被很多人参考引用。

无能子是唐末一位隐士，他的著作虽收入《道藏》，但很少有人作过研究。王明认为无能子的哲学思想具有中世纪的特色，社会政治观点反映了唐末阶级斗争的一个侧面，在唐代哲学思想史上应该具有相当重要的地位。王明整理和研究该着作，出版了《无能子校注》一书，并撰写论文《论无能子的哲学思想》。文中论述了唐末农民起义和社会批判思潮出现的背景，对无能子用道家思想批判封建等级制度和统治学说，以及其唯物主义的自然观，都有较高评价。

王明研究道教和中国哲学的成果还有许多。总的看来，王明的研究以扎实的学术功力见长，发言有据，立论平实。但因受时代限制，分析方法较为单一。今天我们习读他的著作和文章，主要看他选取和整理史料的方法。其细密的训诂考证，钩稽异同，认真谨慎的治学态度，将永远是后学的楷模。

四、陈国符:擅长道藏源流稽考的化学名家

陈国符(1914—2000年),江苏常熟人,德国达姆施塔特工业大学工学博士,著名的纤维素化学家、教育家,亦是道教研究领域蜚声中外的权威学者,在道教研究的诸多方面作出了奠基性的重大贡献。

陈国符的父亲陈熙成,毕业于苏州高等学堂,曾就读于北京京师大学堂理科第一班,长于数学。回乡后任县政府督学,并出资开办陈家塘小学。母亲吴静贞,出身江阴名门,治家能手。陈国符的大姐和二位妹妹都毕业于国内著名大学。其中,三妹陈树德还获得美国密执安大学博士学位,曾任加利福尼亚大学圣特巴拉分校数学教授。1929年,陈国符考入著名的江阴县南菁中学(即清光绪年间成立的南菁书院)。在中学里打下了良好的数理化、文史和英语基础,曾阅读前代国学大师和古史辨派的著作,尤为推崇王国维,并且立志要做大学者。1932年,中学毕业后,考入上海中山医学院。不久因病休学,病愈后入浙江大学化工系学习。1936年,22岁时,陈国符翻译了美国麻省理工学院有机化学教授戴维斯(Tenney L.Davis)和他的学生吴鲁强合撰的《中国炼丹术》(Chinese Alchemy,Scientific Monthyly,1930年)一文,发表于《化学》杂志上。此事成为陈国符关注炼丹术和道教研究的开始。1937年,陈国符毕业于浙江大学化工系,获工学学士学位,随即到德国达姆施塔特工业大学(Technichen Hochschule Darmstadt)攻读纤维素化学,师从耶姆(G.Jayme)教授。1939年,25岁时陈国符获特许工程师学位(大致相当于硕士)。1941年,陈国符和美国麻省理工学院有机化学教授戴维斯合撰《〈抱朴子内篇〉的释滞及仙药》发表于《美国艺术与科学院院报》。在此期间,陈国符到相邻的法兰克福大学中国研究所查阅并搜集了大量道教典籍,深化了对道教炼丹术的研究。同年12月9日,中华民国政府对德宣战。陈国符提前办理了回国手续。1942年,陈国符的博士论文《浆在黄酸酯化时之反应能力》(后在德国期刊 *Tunstseide und Zellwolle* 上发表)答辩通过,获工学博士学位,成绩优等,与李国豪等成为我国留德之第一批工学博士。通过博士论文答辩后,陈国符谢绝导师耶姆教授的挽留,毅然回到当时中国的抗日大后方昆明。

1942年3月,陈国符受聘于昆明的西南联合大学,任工学院化工系副教授,讲授工业化学、化学德文、人造丝和造纸机械等课程。在昆明龙泉镇北京大学文科研究所,陈国符首次见到涵芬楼影印本《正统道藏》和《万历续道藏》,决心对《道藏》进行系统研究。在北大文研所,陈国符结识了著名语言学家、联大中文系主任罗常培教授,其阅读和研究《道藏》之举获得罗常培的赞赏和支持。同年,戴维斯与陈国符合撰的《介绍陈致虚的〈金丹大要〉》一文发表于《亚洲研究杂志》。1943年陈国符任化工系教授,成为西南联大最年轻的教授之一。陈国符一生研究道教,著有《道藏源流考》、《道藏源流续考》等专著,没有招收过道教方向的研究生,但其学术成果和思想却影响了中国乃至世界道教学界的几代学人。

(一)辨章道教学术,考镜《道藏》源流

明代编纂的《正统道藏》(包括《万历续道藏》)是现存的唯一一部《道藏》,具有极高的学术价值。早在1911年,刘师培先生已撰有《读道藏记》,其后,又有陈垣、蒙文通、刘咸炘、曲继皋等相继研读著文。在海外,自法国沙畹(Edouard Chavannes)教授始,亦有大量汉学家参与到《道藏》研究之中。然而,陈国符却是第一位以严谨学术方法通读《道藏》,并进行系统研究的学者。

与梁启超、胡适等学者排斥道教的态度不同,陈国符在少年时在家乡常熟常看道教科仪法事,常听道教音乐,对道教没有排斥偏见。中学时,陈国符又在国学及现代科学方面打下了良好的基础,并且从20世纪30年代起,就开始关注中国炼丹术,阅读过部分道教文献。1942年3月至西南联合大学任教后,陈国符开始着手对《道藏》进行系统研究。当时,陈国符阅读《道藏》,用功甚勤,每周除一半时间在联大工学院授课外,另一半时间就到文科研究所研读。坚持早晨六时起,晚十一时入睡,除三餐及午睡外,每日工作时间达十五小时。

在通读《道藏》的过程中,陈国符逐渐整理出了《道藏》分类和编纂的脉络,并在此基础上形成《道藏源流考》初稿,还以此为题,在西南联大做了一次专题演讲;后根据罗常培先生的建议,删除原稿繁芜之处。

1949年7月陈国符出版了《道藏源流考》这部具有世界影响的学术经

典。新中国成立后,陈国符又对此书作了修订,并于1963年再版,此后又撰写了大量相关论文。

陈国符在《道藏源流考》一书中,提出了研究《道藏》的两条线索:一条是横向线,即三洞四辅经的渊源与传授;另一条是纵向线,即历代道书目和《道藏》的纂修和镂板。

1. 三洞四辅经之渊源及传授。

就横向线而言,陈国符在《道藏源流考》的《三洞四辅经之渊源及传授》中,分别考述道书三洞四辅分类法之渊源、传授、著录、类集、真伪等问题,提出许多创见。

关于道教的"三洞",陈国符断定:"东晋葛洪撰《抱朴子》,尚未有三洞之称。至刘宋陆修静总括三洞,三洞经之名,实昉于此。"[①]陈国符又据《洞真太上仓元上录》指出,三洞又称上中下三乘,各分为十二部,合为三十六部经。四辅则不分部。四辅与三洞合称"七部","七部之称,更为后起,始见于孟法师《玉纬七部目录》"[②]。对于道经的三洞四辅七部,历代佛教文献也多有解释,陈国符在详考《广弘明集》、《甄正论》、《至元辨伪录》等佛典以后认为:"释子未尝详检《道藏》,辄论三洞经来源;以是所述率误谬不可据。"[③]此外,陈国符在《道藏源流考》附录二的《三十六部异说》中,还详细罗列了《道藏》三洞三十六部的各种异说。

第一,洞真上清经。陈国符根据梁陶弘景《真诰·叙录》,断定上清经"乃晋哀帝兴宁年间扶乩降笔。杨羲用隶字写出,以传许谧、许翙"。虽然在《紫阳真人周君内传》、《清灵真人裴君内传》等道书都有授上清经事,但是"考诸真传实皆出于晋代,且所记真经,撰传时尚未出世",所以,陈国符称"当从《真诰》之说"。[④] 他指出,《洞真灵宝三洞奉道科戒营始》卷五《上清大洞真经目》所录上清经三十四卷,"今大部尚存于世,但多误入正

① 陈国符:《道藏源流考》,北京:中华书局1963年版,第1页。
② 陈国符:《道藏源流考》,北京:中华书局1963年版,第4页。
③ 陈国符:《道藏源流考》,北京:中华书局1963年版,第2页。
④ 参见陈国符:《道藏源流考》,北京:中华书局1963年版,第7页。

一部”①。

陈国符还认为，上清经以《大洞真经》最为精妙，《大洞真经》是上清经之首，又称《上清大洞真经》。他考查此经各种版本后指出，《道藏》所收《上清大洞真经》六卷盖即茅山宗坛传本，“出自小本，其大本则已亡佚”。（第19页）至于《道藏》所收《大洞玉经》、《太上无极总真文昌大洞仙经》及《玉清无极总真文昌大洞仙经》三种，均非茅山宗传本。其后，他又据《道藏》、《南史》、《隋书》、《新唐书》、《旧唐书》、《十国春秋》、《嘉定赤城志》等资料，制成《道经传授表》，对上清经传授脉络考述甚详。②

第二，洞玄灵宝经。陈国符揭示了“三洞”和传承经系之间的关系，指出“今之洞真、洞玄二经，实即上清、灵宝二经演绎而成”③。就灵宝经而言，陈国符又分辨了“古之灵宝经”与“今之灵宝经”的区别。

陈国符认为，“古之灵宝经，见东晋葛洪《抱朴子》，即今之《五符经》”。按刘师培说，盖出于汉季。今《道藏》所收《太上灵宝五符序》三卷，实即《五符经》，其“卷上即《灵宝五符经序》，贾善翔《犹龙传》卷五《度汉天师》篇云天师张陵尝撰《灵宝五符序》，即此文也。”而此书“卷中有弟子葛洪闻之郑君云云，则是亦有后人增益之处”④。

而“今之灵宝经，东晋末叶葛巢甫（葛洪从孙）所造，至宋文、明二帝时，陆修静更增修，立成仪轨。于是灵宝之教，大行于世”。陈国符称，“《云笈七籤》卷四引宋文帝元嘉十四年陆修静《灵宝经目序》及潘师正《道门经法相承次序》述灵宝经渊源，皆本《灵宝五符序》。盖以《五符经》事，移植于灵宝经”⑤。另外，《灵宝经目序》、《道教义枢》等书述及葛玄传灵宝经事，陈国符认为，葛玄从孙葛洪的著述以及陶弘景《吴太极左仙公葛公之碑》均未载此事，因此，葛玄传灵宝经事当是伪托。根据陆修静《太上灵宝授度仪表》，陈国符指出，在刘宋初，灵宝经之可信者只有三十五卷。其后，灵宝之

① 陈国符：《道藏源流考》，北京：中华书局1963年版，第16页。
② 参见陈国符：《道藏源流考》，北京：中华书局1963年版，第17、19、28—30页。
③ 陈国符：《道藏源流考》，北京：中华书局1963年版，第101页。
④ 陈国符：《道藏源流考》，北京：中华书局1963年版，第62、64页。
⑤ 陈国符：《道藏源流考》，北京：中华书局1963年版，第66页。

教，风行于世，灵宝经典逐渐增加，且与上清经杂糅。陈国符的灵宝经研究告诉人们，刘宋陆修静最重视的灵宝经是《真文赤书人鸟五符》。《真文赤书》亦称《五篇真文》。①

第三，洞神三皇经。陈国符指出，“三皇文即三皇经，后人增其他道经及斋仪，编成洞神经”②。据考证，三皇文有大小二种。三国帛和所得《三皇内文》，郑隐以传葛洪，且托为出自黄帝。据《云笈七籤》卷六《三洞经教部》，此即《小有三皇文》。又引《玉纬》，谓此文在小有之天玉府之中，故又可称《小有经》。晋鲍靓所传的是《大有三皇文》，又称《大有经》，云于嵩山石室中得之，亦以传葛洪。大有者，谓此经秘在大有宫中也。陈国符认为，《太上洞神三皇仪》所录《大有箓图三皇内文》三卷，是《大有三皇文》。

关于《道藏》的四辅，指的是“太玄、太平、太清、正一”。四辅和三洞的关系是：太玄辅洞真，太平辅洞玄，太清辅洞神，正一通贯，总成七部。四辅包含的经籍内容是，太玄部为老子《五千文》以下诸经，太平部为太平经，太清部为金丹诸经，正一部为正一经。四辅除去正一部，谓之“三太”。③

第一，太玄经。陈国符据《后汉书·刘焉传》注引《典略》认为，“汉末张修即以《老子》教人，后人汇集晚出道经若干种，成太玄经，而以《老子》弁其首”。还引杜光庭语和《洞真太上太霄琅书》文称《老子想尔注》“系张鲁所注”④。陈国符还根据相关道书，编出了太玄部经书的书目，并指出，道家及百家诸子，亦当收入太玄部。而今《道藏》将《道德经》误收入洞神部玉诀类。据《混元圣纪》卷九，陈国符还批评宋王钦若将《道德经》从四辅部升于洞真部，那是“钦若实未尝深达道教也”⑤。

第二，太平经。陈国符指出《太平经》有三种版本，其一，东汉顺帝时宫崇诣阙上其师于吉（《道藏》多作干吉）所得《太平清领书》一百七十卷；其二，西汉成帝时，齐人甘忠可的《天历包元太平经》，疑与后汉于吉《太平经》

---

① 参见陈国符：《道藏源流考》，北京：中华书局1963年版，第68页。

② 陈国符：《道藏源流考》，北京：中华书局1963年版，第71页。

③ 参见陈国符：《道藏源流考》，北京：中华书局1963年版，第5页。

④ 陈国符：《道藏源流考》，北京：中华书局1963年版，第78、80页。

⑤ 陈国符：《道藏源流考》，北京：中华书局1963年版，第81页。

或有关系；其三，据《道教义枢》七部义引《正一经》，太上亲授天师张陵有《太平洞极之经》一百四十四卷。今本《太平经钞》己部庚部、《太平经》卷四十一、四十八皆诠《洞极经》。①

第三，太清经。陈国符认为，《太清经》述金丹服食之道，汉代起已屡见丹经传授的记载，《抱朴子内篇》还记载了由左慈至葛洪一系之丹经传承。陈国符还强调，今《道藏》洞神部众术类所收丹经，大多应入太清部。在后来发表的《〈道藏〉经中外丹黄白术材料的研究法》一文中，还考定《黄帝九鼎神丹经诀》"纂于唐高宗显庆四年后，武后垂拱二年前"②。

第四，正一经。陈国符认为，"《正一经》，张陵一派所传经箓也"③。其中最主要者为《正一盟威箓》，所以劾召鬼神。后寇谦之虽意在改革天师道，但仍与之有关，所出道书亦当入正一部。④

至此，《道藏》七部道书的内容分类和渊源授受已经揭示清楚，陈国符解读《道藏》创始之功实不可没。对于明《道藏》中某些分类混乱的现象，陈国符认为，道经初始不过几种或几十种，自汉末至南北朝，道书迭出。至唐开元中，其数量已经足够编撰成《道藏》。"历代出世道书，溯其渊源，或有出于'三洞''四辅'之外者。而唐代修《道藏》，将道书强行统入'七部'"。加上，"唐宋以来，如南北宗道士所著书，当入何部，殊难判定"⑤。因此，三洞四辅作为道书传统的分类法，可以反映了早期道教思想的不同源流。而后人在编撰《道藏》时实在难以按照这一分类方法编排，不得不出现许多强行统入七部的案例。

2. 历代道书目及《道藏》之纂修与镂板。

就纵向线而言，陈国符搜罗大量典籍，耙梳整理，在《道藏源流考》第二部分《历代道书目及道藏之纂修与镂板》中，系统总结了历代道书目录及《道藏》编纂的发展历史。

① 参见陈国符：《道藏源流考》，北京：中华书局 1963 年版，第 88—89 页。
② 《陈国符道藏研究论文集》，上海：上海古籍出版社 2004 年版，第 22 页。
③ 陈国符：《道藏源流考》，北京：中华书局 1963 年版，第 98 页。
④ 参见陈国符：《道藏源流考》，北京：中华书局 1963 年版，第 98、101 页。
⑤ 陈国符：《道藏源流考》，北京：中华书局 1963 年版，第 101—103 页。

第一,道书目及《道藏》纂修、镂板的历史线索

陈国符谈到,《汉书·艺文志》即着录道三十七家,九百九十三篇;房中八家,百八十六卷;神仙十家,二百五卷。道家,老庄之所自出;房中家,后世房中术之祖;神仙家,服饵炼养之所发端。其房中、神仙诸家书,至三国晋初是否散佚尽罄,今不可考。汉末三国,道书先后出世颇众。及晋初,卷帙滋繁。其载于《抱朴子内篇》遐览篇者,约有六百七十卷,另符五百数十卷,合计约一千二百卷。考其书目,则可分为道经、记、符、图。试为分类,则具服饵、炼养、符图、算律。斋仪及老庄、诸子、医药方之书则未列入。

宋明帝太始七年,陆修静因敕上《三洞经书目录》云"道家经书并药方、符图等,总一千二百二十八卷。其一千九十卷已行于世,一百三十八卷犹在天宫"。陈国符认为,"此盖道书目之最古者"。继而,孟法师有《玉纬七部经书目》,梁陶弘景亦有经目。梁武帝普通四年,阮孝绪《七录·仙道录》又列经戒部二百九十种,三百一十八帙,八百八卷;服饵部四十八种,五十二帙,一百六十七卷;房中部十三种,十三帙,三十八卷;符图部七十种,七十六帙,一百三卷。共四部;四百二十五种;四百五十九帙;一千一百三十八卷。北周武帝天和五年,玄都观道士上经目,增入诸子论,共二千四十卷。云有六千三百六十三卷,二千四十卷见有其本,四千三百二十三卷云并未见。建德中,更令王延校定道书,凡八千三十卷。王延并作经目《三洞珠囊》七卷。

《隋朝道书总目》则载经戒三百一部,九百八卷;服饵四十六部,一百六十七卷;房中十三部,三十八卷;符箓十七部,百三卷。共三百七十七部,一千二百一十六卷。至唐则尹文操《玉纬经目》藏经七千三百卷。玄宗先天中,敕京太清观主史崇玄等修《一切道经音义》。开元中,发使搜访道经,纂修成藏,目曰《三洞琼纲》,总三千七百四十四卷(或曰五千七百卷)。天宝七载,诏传写以广流布。寻值安史之乱,两京秘藏多遇焚烧。肃宗上元年中所收经箓六千余卷。至代宗大历年,道士冲虚先生殿中监申甫海内搜扬,京师缮写,又及七千卷。穆宗长庆之后,至懿咸通年之间,两街所写,才五千三百卷。唐末之乱,灵文秘轴,焚荡之余,散无统纪。幸有神隐子收合余烬,拾遗补阙,复为三洞经。再经五季乱离,篇章杂糅。神隐子名里事迹未详。

宋太宗尝求道书,得七千余卷。命徐铉等雠校,去其重复者,得三千七

百三十七卷。大中祥符初年，真宗以亳州太清宫《道藏》出降于余杭郡，选道士冲素大师朱益谦、冯德之等及文官修校，又命司徒王钦若总统其事。于是依照旧目刊补：凡洞真部六百二十卷，洞玄部一千一十三卷，洞神部一百七十二卷，太玄部一千四百七卷，太平部一百九十二卷，太清部五百七十六卷，正一部三百七十卷，凡四千三百五十九卷，合为新录。较徐铉所校《道藏》，增六百余卷。又撰篇目上献，赐名《宝文统录》。然其纲条漶漫，部分参差，与《琼纲》、《玉纬》之目，舛谬不同。岁月坐迁，科条未究。五年冬，张君房除著作佐郎，俾专其事，于时尽得所降到道书，并续取到苏州与越州台州旧《道藏》经本各千余卷，及朝廷续降到福建等州道书《明使摩尼经》等，与道士依三洞纲条，四部录略，品详科格，商较异同，以铨次之，始能成藏。都四千五百六十五卷。起千字文天字为函目，终于宫字号，得四百六十六字，题曰《大宋天宫宝藏》。至天禧三年春，写录成七藏以进之。君房撮其精要，为《云笈七籤》百二十卷。徽宗崇宁中，诏搜访道家遗书，就书艺局令道士校定，大藏又增至五千三百八十七卷。政和中，诏搜访道书，设经局敕道士校定，送福州闽县镂板，总五百四十函，五千四百八十一卷。刊镂工讫，即进经板于东京，是曰《万寿道藏》。陈国符指出，全藏刊板始此。不过，靖康、建炎年间，各处《道藏》又多毁于兵火。

南宋高宗绍兴年间，郑樵撰成通志，其《艺文略》诸子类道家类著录道书，分二十五种，都一千三百二十三部，三千七百六卷。孝宗淳熙二年，福州闽县报恩光孝观所度《政和万寿道藏》送往临安府。太乙宫即抄录一藏，四年成。其后敕写录成数藏，六年成，寻颁赐道观。南宋末，南方道观颇有免于兵燹者，其《道藏》因得保存而传至元代。《政和道藏》经板至金代尚存，但已残阙。金世宗大定四年，诏以南京（即宋东京）经板，付中都十方大天长观。章宗明昌元年，提点孙明道即据以补刊成藏。既又搜访遗经，得千七十四卷，补镂经板，诠次为六千四百五十五卷，为帙六百有二，题曰《大金玄都宝藏》。前后历时共二年。泰和二年，天长观毁于火，经板被焚。暨金末，各处《道藏》多毁于兵燹。

元初宋德方遵其师丘处机之遗意，于太宗九年倡刊《道藏经》，令其弟子秦至安于平阳玄都观总领其事。乃设经局二十有七，据管州所存金藏，搜罗遗逸道经，校雠付刊。李志全亦任校雠之事。至乃马真皇后称制三年，全藏刊竣，藏经凡七千八百余卷，亦称《玄都宝藏》，即庋经板于观内。定宗时，平阳永乐镇建纯阳万寿宫成，经板移贮于此。宪宗朝，僧道辨《化胡经》真伪，即颁旨焚毁道经四十五部经文印板。世祖至元十七年又校对道释，十八年颁诏：除《道德经》外，其余《道藏》经文印板尽行焚毁。元刊《玄都宝藏》经板遂毁，藏经亦因此亡佚甚多。陈国符指出，《道藏阙经目录》所著录道书，大多系遭元代焚经而致亡阙者也。及元末，各处余存《道藏》又多毁于兵燹。

明永乐中，成祖敕第四十三代天师张宇初于北京纂校《道藏》，至英宗正统九年始行刊板。乃诏邵以正督校、增订，至十年刊板事竣，都五千三百五卷，四百八十函。仍以千字文为函目，自天字至英字，是为《正统道藏》。神宗万历三十五年又敕第五十代天师张国祥刊续《道藏》，自杜字至缨字，凡三十二函，是为《万历续道藏》。正续《道藏》共五百十二函，经板十二万一千五百八十九叶。入清代，经板庋于大光明殿，日有损缺。迨光绪庚子年八国联军入北京，存板尽毁。自《正统道藏》刊就后，明清历朝印施各处宫观《道藏》甚多。以屡经兵燹，存者寥寥可数，《道藏》遂成秘籍。1923 年迄 1926 年，上海涵芬楼据北京白云观所藏正续《道藏》（此部《道藏》经道光间修补，仍稍有缺卷）景印，缩改为六开方册本，凡 1120 册。自是而后，学者始得读明刊《道藏》。

第二，有关《道藏》重要问题的研究

在考证《道藏》纂修过程中，陈国符对《道藏》相关重要问题进行了细致的研究。例如，甄鸾曾谓《玄都经目》中八百八十四卷诸子论，乃取《汉书·艺文志》目八百八十四卷为道之经论。陈国符据阮孝绪《七录序》的《七略》以及《汉书·艺文志》、《后汉艺文志》等书目亡佚情况，断定"《汉书·艺文志》诸子，亡失者甚众。安得有八百八十四卷，以充道书卷帙乎？论当指南北朝人所述"①。

陈国符又谈到，据《笑道论》，周天和五年玄都道士上经目有二千四十

① 陈国符：《道藏源流考》，北京：中华书局 1963 年版，第 109—110 页。

卷,距玄宗先天年间,为时仅一百四十余年。何以史崇玄称《道藏》残阙,“据目而论,百不存一”?先生引释明概《决对傅奕废佛僧事并表》、释道世《法苑珠林》卷六十九《破邪篇·妄传邪教》指出,高宗时道书仍二千四十卷之旧,玄宗初年史崇玄亦称京中藏内见在经有二千余卷。设无重复,当系全帙。“百不存一云云,据道经虚目而言也”,又史崇玄谓京中道经二千余卷,但唐玄宗时,道书总数当较二千余卷为众。先生继而对道教史上道书虚目的问题作了进一步的探讨。

关于《开元道藏》的卷数,陈国符先生共考证出三种说法。《文献通考》卷二百二十四引《宋三朝国史志》称“《三洞琼纲》总三千七百四十四卷”。杜光庭《太上黄箓斋仪》卷五十二云“玄宗著《琼纲经目》,凡七千三百卷。复有《玉纬别目》,记、传、疏、论,相兼九千余卷。”此又见《无上黄箓大斋立成仪》卷二十一。《道藏尊经历代纲目》则称“唐明皇御制《琼纲经目》,藏经五千七百卷”。陈国符认为,明《正统道藏》将所收道书重行分卷,短卷则数卷合而为一。所收道书总卷数,实较《道藏》卷数为多。道书载历代《道藏》卷数每多歧异,或可以此说解之。即或记《道藏》卷数,或记所收道书总卷数也。①

就明《道藏》而言,陈国符先生又分析称,“今上海白云观所度《正统道藏》,每函卷首刊有三清及诸圣像,卷末有护法神像,卷首并有正统十年十一月十一日御制题识。是《正统藏》雕版当于正统十年告成。但正统九年已先有颁赐,盖藏经刊板于正统九年讫工,而每函卷首卷末图板乃十年所增刊也”。“《正统道藏》所收书籍,多避宋讳。盖虽系明刻,而渊源固自《政和道藏》也”。万历“《续道藏》经乃陆续增刊,初自杜字号刊至府字号或将字号,其后乃刊至缨字号也”②。陈国符还考查白云霁《道藏目录详注》其他版本,并据以校对涵芬楼影印北京白云观《道藏》及其目录,列表归纳《道藏》缺卷及《道藏目录详注》脱误之处。

陈国符又探赜索隐,详述了各时期《道藏》的收藏和分布情况。如唐代

① 参见陈国符:《道藏源流考》,北京:中华书局 1963 年版,第 120—121 页。
② 陈国符:《道藏源流考》,北京:中华书局 1963 年版,第 177、189、179 页。

各处《道藏》，可考者如长安太清宫、亳州太清宫、茅山、天台山（叶藏质造）、江州冲阳观。五代可考者一在蜀中，杜光庭建；一在天台桐柏宫，吴越忠懿王建。后者宋金允中谓其甚多颠倒错误。①

北宋诸方所庋《道藏》，除秘阁外，另有多处。东京中太一宫，陈景元《南华真经章句余事》末称其本为张君房校，而陈景元《南华真经章句音义》叙又引作《宝文统录》，故陈国符认为，北宋东京中太一宫疑有王钦若及张君房所校二藏。东京建隆观、东京上清储祥宫、东京祥源观、东京延福宫、西京崇福宫、华山休粮院，所藏当即徐铉所校定《道藏》；亳州太清宫，藏唐代《道藏》；亳州明道宫，庋有张君房所校《道藏》；茅山崇禧观、茅山元符万宁宫、镇江府金山神霄玉清万寿宫、天台山桐柏宫，藏吴越王所建《道藏》；龙泉县万寿宫，所藏当为张君房所修《大宋天宫宝藏》；洪州逍遥山玉隆万寿宫，疑北宋《道藏》迄南宋尚存于宫中；閤皂山崇真宫，宋初赐名景德观，政和八年始赐号崇真宫；庐陵天庆观，元代皆改成玄妙观；南丰县紫霄观，原名妙仙观；成都天庆观、郫县崇道观、青城山丈人观、梓州飞乌县洞灵观、绵州洪德观，此五本均为郫县道士姚若谷等人所建；凤翔府盩厔（周至）县望仙乡上清太平宫，地近楼观；庆成军太宁宫；梓州天庆观；资州龙水龙洞观；福州闽县九仙山天宁万寿观，有《政和万寿道藏》五百四十函。陈国符还指出，北宋道士碧虚子陈景元藏书、著述亦甚富。②

南宋各处新建《道藏》，可考者如下：临安府太乙宫、佑圣观、龙翔宫、宗阳宫、四圣延祥观、天庆观；余杭县大涤山洞霄宫；武康县升玄报德观；鄞县望春山蓬莱观；仙居县栝苍洞凝真宫；茅山，当在元符万宁宫或崇禧观中；毗陵州天庆观；阳湖县玄妙观；宜兴县通志观；新建县建德观；江西奉新县昭德观；庐山太平兴国宫，盖据他处《政和万寿道藏》抄写，当有五百四十函，而此处全藏有六百二十七函；龙虎山上清正一宫；崇仁县善修观；武当山五龙灵应宫；西蜀；绵州彰明县紫云山崇仙观；龙溪县玄妙观。③

金代各处《道藏》除中都天长观玉虚观外，另有几部可考。亳州太清

① 参见陈国符：《道藏源流考》，北京：中华书局1963年版，第125、127—128页。
② 参见陈国符：《道藏源流考》，北京：中华书局1963年版，第138—146页。
③ 参见陈国符：《道藏源流考》，北京：中华书局1963年版，第148—155页。

宫,当仍为宋《政和道藏》。金章宗泰和七年元妃施经二藏,一送丘处机,时居登州府栖霞县太虚观;二送王处一,时居圣水玉虚观。金哀宗天兴三年,皇后赐尹志平道经一藏,时住长春宫。先生认为这三部当皆系《大金玄都宝藏》,且"据其他道观所庋藏经抄送"。又管州亦庋有《道藏》,当即《大金玄都宝藏》,"经金末兵乱而未亡毁,宋德方等即据以修刊元藏"。①

陈国符指出,元代北方《道藏》,多罹焚经之祸。而南方《道藏》颇多由南宋流传至元代者,如天台山桐柏宫吴越王所建《道藏》,杭州佑圣观、茅山、庐山太平兴国宫、新建建德观、閤皂山崇真宫、卢陵玄妙观、南丰紫霄观、武当山五龙灵应宫、龙溪玄妙观所藏《道藏》。其余有,大都长春宫、高唐州玄都宫、东平州万寿宫、终南山重阳万寿宫、华清宫、杭州开元宫、鄞县玄妙观、处州路丽水县玄妙观、玉隆万寿宫、云从山崇真观、龙虎山上清正一宫、通山县九宫山钦天瑞庆宫、长沙寿星观。元代庋道书甚富者,有燕京长春宫、孟宗宝、杜道坚、周德方。丽水县眉岩神仙宅亦有道书。②

陈国符还总结了明清各处及日本所存《道藏》情况,并列出敦煌遗书《道藏》佚书目并附不知名道书,附带还提到成都二仙庵《重刊道藏辑要》、闵一得辑《道藏续编》及今道士所藏抄本科仪道法书。

陈国符并没有局限于文献学的范围,而是注意到道书目录、版本及编藏等进程背后的社会政治、思想动力。例如,先生重视政治、战争等因素对道书搜集、散佚、编目、编藏的影响,又注意到佛道论争对道书虚目现象的影响。在研究《道藏》镂板、庋藏情况时,先生曾到全国多处道观寻访,发现"其道士率皆不学,曾见《道藏》者鲜……仅四川尚有道士(按:当指易心莹),熟读道藏",强调研究过程中不可偏信道士之言,"必实地考访,以定其确否"③。

3. 对道教历史、道教音乐的探讨。

陈国符在研究《道藏》的过程中,除《道藏》相关问题外,还对道教历史及道书作者进行了广泛的研究,推进了道教史研究的深度。

---

① 陈国符:《道藏源流考》,北京:中华书局1963年版,第157—161页。

② 陈国符:《道藏源流考》,北京:中华书局1963年版,第169—174页。

③ 陈国符:《道藏源流考》,北京:中华书局1963年版,第190页。

第一,对道教历史的探讨。

陈国符谈道:“《道教义枢》撰人孟安排,见唐杜光庭《道德真经广圣义序》。云梁道士孟安排,号大孟,作《经义》二卷。”又指出:“按一九一一年刊《湖北通志》卷九十六唐圣历二年陈子昂《荆州大崇福观记碑》载,武后时有道士孟安排。此非《道教义枢》撰人。”可见,陈国符以杜光庭的意见为标准,定梁道士孟安排为《道教义枢》撰人。陈国符还在读《抱朴子内篇·释滞》时发现:“世徒知道教之依托老庄,而不知亦有非老庄者。”①

此外,《道藏源流考》附录一《引用传记提要》考《道藏》中署名刘大彬所撰之《茅山志》,“实即张天雨所修,刘大彬窃取其名而已。”在《道藏劄记》中,陈国符指出梁武帝奉佛以后,“未尝决绝道法”②,又引《千顷堂书目》、《茅山志后编》指出道士曾预修《永乐大典》。陈国符后来还强调:“朱子未读《道藏》经,所发议论多不可信。”③先生还检阅藏经,捃摭遗逸,又于1943年10月著成《道学传辑佚》,修订后收入《道藏源流考》附录七。

就道教宗派史而言,陈国符在《道藏劄记》中便撰写《道教诸宗》一条,讨论了历史上道教各宗派的演变概况;又撰《楼观考》一条,绘制《楼观道士传授表》,大致勾勒出楼观道的历史;在《天师道与巫觋有关》与《天师道与茅山宗》两条中,考察了天师道上承巫觋文化、下启茅山宗的历史渊源;在《帛和与帛家道》一条,“疑郑君、葛洪皆奉帛家道”④。这些工作为深入研究道教宗派奠定了基础。

1949年初,陈国符完成《南北朝天师道考长编》(《道藏源流考》附录四)一文,是为陈寅恪《天师道与滨海地域之关系》后天师道史研究的又一篇重要论文。文中首先探讨道教宗派的问题,并列出《道藏》所见南北朝天师道之史料,分别讨论了天师道宣化、设治、署职、授箓、奏章及房中术等内容,涉及天师道之组织、传播、仪式、方术等多个方面。此文中,先生辨析了

① 陈国符:《道藏源流考》,北京:中华书局1963年版,第2、80页。

② 陈国符:《道藏源流考》,北京:中华书局1963年版,第248、278页。

③ 陈国符:《〈道藏〉经研究经验述要》,《陈国符道藏研究论文集》,上海:上海古籍出版社2004年版,第348页。

④ 陈国符:《道藏源流考》,北京:中华书局1963年版,第277页。

天师道史上的一系列重要问题，如三天、六天的神学观念，治、靖庐、馆、观等组织形式以及署职、授箓等组织制度的演变等。陈国符还稽考南北朝天师后裔，指出自三十代天师张继先始，“天师后裔始著称于世”①。

1982 年，陈国符发表《道藏经中外丹黄白法经诀出世朝代考》一文，在附录部分对一些《道藏》所收非外丹黄白文献也进行了研究。如其中以音韵学考证《文始先生无上真人关令内传》出世于西汉末东汉初，《汉武帝内传韵文》出世于汉代。②

第二，对道教音乐的研究。

陈国符在道教音乐研究上亦有着重要的贡献。他一生中对道教音乐都有着深厚的感情，认为“江南道教大法事与音乐为我国文化之精华，亦为人类文化之精华，实在比亨德尔之弥撒优美与复杂得多，此决非虚夸之言”。他在《道藏源流考》中，已提及“苏常道士斋醮举止文雅，音乐讲究，体制较大”③。

早年，先生撰成《道乐考略稿》（1957 年、1962 年两次增订，收入《道藏源流考》附录三），述及东晋以来道乐发展的概况。1980 年 7 月，又撰《明清道教音乐考稿（Ⅰ）》（原载《中华文史论丛》1981 年第 2 辑。后收入《陈国符道藏研究论文集》，上海古籍出版社），考明道教斋醮仪中与音乐相关之词义以及正续《道藏》道乐典籍用曲词状况。后撰《北宋〈玉音法事〉吟（线）谱考稿（一）》（原载《郑天挺纪念论文集》，中华书局，1990 年。后收入《陈国符道藏研究论文集》，上海古籍出版社，2004 年），采用音韵学初步研究《道藏》所收《玉音法事》线谱（陈国符称为吟谱），认为线谱“系声曲折乐谱，属于与工尺谱不同之乐谱系统”④，仅用于干唱。先生在文中亦谈到了道教音乐的研究方法，强调“《道藏》经不能解决一切问题，尚需向老道士诚

---

① 陈国符：《道藏源流考》，北京：中华书局 1963 年版，第 320 页。

② 参见陈国符：《道藏经中外丹黄白法经诀出世朝代考》，载李国豪等主编：《中国科技史探索》，上海：上海古籍出版社 1982 年版，第 338、339 页。

③ 陈国符撰，陈耀庭整理：《陈国符先生书函一件》，《上海道教》2002 年第 3 期第 1 页；另见《陈国符道藏研究论文集》附录八，上海：上海古籍出版社 2004 年版，第 387 页；《道藏源流考》第 203 页。

④ 陈国符：《陈国符道藏研究论文集》，上海：上海古籍出版社 2004 年版，第 318 页。

恳请教"[1]。指出要注重文献考证与田野调查相互结合来解决道教研究问题,为此他还身体力行,于 1981 年与 1983 年,曾两度到常熟村镇调查江南道教法事、音乐。

总的来说,陈国符先生通过横、纵两条线索,以文献研究加实地考察的方法,对道教学术脉络、《道藏》编修史及相关问题作出详细的考证和梳理,得出一系列有力的学术论断。所撰《道藏源流考》及后续论文,均成为道教学术史上的经典之作。

（二）探索道教科技，精研外丹黄白

冯友兰曾谈道:"道教含有一种征服自然的科学精神。如果有人对中国科学史有兴趣,《道藏》里许多道士的著作倒是可以提供不少资料。"[2]陈国符既是民国时期少数通读过《道藏》且具有深厚国学修养的学者,又是一位经过了严格现代自然科学学术训练的留学博士。他在涉猎道教科技研究这一交叉学术领域时,既有着独到的眼光,又具备解决相关学术问题的扎实功底,故能作出重要的学术贡献。在道教科技研究领域,陈国符在道教外丹黄白术与古代化学关系上的研究成就卓著,对于道教与医学生理学、药物学、建筑学、手工业技术等古代科技的关系亦多有发明。我们试结合道教科技研究学术史,探讨陈国符在道教科技研究上的具体成就。

1. 道教外丹黄白术与古代化学、药物学。

就道教外丹黄白术研究而言,20 世纪 20 至 30 年代化学史学界已展开过相关讨论。1920 年,王琎在《科学》第五卷第 6—7 期先后发表了《中国古代金属原质之化学》和《中国古代金属化合物之化学》两篇论文,开始注意到道教外丹黄白术对中国古代化学上的贡献。[3] 其后,曹元宇在《科学》上发表了《中国古代金丹家的设备和方法》,在《学艺》上发表了《葛洪以前之金丹史略》,专门就道教金丹术进行了探讨。[4] 王琎、曹元宇等化学史学家的论文限于开拓性质,相关研究并没有建立在细致而系统的文献研究基础

① 陈国符:《陈国符道藏研究论文集》,上海:上海古籍出版社 2004 年版,第 287 页。

② 冯友兰:《中国哲学简史》,赵复三译,天津:天津社会科学院出版社 2007 年版,第 7 页。

③ 后收入《中国古代金属化学及金丹术》,上海:中国科学图书仪器公司 1955 年版。

④ 《科学》1933 年第 17 卷第 1 期;《学艺》1935 年第 14 期。

之上。

陈国符早在浙江大学化工系学习期间便读过曹元宇教授相关论文,并于1936年翻译了美国麻省理工学院戴维斯(Tenney L.Davis)教授和他的学生吴鲁强合撰的《中国炼丹术》(*Chinese Alchemy*, *Scientific Monthyly*, 1930年)一文。在德国留学期间,与戴维斯保持联系,进一步阅读、翻译了道教炼丹术文献。回国后开始通读通考《道藏》,为进一步研究道教外丹黄白术和古代化学打下了坚实的基础。

1953年9月,陈国符完成《中国外丹黄白术考论略稿》(其中一至七段以《中国外丹黄白术史略》为题,刊载于《化学通报》1954年12月号,经1958年略行改订后,全文收入《道藏源流考》附录五)、《说周易参同契与内丹外丹》等论文。其中,《中国外丹黄白术考论略稿》一文首次在《道藏》研究的基础上,勾勒出中国外丹黄白术的历史源流,并明确了道教与外丹黄白术的关系。1974年起,先生决心对外丹黄白术进行全面研究。并在前代考据大师学术的基础上,创造了自己的研究法。如在考证词义方面,"使用综合,综合中有分析,分析中有综合"①的方法,并使用文字学、音韵学等。此外,先生还擅于运用历代史书中的《地理志》,通过研究地名以考证道经的出世年代。

研究中,先生凭借扎实的国学功底和严密的逻辑分析,先后撰写《中国外丹黄白术词谊考录》、《中国外丹黄白术经诀出世朝代考》等论文,对外丹黄白术词义,丹经、丹诀出世年代作出考证。1979年,先生参加第三次国际道教研究会议时提交了这些论文,引起了极大的震动。这些论文经增订后,先后收入《道藏源流续考》(香港里仁书局、台湾明文书局1983年分别出版)、《中国外丹黄白法考》(上海古籍出版社1997年版)、《陈国符道藏研究论文集》(上海古籍出版社2004年版),部分收入《中国古代化学史研究》(北京大学出版社1985年版),扫清了外丹黄白术研究上的文字障碍,为进一步的模拟实验研究打下了坚实的基础,成为道教科技研究和中国化学史

① 陈国符:《〈道藏〉经中外丹黄白术材料的研究法》(原载《化学通报》1979年第6期,原稿曾于1977年11月在北京举行的化学史审稿会议上报告,后略加增订),载《陈国符道藏研究论文集》,上海:上海古籍出版社2004年版,第14页。

研究必须参考的重要文献。

陈国符的道教外丹黄白术研究的具体成果可分为如下几个方面：

第一，对外丹黄白术文献的考证。

《道藏源流考》除谈及《黄帝九鼎神丹经诀》的出世时代外，又指出："道书述道经出世之源，多谓上真降授。实则或由扶乩；或由世人撰述，依托天真。"如《郡斋读书后志》卷二著录《大还丹契秘图》一卷，题草衣洞真子玄撰。《道藏劄记》称，玄撰盖扶鸾降笔，并据《通志略》判断此书盖唐开元中张果所撰，依托草衣洞真子。再引《道枢》卷三十《参同契中篇》，称这一依托当与推崇《参同契》有关。①

1982 年，陈国符《道藏经中外丹黄白法经诀出世朝代考》一文发表，其中有大量重要考证成果，可分为如下几类：

（1）据用韵考证：《太清金液神丹经》在西汉末东汉初出世；《黄帝九鼎神丹经》于西汉末东汉初出世；《太清金液神气经》卷上大概于西汉出世；《赞金碧龙虎经》作者青霞子大概系齐梁陈隋时代人，比青霞子苏元朗约早190 年。②

（2）据地名考证：孙思邈撰《太清丹经要诀》，在唐高祖武德四年之后，高宗永徽三年之前；陈少微撰《大洞炼真宝经修伏丹砂妙诀》于武后长安二年至唐玄宗开元末年，撰《大洞炼真宝经九转金丹妙诀》于武后垂拱二年至唐玄宗开元末年；阴真君《金石五相类》、《太上洞玄大丹诀》出于武后垂拱二年至唐玄宗开元末年或肃宗干元元年至五代末；《龙虎还丹诀》出于武后垂拱二年至唐玄宗开元末年间；《太古土兑经》出于武后长安二年至唐玄宗开元末年间；孟要甫纂《金丹秘要参同录》，时在唐宪宗元和元年至五代末间；《丹房镜源》出于金太宗天会六年至哀宗正大八年；容字号《周易参同契无名氏注》出世于垂拱二年至开元末年或干元元年至五代末之间。③

---

① 参见陈国符：《道藏源流考》，北京：中华书局 1963 年版，第 287 页。

② 参见陈国符：《道藏经中外丹黄白法经诀出世朝代考》，载李国豪、张孟闻、曹天钦主编：《中国科技史探索》，上海：上海古籍出版社 1982 年版，第 310、312、315、322 页。

③ 参见李国豪、张孟闻、曹天钦主编：《中国科技史探索》，上海：上海古籍出版社 1982 年版，第 321、326、327、329、330、335、353 页。

(3)以内证法考证:如据用釜特点定《上洞心丹经诀》出于唐太宗之后、肃宗之前;据草药隐名定《轩辕黄帝水经药法》与《孙真人丹经》同时出世,或更晚。①

(4)据他书征引或目录着录考证:据《黄帝九鼎神丹经诀》卷八《明化石序》称引,定《三十六水法》为汉代古籍;据《新唐书 · 艺文志》注录,定《张真人金石灵砂论》作者为张九垓,唐代宗、德宗时人;据此书引萧吉《金海》、李淳风《乙巳占》,未引宋人撰述,定《周易参同契阴长生注》“乃唐人注,依托东汉人阴长生撰此注,最早于李淳风在世时,或更晚”②。

(5)综合考证:据他书称引及用韵,考证狐刚子于晋代撰《五金诀》,在晋代,大致与葛洪同时,狐刚子实为最大之外丹黄白师;据用釜特点及地名考证太极真人《九转还丹经要诀》于南北朝行世;据用釜特点及地名考证《孙真人丹经》非孙思邈所撰;据目录学及地名考证《葛仙翁紫霄丹经》非葛洪所撰,而纂于唐宪宗元和元年间与宋徽宗政和三年间;据内证及地名定《(圣鼎长生)涌泉匮法》为唐人所撰;据《修炼大丹要旨》术语及地名,定此书最早于宋代出世,卷下收入唐代所出《至宝诀》。③

陈国符上述考证产生了重大的学术影响,为道教外丹黄白术研究提供了可靠的文献基础。他对《周易参同契》阴长生注本和容字号无名氏注本成书年代的考证,推翻了传统以彭晓注本为《参同契》现存最古版本的观点,推动了《参同契》研究的进展。其后,陈国符在《〈道藏〉经中外丹黄白术材料的研究法》一文中又据用釜特点,定楚泽先生编《太清石壁记》的时间“大概在唐初”④。他还撰有《有关中国外丹黄白术著作之撰述经历若干时期之特例——〈蓬莱山西灶还丹歌〉诸撰述时期考稿》一文,对《蓬莱山西灶

① 参见李国豪、张孟闻、曹天钦主编:《中国科技史探索》,上海:上海古籍出版社 1982 年版,第 325、335 页。

② 李国豪、张孟闻、曹天钦主编:《中国科技史探索》,上海:上海古籍出版社 1982 年版,第 316、332、352 页。

③ 参见李国豪、张孟闻、曹天钦主编:《中国科技史探索》,上海:上海古籍出版社 1982 年版,第 319、319、332、333、333、335 页。

④ 陈国符:《〈道藏〉经中外丹黄白术材料的研究法》,《陈国符道藏研究论文集》,上海:上海古籍出版社 2004 年版,第 7 页。

还丹歌》中的地名进行了更深入的研究，认为《蓬莱山西灶还丹歌》不但为唐人所撰，且“此书诸歌之撰述时期有先后”，“少数药歌乃唐以后人所搀入”①。

第二，对外丹黄白术理论、历史的阐释和梳理。

就金丹、黄白、外丹的概念而言，《道藏源流考》附录五《中国外丹黄白术考论略稿》分析称：“丹即丹砂，即红色之硫化汞。金丹者，丹砂而可制黄金（药金）者，如黄帝九鼎神丹等金丹，皆可制黄金（药金）。金丹作法，须用飞炼。所谓飞者，即简单之升华；或数物加热至高温，同时所得产物，即行升华也……最初金丹、黄白本无分别，其后始有专制黄白，不用以服食而以谋利者。金丹至唐代通称外丹。”就金丹术、黄白术与道教的关系而言，此文强调：“道教总括中国本有之道术。”就外丹术的理论而言，先生注意到，东晋葛洪《抱朴子》述金丹，梁陶弘景炼九转神丹，所纂《真诰》、《登真隐诀》皆不用阴阳五行之说，亦不用龙虎、真铅、真汞等名词，亦不援引《参同契》、《龙虎经》等。②

此文又概括了外丹黄白术的历史：我国金丹术与黄白术，可溯源至战国时期燕齐方士之神仙传说与求神仙仙药，及前汉始有金丹术与黄白术之发端，我国金丹术于前汉时创始于本国；自后汉至东晋，服饵求仙，逐渐流行，晋代认为金丹乃仙药之最灵效者；南北朝时，金丹术较晋代为流行，及唐代，外丹术乃臻极盛；宋人之于外丹，多已不复置信，但宋代黄白术仍盛；及元明，外丹术衰微。③

陈国符《道藏经中外丹黄白法经诀出世朝代考》一文还指出：“古丹经不用易理……今本《周易参同契》附会易象以论内丹外丹”，“余又疑唐代外丹术大失败，于是道教仙术，遂入混乱时期。道士欲创新仙术，按中国惯例，必须依托古经，乃依托《周易参同契》，篡改以合己意。既当时尚无定法，人各异法，遂致所篡改之《周易参同契》，错误衍脱，莫知适从。凡用词行文十

① 陈国符：《陈国符道藏研究论文集》，上海：上海古籍出版社2004年版，第51、52、74页。
② 参见陈国符：《道藏源流考》，北京：中华书局1963年版，第370、386—387、390页。
③ 参见陈国符：《道藏源流考》，北京：中华书局1963年版，第371、372、385、387、388、394页。

分隐秘者,则所述必有不可告人之事,此乃无庸置疑之事"[1]。这一观点受到了孟乃昌《周易参同契考辨》一书的反驳,却仍然显示了先生独到的学术眼光。先生又据《白云仙人灵草歌》、《金液还丹百问诀》等书中材料,判断"五代人炼外丹黄白,广用草木药"[2]。另外,《铅汞甲庚至宝集成》卷四提到真金、假金之分,《〈道藏〉经中若干可供研究中国古代自然科学与技术之史料》一文认为:"此云真假,盖虽皆为药金,而物理性质,一则与真金相近,一则与真金甚不相同也。"[3]

第三,道教外丹黄白术与化学、药物学。

就道教外丹黄白术与化学关系而言,陈国符先生在1988—1989年所撰《中国外丹黄白法初步评议大纲》是在文献研究基础上对道教外丹黄白术科学价值的评价报告。该文认为,外丹黄白法"作为实验自然科学之条件已具备(其缺点是不用玻璃)",但强调"我国外丹黄白师无有元素与化合物观念,即我国无有化学",并对外丹黄白术在基础理论上的缺陷进行了反思与批评。[4] 不过,先生在《关于外丹黄白法研究之简要说明》一文中,又肯定中国外丹黄白法"系原始化学,为化学之初步"[5]。他坚信对外丹黄白术的研究"继续深入下去将有更大量之发现,此乃中国对世界文化之贡献"[6]。

就道教外丹黄白术与药物学的关系来说,系统的研究工作是由陈国符开始的。陈国符在《中国外丹黄白术考论略稿》一文中便探讨了道教炼丹术与古代药物学的关系,并注意到西域文化对道教药物学的影响。先生晚年又撰有《中国外丹黄白术所用草木药录》,其中还包含《希用草木药录》、《草木药隐名录》、《草木药异名录》等部分,收录了《本草纲目》未见著录的

① 陈国符:《道藏经中外丹黄白法经诀出世朝代考》,载李国豪、张孟闻、曹天钦主编:《中国科技史探索》,上海:上海古籍出版社1982年版,第339—341页。

② 陈国符:《道藏经中外丹黄白法经诀出世朝代考》,载李国豪、张孟闻、曹天钦主编:《中国科技史探索》,上海:上海古籍出版社1982年版,第330页。

③ 陈国符:《〈道藏〉经中若干可供研究中国古代自然科学与技术之史料》,《自然科学史研究》1983年第3期第222页。

④ 参见陈国符:《陈国符道藏研究论文集》,上海:上海古籍出版社2004年版,第356—360页。

⑤ 陈国符:《陈国符道藏研究论文集》,上海:上海古籍出版社2004年版,第362页。

⑥ 陈国符:《陈国符道藏研究论文集》附录五,上海:上海古籍出版社2004年版,第366页。

草木药物名录或隐名、异名；另撰《续希用药物录》一文，收录《本草纲目》所未见记载之金、石、水、火、土部药。这两篇论文均收入《道藏源流续考》及《陈国符道藏研究论文集》中。陈国符又在《有关中国外丹黄白术著作之撰述经历若干时期之特例——〈蓬莱山西灶还丹歌〉诸撰述时期考稿》一文中，发现此书所记草木药几乎皆不见于《唐本草》、《本草纲目》，“故非医师常用之药，亦非药商收购或出售之药，而系外丹黄白师与其弟子自采之药。其中少数产于外国之药，盖得自药商”[①]。这些论文弥补了传统药学著作的缺漏，为进一步研究道教药物学，提供了可靠的文献学基础和明晰的思路。

2. 道教内丹术与内丹道派。

陈国符先生虽以研究外丹黄白术著称，但他对内丹术与内丹道派亦有研究，所撰《中国外丹黄白术考论略稿》和《说周易参同契与内丹外丹》等二文，分别收入《道藏源流考》附录五和附录六，在道教学术史上亦有重要意义：

其一是开创了道教内外丹关系研究的先河，厘清了内丹常用名词之意义。就内丹名词术语而言，《中国外丹黄白术考论略稿》指出：“外丹内丹所用名词，完全相同，而意义迥别。故某书所述为外丹或内丹欲加识别，非为易事，但务须详考而辨别之，否则将混淆外丹内丹。”《说周易参同契与内丹外丹》文末又指出：“房中术名词与内外丹亦相同，见《道枢》卷三《容成篇》。又阴丹指房中术。”[②]这些论点颇有启发性。

其二是对内丹术的基本理论进行了初步的探讨。《中国外丹黄白术考论略稿》指出：“隋唐内丹书，多言阴阳八卦四象五行，铅汞龙虎，多援引《参同契》、《龙虎经》、《金碧经》。此时外丹书亦用此说，但不及内丹应用之多而广。大多外丹书仅述药物之烧炼法，而不使用此说。”[③]另外，“唐张果纂《玉洞大神丹砂真要诀》一卷（收入《道藏》）言外丹（黄白），而《通志・艺文略》诸子类道家吐纳著录张果《气诀》一卷，辟谷著录张果《休粮服气法》一

① 陈国符：《陈国符道藏研究论文集》，上海：上海古籍出版社2004年版，第51页。

② 陈国符：《道藏源流考》，北京：中华书局1963年版，第390—391、452页。

③ 陈国符：《道藏源流考》，北京：中华书局1963年版，第390页。

卷。是张果兼修内外丹。以此道士著述杂采内外丹说，亦在情理之中”[①]。

其三是对内丹术及内丹道派的历史、典籍进行了考证。《说周易参同契与内丹外丹》引《罗浮山志》，指出隋代青霞子苏玄朗于罗浮山著《旨道篇》后，“盖自此始有内丹之称，而葛洪之金丹，乃称外丹。内丹书籍，行文隐秘，疑亦始自青霞子”。又称唐刘知古《日月玄枢论》非外丹，而主内丹说，“刘知古以《参同契》为内丹书，并推崇之。其所云还丹系内丹。”陈国符还讨论了历代内丹家推崇《周易参同契》的概况，认为：“盖晋南北朝金丹（外丹）术皆不用《周易参同契》。至唐代，推崇《周易参同契》为内丹要籍。及宋金，道教南北宗兴，专主内丹，推崇《周易参同契》为内丹经之主。”[②]

《说周易参同契与内丹外丹》一文又进一步研究了内丹派南宗、北宗的传授及特点。特别值得一提的是，陈国符后来又注意到一个现象，道教南北宗道士的著作都讲内丹术，“但也有例外，如南宗道士白玉蟾传授彭耜受的《金华冲碧丹经秘旨》却讲外丹术”[③]。

陈国符虽然没有专门就白玉蟾南宗作专门的研究，但他在1953年完稿的《中国外丹黄白术考论略稿》中，曾就南宗道士的著述有过简要勾勒[④]，尤其是《说周易参同契与内丹外丹》一文中，曾就张伯端《悟真篇》注疏文献以及王庆升、王道渊等南宗后学文献、南宗传授系统做过简要考察，绘制了《南宗传授简表》，可谓继刘鉴泉之后从学术角度对南宗传法谱系进行探讨的一大尝试。陈国符将南宗传法谱系勾勒为刘玄英（海蟾子）→张伯端（紫阳真人）→石泰（杏林）→薛道光（紫贤）→陈楠（翠虚）→白玉蟾（紫清），自白玉蟾下传两支，一为彭耜（鹤林）→萧了真，二为王金蟾→李道纯（清庵、莹蟾子）→苗太素（实庵）→王志道（诚庵），较以往学界对南宗谱系的追溯，仅停留于白玉蟾以下一传弟子或者二传弟子有较大推进。这是继刘咸炘之

① 陈国符：《道藏源流考》，北京：中华书局1963年版，第390、391页。

② 陈国符：《道藏源流考》，北京：中华书局1963年版，第438、439、445页。

③ 陈国符：《〈道藏〉经中外丹黄白术材料的研究法》，《陈国符道藏研究论文集》，上海：上海古籍出版社2004年版，第3—4页。

④ 《中国外丹黄白术考论略稿》注释[一]，见陈国符：《道藏源流考》“附录五”，北京：中华书局1963年版，第429页。

后，对南宗文献和谱系的探讨，早于日本学者后来的研究，例如今井宇三郎和宫川尚志的研究，为学术界后来进一步探讨金丹派南宗谱系提供了可以借鉴的范式。[①]

《道藏经中外丹黄白法经诀出世朝代考》一文还研究了一些内丹文献的出世时代，例如《钟吕传道集》，据其丹法发展的历史特点，加以东晋葛洪《神仙传》、唐沈汾《神仙传》都未记钟离权，认定《钟吕传道集》"决非汉人之著作"[②]；又《真元妙道要略》，据此书主内丹术的思想特点、相关内证和目录学，定此书撰于五代或更晚[③]。

3. 道教与医学养生学。

民国时期，蒋维乔、陈撄宁、丁福宝、杨静庵等人曾撰文探讨了道教养生在医疗实践上的功用，陈国符则擅于挖掘前人尚未注意的文献，从现代科学的视角对道教与医学养生学的关系进行探讨。在撰写《道藏箚记》时，陈国符先生便分析了《朱提点内境论》和《洞真太上道君元丹上经》中涉及的人体解剖学知识。在《中国外丹黄白术考论略稿》一文中专门探讨外丹术与医术之关系，注意到"历代著名外丹家皆为著名医术家"的史实，认为两者"初无区别，二者分派，疑始自金宋耳"，这一论断是颇有前瞻性的。在《说周易参同契与内丹外丹》一文中，先生强调"内丹与我国古代生理卫生学与医学有关"[④]。《南北朝天师道考长编》一文则关注到天师道谢过、上章、房中与医疗实践的关系。《〈太清经〉考略》一文还讨论了道教气法、导引、房中等养生术。

4. 道教与古代建筑学、手工业技术。

陈国符还是最早关注道教与古代建筑学、手工业技术关系的学者。他自幼爱好传统的营造学，回国工作研读《道藏》后，在《道藏箚记》中撰有《楼馆考原》、《道教形像考原》，分别对道教建筑及造像的来源进行了介绍，是

---

① 参见盖建民：《道教金丹派南宗考论・导言》，北京：社会科学文献出版社 2012 年版。

② 陈国符：《道藏经中外丹黄白法经诀出世朝代考》，载李国豪、张孟闻、曹天钦主编：《中国科技史探索》，上海：上海古籍出版社 1982 年版，第 353 页。

③ 参见陈国符：《道藏经中外丹黄白法经诀出世朝代考》，载李国豪、张孟闻、曹天钦主编：《中国科技史探索》，上海：上海古籍出版社 1982 年版，第 333 页。

④ 陈国符：《道藏源流考》，北京：中华书局 1963 年版，第 397、452 页。

为道教建筑研究的开山之作。1982 年,陈国符撰《历代重要道观》一文,详细探讨了历代重要的道教宫观建筑。例如指出明代北京灵济宫由邵元节统辖,“灵济行宫,在福建省泉州府城”①。为后辈学者研究明代灵济道派提供了有用的线索。1983 年初,他还曾赴澳大利亚国立大学亚洲研究院,作过题为《道观研究导论(I)殿宇》的学术报告。陈国符还撰有《〈道藏〉经中若干可供研究中国古代自然科学与技术之史料》,重点介绍了《道藏》中所见有关制药、采矿、冶金以及铸剑、铸境等手工业技术文献。

（三）陈国符学术思想的特色

除前述研究外,陈国符还关注过道教与中国文学的关系,他还曾计划深入研究道教斋醮仪及道观殿宇等。然而因为健康的原因,这些计划只能搁置。陈国符一生虽然主要从事纤维素化学方面的研究和教学,但却在道教研究上取得了突出的成就,并实际上建构了道教学的学术大厦,获得了国内外学者的一致赞誉。

著名语言学家罗常培先生在《道藏源流考》序言中,盛赞陈国符“究源根本,括举无遗,其功力之勤,搜讨之富,实前者所未睹也”②。就《道藏源流续考》所收论文来说,饶宗颐先生称“言化学史者,必资之以为津梁;考炼金术者,舍此又安窥潭奥?”③孟乃昌亦认为这些作品“是极为高级的工具书,是为今后研究开辟了道路、打破了坚冰,嘉惠于史坛不少”④。陈国符在国际道教学界与科学史学界亦享有崇高的荣誉。1978 年,美国著名科学史学家席文(Nathan Sivin)教授亦曾致函他,称“在此世界中任何外丹黄白术的学者都认为你以往的著作是经典的”⑤。

总而言之,陈国符发展了传统的考据学方法,提出系统的文献研究理

① 陈国符:《陈国符道藏研究论文集》,上海:上海古籍出版社 2004 年版,第 345—346 页。

② 陈国符:《道藏源流考》,北京:中华书局 1963 年版,第 2 页。

③ 饶宗颐:《陈国符教授著外丹黄白术四种序》,《道藏源流续考》,台北:明文书局 1983 年版,第 1 页。

④ 孟乃昌:《中国外丹黄白术研究的辉煌著作——评介陈国符教授新著〈道藏源流续考〉》,《宗教学研究》1988 年第 1 期。

⑤ 陈生玺:《中国外丹黄白法考·序》引,载陈国符:《中国外丹黄白法考》,上海:上海古籍出版社 1997 年版,第 5 页。

论,并强调与实地调查相结合,在《道藏》文献、道教科技、道教音乐等研究领域作出了突出的贡献,极大地推动了我国道教研究的学术水平,并影响了世界道教学界的几代学人。除了上述具体学术贡献之外,他关于道教研究的学术思想亦具有重要的启迪意义,有如下特色:

首先,陈国符的学术思想有两大渊源:其一是中学时代开始接受的清代朴学传统,其二是大学和研究生时代接受的严格的现代自然科学的训练。这两者都强调实证,不尚空谈。陈国符将两者合而为一,在朴学传统的基础上,吸收了西方的科学思维,于是创新了传统的文献考据法。例如,在考证外丹黄白术词义时,"使用综合,综合中有分析,分析中有综合"的方法,明确了推论的逻辑依据。在运用音韵学考证道教丹诀时,便将丹诀韵文逐句排列、综合严格,结合具体分析确定其出世年代。他在研究道教音乐时,亦特别强调分析与综合相结合的治学法。① 陈国符虽自称师法王国维等清代民国时期的国学大师,但实际上已经从逻辑思维的角度发展了传统的文献考据之学,显示出深厚的科学素养。

其次,在学术精神上,陈国符贯通了科学与人文两大领域。他在学术上强调科学实证,这体现在现代实验科学和文献考据学两个方面,这是显而易见的。其实,他亦重视在学术研究中对传统人文精神的阐扬。自 20 世纪 40 年代至 90 年代的 50 年间,他在扎实的道教文献研究基础上,广泛地探讨了道教与传统音乐、戏曲、文学、哲学的关系,这在宗教研究尚为禁区的年代尤为可贵。陈国符始终从科学和人文两个层面研究、评判道教文化,他本人也成为 20 世纪中国学者中研究科学与宗教关系最杰出的代表之一。

最后,在学术立场上,陈国符坚持民族文化的本位。与胡适等新文化运动时期的部分学者不同,陈国符虽然接受了现代自然科学的训练,但并没有因此忽视本民族文化的主体性。他强调"道教我国所自有",又称:"我年过七十,尚作十分艰难之研究,此乃由于民族自尊心"②。这表明先生研究道

① 参见陈国符:《北宋〈玉音法事〉吟(线)谱考稿(一)》,《陈国符道藏研究论文集》,上海:上海古籍出版社 2004 年版,第 318 页。

② 陈国符:《陈国符道藏研究论文集》"附录五",上海:上海古籍出版社 2004 年版,第 364、367 页。

教的动力，在于挖掘和弘扬本民族文化中的科学因素和人文价值。他对于本民族的宗教、文学、艺术、建筑文化等有着特殊的感情，如就音乐而言，就曾谈道："中国有独立之文化，中国音乐有独特之一套……勿用西洋音乐来改造中国音乐。"①故而陈国符治学既具有开阔的现代视野，亦保持了鲜明的中国风格。

五、任继愈：拓展道教研究的当代领军人

任继愈先生（1916—2009 年），字又之，山东平原县人，著名哲学家、宗教学家、历史学家，中国马克思主义宗教学的奠基者和创始人。曾任北京大学教授，中国社会科学院研究员、研究生院博士生导师，中国社会科学院世界宗教研究所所长，国家图书馆馆长，中国哲学史学会会长，中国无神论学会理事长，国际欧亚科学院院士等职。

中学时代的任继愈把追求真理作为自己的人生目标，于 1934 年考入北京大学哲学系，学习西方哲学。大学三年级时，七七事变爆发，北大南迁，任继愈先生随校南行，从长沙步行至昆明。一路上他亲眼看到了中国农村经济、文化的落后和农民的贫困，然而就是这些贫困而又文化落后的农民，作为主要力量在抗击着日本帝国主义的侵略。他坚信，在中国，一定有一种强大的精神力量，在支撑着这个民族。从此以后，他学习与研究转向了中国哲学。他认为，作为一个中国哲学史的研究者，不了解中国的农民，不懂得他们的思想感情，就不能理解中国的社会；不懂得中国的农民、中国的农村，就不可能懂得中国的历史。

1938 年，任继愈从北大哲学系毕业后，考取西南联大北京大学文科研究所研究生，师从汤用彤先生和贺麟先生，学习中国哲学史和佛教史。1941 年研究生毕业时，他留校北大哲学系任教，直至 1964 年受命组建中国社会科学院世界宗教研究所，并任所长。1987 年至 2005 年 1 月间，出任国家图书馆馆长。

---

① 陈国符撰，陈耀庭整理：《陈国符先生书函一件》，《上海道教》2002 年第 3 期；另见《陈国符道藏研究论文集》附录八，上海：上海古籍出版社 2004 年版，第 391 页。

任继愈一生学术成果斐然，对儒释道三教皆有精深的研究与建树。他对道教研究的贡献，主要有以下几个方面：

第一，他组建了中国科学院世界宗教研究所，创建了道教研究室，并且关心和推动以研究道教为主要方向的四川大学宗教研究所的创立和壮大。

第二，他曾接受教育部委托，总主编为大学用的宗教学参考书五部——佛教史、基督教史、伊斯兰教史、宗教学通论与道教史，并且力荐和支持四川大学宗教所负责撰写“道教史”。

第三，他主编《道藏提要》，为道教学者方便研究和使用《道藏》提供了可靠的文献学导引。

第四，他组织世界宗教研究所道教研究室学者们集体撰写《中国道教史》，并且亲自出任主编。该书受到海内外学术界的重视。

第五，为研究生开设“道教研究”课程，并亲自授课。

第六，毕生致力于对《老子》(《道德经》)的研究与诠释。一生四次今译《老子》。其最后一版《老子绎读》，在以前《老子今译》、《老子全译》的基础上，精益求精，受到学术界的广泛重视。

任继愈原来主张严格区分道家和道教。在主编《中国哲学发展史·隋唐卷》时，他发现，唐代的道教，以《老子》、《庄子》等为主要经典。因而在《中国哲学发展史·隋唐卷》中，对《老子》的注释和理解成为该书“道教编”的主要内容。往上追溯，发现《老子》一书一直是道教的重要经典。在晚年出版的《皓首学术随笔》一书的“道教编”中，他把《老学源流》和《关于〈道德经〉》等文章收入该编，表明了他认为道家就是道教的学术立场。

任继愈在道教研究方面的理论建树，主要有三个方面：

（一）对道教价值的肯定

道教是中国文化的重要组成部分，任继愈曾说：“道教远承巫咸，根植民间，宜此风土，适我民情，故能历经劫难，累世不替。上起朝廷，下及百姓，举凡大醮享祭典礼，婚丧宴集习俗，多受道教浸润。”[①]道教对中国人日常生

① 任继愈：《道教图册序》，《皓首学术随笔·任继愈卷》，北京：中华书局 2006 年版，第 205 页。

活的影响可谓根深蒂固，中国人的思想文化、风俗习惯，无处不透露着道教的影子。

1. 道教的价值不容忽视。

长期以来，在儒释道三教的研究中，学界对道教的研究总是不太重视。从历史的角度看，道教的规模较之儒佛二教的确有所逊色，但对于道教的研究及其价值的认识，却不该因此而降格。

针对这个问题，任先生在质疑《四库全书》之编纂时何以收入的道教典籍如此之少，而提出了他的重要看法，他说："道教典籍中可供发掘的东西非常丰富，人们已看到它在医药、保健、化学、音乐、艺术等方面的有价值的内容，深入发掘，当不止这些，像关于道教的哲学内容，研究得就很不够。道教典籍在中国文化宝库的地位决不下于佛教，甚至更为重要。"①这就告诉我们，道教乃是一个巨大的宝库，且它的本土化烙印，更意味着它对于中国文化的意义绝不一般。但是，我们对道教研究的深度却非常不够，尤其是道教哲学的研究，有待挖掘之处更多。为此，他四次翻译《老子》，最后一版是《老子绎读》，他在该书《后记》中写道："在中国哲学史教学中，（我）发现《老子》哲学的重要性，非同寻常。"②

那么，学界对道教的研究为什么不如对儒佛二教那样重视呢？任先生以为，这是由"偏见"造成的，并且这个偏见由来已久。《四库全书・道家类・总序》说："后世神怪之迹，多附于道家。道家自矜其异，如《神仙传》、《道教灵验记》是也……世所传述，大抵多后附之文，非其本旨。彼教自不能别，今亦无事于区分。"③《四库全书》编纂时，这种偏见就被官方以文字形式表达了出来。孔孟经籍归入《经部》，而佛道的典籍则归入《子部》，不将佛道放在与儒教平列的地位上。因此，任继愈说："按照封建正统观点，认为只有儒家的经史子集才有资格代表中国传统文化，佛教、道教典籍属于旁支，文化价值不大。这是长期流行的一种偏见。"④

---

① 任继愈：《道藏提要・序》，北京：中国社会科学出版社 1991 年版，第 3 页。
② 任继愈：《老子绎读》，北京：北京图书馆出版社 2006 年版，第 261 页。
③ 《四库全书总目》，北京：中华书局 1965 年版，第 1241 页。
④ 任继愈：《道藏提要・序》，北京：中国社会科学出版社 1991 年版，第 2 页。

这种偏见持续影响到现代学人，以至于学术界对道教的研究较之于儒佛二教而有所落后。任继愈为此疾呼说："我们从中华民族传统文化的整体来看，佛道两教的文化与儒家传统文化同样重要，同样影响着中华民族的文化生活、家庭生活、社会生活以及政治生活。佛教、道教的影响，其深远程度当不在儒家经史子集之下。"①

当年儒教一尊的偏见一直延续到现在的学术界，然而现在的学术界绝不是过去的统治集团，不该有定于一尊的思想，所关注的应该是整个社会。上至社会的上层精英，下至社会的底层百姓，一切重要的思想建树都是学术界应该关注的，普通百姓受道教思想的影响尤其深刻。所以，任继愈敏锐地觉察到，佛教道教对普通民众的影响应该绝不亚于儒教。因此深入研究道教思想，是社会文化历史研究的重要内容，也是真正认识中国普通百姓的日常生活从而认识中国国情的重要工作。

2. 道教是中国文化的重要组成部分。

三教关系是中国文化史研究方面的重要课题。从三教鼎立到三教合一，再到佛道屈从儒教，在历史进程中，道教既有辉煌，也有落寞，而任继愈对道教的成就从不抹杀，当然对道教的不足也毫不讳言。

任继愈曾客观地指出，"金、元时期的全真教把出家修仙与世俗的忠孝仁义相为表里，把道教社会化，实际上是儒教的一个支派。"而隋唐以后佛道的关系，则是"两教互相吸收，道教吸收佛教的东西更多于佛教吸收道教的东西"。又认为，在《老子化胡经》的传播问题上，道教也似不及佛教机巧，反被佛教利用以扎根中国，甚至元代道教因此而受到极其重大的打击。② 全真教的儒化，道教对佛教的大量吸收，以及道教对《化胡经》传播的失策都是客观的历史事实。儒道或佛道的合流，都是历史发展的必然结果，不能算是坏事，而《化胡经》传播的失策带来的巨大打击却的确是道教不如佛教来得"机巧"了。

但是，任继愈又指出："宋以后，儒教形成自己的庞大体系，以釜底抽薪

① 任继愈：《道藏提要·序》，北京：中国社会科学出版社 1991 年版，第 3 页。
② 参见任继愈：《道藏提要·序》，北京：中国社会科学出版社 1991 年版，第 7 页。

的方式，吸取佛道两教的修炼方法，如静坐、养神、明心、见性等。这些都是孔孟不曾讲过的。”虽然“儒教势力强大，体系完整，超过佛、道二教，其实，它已包含了佛道两教有关心性修养的内容”①。

三教中，道教的势力确实不如儒佛两者，这是实际情况，但是道教本身的价值却不容忽视。两宋时期，儒教理论体系的正式完成，是离不开道教在思想史、学术史上之贡献的。早期的重要儒者，都曾“出入佛老”，与道教的渊源甚深，后期王守仁的思想中更是大量融入了道教的话语方式。任继愈说：“‘三教合一’的趋势形成后，三教的地位是平等的。北宋以后，佛、道两教屈从儒教。儒教吸收佛、道教的宗教修养方法，及不计较世俗利害、不贪图物质要求的禁欲主义以加强封建社会的统治秩序。安贫乐道，口不言利，温顺和平，与人无争，成了儒教为人处世的基本教义。”②他从儒教教义的角度发现，佛教和道教思想对儒教的影响是深刻的。

所以说，儒释道三教的相互影响是中华文化得以成长壮大的根本前提，道教作为三者之一，对于推动中国文化发展的意义是不言而喻的，这也是任继愈所肯定的。

（二）对道教理论的研究

在道教理论研究方面，任继愈也有精辟见解。随着时间的推移，他的认识不断深入，前后也有所变化。

1. 道家与道教关系的认识。

20 世纪 80 年代末期，任继愈《道家与道教》一文曾明确分辨了道家与道教的不同性质，主张两者要做严格区分。他认为，道家之名最初是由司马谈《论六家要旨》给定的，其实先秦老庄并未自称道家，亦无道家，而汉初黄老道家是吸收了儒、墨、名、法、阴阳而形成的，与老庄不同，只是后来学术思潮归于一统才有将他们融合的必要。因此，先秦老子与后来以方士巫术为基础的道教就更加的不同了。所以，针对老子思想的性质，他说：“老子是哲学家，不是宗教家，也未创立宗教，与古印度的释迦牟尼一开始就是宗教

① 任继愈：《道藏提要 · 序》，北京：中国社会科学出版社 1991 年版，第 7 页。

② 任继愈：《唐宋以后的三教合一思想》，《任继愈学术论著自选集》，北京：北京师范学院出版社 1991 年版，第 111 页。

家，创立佛教的情况不同。老子的著作是学术性的，不是宗教性的，也与佛教经典不同。老子被拉进道教，并奉为教主，那是很晚的事了。”①

任继愈认为，历代反对道教的学者，对作为思想家的老、庄和作为宗教的道教也都没有区分清楚。他说韩愈、朱熹、王夫之等儒者在批判道教时，其实都针对了《道德经》的作者老子，并不是道教中的老君，把批判的对象搞混了。任继愈说：唐朝的韩愈反对佛老。所谓“老”是太上老君，还是《道德经》作者老子，他没有讲清楚。宋代的大哲学家朱熹，直接继承了韩愈的道统说，崇儒家，排佛老，他驳斥的道教更多情况下指的是老、庄。这种长期的误解，连清代大思想家王夫之也未能避免。他批判“二氏”，涉及道教系统里，重点没有放在道教上，而是指向老庄哲学。其实，老子的哲学思想体系，与道教毕竟有所不同。“道家”、“道教”长期混用，成为习惯。他讲，这个习惯根深蒂固，近人陈垣先生汇编《道家金石略》时，也把“道教”写作“道家”，这是“积重难返”的表现。②

任继愈先生这个看法，从 20 世纪 90 年代起有所变化。他后来认为，先秦老子或者就《道德经》而言，对后世的影响是巨大的，就道教而言，他们是连续的而不是割裂的。他说：“东汉以后，道教兴起，最初张鲁在汉中创五斗米道，教信徒们诵习《老子》五千文以祈福免祸……东汉河上公注老子，讲养气、炼形，又讲治国、救世。《老子想尔》是以注《老子》的方式来发挥道教思想的一部重要著作。东汉严君平是由哲学向宗教过渡的《老子》著作的阐释者……老子和道教祀奉的太上老君有若即若离的关系。”③

任继愈认为，《道德经》在后世有三个影响流向：哲学的、宗教的和政治的。道教对《道德经》的宗教化阐释，是对老子思想的进一步发挥。也就是说，韩愈、朱熹、王夫之等儒者所批判的《道德经》的作者老子就是在批判道教，他们并没有搞混，因为道家与道教在过去就是一致的。所以他说：“我

① 任继愈：《道家与道教》，《任继愈学术文化随笔》，北京：中国青年出版社 1996 年版，第 91 页。

② 任继愈：《道家与道教》，《任继愈学术文化随笔》，北京：中国青年出版社 1996 年版，第 93 页。

③ 参见任继愈：《老学源流》，《皓首学术随笔 · 任继愈卷》，北京：中华书局 2006 年版，第 191 页。

们不认为老子的学说本身有长久不变的影响力，而是由于中国学术的传统习惯，不断对古代著作随时给以富于时代精神的解释。”[①]老子学说始终处在被不断重新解读的过程中，后期的新开发不能孤立于早期的旧形态。所以早期的道家老子和后来的道教对《道德经》的阐释应该被理解为同一传统中的不同阶段。

2.《道德经》白话文翻译。

《道德经》的研究是任继愈对道教理论研究的重要方面，尤其是《道德经》白话文的翻译，他反复斟酌，用力最深，前后翻译多达四次，每次都有新的想法。他在第四次翻译《道德经》改书名为《老子绎读》时说："'绎'，有阐发、注解、引申的含义，每一次关于《老子》的翻译都伴着我的理解和阐释，因此，这第四次译《老子》称《老子绎读》。"[②]这是他第四次翻译《老子》时的感受。正因为他做学问踏踏实实，所以在《老子》研究上有自己独到的认识。

他在对照通行本与帛书《老子》时，发现"《老子》的'大器晚成'，马王堆本作'免成'。按《老子》原义及上下文'大音希声，大象无形'联系起来看，应'免成'更符合《老子》原义"[③]。但是，他并不因为这个发现而呼吁修改通行本《老子》，而是理性地认识到虽然帛书《老子》的写法更为合适，但真正影响历史的却是通行本《老子》，它已在社会上流行了近 2000 年。那些少见的版本虽然相对正确，但实不足以据此来改变早已固定的局面。当下有些学者看到某些考古发现，就呼吁要重写中国上古历史。在任先生看来，这是不必要也不慎重的，对于中国古代的历史状况，必须有全面而合理的考量。

但是，如果通行本的确错了，那就必须改过来。如"未知牝牡之合而朘作"（五十五章），王弼本此字作"全"。在老子《道德经》中，此字表示男子生殖器；全，在这里则没有意义。所以任继愈认为，"今据河上公本及唐碑

① 任继愈：《老学源流》，《皓首学术随笔 · 任继愈卷》，北京：中华书局 2006 年版，第 192 页。

② 任继愈：《老子绎读》，北京：北京图书馆出版社 2006 年版，第 262 页。

③ 任继愈：《老子绎读》，北京：北京图书馆出版社 2006 年版，第 262 页。

本改。因为这一句分明讲的是‘牝牡之合’”①。王弼本用词的确与上下文不符，有误导之嫌。而且古代除迄今通行的王弼本外，其他重要版本，几乎都是如此。在这种既有版本根据，又合乎上下文情理的地方，任继愈坚决予以更正，这也是严谨的学术态度。

3. 老子哲学思想研究。

对于老子哲学思想的研究，任继愈是最早打破唯物还是唯心两军对阵之解读方式的人。任先生很早就看出两军对阵的思维方式对于哲学史研究是不利的。他曾说过："从不知道有宗教，到产生宗教，这应当看作人类的一大进步……与宗教相伴而生的唯心主义也标志着人类的进步。"②

唯心主义本身也是人类认识史上的进步，而当时的风气就是把哲学与政治联系起来，主张"政治进步，哲学唯物；政治反动，哲学唯心"。用这种简单粗暴的两分法去切割《老子》，获得的也只能是对《老子》的误读。他认为，不论唯物还是唯心，这两种思想在历史上都有过积极与消极的一面，都曾推动过历史的发展，也曾拖过历史的后腿。他说："我们要看到唯心主义出现的不可避免的必然性，更要看到唯心主义存在的客观性……不能把辩证唯物主义的基本原理当作驱神赶鬼的符咒，把唯心主义的鬼怪赶跑就算完成使命。"③

那么，《老子》究竟是唯物还是唯心的，这在当时的确是个问题。任继愈首先从方法论角度进行分析，他曾写道："1963 年出版的《中国哲学史》教科书认为老子是中国第一个唯物主义者；1973 年出版的《中国哲学史简编》(是四卷本缩写本)，则认为老子属于唯心主义。主张前说时，没有充分的证据把主张老子属于唯心主义者的观点驳倒；主张后说时(《简编》的观点)，也没有充分证据把主张老子属于唯物主义者的观点驳倒。好像攻一个坚城，从正面攻，背面攻，都没有攻下来。这就迫使我停下来考虑这个方法对不对。正面和背面两方面都试验过，都没有做出令人信服的结论来，如

---

① 任继愈:《老子绎读》，北京:北京图书馆出版社 2006 年版，第 121 页。

② 任继愈:《任继愈学术论著自选集》，北京:北京师范学院出版社 1991 年版，第 437 页。

③ 任继愈:《任继愈学术论著自选集》，北京:北京师范学院出版社 1991 年版，第 441 页。

果说方法不对,问题出在哪里?我重新检查了关于老子辩论的文章,实际上是检查自己,如果双方的论点都错了,首先是我自己的方法错了。”①

方法论是研究哲学史的一把钥匙,任继愈是有针对性地对这个问题进行了思考。他曾总结过以非此即彼之方法划分《老子》的两派阵营的观点,最终认为:“老子哲学究竟是唯物主义的,还是唯心主义的?按照这种打破砂锅问到底的方式去追问,是不会有真正的结果的。”②

那么,正确的方法是什么呢?任继愈认为:我们的方法是把老子的哲学思想放在当时的具体历史环境中去考察,看它在思想斗争中处在什么地位,与什么思想为敌,对当时的社会发展、科学进步起着什么性质的作用。通过作用来评价其地位,就容易看清楚老子哲学的性质。对老子的研究与对任何哲学思想的研究都一样,应该放在历史发展的时间轴上来认识。老子所处的是春秋末期社会变革动荡之时,政治上,周天子失势而诸侯僭越;经济上,赋税制度的改革而出现了不贵而富的新兴阶级;社会生活上,君臣父子的传统纲常伦理无法维系;天道观上,人们怨天恨天的思想活跃起来。在这个社会变革的转折点上,老子发现,原有的哲学思想无法合理解释这些现象,于是,他找到了超越一切的自然无为的“道”。③

任继愈把老子的“道”归纳为五个特质:其一,道是混沌的,是朴素的;其二,道是自然的,本来就存在的;其三,道是构成万物的原始材料;其四,道无形象,肉眼看不见,感官不可触摸;其五,道是事物的规律,人、物、自然、社会都离不开它。“道”可以描述为“无名”、“朴”、“无状之状”、“无物之象”。至于这样的“道”究竟是物质性的还是精神性的,任继愈认为,老子并没有深说。他说,那些把近代唯物主义关于物质的概念提前到春秋末期来解释老子的道是不正确的,“道”不是“物质实体及其规律”,更不能简单定义为物质一般。但是,老子的道又的确表现出一定的唯物主义与唯心主义的特征来,他说:“老子的哲学,企图使人们的思想从宗教神学的束缚中获得解

① 任继愈:《任继愈学术论著自选集》,北京:北京师范学院出版社 1991 年版,第 447 页。

② 任继愈主编:《中国哲学发展史》(先秦),北京:人民出版社 1983 年版,第 260 页。

③ 参见任继愈主编:《中国哲学发展史》(先秦),北京:人民出版社 1983 年版,第 260—261 页。

放，站在当时宗教神学的对立面，他的天道自然无为的学说，尽管还不够清楚，但有利于唯物主义的发展。由于老子的“道”，没有讲得明确、清晰，不够圆满，也给唯心主义留下了很多的可乘之隙……由于他不重视感性认识，提出反经验的“玄览”的认识方法，这就给以后的唯心主义认识论开了先例”①。

那么，造成了“道”同时具备唯物唯心两个特征的原因是什么呢？就是历史本身的局限性。在古代，唯物主义与唯心主义不可能被清楚地分为两大阵营，“更多的情况是不协调，比如认识论和自然观有时不一致，这方面是唯物主义的，另外方面则是唯心主义的。同一个哲学家的思想体系里，自己和自己矛盾情形也是有的，这就是我们常说的‘不彻底’性”②。所以，搞一刀切地去给老子贴上唯物还是唯心的标签，都不是研究老子的正确路径，他说：“关于‘道’是精神性还是物质性的，二十世纪五十年代开始有长期的争论，现在回头看这些争论是多余的，因为人类那时还没有唯物、唯心……我们理解老子，理解古时候，可以做出我们的解释，但是倒退回去说老子在2500年前已经说了‘道’是物质的或者是精神的，这是替老子做结论，不科学，是不对的。”③

两军对阵式的研究方法不是正确的研究古代哲学的方法，尤其不能作为研究中国哲学的正确方法。早在1957年初召开的哲学问题讨论会上，任继愈就提出了对这个方法的质疑和修正意见。数十年后，在长期的研究实践中，他得出了更加明确的结论。这是任继愈深刻反思中国哲学研究的方法论之后所得出的重要结论，也是他在老子研究问题上得出的重要结论。

4. 对老子的批判与褒扬。

老子是一个历史性的人物，他的思想是历史发展的结果，他能成为哲学史上的重要一环，自然有他超越时代的独特之处，当然也不可避免地会留下

---

① 任继愈主编：《中国哲学发展史》（先秦），北京：人民出版社1983年版，第266—267页。

② 任继愈：《任继愈学术论著自选集》，北京：北京师范学院出版社1991年版，第450页。

③ 任继愈：《关于〈道德经〉》，《任继愈讲演集——中华五千年的历史经验》，北京：人民日报出版社2010年版，第324页。

历史的烙印。

辩证法是老子哲学的有一个特色，老子用有无、刚柔、损益、智愚、生死等概念，系统地揭示了事物的存在方式，即相互依存而非孤立的。但是老子没有看到的是，所有的转化都是有条件的，只有新生的事物才能由柔弱转为刚强，而垂死的事物的柔弱是做不到的。忽视了条件的存在，转化就只是一种"循环往复的无尽的过程"。没有条件作为支撑，"合抱之木生于毫末，九层之台起于累土"这样的积极转化观念就不得不陷入简单的循环论中。按照这个逻辑，胜利过后就必然是失败，而不能看到胜利之后的新的胜利。所以，任继愈批评道："老子提出事物的正面必然变到反面，但他看不到客观事物的多样性、复杂性以及运动变化的曲折性和螺旋式地发展，而把事物的转化看成机械重复的，也损害辩证法的全面性……辩证法，不能脱离哲学体系。老子的哲学既有唯物主义的因素，也有唯心主义的因素。体系本身的矛盾、含混，限制了老子的辩证法的正常发展。"①

任继愈认为，老子辩证法的局限性的根本原因，就出在其理论中的唯物与唯心的混同。由于其体系本身具有某种缺陷，所以导致了其辩证法不可避免的历史局限性。当然，老子哲学体系本身的缺陷也是历史造成的，当时的历史并未发展到足以认识物质性与精神性、思维与存在的根本区别，我们不能强求老子太多。

除辩证法的局限性外，老子的无欲无为也走到了另一个极端，老子说"非以明民，将以愚之"，这就有问题了。任继愈说："老子曾说过'大智若愚，大巧若拙'，这话很深刻，也有发光点，因为'大智若愚'不是真愚昧，'大巧若拙'，不是真笨拙。可惜老子思想的这一闪光点转瞬即逝，其主旋律却在教人避免接触新事物的诱惑，才能保持精神的纯洁：'不见可欲，使民心不乱'，'五色令人目盲，五音令人耳聋'，有了知识，就破坏了原始的淳朴，就把人引向邪路，这是错误的，今天看来是不对的。"②

教人避免接触新事物，这是不对的，任继愈认为，这开了一个不好的头。

① 任继愈主编：《中国哲学发展史》（先秦），北京：人民出版社 1983 年版，第 274 页。

② 《关于〈道德经〉》，《任继愈讲演集——中华五千年的历史经验》，北京：人民日报出版社 2010 年版，第 333 页。

他说:“二十世纪六七十年代,全世界科技飞速发展,我们却提倡不要知识,耽误了现代化的步伐,与科技先进国家的距离拉大了。”①老子所倡导的淳朴无欲,易走向极端,“知识越多越反动”的口号就滥觞于老子。

任继愈一直强调要批判地继承传统文化,所以对老子的批判不少,但是,对老子哲学的褒奖,恐怕就更多了。尤其是“道”与“无”两个概念的提出,都是发前人所未发。他赞扬说:“只有老子的《道德经》把‘道’作为最高范畴,集中阐发,提高到中国哲学史的重要地位,老子是第一人。”②

“老子思想深刻可贵处在于从纷乱多样的现象中概括出‘无’这一负概念,把负概念给予积极肯定的内容……老子发现、提出了‘无’是一大贡献,功不可没。他的贵无,是肯定生活而不是消极避世,不是怀疑论。”③

“道”与“无”两个范畴是老子的原创,前者站在形而上学的高度,而后者达到了认识论的高度。“无”包括了可见的“有”,以及“有”所不具备的“实际存在”,这样就总括了一切,表现为“无状之状,无物之象”,所以,无就是道,道也就是无。任继愈认为,把不可见的“没有”提高到客观对象上来认识,只有具备了先进文化的民族才能做到。这两个范畴的提出,代表了中国古代抽象思维发展的一个高峰。

从老子哲学的整体角度来说,其理论还表现出了高瞻远瞩与一定的超前性,可谓那个时代的理论前沿。任继愈说:“哲学的全局观点是从老子开始的,后来不断发展丰富,才有今天的哲学……老子的哲学,使人从宗教、神学中初步摆脱出来,在当时是了不起的贡献。”④

正因为这些闪光点,老子哲学对后世哲学的发展具有很大的启发意义,他说:“我一向认为老子哲学思想比孔子、孟子都丰富,对后来的许多哲学流派影响也深远。”⑤总的来说,任继愈对老子哲学的肯定要多于批判,并不

① 任继愈:《关于〈道德经〉》,《任继愈讲演集——中华五千年的历史经验》,北京:人民日报出版社 2010 年版,第 333 页。

② 任继愈:《老子绎读·前言》,北京:北京图书馆出版社 2006 年版,第 2 页。

③ 任继愈:《老子绎读·前言》,北京:北京图书馆出版社 2006 年版,第 7—8 页。

④ 任继愈:《老子绎读·前言》,北京:北京图书馆出版社 2006 年版,第 3 页。

⑤ 任继愈:《老子研究的方法问题》,《任继愈学术论著自选集》,北京:北京师范学院出版社 1991 年版,第 447 页。

因为某些时代的局限性而因此抹杀了它的贡献。他说:"在认识史上有贡献,该肯定就大胆肯定,不必因为他有唯心主义的观点,就缩手缩脚。没有贡献,只是重复前人的结论,又不能推动认识的前进,即使是唯物主义者,也不能在哲学史上把他摆在重要的地位。"①这就告诉我们,不论是对待老子哲学还是其他任何思想,该肯定的就该肯定,该否定的也毋庸讳言,但绝不能陷入非此即彼的窠臼,或者带着某种偏见的是非判断做粗暴的评判。

就老子哲学的研究而言,任继愈以为,现今对《道德经》价值的认识还远远不够。他由此看出,当前自然科学的发展水平与人文科学的发展水平极不平衡。他说:"自然科学这条腿太长,人文科学这条腿太短,以致知识结构出现了跛足现象。认识自然深入到物质内部结构,却不懂得自己如何对待生活。现在科学技术能管天管地,移山倒海,但管不住自己行为的盲目性。这已成为全世界的流行病、常见病。病因不是自然科学走得太快,而是哲学走得太慢。"②任继愈始终具有一种现实关怀的情结,他的学问不是象牙塔里的古董,而是与社会实践紧密相连的。他能从学术研究本身,联系到社会现实的问题,这就是他反复抓住哲学之"全局观"与"发展观"的重要体现。

5. 对丹道理论的独立看法。

丹道理论是道教学术思想的又一个重心,尤其是内丹外丹的关系问题,究竟是外丹的失败而促使内丹兴盛,还是有别的什么原因。一般认为,道教总是以炼丹、服气为主,其次是诵经、持戒,内心修养为最后。所以,外丹的失败促使人们不得不重新思考丹道理论的合理性,于是才将焦点转向了内丹学。任继愈并不人云亦云,他以为外丹的失败并不是促使内丹兴盛的根本原因,那只是个必要条件而并非充分条件。他指出:"世人论道教内丹之学,多认为它由外丹发展而来,这种说法不为无据,但还不能算全面地说明了问题。内丹说,实际上是心性之学在道教理论上的表现,它适应时代思潮

① 任继愈:《老子研究的方法问题》,《任继愈学术论著自选集》,北京:北京师范学院出版社1991年版,第451页。

② 任继愈:《关于〈道德经〉》,《任继愈讲演集——中华五千年的历史经验》,北京:人民日报出版社2010年版,第334页。

而生，不能简单地认为内丹说的兴起是由于外丹毒性强烈，服用者多暴死，才转向内丹的。”①

事实的确如此，隋唐时代是道教最为兴盛的时期，但当时道士们所真正追求的是“得道”，而炼丹服气仅仅被看作一种“术”。道士吴筠曾回答唐玄宗“神仙修炼之事”时说：“此野人之事，当以岁月功行求之，非人主之所宜。”而皇帝要做的“但名教世务而已。”②可见，炼丹服气并不被认为是最高级的。道士徐道邈说：“飞炼八石，炉转九丹，刀圭一奏，上升青天，虽曰神妙，犹是方术。岂若正性真根，元一内法，守而不失，与天相毕。”③此类论述不胜枚举，可知内丹学一直是道教的一个中心任务。内丹被重视起来，并不完全因为是外丹术出了问题。

毫无疑问，道教以长生为目的，人们最初想到的就是服食丹药。服食丹药的失败确实是外丹走向内丹的重要原因。任继愈还说过：“到了隋唐时，道教发现服丹药死得更快，主张外丹要慎重，转向内丹。”④更重要的，宗教信仰本身，首先是世界观问题。宗教世界观的坚持不变是宗教修养或修炼的核心问题。隋唐之前，道教《西升经》就指出：“老子曰：……生我者神，杀我者心。夫心意者，我之所患也。”“伪道养形，真道养神。”养神，就是心性修养，即宗教世界观的培养。唐代初年，司马承祯着《坐忘论》讲：“修炼在于修心，修心在于主静。心者，一身之主，有神之帅。静则生慧，动则成昏。”也是出于唐代的《太上老君内观经》认为，道在人身，就是心：“所以教人修道则修心也，教人修心则修道也。”在这个基础上，隋唐道教逐渐得出了“修道即修心，修心即修道”（《西山群仙会真记·养心》）的结论。所以，纵观哲学史的发展，任继愈认为，内丹学的兴盛是道教理论步步推进的必然结果，而不是单纯的外丹失败后的替代品。

任继愈认为，内丹学产生的时代背景是以心性论为中心问题的时期，道教的内丹说，与佛教的佛性说，儒教的心性说都是在本质上相同的心性论，

---

① 任继愈：《道藏提要·序》，北京：中国社会科学出版社 1991 年版，第 8 页。

② 《旧唐书》卷 192《吴筠传》，北京：中华书局 1975 年版，第 16 册第 5129 页。

③ 《西升经集注》卷三，《道藏》第 14 册，第 585 页。

④ 任继愈：《任继愈宗教论集》，北京：中国社会科学出版社 2009 年版，第 144 页。

而不是外丹的替代品这么简单。道教的内丹说,是魏晋以来本体论风气影响下,道教自觉紧跟时代步伐而产生的理论创新。心性之学是当时三教理论发展的必然趋势,所以,道教是在理论层面逐渐走向内丹学的。任继愈正是站在了思想发展史的高度才真正把问题认识透彻,得出的结论自然是有根有据的。

但是,任继愈也客观地指出,随着宋明理学的日臻成熟,儒教将心性论与治国学说相结合而形成了完备的儒教体系,成为心性学说的主力军,"佛、道二教没有继续发展,仍停留在原来的水平上,反而落后了"①。他对丹道理论的研究并不是很多,但是从他部分的论述来看,其批评与褒奖都是站在一定理论高度上的,是充满真知灼见的,并且毫无偏私。

(三)对道教文献的整理

道教文献极为丰富,是研究道教的重要资料。任继愈曾为任法融道长《阴符经素书释义》一书作《序》中说道:

> 尝谓《道藏》典籍,文约义丰。《道德经》五千言,或以用兵,或以治国,或以养生,或以炼神,或以体天道、参造化。见仁见智,各有攸宜。所见不同,所取各异。②

道教文献、义理之丰富是为先生所肯定的,而《道藏》是道教文献的主要汇集地。因此,在道教资料的研究整理中,尤其需要对《道藏》的价值与意义有所认识。任继愈说:"《道藏》中所保存的若干思想资料在中国思想史上占有重要的地位。它与佛教一样,各个时代的重要哲学思潮,在这里都有所反映。这些资料丰富了中国哲学史的内容。"③道教思想是中国思想史的重要组成部分,几乎都保存在《道藏》之中。《道藏》收集了大量官方类书或丛书编纂时因"偏见"而遗弃的道教资料,这些资料的价值是绝不容轻视的。

在道教经典的整理工作方面,任继愈的主要贡献在于主编了《道藏提

① 任继愈:《道藏提要·序》,北京:中国社会科学出版社 1991 年版,第 8 页。

② 任继愈:《〈阴符经素书释义〉序》,收入《皓首学术随笔·任继愈卷》时,题改作《要重视道经研究》。《皓首学术随笔·任继愈卷》,北京:中华书局 2006 年版,第 204 页。

③ 任继愈:《道藏提要·序》,北京:中国社会科学出版社 1991 年版,第 7 页。

要》。《道藏》虽然卷帙浩繁,可内容芜杂,版本作者等信息歧义甚多。但是任继愈说:“我们深知《道藏》这部道教典籍丛书是研究道教的主要资料库,如能早日把它整理出来,将有利于道教研究工作开展。”[①]他带领一批专家学者克服重重困难,最终完成了这项艰巨的任务,并三次修订,力求精益求精,其良苦用心应该为我们所铭记。前文已经提到,任先生认为“道教典籍在中国文化宝库的地位决不下于佛教,甚至更为重要。”所以,《道藏》作为道教典籍的汇总,意义非凡。而《道藏提要》的意义就在于重新厘清《道藏》这套大书,条分缕析,篇篇考订。

对《道藏》的整理,只是他对中国传统文献资料整理的一个部分。任继愈对传统文献资料整理的极端重视,完全基于他对文献资料整理的意义的认识,他说:“文化学术的基本建设离不开资料的汇集与整理,而且资料工作必须先行。我国历代开国之初,偃武修文,必先从事资料汇集整理工作。明初有《永乐大典》,清初编《古今图书集成》、《四库全书》。法国资产阶级上升时期有百科全书派。只有资料充实、齐备,才有可能孕育新建国家的文化高潮。没有充足的资料为依据,谈论学术文化,势必流于空谈。”[②]

资料整理的目的就在于服务整个国家的文化建设。他高瞻远瞩地认识到,资料整理的意义绝不是为整理而整理,而是为整个国家文化高潮的到来做准备,这也是任继愈毕生倾注心血的动力所在。

《道藏提要》虽然完成,其第三版修订本也于1991年出版,但是对任继愈而言,《道藏》的整理编纂工作并没有结束。他认为,清人入关,对道教不感兴趣,所以“道教的发展在上层社会受阻,势力转入民间,转变成秘密宗教团体。这些民间宗教也有自己的经典,但不被政府承认,不能公开传播。日后重新编辑《道教全书》(或称《新道藏》)时,流传于民间的这部分道教典籍应当收入”[③]。可见,对于道教资料的整理,他还有更为远大的设想。这就是“生也有涯,学无止境”的人生态度。

任继愈曾经说过:“中华文化没有孔子,不成其为中华文化;同样,没有

① 任继愈:《道藏提要·序》,北京:中国社会科学出版社1991年版,第1页。
② 任继愈:《道藏提要·序》,北京:中国社会科学出版社1991年版,第1页。
③ 任继愈:《道藏提要·序》,北京:中国社会科学出版社1991年版,第7页。

老子,也不成其为中华文化。对儒道两家本身及流派研究得愈透彻,对中国认识得也就愈全面。”①儒道两教是推动中华文化不断前进的两只脚,要真正认识中国,认识中国文化,就必须重视传统文化中的每一流派。他对道教的重视,也就是对中国文化的重视。前辈学者身体力行,皓首穷经,既为后人铺陈了道路,也为国家的文化建设奠定了坚实的基础。

六、潘雨廷:默默耕耘的道教研究奇才

潘雨廷先生(1925—1991年)名光霆,以字行,上海人,华东师范大学古籍研究所教授,当代著名的易学家、道学家。生前曾担任过中国《周易》研究会副会长、上海道教协会副会长、上海《周易》研究会会长等职务。毕生研究的重点是宇宙与古今事物的变化,并有志于贯通东西方文化之间的联系,对中华学术中的《周易》和道教,有深入的体验和心得。其学术成果,自成一家,在国际国内有相当影响。②

(一)学术生平

潘雨廷从小就有良好的学习环境,其父是新中国成立前浦东银行的经理之一,家庭经济状况优裕。新中国成立初期,潘雨廷毕业于圣约翰大学教育系,打下了扎实宽广的文理结合的基础。由于1949年以后的大学教育没有容纳传授和研究易学和宗教之类学问的部门,加上潘雨廷又衣食无忧,于是他走上了一条与时人迥异的特立独行的学术道路。

潘雨廷在大学毕业后不为稻粱之谋,闭门读书。在当时的历史条件下,心志专一,潜心精研,以叩开被视作“另类”的《周易》和《道藏》学术大门。那个时代,室外风起云涌,各种运动一波接着一波;室内潘雨廷独守孤灯,探幽索微,经受了室内外强烈的时代和环境反差,依靠的“定力”就是对学术的追求。潘雨廷曾指着书房兼客厅对学生们说过:“当年这一房间的书,仅《周易》类就有四百多种。”这表明潘雨廷选择这一生活方式的原因,就在于要实现他继承中国古代优秀文化为己任、“究天人之际,通古今之变,成一

① 任继愈:《老学源流》,《皓首学术随笔·任继愈卷》,北京:中华书局2006年版,第192页。

② 参见张文江:《潘雨廷先生谈话录·引言》,上海:复旦大学出版社2012年版。

家之言”的追求。当然，自古以来“学者必有师”，潘雨廷在探索中也需要导师，他经常向诸多国学大师、著名学者登门求教。先后师从周善培先生研习《周易》，师从唐文治先生研习《尚书》，师从马一浮先生研习理学和佛学、师从熊十力先生研习《新唯识论》、《原儒》和玄学，师从薛学潜先生研习《周易》和自然科学理论，师从杨践形先生研习《周易》与中医理论，等等。转易多师，在学识上使他深受教益。潘雨廷于学无所不窥，然其着力点在于中国传统文化和现代文化的对接。众所周知，我国古代文化传统上分为经、史、子、集四大部类。据潘雨廷自述：于经，他独重《周易》；于史，独钟《左传》；于子，独亲佛老；于集，独爱《击壤》。正是在精研四部的基础上，潘雨廷又融会贯通，出乎其上。

“文化大革命”十年浩劫中，潘雨廷家中的藏书全部被抄走，自身也被赶出书斋，强迫去里弄生产组糊纸盒。开始，潘先生心中也有过迷惘，然而是他坚守的学术，给了他信心，使他相信，尽管处境艰险，只要秉持理想，困难终会过去。生活的艰难没有挫折他求道的向往，反而坚定了他继承“绝学”的决心。1969 年人类登上月球，当潘雨廷得知信息后，他特地去公园会见薛学潜，报告此事。“文化大革命”结束后，潘雨廷对于自身的苦难不置一词，念念不忘的是一大批老先生遭劫去世，他说“文化大革命把一批人收上去了，熊、马（一浮）、薛、杨、能海（佛教）、陈撄宁（道教），全于此时去世”①，使学术遭受到极大的损害。

改革开放新时期的国家重视知识、重视人才。潘雨廷受到学术界人士的推荐，1979 年，潘雨廷 54 岁时进入华东师范大学古籍研究所工作。从此，掀开了他生命史中新的一页。潘雨廷的满腹学问一遇时机，马上化为几十种论文和讲稿；一经发表，立即引起了很大反响。

潘雨廷一贯认为，学术是有时代性的，现在已是 20 世纪，不能再用古人的眼光去看中国古代文化，而一定要结合现代科学技术来看前人创造的灿烂文明，从中发掘出那些人类文明的永恒宝藏，发扬光大，才有益于时代，有益于人类。

---

① 《潘雨廷先生谈话录》，上海：复旦大学出版社 2012 年版，第 161 页。

潘雨廷还屡次谈到，他之所以重视现代数学、物理学、人体科学等与《周易》、道教的研究相结合，目的就在于此。他一直感到遗憾的，是没有招收到一位有扎实的理科基础知识的研究生。

潘雨廷是一位无党派人士，然而他一直坚持并倡导实事求是的学风，常对学生说，一定要坚持实事求是原则，是就是是，非就是非；只要是历史事实，就要坚持，不管别人怎么说，怎么看。他指导弟子搞课题时明确说："我们写的书一定要经得起时间的考验，至少在几十年内应该是正确的、先进的。"

潘雨廷为了学术的承传和发展，花了大量精力培养学生。在华东师大古籍研究所，共带了三届四位研究生，在校外教诲的学生则难以计数。由于基础教育的局限，他招到的研究生都缺少《周易》和道教方面的基础知识，因此潘先生对研究生授业，几乎都从"发蒙"开始，所花的精力，可想而知。1989 年以后，尤其是潘雨廷中风之后，他讲话已很吃力。但是他不顾疾病，急于把学问传给学生，潘雨廷不仅没有减少上课次数，反而延长了每次讲课时间。别人多次劝他休息，先生不允，继续讲课，直到最后一次进医院。潘雨廷曾对学生说过："我年轻时喜欢寻找老年人求教；现在年纪大了，喜欢与青年人在一起。"他常说起当年去唐文治、熊十力等先生处求学的情形，称赞前辈们人品正直，性情温良，学问精深，诲人不倦。潘先生自己也是如此，家中常常求学问道者满座。不管来者是什么身份，是否熟识，都一视同仁，谆谆教诲。学生遇到困惑或者出错，先生都耐心指点，从未见他有疾言厉色的时候。他曾说过："只要肯听课、能听课的人就是好学生，就是学术的希望。"

潘雨廷与我国的著名学者钱学森、任继愈等及海外学者多有交往，在中国易学界、道教界深得人望，受到推崇。然潘先生平常很少谈起，只是在必要时才提及。潘雨廷的一生，只是埋头于学问之中，悉心培养学生，以学术会友，以诚心待人。生前除了在易学、道教界之外，声名不彰，以至于 1992 年 10 月 10 日《文汇读书周报》上安迪先生有《迟到的访问》之叹。也因此，现在人们对于潘先生的印象各不相同。近年来，上海市社会科学院文学研究所张文江研究员花了极大精力整理出版了潘先生的遗著和遗稿，之后又出版了张文江当年问学时记述的《潘雨廷先生谈话录》，这才使潘雨廷为更多人知晓。

（二）对道教研究的学术贡献

20 世纪 70 年代末 80 年代初，中国的道教文化研究才起步，筚路蓝缕，潘雨廷是开拓者之一。潘雨廷的道教研究，现在看来，有的观点似乎是老生常谈，但在当时却是发前人所未发。

1. 对道教内涵的看法。

第一，研究道教先要明确宗教的概念。中国的宗教概念与西方的概念有不同的内容。择要来说，中国的宗教固然要看“有神、无神”和“出世、入世”的区别，更重要的是“有具体的仪式教规，以礼乐示其感情，以安慰人生的一切际遇及时代的盛衰，并寄托人生的理想”①。而且历代的宗教概念有变化，要结合具体的史实来认识，不能囿于固定的成见。道教为本土宗教，“故道教的内容，实汇合各种论‘道’的教派，先秦早已存在”②，其教义随时代的不同而变化，如黄老道与天师道，不能被“出世入世”的概念所束缚。两汉的黄老道信奉黄帝和老子，教义是“治国治身合一”，就是“既出世又入世”。到了魏晋南北朝天师道兴起，教义才主要是“得道成仙”，“治国”的部分逐渐淡出。虽然“成仙”的指向是“出世”，但是“得道”的方式方法有多种，服食保健、多做善事、度世度人等则多是“入世”的事业。

第二，理解道家与道教的关系。20 世纪 70 年代末 80 年代初，鉴于深厚的史学功底和敏锐的史识，潘雨廷在当时就提出了一个有名的论断：“凡论道家或可不及道教；论道教则必及道家”。因为以《四库全书》为代表的一种观点认为，《道藏》中收录先秦诸子的著作是失当的。这种观点影响不小，故当时应者寥寥。先生认为，道教中的部分教义、某一教派的思想可与道家无关，但是这与整个道教的思想理论体系比较起来，是有主次轻重之分的。大概言之：道教可以看作道家思想的一个特殊流派，既有继承与发展，

① 潘雨廷：《绪论道教史十点纲领》，《道教史发微》，上海：上海社会科学院出版社 2003 年版，第 6 页。

② 潘雨廷：《绪论道教史十点纲领》，《道教史发微》，上海：上海社会科学院出版社 2003 年版，第 4 页。

又有明显的转向和偏离。道教内部不同的成员和派别与道家思想的远近亲疏也不同,清修养性者最近,炼气守一者次之,炼丹服食者又次之,科仪符箓者最远。先生的看法逐渐被接受,90年代以后的道教史著作和论文就或多或少都要提及道家。

第三,道教的教主是老子。所谓教主,即创教之人。自北宋张正随开始,把龙虎山正一天师道与张陵、张鲁的五斗米道联系起来,于是有了道教起始于东汉的五斗米道,教主为张陵的说法。潘雨廷认为,道教创立远远早于五斗米道。道的哲理产生于孔子之前,《论语》中多次提及。先秦研究"道"的著作,最早就是《老子》了。《老子》中的道,为宇宙万物的根本,超越生死,又兼及内圣外王之理,自然有宗教思想在内。即使五斗米道,"祭酒主以《老子》五千文,使都习"①,也把《老子》奉为经典。而且早在东汉,老子已被神化。《后汉书·桓帝纪》记载,延熹八年十一月"使中常侍管霸之苦县,祠老子",延熹九年七月庚午,"祠黄、老于濯龙宫"②。《后汉书·西域传》记载"后桓帝好神,数祀浮图、老子,百姓稍有奉者,后遂转盛"③。至唐代,王室已经认定三教的教主,老子就是道教教主。所以韩愈排斥佛老,明指释迦牟尼和李耳,未尝提及张天师。晚唐杜光庭撰《道德真经广圣义》,既是对各种老子的传说的总结,又是对历代研究《道德经》情况的总结(仅唐代就有近三十家道士注疏诠解《道德经》),可以说是对老子其人其书集大成的研究。至于张陵被推为教主,已是宋代正一天师道产生以后的事了。即使是正一道,现在供奉的道教最高神也是"三清"。"三清"中道德天尊为老子,历史上实有其人;而元始天尊、灵宝天尊都是南北朝时才开始进入道教神仙之列的。老子有《道德经》,道教教义由此而出。历代道教具体内容有所不同,但是其精微思维之处,都在发挥《道德经》的哲理。张陵与老子的地位相比,不可同日而语。

2. 对道教研究的看法。

第一,研究道教必须结合易学。《周易》绝非儒家一家的经典,秦始皇

① 《三国志》卷8《张鲁传》注引《典略》,北京:中华书局1959年版,第1册,第264页。
② 《后汉书》卷7《孝桓帝纪》,北京:中华书局1965年版,第2册,第317页。
③ 《后汉书》卷88《西域传》,北京:中华书局1965年版,第10册,第2922页。

焚书“所不去者,医药卜筮种树之书”[①]就是证据。《周易》也是道教的重要经典,在道教发展中有着极大的作用。潘雨廷对于《周易》的主要观点为“当以象数卜筮为主而及义理,非以经学的义理为主而及象数”。“《易经》最重要的是象、数,数犹代数系统,象犹几何系统”[②]。所以潘雨廷讲授的《周易》被人称为“象数易”与“科学易”。《周易》在道教中的作用,窥一斑而见全豹,至少象数作为一种方法论和数学模式在说明炼丹时发挥了不可替代的作用。潘雨廷对《道藏》中收录的《周易》著作检阅一过,从汉至明介绍了《易林》等 19 种,得出结论“总上十九种易著的介绍,庶见明代羽士对易学的认识,基本保持《易》为卜筮书之原则,重在研究卦爻象的变化及其应用。凡天地人三才之道,莫不可以卦爻象象之,宜于辞不限于《二篇》,于理不拘于《十翼》,此正秦汉前对易学的理解……故《道藏》中选有各种易著乃其家珍,误认易著于道教无关而去之,此亦明后道教所以渐趋衰落的原因之一”[③]。可见潘雨廷对于易学与道教研究关系之重视。

第二,研究道教当重视养生术。潘雨廷认为,道教在现当代的重要价值之一,在于其拥有一整套的养生理论和实践。有关养生的文献主要出于道教和保存在道教的典籍中,潘雨廷对此加以整理和研究。他指出《黄帝内经》出于易老,与道教关系密切,“今存唯一的中医理论典籍《内经》既托名于黄帝,又用阴阳五行,且准七八九六以当三才的整体,更可证实养生的理论本诸易老”[④]。又指出,“最早的书目见《抱朴子·遐览》,是葛洪记录其师郑隐所收藏者,基本为东汉黄老道应用的文献。内《养生书》一百五卷虽失传,仍可见当时养生术之为黄老道所重视。其后道经日出,增加无已,有刘宋陆修静为之分类成三洞,梁孟法师加以四辅,始能建立《道藏》的纲要。于《七略》后有关养生文献的发展,凡属《术数略》、《方技略》等的专业文

① 《史记》卷 6《秦始皇本纪》,北京:中华书局 1959 年版,第 1 册,第 255 页。
② 《潘雨廷先生谈话录》,上海:复旦大学出版社 2012 年版,第 140 页。
③ 潘雨廷:《介绍〈道藏〉中收录的易著》,《道教史发微》,上海:上海社会科学院出版社 2003 年版,第 198 页。
④ 潘雨廷:《易老与养生·自序》,上海:复旦大学出版社 2001 年版,第 4 页。

献，唯《道藏》中能保存之”[1]。为此，先生特地在《道藏》中选取了《参同契》、《胎息经》、《黄庭经》、《入药镜》、《悟真篇》五书，介绍其理论与功法。[2] 20 世纪八九十年代，气功大热。潘雨廷因此撰写了《易老与养生》一书，正本清源，指出“对气功的理解，尚有种种不同观点，似难一致。练气功而出偏差，屡见不鲜。以气功治病，亦未可遍治一切病。假如任何病症和病情都可治愈，则人长生，此乃迷信，须纠正之”[3]。在当时，可以说是气功热中的一帖清凉剂，维护了科学研究道教的正确立场。

第三，研究道教注意发掘史实。要拓宽视野，重视对直接与道教相关资料之外的史料的发掘，尤其是原始社会到新莽的史料，盖为其有关道教的起源，道教与炎黄族原始宗教的关系。“惜一般人为汉后儒术所束缚，误认孔子郑重论述一千余年的史实为幻想，于尧舜前更视为全是神话，于百年来考古所得新旧石器时代的情况大有不同。且世界各民族的文化基础莫不与宗教有关，中国也未能例外。故对中国文化的认识，必须重视道教史的研究，发掘属于第一期从上古直至西汉的道教史实，尤为重要”[4]。当然，东汉以后，佛教传入的影响，三教合一的内容等，也须深入研究。文献资料之外，各种文物可以弥补文献的不足，先生也十分重视。他几次提到江苏连云港的孔望山石刻与四川石刻尤其大足石刻值得注意，是道教史的重要资料。潘雨廷外出开会，只要有可能，都重视实地考察。1984 年秋天，他还带研究生去河南、陕西、四川游学，在西安除了参观半坡遗址外，特地与西安考古所联系，去周原看遗址和甲骨上的数字八卦。这些地方平常是少有人问津的。

第四，要注意比较研究的方法。要注意道教思想与儒家、佛教思想的异同。同在道、儒的基本信仰都出自《封禅书》，“总结整体的道教，主要宜重视《史记 · 封禅书》。封禅犹中国的宗教，道教与儒家的基本信仰皆出于封

---

① 潘雨廷：《易老与养生 · 自序》，上海：复旦大学出版社 2001 年版，第 4 页。

② 参见潘雨廷：《易老与养生 · 自序》，上海：复旦大学出版社 2001 年版，第 4 页。

③ 潘雨廷：《易老与养生 · 自序》，上海：复旦大学出版社 2001 年版，第 1 页。

④ 《绪论道教史十点纲领》，《道教史发微》，上海：上海社会科学院出版社 2003 年版，第 19 页。

禅而可见其同异”①。至《论语》和《道德经》成书而道儒的思想由同走向不同。先生强调，“由外王而内圣，处处注意古始的人体本身与自然的关系，方为道教最重要的基本内容”②。此外，从印度佛教和中国佛教的异同中，可以看到道教的特点及其影响。潘雨廷当年拟写《道教史》，多次叮嘱学生，要多读几遍吕澄的《中国佛教源流略讲》和《印度佛教源流略讲》，从中国佛教和印度佛教的不同之处，可以看出中国道教的特点和影响。

3. 对编写道教史的看法。

第一，道教史应该看作中国宗教史。潘雨廷认为，“今写《道教史》，宜视之为中国的宗教史，决不可执于道教之名而忽乎道教之实。且‘道教’之合名虽后起，而‘道’的概念、‘教’的概念。在东周时已有极深刻的认识，何况的确具有宗教性质”③。潘雨廷一贯主张道教的形成远早于五斗米道，道教的起源应该从原始宗教写起，决不可执着于“道教”之名而忽视了“道教”之实。如方仙道就可看作早期道教的一支。宗教由从内向外由四大因素组成，即信仰、教义、教团、文化。有学生曾请教先生，方仙道是否有教团？先生回答，方仙道是史缺有间，看看《史记·封禅书》，就可以推知当时必然有方仙道的组织。至于道教的名称，五斗米道时又何曾叫过“道教”！这就是“名可名，非常名”。故道教的内容，是汇合了各种论“道”的教派，先秦时早已存在。自宋代以后执着于道教开创于张陵的观点，则影响到道教的内容日趋狭隘，亦难以深入对道教教义的认识。潘雨廷此观点与常论大相径庭，然先生独树一帜，始终未改。

第二，要恢复上古黄帝在尧舜之前的史实，即《史记》的《五帝本纪》并非只是神话传说。中国思想文化的根源，儒家追溯到尧舜，道教追溯到黄帝。老子作《道德经》，是总结“道”的理论；而其起源，当向上推及黄帝的理

① 潘雨廷：《绪论道教史十点纲领》，《道教史发微》，上海：上海社会科学院出版社 2003 年版，第 14 页。

② 潘雨廷：《绪论道教史十点纲领》，《道教史发微》，上海：上海社会科学院出版社 2003 年版，第 17 页。

③ 潘雨廷：《绪论道教史十点纲领》，《道教史发微》，上海：上海社会科学院出版社 2003 年版，第 2 页。

论。“方仙道的理论,于战国时早由尧舜而上及黄帝”①。黄帝时没有文字,但是《汉书·艺文志》记载的先秦典籍中除“六艺略”、“诗赋略”之外,大多与黄帝有关。黄老之学重视研究生物学的人,道教继承此传统,“早期有名的道教信徒必知医理,如葛洪、陶弘景、孙思邈等。而医理的原则,当本托名于黄帝的《内经》”②。道教经典,也多与中医理论有关,如《黄庭经》、《大洞真经》等。所以道教的内容,医理养生是重点之一。先生认为,“或研究道教而未及黄老,未足以明道教的精义所在”③。并且《史记》也托始于黄帝,不能只作为神话传说看。写道教史要重视对黄帝所在时代的研究。

第三,道教史应该分为三期。第一期上古到新莽,第二期东汉到唐末五代,第三期北宋到现在。理由是,第一期,佛教尚未传入中国,道教是独立自生的本土宗教。当时的方仙道、黄老道以及易学象数、封禅史都应该写入,不可因名称而妨碍事实。第二期道教与佛教、儒教互相影响,又各自变化发展,三教开始合一,道教(教义、组织和社会地位)发展到鼎盛时期。第三期,三教合一的思想已经成为道教主流,吸收了禅宗、理学的内容(当然,道教也对禅宗、理学产生了重大影响),精彩纷呈,一直影响到近现代。然后道教由盛转衰,形成了传到如今的两个教派——正一天师道和全真道的格局。

第四,道教史提纲。潘先生生前打算写《道教史》,已经拟出了比较详细的提纲,打算写成百余万字的著作。惜乎天不借年,著作未能动手,甚至末两章的提纲也来不及完成。

七、王家祐:从考古角度看道教

王家祐先生(1926—2009年),字宗吉,1926年8月生于成都,祖籍四

---

① 潘雨廷:《绪论道教史十点纲领》,《道教史发微》,上海:上海社会科学院出版社2003年版,第8页。

② 潘雨廷:《绪论道教史十点纲领》,《道教史发微》,上海:上海社会科学院出版社2003年版,第9—10页。

③ 潘雨廷:《绪论道教史十点纲领》,《道教史发微》,上海:上海社会科学院出版社2003年版,第9页。

川广安。1948年毕业于四川大学文学院史学系，师事蒙文通先生。1951年6月至1955年5月，在西南博物院从事文物考古研究工作，曾参加新中国成立后重庆地区的第一次战国墓葬考古发掘工作、西南地区文物的展览工作，并主持了彭州竹瓦街窖藏文物的发掘工作。1953年，曾入北京大学进修。于1955年5月至1956年12月间在四川省文管会从事田野考古工作。1957年1月，被调入四川省博物馆从事文物研究工作后，曾相继参加广汉三星堆的早期考古调查、长江三峡的考古调查、彝族地区的文物考察、成都羊子山历代墓群和土台的考古发掘工作等，四川省博物馆研究员（教授）。

王家祐在文物考古、民族史和道教史研究方面，都有着相当突出的成就。早在1960年，文物出版社就印行了他的《四川船棺葬发掘报告》，此后又公开出版了《凉山彝族奴隶社会》、《四川石窟雕塑》等专著。他在青壮年时曾游学于宁、沪、杭及巴蜀地区，师从高僧名道，研习禅修道术，后投拜青城山道教龙门派碧洞宗门下，道号宗吉。他结合考古和民族学研究道教，着有《道教论稿》、《王家祐道教论稿》、《青城仙源考》、《道教之源》（合著）等，并担任中国道教协会理事、四川省道教协会顾问、中国道教协会道教文化研究所副所长等职。王家祐一生酷爱读书，勤于思考，常有与众不同的见解。其论道教文章，大体上可分三类：

一是关于道教源流的讨论，无论是道教史总体性研究，或是断代研究和人物研究，皆有他自己的卓见。

二是与道教文化交叉的民族史研究，他曾利用《山海经》等古籍，并运用考古学与民族学的方法，对道教与西南各少数民族的关系进行了研究，他在《道教简说》中讲道："道教是中国人创造的，是汉族与各兄弟民族古代信仰的总和。道教也是活动在中华民族活动区域（九州）许多民族文化的宗教化产物。"①在此领域中左右逢源。

三是对道教造像、宫观等的田野调查研究，这是结合到他的考古特长，在宗教艺术方面进行探索，这种研究的方法，在早期道教研究的实践者似他

① 王家祐：《道教论稿》，成都：巴蜀书社1987年版，第210页。

为第一人。

（一）道教源流的历史考辨

关于道教的源与流，这是学术界一直关注的热点，王家祐亦是研究道教早期史的重要人物。他指出，“李家道”早于张家道流行于巴蜀，李家道实际上就是原巴蜀氐人所崇奉的“五斗米巫”。张陵改造五斗米巫为正一道，是黄老之学与西南米巫的融合。在族系上张氏是中原汉族，米巫则是四川土著（原巴蜀）之民。张陵开盐井制十二女巫的地方叫“陵州”。此“陵”字与“嘉陵”（嘉良夷、犵狫）相同。反思之“张陵”是否指山谷獠居之张陵？张道陵并非中原张陵？今所传张天师像虬髯、碧瞳方、高鼻，皆与“老子”像同。继承李家道之张道陵似南人老聃（李耳），而异于“貌若好女”的张良。张良在陕南留坝山中与赤松子游，已固有其渊源。其子孙迁居于蜀者：彭山县张纲，张天师叔祖张辟疆，葬于乐山市，两人所居皆在“獠”区，或其母系（妻族）本巴蜀土著？或此张姓本与蜀中李姓同，乃巴蜀民所改之汉姓（且从母姓），而非中原汉族的“李氏”与“张氏”。最能代表李家道的是成汉李氏（302—347 年），它们的族系是“巴氐”，是“賨人”。四川雅安有汉“賨侯之赆”铜印出土，四川重庆冬笋坝有“中人”战国小印出土。賨人是虎族，由楚地“逆江而上”的鳖灵以“开明兽”名其国，亦为虎族。①

“李家道”的许多神仙皆以“李”为姓，这是四川秦汉道教或方士的特色。而蜀王后裔的李冰，亦为精通方术的道人。《史记 · 河渠书》云：“蜀守冰，凿离碓，辟沫水之害。”冰非中原人，不知其姓氏，若中原人，未有不记其姓氏之例。立于广东英德县张九节庙中的《桂阳太守周憬功勳铭》，是熹平三年（174 年），碑文辞云“感蜀守冰绝黎魋……”亦不知其姓。所用“黎魋”二字，非仅述其穿岩通水，凿平险滩；亦兼有“牛鬼鸟巫”之敌族贬义辞的意思。《楚辞 · 天问》“鲮鱼何所，鬿堆焉处？”王注云“鬿堆，奇兽也”，“鬿一作魁”②。《山海经 · 东山经》：“有鸟焉，如鸡而百首，鼠足而

① 参见《王家祐道教论稿》，成都：成都民族宗教文化丛书编委会 2006 年内部发行，第 121—123 页。

② （宋）洪兴祖：《楚辞补注》，北京：中华书局 1983 年版，第 96 页。

虎爪，其名曰魃雀，亦食人。”《大荒西经》中有“三青鸟”，“赤首黑目，一名大鵹，一名小鵹，一名青鸟”。又云“有青鸟，身黄，赤足，六首名曰鸟”。这些异写异名都表征着古蜀鸟族，被龙虎族代换后所留史影。秦灭巴蜀，又利用四川民族内部矛盾取得安定。在三封蜀侯后，且以蜀王后裔为蜀守。李冰是蜀王后裔，蜀中李姓仙道的“君师”。道教神仙传说以李冰为川东鱼凫人，乃本蜀中李家道之记载，不可否定。五代蜀王封李冰为太安王在青城后山，亦与道士李珏并崇为神仙。四川奉李冰为“川主”，神像额上有一竖目，或源自蜀人“纵目”（出于羌系的藏人亦多嵌竖眼）。今所谓“二郎神”，初为“氐羌猎神”杨戬。后为“李二郎”，宋为“赵昱”。杨戬，灵官，华光等神皆“三眼”。古蜀人纵目或“连眉间一目”，是额饰的习俗特征。

从《华阳国志》中所记李冰事，冰能知天文、地理，谓汶山为天彭门。天彭门是蜀人魂归天上之所经关口。今本《蜀王本记》云：“李冰以秦时为蜀守。谓汶山为天彭阙，号曰天彭门。云亡者悉过其中。鬼神精灵数见。”此云亡者当指鬼魂。人过地上“天阙”，即升于西陵岷山，魂归天上天门。李冰至湔氐县，见两山对如阙，因号天彭阙。仿佛若见神。遂从水上立祀三所，祭用三牲，珪璧沈濆。此立三祀三所，或即“天师道”的“三官”（天、地、水三官，一说为唐尧、虞舜、夏禹）。又记李冰于“玉女房”下白沙邮作三石人，立三水中。“与江神要：水竭不至足，盛不没肩”。能与江神要盟的李冰，当是蜀山族的巫师（天师道的君师）。又李冰化牛斗都江江神；操刀入水与涸崖水神斗，皆见冰非凡人，乃蜀之巫师、君师。此外，李冰识剂水脉。“剂水”即盐卤水，伏流地下而能“识”又能开发，非蜀族长者君师不能办。李冰、张陵皆服盐神，开盐井。李冰归魂天彭，葬在四川什邡县。在什邡洛水乡后城治庙后，有李冰“礼斗峰”，相传李冰曾“礼斗”于此峰。宋人在此刻“礼斗峰”三字。字为宋朝初年李公受题。李公受自称是李冰后裔，曾任遂州知州。重视水利，专诚来此扫墓，并刻题“礼斗峰”三字。综观以上引述，李是蜀中李家道的神仙人物，秦改蜀侯为蜀郡守后任用的蜀人。张陵承继改革“五斗米巫”建立正一道，中央教区设在彭县山中。并划“公墓治”为廿四教区之一。廿四治皆以蜀中獠民为道教“种民”，李冰归葬地亦其祖蜀人“种民”所居。①

对于传说中的古蜀仙人,如阴长生、王方平等,王家祐也逐一进行过梳理,肯定其中许多人物的实在性;并且得出上古仙术多源于蜀的结论,从而阐述道教产于巴蜀地区的必然性。他指出,《云笈七籤》所言“马明生,齐国临淄人。本姓和,字君宝。少为县吏,捕贼为贼所伤。遇太真夫人适东岳,见而悯之。当时殆死……夫人于肘后筒中,出药一丸,大如小豆,即令服之,登时而愈……君宝乃易名姓,自号马明生。随夫人执役。夫人入东岳岱宗山峭壁石室之中……(后随安期先生去),受九丹之道……明生随安期先生负笈西之女儿,北到圆丘,南至秦庐,潜及青城九嶷……授以太清金液神丹……汉灵帝时,唯太傅胡广知其有道”②。阴长生敬事马明生。乃将长生入青城山中,煮黄土为金以示之。后于平都山升天。自叙云:汉延光元年,天仙积学所致,不为有神。《真仙体道通鉴》卷十三言安期生以道授马明生,马明生授阴长生,阴长生授尔朱先生。他还征引明代徐道《神仙通鉴·佛祖传灯》卷九言,阴长生在北邛(嶲州今西昌)谓张道陵曰:“我从马鸣生三十年”,“遂将我入青城山,煮土为金以示我。即立坛西南,授太清金液神丹之经。临别曰:吾即蜀之青衣帝也”③。所谓“青衣帝”者,指蜀山开国之帝蚕丛氏。

蜀有蚕神马头娘,乃犬封(犬戎)盘瓠所婚之女。犬封在西王母昆仑虚(龟山,蛇巫山)。犬戎见于巫书《大荒北经》:“首叙‘附禺’山、帝颛顼与九嫔葬焉(当于今嶓冢山)。有先民之国(当即‘叟’)。有盘木千里(当即度朔山之蟠桃木)。西有禹所(居住)积石山。有儋耳之国,有人面鸟身玩蛇的禺疆神(人鸟族),有虎首人身玩蛇的疆良神,有九首人面的九凤。有成都戴天山。有共工(即崇伯鲧)之臣名相柳,九首蛇身自环蟠。有人衣青衣,名曰黄帝女魃。钟山(崇、浊、蜀)有女子衣青衣,名曰赤水女子献。黑水之北有人有翼(羽人即神仙),名曰苗民。颛顼生驩头,驩头生苗民,苗民

① 参见《王家祐道教论稿》,成都:成都民族宗教文化丛书编委会2006年内部发行,第125页。

② (宋)张君房:《云笈七籤》卷106,《道藏》第22册,第724—726页。

③ 《藏外道书》第32册,第385页。

厘姓(厘、斄、牦通假)。有神人面蛇身,直目正乘(纵目人有立目在额上),是烛九阴,是谓烛龙。”以上摘引大约可见:附禺即蜀之绥山桃都。即鸟人、蛇、虎所居之“昆仑”。相当于今甘肃南嶓冢(岷山北区)。古蜀之蚕丛氏(即西陵氏)与黄帝为婚,地当今川青甘边区,赤即考古彩陶文化地区。《水经》以雒水出三危山,三危是蜀之西山。今横断山脉阿坝、甘孜两藏区及“羌塘”即古三危。《海外西经》巫咸国在登葆山(灵山),群巫从此上下。轩辕之国在此穷山(崇)之际。灵山之西有沃野。有氐人之国,炎帝之孙名曰灵恝,灵恝生氐人是能上下于天。以上所引《海外西经》实指川西崇山(钟、蜀、岷)有巫咸国(巫载即巫哉),群巫在灵山(登葆)上,能通天地鬼神。有夏后开珥两青蛇乘两龙,在天穆之野。《竹书》颛顼产伯鲧,在穆天之野。此穆天之野有氐人,即崇伯鲧(夏禹之母)之族。“禹学于西王国”即归养于舅家“女和月母”之国,即姜姓羌族。此氐羌天穆之野,即姬姜姻娅之沃野。“穆天之野”之部族联合酋长非周穆王,实崇伯鲧。颛顼死即复苏,乃指生伯鲧,鲧即“鱼妇”。后蜀有王名鱼凫,即鲧母生禹之后。

崇禹生于西夷(或曰西羌,或曰西僰),在今汶、北川一带。禹本大巫颛顼之孙,由西山(崇、巫、灵)东渐于今之巫峡。又由夔州鱼复沿江上溯,至于今温江。《神仙通鉴·佛祖传灯》卷十五:“紫阳上道真君李八伯,即鱼凫(王)。妙应明香真人李真多,即望帝(杜宇氏)。威凤山(石斛山)伏虎真人张伯子。”蜀中王侯随巴陵侯姜叔茂绥山得道,实有昆仑崇山的渊源,远在夏(羌)周(氐)。

青衣帝蚕丛氏即西陵氏,亦即瞿唐、雷埴。“雷槌”不仅指限于西陵氏。凡蜀国名王之神崖如鳖灵、鱼凫皆可称之,盖概指神祖也。就芦山县(古青衣县)考古发掘战国墓及开明王城遗址看来,青衣神可以概指开明王鳖灵。《四川通志》:“金堂山……金堂峡中旧有崖龛,凿有形象奇古之人物。旧以(山皇庙)称之。可能为宋修复水道,纪念鳖灵而刻以奇古之状,非一般中原衣冠之禹神。”鳖灵,民间以治水之神:冰夷、鳖令、王冰(叕)、李冰皆功同神禹也。重庆市涂山禹庙神像亦奇古。鳖令凿金堂峡,金堂灵山又名“浮山化”。浮山化即巴山化鳖令自楚溯江而上,鳖灵为巴人。鳖灵王之子王子晋受道于浮丘伯。浮丘伯姓李,李昌利与李八百皆隐金堂山。《全后汉文》卷三十六:“呼虎为(李耳)。俗说虎本南郡中卢李氏公所化。”中卢是今湖北襄阳,正是巴人卢戎之居。扬雄《方言》:“虎……江淮南楚之间,谓之李耳。”①实蜀楚之称呼。周西土八国:戎、蜀、羌、矛、微、卢、彭、濮,其中无(巴)。廪君之巴(祖白虎)与开明(白虎)鳖灵当为一系。“李耳”为李公所化,知“李”姓为虎巴鳖灵后裔,本虎之夷语,改为汉氏李姓。李浮丘、李八百、李真多……蜀中李家道神仙渊源于白虎(开明兽)之神威崇拜。开明王(虎王)之后裔多以李为姓。崇拜危崖双峰之俗,又有立大石于庙以表神祖者。《山海经·海内经》:“太皞(伏羲)生咸鸟,咸鸟生乘厘,乘厘生后照,后照是始为巴人。”《路史》以后照降生于巴,生顾相。顾相即《后汉书》的务相(廪君)。伏羲为虎族,其祠曰密畤,号“青帝”。

《路史》前纪四:“蜀之为国,肇自人皇。其始蚕丛、拍濩、鱼凫各数百岁……逮蒲译、俾明时,人氓椎结左言、不知文字……最后乃得望帝杜宇、实为满捍,盖蜀之先也。自丛以来、帝号芦保。”②拍濩又作栢灌,居域当在彭县灌县山区。《山海经·海外南经》:“羽民国南有讙头国、三苗国、戠国、不死民。”又“黄帝妻雷祖生昌意;昌意降处若水生韩流;韩流娶淖子曰阿女生颛顼。黑水之间有不死之山。华山青水之东有肇山,有人名柏高,柏高上下于天。”此上下于天之大巫师(都鬼主),或是柏灌。盖高山即灌山,柏子高即柏灌,即伯陵。柏灌即柏鹳,即鸟首人身的鹳头(欢兜)。伯鹳为不死的羽民(神仙)。

《蜀王本纪》:“鱼凫田于湔山得仙,庙祀于湔。”《蜀志》:“王田于湔山,忽得仙道。蜀人思之,为之立祠。”《南中八郡志》:“犍为(彭山)有鱼凫津,一名彭女津,在彭亡山南。”《温江县志》:“城北十里有鱼凫城,相传为鱼凫王所都。”《成都记》:“古鱼凫国治导江县。”“鱼复”见于湖北沔阳,松滋(巴复村)。上溯入川有奉节、涪陵(巴涪)、合江(巴符)、南溪(鱼凫津)、乐山、彭山、夹江(鱼涪津)、温江(鱼凫城)。此十处命名同一来源,当即某族迁航

① (汉)扬雄:《方言》卷八,《文渊阁四库全书》,台北:台湾商务印书馆1986年版,第221册,第332页。

② 《路史》卷四,《文渊阁四库全书》,台北:台湾商务印书馆1986年版,第383册,第22页。

之迹也。前已引《山海经》有鱼凫为颛顼后氐人巫师。青衣神（人）是巴蜀之神。是氐羌系为主的西南夷婚团。巴蜀之帝王（鬼主、渠帅、君师）有蚕丛、栢鹳、鱼凫、杜宇、鳖灵等王，又有蒲泽、满干、景生等君。蜀王鱼凫、杜宇改汉姓“李”，本出于浮丘姓李。浮即巴，巴，賨李姓。故青衣一名可概称蜀王婚团中氐与羌两系。蜀中“李家道”相当于秦灭蜀（前 329 年）至张陵建教（公元 142 年）间的 471 年间。前为“开明龙虎道”，后为张陵“正一道”①。

（二）仙真、人物与道教

王家祐还撰有《真人史传汇证》一文，对道教史上的一些仙真、人物，如西王母、黄帝、炎帝、洪崖先生、王方平、帛和、董奉、许迈，左慈、葛玄、郑隐、葛洪等，均作过一番考辨。其所用史料丰富，征引广博，运用考古、民族、民俗史的资料，将巴蜀古史与道教的起源综合考辨，视野独特，观点新颖，言人之所不言，不乏真知灼见。

在考论西王母的信仰时，王家祐先后撰有《道教鸟母与昆仑山文化的探索》②、《五岳真形图的传授与昆仑金母》③、《西王母与西貘》④、《西王母昆仑山与西域古族文化》⑤等文章，指出西王母是女仙之祖，她所住的昆仑山是神仙的始源地，又是黄帝所居。西王母之邦乃部族国名，一称“西膜”。汉初集先秦事物之《尔雅》以“觚竹、北户、西王母、日下，谓之四荒”。《大戴礼》以“舜时西王母献白玉棺”。《穆天子传》言“天子觞西王母于瑶池之上”。《汉武帝内传》述汉武受经于西王母，完全构成了一部道教传经仪式典籍。《尚书帝验期》曰：“王母之国在西荒之野。昔茅盈字叔申、王褒字子登、张道陵字辅汉，洎九圣七真，凡得受书者，皆朝王母于崐陵之阙焉。”⑥西王母之国是道经所出，有如印度为佛经所出。黄帝与西王膜同在昆仑山，则其书当与中国方块字有关，应是汉字系统，中原汉族人乃能受其经传。中国

① 《王家祐道教论稿》，成都：成都民族宗教文化丛书编委会 2006 年内部发行，第 186 页。

② 王家祐：《道教鸟母与昆仑山文化的探索》，《成都文物》，1996 年第 1、2 期。

③ 王家祐：《五岳真形图的传授与昆仑金母》，《道教研究》第 1 辑，成都：四川人民出版社 1994 年版。

④ 王家祐：《西王母与西貘》，《中华文化论坛》1994 年第 2 期。

⑤ 王家祐：《西王母昆仑山与西域古族文化》，《中华文化论坛》1996 年第 2 期。

⑥ （宋）张君房：《云笈七籤》卷 114，《道藏》第 22 册，第 793 页。

方块字在秦统一文字前、各地区邦国多异体。现存勾嵝碑、三皇文、巴蜀方块字(四川战国铜兵上),道书中的天书云篆等方块字,今多不识。

西王母之国或作为仙人之西王母,至少存在有三种情况。(1)历史传说之西王母。周初的西王母,岑仲勉《中外史地考证》指在今新疆范围内,即《汉书·西域传》之南道。但论其种族则引刘师培说:巴比伦古名 Samas 或为西膜之对音。西膜即白色的塞米人,即闪族;不是塞种。(2)道教神仙之金母,当由部族女王神化。(3)周穆王所到的西王母部族,又叫西膜,似在当时"八骏"马可到之处。若远至帕米里高原或里海,似不可能。若穆王与武帝所到西王母之邦,不是神话虚构。由周秦汉交通工具(马)看来,应是黄河源昆仑山原。应在今四川、青海、甘肃边境地区。在时间进程上,从黄帝、舜、崇伯禹、穆王、武帝……经历约三千年的时间。西王母译写为貘、獏、嫫母,崇、浊、蒙、岷,地望当亦有自西而东的移徙。同居在昆仑山原(秦汉在巴颜喀喇山东支)的西王獏似为闪米人,轩辕氏似为黄种人。此黄帝、西貘本系黄白两种族,但文化逐渐混而为之。西王母之姓或姓何,姓缑,但其部子孙多用"王"氏。王远与王母之诸女皆王氏。魏晋人编撰的《汉武帝内传》,已完全是降神的道教坛场法事。但《五岳真形图》,《灵飞六甲十二事》系之于西王母与上元太真王夫人,是与岷山丹法大有关系的。出于峨眉或嵩山的《三皇经》,太真王夫人弟子马鸣生,皆为清城神仙都会(岷山、蜀山)的仙缘道统。西王母传于汉武帝的两部仙经,涉及上清派许多名人。栾巴、封君达、左元放、葛孝先、李少君,皆与蜀山有关。①

王家祐还对夏禹、文昌、财神、八仙、炳灵、五显、赤帝、竹王、天蓬等道教诸神一一考辨,撰有《夏禹与道学》、《三教合一的典型神眞——文昌帝君》②、《梓潼神历史探微》③、《漫话财神赵公明》④、《蜀中八仙考》⑤、《宗教

---

① 参见《王家祐道教论稿》,成都:成都民族宗教文化丛书编委会 2006 年内部发行,第 247 页。

② 王家祐、李远国:《三教合一的典型神真——文昌帝君》,《道教文化》(台湾)第 6 卷第 5 期。

③ 王家祐:《梓潼神历史探微》,《中国道教》1988 年第 3 期。

④ 王家祐:《漫话财神赵公明》,《文史杂志》2003 年第 5 期。

⑤ 王家祐:《蜀中八仙考》,《四川文物》1998 年第 4 期。

中的关羽》、《中国龙虎凤文化考古新发现》[①]等文章，推动了道教神仙信仰与神灵崇拜的研究。他指出，夏禹文化对中国道教有着深刻而广泛的影响。历代道教均尊崇大禹。天师道创始人张陵崇拜天、地、水三官，而大禹即为水官。中国古史上第一个统一的国家政权形成于夏王朝，作为中国固有的传统宗教——道教，其渊源应肇自夏禹时代。[②]

在对张陵天师道的研究中，王家祐亦有许多新的发现。他认为张陵用符水咒法为人治病，创立天师道。其造作“符书”显然不是以汉字为主的《老子五千文》或《太平经》，很可能是《正一盟威妙经》或《度人妙经》。张陵的天师道是黄老儒墨在巴蜀地区的土壤上开放的一枝奇花，是吸取了巴蜀族的原始巫术（鬼道）与地区传统民俗而创成的。在建成天师正一教的过程中是有团结又有斗争的。这就是与巴人“五斗米道”的融合和改造，张陵在巴蜀巫道基础上改造创立的天师道是真正的“道教”，而“五斗米道”只是构成汉族大集团中部分人民的（氐羌族系）原始宗教（道教的主根）。正因为张陵继承了巴蜀的妖巫鬼道，又革新之，于是巴人的五斗米道发展成天师道，由巫鬼跃升为神仙，成为道教的主干。简阳县逍遥山石室遗留了汉安元年的“会仙友”三大字，资阳南市公社东汉岩墓出土了道教铜印，洪雅县遗留了《米巫祭酒张普题字》，这些正式标志着天师正一道的成立。而道教与巴蜀的青羌关系相当密切，立在今四川芦山县的《樊敏碑》涉及“米巫”与“青羌”。碑文曰：“米巫凶虐，续蠢青羌，奸狡并起，陷附者众。”樊敏精研“道度”，学法晏婴与张良，接受宓牺、夏禹的文化传统；但他是反“米巫”的。张陵祖世通婚巴人，而樊敏崇道度。

王家祐指出，张陵的天师道在团结巴汉人民方面起着积极作用，随着民族迁徙融合，影响也极深广。青羌即青衣羌，汉代有青衣国在川南广阔地区。四川的雅安、宜宾、泸州皆有青衣。青羌是氐羌系，是“青氐”的南迁者，即“乞姓”的“氐”。诸葛亮移劲卒青羌万余家于蜀，即来自云南、川南，又称为“叟兵”。汉晋时期的西南夷是，叟（蜀）、滇、青羌、彝（倮），他们与

① 王家祐：《中国龙虎凤文化考古新发现》，《四川文物》1999 年第 1 期。

② 王家祐、王纯五：《夏禹与道学》，《中华文化论坛》1999 年第 2 期。

道教先源都有关系。明朱国祯《涌幢小品》云:"崇诸葛亮擒孟获,散青羌于五斗坝,此凌霄都蛮之自来。""都蛮"又称"五斗团"。"都"当来自氐羌人的"神都"、"神荼"、"五荼"、"武都"。云南之"五荼夷"实即经横断山脉南迁的"武都夷"。巴人的鬼道,蜀人的仙道,经张陵改造成为道教的主干"天师道"。①

四川地区战国土坑墓中出土的铜器上,常见一些个体或成组的图像符号。个别陶纺轮上、木梳上、漆耳杯上也有图像符号。此种图像符号,已见的大约有单体符文百余个,成组的联文符图有约二百个。虽然它们难以组成篇章词句,但显然是当时人们表达语意的特殊符号——图像的语言,因命名为"巴蜀图语"。对于这些特殊的图像语言,王家祐亦作过深入的研究,并认为其与道教符箓、云篆有关。他说:"巴蜀图语"可能与汉语中的许多吉祥图语、纳西族的东巴象形字一样,都是氐羌族系物象成语的遗留。《太平经》中的汉字复文也可能就是这种复篆的汉字译写。巴蜀铜器上的组符(复篆)旁的刻文,则可能是读韵的标音旁注。这种用图像标志示意的惯用成语是由巫师(古代知识分子)或兼任巫师的"神王"(酋长、祭酒)来读诵韵释的。由于不是准确的词句文章,而是仅具有暗示或启示(占卜或预言)性质的图像,所以解释的伸缩性很大。可以随巫师的具体需要而灵活变化。昆仑山及黄河源的神仙道教,原有图箓,巴蜀方块字也许就是昆仑与嶓冢山原(即崇山、蜀山、钟山、岷山)的古文字,是蜀或"西陵氏"文化,后来应用于"蜀"巫、"五斗芈道"及"鬼道"的种民"天师"。这种方块字引入古汉文中即成为四川地方"奇字",故中原人不能识读,因而汉字字典中多未收入。如《山海经》、《穆天子传》、《太玄经》、《司马相如赋》以及《道藏》中的部分奇怪字,都保留有"蜀文"遗风。这种蜀地象形字和秦篆交融后便成了《道藏》中的"天书"或"云篆"②。

近二十年来三星堆考古发掘之展现使王家祐认识到,道教文化之渊源当与夏禹有关。他说:三星堆凤鸟文化正是西王貘女部文化,"禹学于西王

① 参见王家祐:《张陵五斗米道与西南民族》,《贵州民族研究》1983 年第 4 期。
② 李复华、王家祐:《关于巴蜀图语的几点看法》,《贵州民族研究》1984 年第 4 期。

国”,汉画像砖西王母正是以鸟为使,龙(海)虎(山)为座,是山海神仙之母。摇钱树源于桃都树,即三星堆之神树、扶桑、柜格之松,皆通天之社树。三星群神怪异多颜,有欧式之高鼻,有亚洲之宽鼻,大耳顺风,筒眼奇目,“纵目”之祖,其目特异。学者以蜀为夏,实一族之分支。巴賨为道教种民(獠),《华阳国志》“雄长僰獠”。禹,西夷人也,又作僰(西僰)。成都南桓侯祠巷所出成汉李氏墓中俑人之眼具甚特大广目(大眼),实同于三星群巫之眼。几千年来道民賨人特色之目似出一族。古之獠为僰獠或北獠,似别于南佬(寮),然李特引僚(佬)入蜀,獠佬有渊源乎? 廿四治皆在獠区,洪雅、陵州、彭山等古獠区,或种民五斗米居地。青羌与獠又与岩墓族葬有关。三星堆文化之中的宗教内含极为丰富,值得深入探讨。“祭祀神坛。这个三层神坛似与楚帛画的天、人、地类同,是中国天人合一的根源。下层两神兽既是兽又有翅尾,或是虎凤复合体。中层花冠神巫是沟通天地的巫师。他们手握树枝或与通天神树有关? 上层两神鸟特立。人面及周围的装饰合成虎首(兽面纹)。最上层的虎面人似可联系荆州‘大武(越)’铜戈上的珥蛇大巫师;琉璃阁战国铜壶上的羽人。这一类形是中国神仙的共性。”①

（三）巴蜀地区的道教遗址、石刻造像

王家祐在道教研究领域中涉及的面颇广,贡献之一是关于宫观与造像的研究。他对巴蜀地区的道教遗址、石刻造像作了全面系统的考察,撰写了一批论文,向世人介绍。王家祐说:广汉县三星堆祭祀坑中的巨大铜铸神像,确证早在蜀王杜宇时(相当于商末周初),蜀地已形成高度的神灵信仰。巴蜀人祭祀三皇、五方龙神,蜀开明王朝有五色帝庙。巴蜀巫师使用着示意“符箓”,一种吉祥图画的“巴蜀图语”,蜀王铜印上有祖妣祭酒图像。巫山县大溪出土的玉雕人面饰牌距今约五千年。商周两代的广汉玉器已很精美。广汉县和成都市区出土的商代立雕人像,是最早的雕像。战国石镜上浮雕了“开明兽”(白虎)。传说的“金牛”与李冰“石犀”是雕兽。建宁元年造三神石人中的李冰立雕像高达3米。汉崖墓石刻图像与画像砖已采用了

① 李复华、王家祐:《三星堆宗教内涵试探》,《四川文物》2002年第1期。

神仙西王母,伏羲女娲等题材。最早的道教线刻则见于《北周强独乐造像碑》下。嘉兴元年(417 年)的维摩诘像见于蒲江县。最早的执拂尘高冠的"神仙"则见于梁普通四年(532 年)康胜造像背面浮雕。

四川道教石雕现存者约起于隋朝,青城山天师洞内的张陵天师石雕像造于隋大业年间。天师像威严,左手掌直伸向外,掌中有"阳平治都功印"六字。广元县有道教神像(皇泽寺 8 号龛)一列共九躯。渠县化佛岩有道像一列七躯。蒲江县飞仙阁有道教天尊等像多龛,其 44 龛造天尊像十躯并列。题刻云:"天尊像一铺。天宝九载五月。奉为临邛郡白鹤观三师主三洞固道士贾光宗造。"还有女仙杨正见成道浮雕。绵阳市西山观玉女泉崖壁上有二十五龛道像。最大龛(25 号)长 2.58、高 1.62 米。老君与天尊并盘腿坐莲台上;供养人分四列布于左右壁上。供养题名刻字有"上座杨大娘,录事张大娘,王张释迦,文妙法,雍法相……""上座骑都尉陈仁智,紫极宫三洞道士蒲冲虚,检校本观主三洞道士錬师陈……"另有题记刻字云:"大业六年太岁庚午十二月廿八日。三洞道士黄法暾奉为存亡二世敬造(空一格)天尊像一龛供养。"此外尚有"成亨元年","咸通十二年"等题刻。绵阳富乐山小龛道像亦有"大业十年"题刻。绵州道士李荣有《道德经注》,汉州什邡县"并是道民"。"广汉县集灵观有天尊真人石像大小万余躯。"可见道教之盛。

剑阁鹤鸣山有道像五龛,三龛长生保命天尊像可代表唐代早中晚三期风格。此处造像题记有:"前刺史,赐紫金鱼袋郑国公尚玄元道……以命石工雕长生保命天尊像一躯……圣历大中十一年丁丑岁(857 年)。"丹陵县龙鹄山有道像三十余龛。道像高者约 1 米,小者仅 0.3 米。老君盘腿坐于束腰方台上,二真人,二侍童侍立。《龙鹄山成炼师植松柏碑》建于天宝九载(750 年)。是女冠成无为绿化山林纪事。碑云:"女道仕成无为……仙师年逾知命而有少容,状如廿许童子,盖还丹却病之功也。无欲无营,恒以功德为先;不滥不贪,特以长生为务。"丹陵成无为、蒲江杨正见皆著名女冠。安岳县玄妙观道教佛教造像最能说明唐朝道佛并重情况,造像精美繁丽可谓道像代表佳作。造像列布于巨石包上,有造像约 1250 躯。

蒲江县飞仙阁的百余龛唐宋摩崖造像中有多龛道教造像。第 44 号龛天尊像十躯并列。题刻云:“天尊一铺,天宝九载五月……临邛郡白鹤观道士贾光宗造。”第 74 龛真人像侧亦有刻云:“长乐祖尊像一龛。唯大唐开元廿八年(740 年)岁次庚辰十二月……”该县可莫山还有道教主簿治教区遗迹及崖刻。仁寿县牛角寨三宝龛有重要道藏历史题记云:“南竺观记……夫三洞经符,道之纲记。了达则上圣可登,晓悟(则金)真斯涉……大唐天宝八载……三洞道士杨行进,三洞女道士杨正真,三洞女道士杨正观,真元守宪、进第、彦高(等)共造三宝像一龛。”第 40 龛正坐三清像,后立五真人。左壁有坐神及二童侍二真,右壁有《南竺观记》刻字及女真五人,造于公元 749 年。第 36 龛并列廿七真仙。第 44 龛并列卅五真仙。第 49 龛造(中)老子、(左)孔子、(右)释迦,是唐造三教龛。广元县、渠县皆有诸仙列坐龛摩崖造像。巴中县有唐北龛老君影迹诗碑。荣县荣德山老君洞有老君石像。广汉县集灵观有石雕道像。

此外,宋代道教摩崖造像以大足县最为著名,既多且佳,造像尤为壮丽精美。如石门山圣府洞、炳灵龛、五显大帝龛、玉皇龛、鬼子母龛,南山三清古洞、圣母龛、淑明皇后龛、紫微大帝、玉皇大帝,石篆山老君龛、九子母龛、文宣王与十哲造像。明清造像分散较广,主要有泸县玉蟾山的三官、三王、阎王、土地、山神、玉皇大帝、刘海戏蟾等,其中第 70 号玉皇大帝龛像高 1.8 米,宽 1 米,是明代造像的精品。安岳县三仙洞有十七龛道像。题刻云:“三仙洞昔之龙门观也。明天启、万历间,邑人窦治轩建。道人李焕宗复凿儒释道三教合奉一堂。”安岳赤云公社华严洞门左“六臂观音”后右手所执方印上刻有“仙佛合宗”四字。合川龙多山有明万历刻二仙传道龛,又有道士陈福牒像。大足县南山真武像(1 号)为明造。灌县青城山黄帝像,朝阳庵立雕道像似明造。营山景佛寺石雕站将部曹多是佛道合一。金章县城厢明教寺原有明嘉靖石雕老子像。重庆市老君洞原有道教摩岩造像浮雕。新都县城隍庙石雕地狱人物是明或清造作。清代造道像以安岳石羊镇毗卢洞玉皇龛、乐至县崇教寺字库道教人物较佳。大足县宝顶有民国造:老君、财神、山王土地、玉皇王母四龛道像。灌县有张大千绘道像碑刻:王母、麻姑、花蕊夫人、张陵、张三丰、黄粱图、绛巾图七通。此外,附于佛教造像的道教神像以大足宝顶山宋造卧佛前的玉皇及四辅神,卧佛上方王母及八天仙女最为精丽。梓潼县卧龙山初唐佛龛内所立道教人物亦佳好。①

正是基于对大量田野调查史料的详尽占有与深刻的分析，王家祐对道教石刻造像的渊源、特征及历史地位进行了深入精微的探究，指出这些石刻造像源自古老的巴蜀文化，反映了道教在四川传播与兴盛的历史。如安岳玄妙观道教造像，有 75 个造像龛，4 通唐碑，是现存唐代精致雕塑与碑刻文献的珍品。它提供了唐代道教、道佛并重、地方神话传说等重要实物数据，又是艺术考古的灿丽造作。巴蜀神话“九头鸟”，是巴人祖先三皇兄弟九人的象征，又是道教“人鸟山”传说的具体物化。天宝七年唐碑刻文提供了李唐道教的珍贵史料，碑文讲“道是盘古本□□□主。”又：“老子者，初为盘古。”此示唐皇室所崇“老子”之道，与苗瑶族系有关。又曰：“上道而轮，化生天地而生佛。”“元始化生三教圣人而生佛。”“道是三教祖也。”武曌《僧道并重敕》云：“老君化胡，典诰攸着。佛本因道而生。”与此皆三教合一说明证。碑文记述：“正一法王，古今相续。张、李、罗、王，名天之尊也。”这是四川正一道教的说法。教称正一，天尊以张姓为首。也证实了道教在汉、唐皆以正一天师为主。②

对于分布巴蜀大地的众多道教遗址、名山宫观，王家祐亦十分关注，并多加考察。先后撰写了《巍山祠庙记——附论南诏道教》、《玉局观与青羊肆》、《青羊宫命名考》、《张陵居赤城渠亭山》、《江津朝元观》、《道教鸟母与昆仑山文化的探索》、《西王母昆仑山与西域古族的文化》、《青城道教仙源录》、《神仙洞府与洞天》、《青城山道教宫观文化》、《武当山命名考异》、《彭县三道治考》、《鹄鸣神山治考》等文章，即把这些道教遗址、名山宫观的历史与现状揭示得相当清楚。如对青城山道教的历史考辨中，他认为其渊源自昆仑山金墉城（西王母所居），故青城山又有“神仙都会”之称。青城又称天谷，渊源自古崇伯鲧与崇伯禹的母系“西貘”族，故有麻姑、素女、玉女遗迹。这也是昆仑山派神仙的民族渊源。《山海经》“成都戴天之山”即今青城山。成是“成侯”族，都是两水交汇处。戴是姓，廪君（巴族酋王）之先出

① 参见王家祐：《四川道教摩崖造像概况》，《中国道教》1987 年第 1 期。
② 参见王家祐：《四川道教摩崖造像述议》，《敦煌研究》1987 年第 2 期。

自巫戴（戴姓之巫师）。这是开明民蜀国（公元七世纪至三世纪）的最初建国的山原。开明氏蜀国代替蜀杜宇王朝后，杜宇族亦隐避于青城天国山中。自唐玄宗手诏碑写作“青城”以来，杜甫诗“自为青城客，不唾青城地”，才有绿树如云，状若城郭，故谓青城之说。山中道观甚多，王家祐一一考之，有建福宫、天师洞、上清宫、圆明宫、玉清宫、真武宫及天国山、赵公山等山麓道教古迹。他说：青城山的考古课题是值得重视的。从新石器时代磨制石斧的发现，汉“冷风”碑，隋大业张天师雕像（天师洞），唐飞龙铁鼎（唐代的不锈铁），宋皇甫坦墓碣，薛仙洞宋碑，宋飞天轮道藏记碑，唐宋窑址，都很为重要。

综上所述，王家祐的道教研究，涉及面较广，且多与巴蜀地方史、民族史、考古及民间信仰的探究紧密结合，其视角独特，观点新锐，精彩之处比比皆是，尽管一些结论尚待进一步研究，但他开阔的眼界及深邃的思维给后学带来许多珍贵的思想成果，引导人们去探究那未知的学术领域。

八、孟乃昌：丹道与古代科技研究的佼佼者

孟乃昌先生（1933—1992 年），生前任太原工学院（现太原工业大学）化工系教授，著名化学史专家、道教研究学者。

孟乃昌出身于书香门第。祖父瑞安公很早就指导其阅读包括《周易参同契》在内的中国传统典籍，据孟乃昌先生自述：“我向我的祖父请教：应该怎样研究《周易参同契》？祖父指点从目录学入手，先看《四库全书总目提要》关于《龙虎（上）经》和《周易参同契》的几条提要，然后选出重要的注本（彭晓注、朱熹注、陈显微注、陈致虚注），阅读文、注。”①在祖父熏陶下，孟乃昌对道教、中医、《周易》等中国传统文化产生了浓厚的兴趣，发愤阅读了许多典籍文献，从而打下了比较坚实的国学基础。孟乃昌研究《周易参同契》的启蒙者还有我国著名化学史家袁翰青先生。袁翰青自 1954 年起在《化学通报》上几乎每期都发表一篇化学史的文章，年仅二十一岁的孟乃昌“逐期阅看，爱不释手”，由此萌发了选择从《周易参同契》开始来研究中国

① 参见孟乃昌：《周易参同契考辨·前言》，上海：上海古籍出版社 1993 年版，第 1 页。

炼丹史以至中国科技史的念头。当时,孟乃昌绝没有想到的是,他对《周易参同契》的相关研究“竟然延续了三十五年之久”。

早在20世纪50年代中期,孟乃昌先生就探讨了与炼丹术相关的氧气发现问题。① 后深入研究道教炼丹术,撰写了《〈周易参同契〉及其中的化学知识》一文,发表于《化学通报》1958年第7期。“文化大革命”结束后,先生开始对道教炼丹术进行系统研究,完成的论著有《道教与中国炼丹术》(燕山出版社,1993)、《周易参同契考辨》(上海古籍出版社,1993)等专著,并与孟庆轩辑编了《万古丹经王〈周易参同契〉三十四家注释集萃》(华夏出版社,1993年)一书。孟乃昌对于道教与医药学的关系、与武术的关系的探讨亦多有创见。但是,他在道教炼丹术方面的研究享誉世界,他在道教外丹术文献考辨与实验研究方面的学术贡献主要有以下三个方面:

(一)深入考证道教炼丹术文献

在道教炼丹术研究的方法上,孟乃昌继承了传统的文献学尤其是校勘学方法,并重视从中国哲学及科学思想史的背景,把握炼丹术文献的出世年代、作者及理论特点。在研究《周易参同契》等道教炼丹术文献上,作出了杰出的贡献。就文献学研究而言,孟乃昌对《周易参同契》的研究成就最大,据其自述“我的《周易参同契》的研究过程,到今天已历时三十三年以上”②,他为此书耗尽毕生精力,留下了一部遗著《周易参同契考辨》。在该书中,孟乃昌从《道藏》所收唐宋炼丹原著二十六种中,摘出《参同契》引句一百五十七条,归纳为六十一例,运用校勘与原文内证实例,解决了一系列学术问题。

1. 对《参同契》阴注本、容无本等诸家注本的研究。

孟乃昌先生首先发现,二十六种炼丹原著所引句,主要为唐代炼丹书所覆盖。可见,《参同契》在唐代已经大为流行,为内外丹著作广泛征引。另外,六十一例引句(段)与今本文字相同或基本相同,且从第一章到八十九章分布较为均匀,故而“唐代流行的《周易参同契》,大体上就是今本这种样

① 参见孟乃昌:《关于发现氧气的几个问题》,《化学通报》1955年第6期;《再谈发现氧气问题及其他》,《化学通报》1957年第5期。

② 孟乃昌:《周易参同契考辨 · 前言》,上海:上海古籍出版社1993年版,第6页。

式,或者说只是包含着和今本大体相同的文字”①。

传统观点认为,五代彭晓《周易参同契通真义》为现存《参同契》各版本之祖本,各注本自朱熹起均引用彭本,而参同学也传自彭晓一派。《四库全书总目提要》便持此说,其影响甚为深远。不过,陈国符先生在《〈道藏〉经中外丹黄白法经诀出世朝代考》根据一种引书和少数地名探索其年代,已断定《道藏》太玄部所收阴长生注本与容字号无名氏注本为唐代所出,打破了传统的看法。② 孟乃昌认为陈氏并未注意到二书与唐代其他炼丹术典籍的关系,于是,考查六十一句(段)引文,发现十九处唐代《参同契》原文与彭注本正文有异,却与《道藏》所收阴注本、容无本、朱熹注本正文,以及分别与后世储华谷、陈显微、俞琰、袁仁林等各家注本正文相同。具体而言,阴注本、容无本正文与唐代《真元妙道要略》、《还丹肘后诀》、《通幽诀》、《还金述》、《丹论诀旨心鉴》、《太上卫灵神化九转丹砂法》、《阴阳九转成紫金点化还丹诀》、《日月玄枢论》,五代《大还丹照鉴》等书所引《参同契》正文相同。这就表明阴注本、容无本独立,可确定为唐代所出。从注文上看它们也互不引用,没有传授相承关系。加之彭注本多不同于诸家正文,表明其实际上只是五代五蜀王朝的,并非普遍采用的传本。“这样就否定了彭注本最古,而确定现在范围内阴本、容本最古,是唐代已定型的本子。”③

从上述朱熹注本同于阴注本、容无本正文而异于彭注本之处,孟乃昌进而认定朱熹考异本实并未取彭注本,而实取唐代阴注本、容无本等,朱熹“不但在一定程度上保存了唐本的原貌,而且提出《参同契》正文‘以金为堤防……赫然成还丹’为一完整炼丹过程。具体分析了第一变、第二变、第三变,这要比许多注本杰出得多”④,“文字研究在诸家注中确属第一”⑤。因而,《四库全书总目提要》对朱熹《周易参同契考异》提出的批评并不恰当。孟乃昌提出现在应更重视阴注本与容无本的价值。不过,他仍然肯定彭晓

① 孟乃昌:《周易参同契考辨》,上海:上海古籍出版社 1993 年版,第 26 页。
② 参见《陈国符道藏研究论文集》,上海:上海古籍出版社 2004 年版,第 75 页。
③ 孟乃昌:《周易参同契考辨》,上海:上海古籍出版社 2004 年版,第 28 页。
④ 孟乃昌:《周易参同契考辨》,上海:上海古籍出版社 2004 年版,第 30 页。
⑤ 孟乃昌:《周易参同契考辨》,上海:上海古籍出版社 2004 年版,第 85 页。

注本的功绩，认为彭是炼丹家，彭注更接近原文，故与朱注比较，“宁愿取彭本注文”①。

2. 考辨《参同契》出于东汉。

对于《参同契》的出世年代，过去学术界颇有争议。孟乃参认真辨析，举出《参同契》出于东汉的三条证据。

首先，《参同契》含有纬候内容。马叙伦先生认为《参同契》是伪书，实先有易纬名《参同契》，后人又冒名著内外丹书，再后有人糅合为一，而成今本。孟乃昌则认为，今本《参同契》有纬候内容，书名亦仿纬书以三字为题，“正是时代特征的显示，是出于东汉的一个佐证”，故同意明陆深《经义考》卷九称魏伯阳作《参同契》本之纬书的说法。二十六部炼丹原著基本不引用《参同契》纬候内容，也正说明后世炼丹家对汉代盛行的纬候之风并不感兴趣。先生还进一步查考《史记 · 秦始皇本纪》，称“谶纬萌芽即出于方术，与早期炼丹术是有纠葛的”②。

其次，《参同契》使用廋辞。孟乃昌先生举相关旁证，指出廋辞写法为具有时代特征之证明的第二点。③

最后，《参同契》兼以黄老学、易学为指导思想。孟乃昌先生认为，在此书诞生之时，东汉社会的指导思想基本上已经由黄老之学转为老、《易》之学，故而考查《参同契》文本时可发现，此书主要以《老》、《易》为指导思想。不过当时社会“黄老”因素并没有完全消退，故此书仍有一些反映黄老思想时代背景的内容。《参同契》的哲学思想仍融合了《黄》、《老》、《易》三家，这正是《参同契》出于东汉的时代特征之三。④

3. 关于《参同契》作者的考证。

有学者认为，《参同契》著录较晚，《隋书 · 经籍志》犹不载，故断定为伪书，托名汉魏伯阳撰。孟乃昌先生则指出，辨伪通例以史志目录著录与否作为标准之一。但炼丹本为秘术，师徒相授，信誓郑重，其典籍亦多秘传，故不

① 孟乃昌：《周易参同契考辨》，上海：上海古籍出版社 2004 年版，第 30 页。
② 孟乃昌：《周易参同契考辨》，上海：上海古籍出版社 2004 年版，第 32、34 页。
③ 参见孟乃昌：《周易参同契考辨》，上海：上海古籍出版社 2004 年版，第 36 页。
④ 参见孟乃昌：《周易参同契考辨》，上海：上海古籍出版社 2004 年版，第 38 页。

能简单将这一辨伪方法用于炼丹术著作。何况正史以外，私家著述对《参同契》的记载实未中断。如陆德明《经典释文》记载，虞翻注《参同契》曾引"日月为易"一句释"易"。《神仙传》则提及魏伯阳作《参同契》、《五相类》凡三卷，这一说法又为唐刘知古《日月玄枢篇》转引。《颜氏家训》、《真诰》等唐前典籍也都提到了《参同契》一书。唐代炼丹术繁荣之时，《参同契》才成为公开流行的著作，但并不表明《参同契》乃唐人伪造。不过，先生也认为，今本《参同契》也杂入注、序及后人增改字句，并且可能有佚文。

孟乃昌确定《参同契》并非后人伪托后，进一步对此书作者问题进行了考证。过去学术界一般依据彭晓《周易参同契通真义》序的说法，认为魏伯阳得古文《龙虎经》后，约《周易》而作《参同契》，并授于徐从事、淳于叔通。但是，阴注本、容无本序言却称古《龙虎上经》本出于徐从事，徐授淳于，后又为魏所得，再撰并改题。为解决这一问题，孟乃昌先生仔细审查、对比原文，发现四言句与五言句在见解上有着显著的差别。例如前者只炼铅汞、摒弃八石；后者却以铅汞为主，兼及其他丹剂，把八石纳入体系。前者以内丹为主，外丹服饵只占配合地位；后者却主要在于烧炼服食，企图以此达到长生成仙，对内炼之术稍有贬抑。四言句更有指摘《参同契》不能纯一、泛滥而说之语，并自称为《五相类》。先生因而断定，今本四言句(《五相类》)原为注释，而五言句则是《参同契》原正文，"魏伯阳是《五相类》(或《三相类》)作者，而不是《参同契》作者"①。托名魏伯阳撰的廋辞，也正是四言句。依据《真诰》及阴注本、容无本，徐从事则是据古经而写成五言体并订名《参同契》之人。② 先生进一步从内容及他书对校中，考证今本《参同契》楚辞体段落、三句体《鼎器歌》均不出于四、五言句作者，并审慎地依据阴注本、容无本判断淳于叔通也是《参同契》某一部分的作者。于是，先生对《神仙传》、彭晓所称魏伯阳撰《参同契》的观点进行了有力的批驳。

孟乃昌先生进而又确定淳于为桓帝时(147—167年)人，徐从事为其师则亦为桓帝时人或稍早(约130年前后，即顺帝时人)。而从四言句的文

① 孟乃昌：《周易参同契考辨》，上海：上海古籍出版社2004年版，第46页。
② 参见孟乃昌：《周易参同契考辨》，上海：上海古籍出版社2004年版，第53页。

风、廋辞及相关旁证来看,魏伯阳仍为东汉时人,约为170—210年(即灵帝、少帝时)人。先生又考证了魏伯阳的籍贯,批驳了彭晓会稽说等观点,认为魏氏籍贯郐国应从本义来理解,指两周侯国之一,故地为今河南郑州以南密县境内。这一点对了解东汉炼丹术的发展是有意义的,说明这一时期中原地区炼丹术的发展,产生和传播了这本名著。[①]

4.《参同契》的成书过程。

孟乃昌先生又在马叙伦先生工作的基础上,结合汉代儒学今古文之争的历史背景,详细比对该文本的内容和思想,结合旁证,进一步考证《参同契》的成书过程。先生发现,《参同契》五言句由两部分组成,分别相当于彭注本11章和35章所含。11章所在的前部分属今文派,成于东汉初期;东汉末,徐从事据当时今古师说(班固为代表)把古今融为一体,写出了35章在内的那一部分,实为古文派兴起之征。[②] 另外,先生还分析经文,阐明《参同契》作者们所属的不同炼丹流派,指出部分五言句作者徐从事属于传授《九都丹经》、祖述黄帝的派别。[③] 先生继续指出,《参同契》上中篇前半部分与《易纬》诸籍在总旨、结构、象数、卦象配时、灾异、御政等均相同,且只有共性而并无炼丹术特征,故均是当时的《易纬》诸籍的一部分。而徐从事援当时已有之《易纬》,叙述炼丹书《九都丹经》之主要内容以合之,而成《参同契》五言部分。[④] 先生最后概括了《参同契》成书的过程,强调"整个过程在东汉二百年内完成"[⑤]。由此,围绕在《参同契》各篇作者、成书等问题上的种种疑问,得到了清晰而有说服力的结论。

此外,孟乃昌先生还撰有《〈周易参同契〉的著录和版本》[⑥],总结了《参同契》研究的学术史,对历代重要的注本进行了介绍。先生更在三十年搜集、研究工作的基础上,从发现的一百余种《参同契》版本中选取三十四家

① 参见孟乃昌:《周易参同契考辨》,上海:上海古籍出版社2004年版,第59页。
② 参见孟乃昌:《周易参同契考辨》,上海:上海古籍出版社2004年版,第79页。
③ 参见孟乃昌:《周易参同契考辨》,上海:上海古籍出版社2004年版,第81页。
④ 参见孟乃昌:《周易参同契考辨》,上海:上海古籍出版社2004年版,第91页。
⑤ 孟乃昌:《周易参同契考辨》,上海:上海古籍出版社2004年版,第93页。
⑥ 《中国道教》1988年第2期。

注释、批注[1]之精粹，以彭晓注本为底本，编定《万古丹经王〈周易参同契〉三十四家注释集萃》一书，该书是目前最为完备的《参同契》汇校集释本，甚便后学。

除《参同契》外，孟乃昌先生还对其他炼丹术文献进行了广泛的研究。"文化大革命"结束后，先生即发表了《〈平龙认〉质疑》[2]及《〈平龙认〉质疑——关于八世纪发现氧气的可能性问题》[3]等系列论文，认为德国汉学家朱利叶斯·克拉普罗特引用的炼丹术著作《平龙认》是伪书，他所谓中国8世纪时发现氧气的说法也就失去了依据。先生又撰有《〈真元妙道要略〉的化学史意义》（全国第三次化学史学术讨论会论文，1980年）一文，以内证法，定《真元妙道要略》一书出于8世纪。在《张果考》一文中，先生对张果、陈少微、金陵子分别撰述的外丹经典进行详细对照，指出三者与《大洞经》的渊源关系，并据李时珍《本草纲目》只引张书未引陈书，说明陈书出于唐却不行于明，张书对后世的影响更大。[4] 此外，《周易参同契考辨》一书中，先生还以内证定《张真人金石灵砂论》成书于734—770年间，以他书引用定陶植《还金述》出世于9世纪初、中叶。[5] 在《道教与中国炼丹术》一书中，孟乃昌先生汇总过去的研究成果，对《道藏》三十种（含藏外一种）外丹书进行了详细的考证、评介[6]，实为炼丹术研究的重要工具书。

（二）系统总结道教炼丹术的理论与成就

20世纪80年代末，陈国符先生曾撰《中国外丹黄白法初步评议大纲》，这是国内第一篇在充分文献研究基础上对外丹黄白术科学价值的评价报告。但这篇报告较为简略，陈先生亦自注称其只及于外丹黄白法最盛的唐宋时期。孟乃昌先生则首次对道教炼丹术的理论体系和成就作出了系统的

---

① 三十四家注本、批注本、批校本目录，参见孟乃昌、孟庆轩辑编：《万古丹经王〈周易参同契〉三十四家注释集萃》，北京：华夏出版社1993年版，第415—417页。

② 载于《化学通报》1978年第3期。

③ 载于《太原工学院学报》1980年第1期。

④ 参见孟乃昌：《张果考》，《宗教学研究》1985年第1期。

⑤ 参见孟乃昌：《周易参同契考辨》，上海：上海古籍出版社2004年版，第3页。

⑥ 相关内容，原载孟乃昌：《中国炼丹术原著评介》，《世界宗教研究》1984年第4期；《道藏炼丹原著评述（续）》，《宗教学研究》1990年3—4期合刊本。

总结,在学术史上产生了重要的影响。

1. 对《周易参同契》理论与成就的总结。

孟乃昌先生在对《参同契》及相关道教炼丹术文献研究的基础上,进一步对《参同契》的理论和成就作出总结。就《参同契》自身的理论体系而言,先生强调此书兼有内、外丹术内容,外丹理论用隐语写成,而内丹术则直言,《参同契》内、外丹并举,“为内丹借用外丹理论术语奠定了基础”[①]。这种观点纠正了某些学者仅仅从内、外丹某一方面阐释《参同契》文本(先生称为唯内丹论、唯外丹论)[②]的弊病。

(1)《参同契》之内丹术。

就内丹术而言,孟乃昌先生在《周易参同契考辨》中系统总结了书中包括内丹术在内的内功体系。其中,上卷第20章“内以养己,安静虚无”是一种清静内养功,第21章“黄中渐通理”等说气功术之效果,第27章则述内功功法之偏差。中卷内功内容较多,其中第66章内涵最为丰富细致,此章中“排却众阴邪,然后立正阳”的却阴立阳论对后世内丹学、中医学还产生了深远的影响。[③] 下卷尽管篇幅最小,却是全书内丹最受强调的地方。[④] 在《道教与中国医药学》一书中,先生还研究了《参同契》历代内丹家注,指出《参同契》关于上下、升降、出入、舒卷、浮沉的概念和理论,经历代内丹派注家诠释、深化后日益丰富,并在宋代内丹派南北宗兴盛之时为中国医药学所吸取。[⑤]

(2)《参同契》之外丹术。

就其外丹术的部分而论,孟乃昌先生在《〈周易参同契〉的实验和理论》一文中,曾探讨了《参同契》的外丹理论,强调“魏伯阳的‘还丹’是氧化汞和氧化铅,而不是硫化汞”[⑥]。后撰《中国炼丹术的基本理论是铅汞论》一

① 孟乃昌:《道家内丹术(气功)理论概念的由来和运用》,《中国道教》1990年第1期。
② 参见孟乃昌:《周易参同契考辨》,上海:上海古籍出版社2004年版,第137页。
③ 参见孟乃昌:《周易参同契考辨》,上海:上海古籍出版社2004年版,第136页。
④ 参见孟乃昌:《周易参同契考辨》,上海:上海古籍出版社2004年版,第139页。
⑤ 参见孟乃昌:《道教与中国医药学》,北京:燕山出版社1993年版,第100—105页。
⑥ 孟乃昌:《〈周易参同契〉的实验和理论》,《太原工学院学报》1983年第3期。

文[1],指出:“中国炼丹术的理论基础是《周易参同契》所奠定的,书中以苍龙白虎,姹女黄芽、东西黑白、呼吸男女……来隐喻化学单质铅与汞生成铅汞齐的作用,贯穿全书的是铅汞理论。”[2]先生又分析了《参同契》容、阴、彭晓等历代注家及其他外丹文献推崇铅汞而非硫汞的基本情况,指出:“《参同契》是铅汞论的奠基作品,后世凡依崇铅汞论的,才引此书为典籍,为之作注,故注释一律为铅汞论的,是反硫汞论的。而凡硫汞论者,均不奉《参同契》为典籍,而另有所据。”[3]先生在《火药发明探源》一文中,还指出《参同契》奠定了炼丹术伏炼法之基础。[4]

早在《〈周易参同契〉及其中的化学知识》一文中,孟乃昌先生就已经讨论《参同契》所包含的古代化学工艺内容。《周易参同契考辨》一书又进一步作了系统的总结:上卷(第二部分)原始化学体系包括铅的化学、仪器(升华器)论述,以及金的化学、反应理论(同类学说),主要炼丹反应、阴阳五行学说对炼丹的运用[5];中卷(第二部分)化学内容“重点是铅汞齐,没有完整还丹炼制和还丹论述,故有传、注特点”[6];下卷楚辞体之御政灾民后,“升熬于甑山兮……食如大稻米”为原始化学内容,相当于《黄帝九鼎神丹经》中的第一鼎丹[7]。

(3)《参同契》之基本理论和科学思想。

在除内、外丹理论体系外,《参同契》还涉及了中国传统科学的基本理论问题。孟乃昌先生便认为《参同契》对于阴阳学说一般原理的运用就有所突破和发挥,可以总结为三点:第一,药物相类下才可以谈阴阳作用;第二,三物含受、三性会合;第三,人体却阴立阳论。[8] 先生还注意到,“《参同契》命名由来,远源实自《韩非子》,《韩非子·主道》和《扬权》均有‘形名参

① 原载《世界宗教研究》1988 年第 2 期,修订后收入《周易参同契考辨》。
② 孟乃昌:《周易参同契考辨》,上海:上海古籍出版社 2004 年版,第 205 页。
③ 孟乃昌:《周易参同契考辨》,上海:上海古籍出版社 2004 年版,第 221 页。
④ 参见孟乃昌:《火药发明探源》,《自然科学史研究》1989 年第 2 期。
⑤ 参见孟乃昌:《周易参同契考辨》,上海:上海古籍出版社 2004 年版,第 130 页。
⑥ 参见孟乃昌:《周易参同契考辨》,上海:上海古籍出版社 2004 年版,第 133 页。
⑦ 参见孟乃昌:《周易参同契考辨》,上海:上海古籍出版社 2004 年版,第 134 页。
⑧ 参见孟乃昌:《周易参同契考辨》,上海:上海古籍出版社 2004 年版,第 136 页。

同'，即经过检验，证明所表现的和所说的符合，这不同于单纯思辨。炼丹术是实验解决问题，其优点品格即在此"[①]。这一考辨颇具新意，点出了《参同契》所蕴含的科学思想，即通过观察来获得事实材料，并结合实验手段来进行"参验"，这也正是中国道教炼丹术思想的合理内核之一。

在深入研究的基础上，孟乃昌先生评价，《参同契》充分吸收了其时代的各种思潮，用以阐释炼丹术理论，"《契》以外没有能和它在理论上相颉抗的著作"[②]。葛洪《抱朴子内篇》虽极为雄辩，但也只在神仙必有、金丹可成、黄白有效上做文章，而没有进行实质性的炼丹理论建设。两者在道教炼丹史上的地位也就有着悬殊的差别。

2. 对道教炼丹术理论与成就的总体概括。

孟乃昌并不局限于对《参同契》一书的研究考证，而是在扎实文献研究的基础之上，对道教炼丹术作综合研究，探讨其历史源流、理论体系。

就道教与中国炼丹术的关系而言，孟乃昌先生形象地称"道教是中国炼丹术的'保姆'"[③]。就内、外丹术的关系而论，先生认为，中国炼丹术中这两部分过去分别由不同专业领域的学者分别进行研究。一般把内丹术看作是道家、道教、气功史上的成果，把外丹术看作古代化学史上的贡献。这就不可避免地造成歧异和脱节现象，难以窥见中国炼丹术之全貌。先生在文史、化学、传统医学方面具有广博的学识，故能从中国炼丹术整体视角出发，深入探讨了中国内、外丹术的联系，及其各自的理论特点和成就。

（1）中国炼丹术的历史概况和基本理论

学术界在描述中国炼丹术的发展概况时，一般认为在宋代外丹衰落而内丹兴起。孟乃昌先生强调这种观点"虽不错，但却过分简单化"[④]。先生结合内、外丹术的特点及关系，将中国炼丹术分为如下三大时期，分别探讨炼丹术发展的具体情况：

第一是战国至南北朝，内外丹（指内容并非名称）并举和分列。先生考

① 孟乃昌：《周易参同契考辨》，上海：上海古籍出版社 2004 年版，第 32 页。
② 孟乃昌：《周易参同契考辨》，上海：上海古籍出版社 2004 年版，第 141 页。
③ 《自序》，《道教与中国炼丹术》，北京：燕山出版社 1993 年版，第 16 页。
④ 孟乃昌：《周易参同契考辨》，上海：上海古籍出版社 2004 年版，第 262 页。

查汉代《参同契》、《太清金液神丹经》、《黄帝九鼎神丹经》及晋葛洪《抱朴子内篇》等书后，发现这一时期“都是以内外丹术并存的形式表达内外丹结合的，其特点是均不以外丹术语阐释内丹术”[①]。葛洪以后不久，炼丹家正式提出内丹名词，开始以外丹释内丹。

第二是隋至宋代，内外丹结合至分裂。这一时期，内外丹均受“天人合一”、“天人相应”理论的支配，认为大宇宙和小宇宙统一，自然界过程（包括丹房中对它的模仿）与人体内过程一致。唐代《通幽诀》、《还丹肘后诀》均有相关论述，内外丹并重。也有炼丹家内外丹并举，而偏重一家。另外，对于内丹借用外丹的概念、术语和理论，过去学者多偏重于内外相斥的一面，而孟乃昌先生则注意到相当多的炼丹家主张内外丹结合的一面。而且还有外丹再借用内丹的概念、术语、理论的情况，如唐《通玄秘术》“黄庭丹”的概念、《金华玉液大丹》以“胎息”描述外丹火候浇淋、《灵砂大丹秘诀》以“三车”搬运论外丹操作等。宋金时期，北宗（全真道）与南宗兴起。学术界传统认为其专讲内丹，斥外丹为邪术，不过先生经过细致的考辨，强调南北宗“实际上也是内外丹并举，只是有所侧重，有明显与不明显之分罢了”[②]。

第三是元至清代，内外丹理论趋于简约。这一时期，炼丹术“具有由博返约和退化性的双重性，在炼丹理论上尤其是这样，对内外丹的关系上的反映尤其是这样”[③]。具体来说，内外丹并举到了元代发生了变化，陈致虚、朱元育等人便以内、外均指内丹。不过，明清两代又“只强调结合而较少分离”，先生总结到，“内外丹结合是自有炼丹史以来的一贯主张”[④]。

孟乃昌在宏观把握炼丹术的历史进程中，不失细致而审慎的分析考查，其结果多能发前人所未发，改变了学术界对炼丹术的陈旧印象。

在《道教与中国炼丹术》一书中，孟乃昌概括了中国炼丹术的基本理论。首先，《老子》阐述并由《淮南子》、《抱朴子内篇》继承、深化的宇宙生成论，对炼丹术有深刻影响。其次，中国炼丹理论是在道家时空观的相对主

① 孟乃昌：《周易参同契考辨》，上海：上海古籍出版社2004年版，第271页。
② 孟乃昌：《周易参同契考辨》，上海：上海古籍出版社2004年版，第282页。
③ 孟乃昌：《周易参同契考辨》，上海：上海古籍出版社2004年版，第291页。
④ 孟乃昌：《周易参同契考辨》，上海：上海古籍出版社2004年版，第294页。

义思想下构造起来的。在道教看来,丹房中物质变化过程对时间的缩短,才使服用此产物的人寿命延长。缩短和延长的统一,就在于他们认为时间的不均匀性。再次,《周易》阴阳学说促进了炼丹理论的定型,阴阳学说是炼丹家化学观的基础。最后,天人相应、五行学说亦是炼丹术的指导思想。

(2)对内丹术功法、外丹术实验模拟的细致考查

孟乃昌先生对内、外丹术均有具体而深入的研究。就内丹术而言,先生谈道,"所谓内丹术,是指入静调息,吐故纳新,运转内气,循行体内,进行生理的、心理的训练以提高健康水平防病治病的功法和功理,也称金丹术和铅汞术"①。就内丹术的理论而言,先生认为《参同契》所阐述的天人合一观,是中国内丹术能吸取外丹术理论概念的深层原因②,又在陈国符研究的基础上进一步提出:"苏元朗吸取《周易参同契》等书的外丹理论运用于内丹,这是内丹理论建立的明确标志"③,时间约在梁代。内外丹相结合,也正反映了中国道教炼丹术区别于西方的独特性。

就外丹术的定义而言,孟乃昌先生谈道:"所谓外丹术,指以金石药物或草木药物在丹房实验室中通过加热或不加热的各种手续处理,常常发生一个或多个化学反应得到不同的产物、化合物或混合物。其中又分为金丹术(制造可以服食摄取的长生丹剂)和黄白术(制造药金、药银,认为那就是真金、真银)。"④孟乃昌先生研究外丹术,坚持文献研究与模拟实验研究相结合的方法,与北京大学赵匡华教授同为国内最早将两种研究方法相结合的学者。先生亦由此得出了许多具有重要价值的学术见解。

通过文献研究,孟乃昌先生对外丹术的一系列问题进行了深入的探讨。在《炼丹书〈悬解录〉试解》⑤一文中,先生考证《悬解录》中"三一之丹"实质为性激素秋石、胎盘及乳粉,并作《二千年间秋石与性激素之隐名表》以备参考。先生又撰《秋石试议——关于中国古代尿甾体性激素制剂的制备》⑥

① 孟乃昌:《周易参同契考辨》,上海:上海古籍出版社 2004 年版,第 265 页。
② 参见孟乃昌:《周易参同契考辨》,上海:上海古籍出版社 2004 年版,第 143 页。
③ 孟乃昌:《周易参同契考辨》,上海:上海古籍出版社 2004 年版,第 151 页。
④ 孟乃昌:《周易参同契考辨》,上海:上海古籍出版社 2004 年版,第 265 页。
⑤ 《化学通报》1982 年第 5 期。
⑥ 载于《自然科学史研究》1982 年第 4 期。

一文,详细探讨了古代六种秋石制备方法。在《汉唐消石名实考辨》一文中,先生认为在陶弘景时代及其以前,中国医药学中所用的"消石"(早期"锅巴"状物除外)和"芒消"都是硝酸钾,而至李时珍时代,"消石"仍即硝酸钾,"芒消"即十水硫酸钠,"朴消"即后者的不纯物。① 稍后又撰文探讨了唐、宋、元、明应用消石的历史。②

在《道教与中国炼丹术》一书中,孟乃昌认为《抱朴子内篇》为综合派著作,而以金液派为主;又指出《三十六水法》和《轩辕黄帝水经药法》是中国炼丹术中仅有的两本水法专论。③ 此外,孟乃昌还查明藏外重要外丹书四十余种,于《宗教学研究》1989 年第 1 期发表了《明代炼丹书〈黄白镜〉》一文,分析了藏外炼丹书《黄白镜》的技艺理论及其时代特征。孟乃昌在《中国炼丹术"还丹"的演变》一文中考证后,认为《参同契》铅汞论在后世分化为主铅论与主汞论两派,并对双方理论纷争的情况进行了介绍。④

孟乃昌还注意到道教外丹术与蒸馏酒、火药发明的关系。在《中国蒸馏酒年代考》一文中,先生据《抱朴子内篇·杂应》、《后汉书·方术列传》和《神仙传》等文献,考订蒸馏酒发明的时间上限应是在东汉时期,而"东汉与晋的高浓度酒都只是在炼丹家活动范围内制备和应用的,和南北朝以及唐作为商品是不同的"⑤。先生在对消石研究的基础上,又撰《火药发明探源》、《中国古代火药的理论体系》两文,涉及了道教炼丹术与火药发明及理论之关系等问题。⑥ 其中谈到,早在公元四世纪初,葛洪在《抱朴子内篇·仙药》中便记载了硝石等三物炼雄黄能够引起爆炸现象,是"原火药配方形成的开端"⑦。先生还先后撰写《王屋山与硫磺》⑧及《中国文化史上西蜀炼丹术的评介》⑨,关注地域炼丹术史的课题。

---

① 孟乃昌:《汉唐消石名实考辨》,《自然科学史研究》1983 年第 2 期。

② 孟乃昌:《唐、宋、元、明应用消石的历史》,《扬州师院自然科学学报》1983 年第 2 期。

③ 孟乃昌:《道教与中国炼丹术》,北京:燕山出版社 1993 年版,第 46、91 页。

④ 载于《自然科学史研究》1987 年第 2 期。

⑤ 孟乃昌:《中国蒸馏酒年代考》,《中国科技史料》1985 年第 6 期。

⑥ 载于《自然科学史研究》1991 年第 2 期。

⑦ 孟乃昌:《火药发明探源》,《自然科学史研究》1989 年第 2 期。

⑧ 载于《太原工学院学报》1982 年第 2 期。

⑨ 载于《宗教学研究》1991 年 1—2 期合刊本。

除文献研究外,孟乃昌及其研究团队还先后进行了一系列的模拟实验研究。主要成果有:孟乃昌、李小红:《中国炼丹术的模拟实验研究:〈三十六水法〉其他配方的初步实验》(第一作者),该文于1982年全国第二次化学史学术讨论会上宣读;《孙真人丹经内伏硫黄法的模拟实验研究》,该文发表于《太原工业大学学报》1984年第4期(第一作者);《中国炼丹术伏硫黄、硝石、硇砂诸法的实验研究》,该文发表于《自然科学史研究》1984年第2期(第一作者);《中国炼丹术"金液"丹的模拟实验研究》,该文发表于《自然科学史研究》1985年第1期(第一作者);《中国炼丹术朱砂水法模拟实验研究》,该文发表于《自然科学史研究》1986年第3期(第一作者);《铜汞药金的模拟实验研究》,该文发表于《太原工业大学学报》1995年第3期(第三作者)等。

在已有实验研究的基础上,孟乃昌《道教与中国炼丹术》一书系统总结了中国炼丹术十二项主要成就:大还丹(氧化汞、氧化铅)、小还丹(硫化汞的合成)、轻粉和粉霜(汞的氯化物)、三十六水法反应、"金液丹"及其演变、"罨金法"(固体王水)、"药金、药银"(合金的制备)、"三物炼雄黄"(砷单质的发现)、"伏雄雌二黄用锡法"(彩色金)、"消石"型药物(硫酸钠,硝酸钾和硫酸镁)、"伏炼"与"伏火"、火药的发明。这样,道教外丹术在世界化学史上的价值和地位也就得以彰显。

(三)积极拓展道教内外丹与医药学、武术关系的研究

道教与医药学、武术的关系均甚为密切,然而基于各种原因,国内学术界却长期缺乏研究。孟乃昌先生由于家庭关系,自幼接触道教经典,亲近道教文化,"对于道教,有一种民族文化的感情蕴藉在胸臆"①,对道教的关注也就超出了化学史的领域,而及于道教与医药学、武术等领域的关系。

孟乃昌从小熟读传统医学经典及诸家医案,又习脉学、本草,故而特别留心道教(尤其是道教炼丹术)与中医药学的关系。就道教与中医学理论来说,孟乃昌曾撰写《阴阳五行与李时珍的分类学思想》,该文发表于《医学与哲学》1983年第11期;《〈本草纲目〉对炼丹术的态度》,该文发表于《山

① 孟乃昌:《道教与中国医药学 · 自序》,北京:燕山出版社1993年版,第9页。

西中医》1987年第6期。这些论文细致地分析了阴阳五行学说、内外丹术等道教修炼方术思想对李时珍本草学的影响。在《命门学说新考——在两千年的争衡中形成》及其续篇[①]中,孟乃昌又详细考述了道家(道教)与中医命门学说的历史渊源,认为命门学说"显然是通过道家内功实践而发展的"[②]。孟乃昌《道家思想与中医学》一文深入探讨了道家道教的演化逻辑、象数体系及宇宙生成论等方面对中医学理论体系建构的意义和作用,并认为道教丹经《钟吕传道集》"作为《黄帝内经》与宋元及以后中医学的中介环节,体现了道家与中医学的密切联系"[③]。

就道教与中医方剂学的关系而言,孟乃昌在《中国炼丹术与中医外科学的关系》[④]一文中概述了炼丹术与中医外科学互动的历史,并将中医外科炼丹方剂分为四类予以介绍。此外,发表于《中成药》1984年第8期的《龟龄集的历史源流》一文介绍了道士邵元节与龟龄集药方的渊源,《五子衍宗丸的历史起源》一文认为《悬解录》收录的张果五子守仙丸方"当即是五子衍宗丸的原始面貌"[⑤]。

孟乃昌后来撰成《道教与中国医药学》一书,由北京燕山出版社于1993年出版。除收入前述文章外,该书进一步总结了中国炼丹术与中国医学思想、本草学的关系,并探讨了内丹理论对中医学气机升降出入和药性升降浮沉学说的影响。此书认为道教与中国医药学同源异流,而"道教内炼学说,影响及于中医理论体系的深层,在某种程度上修改了中医核心理论模式。外丹术给予《神农本草经》以来的历代本草以浓重的丹道色彩,这在《证类本草》达到高潮,直到《本草纲目》也仍然对炼丹术采取吸收和摒拒并行的态度。可以说内、外丹术是道教与中国医药学之间的联系枢纽或中介"[⑥]。

孟乃昌不仅精于传统医学,亦是杨式太极拳名家,旁通形意拳等内家拳术,著有《太极拳谱与秘谱校注》,该书于1994年由台湾珠海出版有限公司

① 详见《山西中医》1988年第4—6期。

② 孟乃昌:《命门学说新考——在两千年的争衡中形成》,《山西中医》1988年第4期。

③ 孟乃昌:《道家思想与中医学》,《中国文化》1992年第1期。

④ 载于《中医药学报》1984年第2期。

⑤ 孟乃昌:《五子衍宗丸的历史起源》,《中成药》1985年第2期。

⑥ 孟乃昌:《道教与中国医药学》,北京:燕山出版社1993年版,提要页。

出版。孟乃昌也是国内较早研究道教与武术关系的学者，撰有《张三丰考》[1]一文，认为不同史料中记载的宋张三峰与元明之际的张三丰实即一人，时处北宋。在这篇论文的基础上，先生又撰《张三丰对太极拳的贡献》[2]一文，对武术史上颇富争议的张三丰与太极拳的关系问题，做出有据而平实的论断。在《内家武功与张三丰》[3]一文中，先生又论及道教内丹术与形意拳、八卦掌的历史渊源。在《太极拳的哲学基础》[4]一文中，先生追溯以《参同契》为源头的道教内丹学及陈抟、邵雍一系的先天学对于太极拳哲理形成的影响。在《戚继光与太极拳》一文，先生还特别讨论指出了明朝著名军事家戚继光与道家（道教）的渊源。[5] 上述研究将民国时期体育史研究领域未能完全解决的某些问题重新摆在学术界面前，值得后人深入思考。

孟乃昌在道教研究特别是道教炼丹术研究上取得的杰出成就，受到了国内外学者的高度评价。北京大学化学史专家赵匡华教授主编的论文集《中国古代化学史研究》，收录孟乃昌已刊论文多达五篇。美国著名科学史学家席文（Nathan Sivin）教授在为《万古丹经王〈周易参同契〉三十四家注释集萃》作序时，盛赞孟乃昌"博识"，称此书"不仅贻惠于世界的炼丹史和中国文化史学者，而且惠及于首次发现这部奥雅难通的原著的广大范围的读者们"[6]。北京大学王利器教授曾特别为孟乃昌所撰《道教与中国炼丹术》、《道教与中国医药学》二书作序，盛赞他弘扬中国古代化学之功绩。1992年，孟乃昌不幸英年早逝，实乃中国道教研究的一大损失。

九、汤一介：道教经史传承的重要建树者

汤一介（1927—2014年），我国著名哲学家、哲学史家、教育家，历任中国

① 载于《武当》1987年第1—2期。
② 载于《体育文化导刊》1987年第1期。
③ 载于《体育文史》1987年第2期。
④ 载于《体育文化导刊》1987年第4期。
⑤ 参见孟乃昌：《戚继光与太极拳》，《体育文化导刊》1987年第3期。
⑥ 席文：《序言》，《万古丹经王〈周易参同契〉三十四家注释集萃》，北京：华夏出版社1993年版，第2页。

文化书院院长、《儒藏》总编纂、北京大学儒学研究院院长、国际中国哲学会主席、中华孔子学会会长、国际道学联合会副主席、中央文史研究馆馆员等职。

汤一介是国内较早开展并倡导研究道教史的杰出学者之一。早在1956年他就任父亲汤用彤的学术助手，编校出版了《魏晋玄学论稿》等经典名著。1961年，《历史研究》刊发了他与汤用彤合作的《寇谦之的著作与思想》长文，被李约瑟等海内外学者广为征引，产生了重要影响。汤用彤的名作《读〈道藏〉札记》是经过他的整理才得以面世的。汤用彤的未刊札记《道教经史资料》封面上也有“汤用彤、汤一介”联署的签名。汤用彤晚年治学转向道教，如此的家学影响，使汤一介首先对道教展开重点研究。他与汤用彤合作的道教研究文章，及其在《中国社会科学》、《哲学研究》等刊物上发表的有关道家道教的论文和专著《郭象与魏晋玄学》、《魏晋南北朝时期的道教》，都颇受学界好评。这些论著史料丰富翔实，展现了他在搜集、鉴别和分析史料方面的高超技巧和深厚功力，是代表当时道家道教研究最高水平的佳作。

1988年，汤一介所著第二部学术专著《魏晋南北朝时期的道教》在大陆和台湾同时出版，后再版时改名为《早期道教史》，在20世纪80年代的宗教学，尤其是道教研究领域，具有特殊意义。该书续有补充修订，收入《汤一介集》。①

第一，该书肯定宗教作为一种社会意识形态对人类社会生活，特别是对人的精神需求的价值，并对“宗教”与“迷信”作了必要的区分。书中提出了在当时尤为尖锐的一系列问题：有没有一种超人的神秘力量？对此种超人的神秘力量应该如何理解？人们为什么要相信有一种超人的神秘力量？信仰一种超人的神秘力量是否即是迷信？这些问题都是宗教哲学中的重要问题。汤一介对这些问题的回答选取了一个独特的切入点，即迷信和宗教信仰各自与科学之间的关系。他认为，“迷信”是已经被科学或可以被科学否定的，而信仰则是人们在精神上所需要的，它不可能为科学所证实，也不可能为科学所否认。而宗教是满足人们这种精神需要的一种形式。此外，该

① 详见汤一介：《早期道教史》，《汤一介集》第三卷，北京：人民大学出版社2014年版。

书还注意到道教与民间信仰的紧密联系。

第二,该书通过对道教的教义体系、教规仪式、经典系统、神仙谱系及传授历史的研究,论证道教作为一种完整意义上的宗教,其产生、发展至成熟经历了两三百年。他着力对道教的创立与早期发展、基本教义、主要经典与代表人物的思想作了深入研究,特别对《道德经》、《太平经》、《老子想尔注》、《老子河上公注》等经典,以及对葛洪、寇谦之、陆修静、陶弘景、成玄英等思想家的分析尤为精到。他肯定东晋葛洪对道教理论的贡献,注重北朝寇谦之、南朝陆修静、陶弘景在建立斋戒轨仪、道教组织与神仙谱系方面的关键作用。在研究葛洪成仙理论的影响时,汤一介指出:宗教哲学与一般哲学所讨论的问题与表现形式是不同的,如用一般哲学史上的问题来要求宗教中的哲学问题,就会抹杀宗教的特点。例如,葛洪提出的成仙是否可能,如何才能成仙,神形关系和个体与宇宙整体的关系问题,这虽不是一般哲学问题,但却正是道教必须回答的理论问题。

第三,该书注意到道教不仅与道家思想密切相关,而且与儒家的社会政治理论(如"广嗣兴国"之术)有着不可分割的联系,同时它还大量吸收整合佛教思想和教规。特别是初唐成玄英等高道吸收佛教三论宗等思想创建重玄学,而使道教哲学精细化、系统化,开启了道教的"内丹学",并开宋代理学心性论的先河。在汤用彤研究的基础上,汤一介进一步明确提出:先秦道家(老庄等)是道家思想的第一期发展,魏晋玄学使儒道合一是道家思想的第二期发展,隋唐道教重玄学融汇三教则是道家思想的第三期。可见,道教正是以道家哲学为思想基础而形成的。经过汤用彤和汤一介诸先生的努力,不仅逐步理清了道家向道教的演变轨迹,也修正了"道教没有哲学"的错误认识,彰显了道教思想"亦宗教亦哲学"的特点。①

第四,该书对道教特有的"道"、"气"(元气)等基本命题与范畴,作了多层次、多角度的分析,努力揭示其内涵,而非简单地扣帽子。该书一改以往此类著作以唯物与唯心、辩证法与形而上学等划分标准进行硬套的教条

① 参见赵建永:《道教的道家哲学基础》,《中国社会科学报》2014 年 3 月 19 日宗教学版。

模式,而对道教作为一种民族精神的体现怀有敬意。汤一介认为道教的理论体系特点鲜明,因为几乎所有宗教提出的都是“人死后如何”这样的问题,而道教要讨论的却是“人如何不死”(炼养身心、建设人间天国)的问题。道教的理论体系围绕这个中心主题展开,表现出其独特的个性。早期道教的思想体系以“三一为宗”,即天、地、人三者合一以致太平,精、气、神三者合一而成神仙,并从这里推衍出“长生不死”、“肉体飞升”、“气化三清”等观念,从而构成了道教的思想体系。[①] 由此可见,道教哲学作为一种宗教哲学有其鲜明特点,而这种特点只能在与其他宗教的比较中加以揭示。汉末于吉所传《太平经》首次确立了以精气神三大生命要素的“三合为一”为内炼之根本,由此导致“炼精化气,炼气化神,炼神还虚”等一系列内丹修炼法则的产生。汤一介认为,其中“精、气、神三者合一”属哲学层面的“道体”的问题,而《玄门大义》所列九种修持法以及“三丹田说”、“三元君说”等,则是操作层面的“道术”问题。

《早期道教史》是汤一介在 20 世纪 80 年代上半期讲课大纲的基础上完成的,刘笑敢教授在北大读博时曾认真听过此课。后来他在哈佛大学用英文撰写道家道教著作时,曾将哈佛图书馆所有中西方关于道家道教的中英文书都翻过一遍,却感到都不及汤一介的讲课大纲合理,故其道教部分基本上是按照此课的框架写成的,汤一介关于道教研究的成果也因此得以流传到海外。

汤一介在总体上认为,道教从一个侧面反映了中华民族文化的特点,通过道教可以了解我们的民族心理、宗教信仰和思维方式,了解我们的传统科学技术、医药卫生的发展道路及其特色。同时,他还分析了道教在理论与实践上的内在缺失。汤一介认为,相比于儒、释研究来说,对道家道教的研究相对薄弱,但中国哲学从历史上看,是儒释道三家互动的格局,因此加强对道家道教的研究是非常必要的。除此之外,更为重要的是,它涉及中国文化今后应如何发展的问题。这对于把握自身哲学思想的根基,真正融会西方的优长,建构起适应现代社会要求的中国新文化十分重要。

---

① 汤一介:《魏晋南北朝时期的道教》,西安:陕西师范大学出版社 1988 年版,第 14 页。

汤一介的道教论著全面继承和发展了汤用彤道教研究成果、方法和思路，同时又提出不少独到的见解，建构了汉魏两晋南北朝道教研究的基本框架，揭示了早期道教的发展历程，以及黄老道家和魏晋玄学对接引佛教入华所起的桥梁作用。这种视野宏阔的研究路径，不仅有着中、西、印三大宗教传统方面的比较，而且包含着哲学文化发展史的视角，值得后学借鉴。在其倡导下，他培养的研究生于道教研究大体上形成了一个系列。汤一介的业绩，正如中国道教协会在 2014 年 9 月 11 日致北京大学哲学系唁电中所述："汤先生长期从事中国传统文化的研究，治学严谨，著述不辍，成就卓越。汤先生重视道教研究，不仅著有《早期道教史》，而且培养了一批研究道教的博士。他提出的道教重玄学是道家思想第三期发展的观点，在学术界产生了广泛影响。汤先生十分关心道教文化在当代的继承和弘扬。我会主编《中华道藏》、主办国际道教论坛、开展'道行天下'活动，都得到了汤先生的大力支持。"

第十五章
港、澳地区道教的传播与研究

香港和澳门地处南粤海隅，这两个地区先后于1842年和1887年被迫租借英国和葡萄牙。由于一些历史原因，直到1997年和1999年，香港和澳门才回归祖国，成为特别行政区。

受到外国租借者较长时间的统治，香港与澳门的社会条件与文化环境都发生了特殊变化。从这样的背景出发看问题，就会发现港、澳地区的道教既有与大陆道教同根同源的共同点，也有因地域环境差异和社会历史条件不同而造成的相异之处。

第一节　道教在港澳地区的传播与发展

香港和澳门相隔很近。在历史上，它们都属于广东省管辖，其方言与风俗习惯相近。其道脉也有密切关系。因此，本节将两地的道教传承与发展情况合起来论述。

一、道教传入香港与流布

现在的香港，人称东方明珠。而在清朝末年，香港还只是一个民众困苦、海贼出没的荒岛。全岛居民不过五千人左右。和香港岛相对的九龙半岛，虽说是有城寨、有治军，但也是穷乡僻壤，人烟稀少。居住的也大多是来自福建和客家地区的百姓，以务农打鱼为生。

历史上，香港和九龙曾辗转归辖于广东的新安等县。今港九西北的增城和东莞两市之间就是道教的第七洞天罗浮山，号“朱明辉真洞天”。罗浮山山顶又有“泉源”，道教又称泉源为第三十一福地。罗浮山，这座粤东名山,世称"神仙窟宅",从东汉起就有高士隐逸于此。东晋之时,著名道教学者葛洪从江南来到此山炼丹,"在山积年,优游闲养,著述不辍",自号"抱朴子"。传称葛洪后在山尸解飞升。唐宋时期,罗浮山上又先后有许多高道修真的踪迹,例如唐代的侯道华、吕纯阳、陶八八、轩辕集、许碏、何仙姑、卢眉娘以及宋代的石泰、陈楠、白玉蟾、朱橘等。这些高道中,有的就出身于罗浮山周围的东广地区。在上千年历史中,道教始终对广东东部民众保持着影响。港九地区地处濒海,离开罗浮山并不很远。故而,道教在较早的时候传入该地区,这是可能的。

宋元以后,由于历代帝王的敕封以及沿海地区贸易经济发展和渡洋出海谋生人数的增加,作为海上救护神的妈祖,声望日渐高涨,港九地区也出现了供奉妈祖的北堂天后庙,即新界的佛堂门天后庙,当地民众俗呼其为大庙。据传,北堂天后庙建于南宋咸淳年间(1265—1274 年),至今已有 700 余年历史。

明清时期,港九新界地区渐有农耕村寨形成。清嘉庆二十四年(1819 年)王崇熙总纂之《重修新安县志》称,城东显宁街建有"北帝庙",该庙于"乾隆二十二年(1757 年)重修,嘉庆十三年(1808 年)建拱篷"。由此可知,250 年以前,九龙半岛上就已有奉祀道教北帝的宫庙。北帝当指北极玄天上帝,即真武大帝。明成祖以后,北帝崇拜在全国广泛传播。九龙半岛上有北帝庙,可见道教已经传入港九地区,并且同举国崇拜的潮流相一致。

黄兆汉、郑炜明的《香港与澳门之道教》以及游子安主编的《道风百年——香港道教与道观》①一书对现存有清代遗物的香港道教庙观作了介绍。

屯门青云观,存有清道光二十三年(1843 年)的送田芳名碑。青云观始建于何时已难以稽考,只知在清代初年已有青云观之名。据称当时观内仅有小屋一间,由名叫黄姑的女道士所建。清道光年间扩建,观内供奉斗姥。大约在 1918 年其地为佛教徒改建为青山禅院。

① 黄兆汉、郑炜明:《香港与澳门之道教》,香港:加略山房有限公司 1993 年版,第 14 页。游子安:《道风百年》,香港:利文出版社 2002 年版,等 23 页。

大屿山鹿湖纯阳仙院，存有清光绪九年（1883年）纯阳仙院和普云仙院的石刻示谕，谕称当时该地有鹿湖洞、纯阳仙院和普云仙院等道教庙观。纯阳仙院是罗浮山道士罗元一和绅士陆师彦、吕锦辉等在清光绪九年（1883年）开山创建的。1995年，纯阳仙院重修后，改名为鹿湖精舍。

除了上述两座道观以外，上环文武庙，存有清光绪二十年（1894年）重修香港文武二帝庙堂碑记，记称该庙曾在道光庚戌岁（1838年）重修；另有道光二十七年（1847年）铸钟一座。长洲北帝庙，存有清乾隆四十九年（1784年）铸钟一座，传称该庙建于乾隆四十八年。湾仔北帝庙，存有清同治二年（1863年）铸钟一座，传称该庙建于同年。元朗旧墟玄关二帝庙，存有清康熙甲午年（1714年）铸有"风调雨顺"的钟一座，康熙五十四年（1715年）铸鼎一座，乾隆十三年（1748年）制作的聚宝炉一具。元朗八乡元岗众圣宫，存有清乾隆十五年（1750年）铸钟两座。

另据《桃源洞征诗联集序》称，光绪十二年（1886年）田邵邨在九龙大石古建小霞仙院。光绪二十二年（1896年）广东梅菉善士到香港宣道，同年在港创建从善堂，奉玉皇大帝为主神，并广印经籍善书流通。

从这些遗物可见，香港岛上的上环和湾仔，新界的屯门、元朗，九龙的红磷以及离岛大屿山和长洲等地，在清代康熙、乾隆以后就有道教传播，而这些庙观的所在地，大多是当时的乡人聚居之处。

1842年，香港被割让给英国侵略者，从此受到百余年租用。辛亥革命以后的几十年时间里，中国大陆社会一直战火连绵，社会动荡不定。比较而言，香港地处一隅，游离于大陆社会之外，从而成为大陆人避难之所。民国初年就有一批晚清遗老，如张学华、陈伯陶（九龙真人）和黄佛颐等，他们不满民国政权而避居香港，经常作束发道髻、道装服饰，崇奉道教，以道学作为精神寄托。他们自称道脉传承自罗浮山酥醪观，对于香港道教的发展，特别是对于先天道派的传播，产生过一定影响。在内地历次革命战争时期，又不断有大陆人士到香港避居。20世纪30年代至50年代，更有广州全真龙门派道士抵达香港，并在香港传布全真教义，使得全真道派后来在香港获得很大发展。

根据近年来学者们的研究，香港道教的发展至少有三个主要来源：一个来源是先天道由盛转衰，归入香港道教；一个来源是吕祖道堂的兴起和全真道派传入相结合，壮大了香港道教；再一个来源是正一派喃呒先生的传入，为民众的殡葬服务。

二、香港的先天道和道教

“先天道”这个名称，在某些地方某个时间段里曾被人们同“一贯道”等相混在一起，所以，人们看见先天道三个字就以为那就是一贯道，在大陆曾经被列入“反动会道门”。其实，香港的一贯道，自称是“一贯天道”或“天道”，并不与先天道的名字相混淆。1975 年的《香港道教联合会新厦落成特刊》上刊有罗智光的《代先天道答美国密西根大学人类学系讲师桑安硕士问题十三则》一文，文章称先天道中的部分有识者，“已支持及致力香港道教联合会，融汇各支各派，发扬道教，致力于宣道、教育、慈善工作，而非囿于一隅，存门户之见”。由此可见，在香港先天道的部分有识者看来，香港的先天道和正一、全真龙门派等一样也是香港道教的一个派别。当然，罗智光的说法在香港并非没有异议，也并不适用于香港以外的地区。

就先天道的历史渊源而言，有的认为先天道渊源于道教丹鼎派，有的则认为先天道源于民间秘密宗教。据黄兆汉和郑炜明对于香港先天道的调查所得，香港先天道有两大系统：一是“正统”的先天道传至香港而发展起来的道堂组织，时任香港道教联合会副主席罗智光就是这个系统的代表；另一个系统则是先天道的分支同善社一派，据称时任香港圆玄学院主席、道教联合会主席汤国华就是同善社系统的重要人物。

20 世纪 50 年代先天道和同善社曾被政府定性为反动会道门，但以汤国华和罗智光为代表的部分香港同善社和先天道的有识之士，除了其渊源和道堂内地分支相似外，他们的实际思想和行为则和主流道教是一致的。

先天道是清代初年兴起的一个民间宗教派别，创教人一般认为是黄德辉。先天道以达摩祖师为初祖，以金丹派南宗祖师白玉蟾为“白马七祖”之一。黄德辉自称是先天道的“九祖”。早期先天道一直在江西和四川一带流布。清末道光初年开始向全国传播，咸丰十年（1860 年）由湖北纸商陈复始传入广东，创建了清远藏霞洞堂所，并以此为中心传播到全粤和香港。香港先天道的奠基人，一般认为是田邵邨，他是清远人，17岁入先天道，常常从深圳梧桐山步行到香港，沿途行医和传道。1866年，田邵邨在25岁时在九龙大石古建立了“小霞仙院”，一生传播先天道50余年。20世纪20至30年代是香港先天道第一次发展高峰时期，开设先天道堂十几所。20世纪30至40年代是香港先天道第二次发展高峰时期，先天道堂已经有15间。由于香港先天道信徒的宗教生活守则是持守斋戒，非婚生活，因此随着女性修道者（斋姑）逐渐年迈、减少，香港先天道的部分斋堂成了养老院，先天道也逐渐转衰。因此，先天道转向与道教融合也属必然。

罗智光（1916—2000年），广东南海人，少年时家境清贫，曾经在酒楼当学徒，因酷爱中华传统文化，刻苦自励，17岁时便入道修持。抗战前夕就参与龙庆堂的活动。沦陷期间，义卖白粥，活人无数。龙庆堂原属于先天道岭南道派罗氏后裔，因此，罗智光原是先天道派的重要领袖。20世纪70年代，罗智光积极参与香港道教联合会活动，曾任香港道教联合会副会长，后来他还担任香港青松观主办的香港道教学院的副院长、四川大学宗教学研究所顾问、蓬瀛仙馆道教文化资料库顾问、《道家文化研究》专刊的统筹等职务。他在上述《代先天道答美国密西根大学人类学系讲师桑安硕士问题十三则》一文中，一方面说明了他同先天道的关系，“作为一个中国人，受四千余年文化遗留之熏染，其发生信仰是很自然的。至说到动机，可说是祖传的。先父是本道的天恩，收有门徒若干，是一位读儒书而兼释道的信奉笃行者，少时受其熏陶，授以道籍，得以启发，觉先天道之融汇三教真理，切合人生真义，不论立身处世，内心修养，均符合我这个读旧书人的性情习惯，而非迷信而詑邀仙佛的保佑，获致富贵荣华”①。另一方面，他又强调先天道在教义上和儒道的一致，在人世活动中遵守伦理规范，为社会多行善功，称“本人信仰先天道，系信三教的真理，信而不迷不佞，儒之修齐治平系入世法，而道则兼备其理而言出世”②。在述及先天道的修行时，罗智光称“功分

① 罗智光：《代先天道答美国密西根大学人类学系讲师桑安硕士问题十三则》，《香港道教联合会新厦落成特刊》，1975年。

② 罗智光：《代先天道答美国密西根大学人类学系讲师桑安硕士问题十三则》，《香港道教联合会新厦落成特刊》，1975年。

内功外功,内功是修心炼性,锻炼精气神三宝,炼精化气,炼气化神,炼神还虚,最高境界可出神入化,成圣成仙。外功是行善积德,度世化人,使天下无为而治"①。从上文所述可知,罗智光和香港先天道有识之士的思想,与道教教义思想和内外功法已经合流一致。因此,香港道教界自然接纳先天道为其一员。当然,需要指出的是,香港先天道的修持场所仍保持着较为浓重的道堂色彩,同正统的道教宫观不一样。目前,香火衰微。

同善社也属于先天道的法脉,大约在 1926 年传入香港,起初称香港同善社,后来同善社广东总社也迁来香港,并且创建了至和坛。同善社虽然是先天道的一个分支,但它与先天道不同之处是,同善社信众可以在家持戒,吃斋诵经,诚信也能成道,而先天道道众则要守出家之戒,茹素,修内外功,始能成正果。曾任香港道教联合会主席的汤国华(1909—2004 年),据说原是香港同善社的要人。自 19 世纪 40 年代起,汤国华就专事道教。1961 年香港道教联合会成立时,汤国华出任副主席。1974 年香港道教联合会原主席赵聿修羽化后,汤国华接任主席,并在后续的二十年间连选连任。

对于道教内部的各种宗派,汤国华在"道教源流概述"中都有述及,但并不强调,因为汤国华一向认为,全真和正一两派不过是一个老太爷所生的两个孩子,不应有高低贵贱,或者厚此薄彼。1992 年 12 月 2 日,汤国华在欢迎中国道教协会访问团时致辞说:"我认为,大道只有一个,道教在中国是国教,亦应只有一个。故此,道不宜分南北,只宜统一。"②在 1990 年再版的《道教知识教学会参》中,汤国华又明确指出,"中国向以神道设教。神道为中国文化之特征。道教言神,乃诸神之总合名称,虽仙、圣、真主、菩萨,各种称谓,悉皆纳入神之范围。初民智慧未开,提倡神道甚易接受,故道教深入人心者数千年,其为道易明,其为教易行也。"③正是从这一基本思想出发,汤国华宽容地将香港各道派、各道堂都集合在香港道教联合会的旗帜下,并且亲自操持编写结合香港社会思想实践的《道德经》注解本,宣传道

① 罗智光:《代先天道答美国密西根大学人类学系讲师桑安硕士问题十三则》,《香港道教联合会新厦落成特刊》,1975 年。

② 香港道教联合会主办:《道心》第 16 期。

③ 汤国华:《道教知识教学会参》,香港道教联合会学务部 1990 年版,第 15 页。

家思想,力主以道家思想统一香港各派各堂的道侣,其联合道众,弘扬道教之功实不可没。

三、香港吕祖道堂和道教

吕纯阳是道教的神仙。金元时期起,吕纯阳被尊为全真教派的北五祖之一,世称“吕祖”。元世祖至元六年,吕纯阳及其他四位全真祖师分别被封为真君。吕纯阳被封为“纯阳演正警化真君”。元武宗时,吕纯阳又被尊为帝君,称“纯阳演正警化孚佑帝君”。大约在清代中叶开始,岭南地区吕祖信仰逐渐盛行。珠江三角洲地区新建的各种道坛,大多奉祀吕祖。这些道坛的组成成员多是有共同的吕祖信仰的商人、教员、店员以及农民等,他们通过扶乩与吕祖沟通,在乩盘上获得神示。

清代末年罗浮山道士罗元一在香港创建了纯阳仙院,成为香港历史上第一个崇奉吕祖的道坛。民国时期,一批批崇奉吕祖的道坛从广东迁移到香港,在香港建立起了吕祖道坛。20世纪三四十年代,尊奉吕纯阳为“五祖之一”的道教全真教派传入香港。1930年创建的蓬瀛仙馆、1932年创建的玉壶仙洞,以及创立于1949年的青松观、1952年的万德至善社,都是全真龙门派的道观,都在其主要殿堂内供奉吕祖纯阳。与全真派有密切关系的还有纯阳派以及纯阳派下的太乙派和蓬莱派。创建于1964年的六合玄官,1978年和1980年创建的纯阳仙洞和庆云古洞等都是纯阳派的道观。

四、道教传入澳门及其发展

现今的澳门地区指的是澳门半岛和氹仔、路环两岛。明代中叶以前,半岛的北部名叫望厦或旺厦,南部则叫蚝镜,澳门这个名字尚未出现。考古发现,蚝镜周围地区早在6000多年前的史前时期就已有了大陆原始居民的足迹。商周和春秋战国时期就有古代居民在蚝镜周围地区活动,从秦代起,这里就是南海郡番禺县的一部分。在晋代属东官郡,隋代属南海县,唐代属东莞县。北宋时期蚝镜周围地区的经济已略有发展。南宋时候将蚝镜划入香山县境。其与县城距离陆路仅70公里。南宋末年,这一地区又成为南宋朝廷同元军作最后抗争的基地之一。当时,退到这一带的南宋军民达数十万人。可以推测,正是南宋以后,蚝镜一带开始有人定居。16 世纪时,葡萄牙人入居后,蚝镜获得了不少新名字。在中国,随着文书中“蚝镜”的时常出现,可能“蚝”字颇不雅驯遂用“壕”或“濠”字来替代。最后,因蚝镜澳以南有十字门,人们便将其合称为“澳门”。

道教传入澳门,可能是北宋中叶以后的事。明嘉靖年间的《香山县志》卷八《杂志·仙释》载有陈仁娇的事迹,称陈仁娇是“汉廷尉临之后”,“尝梦为逍遥游,餐丹霞,饮玉液”,“八月十五日丙夜,忽有神仙数百,从空招之。仁娇乃飘飘然随众谒于帝居,遂掌蓬莱紫虚洞天”,“其俦侣五人,曰琼娇、玉润、伯山、蟾姬、伯瑰,相与飞至深井,踏石而歌明月。渔人见之,须臾凌空而去,石上留屐痕焉,人号其地为仙女澳,又曰蓬莱仙云。宋元祐中降于广州进士黄洞家……,经略使蒋之奇传其事”①。陈仁娇是陈临之后,陈临是建安(196—219 年)时人,可知陈仁娇传说的形成,当在六朝以后。仙女澳即大横琴岛,紧靠澳门地区路环岛的西侧。另据《广州人物志》的“宋乡进士黄公洞传”,所谓五仙侣降于黄洞家事,发生于宋元祐元年(1086 年),可知陈仁娇的仙话在北宋中叶在当地已有广泛流传。

据《香山县志》的记载,宋时香山地区已有供奉三清、东岳、天后、玄武、城隍以及鲁灵光、康王神的道教庙观或祭祀活动。例如,宋乾道五年(1169)县令范文林建北极观,淳祐癸卯(1243 年)主簿宋之望重建。据赵希□《北极观记》称“北极观,邑之壮丽者也”,“其阶级之崇严,轮奂之弘敞,景象不减于中州”。观内就有三清殿和鲁灵光殿。绍兴年间(1131—1162 年)建有城隍庙、东岳庙。宋咸淳年间建有祀奉天后的月山古庙。元明两代,香山县的道教活动更趋活跃,祀奉的神祇扩大到了关帝、文昌、康公、洪圣爷等,同时还兴建了祭祀社稷之神的社稷坛、山川坛、风云雷雨坛等。清代初年,道教在香山地区的发展更趋活跃。据清乾隆十五年的《香山县志》卷五“寺观”称,“太清道观,在北门外拱北街北帝庙右。雍正甲寅(1734 年)邑人梁金震等醵建,颜曰‘太清宫’。乾隆癸丑(1793 年)重修。有高以

① 《嘉靖香山县志》卷 8,《嘉靖惠州府志、嘉靖香山县志、嘉靖潮州府志》,北京:书目文献出版社 1991 年版,第 413 页。

诚、李董书二碑”。拱北街的太清道观和北帝庙的地理位置决定了它对澳门道教的传播有着重要作用。

现存澳门地区最有影响的道教庙观当推妈祖阁。据道光、同治和光绪年间制作的各种重修妈祖阁的碑记记载,澳门妈祖阁大致是明朝成化年间(1465—1487 年)由闽潮来蚝镜的商人们初建。初时,只有数间茅舍,后来逐一增建。相传其弘仁殿,建于明弘治元年(1488 年)。但妈祖阁有石殿,石殿门梁上刻有“神山第一”四字,下方刻有“明万历乙巳年德字街众商建”字样。万历乙巳年即万历三十三年,公元 1605 年。据此,妈祖阁至少已有四百多年的历史。在澳门地区奉祀天后妈祖的庙观,有八处,人称“整个澳门地区,其实是一个属于道教系统的妈祖信仰圈”①。

澳门地区的氹仔岛上有建于 1845 年的三婆庙,存有咸丰九年(1859)和同治三年(1864 年)的旧碑,以及多块残碑。据碑文记载,三婆神的信仰源自广东惠州,言其能保护地方安宁,击退来犯贼寇。

澳门的三巴门的吕祖仙院,奉祀道教吕纯阳祖师。其院建于 1891 年时,吕祖道统溯源自罗浮山朝元洞。另外,医灵庙内有天师殿,奉祀嗣汉天师张道陵,据其存匾,可知最晚在光绪三十三年(1907 年)澳门就已有道教正一派的活动。

澳门有道士移入的确凿年代,目前尚不得而知,据吕祖仙院和医灵庙的创建资料,大致可以推测,全真和正一两派道士在清代末年就已在澳门落脚。当今澳门的道士一般专做黄箓类超度亡灵的法事,他们往往自设道院,如较著名的吴庆云道院、灯明道院、李七道馆等。澳门回归以前,道士并无独立的道教组织,某些道士参加了 1974 年创立的澳门儒释道教联会。澳门回归以后,2001 年 3 月澳门地区成立了道教团体澳门道教协会。2002 年 1 月,时任中国道教协会会长的闵智亭道长应邀参加了澳门道教协会成立暨澳门道协首届理监事职员就职典礼。吴庆云道院的道士吴炳鋕出任澳门道教协会首届会长,直到现今。

① 黄兆汉、郑炜明:《香港与澳门之道教》,香港:加略山房有限公司 1993 年版,第 75 页。

第二节　港澳地区道教主要活动场所与组织

道教组织的维系，道脉的传承需要特定活动场所来支撑，而信众的宗教生活也因为有道观堂所的存在而具有可能。从某种意义上讲，一个地区主要道观的存在乃是该地区道教组织和活动的基本标志，港澳也不例外。

一、香港道教主要活动场所与组织

据1987年统计，香港道教联合会有道教活动场所100余处，道友会员30余万，团体会员60余家。2006年统计，香港道教联合会的团体会员增至92家，都是香港的道观和道堂。其中，较著名者有五所。

（一）啬色园

啬色园，即黄大仙观，在香港九龙东北部的竹园区，狮子山南麓。香港黄大仙观源自广州芳村黄大仙祠。1913年春，芳村黄大仙祠被民国时期广东警察厅没收，仙祠被迫关闭。1915年广东西樵黄大仙祠的梁仁庵带了芳村黄大仙祠的大仙画像来到香港。先后在中环、湾仔开设药店并且设坛供奉。1921年梁仁庵、梁钧转父子在九龙竹园村设立赤松仙馆，成立啬色园作为管理机构。“啬色”就是“爱精神而致虚静，省思虑而寡情欲”的意思，赤松仙馆只是私家修道场所。1925年，赤松仙馆又有了“赤松黄仙祠”的名称。1956年，黄大仙观才正式向公众开放。

黄大仙观奉祀赤松黄大仙。黄大仙，原名黄初平，东晋时仙人。葛洪《神仙传》有黄初平仙迹的记载。1965年黄大仙观注册为慈善团体，内部实行董事制。首届总理是郭述庭，副总理冯其焯，司理冯萼联。由于黄大仙观崇奉的神灵黄大仙是道教神祇，因此，黄大仙观也是香港道教联合会的团体会员。

该观经过七十年的增修扩建，颇具规模。主殿于1971年重建完成，上悬“赤松黄仙祠”的匾额，殿内供奉黄大仙师神龛，无塑像。黄大仙神像以朱砂绘于黄纸上。神龛之后有一描写黄大仙仙迹的木雕刻屏。平时殿门紧闭。殿前的露天庭院，铺满拜垫，烧香的信众都在院中叩头求拜，手捧签筒，摇签卜问吉凶。主殿右侧有三圣堂,供奉关帝、观音和吕祖。“飞鸾台”是香港唯一的全铜铸成的亭台,传为黄大仙休息处所。另有经堂、玉液池、盂香亭、照壁、麟阁、元辰殿等建筑。殿宇之后有“从心苑”、长廊小桥、亭台水榭、假山水池、飞瀑流泉等。现在,黄大仙观不仅香火旺盛,而且也是香港东北部的一个游览地。

啬色园现任主席是黄锦财,新任黄大仙祠监院是李耀辉。李耀辉在1960年时曾在二所学校任教师。1963年时,李耀辉投身香港警察系统,驻守九龙城,因为打击赌博有力,20世纪70年代晋升为九龙总部刑事第一队DCU(District Crime Unit)总督察。因为李耀辉忠于职守,风吹日晒,皮肤呈日晒色,黑道人称其“黑鬼李”,闻名色变。80年代又被调往荃湾和黄大仙区,同道教界人士有了接触。1984年,开始参加黄大仙观董事会活动。2004年前后,李耀辉曾在香港道教学院学习。2007年被董事局推选为黄大仙观董事局主席。李耀辉出任主席以后,得到了来自香港青松观和上海城隍庙的大力帮助,广泛开展了同海内外道教人士的交流合作,锐意进取,整顿观内外庙容,引导正信。并且耗资1亿多港币,扩建大殿殿堂,重整殿前广场平台,兴建元辰殿,方便信众的拜太岁祈福活动。在二届主席任职期满以后,李耀辉被董事局一致推选为啬色园黄大仙祠监院。

(二)青松观

青松观,原在九龙深水埗大南街,1949年,由陆吟舫、叶玉和、陈台镜和何启忠等18人创立,系全真龙门派道观,其道派溯源于广州恩宁路至宝台。由于深水埗原址不敷使用,1953年1月迁观于弥敦道。1960年因为发现新界屯门青山麒麟围有园林福地一片,经过多方努力,1961年1月在屯门福地上举行了青松观纯阳大殿的奠基典礼。后又经过十年努力,屯门青松观建成。

屯门青松观以纯阳宝殿为中心,殿宇巍峨,金碧辉煌,华丽精巧,殿内供奉吕纯阳祖师、王重阳祖师和丘处机祖师。前有拜亭和大殿相连。殿顶为两重卷棚式,覆以黄色琉璃瓦。青松观供奉此三位祖师于主殿,显示其全真龙门派的正宗地位与不忘祖师恩德之意。青松观内,亭台楼阁,池沼井然,花木畅茂,景色幽美。另外,还有古木盆栽,经籍书画,古董珍玩,琳琅满目,美不胜收。置身其境，自然便有超凡脱俗之感。

在建观十年后，青松观又在1964年设立安老院筹备处，开始收容男女老人入住。1973年在观内建成“晚晴楼”作为青松安老院专用的大楼。同时，在大南街扩建九龙青松观址的时候，在二楼专设为贫困市民服务的第一西医诊所，实行赠医施药。

20世纪80年代，随着内地实行改革开放，宗教信仰自由政策逐步落实，各地道教宫观等待修复。青松观住持侯宝垣道长率领主要骨干，拜会中国道教协会，先后捐资人民币500多万，为200多间道观修复提供资金。1992年侯宝垣还到广东博罗县罗浮山踏访。作为道教第七洞天，罗浮山有黄龙观，年久失修，当时已沦为瓦砾之场，一片荒芜，屋宇无存。在弃置碑石中，侯宝垣发现清嘉庆壬申(1812年)仲秋重建遗迹，距今已历三甲子。同年8月，侯宝垣应博罗县之邀，慨然承担了重建黄龙观的重任，于次年4月破土动工，建筑费用超过6000万港币，均由青松观独家负担，增建殿宇，广造亭台，使黄龙仙境成为南中国最大的道观，同时也成为广东省重点旅游胜地。黄龙观建成后，侯宝垣有《重建罗浮山黄龙观有感》诗叙怀云：“为道奔驰近八旬，未偿素愿耿于心。开山建观承天运，玄风丕振度缘人。嘉庆壬申重建年，三回甲子顺应天。仙真默运能参事，永奠玄基结道缘。罗浮灵气聚黄龙，峰峦拱揖水朝宗。飞瀑清幽岩壑秀，洞天妙境驻仙踪。行道犹如逆水舟，目标坚定向前游。把舵决心无退志，觉岸同登慰所求。”此外，还重修了广东惠州元妙观并出资与台湾和京沪等地道众共同于1993年在北京白云观建立罗天大醮，共同祈祷国泰民安、风调雨顺、世界和平。

在青松观初创阶段，来自广州至宝台的何启忠发挥过重要作用。但是，在青松观的建设和发展事业中贡献最大的却是侯宝垣道长。侯宝垣(1912—1999年)，广西贵县人，14岁丧父，弃学经商，喜好道家之书。1946年成为至宝台弟子。1950年因商来到香港，与筹建青松观的同门道侣相遇，毅然留港从道，终身献于青松观的发展事业。在香港道教联合会筹建和初始阶段，还曾担任道教联合会的副主席。

侯宝垣一直有将玄门道风传播海外的愿望。1981年，他带领青松观同道，首先在美国旧金山建立了美洲青松观。1989年又在温哥华市成立了加拿大青松观。1987 年,新加坡青松观得到新加坡政府批准成立。1988 年和 1991 年又在澳大利亚的布里斯班和悉尼成立了两所青松观。侯宝垣曾经有诗表述了自己的心愿。诗云:"松涛万里播玄风,七海五洲进大同。倡创美加传法乳,继开英澳阐真宗。宣经演教探微妙,炼性修身度昧蒙。普照恩光垂永世,十方檀樾礼金容。"①

长期以来,青松观还积极赞助内地的文化教育事业,在广东罗浮黄龙观建起道教学院的校舍,资助四川大学博物馆建立道教文物展览室,并多次资助北京大学、四川大学和中山大学召开道教研究的学术会议和出版道教研究书籍。

当今的青松观管理体制,同香港其他道观一样,也采用董事会的形式。但是,由于侯宝垣一贯重视道门原有的管理方法,他在世时在青松观内历来处于方丈的地位。在侯宝垣道长羽化以后,董事会和侯宝垣的弟子们,仍然继续坚持着青松观弘道扬善、服务信众、注意文化建设、重视接班人培养的传统。

(三)圆玄学院

圆玄学院,在九龙新界的荃湾三叠潭,由林英、杜光圣、王明韵、黄锡祺、陆吟舫、杨永康、赵聿修等筹建于 1950 年,1953 年建成。圆玄学院的院名包含三教合一的意思:圆指圆融广大,代表佛;玄指众妙无穷,代表道;学指博通万有,代表儒。尽管圆玄学院的英文名称译作 The Yuen Yuen Institute,但是该译名并不表示它是一个学术研究机构或者高等院校。圆玄学院起初在沙田,后迁至荃湾现址。其道统传于五师之系,即关圣、吕祖、济公、华佗和郑金山诸圣。道派溯源于广东罗浮山,崇奉三教圣祖。

圆玄学院的主要殿堂建筑是三教大殿,始建于 1968 年,1970 年落成。三教大殿仿北京颐和园沉香阁,上下二层。上层为三教大殿,供奉太上道德天尊、大成至圣先师和释迦牟尼佛的塑像。下层为元辰殿,中间供奉斗姥元君,环壁一周供奉六十甲子神,神像按北京白云观的元辰殿神像绘画塑制。三教大殿前两侧建有钟楼、鼓楼。另有关帝殿、吕祖殿、奉祀关帝、吕祖和济

① 《弘道阐教——侯宝垣道长纪念集》,香港:青松观 2003 年版,第 79 页。

公等。院内还建有荷花池，池中有高约三米的汉白玉净水观音塑像。圆玄学院内墙上有“南无天元太保阿弥陀佛”十个大字。据称，南无是梵文的音译，用以示敬；天元指日月星，即道教的天地人三元；太保指儒家三公；阿弥陀佛隐含佛教的西方三圣（即阿弥陀佛、大势至菩萨和观音菩萨）。因此，这十个大字就是圆玄学院崇信三教合一思想的反映。在赵聿修的主持下，圆玄学院逐渐成为荃湾的著名景点。赵聿修在《圆玄学院三教大殿落成特刊》的《发刊词》中说到，“其荦荦大者：若辟公路以利人士之往还，建养真轩以利道侣之潜修，设报本堂以明追远之义，为嘉会堂、筑亭榭、濬池沼、植花木以为都人士游观宴乐之所。内则岁时节日，诵经礼忏；外则济贫恤疾，赞襄善举。由是春秋佳日，士女骈阗，浸且为港内外人士旅游之胜地矣”①。圆玄学院的发展与赵聿修、赵镇东叔侄二人的努力关系密切。

赵聿修（1905—1974年），名祖荫，字聿修，广东宝安人。宝安赵氏家族据传出自宋太祖四皇子赵德芳。赵聿修的父亲是中举的小乡绅。赵聿修的童年生活不富裕，读书不多。18岁时，到新界元朗一家米店帮工。后因做事认真负责，升任为几家米店的负责人，同时兼任许多社会义务职务，例如街坊会和元朗商会理事、博爱医院值理等等。1941年日军侵占香港时，赵聿修及时抛售存米，移居港岛，等待时机。日本投降之际，赵聿修又及时将日本军票变卖购入黄金32两（即1公斤）。这也就成为战后赵聿修重新进入商界的资本。他连续开米店、米机厂，经营银行等等。事业兴旺以后，赵聿修又致力于慈善事业，出任东华三院的总理、圣约翰救伤队元朗支队的主席、博爱医院的主席、保良局主席等职，还获得了英皇荣誉奖章、非官守太平绅士的称号，两次获得港府颁发的勋章。赵聿修早年就参加同善社，在筹建圆玄学院时，赵聿修起初就是以先觉祠道长的身份参与的。1953年圆玄学院开幕时，赵聿修任副董事长。1957年在董事会主席杨永康告退后，赵聿修继任主席之职，连任十五届董事会主席，直到1974年将主席一职交付给汤国华，而圆玄学院建设和发展的事务，实际上是由赵聿修的侄子赵镇东副主席兼总务掌控着。

---

① 转引自《道风百年》，香港：利文出版社2002年版，第242页。

赵镇东(1919—2005年),是赵聿修的侄子。对于这位侄子,赵聿修是放心的。为了让赵镇东放手大胆工作,赵聿修的夫人赵宋雪珍还曾长时间留在圆玄学院的领导班子内协助。赵镇东自幼居住在香港,中学毕业后随家族从商。抗日战争时期,曾参与东江纵队活动。抗战胜利后,在新界大埔做大米和汽油生意,热心社会服务,曾经出任大埔商会主席、大埔圣约翰救伤队主席、大埔青年会主席、大埔东莞同乡会主席等职务。赵聿修因病休养以后,赵镇东退出商界,专心从事道教事业。据传,赵镇东的父亲曾在罗浮山入道,因此,赵镇东从事道教事业也是赵氏家族和道教缘分的延续。1976年,赵镇东被推选为香港道教联合会第六届理事会理事,承担建设部工作。在第七届至第十届理事会中,作为总务主任之一。从第十一届起,至第十六届理事会,赵镇东出任理事会主席。

1977年,赵镇东任香港圆玄学院副主席兼总务,其后,一直协助汤国华主席积极从事圆玄学院的建设,亲自监督全院的施工建设和各项事业发展事务,顶日作业,风吹雨洒,皮肤黝黑,被人戏称为“印度佬”。1990年,汤国华因为年事已高,改任圆玄学院董事长,赵镇东出任圆玄学院主席。汤国华卸任香港道教联合会主席职务后,赵镇东又被推选为道联会第十七和十八届主席。由于赵镇东积极弘扬道教文化,开展和海内外道教界的交谊联络活动,帮助内地道教界重修庙宇、恢复活动,受到海内外道教界的普遍尊敬。1993年起,赵镇东连续被推选为广东省政协委员,第八届、第九届全国政协委员。1996年被推选为香港特区第一届政府推选委员会委员。2002年荣获香港特别行政区政府颁发的铜紫荆星章。

1994年,为了帮助广东省道教协会解决没有办公场所的困难,赵镇东以七十多岁高龄,不顾车马劳顿,到处寻找合适场所,最后在花都区九潭村创建圆玄道观。经过五年建造,耗资上亿港币,圆玄道观第一期工程于1998年建成。

经多次扩建,花都道观现已占地百余亩。道观前山门建有石质的棂星门,高大巍峨。山门后是殿前广场,主殿三清大殿,左右有钟鼓楼。主殿式样与香港圆玄学院的三教大殿相同,仿北京天坛的祈年殿。三清大殿供奉元始天尊、灵宝天尊和道德天尊。主殿二侧各有纯阳宝殿,供奉吕纯阳祖师;紫霄宝殿,供奉玉皇大帝。三清大殿后是元辰殿,供奉斗姥和太岁神。近年又在道观内扩建了老子道德文化园。园内有道德文化广场,广场上建有近17米高的老子盘坐铜像,东西两侧各有73米长、10.5米高的浮雕石壁。东侧仿山西永乐宫《朝元图》壁画,以1∶1的比例,浮雕众神仙朝元场景。西侧是《纪元图》浮雕石刻,塑造华夏民族古代帝王和道教的渊源关系,浮雕众帝王拜神场景。文化园的东北方向有金光闪闪的金殿,殿内供奉全金身的财神神像。金殿前有金山湖,环有长廊,长廊两边布置各式盆景。道德文化园庭园广阔,绿树成荫,环境幽静,景色清雅。

圆玄学院的管理制度,采用董事会形式。赵镇东羽化以后,香港圆玄学院主席由汤伟奇担承。由于汤伟奇主席身体欠安,圆玄学院主席一职现已由陈国超出任,邓锦雄、赵耀年和汤修齐等担任副主席。目前,香港圆玄学院仍在扩建之中,一是拓宽从院门到桥头的道路,将单线拓为双线,并兴建山腰院门前的停车场;二是从院后直到山巅处,扩建各殿堂,准备在最高处建造凌霄大殿,规模仿北京太和殿,殿内安放高约15米的玉皇大帝神像。花都的圆玄道观则由赵耀年副主席负责管理。根据广东省政协公告,赵耀年从2007年起就已经代表宗教界出任广东省第十、十一届政协委员。

圆玄学院以"奉行八德,弘扬三教"为宗旨,现有三教弟子五百余人,经生二百余人,分别传习儒家、佛教和道教的仪礼,为不同信仰的信众服务。十余年来,圆玄学院还积极支持国内道教研究的重大项目①,培养青年研究力量,出资为一批儒释道研究的博士论文提供出版机会。圆玄学院还建有香港道教界最大的图书馆,藏有三教经典及各种研究书籍和期刊数万册,受到海内外道教界和学术界的重视和好评。

（四）蓬瀛仙馆

蓬瀛仙馆,位于九龙新界粉岭百福村,面对粉岭车站,倚山而建,占山半面。1929年由何近愚、麦星楷、周朗山、苏耀宸和梁绮湄等创建,其道脉源自广州三元宫。当时广州著名道观三元宫面临改建为小学的困境,因此三元宫住持麦星楷到香港寻觅发展机会,来到新界粉岭,看到"崇山叠翠,环

① 关于圆玄学院对学术研究的支持推动,将在下一节详述,这里从略。

绕万松”，于是“发起创修龙门正宗道院”①。1929年蓬瀛仙馆建成大殿，取名“玉清宝殿”，供奉太上老君道祖、吕纯阳祖师、邱长春祖师等。虽然殿名“玉清宝殿”，实际上大殿只是一座平房，加上附设的静室和客房，十分简陋。蓬瀛仙馆在发起宗旨中曾明确建设全真龙门正宗道观，它是道教全真派在香港开宗之始。1941年香港沦陷时，蓬瀛仙馆道侣疏散，只留个别道友看管。直到1949年，蓬瀛仙馆开始改组，在民政司登记为道教社团。1950年，蓬瀛仙馆修订章程，改住持为馆长，采用理监事制度，举行宗教活动以服务信众，积极开展施衣赠药等济贫事业，从而使得蓬瀛仙馆从一个私人潜修的道堂变成一个面向社会的不盈利的宗教场所和团体。从20世纪50年代至70年代，蓬瀛仙馆加快了殿堂建设的步伐。1977年蓬瀛仙馆筹备扩建大殿，1980年三圣大殿扩建完成，1985年落成开光，定名为“兜率宫”。宫内正中供奉太上老君。其左有纯阳宝殿，供奉吕纯阳祖师。其右有长春宝殿，供奉丘处机祖师。大殿依山而建，雕梁画栋，巍峨壮观，现在已成为香港北部的旅游胜地。

1984年，邱福雄（1919—2005年）出任蓬瀛仙馆馆长，对馆内管理方式进行大幅度改革，推行企业公司化的管理方法，使得蓬瀛仙馆出现了新的发展。邱福雄，祖籍广东梅县，幼年生活在印度尼西亚，七岁回汕头读书。抗战时期，到香港圣保罗书院求学，后入中央管理学院学习。香港沦陷后，回梅县教书经商。抗战胜利后又到香港经营南洋进出口商会，任董事、经理。1968年皈依蓬瀛仙馆，学道修道，参与仙馆管理工作。1982年被推选为副馆长，1984年和1986年连续两届出任馆长。1986年，邱福雄被推选为香港道教联合会副主席。1995年被国务院港澳办聘请为“港事顾问”，1996年又被推选为香港特区第一届政府推选委员会委员。

邱福雄任馆长期间，一方面大力服务社会，一方面推进仙馆的建设，采用企业化管理方法改革蓬瀛仙馆的管理。对于邱福雄领导下的改革，蓬瀛仙馆同仁都曾给以高度评价。黎显华永远馆长就说过，“第七届理事会开始，在邱福雄永远馆长带领下，再修订制度，并经卢维干前理事长、朱永昌前

① 转引自《道风百年》，香港：利文出版社2002年版，第134页。

副理事长缜密设计，进而健全财务及行政管理系统，随后各届理事会同人通诚合作下，完善架构，使组织更有系统，馆务亦发展得更快”。1994 年，卢维干初次出任馆长就大胆采用“五常法”（常组织、常整顿、常清洁、常规范、常自律）管理蓬瀛仙馆的馆务。2003 年卢维干再次出任馆长时，又引入 ISO09901 质量管理体系，对于蓬瀛仙馆内部运行建立了全新的质量管理标准，实行一系列强制性的管理制度，使得蓬瀛仙馆内部管理登上了一个新台阶。

（五）云泉仙馆

香港云泉仙馆，原在德辅道西（今香港大道西）。1944 年，由移居来港的原广东南海西樵山云泉仙馆道友吴礼和、陈鉴波、陆本良、高廉同香港本地同道等创立。云泉仙馆，原是南海西樵山的著名道观，始建于清道光二十八年（1848 年）。其前身是一书院。清乾隆四十二年（1777 年），南海人李攻玉建攻玉楼，让读书人在此攻读，准备科举考试。由于攻读的学子逐渐增多，房屋逐年扩建，改名为玉楼书院。道光年间，国难当头，民心浮动，士子无心科考，于是诸道长为抚慰民心，弘道扬善，在 1848 年集资创建云泉仙馆，供奉吕纯阳祖师，由道士常年住馆管理。

1938 年 10 月日本侵略军攻占广州，珠江三角洲沦陷。日军以西樵山为军事重镇，驻扎重兵。云泉仙馆道长们被迫离开道观，住持吴礼和移居香港。1944 年在港的云泉仙馆道侣在吕祖圣诞聚会上，组织云泉仙馆香港分馆，此乃香港云泉仙馆的创始。从创始经香港沦陷直至抗日战争胜利结束，云泉仙馆道侣极其艰难困苦，但是仍竭尽所能，施粥赈饥，救济难胞。自 1949 年以后，云泉仙馆一直秉承“德不自知，道由心学”的传统，朴素无华，低调行事，在香港建立吴礼和小学，资助广东一些道观的修复开放，特别筹集资金修复西樵山云泉仙馆祖庭，1993 年由时任中国道教协会会长傅圆天大师主持修复开放大典。由于道务发展，香港云泉仙馆原址不敷使用，1975 年后，在新界打鼓岭坪輋路大埔田村购地创建新馆。历经十余年建设，云泉仙馆新馆初具规模。主殿纯阳大殿，两边分别为道教文物馆和藏经阁，全部都是仿古的宫殿建筑。馆内有孔子塑像、吕祖百字碑和各种园林景观。多年来每年都举办菊花展会。

云泉仙馆现任主席是吴礼及其子吴耀东。自1984年起,吴耀东担任香港道教联合会副主席,历任十余届从未间断。吴耀东先后辅佐汤国华、赵镇东和汤伟奇等三位主席,共同推进香港道教事业二十余年,顾全大局,从不懈怠。

(六)香港道教联合会

有人说香港百分之八十都是道教徒,估计有几百万人。有人认为,既然没有入道接受信仰的手续,那么即使进庙烧香也不能称是道教徒,于是只能说大约百分之八十的香港人与道教信仰有关。不论情况如何,在香港人中,道教信仰氛围还是浓厚的。但是,由于种种原因,香港地区在历史上一直没有一个统一的道教组织,这使得香港道教发展在相当一段时间里不能适应香港社会逐渐现代化、组织化、社会化的巨大变化。直到20世纪50年代,部分道堂有了联谊的要求,有感于"儒释各有总会,天主基督各有教区",而道教则未有"总会之设",于是以吕祖信仰为核心的云泉仙馆、青松观等七个道观发起筹备"港九道教总会"①。1960年6月间,在港英当局准许下,香港道教界成立了由27个道堂组成的"道教联合会筹备委员会",圆玄学院赵聿修任主席。1961年道教联合会获准为注册社团,1966年又向香港政府申请注册为有限责任法团,1967年获准。同年5月选出第一届理事会,通过联合会章程,宣告正式成立。当时的团体会员共有35个道观和道堂。理事会每两年改选一次,至今已经有过24届理事会,现在的会长是汤伟奇,主席是梁德华道长。

香港道教联合会从成立之日起就积极参与香港的教育事业和慈善事业。1975年12月16日,时任主席的汤国华先生在庆祝香港道教联合会新厦落成揭幕典礼上曾全面谈到会务方针及其个人愿望。

(1)内外任务。"对内团结会员,集中力量,为会员办应办之事"。对外则"为社会人群服务"。

(2)宣道。"为使道德之发扬,有加强宣道之必要,除大会堂之道德讲

① 黎志添等:《香港道教——历史源流及其现代转型》,香港:中华书局2010年版,第165—166页。

座外，应利用会址，举办各类型之宣道活动”，“以中学大专及一般青年，为听众对象，讲义由浅入深，使赏奇析疑，明道修德，培育将来”。

(3)出版。“一世劝人以口，百世劝人以书，故此除讲座外，尤须注重书刊，历代圣贤仙哲，遗下经文训诰，卷帙浩如烟海，须集中学者，整理编刊，广之于世，使知玄门妙谛”。

(4)教育。“兴学育才，乃百年树人之计，有心人均已笃行实践。本会团体会员中，不乏有心有力者，此后应大力推行”。

(5)“道教坟场，为我数十万教徒所渴望达成的目标”。

汤国华(1910—2004年)，名柏梁，号协和，坛名心益，生于广东顺德，后避乱离乡，在香港入公立实业专科学堂汉文师范进修，结业后在港执教。日寇侵占香港时，汤国华随父经营化妆品生意。抗日战争胜利后，创办皇后化妆品厂、皇后塑料玩具厂、荣华塑料花多家工厂，获得成功。后开办香港皇后洋行有限公司，经营外贸生意，事业兴旺。他热心公益，历任教育署咨议会成员、博爱医院总理、九龙总商会理事长、港九塑料制造商联合会理事长、华人庙宇委员会主席、香港特别行政区选举委员会委员、港事顾问等公职。汤国华是香港著名商人、慈善家、道教居士。汤国华在1984年曾获英女皇颁授荣誉勋章，1998年荣获香港特区首次颁授的铜紫荆星章。汤国华早年加入同善社，后随赵聿修参建圆玄学院。1974年赵聿修羽化，汤国华接任道教联合会主席一职，由第五届至第十六届连选连任，任至1998年，卸任荣休，改任会长。同期还兼任圆玄学院董事会主席和董事长，直至羽化。

汤国华因为自幼习儒，青年时期又从事过教育工作，深知办教兴学、关系国家民族未来的重要性，因此，在他主持道教联合会工作期间，大力推动办学事业。目前香港道教联合会所属挂名道教学校的，有中学五所，即：

圆玄中学第一中学，在葵涌，创立于1979年9月。香港道教联合会主办的第一所政府全津贴英文中学。全校学生超过1000人，从中一至中七近30个班级。学校设备齐全，学生成绩优良。在香港中等学校中有良好的声誉。

邓显纪念中学，在新界上水彩园邨，香港道教联合会属下的第二所政府全津贴英文文法男女中学，创立于1982年9月。邓显是广东新会人，勤俭笃义，弱龄时赴印度尼西亚经商，生平惠泽贫寒，力创义学。全校学生一千余人，从中一至中七共30个班。学校在新界北区享有很高声誉，学生成绩历年名列前茅。

青松中学，在观塘秀茂坪晓育径，香港道教联合会属下的第三所政府津贴英文文法男女中学，创立于1985年。全校学生超过千人，从中一至中七共30个班。

圆玄学院第二中学，在新界大埔富善邨，香港道教联合会属下的第四所政府全津贴英文男女文法中学。创立于1988年。全校学生有一千二百余人，从中一至中五共31个班。

汤国华之子汤伟奇先生继承汤国华先生的办学理念，在他主持香港道教联合会主席工作以后，继续扶植道教教育事业的发展。道教联合会名下的中学又增加了1998年创校的圆玄学院第三中学，在将军澳唐明街2号尚德村。汤伟奇出任该校校董和校监。

道教联合会会属的小学有五所，幼稚园有六所，即：香港道教联合会学校，在九龙牛头角上邨安善道的半山区，是香港道教联合会创办的第一所小学，创立于1969年10月。1982年9月改为全日制小学。道教邓显纪念学校，在葵涌葵盛邨，香港道教联合会创办的第二所小学，创立于1972年。圆玄小学校，在屯门青海围，创立于1981年。石围角小学校，在葵湾石围角，创立于1982年。吴礼和纪念学校，在新界大埔，创立于1984年。由香港道教联合会副主席吴耀东捐资兴办，以纪念其先翁云泉仙馆吴礼和道长。汤邓淑芳纪念学校，在将军澳翠林邨，创立于1988年。圆玄学院陈吕重德纪念学校，在油塘高超径，创立于1996年。由今圆玄学院主席陈国超博士捐资，以纪念其母圆玄学院创办人之一陈吕重德道长。香港道教联合会兴办的幼稚园，包括在1982年创办的圆玄幼稚园，在1986年创办的圆玄富善村幼稚园，在1988年创办的圆玄翠林邨幼稚园以及近年创办的圆玄东头邨幼稚园等等。

香港道教联合会的会属学校教育目标是“以道为宗，以德为化，以修为教，以仁为育”。因此，道教兴办的学校在配合香港当局之普及教育政策时，着重培养学生的高洁的志行，以及成就学生的完美的人格。其品德修养的要求就是孝、悌、忠、信、礼、义、廉、耻等八德。道教兴办的各种学校，除了在集会时要背诵“明道立德”的校训，礼堂里悬挂“道祖太上老君圣像”，歌唱由汤国华作词的统一的校歌，中学以上的学生每周要学习一次《道教知识》课以外，其他一切教学活动都按香港当局规定的普及中小学教学大纲来办理。

以上这些学校中的大部分都是在汤国华出任主席期间完成会属的。汤国华还为这些学校的伦理课程亲自编著《道教知识》教材和教师用的备课参考书。

汤国华自身有较高的文化学术修养，一直关注海内外道教研究和中国传统文化研究，支持香港中文大学编辑出版《中国文学古典精华》上中下三册以及该书的参考资料。在听说四川大学和国内一批青年学子的硕士博士出版研究论文有困难的时候，汤国华先生立刻在成都亲自主持与四川大学宗教研究所签订资助合同，从2000年起帮助出版“儒释道博士论文丛书”，目前已经出版达120余种，在海内外引起很大的反响。

汤国华羽化以后，香港道教联合会主席一职由时任圆玄学院主席赵镇东担任。赵镇东羽化后，汤国华之长子汤伟奇出任香港道教联合会主席。

汤伟奇（1939—　），出生于香港，中学就读于九龙官办的伊丽莎白中学，后从美国密歇根大学毕业，返回香港从商。他继承汤国华先生的遗志，2003年出任香港道教联合会主席和圆玄学院主席。汤伟奇参加道教界活动，一身道装，虔诚从道。对于道教界的重大活动，汤伟奇从来倾囊相助，像汤国华生前一样，特别是对于教育事业资助不遗余力。汤伟奇除了资助四川大学道教与宗教文化研究所的研究和出版工作以外，还曾捐赠中央民族大学计算机室、资助香港中文大学古典精华研究经费，资助山东大学《中国道教科学技术史》研究出版经费等等，现在是广东韶关市荣誉市民，广东省顺德市政协委员，第十一届全国政协委员。

在汤伟奇的领导下，香港道教联合会还开始了向特区政府申请将太上道祖诞辰日列为法定假期的活动。2011年出版了《利物济世——香港道教慈善事业总览》，收录了百年来香港道教在中国内地、香港及海外的各种社会公益活动。2010年香港道教联合会委托专业公证机构统计从年三十到正月十九期间，到圆玄学院、青松观、黄大仙观、蓬瀛仙馆和车公庙拜神人数，统计结果是拜神人数达到135万人次。同时，委托香港大学民意研究机构对18岁以上民众所做民意调查显示，香港有242万成年人赞成将道祖诞辰日列为法定假期。正是由于汤伟奇主席领导下做了细致具体而有说服力的工作，香港政府确定自2013年起，每年3月的第二个星期日为道教日。就在2013年的道教日，香港特区政府特首梁振英出席了道教日的庆典。香港道教界还举行了盛大的巡游庆祝活动。

由地区政府确定一个全民共庆的道教节日，在近代中国史和中国道教史上，香港地区是第一家。这无疑是香港道教界艰苦工作获得的结果，也是香港道教界依靠自身努力创造的结果。作为香港道教联合会主席的汤伟奇是功不可没的。因为健康的原因，汤伟奇在2013年让贤，力荐原蓬瀛仙馆总裁梁德华道长出任香港道联会主席，并且获得了香港道教界的赞同。

几十年来，香港道教联合会在汤国华和汤伟奇以及其他道门贤达领导下在兴办学校和参与社会福利事业等方面，取得了卓越成绩，作出了巨大贡献。

除了由香港道教联合会主办的学校以外，其所属的道堂和道观也曾办过或正在办不少学校。属于先天道岭南道派的九龙道德会龙庆堂和香港道德会福庆堂，都在20世纪二三十年代就兴办过义学。青松观也在1982年创办青松幼稚园和湖景幼稚园。1989年同台北指南宫合办中华道教学院，1992年又自办香港道教学院，聘请港台和内地学者讲课，这对弘扬道教文化和促进彼此之间的学术交流都是有益的。目前还在筹备参与建设"民俗展览馆"和广东罗浮山的道教学院等事项。20世纪60年代以后，黄大仙观在1969年创办可立中学，1970年创办可正小学，1974年创办可风中学，1975年创办可信小学，1981年创办可仁幼稚园。1980年云泉仙馆则在馆内创办了道教图书室。

香港道教兴办的社会福利事业，可以追溯到20世纪40年代。早在日寇侵占时期，九龙道德会福庆堂就为赈济穷人难民，义赠白粥每天6000碗以上，历时达二年，直至抗战胜利。云泉仙馆亦曾响应此举，赠粥赈济。香港道教联合会成立以后,更以举办社会慈善福利事业作为道教徒积善外功的主要内容之一,因此,几十年来也颇具规模。

啬色园(黄大仙观)在建立之初就尽全力开展社会服务事业,以实践黄大仙普济劝善的训诫。1924 年,黄大仙观就开设了药局,其后,一直坚持赠医施药,帮助黎民百姓。1977 年啬色园扩建医药局,除了中医诊所外,加设西医门诊,提供收费极其低廉的诊疗和治疗服务。1981 年起啬色园成立医药基金。1998 年啬色园社会服务大楼建成。在巍巍大楼之中设有西医诊所、牙医诊所、物理治疗中心以及康复护理安老院等等,香港道教于是有了一个为市民提供全面医疗服务的慈善医疗机构。

圆玄学院于 1969、1984 年和 1987 年分别在荃湾和中环等地设立三处西医诊疗所,聘请注册医生,义赠名厂良药,为大众消除疾病痛苦。1975 年成立了圆玄安老院,近年又成立了护理安老院,并准备开办可收容二百多名儿童的儿童院。

青松观曾在木屋区设立施诊给药所,历时十载,现在建有西医赠诊所两处,气功治疗一处,男女安老院各一所,护理安老院一所,并于 1984 年 8 月建立了"侯宝垣慈善基金"。另外,云泉仙馆办有安老院及中医部,通善坛办有安老院,蓬瀛仙馆则设有老人服务中心以及青年自修室,等等。

根据日本学者大渊忍尔等在 20 世纪 70 年代对香港道教的调查,香港另有一个散居道士(俗称喃呒佬)的组织,称为"中华道教侨港道侣同济会",据说该会有个人会员近 200 人。这个组织是散居道士互助团体,事务所设在九龙。会员以推荐制加入,也可无条件退出。会员的义务是每做一次法事向"中华道教侨港道侣同济会"交 50 港元的会费。散居道士主要从事超度亡灵和礼斗祈寿等活动,并且应地方社区信众邀请,从事一些清醮活动。据称,这个同济会和同济会中的散居道士同香港道教联合会无关。

二、澳门道教主要活动场所与组织

澳门地区面积虽然不大,但道教信仰流布却不可阻挡。长期以来,也形成了一批有深厚民众基础的宫观庙阁;与此同时,作为全地区道教信众纽带的澳门道教协会也成立起来。

（一）澳门道教主要庙观

据有关统计，澳门现共有大大小小庙宇40多所，以道教诸神为主神的道教庙宇共有39所，计有妈祖庙5所、土地庙5所、观音（慈航真人）庙4所、哪吒庙2所。康公真君庙2所、关圣帝君庙2所。此外，尚有三婆庙、谭公庙、莲溪庙（供奉财神、华光）、包公庙、吕祖仙院、先锋庙、女娲庙、医灵庙、鲁班庙、大王庙（供奉洪圣大王）、南山庙（供奉钟馗）及北帝庙（供奉玄天上帝）等。

现存澳门地区最有影响的道教庙观当推妈祖阁。据道光、同治和光绪年间制作的各种重修妈祖阁的碑记所记载，澳门妈祖阁大致是明朝成化年间（1465—1487年）由闽潮来蚝镜的商人们所建。初建时，只有数间茅舍，后来逐一增建。相传其弘仁殿，建于明弘治元年（1488年）。但是，据费仁康的《澳门四百年》，民国初年汪兆镛《澳门杂诗》有记载称："妈阁庙楹额刻'弘仁阁'三字，上款'弘光元年'，辛亥冬余初到尚见，今已毁。"澳门人士误以为"弘光"即"弘治"之误。费仁康认为："'弘光'是南明福光的年号。'弘光元年'即1645年，是数万汉族人士取道澳门出亡海外之时。为求航海的安全，他们修缮妈阁庙是十分自然的事情。"①妈祖阁另有石殿，石殿门梁上刻有"神山第一"四字，下方刻有"明万历乙巳年德字街众商建"字样。万历乙巳年即万历三十三年（1605年）。据此，妈祖阁至少已有400年的历史。在澳门地区奉祀天后妈祖的庙观，还有建于1792年以前的望夏康真君庙的天后圣母殿、建于1865年的天后古庙、建于1722年的莲峰庙内的天后殿、建于1785年前的氹仔岛的天后宫、建于1622年至1722年间的关帝天后故宫、建于1677年的路环岛天后古庙。自明以后，小小的澳门地区有奉祀天后圣母的庙观八处，可知"整个澳门地区，其实是一个属于道教系统的妈祖信仰圈"②。

澳门地区的氹仔岛上有建于1845年的三婆庙，存有咸丰九年（1859年）和同治三年（1864年）的旧碑，以及多块残碑。据碑文记载，三婆神的信

① 费成康：《澳门四百年》，上海：上海人民出版社1988年版，第7页。

② 黄兆汉、郑炜明：《香港与澳门之道教》，香港：加略山房有限公司1993年版，第75页。

仰源自广东惠州，言其能保护地方安宁，击退来犯贼寇。清俞樾《茶香室四钞》卷二十引有许联升《粤屑》记载，称三婆为天后妈祖之三姊，与妈祖同修成仙。另有供奉海神朱大仙和洪圣爷的。九澳三圣宫，建成于 1882 年，起初只是拜洪圣爷，后来又加上了关帝和谭仙。

澳门的三巴门的吕祖仙院，奉祀道教吕纯阳祖师。其院额上下款为“光绪辛卯（1891 年）仲夏，弟子东初奉书”。据此，吕祖仙院建于 1891 年。院内有光绪十九年（1893 年）吴德靖撰《创建吕祖仙院碑记》，碑称吕祖于光绪庚寅（1890 年）春元旦花霄，“降法于罗浮山朝元洞群众，以收修士”，“至辛卯（1891 年）春，余承师命，下山来澳创建”。由此可知，澳门吕祖仙院，道统溯源自罗浮山朝元洞。另外，医灵庙内还有天师殿，奉祀嗣汉天师张道陵，据其存匾，可知最晚在光绪三十三年（1907 年）澳门就已有道教正一派的活动。

（二）澳门的道派与道教协会

经过了数百年的演变，澳门道教主要有三大系列。即：道教主体庙宇系、全真派坛堂系、正一派伙居道院系。其中，全真派坛堂系包括，信善二分坛、信善祖坛及云泉仙馆；而正一派伙居道院系则有，吴庆云道院、陈同福道院等八间正一派散居道院。

吴庆云道院大约在清末民初由正一派散居道士吴国绵（道号谒元）所开设。其子吴锦文，道号玉生，其孙儿天燊，道号京意。三代相续香火，维系法脉。1949 年，第六十三代天师张恩溥从中国大陆到台湾时途经澳门，为玉生、京意父子及十多位澳门的散居道士授箓，当年授箓的伙居道士，现时只余下吴京意道长。

20 世纪 50 年代末，澳门吕道会信善二分坛礼聘吴玉生道长教导弟子道教经忏。六七十年代期间，澳门道教的发展趋于俗家化及慈善化，规模较大的宫观及坛堂相继成立。此时吕道会信善坛亦在香港扩展，吴玉生道长把正一派科仪和音乐传至香港信善三分坛与六合圣室等信善系的道坛，并担当信善系经忏总导师，同时将正一派科仪和音乐从伙居带回宫观和坛堂去。

随着时代的变更，澳门道教具有复兴的趋势，信众也逐渐增加。在这种情况下，吴炳鋕、郑扬立、叶达等人共同倡议创办澳门道教协会。2001年3月21日，澳门道教协会在澳门特别行政区政府立案。2002年，澳门道教协会筹备组邀请了时任中国道教协会会长的闵智亭道长亲临该地主持成立仪式，见证第一届理监事会理监事宣誓就职。

作为非营利性宗教团体，澳门道教协会的宗旨是弘扬中国道教文化和精神，联系本地道教团体和人士，促进澳门道教与中国大陆及海外道教团体和组织的相互交流。

澳门道教协会成立初期，其会址设在席里，这是由吴天燊会员借出使用的。其后，会址迁至茨林围一幢小平房，地方依然非常狭小。2009年，在澳门特别行政区政府关心下，香港圆玄学院、香港蓬瀛仙馆等各地同道，及澳门各界人士鼎力支持，澳门道教协会筹款置地，复迁址于罅些喇提督大马路41号佑适工业大厦二楼B座。该处空间比此前会址大大扩增，很多活动都可以开展，如法会、讲座、排练、各类培训活动等等。

澳门道教协会的理监事会每两年一届，至2016年已经是第八届了。在历任理监事的努力下，澳门道教协会稳步发展，取得可喜成绩。

十五年来，澳门道教协会于每年秋天都举办道教文化推广活动，其活动规模逐渐扩大。最初是“道教文化日”，其后是“道教文化周”，近年已扩展为“道教文化节”。每年道教文化节活动，均获国家宗教事务局、澳门特别行政区政府、两岸四地及海外同道、澳门各界大力支持。澳门道教文化节活动，其内容丰富，有道教科仪、各类题材之道教文化展览、道教养生武术表演、各地道教音乐表演、道教专题讲座等等。

传播《道德经》，这是澳门道教协会近年来最重视的工作，尤以注重在中学生中推广。该协会认为，这是响应澳门特别行政区政府推行德育教育的施政方针的一项举措，对于青少年认知中华民族文化瑰宝具有实际的意义。近些年，在这方面的主要活动是：举办“《道德经》中学生书法比赛”和“《道德经》读后感中学生作文比赛”以及“《道德经》中学生歌唱比赛”。这一系列推广《道德经》的比赛获得澳门特别行政区教育暨青年局及社会各界认同与支持，也深受学校和学生喜爱。

曾经与澳门火居道场共存并发展的澳门道教科仪音乐，随着澳门社会的变迁，近数十年正步向衰亡。为抢救濒危的澳门道教科仪音乐，澳门道教协会近年做了大量工作。首先是为一向口口相传的澳门道教科仪音乐记谱，在数年里先后把五百多首大大小小的道曲记录下来。紧随记谱工作之后的是成立澳门道乐团，通过舞台演出向各方人士呈现澳门道教科仪音乐，而乐团成员更得到深入接触澳门道教科仪音乐的机会。除此之外，澳门道教协会还先后出版书籍和影音制品，记录和推广澳门道教科仪音乐。2010年，澳门道教协会把澳门道教科仪音乐向澳门特别行政区政府呈报，申请列为非物质文化遗产，获得接纳。2011 年，澳门道教科仪音乐成为国家第三批非物质文化遗产，吴炳鋕会长为该文化遗产的传承人。

近年来，澳门道教协会着力培养道乐接班人，经常开办各类乐器班，分别有二胡班、扬琴班、笛子班、敲击乐班等等。从 2013/2014 学年开始，澳门道教协会与澳门劳工子弟学校合作，开展“中乐校园培训计划”，该计划是校方开设各类学生乐器班，澳门道乐团派出导师任教，这些班包括二胡班、琵琶班、古筝班、笛子班、扬琴班、大小阮班、笙班等。上述会内及学校的乐器班，既丰富学员的工余课余生活，也能够提高他们的音乐情操。不少学员渐有所成，被澳门道乐团挑选入团，在乐团中开展另一层次的学习。

多年来，澳门道教协会也注重培训法务人才，每年开办道教文化班及道教科仪班。学员通过训练，加深道教文化了解，明白各种道教科仪的意义掌握唱诵罡步技巧，不少学员学以致用，在道场中一展所长，部分学员更担当起高功之职。

这十五年来，澳门道教协会也相当重视与内地、香港、台湾及海外各地道教界保持紧密友好联系，彼此交流活动频繁，也时有合作。

第三节　香港和澳门的道教研究

香港地区在租借给英国以后的百余年中，文化教育事业基本上是朝着西化的方向发展，在相当长的时间里对于中国传统文化既不重视，也缺乏研究。只有一些受到中国传统文化深刻影响的华人知识分子才比较关心中国文化研究。其中，许地山和饶宗颐是比较有代表性的两位，他们在道教历史、道教文献的整理与研究方面作出了突出贡献。

一、许地山的道教研究

许地山(1893—1941年),原名赞堃,笔名落华生。中国新文学时期的著名小说家、散文家、文学研究会发起人之一,也是史学家、社会学家、宗教学家。许地山出生在台湾,父亲许南英曾任台湾团练局统领,光绪年间进士。许地山三岁时,台湾地区被日本侵占后,随父回到漳州,就学于广东。中学毕业以后,曾经当过多年的小学教师。1917年入燕京大学文学院学习,获文学学士学位。1920年入燕京大学神学院学习,获神学学士学位。1923年赴美国哥伦比亚大学,获文学硕士学位,后转入英国牛津大学研究院,研究宗教史、梵文和印度哲学、民俗学等,获牛津大学文学硕士学位。1927年回国,任教于燕京大学神学院,讲授比较宗教学,同时兼哈佛燕京学社导师。1935年,因为与校长司徒雷登意见不合,经胡适推荐,赴香港大学中文学院主任教授。许地山积极从事进步的文化活动,运用先进的社会科学研究方法,对研究和弘扬中国传统文化作出了贡献。任继愈先生曾经说,"研究道教史及一般宗教史的研究学者中,许地山先生是先驱者"①。许地山从大学时代起就关心道教,他的关于道教的主要著述有:《道家思想与道教》(《燕京学报》1927年第2期),《道教史》(上海商务印书馆,1934年),《道教之根本思想及其对于人生的态度》(《读书季刊》第1卷2期,1935年9月),《扶箕②迷信底研究》(上海商务印书馆,1941年)等。

许地山的《道教史》是大学参考书。根据1934年2月作者写于广州中山大学图书馆的《弁言》,该书"本分上下,上编述道家及预备道教底种种法术,下编述道教发展中教相与教理"③。但是该书似乎只写成了上编,以"上册"形式出版,下编未曾问世。

在20世纪30年代,对于道教作认真研究的人,特别是用现代学科方法作研究的人,是不多的。当时学人的看法,或者认为道教只是一种迷信法

① 任继愈:《道教、因明及其它·序》,北京:中国社会科学出版社1994年版,第1页。
② "扶箕"是"扶乩"的旧称
③ 许地山:《道教史·弁言》,上海:上海书店1991年版,弁言。

术,并无教理思想,因此算不上是一种宗教;或者认为“道”是芜杂的,可以区分为三品,上品是道家思想,下品才是道教。这些看法,或者来自欧美宗教人士,或者来自鄙视道教的传统儒生。许地山在《绪说》中对于这种看法持有不同的观点。许地山认为,“道家思想可以看为中国民族伟大的产物。这思想自与佛教思想打交涉以后,结果做成方术及宗教方面底道教”①。许地山虽然也采用“三品”说,但是他的三品并不是贬低道教的三品。他进一步指出,“求长生,求享乐,是人类自然的要求,而中国民族便依着这种迷信来产生神仙道和求神仙底方术。后来张陵又把神仙道化成宗教,而成为天师道,所以实际说来,这三品没有截然的分别,后来都混入于天师道里头。加强分别它们,我们只能说道家说无为自然;神仙重炼养服食;张陵用符箓章醮而已。但张陵也祖述老子,以《道德经》为最上的经典。他底立教主旨也是无为自然,只依着符箓章醮来做消灾升仙底阶梯罢了。因此道教也可以名为神仙之宗教化,或神仙回向教”②。这就是说,在许地山的宗教学术思想里,已经摒弃了儒生卑视下民的传统看法,并不自居清高,其结论当然就是“三品没有截然的分别”。道教是道家自然的继承,即道家的宗教化的产物。学术界历来引用宋代马端临《文献通考》的“道藏书目”条下的评说,许地山则认为在道家之外另立神仙家“似乎不甚妥当”,批评马端临“只承认道家思想而轻看道士宗教”。不过,他认为《文献通考》区分道家之术为五端,即清净、炼养、服食、符箓和经典科教,是抓住了“道教思想发展底纲领”③。许地山治道教不仅重视道教外学者的看法,而且重视道士们“自己底见解”。他引用《云笈七籤》卷三的《道教序》,指出道教亦可分为正真之教、反俗之教和训世之教。从道士们自己的看法,可知“道士们每采他家之说以为己有,故在教义上常觉得他是驳杂不纯”④。而这样一种博采众说的做法,在中国从汉代就已经开始,并且一直延续至今。在 20 世纪 30 年代的道教研究中,重视并探讨道士们自己的看法,这不能不认为是一种观念的创

① 许地山:《道教史》,上海书店 1991 年版,第 1 页。
② 许地山:《道教史》,上海书店 1991 年版,第 4 页。
③ 许地山:《道教史》,上海书店 1991 年版,第 5 页。
④ 许地山:《道教史》,上海书店 1991 年版,第 8 页。

新和重要的突破。

许地山的《道教史》上册，只是关于道教前史的研究，阐述的是“道家思想底建立者老子”、“老子以后的道家”、“道家最初的派别”、“秦汉底道家”、“神仙底信仰与追求”和“巫觋道与杂术”等。许地山对道教前史研究的结论是，“巫觋道与方术预备了道教底实行方面，老庄哲学预备了道教底思想根据。到三张二葛出世，道教便建立成为具体的宗教”[①]。这个对于道教渊源的分析结论，直到今天仍然为学术界所认可。道教的建立，许地山认为是一个自东汉至东晋的漫长历史过程。遗憾的是，对于这一观点的详细阐述，许地山并没有刊印问世。这在中国道教史的研究史上，无疑是个缺憾。

许地山写作《扶箕迷信底研究》，正是在中国抗日战争时期。天灾人祸，战乱纷飞，民众处于水深火热之中。当时扶箕的信仰活动，在南中国颇为频繁。许地山说，“数十年来受过高等教育底人很多，对于事物好像应当信点科学态度，而此中人信扶箕底却很不少，可为学术前途发一浩叹。又见赌博底越来越多，便深叹国人底不从事于知识底努力，其原因一大半部分是对于学问没兴趣，对于人事信命运，在信仰上胡乱崇拜。箕仙指示他等机缘，他只好用赌博底行为来等候着，因此养成对于每事都抱一种侥幸心和运气思想”[②]。可见，许地山的这一关于扶箕的研究是因事因地而作的，“希望读过底人能够明了扶箕并不是什么神灵底降示，只是自己心灵底作怪而已”[③]。从这个意义上讲，《扶箕迷信底研究》实在是一本力图破除“扶箕迷信”的科普小册子。全书极为珍贵的是收集了 132 则有关扶箕的小故事。故事的来源出自几十种古书，其中有南朝的《真诰》、《异苑》，宋朝的《梦溪笔谈》、《夷坚志》、《东坡集》，元朝的《辍耕录》，明朝的《七修类稿》、《留青日札》、《碧里杂存》，清朝的《子不语》、《坚瓠》、《忆书》等。许地山排比这些故事，分类阐述“扶箕底起源”，“箕仙及其降笔”以及“扶箕底心灵学上的解释”等。许地山认为，“扶箕是一种古占法，卜者观察箕底动静来断定所

① 许地山：《道教史》，上海：上海书店 1991 年版，第 182 页。
② 许地山：《扶箕迷信底研究》，上海：上海文艺出版社 1988 年版，第 107 页。
③ 许地山：《扶箕迷信底研究》，上海：上海文艺出版社 1988 年版，第 108 页。

问事情底行止与吉凶,后来渐次发展为书写,或与关亡术混合起来。卜籍箕底移动,迳然用口说出或用笔写出底也有"①。在中国道教史上,扶箕和道教的关系曾是很密切的。有一些道教的经籍就是用扶箕降笔之词编写而成的。扶箕现象中有一部分是职业行为,许地山说,"大体从扶箕盛行之后,已有一种专门替人扶箕底职业家到人家去趁热闹底。他们有时也设箕坛在自己家里或祠庙里,有时请定一神,有时请来才知道是那位神灵。在'言归正传'之前,降箕底神灵多有诗词表示自己底身世。扶箕家也像有一套熟诵底诗文"②。但是,对于扶箕的信仰,却只能用"心理学和心灵学的原理来解释它们",这是"因为中国人信灵魂住在人间,所以生人可以随时与他们交通。扶箕便是人鬼交通底一个方法"③。另外,"一切的现象都有它们底物理的与心理的原因,和客观的与主观的条件。浅知的人不明白彼此的关系便会疑神疑鬼,因而起了迷信。降箕底多是鬼灵底见解也是缺乏科学知识所致"④。许地山大概是民国时期唯一的一个对于扶箕现象作了较完整的人文学科研究的学者,他迫切希望国人能够从箕盘上解脱出来,他尖锐地批评说:"扶箕者底心里多半是自私自利的。我认得与知道许多信箕底人,都是为自己的利禄求箕示。箕仙从没有一次责骂过其中贪渎之辈,相反地,甚至暗示他们去为非作歹。有一个我知道底'革命策源地'底官僚,满屋悬着箕仙所赐底书画,与道德教训,自己在官时却是一个假公济私,擅于搜刮底无耻者。然则乩仙未必尽以道德教人,人不听他们底教训,他们也无可奈何,扶箕有什么宗教的价值呢!"⑤这段话,既是对扶箕人的揭露,也是对当时的国民党元老们的鞭挞。

根据李镜池先生的回忆,许地山在生前为道教研究作了浩繁而细致的准备工作。除了已经发表的研究成果,他的工作还有:一是编写工具书《道藏子目通检》。在燕京大学的《道藏子目引得》的基础上,通检各书的子目,作为详

① 许地山:《扶箕迷信底研究》,上海:上海文艺出版社 1988 年版,第 7 页。
② 许地山:《扶箕迷信底研究》,上海:上海文艺出版社 1988 年版,第 21 页。
③ 许地山:《扶箕迷信底研究》,上海:上海文艺出版社 1988 年版,第 78 页。
④ 许地山:《扶箕迷信底研究》,上海:上海文艺出版社 1988 年版,第 89 页。
⑤ 许地山:《扶箕迷信底研究》,上海:上海文艺出版社 1988 年版,第 107 页。

细索引,以便在研究工作中方便检索。二是编写《云笈七籤》校异,将道藏本和清真馆刊本比校异文,勘对考证。存有稿本二册,自序文起至卷二十二,包含有众多的真见卓识。三是编写道教研究工具书《道教辞典》,已摘录卡片万余张,常于一名下列举数十条材料,理清道教思想发展之脉络。四是编写《道教史》编年,逐年附以道教大事和人物活动等。五是编写《道书源流考》,以考证《道藏》中著作的年代和作者为目标。可惜,这些遗作都未能完成。

二、饶宗颐的道教研究

饶宗颐先生(1917—2018 年),字固庵,号选堂,广东潮安人。著名的历史学家、考古学家、文学家、经学家和书画家。父饶锷(1891—1932 年)长于考据之学,有天啸楼藏书五六万卷,著有《潮州艺文志》和《天啸楼集》五卷。饶宗颐自幼就承家学,1935 年被中山大学聘为广东通志馆专任纂修。抗战初年,因病滞留香港,继任无锡国专(广西时期)教授。1946 年任广东文理学院教授。1947 年任汕头华南大学文史系教授兼系主任,《潮州志》总编辑,并被推选为广东省文献委员会委员。1949 年迁居香港,历任香港大学中文系讲师、高级讲师及教授。1973 年起任香港中文大学中文系讲座教授兼系主任。1978 年退休。1979 年起任香港中文大学中国文化研究所荣誉高级研究员,荣誉讲座教授等。自 1949 至 1987 年间,饶宗颐还受聘于新加坡国立大学、美国耶鲁大学、法国远东学院、法国高等研究院、日本京都大学文学部及人文科学研究所、澳门东亚大学(即澳门大学)以及台湾的"中央研究院"语言所和文哲所。1992 年被上海复旦大学聘为顾问教授。

饶宗颐的学术著作非常丰富。2003 年,饶宗颐亲自按学术门类编定了《饶宗颐二十世纪学术文集》14 卷 20 册,由台湾新文丰出版公司出版。文集包括的门类有:历史学、宗教学、甲骨学、简帛学、经学、文学、诗词学、目录学、艺术学、敦煌学、潮州学、中外关系学以及文录等。季羡林生前在《饶宗颐史学论著选序》中称赞饶宗颐教授的学术研究涉及范围很广,真可以说是学富五车,"著作等身"①。此语毫不过分。

---

① 《饶宗颐史学论著选》,上海:上海古籍出版社 1993 年版,第 6 页。

据香港中文大学中国文化研究所《庆祝饶宗颐七十五岁论文集》列举的饶宗颐学术专著目录，饶宗颐已刊专著中和道教有关的有：

《索沈写本道德经残卷考证》（香港大学《东方文化》，第二卷第一期，1955年）；

《老子想尔注校笺》（原题全称《敦煌六朝写本张天师道陵著老子想尔注校笺》，香港东南书局，1956年。上海古籍出版社1991年重排增补出版，改今书名）；

《想尔九戒与三合义》（《清华学报》，新四卷第二期哲学论文集，后收入《老子想尔注校笺》，上海古籍出版社，1991年）；

《老子想尔注续论》（《老子想尔注校笺》，上海古籍出版社，1991年）；

《四论想尔注》（《老子想尔注校笺》，上海古籍出版社，1991年）；

《天师道杂考》（《老子想尔注校笺》，附录一，上海古籍出版社，1991年）；

《有关大道家令戒之通讯》（《老子想尔注校笺》，附录二，上海古籍出版社，1991年）；

《道教与楚俗关系新证——楚文化的新认识》（《明报月刊》，1985年5月号，后收入《饶宗颐史学论著选》，上海古籍出版社，1993年）；

《〈太平经〉与〈说文解字〉》（《大陆杂志》，第四十五卷第六期，后收入《饶宗颐史学论著选》，上海古籍出版社，1993年）；

《老子想尔注考略》（《选堂集林·史林》上，后收入《饶宗颐史学论著选》，上海古籍出版社，1993年）；

《论敦煌残本〈登真隐诀〉（P.2732）》（《敦煌学》，第四辑，1979年）；

《南戏戏神咒“啰哩嗹”之谜》（《国际道教科仪及音乐研讨会论文集》，香港中文大学。后收入饶宗颐著《梵学集》，上海古籍出版社，1993年）；

据称，饶宗颐另外还有《吴县玄妙观石础画迹》、《全真教与西安鼓乐》等论文。

对于著作等身的饶宗颐来说，以上这些道教研究的论著在他整个学术生涯中并不占据重要位置。但是，将他的研究成果放在香港、中国和世界的道教研究的背景中来考察，饶宗颐的道教研究又是重要的、有特色的。这是因为：

第一,饶宗颐的道教研究成果,除了《南戏戏神咒"啰哩嗹"之谜》一文是有关当代道教科仪的以外,其他的主要论著都与早期道教有关,即早期道教的一支太平道的《太平经》研究和另一支正一盟威道的《老子想尔注》研究。早期道教的史料稀少,饶宗颐的研究无论是钩稽史料,考证辨伪,都极大地丰富和推动了早期道教的研究。

第二,饶宗颐的道教研究充分利用考古材料和敦煌卷子的材料,开拓了道教研究的视野。在饶宗颐的道教研究之前,学术界一般在研究中只注意运用《道藏》和正史、子集等文献资料,而对于考古材料和敦煌卷子都不太重视。饶宗颐的研究既为扩大道教研究的史料树立了榜样,又极大地推动了对考古材料和敦煌卷子中的道教研究资料的搜集工作。

饶宗颐的道教研究中,影响最大的是《老子想尔注校笺》。《老子想尔注》是一部注解《老子》的书。《隋书经籍志》和两唐《志》中均无著录。唐玄宗《道德真经疏外传》列有《道德经》古今笺注各家名录,有《想尔》二卷,称是"三天法师张道陵所注"。五代杜光庭《道德真经广圣义》,列举历代注疏《道德真经》六十余家,其中也有《想尔》二卷,也称"三天法师张道陵所注"。但是,《想尔》二卷早就亡佚,正统《道藏》也没有收载。饶宗颐从英国伦敦博物馆收藏的敦煌残卷中将《老子想尔注》挖掘出来,整理笺注问世,正如饶宗颐所说的"其书每提及太平符瑞,多合于《太平经》经义,不特东汉老学神仙家一派之说,可略睹其端倪,尤为道教原始思想增一重要资料,对于道教史贡献至钜,不可谓非学术上之鸿宝也"①。《老子想尔注校笺》一发表,在海内外学术界引起了极大的反响。据传,法国著名的汉学家卡顿马克(康德谟)就以此书为教材,饶宗颐也多次被邀请赴法国。所以,《老子想尔注校笺》一书,尽管篇幅不大,但是在饶宗颐的学术生涯中却占有重要的地位。

《老子想尔注校笺》在 1956 年问世以后,饶宗颐围绕该书还发表过一系列研究论文,在海内外的道教研究中都有影响。饶宗颐的研究成果包括:

一是指出《想尔注》并非如唐玄宗和杜光庭所言是"三天法师张道陵所

① 饶宗颐:《老子想尔注校证》,上海:上海古籍出版社 1991 年版,第 5 页。

注”，而是“陵初作注，传衡至鲁，而鲁更加厘定，故有‘系师定本’之目。《注诀》云：‘系师得道，化道西蜀，托遘想尔，以训初回’”①。饶宗颐认为，这里的《注诀》指的是《传授经戒仪注诀》，该《注诀》是唐以前的作品，先于唐玄宗和杜光庭所述。

二是指出《想尔注》并非是东晋南北朝时期的作品。日本学者从“道气”概念的成立，认为《老子想尔注》是4世纪以降至5世纪之书。饶宗颐则认为“道气”之发端，“似起于齐之稷下，中经黄老学派之鼓吹，至于东汉，儒、道杂糅，更掺合纬书，构成具体之元气论，至《太平经》已发挥尽致”。因此，日本学界以《弘明集》和《灭惑论》的材料来确定《老子想尔注》的年代，实在是“有见于后而无见于前，沿流而罕溯源”②。

三是指出《想尔注》与《太平经》有密切关系。早期道教就其活动范围而言，太平道在黄河中下游，正一盟威道在巴蜀。中原和巴蜀之间山路险隔，交通不便。但是饶宗颐将《想尔注》和《太平经》相比较，发现二道派有密切关系。“道教之创立，其渊源颇远，而实以《太平经》为其理论之中心。既目孔子儒书为邪说，而其本身原无经典，乃借《老子》五千文为之。使《道德经》与《太平经》治而为一，以别树教义，具见苦心所在。《想尔》此注，大部分即以《太平经》解《老子》，故与韩非以来说《老》者，截然异趣。由今观之，其义固多牵强傅会，然道教原始思想之本质，及其与《老子》书关系之一斑，可以概见”③。

四是在《想尔注》笺证三十三条和《天师道杂考》中，对于早期道教的史实多有发见。例如，“道教名称之始”，《想尔注》十七章有“道教”一名，“此为‘道教’名称见于载籍之始”④。“生，学‘生’”，《想尔注》二十五章改“王”为“生”，称“道大，天大，地大，生大。域中有四大”，“而生处一”，“可见其对‘生’之重视”，“‘学生’谓学长生”⑤。“熹平二年（173年）张普题

①　饶宗颐：《老子想尔注校证》，上海：上海古籍出版社1991年版，第5页。
②　饶宗颐：《老子想尔注校证》，上海：上海古籍出版社1991年版，第136、145页。
③　饶宗颐：《老子想尔注校证》，上海：上海古籍出版社1991年版，第89—90页。
④　饶宗颐：《老子想尔注校证》，上海：上海古籍出版社1991年版，第53页。
⑤　饶宗颐：《老子想尔注校证》，上海：上海古籍出版社1991年版，第62、51页。

字”称，宋洪适《隶续》卷三录米巫张普题字云，“施延命道正一”，“可证天师道及‘正一’二名在熹平二年以前已流行”[①]，等等。

以上这些研究成果，对于海内外道教研究已经并将继续产生重要的影响。除了《老子想尔注校笺》以外，饶宗颐对早期道教的研究，还有一个内容就是研究《太平经》。现存的《太平经》残本的成书年代，海内外一直是有争论的，饶宗颐的研究除了探求《老子想尔注》和《太平经》的联系，还从东汉许慎的《说文解字》某些带有宗教色彩的释文探求《太平经》和《说文解字》的联系，认为“《说文》有若干不甚可解之说，可于《太平经》中获得解答”。这些不甚可解之说，包括“始一终亥”，“丹青之信”，“天门、地户与阴阳”，“西与栖”等。饶宗颐批评“近人于许君用阴阳五行之说以论字源，多诟病之，不知此乃东汉之学术风气，许书固非纯说字源者，其保存汉人思想，更富时代意义”[②]。就饶宗颐的原意是论述文字学产生的初因，但是，在客观上却为《太平经》成书的年代提供了佐证。另外，《道教与楚俗关系新证》则论述了太平道和五斗米道（正一盟威道）活动地域之外的楚地的道教，认为“道教的成立，一般都认为起于三张，但目前新资料告诉我们，《五十二病方》应该是鬼道的前驱”[③]。尽管这个说法，还有待进一步求索，但饶宗颐善于利用考古发现马王堆帛书新资料结合文献研究的史学方法，却是值得认真学习的。

三、港澳地区其他学者的道教研究

黄兆汉（1941—　），澳籍华人，原籍广东番禺。香港大学一级荣誉文学学士（中文），香港大学文学硕士（中文）。1976年，黄兆汉在澳大利亚国立大学柳存仁教授的指导下，完成了论文《论张三丰崇拜及其历史真实性》，获得澳大利亚国立大学哲学博士学位（道教史）。其后曾经任教于西澳州墨笃克大学，八十年代后还曾任香港大学中文系高级讲师，专门从事中

① 饶宗颐：《老子想尔注校证》，上海：上海古籍出版社1991年版，第160页。

② 饶宗颐：《饶宗颐史学论著选》，上海：上海古籍出版社1993年版，第259、264—265页。

③ 饶宗颐：《饶宗颐史学论著选》，上海：上海古籍出版社1993年版，第129页。

国诗词曲史和道教史的研究工作，出版有专著英文版的《张三丰全集的真实性的研究》（澳大利亚国立大学出版社，1982年），《道教研究论文集》（香港中文大学出版社，1988年），《明代道士张三丰考》（台湾学生书局，1988年），《道藏丹药异名索引》（台湾学生书局，1988年），《凡人还是仙人？——道士张三丰的故事》（英文版，1993年），《香港与澳门之道教》（与郑炜明合著，1993年），《元代之武当道士张守清》（《道教研究》，第一辑，1994年）等。

黄兆汉对于道教的研究大多和中国文学研究有关。这显示了他的一些治学特点：

第一，黄兆汉对于张三丰以及王重阳、丘处机的研究，其研究的切入点都是道教历史人物和诗词文学的关系，显示出黄兆汉具有扎实的中国历史和中国文学的研究功底。

第二，张三丰在历史上是一个神秘的人物。黄兆汉对于张三丰的史迹作了比较详尽的考查，对于史料记载和民间传说有所辨正。例如，明成祖寻访张三丰一事，历史学家们从来有多种分析。一种说法是明成祖“醉翁之意不在酒”，寻找张三丰的目的是为了寻找失踪的明惠帝（建文帝）。但是，黄兆汉根据史料指出，明成祖固然寻访过建文帝，但是明成祖笃信道教也是事实。他是为了崇祀玄帝，宣扬政权神授，自己奉天承运才大兴土木的，其兴建武当山道教建筑群，是因为崇敬张三丰而创建了武当道场。因此，黄兆汉指出，“成祖曾‘大营武当宫观，费以百万计’”，“但目的是为了崇祀玄帝，而不是为了景仰张三丰”。另外“张三丰既被认为是仙人，成祖访寻他的理由之一极有可能是为了求仙药的”[①]。因此，明成祖寻访张三丰和明太祖寻访张三丰的目的是一样的，都是为了得到长生不死的仙丹。

第三，黄兆汉对于王重阳和丘处机的诗词研究，既分析诗词的思想内容，也分析其艺术表现形式，并且注意其中的宗教色彩，有不少前人未曾发表过的论述。例如，王重阳的诗词中有一些采用了“藏头拆字格”的形式。所谓“藏头拆字格”，就是以阙末的字的一半或者一部分，作为全阙的第一

① 黄兆汉：《明代道士张三丰考》，台北：台湾学生书局1988年版，第11、16页。

字。或者以句末一字之半或者一部分,作为下一句的第一字。另外还有一种"攒三拆字格",就是在词的一句之中缺少三数字,另一句则一字不缺。这些格式就像谜语游戏一样,要读者根据上下文琢磨填入。王重阳这样写词的目的,自然不是为了制作游戏,而是要读者仔细领会他的教化的意图。黄兆汉指出:"读者必须了解作者的心意才可填入适当的文字。这一了解的过程就是契合作者思想的过程,换言之,即是悟道的过程。"①

游子安教授也是香港地区的道教研究学者。游子安在1994年获得香港中文大学哲学博士学位,专业方向是中国历史。其后在香港城市大学和中文大学任教,曾经担任中文大学文化及宗教研究系助理教授,道教文化研究中心副主任。现在虽然离开中文大学,但是仍然活跃在香港道教研究的舞台上。游子安的研究范围主要是明清劝善书、华南道教史、香港民间宗教以及广东和东南亚地区的道教史与慈善事业。其研究方法采用的是田野调查和文献研究相结合的方法,因此,其著作大多和近现代道教有关,并多有发见。游子安的主要研究著作有:《劝化金箴——清代善书研究》(1999年),《善与人间——明清以来的慈善与教化》(2005年),编著作品有《道风百年——香港道教与道观》(2002年),《香江显迹——啬色园历史与黄大仙信仰》(2006年),《炉峰弘善——啬色园与香港社会》(2008年),合著有《黄大仙区风物志》(2003年),《香港道堂科仪历史与传承》(2007年),《大埔传统与文物》(2009年)等,另有发表于各种期刊上的学术论文若干篇。

在香港地区众多的道教研究学者中,还有一位必须提到的是研究道教音乐的曹本冶教授。曹本冶原籍上海,后随父母移居加拿大,就读于不列颠哥伦比亚大学,主修钢琴,毕业后曾经在温哥华、屋根那肯、香港等地参加演奏、演出活动,后进入不列颠哥伦比亚大学研究院攻读民族音乐学硕士学位,硕士论文题为《苏州弹词:说唱音乐之结构因素研究》。后来又在美国匹兹堡大学师从国际著名民族音乐学家Nketia教授,博士论文题为《香港道观内举行的道教中元节科仪音乐》。曹本冶精研中国民族民间音乐,特别关注中国道教音乐的抢救、整理和发展等工作。1982年起他在香港中文

① 《道教文化》1986年第4卷第2期。

大学音乐系任教，先后担任音乐系中国音乐资料馆馆长、人文学科研究所副所长、音乐系研究部主任等职务。2005年还受聘为上海音乐学院音乐学系教授、音乐人类学研究方向的博士研究生导师。曹本冶教授的主要研究领域包括民族音乐学（Ethnomusicology）理论与方法学、西方民族音乐学理论方法与中国本土音乐学学术传统的比较和融合、音乐文化与其生态环境因素的互动关系、中国汉族和少数民族多元信仰体系中的仪式音乐、中国汉族说唱音乐等等。曹本冶教授发表的有关道教音乐的主要著述有：《海上白云观施食音乐研究》、《武当山道教音乐研究》、《杭州抱扑道院道教音乐》、《温州平阳东岳观道教音乐研究》、《中国道教音乐史略》、《龙虎山天师道科仪音乐研究》、《Taoist Ritual Music of the Yu-lan Pen-hui（Feeding the Hungry Ghost Festival）in a Hong Kong Taoist Temple》等以及其他中英文学术论文。正是依靠曹本冶的努力，在香港中华文化促进中心和圆玄学院的资助下，1985年12月11日至15日，在香港中文大学举行了第一次"道教仪轨及音乐国际研讨会"。应邀的学者有35人，来自法国、美国、加拿大、澳大利亚、英国、联邦德国、日本、中国内地和香港地区。其中有施舟人、苏海涵、劳格文、柳存仁、冉云华、包士廉、宫川尚志、田仲一成、陈国符、饶宗颐、卿希泰、陈耀庭、陈大灿等。香港报纸认为与会学者"俱为国际上研究精英"。研讨会专场放映了由上海道教协会和上海音乐学院联合摄制的《中国道教斋醮·上海卷》的录像片，受到全体代表和香港中文大学师生的热烈欢迎。

黎志添（1960—　），早年毕业于香港中文大学，获得宗教系荣誉文学士学位，1988年获得神道学学士学位。黎志添在20世纪80年代末选择了赴美国芝加哥大学宗教研究学院攻读学位，在那里他受到了比较全面的西方宗教学理论和研究实践的训练，并且获得了这个著名的宗教研究学院的哲学硕士和哲学博士学位。于是，黎志添一生学术研究的方向有了拓宽的机会，从单纯的基督教研究转变为一般宗教研究。此后，在1993至1994年间，黎志添获得了到日本京都大学人文科学研究所访问研究的机会，在那个以研究东亚文化著称的学府里研究葛洪和六朝道教，这就为黎志添的宗教研究转向中国宗教，特别是道教研究提供了契机。

1995年，黎志添回到香港中文大学的时候，正是香港即将回归祖国的历史转折时刻。黎志添将自己的宗教研究方向调整为中国宗教和道教研究,恰好适应了香港社会和香港的人文科学研究方向转变的需要。同时,黎志添的转向得到了中文大学文学院领导的重视,也获得香港道教界以及海内外宗教研究同行们的赞赏。经过连续多年的艰苦努力,黎志添教授带领中文大学宗教系在中国宗教研究和道教研究方面走出了新路,获得了成果,他自己也登上了中文大学宗教系的领导岗位。需要特别指出的是,黎志添虽然是在日本京都大学开始从事葛洪和六朝道教史研究的,但是,他的学术生涯并没有沿袭京都大学的研究传统,而是吸取了西方宗教学研究理论和实践的营养,走以田野调查为主的研究道路,结合文献学研究,为当代香港道教和中国道教以及中国宗教研究实践服务。这样一种理论和实践相结合的研究方法,自然得到了香港道教界有识之士的欢迎。在2002年香港蓬瀛仙馆资助下,黎志添成立了蓬瀛仙馆道教学术研究基金。接着,又在2006年在蓬瀛仙馆的资助下,成立了香港中文大学道教文化研究中心。每年举办一期由大陆道教界青年干道或坤道参加的"道教文化与管理暑期研修班",每年出版一期双语版的国际道教研究杂志《道教研究学报》。黎志添现在是香港中文大学文化及宗教研究系教授,文化及宗教研究系主任,道教文化研究中心主任。他每年从大陆、台湾和欧美接受年轻学子到中文大学进修硕士或博士学位,在中文大学逐渐形成了道教教学和研究的团队,每年有道教研究著述问世,在国际道教研究行列里已经占有了不可或缺的地位。

黎志添的研究领域包括有:西方宗教学理论,六朝道教史,早期天师道经典,道教科仪,香港及广东道教史等等。已经出版的学术专著有:《宗教研究与诠释学》(2003年)、《广东地方道教研究——道观、道士及科仪》(2007年)。合著作品有《香港道堂科仪历史与传承》(2007年)、《香港道教》(2009年)。编著作品有《广州府道教庙宇碑刻集释》(2013年)。主编作品有《道教与民间宗教》(1999年)、《道教研究与中国宗教文化》(2003年)、《香港及华南道教研究》(2005年)、《宗教的和平与冲突》(2008年)。此外,他尚发表道教研究论文数十篇。以黎志添目前在香港宗教研究领域中的学术地位同他发表的学术著作相比较,似乎其发表的数量不算很多。但是,需要特别指出的是,黎志添就任宗教系主任和道教文化研究中心主任的时间还不长，而且其主任的行政工作占用了他相当多的时间。他每年还要主持一次为期三周的道教文化及管理暑期研修班。黎志添的研究需要大量时间进行田野调查，同纯书斋式的文献研究方法有很大的差别，而且，就目前已经发表的成果而言，黎志添的道教研究已经显现出香港中文大学研究的独具特色。

第一，黎志添着重研究一个城市或者一个地区道教或者道教一个内容的发生、发展、传承和变化的历史，而不是以点代面的泛泛而谈。他主编的文集《香港及华南道教研究》、他的专著《广东地方道教研究——道观、道士及科仪》以及他参与合著的《香港道教》、《香港道堂科仪历史与传承》等，都是集中研究香港或者广东地区的道教研究专著。而且，有些专著只是研究该地区道教的某一个方面，例如科仪及其传承。像这样的研究方法，目前在中国还不多见。人们常说道教有近二千年的历史。这个历史在有些研究著作里，常常将其归结为史书里的东西，归结为个别思想家的著述里的东西，而不是由无数道士在许多城市和道观中以自己活生生的思想和行动创造出来的历史。这样一种对于道教文化的理解和把握，自然不能不出现这样或那样的偏差。只有从一个个城市或者一个个道士群体的历史开始研究，最后才能够透彻理解道教总体的历史轨迹。人们从黎志添合著的《香港道堂科仪历史与传承》一书就可以看到，黎志添对于香港道堂科仪历史和现状的全面研究的基础上，令人信服地概括了香港道堂科仪的地方特色，全真科仪适应香港信众要求有所变化的特色，科仪经本多元引入的特色，以及科仪经生来自社会女性的特色，等等。

第二，黎志添采用历时研究和共时研究相结合的方法，使得历时研究栩栩如生，共时研究亦令人信服。香港地区的道堂是由粤广地区传入的，其传入并得到发展的时间大致上只有百余年。与中国道教漫长的发展历史相比较，香港道教的历史是短促的，它能够提供研究书面文献资料是极其有限的。但是，在百余年发展中，香港道教特殊的历史背景和香港同胞对祖国的深厚感情和对中华文化根系的重视维护，又使其具有强盛的生命力，对香港民众保持着深刻的影响力。正因为此，黎志添对于香港和广东地区的道教研究采用了将历时研究和共时研究结合起来的方法，也就是从现实的香港和广东地区道教现状出发,追溯有关历史和传承的过程。通过这样的研究方法,比较完整地揭示了香港和广东地区道教的历史和现状的全貌。

第三,黎志添将丰富的口传史资料和文献研究方法结合起来,开辟了中国道教研究的一条新路子。中国的制度道教虽然已经有近二千年的历史,但由于历代史官的位置大多由儒生占据,在正史中有关道教的史料并不很多。特别是清代中叶和后期,有关道教的史料更加缺乏。所以,对于清代中叶以后,包括民国时期的道教历史研究,乃至于历代道教历史的研究,不得不采用碑刻和笔记野史中的资料,而口传史资料正是西方学者采用的近现代历史研究的有用的方法。黎志添针对香港道教发展的历史特点,利用一些道教前辈及其门生仍然健在的优势,大胆而充分地开展了口传史研究,搜集了大量极其珍贵的史料,为香港道教历史和传承研究打下了扎实基础。口传史资料,搜集面广泛而全面,选择采访对象都具有代表性和可靠性,故而,其所得史料真实可靠而相对完整。除此以外,黎志添也十分重视香港和广东地区道教历史文献的搜集和整理,包括碑刻、志书以及有关历史人物书写的序言、后跋、文章以及有关道堂刊印的文字资料。正是由于采用了口传史研究和文献研究结合起来的方法,黎志添对香港和广东道教的历史和传承的研究,形成了自己的特色。

四、香港道教学院和全真道研究中心

由于特殊的历史条件以及不同的管理方式,香港道教界一直有一批受过高等教育、有知识、有财力、有相当组织能力的信众参与道教宫观管理和协会组织管理。从这个意义上说,香港道教界的总体水平是比较高的。他们不仅积极支持道教界和研究道教的学者们相互交往,而且主动为他们信得过的学术界朋友提供科学研究经费,出版他们的研究成果,组织海内外学术界朋友定期开会,交流他们研究道教的经验、体会和心得,促进香港道教和中国道教的健康发展,并且为当代信众的信仰生活服务。除此以外,他们自身也积极撰写和发表著述,参与到学术界的各种活动中来。

香港青松观,从 1992 年起就出资由陈鼓应主编在上海古籍出版社出版《道家文化研究》(辑刊),至 2012 年止,已经出版了二十二辑,成为当代世界最有影响的发表道家和道教研究论文的阵地。就在《道家文化研究》辑刊的第九辑上，香港道教学院副院长、香港道教联合会副会长、香港道教名宿罗智光发表了论文《道教的文化意义》一文。这篇文章也是罗智光参加1994年12月在四川大学举行的“道家、道教与中国文化”学术研讨会的学术论文。罗智光的文章说，“道教原出道家，道家始自羲轩，而伏羲、轩辕系我中华文化之祖，因此称许道教是中华文化之母，并不为过”。罗智光还认为中华文化的儒道“二家之学术思想，孕育陶铸我中华民族之精神生活、风俗习惯，以至历史文化，使中华文化博大精深，屹立世界上历数千年而不替”。儒道二家，名虽有别，理则相同。佛教融入道家义理，成功中国化，才得以盛行。罗智光认为“道籍浩如烟海，但宇宙真理，衹浑然一个《老子》”。“大道隐显，有其时、有其地、有其人，时逢否运，大道隐晦，则太阴纯精升，奸邪弼，贤良隐，而致龙蛇起陆，天地反复，浩劫频仍，旷古未见。今否极泰来，大道常显，至阳真精降，贤良辅，奸邪伏，是得其时、得其地、得其人，道教之兴起，乃顺天而起”[①]。罗智光讲道教的义理，用的是道门习惯使用的语词，但是，其中流露出对中华民族文化的真挚感情，以及对改革开放时代的由衷欢迎。

正是在青松观同道的努力下，香港道教学院于1991年成立。该学院以发扬道教“尊道贵德”之精神，配合劝化人心、匡正礼俗以及为往圣承道统、为后世继绝学为宗旨，先后开办了道教文化研习班、道教文化研究班以及基础科仪班，广泛邀请海内外著名学者到校授课，包括内地的卿希泰、李养正、牟锺鉴、陈耀庭、刘仲宇、李远国、詹石窗、卢国龙、李大华、戈国龙、张广保、刘固盛等教授，还有港台地区的黎志添、游子安、朱冠华、李丰楙、萧登福、丁煌，法国的施舟人等教授。二十多年来从未中断，培养了一批批道教信众和对道教感兴趣的社会人士。香港道教学院以学院为基地，从事一系列的文化出版事业，定期出版《弘道》杂志和《香港道讯》，经常举办大型学术交流会议。2002年起还创办了全真道研究中心，确定全真道研究的八个方向，

① 陈鼓应主编：《道家文化研究》，上海：上海古籍出版社1996年版，第九辑，第4—6页。

包括:历代全真道及其与社会的关系,全真教教义、教制与社会,全真道科仪,全真道修炼方法,全真道经籍整理,全真道与儒释之关系,全真道派人物研究,全真道派宫观考察研究,等等。全真道研究中心还定期聘请研究员驻扎中心,进行专题研究,每期专题研究都出版研究报告。目前已经出版的研究报告有:

第一辑:陈耀庭《全真教派的发展和演变》,卢国龙《全真宗旨论》(2004年);

第二辑:赵卫东《全真道"五祖"、"七真"的形成过程》(2009年);

第三辑:戈国龙《论性命双修》(2009年);

第四辑:尹志华《道教与环保》(2010年);

第五辑:张广保《明代初期1366—1434全真教南北宗风研究》(2010年);

第六辑:刘固盛《全真道老学研究》(2011年);

第七辑:吴亚魁《浙东宁绍台地区全真道教考》(2011年);

第八辑:戈国龙《论返本还源》(2013年);

第九辑:陈耀庭《全真道的文学研究》(2013年)等。

为了推动道教教育,香港道教学院还专门创办了自己的出版机构——青松出版社,出版本学院历届授课的讲义讲稿以及有关专著。同时,委托内地出版机构出版《全真道研究丛书》和《海外道教研究译丛》等系列丛书。

五、香港蓬瀛仙馆对道教学术研究的推动

和青松观一样,香港蓬瀛仙馆也十分重视弘扬道教文化的工作。蓬瀛仙馆在2001年与香港中文大学合作在香港举办"首届道教音乐汇演",其后,每年在不同地区举办一次道教音乐汇演,极大地推动道教文化的复兴和推广,成为沟通社会民众与道教文化接触的重要渠道。自2005年起,道教音乐汇演由蓬瀛仙馆与中国道教协会或者地方道教协会联合主办,这对于道教音乐文化的发扬光大具有重要意义。蓬瀛仙馆从1998年起开始筹建世界上第一个道教文化网站,取名"道教文化资料库"。在筹建该资料库时,蓬瀛仙馆广泛邀请海内外学者,按照百科全书的格式分门别类,设立条目,方便网上读者及时了解道教文化的内涵,推动国际范围的道教文化研

究。1999 年道教文化资料库的中文版正式启网，一年的点击率达到 80 万人次以上。其后，道教文化资料库的繁体字版和英文版相继开网，到 2004 年，道教文化资料库的年点击率已经达到 500 万人次以上，跃居全球道教网站阅览人数之冠。2003 年，蓬瀛仙馆还同香港宽频网络合作，推出《道通天地》系列电视节目，成为世界上第一个道教电视节目。此外，从 2003 年起，蓬瀛仙馆还同宗教文化出版社合作，每年出版道教文化系列丛书，例如神仙系列的《道教神仙》、《太岁神传略》、《墉城神韵——女仙的丰采》、《坐虎针龙——药王孙思邈大传》、《甘水仙源——王重阳的全真之路》、《丘处机大传》等，科仪系列的《拜太岁》、《拜太岁二集》等等。

六、圆玄学院对道教学术研究的大力支持

十余年来，圆玄学院还积极支持国内道教研究的重大项目，培养青年研究力量，其中资助出版"儒道释博士论文丛书"的义举更是嘉惠学林，为青年学者学术研究成果的发表提供了一个重要展示平台。

1999 年，圆玄学院与教育部人文社会科学重点研究基地四川大学道教与宗教文化研究所签订"儒道释博士论文丛书"出版合同，每年出资 20 万元人民币，用于资助内地、港澳台地区儒、道、释专业方向的博士论文出版。此后的十余年间，在圆玄学院的鼎力支持及丛书编委会同仁的共同努力下，一批又一批优秀的博士学位论文通过这个平台展现在世人面前。到 2013 年，已出版了 15 批共 130 部，其中 1999 年出版 5 部，2000 年出版 5 部，2001 年出版 6 部，2002 年出版 5 部，2003 年 7 部。2004 年至 2013 年，基本是平均每年出版十余部。在圆玄学院资助的 15 年中，很多优秀的博士论文得以顺利出版，极大地推动了全国的宗教学术研究，为中青年宗教研究者提供了一个展示自身成果的舞台。这些论著的作者，有很多已经成长为教授、硕导、博导和全国知名的宗教学研究专家。

在已出版的 130 部专著当中，道教研究方向的有 40 余部，内容涉及经典、历史、思想、派别、人物、仪式等，涵盖了道教经典、道教史、道教思想、道教科仪、道教文学、道教宫观名山、道教音乐、道教外丹术、道教内丹术、道教医学等分支学科，如：道教经典方面的有《北宋〈老子〉注研究》（2004 年）、

《朱熹与〈参同契〉文本》（2004 年）、《成玄英〈庄子疏〉研究》（2010 年）等；道教史方面的有《净明道研究》（1995 年）、《明清全真教论稿》（2000 年）、《宋元老学研究》（2001 年）等；道教思想方面的有《汉魏六朝道教教育思想研究》（2001 年）、《刘一明修道思想研究》（2001 年）、《上清派修道思想研究》（2004 年）等；道教科仪方面的有《道教斋醮科仪研究》（1999 年）、《道教戒律研究》（2008 年）等；道教文学方面的有《道教与神魔小说》（1999 年）、《元代道教戏剧研究》（2013 年）等；道教音乐方面的有《神圣礼乐——正统道教科仪音乐研究》（2000 年）等；道教内丹方面的有《道教内丹学探微》（2001 年）等；道教医学方面的有《道医陶弘景研究》（2011 年）等。

该套丛书面向全国（包括港澳台地区）征稿。凡是以研究儒、道、释为内容的博士学位论文，皆属该丛书的出版范围，均可向该丛书的编委会提出出版申请。入选条件主要包括：（1）对有关学科带前沿性的重大问题做出创造性研究的；（2）在前人研究的基础上有新的重大突破、得出新的科学结论从而推动了本学科向前发展的；（3）开拓了新的研究领域、对学科建设具有较大贡献的。凡具备其中的任何一条，均可入选。入选论文还有一个最基本的共同要求，这就是文章观点的取得和论证，都须有科学的依据，应在充分占有第一手原始资料的基础上进行，并详细注明这些资料的来源和出处，做到持之有据、言之成理。

此外，圆玄学院除了资助三教的学术研究出版物、协助举办各类学术研讨会外，还建有香港道教界最大的图书馆，藏有三教经典及各种研究书籍和期刊数万册，受到海内外道教界和学术界的重视和好评。

第十六章

台湾地区道教的流布与研究

台湾自古以来就是中国的领土，是我中华民族生存空间的一部分。台湾居民，均属中华民族之血缘，亦即炎黄子孙。一部台湾史，即是中华民族在台拓展的历史。汉末三国以降，中国人在台湾的经营和开拓，史不绝书；元朝时澎湖置巡检司，隶属于福建同安。明末，台湾南北一度为西班牙、荷兰的侵略军所窃据，我台湾的中华儿女同侵略者进行了顽强的斗争，后来民族英雄郑成功率军渡海，与当地人民一道驱逐了荷兰殖民主义者，并以台湾为反清复明的根据地。康熙二十三年（1684 年），清军入台后，历经清代 212 年的管治。1895 年清朝廷签订了丧权辱国的《马关条约》，将台湾割让给日本侵略者。又经 50 年，即 1945 年，抗日战争获得胜利，台湾才被光复而又回到了祖国的怀抱。

第一节　道教在台湾地区的传播与发展

今日的台湾居民，只有少数属于土著的中国台湾高山族同胞，大多数是明清两代来自祖国大陆的福建省和广东省的民众。连雅堂著《台湾通史》说道："台湾之人，中国之人也，而闽、粤之族也"；"洪维我先民，渡大海，入荒陬，以拓殖斯土，为子孙立万年之业，厥功伟矣。"①明、清两代，从闽、粤渡海到台者，为数较以往为众，且主要系自闽南及粤东迁徙而来，如果要再追溯他们的远祖，那么都来自中华民族的中原的河南、洛阳一带，所以台湾人

① 参见连横：《台湾通史》卷 23、卷 28，《近代中国史料丛刊续编》第 74 辑，台北：大海出版社有限公司 1981 年版，第 597、687 页。

俗称“河洛人”，他们说的语言也称“河洛话”。洛阳的牡丹公园内，立有大石碑《台湾根在洛阳》。此碑记载了宋朝时曾派大军驻扎闽粤沿海以防御海盗，北宋灭亡时中原汉人又大量南迁，所以闽粤居民许多来自中原，而台湾居民又来自闽粤，其间血肉相连的亲缘关系，密不可分。早期在台湾的住民，其祖籍属福建省者，大都来自泉州旧府属的同安、安溪、南安、惠安、晋江；漳州旧府属的龙溪、治安、平和、漳浦、南靖、长秦、海澄以及兴化旧府属的莆田、仙游等县。此外，还有汀州、福州旧府属的人民。其祖籍属广东省者，大多来自惠州旧府属的海丰、陆丰、归善、情罗、长宁、永安、龙州、河源、和平；潮州旧府属的潮阳、丰顺、大浦、饶平、惠来、普宁以及嘉应州属的镇平、平远、兴宁、长乐等县。在日本占领台湾时期，据1926年的统计，台湾居民中，祖籍来自福建的有3,116,400人，来自广东的有586,300人，来自闽粤以外各省者48,900人，共计为3,751,600人。1949年，随蒋介石迁入台湾的大陆军民大约有100多万。前者的统计距今已有70年，后者则距今也有46年，其间繁衍大约已有三至四代，因此，当今的台湾居民，绝大多数应当都是当年大陆民众繁衍的子孙后代。移居的汉人将大陆的农业和手工业技术带到了台湾，也将经济、社会和文化活动带到了台湾，当然也将各自家乡的宗教信仰和信仰习俗带到了台湾。

一、道教传入台湾与流布

台湾各地区居民的祖籍，往往从观察该地区所供奉的神明，就可大致得到正确判断。例如，台湾全区供奉保生大帝的庙宇共计140所，其中有将近一半集中在台南市及其外围的台南县。由此可以得知台南县市是历史上福建泉州府同安县移民居住最为集中的地方。台北市大安、古亭、景美、木栅、松山等区，以及邻接的台北县深坑、石碇各乡，向来供奉清水祖师和保仪大夫（唐朝安史之乱中殉国的张巡、许远两忠臣），尊之为守护神。由此可以认定这些地区的最早住民来自福建的安溪、永春等县。往昔，泉州府属移民，渡海去台时，大多奉广泽尊王神像于小木匣内，拥之为守护神，安然抵达台湾后，祀之于家，以为可保合家平安。是故，举凡家中供奉广泽尊王的，皆可视为泉州府属移民的后裔。此类例子，不胜枚举。台湾有历史的寺庙所供奉的神明,大多由闽粤两省移民,从他们祖籍地区寺庙分灵,带来香火或神像。抵达台湾后,再由同乡信徒集资兴建宫殿供奉,以供祭拜。兹择要将闽粤两省各县传入神明之名称列之于下:

(1)同安县:保生大帝、霞海城隍、广泽尊王、玄天上帝、护国尊王、苏王爷;(2)安溪县:清水祖师、保仪大夫、保仪尊王;(3)南安县:广泽尊王、武德英侯、金王爷、林元帅;(4)惠安县:青山王、全王爷、三一教主;(5)晋江县:龙山寺观音佛祖、王王爷、吴王爷、韦王爷、李王爷、田都元帅、保生大帝、三侯公、法主公、玉皇大帝、五年王爷;(6)长泰县:照灵公;(7)古田县:陈靖姑、三奶夫人;(8)莆田县:天上圣母(妈祖);(9)永春县:张公法主、灵佑尊王;(10)平和县:三王公、广惠尊王、关圣帝君、玄坛元帅、池王爷;(11)永定县:定光佛;(12)漳浦县:观音佛祖、玄天上帝、帝爷、三王公;(13)南靖县:关圣帝君、吴王爷;(14)治安县:开漳圣王、赵元帅、三官大帝、观音佛祖;(15)潮、惠旧府属各县:三山国王。

由此可见,大陆移居民众带到台湾的神灵,有的属于道教,有的属于佛教,也有属于民间宗教信仰,而以道教和民间宗教信仰的神灵为主。

据清乾隆十七年(1752 年)王必昌重修《台湾县志·祠宇志》称:"郑氏(指郑成功——引者注)踞台,因多建真武庙,以为此邦之镇云。"①明代朝廷崇敬真武大帝,并有几朝皇帝大兴土木修建武当山道观,以武当山为真武道场。明代历朝皇帝都重视正一道派,而当时闽粤地区的道士也大多是正一派,由此可以推测,如果明末有到台湾的道士,那可能也是正一派道士。

清康熙五十六年(1717 年)的《诸罗县志·风俗志》称:"俗传荒郊多鬼,白日幻形,杂过客为侣,至僻地,即罹其害,晨昏或现相狰狞,遇者惊悸辄病,故清明中元。延僧道诵经设醮之事日多。"②

清康熙五十九年(1720 年)陈文达编修的《台湾县志·舆地志·风俗》还称,每三年招道士,行醮二昼夜或三昼夜。王必昌重修《台湾县志·风俗

① 《乾隆重修台湾县志》卷 6《祠宇志》,载于《中国地方志集成·台湾县志辑(3)》,上海:上海书店出版社 1999 年版,第 125 页。

② 《康熙诸罗县志》卷 8《风俗志》,载于《中国地方志集成·台湾县志辑(1)》,上海:上海书店出版社 1999 年版,第 428 页。

志》称“上元节，多延道士讽经，谓之诵三界经”①。

根据上述清代初年的记载，传入台湾的道教起初是以醮祭、禳邪和消灾作为其主要的宗教活动。可以推测，当时能胜任如此宗教活动的道教派别，也只能是道教的正一派。

明末以前的大陆汉人以及明末的汉族移民首先抵达的台湾地区是台湾岛的西部和西南部沿海一带，即今台南、云林和嘉义一带。因此，传入台湾的道教首先在台南一带活动，然后从南向北，从平原向山地传布。随着台湾中部的鹿港和北部的台北的逐渐发展，正一道士也逐渐遍布台湾各地。

根据日本学者对台湾宗教的多年调查，台湾佛道教庙观是随着大陆闽粤籍民众的移入而首先作为乡里的宗祠和村庙出现的。因此，台湾庙观的出现先于和尚、道士的抵达，即先有庙观，后有和尚和道士。这些学者认为以血缘关系维系的村落首先建造的是宗祠，在一村多姓的以地缘关系维系的村落或村镇建造的则是村庙或镇庙。无论是台湾的南部或者西部、北部，闽粤籍民众移入开发时，起初多为来自同地同姓同族的人聚居一起，后来才在都市化的进程中有异姓人士的加入。来自大陆的民众为了祈求渡海平安，风调雨顺，防止疫病灾害，保佑生活安定，就在聚居地建立起奉祀神灵的庙宇。宋元以来，我国民间道佛杂糅现象十分普遍，尤其是台湾，因为经历了日据时代的皇化政策，摧残道教庙观，实施道教佛教化，以断绝汉文化的根，这也造成了今日台湾的道教宫观供奉佛陀、观音菩萨等佛像，有明显的佛道融合一体的现象。

台湾地区的道士现在多有自称是全真派、正一派，或者武当派、青城派、崆峒派、茅山派的。但是，可以肯定的是，无论是什么派，在台湾地区，都没有类似大陆道教中居住在深山、晨钟暮鼓、过苦节修行生活的道士。这就是说，台湾地区的道士多系在家道士，或者是以修道为一种谋生职业的道士，或者是还从事着某种其他职业的兼职道士。

台湾地区的道士一般可以分为乌头道士和红头道士两类。乌头道士在

① 《乾隆重修台湾县志》卷12《风俗志》，载于《中国地方志集成·台湾县志辑(3)》，上海：上海书店出版社1999年版，第227页。

仪礼中或者戴黑色绸巾的帽子,或者戴金冠;红头道士在仪礼中则头系齐眉的红巾。乌头道士大多自称是全真派或正一派,而红头道士则自称是闾山派或三奶派。乌头道士所进行的仪礼,大致可以分为清法、幽法二类。清法类,指的是向道教众神祈求国泰民安、风调雨顺的醮礼;幽法类,指的是为超度亡灵、解冤释结的功德道场。按道教传统仪礼区分方法,清法类相当于金箓道场,幽法类相当于黄箓道场。据日本学者丸山宏教授的研究,现在台湾地区乌头道士在进行火醮和庆成醮等仪礼时,有时也会加进红头道士的仪礼内容,不过,行仪的乌头道士做红头道士的仪礼时也要改换成为红头道士装束,两者并不相混。

从台湾地区道教目前通行的各种圣寿醮,祈安醮(水醮、海醮)、庆成醮、普天皇醮、罗天皇醮和黄箓功德道场的仪式内容来分析,台湾道教仪式仍保持着同祖国大陆道教仪礼同样的基本内容,保存着传统古礼的面貌,只是在细节处理上和大陆道教处理有所不同。丸山宏认为,台南的仪礼,从道教仪礼史的立场来看,完全追随着古法,可见其相当标准而且完整。它的全过程符合唐末杜光庭的集大成的《太上黄箓斋仪》中所述的六朝隋唐以来道教仪礼的最基本的构造。① 即:第一天分灯,第二天宿启、禁坛和安五方真文,第三天三朝行道,第五天言功拜表、收真文、散坛。当然,由于道士所属原籍地的不同,加上台湾历史发展本身形成的地域差异,台湾南中北三地道教仪礼也存在许多不同。以醮的规模而言,1945 年以前,很少有大规模的醮仪。1945 年以后,比较通行的是三朝醮。20 世纪 70 年代以后,南方富裕的农村地区的醮仪,从三朝扩大到了五朝,三朝醮的举行已经很少。从台南到高雄的地域内,在一个村里,往往在公庙、角头庙和私家神坛连续举行,短时期里在同一地区内多次举行醮礼决不是少见的。在这一地区的道士中,少的一人一年要做五六次醮,多的一人一年要做十至十五次醮。但是,台湾北部的道士大多依靠小法事,有的人一生只做几次醮。

清代的台湾道教原来由台南道会司管理。在日本统治下,台湾道教受到严重摧残。第二次世界大战以后,台湾地区的道教有了恢复。1949 年 12

① 参见丸山宏:《道教事典》,东京:平河出版社 1994 年版,第 669 页。

月张恩溥到达台湾，住在台北的觉修宫，并于1950年设置了嗣汉天师府驻台办事处，同年组织成立了台北道教会和台湾省道教会。1957年又集合从大陆来的一些与道教有关系的人士组织了道教居士会，作为台湾省道教会的补充。1968年7月，台湾又成立了中华道教会。在台湾中华道教会第一届第一次理事会上，张恩溥被推举为第一届理事长。1969年12月，张恩溥去世，由陈仙洲代理理事长职务。1971年9月，中华道教会举行第二届会员代表大会，选举陈仙洲为第二届理事长。1975年12月，召开第三届会员代表大会，张培成任代理事长，旋推赵家焯为理事长。1979年7月，在第四届会员代表大会上，赵家焯连任理事长。1982年赵家焯逝世后，由邓文仪续任理事长。1986年改选，高忠信出任理事长。台湾中华道教会活动渐趋活跃，广泛吸纳和组织急速增加的私家神坛，分类管理各类道堂会员，筹建道教会馆，建立中华道教学院，并且筹措两岸三地的道教文化研讨会议。1996年改选，陈进富出任理事长。尽管台北的台湾中华道教会在台湾的各市各县都设立了支会，但是迄今并未建立起隶属关系，各宫庙虽登记于道教会名义下，但仍各自独立运作，没有成为一种有上下统属性质的教团组织。近年来，各种道教团体纷纷按照不同的道派体系，又建立了多种组织。其中有：

（1）中华灵乩协会。成立于1989年9月，目前会员人数近3000人，团体宫庙会员有350座，全省设有7个办事处及设立一所灵学院。

（2）中华道教瑶池金母慈惠协会。成立于1992年12月，其会员堂数有近千堂。

（3）中国圣贤研究会。成立于1993年2月，团体会员有36宫堂，均为私堂性质。个人会员112人。

需要指出的是，台湾道教界所认同的道教教派，远比大陆道教界认同的内容要复杂得多。台湾“道教会学术委员会”主任委员高越天在其《告海内外同道书》中明确地说，凡不流于邪僻诬妄者，皆应认其同道，而不强其从同。至于修炼、积善、经典，以及符箓、飞鸾、占验、方术等，则各有所信，各有所得。只需有益于个人之修养，有利于大众之进德，而不损及社会，则神道设教，以天誉济人欲之穷，本会自亦愿各方不多干涉。惟望道长道友作有效之沟通与联系，使能成归于正，达成道通于一。这就是说，只要是“神道设教”，“于个人修养”和“大众进德”有益的，不问其具体信奉如何，均可归于道教，视为同道。因此，除了道教正一派、全真派以外，台湾中华道教会的成员中还包括有：

(1)轩辕教：自称新道教，今人王寒生所创。以黄帝为其“教宗”，传道教称“宗社”，信徒皈依称“归宗”，所祀最高神为“昊天至尊玉皇大帝”。总部原设于台北市大同区，后迁台北县淡水镇。主要庙宇有淡水黄帝宫，台北市大同区黄帝圣宫与台南市轩辕黄帝庙。

(2)三一教：又称夏教，明代林兆恩所创。主要教义倡儒、道、释三教合一。从福建传入台湾，信徒多在台北及基隆地区，主庙设在台北市中山北路一段的龙山堂与林森路的养兴堂。另有同善社与世界红卍字会也标榜三教合一，列入夏教系统。

(3)一贯道：又名“中华道德慈善会”。起源于山东，初名“东云堂”(一说为“东震堂”)，原是光绪(1875—1908 年)年间兴起的白莲教支派之一。凭扶鸾坛谕传道。创教人王觉一，是明代东大乘教教主山东人王森的后代。王觉一早年在山西、四川、贵州一带传道，曾参加八卦教，并著有《理数合解》、《一贯探源》、《三教圆通》等书以阐明该教教义。王觉一于光绪十年(1884 年)死后，“东云堂”于光绪十二年(1886 年)被十六祖刘清虚正式更名为“一贯道”，取《论语》“吾道一以贯之”之义。刘死后，由路中一承办道务，是为十七祖。1925 年路死后，张光壁于 1930 年继承十八祖之位，并袭用明代东大乘教教主王森的三传弟子张天然之道号，大力扩展教务，迅速形成一套完整的组织系统和宗教仪式。1947 年 9 月，张光壁死于成都，此后一贯道分为两派：一派以张妻刘率贞及其子张英为首，以杭州为基地，主要活动于上海、南京、济南、青岛及东北一带；一派以其同修孙慧明为首，以成都为基地，主要活动于北京、天津、河南、西南、西北一带。大陆的一贯道，新中国成立后已明令取缔。

台湾的一贯道，是 1946 年以后由上海、天津、东北等地传入的。早期以乡村为主要传道区域，其信徒以劳工、农民及小商贩等下层社会人士为主。1966 年以后，渐向大城市上层社会发展，知识分子及教员、商人入道者逐年增加。信徒达到50万人,分属于以下支派。

第一,上海的基础组。以张培成为代表,1946年传入,于台北市南昌街设“基础坛”。第二,天津的文化组。以赵辅庭为代表,1946年传入,于台北市古亭区设“总堂”。第三,天津的发一组。以韩雨霖为代表,1948年传入,于台北东门市场内设“同德商行”。第四,河北的宝光组。1946年传入,于台北市太原路开设“宝光堂”。第五,哈尔滨兴毅组。代表人何宗好,1947年传入,在台南市设纯阳堂。

其他陆续传入台湾的有:来自南京忠孝坛的南京组;来自天津天祥坛的天祥组;来自浙江宁波明光坛的明光组;来自上海金光坛的金光组;来自天津浩然坛的浩然组;来自安东敦化坛的安东组;来自江苏武进博德坛的常州组;来自安徽六合慧光坛的慧光组。此外,尚有正义辅导会、中华圣教、亥子道等支派。

台湾的一贯道曾被取缔,严禁流传。在地下活动时依附道庙生存,这也是它支派繁多的重要原因。1987年2月解除禁令后,翌年3月,正式建立一贯道总会,其信徒现已猛增至120万人以上。据传,台湾道教界对一贯道的态度一直是有分歧的,有赞成融合的,也有反对融合的。

(4)天帝教:其前身为天德教,创始人为清末四川乐至县人肖昌明(1892—1942年)。传说他早年随“云龙至圣”隐于湘西深山修炼,得道后下山,在湘鄂一带行道,承云龙法技以救世,创二十字真言而化人。这二十字教义即:“忠、恕、廉、明、德、正、义、信、忍、公、博、孝、仁、慈、觉、节、俭、真、礼、和”,主张融合天、基、佛、道、伊等五教精义。1930年,肖昌明在南京筹办宗教哲学研究社以作为传教机构,收李玉阶为弟子,赐以道名“极初”。李极初以开办上海市宗教哲学研究社为己任,并扩展到大江南北各地,均相继建立了宗教哲学研究社。肖昌明为统一传道培养师资,特于上海山东会馆开办天德师资训练班,指定余子诚、李玉阶、赵连城等十五人受训,百日功圆,各自领命而去,以宏其道。李极初奉命前往西北各省辅创天德教。1942年冬,肖昌明于黄山逝世。据称:李极初是日在西岳华山,奉“天帝”颁诏,敕封为天帝教教主,继道统为先天天帝教第五十五代,其教义,主张圣凡平等,天人大同。1978年元月,李极初创立宗教哲学研究社于台北市,举办中国正宗静坐班，积极进行筹建台湾天帝教的各种准备。1980 年 12 月 21 日，据说李极初又再次奉“天帝”颁诏说，念慈末劫，特准天帝教重来地球，在蓬莱岛复兴，天帝自任教主，住无极遥控，人间不再设教主，而派天人教主李极初氏为复兴天帝教首席使者。1982 年 2 月，天帝教获准自由传播，1986 年 7 月设立天帝教财团法人，1991 年 3 月成立“中华天帝教总会”，李玉阶任第一届理事长。1994 年 12 月李玉阶去世，终年九十五岁。根据天帝教教纲规定，当首席使者出缺时，由 55 名枢机使者组成的枢机院，经枢机使者半数以上通过选举下一任首席使者。天帝教的最高行政单位是“极院”，设于台中县清水镇吴厝里，名为“天极行宫”。最高领导人为首席使者，下设枢机院、天人研究总院及各省县市设立主院、始院、掌院、初院、堂等。在极院的行政中心又设有参议院、内务院、弘化院、国际弘教院、天人炁指导院、大藏院、督导院等等。台湾天帝教的成立时间不长，但发展很快。它的信徒称为“同奋”。目前它的同奋已近 20 万人。1992 年及 1994 年，天帝教曾分别与陕西省社会科学院和中国社会科学院举办海峡两岸宗教文化学术研讨会，对海峡两岸道教文化的学术交流有一定的促进。

总而言之，台湾地区的道教，最近几十年来，正在蓬勃发展，道派林立，道观振兴，各种教团组织互相争取教徒，谋求壮大自己。但从道教界的总体发展上看，显得比较松散，缺乏统一的指导和明确的方向。

根据日本青年学者浅野春二对台湾南部正一派道士社群（或称“道士团”）的调查研究，台湾的道士除了有一个信仰团体道教会以外，平时都是分散在家，关系松散。只有在举行正式的道教仪礼时才组成一个一个道士群体。浅野春二认为：(1)道士团是每当进行仪礼时才组成的，在该仪礼结束后就直接解散；(2)道士团的组成成员是不固定的，它从当地道士中广泛吸收参加的人员；(3)主持道士团的道长和组成道士团的其他成员之间的关系，基本上是雇佣关系，成员间种种师徒和师兄弟关系等，并不影响其雇佣关系。① 道士群体中的道长，指的是经过授职仪式的受过箓的正式道士，具有主持作为主行科仪的资格。而道长以外的一般道士，除了能做些简单

① 参见浅野春二：《道教文化展望》，东京：平河出版社 1994 年版，第 15 页。

的法事以外，只能加入到以道长为中心组织起来的道士群体的仪礼之中。道长作为道士群体的核心，要负责制作完成仪礼使用的大量文书，还要准备仪礼使用的一应法器道具。而这些法器道具一般也是道长们自己所有的，必要时只拿出其适用部分来使用。台南地区举行的一般道教仪式，道士团通常由一名道长、十名道士共十一人组成，其中四名道士充当乐师，即鼓、锣、吹和弦等。当然，依据仪式规模大小，道士人数也会有九名、七名、五名和三名等不同。一名道士和二名乐师的搭配，大概是最少的仪礼人数了。正因为道士群体的组成是不固定的，所以，道士和道士之间俨然存有某种竞争和对立关系，另外，道长和信徒间又有某种倚赖关系。所以道长和道长之间也存在着竞争和倚赖关系。要在竞争中站住脚跟，最重要的无疑是道士和道长自身的本事。从浅野春二的调查材料，人们可以发现，台湾地区在家正一派道士的宗教活动方式，同 1949 年以前祖国大陆的正一派在家道士的活动方式几乎并没有什么两样。正如浅野春二所说的，这样一种道士群体是非常实际的组织松散的道士集团，它的组织基础是建筑在业务上必要的相互提携之上。这样一种道士们的活动形态是汉民族社会中道士们所特有的。①

台湾道教的根在大陆，一些台湾道观的祖庭也在大陆，近年来，台湾道教界的代表经常到大陆的道教宫观谒祖朝圣，并到一些洞天福地、名胜古迹参访，与各道观的住持、道长研讨有关道教的生存发展和学术文化问题；大陆道教界亦屡派道教文化代表团前往台湾参观访问。海峡两岸道教界人士的频繁交往和交流对于增进彼此之间的了解和友谊，加强两岸道教的弘扬和发展都是有益的。在海峡两岸道教文化的交流中，台湾道教会长老龚群和副秘书长张柽等，不仅和大陆道教界有频繁的交往，且与大陆学术界的有关学者，亦有密切的往来。龚群长老还自筹资金，邀龚鹏程与他一道于 1994 年 12 月在台湾中正大学筹备召开了海峡两岸道教文化学术研讨会，有两岸学者一百余人参加。这次盛会是史无前例的创举，对海峡两岸道教学术文化的交流起了促进的作用，其意义是十分深远的。

---

① 参见浅野春二：《道教文化展望》，东京：平河出版社 1994 年版，第 45 页。

台湾道教宫庙在社会服务和社会救济方面,也日益发挥着重要作用。在社会贫困时期,一些宫庙将信徒捐入的香火钱作施棺、捐米、助葬、济贫、修路、造桥及农忙时的托儿所等等的救济工作。在进入现代工商业社会以后,台湾道教则帮助建立社区活动中心、音乐中心、图书馆、民众阅览室、运动场、国学讲座班、书法美术班、太极拳班、插花班、舞蹈班以及各种民俗活动等等。最近北港妈祖庙还将香火钱集资捐建了一家地方医院。台湾道教宫庙兴办各种公益慈善事业和文化事业的活动,显示了它是民间参与社会福利服务的一股不可忽视的力量,对于净化人心、导正社会风气,是有积极意义的。

二、台湾道教的主要神系信仰

台湾居民的主体部分来自福建、广东者居多。他们的祖先本来就是多神崇拜的。故而,迁徙到台湾之后,也将原有的许多神祇信仰带到新的生活地带。这些神祇最最主要的有:

(一)妈祖信仰

妈祖又称天上圣母,天妃、天后、天后娘娘,是最早传入台湾的道教神灵之一,也是台湾信仰人口最多的神明。妈祖是航海守护神,兼具地方守护神的色彩。按其信仰人的祖籍和供奉妈祖的祖庭来划分,台湾各地奉祀的妈祖可以分为六大系统:

一是"湄州妈",即以福建湄州妈祖庙为祖庭,从湄州妈分灵来台的妈祖崇拜;二是"温陵妈",是从福建泉州妈分灵来台的,以泉州妈祖庙为祖庭;三是"银同妈",源自同安县;四是"兴化妈",源自兴化府;五是"清溪妈",源自龙溪县;六是"汀州妈",源自汀州府。

在六大妈祖崇拜系统之下,台湾各地还存在一些小地域的妈祖信仰,如高雄、永安和北门等地盐民供奉的"二妈",台湾后壁乡嘉苳村供奉的"嘉苳妈"等等。

据文化大学蔡相辉博士的考证,清代嘉庆二十三年(1818 年)前台湾官建的妈祖庙有 21 座,民建的妈祖庙有 45 座。目前台湾全省供奉妈祖的庙观已超过 500 座,以台南县为最多,达 64 座;高雄县次之,有 60 座;再其次为屏东县及台中县,各有 49 座;云林县有 48 座;彰化县有 42 座。其中创建最早的是清顺治十八年(1661年)福建漳州、泉州一带居民随郑成功迁徙台湾后所建的妈祖庙,他们由于感恩妈祖的神助而平安顺利地到达台湾安居,因而奉妈祖为他们的守护神。首先建立了一座小庙以供膜拜,然后逐渐扩大增建。此外当时台湾各地的旧渔港,都有福建驶来的渔船进入而建立的妈祖庙,诸如打狗港(高雄港)前镇区的天后宫;澎湖马公的天后宫;台南鹿耳门港的圣母庙及天后宫;云林县麦寮港的拱范宫;彰化县鹿港的天后宫;竹南镇中港的慈裕宫;新竹县香山港的天后宫;等等。但据《鹿耳门圣母庙之沿革简介》称,据《台湾府志》记载,郑成功未复台前,该庙即在鹿耳门港入口处的南端北汕尾一浮屿,确属明代建筑物,"湄州妈"首次分灵到此庙。公元1661年(清顺治十八年),郑成功从台南鹿耳门登陆,得天上圣母之助,海潮高涨,得以顺利登陆,郑王感念其恩,即添建两殿,号称文馆和武馆,并竖旗杆以诵其功德,此乃本岛首次官建之庙宇。香火最盛的妈祖庙是云林县北港镇的朝天宫所供奉的妈祖,每年农历正月到三月的进香期,上百万的妈祖信徒组团涌向北港向"天上圣母"祝圣寿进香,例如台中大甲镇"镇澜宫"的进香团,其信徒人数往往超过五六万之多,且由大甲镇步行到北港、新港去朝拜,以表虔诚。台湾妈祖信仰的宗教活动,除了平时有百姓祈求平安,求神问卜外,主要展现在妈祖绕境进香活动。按照民间信仰习俗,凡是从某一庙宇之主神"分灵"的庙宇或在家祭拜神灵妈祖的,每年妈祖圣诞(农历三月二十三日)前,必须回"娘家"谒祖进香,信众认为越有灵验的神祇,其"分灵"自然也越多,香火也愈盛,进香也愈热烈。

(二)瑶池金母信仰

瑶池金母即西王母,又称金母、金母元君,俗称王母娘娘。原是古代神话中的女神,后纳入道教神谱,奉为女神之首。

瑶池金母的神祇信仰,据台湾地区宗教文献,光复前,即1945年前,台湾并没有瑶池金母信仰的记载,也没有专门祭拜瑶池金母的庙堂。1960年,刘枝万发表《台湾省寺庙堂调查表》,其中列出奉祀"瑶池金母"的寺庙仅有花莲县吉安乡的慈惠堂及隔邻的胜安宫。刘枝万还特别注明该神明来自大陆何处待查。1974年,林衡道编撰的《台湾寺庙大全》和1979年仇德成编撰的《台湾庙神传》,登录奉祀"瑶池金母"的庙宇突然大量增加,达到51座之多。1982年9月,台湾"中央研究院"的宋光宇统计,供奉瑶池金母的庙宇已增至160余座。其发展速度之所以快速,一般认为同慈惠堂的发展有关。

慈惠堂现称为慈惠总堂,主祀瑶池金母,陪祀孚佑帝君、太白星君。另建有玉皇宫,奉祀玉皇大帝。现有分堂近千座,信徒超过一百万人以上。为了便于辅导各分堂,慈惠堂于1992年12月30日成立"中华道教瑶池金母慈惠协会",会址设于花莲县吉安乡慈惠三街136号慈惠总堂内,第一届理事长由傅来乞担任,并成立北、中、南、东四区办事处及各县市联络处。民间传说,王母娘娘曾于1949年6月13日凌晨,降灵于花莲县吉安乡荒野地一间小木屋内,附于苏烈东之身,命其遍告村民说:"吾乃天上王母娘娘,欲在此驻跸,解救人间一切苦厄,宣化度众,勿相惊骇。"起初,以药方拯救起张烟之妇林金枝于霍乱垂危当中,稍显灵验。继而灵应一再出现,求医病好,问事事灵,失物物归,几乎有求必应,从此轰动遐迩。瑶池金母的信仰,由此也发展起来。因信徒分成两派,在王母娘娘显灵地点的两边,分别建立了胜安宫和慈惠总堂。胜安宫每年举行大庆典三次:一次为农历六月十三日,即王母娘娘降临纪念日;一次为农历七月十八日,即王母娘娘圣诞;一次为农历十月十八日,即王母娘娘安座纪念日。慈惠总堂每年亦举行祭典三次:一次为农历二月十八日,为建宫纪念日,即总堂堂庆。各地分堂回总堂朝圣,热烈隆重,进香团纷至沓来,人山人海,热闹异常;一次为农历七月十八日,即金母圣诞,由各分堂分别为金母举行祝寿礼仪;一次为农历六月初三日,为普度胜会。花莲出现的两派,由于慈惠堂在赈灾、扶贫等慈善事业上贡献卓著,因此慈惠堂的影响明显较大。金母信仰与妈祖信仰一样,是目前在台湾民间拥有信仰人口数量最多的神灵崇拜。

(三)顺天圣母信仰

顺天圣母,即陈靖姑,又称三奶夫人①。原是唐末女道士,后人尊为临水夫人陈太后。唐哀帝天祐二年(905年)正月十五日,生于福州。据《三教源流搜神大全》称:陈靖姑诞生时,"瑞气祥光罩体,异香绕闼,金鼓声若有

① 一说大奶夫人。

群仙护送而进者。因讳进姑"[①]。闾里称奇，引为吉兆。幼聪颖明慧，贤淑端庄。年十三，蒙许逊真君录入门下，授以道法。三年学成归里，奉亲命适古田县刘杞公为妻。夫人本好生济世，常以闾山正法摄伏魔精，救人危难。据说闽王延钧时，阑垣久旱不雨，禾枯树萎，百姓饥饿。闽王下旨请了许多法师祈雨都不灵。陈靖姑为了救助百姓，不顾以怀孕之身和闾山师父当年嘱咐——24 岁不能动法事，毅然行法祈雨，果然有验，干旱解除，百姓无不欢喜。但陈靖姑事后不幸遭难身亡，时年 24 岁。传说陈靖姑死后，英灵复赴闾山，求师补授救产保胎之术，并经常显灵，为百姓救产护婴，治病驱邪，济世度人。因其累显灵异于世，遂为闽台各地民间所崇奉，庙祀日隆。历宋、元、明、清各代均有封赠，初封为济水夫人，后加封为临水崇福夫人、顺天圣母顺懿元君。闽人咸以临水陈太后称之。据《闽都别记》八十二回记载称，古田有临水宫，"乃夫人肉身坐压白蛇之祖殿，赐额'龙源庙'"[②]。1967 年，台北县新店市碧潭旁兴建的临水宫，即仿照古田祖庙的模式建立的，且立碑记："古田临水宫，分灵碧潭，护国保民"。孕妇们都视陈靖姑为守护婆神，到临水宫祈求胎安，顺利生产。

陈靖姑所传的闾山道法，后来称为开山派或三奶派。该派崇奉的"三奶夫人"：即大奶临水夫人陈靖姑，二奶李三娘，三奶林九娘。李三娘为连江县人，林九娘为罗源县人，她们皆事师陈靖姑，得闾山道法，均被奉为闾山派祖师。以陈靖姑为主的"三奶派"，宗承许逊许真君，据称陈靖姑在闾山修行，得许真君道法，故该派似应为净明道派的一支，属于符箓道教的支派。闾山派原流传于福建漳州一带，明万历十八年（1590 年）传入台湾，至今仍在台湾流传，俗称"红头道士"或"红头师公"。其修持方法和灵宝派接近，既主张存神服气，又擅长飞符上章，斋醮祈禳，以符箓为本。闾山派礼仪主要是依赖神灵的神力来驱逐危害人们的恶鬼或煞神，为人们禳邪解危，往往有踩火、吞刀、捞油锅和扔火球、打滚等仪式，并且常常和扶乩类内容相结合。台湾的临水夫人庙很多，有主祀及配祀庙宇 70 余座，遍布全台湾各县

---

① 《藏外道书》第 31 册，第 782 页。

② 里人何求：《闽都别记》上册，福州：福建人民出版社 1987 年版，第 418 页。

市，其中以 1959 年建于宜兰县罗东镇西安里的炉源寺香火最旺，其信徒分布于全省，大多有灵媒（巫觋的一种）在仪式中宣扬忠孝节义，并称陈靖姑为“顺天圣母”、“护国天后”。

（四）王爷信仰

“王爷”也称千岁、千岁爷、温王或代天巡狩等。在台湾西南一带俗称的王爷庙，大都奉祀十二瘟神，因此，在 1938 年，有日本学者提出台湾的王爷即瘟神。根据不完全的统计，台湾的王爷庙有 700 余座，其中以嘉义县北门乡南鲲鯓代天府最具代表性，人称“王爷总庙”。南鲲鯓原来是海边沙洲。相传在明末郑成功治理台湾初期，某夜有船漂泊至南鲲鯓沙洲，船上载有“大王李府千岁”、“二王池府千岁”、“三王吴府千岁”、“四王朱府千岁”、“五王范府千岁”以及一尊中军府等神像，共计六尊。另外有一支神木和“代天巡狩”之旌旗。渔民获得这些神像，立位奉祀，祈求渔船出海作业平安，满载而归。据说颇有灵验。康熙元年（1662 年），乡民集资建庙，定名为“南鲲鯓庙”，也就是南鲲鯓代天府的开山庙，五府千岁也被称为“南鲲鯓王”。嘉庆二十二年（1817 年）又觅地重建，历时六年，至道光二年（1822 年）竣工，名为“南鲲鯓代天府”。南鲲鯓代天府的庙地面积约 19 公顷，宽广雄伟，香火旺盛，以进香庙会为其主要活动，杂以阵头表演等。

（五）三山国王信仰

三山国王的三山，指的是揭西县河婆镇北面的独山、西南面的明山和东面的巾山。三山有山神，据传宋太宗曾以三山神护国有功，遂下旨封赠三山神为国王。其中明山神为清化盛德报国王，巾山神为助政明肃宁国王，独山神为惠威宏应丰国王，赐庙额称“明贶”，敕增广庙宇，岁时合祭。一般认为“三山国王神”肇迹于隋、显灵于唐、受封于宋。宋朝开始，三山神便统称为三山国王，三山国王庙称明贶庙。至宋仁宗明道年间，又加封广灵二字。至此，“三山国王”被提升为国家神。中国第一座三山国王庙，是广东省潮州府揭杨县的霖田庙，它被视为祀奉三山国王的祖庙。台湾最早奉祀三山国王的庙宇，是 1683 年由陈振福等 38 位追随郑成功反清复明的先贤们建立起来的。他们从广东的祖庙“霖田庙”，恭请神像渡海，自新竹县南寮港登陆苗粟北角，建庙奉祀三山国王神像。这也是台湾本岛所兴建的第一座三山国王庙。先贤几经迁徙，最后到宜兰县冬山乡定居，并建立“振安宫”安置三山国王神尊，迄今已300余年。三山国王的信徒遍及全台湾各个乡镇，而世代相传之分灵庙宇也有近百座。

（六）关圣帝君信仰

关圣帝君简称“关帝”，俗称“关公”，即三国蜀汉名将关羽。关羽，字云长，河东解县（今山西运城）人。东汉桓帝延熹三年（160年）生。十七岁娶妻胡氏，育有三子。东汉末，天下大乱，群雄并起，羽乃奔涿郡与刘备、张飞结为“桃园”三兄弟，起兵扶汉。献帝建安五年（200年），刘备为曹操所败，羽亦被俘，极受优礼，封为汉寿亭侯；后仍归刘备。建安十九年（214年），镇守荆州。二十四年（219年），围攻曹操部将曹仁于樊城，又大破于禁所领七军，因后备空虚，不久，孙权袭取荆州，羽兵败被杀，谥为壮缪侯。传说关羽死后，身首异处，头葬洛阳，身葬当阳玉泉山，荆州人感其德义，立玉泉祠祀之。《云溪友议》称：“蜀前将军关羽守荆州，荆州有玉泉祠……祠曰三郎神，三郎即关三郎也。”①开皇九年（589年），隋文帝杨坚鉴于关羽至忠至义，堪为世人尊崇，敕命于其出生地解县建关羽庙。北宋哲宗绍圣三年（1096年），赐玉泉山关羽祠匾额曰“显烈”。北宋末，赵宋江山岌岌可危，徽宗赵佶以关羽的“忠勇义气”激励士气民心，乃于崇宁元年（1102年）至宣和五年（1123年），三次追封关羽为“忠惠公”、“武安王”、“义勇武安王”。南宋建炎三年（1129年），又加封“壮缪义勇王”，称“壮缪义勇武安王”。淳熙十四年（1187年），加封“英济王”，称“壮缪义勇武安英济王”。孝宗赵昚下敕说：“生立大节，与天地以并传；没为神明，亘古今而不朽。”②在赵宋王朝的褒崇下，关羽不仅是人间忠义气节、护国保民的英雄，而且还是天上拯救生灵苦难、扶正驱邪的神仙。

元明清的统治者对关羽的崇奉不断升级。元文宗图贴睦耳天历元年（1328年），封关羽为“壮缪义勇武安显灵英济王”，并遣使祠其庙。明洪武二十七年（1394年），太祖朱元璋为关羽建庙于南京鸡鸣山，每年四季之首

① 陈梦雷：《古今图书集成》第49册，中华书局、巴蜀书社1987年版，第60407页。
② 陈梦雷：《古今图书集成》第49册，中华书局、巴蜀书社1987年版，第60218页。

和岁末以及关羽诞辰，均遣使祭祀。永乐元年（1403年），成祖朱棣又为关羽建庙于北京。万历二十二年（1594年），神宗朱翊钧应道士张通元之请，敕封关羽为“协天护国忠义大帝”，由“王”晋爵为“帝”；万历四十二年（1614年），又敕封为“三界伏魔大帝神威远震天尊关圣帝君”，并将关羽定为武庙的主神，与崇祀孔子的文庙并列为文武二圣，“关圣帝君”的尊号由此而起。清顺治九年（1652年），清世祖爱新觉罗福临敕封关羽为“忠义神武关圣大帝”。雍正三年（1725年），追封关羽父祖三代公爵，并授洛阳、解州关氏后裔五经博士。乾隆三十三年（1768年），加封“忠义神武灵佑关圣大帝”。光绪五年（1879年），加封为“忠义神武灵佑仁勇显佑护国保民精诚绥靖翊赞宣德关圣帝君”，共26字，达到了登峰造极的地步。关帝封号由侯而公而王而帝而圣，成为中华民族信仰的道教尊奉的主要神祇之一。有关关帝的道教经典，有两宋之际成书的《太上大圣朗灵上将护国妙经》、明万历以后成书的《三界伏魔关圣帝君忠孝忠义真经》、《桃园明圣经》等。

明清以后，关帝信仰者日益众多，其庙宇已布满全国各地。在台湾，几乎每个县市都有一座颇具规模的关帝庙，香火非常旺盛。关圣帝君在台湾民间除俗称“关公”外，又称“恩主公”、“协天大帝”、“文衡圣帝”及“玄灵高上帝”，或简称“关帝爷”、“帝君爷”等。其神像各有特点，鸾堂所崇拜的造像，一般为坐姿，手执《春秋》一卷；救世济宫坛称“恩主公”，其造像多为坐姿提笔之像；以安邦护国的地方宫庙的造像，则为立姿，手持“青龙偃月刀”；有些特殊宫庙，则与“玉皇大帝”像相似，双手捧“玉牒”，坐姿。据称“关圣帝君”于清同治（1862—1874年）年间，瑶池金母体其护国安民功德圆满，特晋升其为“第十八代中天玄灵高上帝”。如台北市行天宫、淡水无极天元宫，关帝都是手捧玉牒的造像。

台湾关帝庙的兴建，起源甚早，而以高雄的关帝庙最为古老。该庙坐落在高雄市郊五块厝，据文献记载，始建于元世祖癸巳（1293年）四月，清咸丰九年（1859）二次修建，皆有存于该庙的砖契记述和重修碑石可考。又据陈汉波在1995年8月福州市召开的“闽台民间信仰艺术讨论会”的论文《东山和台湾关帝信仰文化传播》，福建漳州之东山岛，宋时驻铺军74名，为了护卫军民，各铺设有关帝神位奉祀，并于铺之东部设总堂名曰“天尊堂”。

明洪武二十二年(1389年),为安抚官兵情绪,于天尊堂之右再建“关王阁”。明正德七年(1512年),建“铜陵关帝庙”一座,雄伟如帝王宫殿。万历二十年(1592年),倭寇侵犯澎湖,铜山水师奉命驰援,寇平后,铜山水师设署驻军守澎,并将军中所祀关帝供奉于营署内,后迁于妈祖宫内,并扩建为“铜山馆武圣殿”,这是澎湖最早的关帝庙。康熙二年(1663年),郑经(即郑成功子)撤退铜山水兵回台,明宗室宁靖王朱木桂等及乡绅多人随军入台,宁靖王遂于府内建关帝厅,奉祀由“铜陵关帝庙”分灵而来的关帝金身。关帝厅建筑造形,都仿效铜陵关帝庙的体式。雍正五年(1172年)列入祀典,春秋祭以太牢,故名曰“祀典武庙”,为当时台湾关帝信仰的中心,位于台南市赤崁楼附近的宁靖王庙。安平区的山西宫、高雄关帝庙、澎湖红毛城关帝庙、台中圣寿宫、高雄文衡殿、嘉义关帝庙及宜鬮礁溪协天庙等关帝庙,都分别在明清之际赴“铜陵关帝庙”分灵,请回关帝金身回庙奉祀。因此,海峡两岸的关帝信仰者均大致认同“铜陵关帝庙”是台湾关帝庙的祖庙。大陆改革开放以后,台湾各关帝庙都相继率团赴福建漳州东山岛谒祖庙“铜陵关帝庙”,其中最大的一次是礁溪协天庙由主任委员吴朝煌率团478人前往进香谒祖庙。据台湾文化大学蔡相辉教授调查①,在明末郑成功时候,台湾关帝庙有9座,集中于台湾南部。到了清代已达33座,分布于全省。在日伪占领时期,据官方调查资料,1915年获政府许可的关帝庙为132座。1983年,据余光弘发表于台湾《“中央研究院”民族研究所集刊》55期的寺庙调查资料,“关圣帝君庙”已多达356座。由此可见,台湾的关帝信仰的盛况。

台湾地区的关帝庙中香火最旺盛的庙宇,当推位于台北市民权东路与松江路口的“行天宫”。行天宫在民间又称“恩主公庙”,于1943年由第一代住持郭进得始创于台北市延平区,初称“行天堂”,奉祀五圣恩主,②以关圣帝君恩主为其主神。1949年迁至九台街,改称“行天宫”。后信徒增多,乃再择地另建新宫,1967年竣工,即现在的“行天宫”。1968年于三峡设立

---

① 《台湾庙宇文化大系》的“关圣帝君卷”,台北:自立晚报文化出版社1994年版。

② 五圣恩主即关圣帝君、孚佑帝君、文昌帝君、司命真君及穆王岳飞等。一般俗称关恩主、吕恩主(洞宾)、张恩主(亚子)、张恩主(子郭)及岳恩主。

分宫,名曰"行修宫",并在北投区设立分宫。1977 年,行天宫董事会在敦化北路及松江路各设图书馆及阅览室一座,供民众使用。此外,行天宫还正在筹建恩主公医院,医院主体 21 层楼,1997 年完成并开始医疗服务。全部经费均为信徒们捐献。

(七)保生大帝信仰

保生大帝,姓吴,名夲,福建同安县人,台湾民间或称为吴真人、大道公,是一位医术高明的神医,生于宋太宗太平兴国四年(979 年)三月十五日。父亲吴通,世居河南省临漳县,因避战乱,南迁福建同安县白礁乡。吴夲 17 岁时即精岐黄医理,行医救世之余,还著作医书传世。一说他曾考中科举,官至御史。在做御史时经常为人治病,灵验如神。还曾治好仁宗皇后的乳疾。景祐三年(1036 年)五月二日逝世,时年 58 岁。传说他逝世后经常显灵,庇护乡民。乡人感其恩德,乃建祠立像祀之。南宋时,孝宗敕封他为"大道真人"。明仁宗即位(1424 年)再敕封为"保生大帝"。道教尊为神灵。台湾民间奉祀"保生大帝"为主神的庙宇约有 160 座,而以台南县市最多,达 58 座。其中以台北市大龙峒的保安宫最负盛名,始建于清乾隆七年(1742 年)。

(八)太上道祖或三清道祖的信仰

三清道祖就是元始天尊、灵宝天尊、道德天尊等三位尊神,也是道教奉祀的最高尊神。其中道德天尊亦即太上老君或太上道祖,是道教奉祀的教主。在台湾,创建以供奉太上道祖或三清道祖为主神的三清宫,只是近数十年的事。颇具规模的有高雄道德院和道教总庙宜兰三清宫。①

第二节　台湾地区主要道观

随着台湾社会的发展,台湾民众的地缘关系逐渐强化,以代替原来的宗族关系。与此相适应的是,一些对于当地乃至整个台湾有影响的佛道教庙观逐渐为不同宗族的地域民众所接受。

---

① 有关这类著名道观,将在下一节详述。

根据日本占领时期出版的《台湾宗教调查报告书》的第一卷(丸井圭治郎编,台湾总督府出版),1918年时,台湾有庙观3062所,而孔庙和佛寺只有165所和77所。其中在1668年前建立的庙观共有55所,(其中台南23所,嘉义11所,台中10所,澎湖9所,其他2所)。在1718年前建立的庙观共有194所,(其中台南86所,嘉义37所,台中37所,澎湖23所,台北5所,其他6所)。日本侵占台湾时,日本侵略军推行的是殖民地的"皇化"政策,破坏中国道教的庙观,采取"道教佛化"政策,企图消灭中国文化和中国道教对民众的影响。但是,日本的"皇化"政策对于台湾人民的文化传统和信仰习惯难以产生根本的影响,只是一些道教宫观被迫改为佛教寺庙,以及在庙内增加了一些佛像而已。1945年台湾光复,台湾地区的道教迅速发展。1949年以后,江西龙虎山第六十三代天师张恩溥等移居台北,一些热心道学的人士,如萧天石、龚群、赵家焯、张柽等人的积极提倡,出版道教经籍,创办《道家文化》杂志,台湾道教于是有了更大规模的发展。据1982年出版的余光弘著《台湾地区民间宗教的发展——寺庙调查资料之分析》,1960年时道教庙观有2947所,1966年增至3332所,1975年又增为4084所,1981年增至4229所。据余光弘的统计,1981年台湾地区的道教、佛教和其他寺庙合计为5539所,其中道教所属的庙观占76%。另外,从1960至1981年的21年中,道教所属的庙观增加了1282所,几乎增加了50%。

另据仇德哉在1985年的统计,台湾地区道教的庙观增加到了5673所。以其供奉的主神相区别,这些道观中供奉瘟神王爷的有690所,供奉圣母妈祖的有515所,供奉真武神玄天上帝的有413所,供奉土地公福德真君的有421所,供奉关帝的有366所。自1945年以后,原来由泉州同安人信奉的保生大帝和潮州人信奉的三山国王等道教庙观的数量逐渐减少,而传统的道教神仙玄天上帝、关帝乃至土地公为主要神祇的道教宫观不仅没有减少而且在增加,特别是近数十年以供奉三清道祖或太上道祖为主神的宫观的创建和信众不断增加,这显示出随着社会发展,经济联系密切,由同乡同族组成的社会共同体正在衰落,另外,也显示出台湾地区的文化已经从具有移民社会某些特点的文化逐渐转而融合在中华传统文化之中,成为中华民族传统文化的不可分割的一部分。台湾民众的信仰生活中,道教传统神系中的一些神灵正在逐渐代替一些地方神的地位。

最近十多年来,台湾的道教宫观还在不断增长中。据 1994 年 12 月 9 日台湾《中华日报》报道:台南市道教会总干事郭瑞云称,“台湾道教庙宇共有八千余座”。这个数字较之 1985 年仇德哉的统计,又增长了两千多座。

台湾地区的道教宫观,民间俗语一般说已经到了“五步一庙,三步一坛”的程度。不过,著名的道教宫观却不多。除了前面已经提到的以外,主要的宫观有如下三大系列:

一、以三清、玉皇和哪吒为主神的宫庙

早期大陆人移居台湾时更多的是信仰地方神明,诸如妈祖、保生大帝等;随着经济发展和人口繁衍,这种情况发生了变化。于是供奉道教天神系统的宫庙也逐渐兴建起来。

(一)台湾首庙天坛

台湾首庙天坛,坐落在台南市。原称天公埕、天公坛或天公庙。天公是台湾民众对玉皇大帝的称呼。1983 年时该庙庙名改定为“台湾首庙天坛”。台湾的发展,先南后北。从清康熙二十三年(1684 年)至光绪十三年(1887 年)的 200 余年中,台南一直是台湾的首府,即台湾的政治、经济和文化中心。南明桂王永历十五年(1661 年)郑成功收复台湾时,就在今天坛原址祭告天地,此后每年农历正月初九都在天公埕西设厂,举行玉皇上帝圣诞庆典。清咸丰四年(1854 年)由地方乡绅发起、官民集资在天公埕和埕东吴姓宅基上兴工建庙,称“天公坛”。后又增建和扩建。

天坛供奉的主神是玉皇大帝,同祀的神灵还有斗母、三官、南斗、北斗、张天师、圣母、观音、三清、关帝、文昌、岳武和延平郡王等。全庙建筑为三进宫殿式。前殿龙柱为咸丰五年(1855 年)所造,正殿龙柱为同治年间所镂。石材来自大陆,雕刻细密,造型古朴,堪称精品。正殿无神像,置神龛一座,内奉玉皇大帝神位。神龛周围雕有龙形图案,雕金饰玉,金帐黄幔。外殿楹柱上悬有“一”字匾,为台南古都三大名匾之一。首庙天坛的后殿是道士举行宗教仪式的地方。后殿中央主奉三清、斗母和三官,并配祀南斗和北斗、左侧祀奉张天师、普化天尊和东斗星君;右侧祀奉西斗星君、太乙、天医、灶

君等。天坛三进的左厢另有武圣殿，重檐歇山式，琉璃瓦顶。天坛中还存有清乾隆四十一年（1776年）台湾知府蔡元枢所献之四脚香炉，多面清代古匾。每年农历正月初九玉皇大帝诞辰是首庙天坛的主要庆典。农历六月二十四日关帝诞辰和农历九月初九的九皇寿诞，该庙也有盛大的祭祀活动。

台湾首庙天坛，自清代末年即由“如兰堂会”管理。1974年由信徒代表大会选举产生台湾首庙天坛管理委员会。

（二）道教总庙宜兰三清宫

宜兰三清宫位于台湾省宜兰县冬山乡得安村的梅花湖南面山麓，是台湾的道教总庙。三清宫道教总庙，由宜兰县第五任县长陈进东倡议，邀请当时县府水利课长白土炎策划，始建于1970年。建设之初，县长陈进东提供41.805公顷的私人土地，并结合地方人士筹组了三清宫兴建委员会，以陈进东为名誉主任委员，以白土炎为委员兼总干事。1970年8月由时任台湾中华道教会理事长的陈仙洲道长主持动土典礼。同年以专案函请台湾中华道教会，定为台湾中华道教总庙。1982年三清宫主殿三清宝殿落成，全庙安挂宫牌“三清宫”，于是，台湾北部唯一的道教总庙三清宫建成。

陈进东创建三清宫的宗旨是为弘扬道教教义，提倡伦理道德，复兴中华文化，期望所谓三清，即“天清、心清、时清”，从个人修养到社会发展到国家安定层层推广，以倡办社会教化，推动公益慈善及净化信众心灵。三清宫建筑按照中国北方宫殿建筑风格建造，汇集中国古典精粹，宏伟富丽，巍峨壮观，黄瓦红柱，空间宽敞，加上回廊设计，突显传统宫殿的特色。由于三清宫依山傍水，庙前的广场则可尽收梅花湖的秀丽景致，与清静脱俗的自然景观相互辉映，直如世外桃源，蔚为人间仙境。三清宫供奉的三位天尊是道教最高神：玉清元始天尊、上清灵宝天尊、太清道德天尊。

三清宫为强化组织管理，健全宫庙事务发展，力行信仰正信化，环境观光化，管理企业化等信念，在1984年成立第一届管理委员会，由陈进东担任主任委员，委员由原兴建委员组成。1986年起又继续兴建圆明殿、弥罗殿。1992年全衔更名为“道教总庙三清宫”。每逢农历二月十五日、夏至、冬至等三清道祖圣诞千秋时，宜兰三清宫道教总庙都会举行祝圣醮典。

（三）高雄道德院

高雄道德院，台湾地区著名道教宫观，位于高雄市三民区金狮湖畔。该院溯源于1955年高雄市旧大港保安宫。当时由第一任住持兼开宗道师郭藏应从高雄县大树乡天公庙将奉祀的太上道祖金身，分灵到高雄市保安宫设坛奉祀，领导信徒开始传道活动，宣扬正统道教。1960年于现址金狮湖吉穴建院破土，历经24年，于1984年道德院全部工程完成。郭藏应道长继承道教正统，又根据时代要求发展创立了道教太乙真莲宗，坚持修炼自身，济世度人的宗旨。

高雄道德院的前殿供奉太上道祖、至圣先师、观音大士、三官大帝、南北斗星君、大法天师、玄天上帝、孚佑帝君、南极仙翁、天上圣母等道教列位天尊正神。前殿右侧二楼万灯会供奉神圣圆明斗姥天尊及历代神圣。而后殿为三层楼建筑，后殿三楼内奉祀无极始祖玄玄上圣元始天王大天尊、三清道祖，以及太极界至尊玉皇上帝、太乙救苦天尊石神像、十二门人神像之彩画绘匾，南极长生大帝及北极真武大帝之圣匾禄位，在后殿二楼则奉祀民族始祖轩辕黄帝有熊氏等，而后殿一楼右侧是布道讲堂，左侧则是静修道场。右边另建太乙殿专奉太乙救苦天尊大金身。《道德院简介》中阐述其祀神宗旨时，除首先阐述三清道祖、五老天尊、玉皇大帝等道教尊神应专设坛供奉，示有宗也以外，又说，凡民间所公认为神者，道教亦神之，《礼记》所谓“有功于民则祀之”者，道教亦神之……其若外来宗教人神，其真理归宿于大道同源，如释迦牟尼佛、耶稣、穆罕默德者西方圣人，道教亦尊奉之。这段文字不但认为道教与儒释同源，而且对于基督教和伊斯兰教也并不排斥，这似乎与道教传统观点有一定出入，但它以三清道祖、太上道祖、玉皇大帝为祀奉的主神，确实代表了“正统道教”。正如该院现任住持翁太明在《本院开山宗长郭藏应道师之简介》一文中所说：郭藏应为正统道教之推行，正本清源，铲除迷信，弘扬正教的功劳，是普受各方有道之士之所崇仰的。

高雄道德院为“培养正统道教人才，提升道德修养”，还开设了“修真道学院”，聘请大学教授及道教资深学者担任道教文化课程的讲授，这对“弘扬正统道教之教理教义”，是一个有力的推动。从1988年至1994年，已举行道教太乙真莲宗皈依大法会7次，皈依弟子共919人。郭藏应还两度率领道教前往大陆各道观、洞天福地参访朝圣，与有关人士研讨道教学术文化事宜。1994 年 1 月和 11 月，还分别接待大陆武当山道协和中国道协道教文化交流团，12 月又接待大陆道教文化学者访问团，与大陆道教界和学术界均有文化学术交流。高雄道德院还开设道教法事科仪研究班、道经编辑委员会、道德慈善会、太乙真莲宗静修道场，宣扬正统道教除此以外，还广泛参与台湾、祖国大陆以及海外各种救灾扶贫活动，得到海内外各界普遍重视。高雄道德院坐落在金狮湖风景区内，前环水，后靠山，也是高雄市著名风景名胜之一。

郭藏应的弟子翁太明，台南市土城人，小学时就常随父母到高雄道德院参拜，20 世纪 70 年代起开始经常听道，研读《道德经》及《易经》。1975 年从铭传商专国际贸易科毕业后就在高雄道德院出家。1977 年通过三十六层刀梯成为全台第一位女道长。1987 年翁太明成为高雄道德院住持，历年又成为道教太乙真莲宗宗师，全力推动道教文化建设，弘传道教精神，积极参与社会慈善活动，据统计，高雄道德院连续五年捐款公益累计超过台币二亿元，名列高雄市各宗教团体第一。

（四）中坛元帅庙

中坛元帅庙，即哪吒庙，是台湾道教中香火最旺盛的庙观之一。据统计，台湾现有奉祀哪吒的庙观多达 114 座，其中台南 37 座，台中 16 座，台北 4 座，澎湖 4 座，屏东 23 座。[①] 哪吒，又称“三十三天哪吒太子”，亦称“那吒”，民间称呼众多，如：太子元帅、三太子爷等。又因其脚踏风火轮、手持乾坤圈，又称罗车太子、金环元帅、李罗车等等。哪吒是镇守天门之神。原系佛教四大天王的毗沙门天王的三太子。唐代末期起，佛教毗沙门天王与唐代名将李靖相混，世称托塔天王李靖，哪吒也就成为李靖之子。玉皇大帝封哪吒太子为三十六员第一总领使，天帅元领袖，永镇天门。哪吒的神迹经明代小说渲染，影响很大，民间遂立庙供奉为神。台湾地区供奉哪吒宫观中，以清咸丰年间建造的高雄三凤宫最著名，另外还有台南麻豆太子宫、台

① 参见盛仰红：《台湾哪吒庙》，转引自李养正：《当代道教》，北京：东方出版社 2000 年版，第 276 页。

中中天宝华殿，等等。

二、以城隍、土地、王爷为主神的宫庙

正如大陆一样，台湾的城隍庙也依照县、府、省的不同规格而建制的。各县有城隍庙，全省也有城隍庙。此外，由于土地信仰的流行和瘟神崇拜的特殊需要，各地还有大批的土地神庙以及王爷神庙。最具代表性的有五所。

（一）台湾省城隍庙

台湾省城隍庙位于台湾省台北市中正区的武昌街，兴建于1947年。早在光绪五年（1879年），台北正式建府，首任台北知府陈星聚整建台北府城。除了兴筑台北城城郭外，也筹划于城内建立文教与政经中心。1881年，台北府衙门在抚台街后方，府直街和北门街口（即今台北市延平南路与汉口街附近）兴建了台北府城隍庙，将淡水县城隍附设在府城隍庙内。该府城隍掌管台北府，因此神格定为“府城隍庙”。1895年后，日据台湾时代开始。日据台湾总督府以市区改正为由，将府城隍庙连同台北城郭、县城隍庙、台北天后宫等中国式建筑全部拆除。当时，有信徒将台北府城隍神像保护起来，迁至松山昭明庙供奉。1945年，台湾光复。城中区区长林阿九、张水银里长及地方人士，集资在武昌街现址重新筹建城隍庙，于1947年11月落成。因为当时已无台北府之编制，全台湾最大行政单位为台湾省，台北又是台湾首善之区，所以将城隍爷的神格，定为“省城隍”，复建的城隍庙命名为台湾省城隍庙，主神仍尊称威灵公。

台湾省城隍庙现址位于台北市中心，与城中市场紧邻，香火颇盛。除迎神外，省城隍庙依台湾民间信仰，仍有拜斗、光明灯、水忏等各种宗教活动。该庙将府城隍威灵公的圣诞重订于10月25日。每逢台湾省城隍爷圣诞，庙方配合政府庆祝台湾光复节，举行迎神绕境活动。

虽然台湾省城隍庙称为“省城隍”，但是因为在1891年，清朝廷曾升格新竹城隍庙为省级城隍。此外，台南市的台湾府城隍庙，又是台湾最早的官建城隍庙，城隍号称府级的“威灵公”。所以，台北、新竹和台南等三地城隍庙信徒各以其历史为荣，自认所奉之城隍爷位阶最高，一直争议不断。

（二）台南府城隍庙

台南府城隍庙，坐落在台南市青年路 133 号。相传为郑成功收复台湾后所建，初建于明永历二十三年（1669 年）。清康熙丙寅（1686 年）台湾府知府吴国柱重修，乾隆己卯（1759 年）又有台湾知府觉罗四明和海防同知宋清源共同捐资增建本庙两廊和戏台。乾隆丁酉（1777 年）再经知府蒋元枢扩建。其后嘉庆、道光以及民国期间都曾重修。台南府城隍庙已有 300 余年的历史，当是台湾省首座城隍庙，因此，台湾当局定其为二级古迹。

台南府城隍庙的建筑为闽粤式寺庙风格，方座台基，屋顶为硬山式无翘屋脊，殿墙上有泥塑彩色浮雕，龙柱、石狮、石枕等装饰一应俱全，华丽堂皇。正门为山川门，两旁有"左通"、"右达"两便门供出入。三门均木制，上绘门神，两侧均有木雕装饰。正殿前有拜殿和龙虎壁。正殿奉祀台南府城隍，坐像垂拱，面容温和淡泊，恩威并济。后侧有五尊大小不一的镇庙城隍。陪祀的有七爷立于左侧，八爷立于右侧。另有二十四司和文武判官等塑像。后殿中央奉祀观音，左侧为地藏王菩萨，右侧为注生娘娘。城隍信仰自唐代以后在大陆地区就已相当兴盛。明时朝廷对祭祀城隍已定礼制，形成天下城隍、都城隍、府城隍、州城隍和县城隍的神位等级体系。台湾地区的城隍信仰在明清时就已十分普遍。

另外，台南市开山路还有小城隍庙，奉祀抗清志士朱一贯。朱一贯，人称鸭母，清康熙六十年（1721 年）曾联合明朝遗臣，起兵抗清，后因内讧而败。朱一贯死后，后人托称其为城隍而加奉祀，以障清廷耳目。为与府城隍庙相区别，故称小城隍庙。

（三）新竹城隍庙

新竹城隍庙是台湾北部最大的城隍庙，位于新竹市北区中山路，属于台湾三级古迹。初建于清高宗乾隆十二年（1747 年），历年建成，供奉新竹市城隍，显佑伯。清德宗光绪元年（1875 年）台北升格为台北府，府治仍用原新竹淡水厅署。于是，新竹城隍遂按礼制晋升为"府城隍，绥靖侯"。据历史记载，光绪十七年（1891 年）全台官民在新竹城隍庙举行护国佑民祛除灾厄祈醮法会，遂晋封新竹城隍庙为台澎地区唯一的省级城隍庙。又因城隍神显灵、御匪有功，朝廷决定敕封新竹城隍神为"都城隍，威灵公"，总辖台湾，一度成为台湾唯一的省级城隍庙。光绪皇帝颁赐了“金门保障”匾额，其后陆续获得封赠。庙内“理阴赞阳”之匾，是地方开台进士郑用锡所赠。

新竹城隍庙的建筑规模宏大，本体采三殿式，格局方正，各部分木雕均极讲究。龙柱石雕出自粤东著名石匠辛阿救之手。大门上方八卦藻井是泉州惠安木雕大师王益顺的作品。城隍庙内文武判官和六司，范、谢等六大将军及四捕快之雕琢均精致传神。在道教神系中，“城隍”是兼管阴阳的神，若遇人间有善事则通报天庭；遇人间有恶事则通报地府。所以，城隍身边判官的生死簿就是用来记载人的一生善恶。而悬挂在屋梁上的巨大铁算盘，据说是城隍用来计算人世罪恶的，所以两旁对联写着“世事何须多计较，神天自有大乘除”。意思是人的千算万算，不如大算盘的一算。每至元宵，花灯的日子，新竹城隍庙总是热闹缤纷。每年农历十一月二十九日是新竹城隍的例祭之日，也是新竹地区一年中最盛大的祭典。中元节的新竹城隍神出巡，更吸引各地信徒涌来新竹烧香祈福。

日本占据台湾时期，大正十三年(1924 年)新竹城隍庙曾经改建。今天的城隍庙的规模和建筑，正是当年修缮的结果。由于当时的维修是由新竹地方望族郑家出资，因此，郑家从日据时代起就成为世袭的庙宇管理人，直到今天。

（四）屏东福安宫

台湾地区最大的土地公庙，在屏东县车城乡。福安宫创建于明代末年永历年间(1647—1660 年)，原名“敬圣亭”。当时泉州来台先民因为水土不服，难以忍受瘴疠瘟疫，所以，建亭奉祀土地公福德正神。清代乾隆年间福康安平定林爽文叛乱以后，改建敬圣亭为福安宫，并且勒石树碑，祷告土地神，并赐王冠、龙袍一袭，于是车城福安宫的土地神就成为台湾地区最威风的土地神。一般的土地庙规模都很小，有的更是在矮小的土墩石窟之中，供奉土地公公和土地婆婆神像二尊。但是，屏东“福安宫”不同，福安宫是中国宫殿式的三层楼建筑，外观宏伟、金碧辉煌，台湾各地来祭拜和游览的信众车水马龙，络绎不绝。因此人称是台湾最大的土地公庙。

（五）南鲲鯓代天府

南鲲鯓代天府，在台南市之西北方，槺榔山之虎峰，台南市北门区鲲江里976号。南鲲鯓代天府是全台湾规模最大的庙宇建筑之一，古老的五府千岁（王爷信仰）的信仰中心，也是台湾王爷庙的总庙。相传于明朝末年，有三桅船漂流至北门南鲲鯓沙汕附近，船上载有六尊神像，即"李大亮、池梦彪、吴孝宽、朱叔裕、范承业"等五位王爷神以及中军神像。渔民从船上请下六位神像建草寮供奉，而后神迹流布。清朝初年，当地信徒倡议建庙，于1662年（康熙元年）落成，称为"南鲲鯓庙"，又呼为"开基庙"。尔后，南鲲鯓沙汕被海水淹没，居民迁徙，决议重建神庙，改择于北门槺榔山建今庙，嘉庆二十二年（1817年）动工，道光二年（1822年）建成，庙名定为"南鲲鯓代天府"。从1872年起至1923年，南鲲鯓代天府经过三次扩建，直至1937年才最后完成。现在南鲲鯓代天府占地19公顷，庙前有雄伟的五门式牌楼，遥对庙前广场后的主体建筑。庙的中央为"代天府"，供奉五府千岁，殿堂悬有匾额"代天行道"。左殿为中军府，右殿为城隍衙。后殿为青山寺，供奉观世音等菩萨；天公坛，供奉玉皇大帝等；万善堂和万善公园。代天府门楣的石楣、石壁、石窗、石堵等全部都是由大陆运来的青斗石、白石雕刻而成。柱、壁、窗等均雕有中国古代故事人物或禽兽花木。南鲲鯓代天府的管理采用管理委员会制度。先由各乡镇推选信众代表，再在代表中推选总干事、秘书、总务、招待等管理人员，负责处理各种庙务。南鲲鯓代天府现在是台湾当局评定的二级古迹，也是目前大陆游客游览的宗教胜迹。

三、以吕祖、保生大帝、妈祖为主神的宫庙

在台湾，供奉吕洞宾、保生大帝以及妈祖的宫庙甚多。最具代表性和影响力的是如下数所：

（一）台北指南宫

指南宫，又称仙公庙，坐落在台北市东南约12公里的文山区木栅指南山上。人称台湾道教的大本山。清光绪八年（1882年）淡水知县王彬林自大陆至台湾赴任，奉带迎自山西永乐宫吕纯阳神像同到台湾，起初供奉于艋舺（今万华）玉清斋，后分灵于景尾的肫风社等处。光绪十六年（1890年）在现址建指南宫，来自山西永乐宫的吕祖神像即供奉于指南宫。1920年至1959年间曾多次扩建重修。

指南宫建于木栅指南山腰,从山下至宫门前,须登山阶千余级。指南宫按吕祖"三教同体"教义设置,以尊道为中心,兼祀儒释,建有孚佑帝君大殿、凌霄宝殿、大雄宝殿和大成殿等。殿宇颇为宏伟。孚佑帝君大殿奉祀主神吕洞宾祖师。凌霄宝殿依山而建,有三层,最上层为凌云殿,供奉玉皇大帝、三官大帝和吕祖、关帝、文昌等神;中层为三清殿,供奉元始天尊、灵宝天尊和道德天尊以及东华帝君、瑶池金母;最下一层原来是"梦告所",过去常有善男信女在此过夜,祈求吕祖托梦。现在是中华道教学院教学用房。大雄宝殿奉祀释迦世尊、阿弥陀佛和药师佛,圆通宝殿供奉观音菩萨,大成殿奉祀大成至圣先师孔子。指南宫的庆典之日颇多,其中以农历五月十六日至十八日的孚佑帝君成道祝寿礼斗法会和八月初二的指南宫建庙日最为热闹,烧香信徒扶老携幼,络绎不绝。

指南宫由常设的管理委员会主持宫内日常事务和宗教活动。现指南宫管理委员会主任委员是原中华道教会理事长高忠信。

(二)学甲慈济宫

学甲慈济宫,在台湾省台南市学甲镇中心,是台湾奉祀保生大帝吴夲的开基祖庙。相传明末清初,福建省泉州府同安县白礁乡的部分军民随郑成功来台,为求渡海平安,由李姓人家迎请家乡慈济宫神明保生大帝、谢府元帅和中坛元帅等三座神尊同渡,庇护众生。先民在将军溪畔的"头前寮"平安登陆后,散居在学甲、大湾、草坔、溪底寮、西埔内、山寮、倒风寮等地,胼手胝足,垦土屯田,并在学甲李姓聚落地搭建草寮,奉祀保生大帝等三尊神像。大约在康熙年间选择现址开始建庙,康熙四十一年(1702年)初建完成。庙宇巍峨壮丽,分为前后两殿。前殿奉祀保生大帝吴夲,后殿供奉观音佛祖。雕梁画栋,石柱蟠龙,建筑深具闽南古庙风格,并有一代宗师叶王交趾烧及何金龙剪黏等精巧别致的精品布置,宫外有石狮和旗杆各一对,分别左右,另有巍峨牌楼,庄严气派。每年农历三月十一日是慈济宫的主要祭典活动"上白礁谒祖",长达三公里的祭典队伍由"蜈蚣阵"领头,蜿蜒前进,民众相信让蜈蚣阵从头上经过,可以消灾避邪。三月十一日是保生大帝圣诞之前第四天,据云,提前祭典的原因就是为了方便台湾信众能够赶回泉州同安家乡的保生大帝祖庙拜谒。台湾当局评定学甲慈济宫为三级古迹。

（三）四大妈祖宫

台湾供奉天后妈祖的宫观不计其数。最著名的有台南市的大天后宫、北港的朝天宫、新港的奉天宫和鹿港天后宫等，并称为台湾“四大妈祖”。

大天后宫，在台南市永福路二段。据该宫介绍，庙址前身本为明朝朱术桂所居住的宁靖王府邸。1683 年，清治时期才将该府邸改建为天后宫。经过几次整修，现今的庙宇沿袭 1821 年的大整修后庙貌。大天后宫有四进，宽达三开面，包括有拜殿、观音殿、三宝殿及头门、正殿、后殿、三川门与步廊等。正殿供奉天后妈祖。拜殿采用十架卷棚栋架大木结构，为现存台湾庙宇中，独一无二。观音殿供奉观音为宁靖王生前所祭祀，年代久远。三宝殿原是清朝官员祭祀时的所使用的更衣亭，19 世纪中期，才改为三宝殿现状。正殿后殿和三川门的古老龙柱、闽南式屋脊与屋檐也相当古典美观。大天后宫保存有历代帝王御笔亲题的匾额，如康熙御匾“辉煌海澨”、雍正御匾“神昭海表”、乾隆御匾“佑济昭灵”、嘉庆御匾“海国安澜”、道光御匾“恬波宣惠”、咸丰御匾“德侔厚载”以及光绪钦赐御匾“与天同功”等。拜殿左右两边墙上嵌有两块古石碑，其中施琅于康熙二十四年（1685 年）所立的“平台纪略碑”是现在台湾所保存的最早清碑，碑文书写攻台之经过、安抚民心及善后处理的方法等。

北港朝天宫，在云林县北港镇。因供奉天后妈祖，亦称北港妈祖庙。据介绍，该宫创建于清康熙三十三年（1694 年）。此年，佛教临济宗第三十四代僧树璧奉迎福建湄州祖庙的妈祖神像到台湾，在笨港登陆。笨港原为台湾西南部海陆交通要地，船只云集。船民大多来自福建，素有崇奉妈祖习俗。树璧初抵时，以茅舍陋屋供奉神像，康熙三十九年（1700 年）建成小祠。雍正八年（1730 年），易茅为瓦，焕然一新。北港朝天宫由佛教僧人发端，至今仍由佛教僧侣主持法务，只是因为朝天宫供奉的天后妈祖和其他神祇多属道教神祇，故将其列于台湾省道观名下。光绪三十一年（1905 年），台湾地震时，朝天宫受损，亭台倒塌，后经民众募资于光绪三十四年（1908 年）重修，始成今日之规模。

北港朝天宫是中国宫殿式建筑群，共四进。宫门前有广场，石地石墙。宫门一分为三，设有正左右等三出入口。中为山川门，门前有一对蟠龙巨柱和石狮。右、左为龙虎门,楹柱下各有一对石盾。三门的墙壁上装饰有雕刻。第二进为正殿,即妈祖圣母殿,深13米,分为前后二段。从殿外观看,正殿顶有三层,琉璃瓦,前殿屋顶脊上塑有麒麟送子及凤凰。东西两厢供奉注生娘娘和福德正神等。第三进中室为观音殿,右室为三界公殿,供奉三官大帝。左室为五文昌殿,供奉五文昌。观音殿前有石刻龙柱一对,刻有乾隆乙未年腊月敬立字样。五文昌殿前有双龙丹墀一块,刻有道光庚子年(1840年)阳月立字样。最后一进是供奉妈祖父母的圣母殿和供奉历代住持神主的开山厅。宫内至今还保存着康熙年间制作的妈祖天后冠。1972年,朝天宫被定为台湾省宗教纪念物观光区。1985年,台湾当局定其为二级古迹。朝天宫的进香期有正月十五日的上元祈安法会和农历三月十九至二十三日的圣诞祭。进香期内,各地到此进香的队伍长达数十里。妈祖"出巡"时,沿途设有路祭。接送之人手执长香,在出巡路边守候。民俗将千响鞭炮置于地上连成一线。燃放之时,鞭炮声响彻几公里,盛况历年不衰。

北港朝天宫从1921年起成立管理委员会。1974年起成立北港朝天宫董事会,其成员由北港朝天宫的信徒代表大会选举产生。

新港奉天宫,在嘉义县新港乡。据该宫介绍,明天启二年(1622年)福建船户刘定国奉请湄洲天后宫妈祖(俗称船仔妈)金身神像,横渡黑水沟航经笨港时妈祖显圣,指示永驻此地。清康熙三十九年(1700年)建天妃庙于笨港,始称"笨港天后宫"。后因笨港溪洪水泛滥,原宫被毁。嘉庆六年,在笨新南港即新港重建,御赐宫名为"奉天宫"。现定为三级古迹。新港奉天宫正殿供奉天后妈祖。另有后殿供奉观世音菩萨,配祀福德正神、注生娘娘及十八罗汉。左配殿奉祀文昌帝君。右配殿奉祀关圣帝君。东厢配祀笨港城隍爷殿、西秦王爷殿。西厢配祀虎爷殿、长生禄位殿。凌霄宝殿多层,其一楼奉祀六十太岁、二楼奉祀圣父母殿(妈祖之父母)、三楼奉祀三宝佛、顶楼奉祀玉皇大帝及南斗星君、北斗星君等。

新港奉天宫每年举行妈祖绕境活动,绕境范围逐年扩大。2009年以来,还连续举办了三届新港奉天宫国际妈祖文化节。

鹿港天后宫,在彰化县鹿港镇。据该宫介绍,清康熙二十四年(1685

年)，鹿港天后宫由移居鹿港的福建兴化籍人捐资兴建，所以又名“兴化妈祖宫”。鹿港天后宫供奉的妈祖神像是清康熙二十二年(1683年)由福建水师提督靖海侯施琅从莆田湄洲天后宫恭迎到台的，人称是全省唯一由湄洲而来的神像，被尊为祖神。鹿港天后宫亦号称祖庙。由于香火鼎盛，神像受香烟熏染，已由原来的粉红色变成黑色，因此，鹿港妈祖被信徒们称为乌面妈。每逢农历三月二十三日妈祖诞辰，全台70多座由鹿港天后宫分出香火的妈祖庙神像势全副銮驾前来鹿港朝谒祖庙，人山人海，盛况非凡。

第三节　台湾地区的道教研究

对于道教的研究，历来有教内研究(inside)和教外研究(outside)的区分。道教信徒中的有识之士，他们信仰道教并有弘扬道教的著述，世称道教学者。另外还有一些并不信仰道教的学术界人士，他们运用传统的或者现代的科学研究方法，对道教作出研究、分析和评价，世称道教学学者，或者称道教研究专家。台湾的道教研究也是由这样两部分学者在进行的。

一、台湾道教研究概况

1949年国民党政府退居台湾以后，由于指导思想和研究方法的差异，台湾地区的学术研究和祖国大陆地区学术研究的发展路程及其成果面貌存在不少相异之点。根据台湾学者的分析，台湾地区的宗教以及道教研究大致经历了两个阶段。

第一阶段，从20世纪50年代至70年代。国民党政府迁到台湾时，在宗教上，面对的情势是，一方面台湾民众刚从日本占据台湾50年后回归祖国不久，民间信仰和佛道教寺庙全面恢复，民众的中国宗教信仰传统正在高涨之中。而国民政府除了1947年的“宪法”和1929年颁布的《寺庙管理条例》以及《地方政府接收处理日人寺庙祠宇注意事项》等法规以外，拿不出任何新的政策法规，只能采取自由放任的立场和态度，于是，庙观和神坛越建越多。另一方面，国民政府又害怕民众的宗教信仰会影响到国民党政府在其占据的最后一块中国土地上的统治地位，因此，又以所谓“戒严法”和

1951 年颁布的《查禁民间不良习俗办法》为依据，以“限制或禁止人民有碍治安的宗教活动”和查禁“崇奉神权迷信”为名，对于台湾地区民众的信仰活动作了一些限制。在这种情况下，正如台湾学者郑志明说过的那样，在戒严的时代里，宗教的研究多少是有所忌讳的，所以不管是学术界或民间团体在这方面的研究不多①。这里的忌讳大约包括两个方面，一是怕有碍政治，二是怕涉及迷信。因此，当 20 世纪 60 年代，法国学者施舟人在台湾的“中央研究院”学习期间，看到街坊和乡村里的道教醮棚时，询问一些研究人员得到的都是不屑一顾的回答：“那是迷信”。于是，台湾地区对于道教的研究，只是局限于道家学理的研究，而对于道教本体的研究很少涉及。郑志明认为，以历史学的孙克宽与人类学的刘枝万等人算是早期的开路先锋，在民间则以萧天石为核心，创办自由出版社②。还需要提到的是，台湾的第一本道教文化研究杂志，《道教文化》正是在这个时期创刊发行的。

第二阶段，从 20 世纪 80 年代以后至今。70 年代末，海峡两岸的政治形势发生剧烈变化。随着尼克松访问北京，台湾国民党政府离开联合国，随着中美两国政府上海公报的发表，中美和中日建交，台湾的国民党政府在外交上出现了空前孤立的局面。另一方面，中国大陆地区，由于“文化大革命”的结束，政府制订了正确的改革开放路线，政治、经济和文化事业开始全面振兴。在这样一种变化态势下，国民党政府在内外遇到了巨大压力，不得不在政策上作了一些调整，从所谓的“硬性权威主义政权”转化为“软性权威主义政权”，其中在宗教上的表现，就是在二次禁止“一贯道”以后，在 1987 年宣布解除对于一贯道的禁令。于是，台湾地区的宗教又出现了一个新的发展高涨的局面。对此，台湾的国民党政府表面上仍然听之任之，但是，又企图以法律的手段加强对宗教的控制。在 1979 年，“内政部”提出《寺庙教堂条例》(草案)，1982 年“台湾省政府”拟出《台湾省神坛登记管理

① 参见《海峡两岸道家思想与道教文化研讨会论文集》，台湾：“中华民国宗教哲学研究社”1994 年版，第 592 页。

② 参见《海峡两岸道家思想与道教文化研讨会论文集》，台湾：“中华民国宗教哲学研究社”1994 年版，第 592 页。

办法》（草案），1983 年“内政部”又拟出《宗教保护法》（草案），但是，这些法案都未能得到立法机构的通过。无奈之中，1988 年“内政部”委托“中央研究院”瞿海源教授从事“宗教法研究”课题的研究工作。据称，在 1989 年完成的该课题研究报告中，曾经提出了八种方案，最后建议采取废除监督寺庙条件，整编所有有关宗教法令，及制定宗教法人法之方案。[1] 不过，与第一阶段的情况相比较，学术研究的环境似乎有了好转。郑志明在 1992 年称，道教的研究，早期不仅学术界不太重视，而民间的知识分子也很少注意，直到近十年来学界才稍为热络些，而民间则因神秘与气功学的影响，与道教有关的课题也在民间流传开来。在同一篇文章的另一处，郑志明则又说道教研究的兴起是这几年的事[2]。也就是说，在 20 世纪 70 年代末，台湾的历史学界开始有人研究道教，到了 80 年代又有研究文学和哲学的学者参加进来研究道教。直到 80 年代末和 90 年代初，台湾地区的道教研究才开始“热络”，而这个时候，在香港青松观侯宝垣的支持下“中华道教学院”得以成立，淡江大学中文系成立了“道教研究中心”。一支道教研究的队伍才开始逐渐形成。

应该说，台湾地区开始认真的道教研究也同 20 世纪 70 年代国际上出现中国道教研究热的学术潮流有关。由于《正统道藏》的重新刊印，道教研究工具书的出现，以及连续二次国际范围的中国道教研究学术会议的召开，国际学术界对于道教的兴趣持续高涨。可是，当时中国大陆尚未实行改革开放政策，于是，国际上一些研究道教的学者都到台湾去访问和学习，例如，法国的施舟人、美国的苏海涵、加拿大的包士廉、英国的李约瑟以及日本的大渊忍尔、洼德忠等等。国际学术研究的道教热潮波及台湾，在客观上，也对台湾的道教界和学术界提出了加强研究的要求。

1984 年 11 月 1 日，台湾中华道教总会曾以 99 号函致台湾当局称，李约瑟博士在访问台湾后，指责道教总会未能善尽接待责任，把持着道教学术研究机构，并未从事研究工作，函中还说到台湾当时的学术性社会团体中，涉

① 吴尧峰：《宗教法规十讲》，台北：佛光出版社 1992 年版，第 551 页。

② 《海峡两岸道家思想与道教文化研讨会论文集》，台北：“中华民国宗教哲学研究社”1994 年版，第 569、592 页。

及道学渊源者已经有堪舆学会、星相学会、外丹功学会、太极拳协会等，尚无专门研究炼养学术的丹鼎学会，以致英国李约瑟博士到台湾访道无门。函件称，道教总会正在酝酿成立台湾中华道教学术研究会。由此可见，直到1985年时，台湾地区的道教研究还未曾形成规模，学科内部设置也远未齐全，人员更加缺乏。

当然，台湾的道教研究也受到海峡对岸的大陆道教的恢复振兴和道教研究的蓬勃开展的影响。1992年台湾学生书局出版了《两岸宗教现况与展望》一书，汇集了1991年台湾地区连续举行的二次“两岸宗教与文化交流学术研讨会”的论文和讲话。其中第一届研讨会由游祥洲教授所作的会议结果的第六条说到，大陆宗教学术的研究相当值得我们重视，不管其研究立场是为了什么，不过我想在这一方面台湾应做一些努力。① 从会议的论文和讨论记录来看，大陆宗教学研究的状况受到台湾学术界人士的普遍关注和赞扬，诸如大陆宗教研究机构众多、人员众多、研究时间充分、研究成果丰硕、外国宗教研究名著正在翻译出版等等。辅仁大学校长李振英教授在《两岸宗教文化交流的意义、重要与态度》一文中说到，近十年来，大陆学者在宗教学、宗教史、民间宗教资料的发掘、考察与整理，都有了显著的成就。各种工具书的编写更是令不重视工具书的台湾学术界汗颜。在大部头的辞书及百科全书中，宗教颇受重视。② 这段话里是一位正直的学人对于大陆宗教学术研究的恰当评价。时任台湾中华道教总会副秘书长和中华道教学院执行长的张柽先生也在他的《两岸道教文化交流的回顾与前瞻》一文中评价说，在道教出版物而言，如《道藏》及《道藏辑要》，印制优于此岸，个人著作其够分量者，较能忠于史实，不留偏见者多，预设立场者少，至少已经做到认识道教的准备工作，对学术良知而言，可以肯定其态度是较为正确和严谨的。③ 张柽的文章对大陆道教研究的肯定，事实上就包含着对20世纪90

① 参见灵鹫山般若文教基金会国际佛学研究中心主编：《两岸宗教现况与展望》，台北：台湾学生书局1992年版，第321页。

② 参见灵鹫山般若文教基金会国际佛学研究中心主编：《两岸宗教现况与展望》，台北：台湾学生书局1992年版，第25页。

③ 参见灵鹫山般若文教基金会国际佛学研究中心主编：《两岸宗教现况与展望》，台北：台湾学生书局1992年版，第256页。

年代初台湾道教研究的某种批评。正如郑志明教授所言，正是由于国际的和大陆的道教研究发展情势的影响，台湾才兴起了道教研究，逐渐形成了规模。

二、台湾道教研究先驱

台湾道教研究并非骤然冒出，而是逐步兴起的。在其过程中，有几位学者的开拓具有特殊的推动作用。

（一）孙克宽

孙克宽（1905—1993 年）先生是台湾省老一辈历史学家。他从研究元史入手发表了多篇道教研究的论文。从学术研究的角度对于道教及其历史做研究的学者中，孙克宽教授大概是台湾的第一人了。

孙克宽，原名至忠，号靖生，改字今生，号茧庐，生于清光绪三十一年（1905 年），安徽省舒城县人。孙立人的侄子，早年留学法国，曾经在国民政府内政部担任公职。1949 年，时年 45 岁，孙克宽携家眷到台湾，从 1950 年起担任屏东中学高三的文史教员。1953 年，孙克宽 49 岁时自费出版《元初儒学》一书。1954 年，孙克宽 50 岁，携家眷赴台北，任台北市立第一女子中学国文教师。其间又有多篇元史研究论文发表。1955 年，孙克宽 51 岁，东海大学创校，孙克宽被聘赴东海大学中文系任教。

1971 年，孙克宽 67 岁时，夫人徐静宜去世。第二年，孙克宽 68 岁时，移居加拿大萨斯卡通市，与女儿、女婿同住。萨斯卡通市有萨斯喀彻温大学，道教研究学者包士廉就在这所大学工作。这所大学的图书馆有《道藏》、《道藏辑要》和许多中国史籍，可以让孙克宽继续做道教研究工作。

根据台湾“中央研究院”史语所研究员林富士编纂的《台湾地区的道教研究书目（1945—2000）》论文中的统计，孙克宽在 1952 年在《大陆杂志》发表的论文《元初正一教与江南士大夫》是台湾光复以后发表最早的道教学术研究论文。孙克宽在 1965 年在东海大学出版社出版的《宋元道教之发展》是台湾光复以后出版最早的道教学术著作。因此，称孙克宽是台湾道教研究第一人是不为过的。

孙克宽的《宋元道教之发展》，包括上下二册。上册出版于 1965 年，内容主要讲述宋代道教。下册出版于 1968 年，内容主要讲述蒙元时期的道教。1977年联经出版事业公司又出版了孙克宽的《寒原道论》一书。寒原，指的是加拿大。对于一个早年生活在安徽，中年生活在台湾，晚年生活在加拿大中部的萨斯卡通的人来说，萨斯卡通无疑就是一个冰天雪地的“寒原”了。《寒原道论》中收有孙克宽旅居加拿大以后发表的七篇论文，它们是《唐代道教之发展导论》（1974年中兴大学文史大学第4期），《唐以前老子的神话》（《大陆杂志》第48卷第1期），《唐代道教与政治》（《大陆杂志》第51卷第2期），《元代南儒与南道》（1975年普林斯顿大学演讲稿），《元虞集与南方道教》（《大陆杂志》第53卷第6期），《元代一个文学道士——张雨》，《明初天师张宇初及其岘泉集》（《书目季刊》第9卷第4期），等等。

孙克宽研究道教的时候，台湾学术界还很少有人认真研究道教，尽管他是信仰基督教的人，但是，出于对民族文化的感情，他经常为道教受到的不公待遇“呼冤”，多次强调道教研究的意义。他说的“冤”，指的是从六朝、唐、宋以来，在佛道两教的纷争之中，僧徒批评道士剽窃佛经，伪造道经等。后来的中国读书人都沿袭此说至今。孙克宽认为，“东汉魏晋后道经一时并出，是当时有学问的道士所编造，这是不假。那也不过等于华严经取自龙宫，照样是龙树所撰造。如果这些是伪造，华严经又何尝不可说是伪造？”“比较佛道经籍来看，如说道教经典有许多‘怪力乱神’的作品，不足信奉，那是对的；说他没有佛经的精深广大与思辨周密，也是事实。但不可以‘伪造’来一笔抹杀”。说到道教研究的意义，孙克宽认为“中国道教，实在是古老中国学术思想的渊薮”，其发展有“政治社会方面”的内容，有古代“原始的科学方术”的内容，还有“典籍的保存”的功绩。对此，孙克宽感慨说，“千百年来，中国学者对道教书籍的注意者不多，正由于少人注意，它也就成为未开发的处女地，足供今后从事研究者的驰骋”。“在今天，以现代人的眼光与现代人所受的学术训练来研究道教，是应该从文献上，从民俗上，从思想演变上加以整理、解析，剥去他的神秘外衣，还他的真面目，这才是我们研究道教的新使命”①。孙克宽的这段话是四十年前说的。经过四十年了，任何一个从事道教研究的人读这段话仍然会感到十分亲切和中肯。

① 孙克宽：《寒原道论·自序》，台北：联经出版事业公司1977年版，第2—4页。

就道教研究方法而言，孙克宽的研究主要是从文献入手，对道教史实作考证和研究，特别是唐、宋、元和明时的道教史。就以1974年写作的八万字的论文《唐代道教与政治》一文来说。全文分为“绪言”、“初唐时期”、“开元时期”、“中晚唐时期”、“结语”等五个部分。在“初唐时期”中又分为“唐代尊崇老子的起源”（包括动机和事实经过等二项）、“开国与老子神话”（包括羊角山老君显现、霍山神助阵和道书关于此时代崇道之事等三项）、“‘二圣’崇道——高宗与武后”、“道佛争衡”（包括唐以前的二教论争、高祖朝已逗其端、太宗朝佛道辩论五起以及对佛道礼仪形式上的措置等四项）。这样的论述，孙克宽基本上展示了在开国时期，唐代朝廷崇敬道教的全过程。文章引用的史料，来自《新唐书》、《旧唐书》、《隋书》、《唐会要》、《唐大诏令集》、《唐鉴》、《通典》、《资治通鉴》以及《道藏》、《道藏辑要》、《大正藏》，旁及《全唐文》、《文苑英华》、《唐诗统籤》、《昌黎先生集》、《中州金石记》、《陔余丛考》、《十驾斋养新录》以及杜甫、李义山的诗歌等等。孙克宽全文的结论有三个。第一个结论是“唐代尊崇老子因及于道教，纯为开国时提高其皇室威信，巩固人民对统治者之向心力”。第二个结论是“道教虽在唐代被尊崇，除赵归真劝武宗灭佛，参与了朝廷大政之外，其他皆是高隐方士之流，投帝王之好尚，致身荣宠，并无政治野心”。第三个结论是“尽管道教被尊崇，但迄未能与佛教抗衡，内廷三教演道，亦不过是供奉宫廷的辩论游戏，且尝为僧伽所绌”①。从孙克宽文章的史料来源、内容编排和三个结论可知，他的道教研究，从研究方法而言，还是传统的治史的方法。但是，因为较长时间接触道教材料，孙克宽对于道教文化的广阔内涵及其对于中国文化的影响有了较深刻的理解，所以，孙克宽已经摆脱了史儒的偏见，对于道教研究的重要性和意义有了较为深刻的阐述。只是由于年事已高和精力限制，孙克宽提出来的道教这片广阔的处女地，只能留待后人去耕耘了。

（二）萧天石

萧天石先生（1909—1986年），湖南邵阳人。因为他出生于龙山之文山村，晚年隐居于台北县新店市文山麓下之文山精舍，所以，萧天石有文山遯

① 孙克宽：《寒原道论》，台北：联经出版事业公司1977年版，第164页。

叟之别号。萧天石出身书香门第,其父亲瑶阶曾讲学于涧溪学堂和兰陵书院。稍长,通经史之学。1930 年,萧天石入军校学习,毕业后在南京创办《国防半月刊》和兴华书店,著有《世界伟人成功秘诀之分析》等书。1936 年在南京创办《兴华日报》。抗日战争时期,萧天石在成都任职于中央军校和行辕政治部,主持报纸和出版社,著有《大君统治学》《老子道德经圣解》《四书玄解》等 8 种。1942 年,因患伤寒重症,得遇禅宗和道家名师指点,与道家结下不解之缘。1944 年任灌县县长,屡访青城山,得《青城秘录》。1948 年,在南京任《和平日报》副社长。1949 年经上海退居台湾,受聘为"行政院设计委员"等职。后专事道家和道教研究,编述不辍,并创办了自由出版社。1986 年,萧天石逝世,台湾学术界和道教界曾经褒扬他是著作等身,学术文章,享誉海内外,诚为一代宗师。于道家思想之发展与弘扬,可谓超迈前人,独步古今。至于有人抬举萧天石是汉唐以来数一人,这样的"捧场"之语,作为学术评价,实在失之偏颇。

萧天石的道教研究,并未跳出以儒为本,"佛道并宏"的中国明清文人的学术思想囚笼。以他的《道学、圣学与仙学玄要集》为例,全书分为九章,即:一、神仙事业空千古,不与时人论短长;二、无思无为易为体,感而遂通神为用;三、广成至道垂宇宙,黄帝金言挈阴阳;四、明道、穷理、尽性、至命,为大易一贯之学;五、儒释道三家,学道修道之十大心法,及其"七字神诀"法;六、仙学即人学,仙道即人道;七、实行老子道统思想,可促进世界大同,永保人类和平;八、虞廷心法道统,亦即老子心法道统;九、伏羲传易无一字,万古心灯总朝元。

从以上这些分节标题,人们就可以知道萧天石的社会思想和学术思想就是融通儒释道三家。萧天石认为,儒家重入世,佛教重出世,道家则涵融二家而兼庸之,可以入则入,可以出则出,可以行则行,可以止则止,用舍行藏,纯一片天机。在社会观的层次上,萧天石将儒释视作二端,而道家则可出入二端,兼融二端。萧天石倡导"仙学",但其仙学称,神仙之号,名也,乃道家对人品之最高尊称,与做人之最高境界。犹儒家之尊称圣人,佛家之尊称佛陀然。① 在学术观的层面上,萧天石也将三家视同一辙,只是儒家学说

① 参见《道教文化》(台湾)第 3 卷第 11 期。

包含经世致用之道,于是,萧天石将儒学一分为二,称儒学中有二大纲宗,一为臣学,即官学,即治平之学,亦即政治经济之学;一为人学,即道学,即心学理学,即圣人之学。后者即可入仙学。由此可见,萧天石的仙学的实质是儒家、佛家和道家的伦理观和修身方法。萧天石说三教圣人,皆重道德,老子则更以“道德”名经。由此可见,学仙学、佛学、圣人,只有在道德中学,在道德中修,在道德中躬行实践,涵养省察,舍此便无他途可循。① 需要指出的是,萧天石的“仙学”也处处提到“人”,称“仙学即人学,仙道即人道”,这种对“人”的强调,亦可称是萧天石思想的特点,但是,萧天石强调的“人”,并不是西方近代思想史上人文主义、人本主义的“人”的意思,因为,他强调以“道德”规范“人”的行为,“挽世风,救人心”。萧天石在《世界伟人廿八版自序》中说到文中常倡“人人是领袖”、“人人是世界伟人”、“人人是一个王”。人人可“圣化自我”。亦可“神化自我”。以至于无限无量,而将道家吕祖之“我命由我不由天”一定律,发挥至于极致。② 所以,萧天石的“人学”仍然囿于儒家的“仁”和道教《西升经》的范畴之内,与西方世界强调人的个性自由、天赋人权等并不相同。

萧天石的一个重要的学术贡献是在中国古代典籍的搜集和整理方面,特别是在道教典籍的保存和流通方面。萧天石主编的典籍有二种。一种是《中国子学名著集成》(以下简称《集成》)。《集成》编著是从 20 世纪 60 年代就开始酝酿了。关于编著《集成》的目的,萧天石曾说,斯书之编修,其宏纲大旨,要在“总百家之学,通天人之道。合内外之用,穷古今之变,会万派之元,传一贯之统”。凡诸子百家言,莫不自分其分,而自合其合,自宗其宗,而自统其统。能通其分为一,则其为道,自不可以方物,而百家书,亦可作一家书观矣。③《集成》全书原定 150 册,后因限于经费,改为 100 册,外索引 1 册。《集成》共分 11 类,即:(1)儒家子书,108 种;(2)道家子书,58 种;(3)阴阳家子书,14 种;(4)法家子书,6 种;(5)兵家子书,14 种;(6)纵横家子书,14 种;(7)墨家子书,5 种;(8)名家子书,7 种;(9)农家

① 参见《道教文化》1985 年第 4 卷第 1 期。
② 参见《道教文化》1987 年第 4 卷第 5 期。
③ 参见龚群:《萧天石先生简略》,《道教文化》1995 年第 5 卷第 11 期。

子书,1 种;(10)杂家子书,19 种;(11)总类子书,101 种(内《百子秘籍汇函》百种)。

这一分类方法,应该说是有一点新意的,因为,儒家著述历来被称为“经”,而萧天石将《论语》、《孟子》、《大学》和《中庸》等一律列为子书。另外又以道家子书直接儒家子书,并且在取材上又多于其他子书,这反映了作者思想上认为,儒道二家在中华文化史上实无分轩。在道家子书中,萧天石选择精要 28 种,其中有 14 种珍本秘籍,如明刊六行本向秀注《庄子》等。《集成》刊印之子书,都是从台湾省八大图书馆与海内外私人藏书家之善本图书中精校慎选的。综观全书版本选择,其中宋刊本和覆宋刊本有 15 种,明刊本有 208 种,明正统《道藏》刊本及覆刊本 13 种,历代手写本及各种钞本 35 种。全书总计 76,500 页,道林纸,漆布烫金精装,堪为大观。

萧天石主编的另一部典籍是 1980 年在其自办的自由出版社出版的《道藏精华》。《道藏精华》共有三种不同的装帧。一种 17 集,精装本共 73 册。另一种是普通精装本 43 册。第三种平装普及本共 104 册。此外,萧天石还编有外集二种,即《道海玄微》(6 卷,1981 年出版),《道家养生学概要》(5 卷,1983 年出版)。萧天石主编的《道藏精华》所收的道教典籍,包括明版正统《道藏》中的精华以及未曾收入《道藏》的明清以来的上乘丹经和孤本佚籍。其中选收的古本、孤本和钞本秘籍达 800 余种,注家多达千余人。《道藏精华》一书,对于弘扬《道藏》之精华,保存和传播道教丹经类文献,确实具有不可磨灭的贡献。台湾道教界人士一直认为,萧天石自从退居台湾以后,对于弘扬中华文化不遗余力,晚年更是对推动台湾地区道教的发展和道教研究都发挥了推动作用。

(三)刘枝万

刘枝万先生(1923—),台湾省人,1946 年在日本早稻田大学学习,1977 年在日本东京教育大学获文学博士学位。1964 年进入“中央研究院”民族学研究所工作,历任助理研究员、副研究员、研究员。1989 年退休,兼任研究员,直至 2000 年 7 月。大约从 20 世纪 60 年代起,刘枝万开始研究台湾的道教信仰、仪礼和庙观,发表研究论文。在 20 世纪 80 年代初,刘枝万曾经感慨说,回顾自从台北市松山祈安建醮,已阅二十载,在此期间,实地调查之醮祭，虽然已达数十次，几遍全台，却未能一一发表，窃引以为憾。[①]这种遗憾，大概并不是指台湾地区缺乏发表的阵地，而是指当时的台湾学术界和出版界对于刘枝万的研究内容不感兴趣，并不重视。然而，从道教研究发展的轨迹而言，刘枝万当时的研究恰恰是走在国际上当时正在出现的以人类学方法研究道教及其仪礼的前列的。

1983年，台北联经出版公司出版了刘枝万的《台湾民间信仰论集》，在此前后，日本的樱枫社出版了日文本的刘枝万的《中国道教的祭与信仰》上下册。《台湾民间信仰论集》收有论文九篇，它们是：(1)《台湾之瘟神信仰》(1963年)；(2)《台湾之瘟神庙》(1966年)；(3)《桃园县龙潭乡建醮祭典》(1971年)；(4)《台北县中和乡建醮祭典》(1973年)；(5)《醮祭释义》(1974年)；(6)《修斋考》(1974年)；(7)《台北县树林镇建醮祭典》(1974年)；(8)《桃园县中坜市建醮祭典》(1974年)；(9)《台南县西港乡瘟醮祭典》(1979年)。

这些论文原来分别发表于《"中央研究院"民族学研究所集刊》、《台湾省立博物馆科学年刊》等专业刊物上。从其内容分析，刘枝万20世纪60年代的论文大多是概述性的。70年代后的文章，一方面作横向共时研究，对台湾省内各地祭典仪礼作广泛的调查，另一方面则作纵向历时研究，追溯道教醮祭斋法的由来和演变。其研究方法，既有受到外国的文化人类学研究影响的一面，又有继承中国学术的传统研究方法的一面，可称是"学贯中西"和"西学中用"。无论是作共时研究，还是作历时研究，刘枝万的眼光始终没有离开过台湾的道教和中国历史上的道教。以他的《修斋考》为例，文章的第一节是"斋类"，引述《大唐六典》、《道门定制》、《道门大论》等，将"斋"按照"二分法"、"三分法"、"六分法"、"十二分法"和"岁时杂斋"等加以区分。第二节"历朝修斋"，从史料中钩稽出"南北朝"、"隋代"、"唐代"、"五代"、"宋代"和"明代"等修斋史实。第三节"民间修斋举例"，以《道教灵验记》等材料以及台湾北部的民间醮礼"封山禁水"、"解结"等说明民间斋仪和历史上斋仪的联系。

---

① 参见刘枝万：《台湾民间信仰论集》，台北：联经出版事业公司1983年版，第402页。

发表于1974年的《桃园县中坜市建醮祭典》一文，记载了1967年冬季该地的醮典。据称这场醮典是当时台湾北部最大一场祭仪。文章分为“概况”、“组织与筹备”、“祭典”和“仪式”等四节：第一节“概况”，概述桃园县中坜市的“开发和沿革”以及“庙宇与信仰”；第二节“组织与筹备”，叙述醮典的“缘起，醮类，醮局组织，醮坛组织，经费，道士团，计划与文告，通醮表，外坛，竖灯篙，安龙谢土，请神鉴醮”；第三节“祭典”，讲述“道士团之工作，醮局之工作，人民之工作”等；第四节“仪式”，描述第一天仪式，第二天仪式，第三天仪式。全文对于一个地区的醮典，从起因到整个组织过程，经费来源、醮礼坛场布置、道士及其仪礼、民众崇拜形式等，作了共时描写，细致深入，乃至于对醮礼的《组织规程与办事细则》，醮礼的文告和坛场的对联等等都作了记载。不过，由于这些调查都是从文化人类学的角度进行的，因此，调查都是社会和文化的范围，而道教仪式本身的内容反映得却不多。但是，无论如何评说，刘枝万的道教研究在台湾道教研究的历史上都具有开拓意义，是有贡献的。

三、台湾道教研究的桥梁

正如大陆有王沐这样跨越教界学界的卓越人才一样，台湾也有几位研究者身份比较特殊，这就是龚氏昆仲与赖宗贤。

（一）龚氏昆仲与《道教文化》

龚氏昆仲，指的是龚群和龚鹏程。龚群和龚鹏程都是江西吉安人，龚鹏程是龚群的堂弟。他们开办的《道教文化》是台湾第一本研究和弘扬道教文化的杂志，创刊于1977年9月，每卷12期，前后共出版了5卷又11期，共66册。《道教文化》的主编前后换过多人，但是，杂志总经理一职一直由龚群先生担任。熟悉这本杂志的人都知道，这本不盈利的《道教文化》杂志，在经济上全部依靠龚群一个人支撑。

龚群（1918—1999年），江西吉安人，1949年夏抵达台湾，并与第六十三代天师张恩溥同时寄身于台北觉修宫内。由于同乡同道，龚老与天师交谊渐深。龚老在自己生活尚无着落时，就四方奔走，为张恩溥寻找稳定的生活来源，后来又为张恩溥筹建“嗣汉天师府”驻台办公处，随同张恩溥在台湾各地行法弘教。按照龚老生前曾经说过的话，这一段时间里，就是：天师出行，龚老服侍；天师画符，龚老拉纸；天师有了生活纠葛，再由龚老来调解。所以，张恩溥在世时，龚老一直是台湾的“嗣汉天师府”的秘书长。1977 年，龚老联络一些从大陆到台湾的热心道教事业的人士组织了道教居士会，创办了这份前后出版 22 年的《道教文化》杂志。

《道教文化》，第一卷共 12 期，每月一期。从第二卷起，大概因为经费困难，变成了双月刊。第二卷 12 期，出版费时二年。《道教文化》的主编原先是政工干校系主任马璧。1981 年 11 月，马璧突然返归大陆故土，由马璧任主编的《道教文化》杂志也曾受到有关部门的查询，因此，从 1981 年的下半年起，即从第三卷第 7 期开始，《道教文化》主编改由俞梅隐担任。龚老仍然是副社长兼总经理。第三卷出齐，费时近 4 年。第四卷的出齐，亦费时达 4 年之久。第五卷从 1990 年 7 月出版的第一期到终卷，历时又有 5 年多。从 1992 年 3 月起，《道教文化》杂志的社务委员会主任改由龚老的堂弟龚鹏程署名，龚群先生则改署创办人兼总经理，编辑委员会兼总编辑则由林庆文担任。其后编辑委员会兼秘书则先后由李乐俅和龚上达等出任。需要特别指出的是，出版 22 年、前后 66 册的《道教文化》杂志，是在既无政府财政补贴，又无道教宫观实体供给的条件下经营的。这在台湾地区的现实条件下，着实不是一件容易的事。《道教文化》的创办、筹资、经营、印刷乃至于社务活动、收稿读稿、信函往来、刊物发行等一切事务，均依靠龚老个人的全身心投入。于此，龚老从不计较回报。

《道教文化》杂志的《发刊词》是黄公伟教授执笔的。《发刊词》称，《道教文化》杂志是一本“学术性的、知识性的、科学性的、社会性的宗教刊物”，其出版目的就是为实践复兴中华文化之号召，爰集学术界志同道合之士多人，以中国道教为体，群策群力，创立本刊，凡儒佛道三教之义，天人知德体用之论，无不在探讨之列。黄公伟等力图借这本刊物，将以积善呈祥，为恶获罪之古义，牖世辅民，以敦时俗，以正俗念，国利民福之前途，胥有利赖。[①]在马璧出任总编辑期间，《道教文化》得到过不少教外人士的关心和支持，

---

① 参见《道教文化》（台湾）第 1 卷第 1 期。

有的出资,有的撰文,有的参加杂志社的活动,因此,其“社论”或“专论”有时多带着浓重的政治色彩。根据“道教文化杂志社撰述委员一览表”,当时列入的《道教文化》撰稿人,除了有几位海外学人如施舟人、包如廉以外,主要是一些沿用传统研究方法治学的老学者,如萧天石、李玉阶(天帝教创始人)、邓文仪、高越天、张扬明、李叔还等等。受过现代社会科学研究方法教育的年轻学人虽也有列入,如赵玲玲等,但数量很少,并且,亦未见有撰文刊登在《道教文化》杂志上。

1981 年末,俞梅隐出任总编辑。当时,中国大陆已经实现改革开放政策,海峡两岸民众来往渐趋方便而频繁。从 1988 年起,台湾民众以谒访妈祖祖庙开始,掀起了持续多年的回大陆寻根的潮流。《道教文化》杂志社的创始人龚群先生也先后多次返回故乡,探亲访友,或率团赴大陆各地道教名山宫观参访,亲身感受大陆正在发生的巨大变化,亲眼看到大陆道教正在复兴的事实。1988 年和 1989 年,龚老在《道教文化》杂志的第四卷第 8 期至第 10 期上,先后发表多篇有关龙虎山天师府、武当山道教、茅山道教的署名文章,畅谈了他访问这些名山宫观的观感。在这以前,1985 年 3 月,龚老也发表过一篇《道教发祥地江西龙虎山回忆》的文章。在这篇根据传闻写成的文章中,龚老以为,龙虎山只留下一个“回忆”,一切已经破坏殆尽。而在参访龙虎山以后写成的《江西龙虎山天师府简志》中,龚老看到的却是“红砖绿瓦,油漆一新”,“天师府现由张氏家族及储备天师管理,确为道教向往中心”。在参访武当山和茅山以后写成的文章《道教圣地武当山简志》和《茅山——道教福地简志》中,龚老赞美武当山风景优美,宫殿雄伟,确为道教圣地之所存,名不虚传,记述茅山原有的八件珍宝,前四宝在“文化大革命”时期被查抄,现已归还茅山道院,真所谓道教神仙名山胜地。[①] 从龚老发表的这些署名文章中,人们不难看到,尽管久居台湾,但是,作为一名天师的传人、道教界的大护法、一位有识的老前辈,龚群尊重所见所闻的事实,不以偏见歪曲真相,而且,在杂志上刊登照片,如实地向台湾道教界朋友介绍大陆道教界正在发生的真实情况,堪称开明公允和胸怀坦荡。

---

① 参见《道教文化》(台湾)第 4 卷第 8、9、10 期。

纵观《道教文化》杂志创办过程，人们还可以清楚地觉察到龚老同台湾“嗣汉天师府”关系的变化。龚老与第六十三代天师张恩溥的关系，同甘共苦，非同一般。因此，张恩溥在台湾建立办事机构、筹建道教会、居士会，传道弘法，乃至生活和婚姻等，均曾得到龚老的帮衬和资助。张恩溥羽化的后事，乃至于选拔张恩溥在台湾的堂侄张源先出来主持办事处的事务等等，也都包含龚群秘书长的心血。在《道教文化》第一卷中，发表过由龚老执笔的《中国道教嗣汉天师府组织规程》、《中国道教嗣汉天师府道教派别规则》，后来又连载了张源先编写的《历代张天师传》。据林庆全大法师写的《访问江西龙虎山道教圣地嗣汉天师府简记》一文的附注称，嗣汉天师府所用的“天坛玉格”亦系由龚老所赐。张源先的拜表科仪、步罡踏斗亦系龚老和台湾著名道士张智雄所教。但是，由于对张源先的道德学问并不满意，龚群等最终与没有张恩溥的台湾“嗣汉天师府”分道扬镳，并且自 1988 年以后多次率领台湾正一派道士访问龙虎山祖庭，为恢复龙虎山嗣汉天师府出力。1992 年发表的林庆全的文章，更是对于龙虎山天师府的授箓仪式倍加赞赏，称“此一奏职法科，不但庄严隆重，各法师在正一道长演法科仪时，规例有序，整齐不乱，不愧为正一真宗典范”。文章还批评“台湾所谓天师府奏职法科事宜，草率行事，而且出售万法宗坛职牒，系营业性质，价格非常昂贵，又无真传法科可言。台湾所谓张天师奏售万法宗坛职位牒确实不能与江西龙虎山嗣汉天师府并相同论，实有天涯之别”①。可以认为，林庆全的观点，大致上也反映了龚群对祖国大陆改革开放以后的道教面貌的正确评价。

随着改革开放，海峡两岸交往日趋频繁。《道教文化》杂志，在两岸道教界和学术界中，也有了越来越大的影响。同时，随着原有的撰稿人年事已高，因此，从 20 世纪 80 年代中期起，《道教文化》杂志开始发表海峡两岸道教学者的文章。其中有：淡江大学龚鹏程教授的《中国古代宗教与神话》，香港大学黄兆汉教授的《全真教祖王重阳的词》、《张三丰与明帝》、《丘处机的“磻溪词”》，成功大学丁煌教授的《道家思想与世界和平》、《唐代太清宫

① 参见《道教文化》（台湾）第 5 卷第 5 期。

制度考》、《叶法善在道教史上地位之探讨》《"上清灵宝领教济度金书"初研》等文章，以及北京、四川、吉林等地道教学者的文章。写这些文章的学者大多受过现代社会科学研究方法的训练，因此，他们的文章与《道教文化》过去发表过的文章在风格上有显著的不同，视野开阔，立论新颖，具有丰富的信息量。这些文章的连续刊载，提高了《道教文化》杂志的质量，壮大了作者和读者的队伍，进一步扩大了它在海峡两岸和世界范围的道教界和学术界的影响。龚老推动海峡两岸道教研究之功，于当代与后世的道教事业都会产生影响，应该永留史册。

龚群在道教事业上的另一个重要贡献，就是对于天师符法的传承和道教符法的研究。1989 年 12 月，龚老在《道教文化》上发表了《符箓探源》一文，称"符咒具有役鬼驱神之三种妙用，为中国古代哲学之一种。考其原始，实出于三代之上"。黄帝受之于西王母，"至汉顺帝时，有张大真人名道陵者出，得异书于石室，入蜀之鹤鸣山，隐居修炼，以符箓为治病"。外人不识符书，有人言其是地图，有人则言其为图画文字，龚老则认为"符法秘典符咒者，实聚无数秘文，凑合而成，其书法亦正如吾人执笔作篆籀钟鼎，一笔不可勾且，不多笔划，亦不可少点笔划"①。龚老将符区分为"张贴之符"、"食用、佩带、焚化之符"，"退鬼驱妖之符"等三类，还详细地叙述了书符的七戒、五忌以及笔次、用品等等。在《道教文化》上，龚老先后发表过五种天师符法，即：《师传王帅豁落符秘》、《朱帅肘后符秘》、《元坛赵帅三火符秘》、《龙虎山梅仙驱邪符秘》、《地祇温帅符秘》等五种。《地祇温帅符秘》一文前有记曰："本文系据嗣汉六十三代天师张恩溥大真人秘传，原拟只传张家亲系，现在台湾张氏继起无人，公开爱好符箓，同道共同研究。"②由此可知，龚老之所以公开符法的原因。

龚群在多次返回大陆参访道教名山宫观以后，对大陆学术界近年来的道教研究留有深刻印象。他认为，改革开放以后的大陆学术界能够开阔视野，既吸收世界文化的精华，又珍重民族文化传统，因此对于道教的态度较

---

① 参见《道教文化》(台湾)第 4 卷第 12 期。
② 参见《道教文化》(台湾)第 5 卷第 11 期。

为公正。所以,在《道教文化》杂志上,龚老也发表了许多大陆学者的研究文章,并且,在1994年倾全力发起、筹划和出资支持召开了“海峡两岸道教文化学术研讨会”。研讨会在1994年12月10日至11日在台湾省嘉义县的中正大学举行。参加会议的有澳大利亚的柳存仁以及丁煌、龚鹏程等台湾地区学者。大陆方面参加会议的则有来自四川、北京、吉林和江西的学者卿希泰、牟钟鉴、马西沙、王卡、韩秉芳、黄海德、李远国等。这次学术会议的意义在于它是四十余年来,第一次海峡两岸的道教学者在台湾这个祖国宝岛上的会晤。这次会议的经办手续,前后共费时二年有余,奔走于台湾全岛几十个政府部门、高等院校和道教宫观之间。这次历史性会晤的经费筹集、手续操办、日程安排、接待照拂等一应杂事,出力最多的是年过七十的龚群。龚老说他是“以坚忍不拔之心及秉持老子之道,完成两岸道教学术交流的历史性愿望”的。1999年3月,第二届海峡两岸道教学术研讨会在台湾嘉义召开,龚老怀着对于未来的道教研究的无限期望,也到会上去看望参加会议的学者,并且陪同大家游览,直至送大家登上返程的飞机。

龚群并不是一个专业学者,但他具有深厚的中国文化修养。对中国道教和龙虎山天师府的感情以及对于道教文化研究的重视,使他在20余年中,对台湾道教的弘传和中国道教的研究作出了不可磨灭的功勋,在中国道教史上写出了浓重的一笔。

龚鹏程是龚群的堂弟。这位在台湾政界和学界曾经风云一时的人物,因为家庭的关系同道教也有不解之缘。龚鹏程在《道教新论》的《自序》中曾经说到,“我家世原本即与道教有些渊源。家伯父龚干升先生,在《历代张天师传·序》中提到‘余与六十三代天师张恩溥真人,自韶关遇合,至浮海入台,时聆妙绪,既上书内政部以维道统,复翊创道教会以振玄风。交契苔芩,谊联兰谱’云云,即指其事。我幼年体弱,民间俗习,例须奉继于僧道,因此我也就拜张真人为义父。义父与伯父、父亲交好,常来往燕谈。家堂兄龚群先生,则长期在嗣汉天师府任秘书长,且办有《道教文化》杂志,弘传正一法脉。道教之科仪掌故,我因熏习日久,故亦渐有所知。借着办道教学院的机会,乃通读《道藏》,并因往游大陆之机会,参访宫观,检辑资料,以与昔日所曾思虑者相印发”①。这段话将龚家和张恩溥天师的关系以及龚鹏程同道教的关系交代得十分清楚。

龚鹏程(1956—),原籍江西吉安,出生于台湾。台湾师范大学国文研究所博士毕业,历任淡江大学文学院院长,台湾南华大学、佛光大学创校校长,美国欧亚大学校长等职。曾获台湾中山文艺奖、中兴文艺奖、杰出研究奖等。2004 年起,任北京师范大学、清华大学、南京师范大学教授。现为北京大学中文系教授。迄今为止,龚鹏程正式出版的专著已有 70 余种,主编著作不计其数。近期在大陆出版著作约有 30 种。

龚鹏程研究道教起始于任职淡江大学的时候,他说:“一九八九年,我在台湾淡江大学中文研究所筹办了第一届中华民族宗教国际学术研讨会,其后并襄助道教协会成立中华道教学院。这个学院,在道教界是个创举,我即担任其教务长、副院长,并讲授‘道教文献选读’等课。一九九〇年,我又与灵鹫山般若文教基金会合作,创办国际佛学研究中心。这些事务,使我与宗教界有更广泛的接触,也更直接地进行了宗教研究。”②不过,正如龚鹏程将他的研究著作称为《道教新论》一样,龚鹏程对于道教的研究有他“新”的一面。2007 年 8 月 8 日《新京报》发表了对龚鹏程的专访报道。报道引用龚鹏程的话说到,“我主持过出版社,操作过报纸,也参与过电视、电影剧本的创作,三十出头就担任了台湾古典文学研究会的会长,推动文学研究的改革,建立客观的论学规范,摆脱人情、门派、辈分,不知得罪了多少人”。他对于道教的研究也是一样,敢于独创新论,毫无顾忌学术门派和辈分。例如,《道教新论》中概说道教的时候列有八个道教的特征,即“不信鬼神,自求多福,各道其道,教中有教,不主老庄,以气言道,成就生命,道术之分”等。这里说的特征第一条就得不到道教界的承认,如果道教是“不信鬼神”的,那么如此多的道教宫观中、神像、烧香、祭拜等等都要来何用?这里说的第五条“不主老庄”也得不到道教界的承认,如果道教不主老庄,那么以“道”名教,岂非道教又要被人诬蔑是“拉个虎皮唬人”了吗?不过,熟悉龚

① 龚鹏程:《道教新论》,北京:北京大学出版社 2009 年版,第 3—4 页。
② 龚鹏程:《道教新论》,北京:北京大学出版社 2009 年版,第 3 页。

鹏程的治学方法的人，并不奇怪他的“新论”，因为，正如他自己说的“我的文化史研究，主要是想观察一个文化体在时间和空间的延展中，如何与自觉的价值意识互相感应，而带出意义的追求及处理事务时的不同取向。宗教所涉及的，正是一群人的终极信念与存在安顿之问题，由这个地方来审察其意义取向及性质，当然最为真确。因此我较喜欢由此切入，拨开表象，直探意义之核”①。龚鹏程先后担任道教学院和佛光大学的领导工作，出入二教，深知二教。他说“正因入乎其内出乎其外，我之理解和体会，便与教内教外都不相同。或以我为同盟之友，或视我为异端之邪，而我实有取于两端而不为其所摄也”②。取两端而不为所摄，友内外而独立治学，坚持新论，我行我素。

（二）赖宗贤与海峡两岸道教文化学术交流

中国大陆实行改革开放以后，海峡两岸道教界人士往来日益密切，学术界交流频繁，两岸道教研究机构举办各种学术会议，互动频繁，增进了彼此了解，促进了两岸之间的文化交流。在两岸道教学术文化交流中，有不少人士作出了贡献，赖宗贤先生（1943—2006 年）就是其中一位杰出代表。

赖宗贤，1943 年出生于台湾彰化县，1966 年毕业于淡江大学商学系，早年经营工商业，历任经理、总经理、董事长等，2006 年逝世。

据游美玲女士口述，赖宗贤致力于弘扬道教文化的事业，缘起于 1983 年他的台湾花莲罗东的炉源寺之行。赖宗贤家族有遗传性糖尿病史，1984 年他因身体不适，来到炉源寺问道求医，与黄紫薇道长一次谈话，从此发愿向道，倾其所有为弘扬道教文化服务。赖宗贤历任中华道统出版社社长兼发行人、中华大道文化事业股份有限公司总经理、四川大学卿希泰学术基金会秘书长、中华大道文教基金会执行长、厦门大学宗教研究所兼职教授等职，策划出版《中华道统丛书》和《中华大道丛书》；编辑出版《道韵》专刊共 12 辑；发表专著《台湾道教源流》以及论文十余篇。二十多年中，赖宗贤先生竭尽全力发展和弘扬中华传统道教文化，为海峡两岸的文化交流作出了

① 龚鹏程：《道教新论》，北京：北京大学出版社 2009 年版，第 3 页。
② 龚鹏程：《道教新论》，北京：北京大学出版社 2009 年版，第 4 页。

积极贡献。

赖宗贤在1995年7月考入四川大学道教与宗教文化研究所，师从卿希泰先生，潜心研究中华道教文化，并于1998年6月按时以优异成绩毕业获得了哲学博士学位。对于弃商从道的缘故，赖宗贤说："我已经放弃过去曾经拥有的物质生活。来读书，过淡泊宁静的学生生活，就是为了潜心探索中华道统的精华。对我来说，这是比任何其他事务或物质享受都更有价值的。现在，我们应当更多地为祖国统一着想，超越个人利益。现代社会，物质生活日益在发展，而伦理道德却越来越缺乏。我个人认为，千百年来凝聚我们民族的核心，就是中华道统。我们这代人，肩负着延续和发展中华道统的历史责任。当我意识到这一点，感到自己身上的责任很重。所以，能够来读书，对我来说是一件幸运的事。"赖宗贤还说，祖国统一大业是两岸同胞共同的使命，为此，我们应当努力探索两岸文化认同的基础，而统一的基础应先建立在"中华民族五千年的道统文化"上。中华道统的重要组成部分，就是我们优秀的传统伦理。①

1. 梳理台湾道教的源流与发展。

赖宗贤是最早对台湾道教的流传和发展状况进行系统研究的学者。作为一个土生土长的台湾人，赖宗贤研究台湾道教很有优势，再加上他孜孜不倦研读道教经典，不畏劳苦长期进行田野考察，掌握了丰富的第一手资料，为他的台湾道教源流研究打下了扎实的基础。他在攻读博士学位期间，参加了卿希泰先生主编四卷本《中国道教史》的编撰工作，负责第十四章第三节的编写，介绍道教在台湾的传播与发展状况。1999年，赖宗贤在其博士论文的基础上出版了专著《台湾道教源流》，对台湾道教的历史与现状进行深入研究，具有开创性价值。

《台湾道教源流》以历史和现实的台湾道教信仰为研究主体，从台湾与大陆一衣带水的关系入手，阐明台湾与大陆的地缘、血缘、神缘上的"三缘"关系，将台湾地区的道教置于整个中国道教发展史的大背景中，进行了系统

① 参见观海：《中华大道之兴也，海峡变通衢——赖宗贤先生访谈录》，《宗教学研究》1996年第2期。

的论述、分析，逐一展现了台湾道教众多神仙信仰与大陆道教一脉相承的关系。分别对台湾道教神仙信仰的源流与传播，台湾道教的醮祭和符咒，巫术文化在台湾的兴起，台湾鸾堂与劝善书的造作，新兴道派的传入与发展，观音信仰与民间道教的关系等问题进行了探讨，提出了不少独到的见解。

第一，关于台湾道教神仙信仰的源流与传播。

台湾的宗教文化来自大陆闽粤一带的传统民间宗教信仰。目前，台湾道教的主流仍然维持着宫庙主祀神崇拜的信仰方式。赖宗贤在《台湾道教源流》中用了一半篇幅对这些主祀神的源流、分布和发展的具体情况进行了详细介绍。赖宗贤希望通过理清台湾宫庙主祀神的源流与演变，让台湾道教信徒知道他们所崇拜神仙的由来及其伟大精神之所在。他认为"认知主祀神由来的信徒比较守伦理道德，虔诚而不迷信"①。

第二，关于台湾的醮祭与符咒问题的探索。

赖宗贤以西港瘟醮、灵洞宫庆成福醮、黄箓斋醮、祈安清醮为研究重点，理清了台湾醮祭的意义、源流和仪范等问题。

醮祭是道教的主要宗教活动，也是台湾道教宫庙主要宗教活动。赖宗贤《台湾道教源流》一书指出，台湾的宫庙在举办醮祭大典时，往往要邀请地方上的村民与地方官员、民意代表共同参与。因此醮祭不单是道教徒的事，它也是民俗活动，对社区的团结、和谐影响很大。在举行醮祭时，一般都有超拔祖先、炼度亡灵、驱除恶鬼等道教醮典科仪配以符咒法术以达成效。台湾的斋醮，大体承袭中国道教的传统仪礼形式。虽因移民的地缘特点以及道士师承派系不同而稍有差别，但大致上还是保持了大陆道教三山的行仪风格。

第三，有关台湾鸾堂与劝善书造作的考察。

赖宗贤认为，鸾堂从大陆传到台湾，大约是在光绪年间。其中一支以澎湖马公一新社乐善堂为主，后发展至全澎湖地区，有鸾堂近四十所，造鸾书近百部。日据时期再传入台南、高雄一带。另外一支以宜兰唤醒堂为宗，在兰阳地区展开宣化工作，后来传至北部地区，有鸾堂四十余座，造鸾书

① 赖宗贤：《台湾道教源流》自序，台北：中华道统出版社 1999 年版。

六十余部。日据初期,则以新竹一带最盛,著书最多。中晚期又传入中部彰化、云林及南投等地。鸾书内容以讲因果,说报应为主。台湾光复后,鸾书的刊印与发行更加蓬勃。20世纪70年代,台中市成为鸾堂与善书的发行中心,诸如圣贤堂、武庙明正堂、圣德宝宫、重生堂、圣天堂等长期扶鸾造书,发行全省。1980年以后,鸾书造作逐渐减少,鸾堂弘宣转变为对外。

台湾的"扶鸾"虽然标榜的是"儒宗神教",鸾书的理念也多为传统儒家伦理道德,但其内容和形式却贯穿着道教"神仙劝世"思想,与六朝时期上清派茅山宗的"扶乩降笔"一脉相承。赖宗贤认为,台湾鸾堂应该是道教经典派的一支,它以鸾书训文,劝人向善。早期鸾堂活动以扶乩受问与诊病开方为主。中晚期则侧重造作鸾书。到了晚期,随着台湾经济发展,民生富裕,助印经费源源不断,善书大量发行,以至超越社会的实际需要而形成泛滥。[①] 不过,应该肯定的是,鸾堂在传播中华文化、宣扬传统伦理、劝导人心向善、净化社会风气等方面,还是有一定的贡献。

第四,台湾内丹源流及台湾丹道养生文化的发展。

台湾修炼内丹的道派众多,但大部分传承不明,少有理论基础及正统功法。赖宗贤指出,比较正统的有"巢云居"、"昆仑仙宗"和"天帝教正宗静座"等。

巢云居,亦称"少阳派"。负责人是马炳文(合阳),乃"大江西派"的传承人。其传承系统和法脉是:太上李老君——东华帝君——吕纯阳——李西月——吴天秩——汪东亭——徐海印——为则之——李仲强——吴君确——马合阳。

昆仑仙宗是台湾最有规模的内丹道派,创始人是刘培中。刘培中是原北平"万善联合会"会长,1949年到台湾在北投大屯山建立"上清宫",成立"中国社会行为研究社",推动昆仑仙宗道务。1990年"昆仑仙宗道功研究会"在台北市承德路成立,另外还创建"昆仑道苑"和刘师纪念馆,其后又在台湾其他县市建立分社。昆仑仙宗的宗旨是:发扬中华道家哲理研究成果;

---

① 赖宗贤:《台湾道教源流》,台北:中华道统出版社1999年版,第224—226页。

发扬昆仑仙宗的道功原理、修习法门;推行昆仑仙宗道宗实修。

第五,关于巫术文化在台湾兴起的思考。

台湾社会已经现代化,但是台湾的巫术信仰,例如“僮乩”、“尪姨”。“扶乩”、“灵乩”等,仍然流行普遍。赖宗贤认为台湾的巫术信仰虽然不全来自福建,但闽人有“重巫”的移民文化特质。至于巫术文化在现代化的台湾仍然活跃,主要是因为台湾人民生活在极度功利主义思想影响下,加上受到激烈的生存竞争的社会压力,心理长期压抑而产生了心态不平衡,巫术恰恰是“剧烈冲击的缓和剂,有助于心理平衡。”[①]巫术信仰,没有严格的戒律,尊重所有神灵,不区分宗教派别,自觉信奉,自由支配,特别是不需要承担太多义务,不需要过分的信仰成本。这些信仰特点适合当今社会民众的需求。当然,巫术文化对于民众信仰和生活会产生一些负面影响,因此,如何引导巫术信仰发挥积极的社会作用,是道教革新者应该努力研究的课题。

第六,新兴道派的传入与发展问题的探索。

赖宗贤认为,台湾道教界认定的“道教”概念的外延,远比大陆道教庞大而复杂得多。同时,赖宗贤还对台湾的“一贯道”、“天帝教”、“轩辕教”等新兴道派的历史渊源、发展状况也进行了梳理与评述。

在赖宗贤看来,中国道教原本就是从民间信仰孕育而成的一种本土宗教。其特征就是具有神秘性的宗教本质(如巫术信仰),也有阴阳互动的宗教哲学观(如《清静经》、《道德经》中的相对论及体用哲学),更有强烈的民族性及本土性(如杂糅民间风俗),尤其是在社会功能上所展现的强韧亲和力的社会属性(各种公益性活动)。这一切都显示道教一直都没有脱离民众,保持着地道的民间内涵。[②] 台湾的道教由于深受闽粤文化的影响,它的民间宗教的内涵和本质仍然十分显著。

对于有的学者从概念出发将民间信仰排斥在宗教之外的说法,赖宗贤认为不妥,他以“台湾道教”为名将民间信仰统摄在道教范围内来论述,“旨在探索台湾民间信仰与传统道教在基本理念上的承袭关系及其演变”[③]。

① 赖宗贤:《台湾道教源流》,台北:中华道统出版社 1999 年版,第 200 页。

② 赖宗贤:《台湾道教源流》,台北:中华道统出版社 1999 年版,第 292 页。

③ 赖宗贤:《台湾道教源流》,台北:中华道统出版社 1999 年版,第 293 页。

他指出，“一贯道”、“天帝教”等都源自明清道教，它们是民间化的道派，同样吸收三教思想，以三教经典为教义根据，它们和道教一样体现了三教一理的思潮，它们的教义都杂糅三教思想，这是历史文化使然。尽管在许多方面，民间信仰不如正统道教那样精致完美。

台湾道教是随移民文化而来，以民间神祇信仰为主流。“从客观上看，民间道教信仰尽管在文化上有低俗的一面，却起码可维持基本的传统文化的价值观念。”赖宗贤提出：“假若能结合道教学者及道教界来重新探讨反省，注入新的生命力，透过教育的手段提升信仰的层次和信众的文化素质，以发扬道教文化的优良传统，适应现代化发展的需要，则道教完全可以与中国现代社会同步发展。”①

对于有的学者把一些公认的民间信仰都划入道教范畴之中，赖宗贤认为也值得关注。他指出道教与民间信仰的复杂关系，不能简单化处理，重要的是应该对民间信仰具有的“道教属性”作出认真分析和研究。

此外，赖宗贤还对台湾观音信仰与道教的关系，台湾道教会的组织、台湾的宗教政策与民间道教的演变阶段等问题进行介绍与分析。赖宗贤在论述过程中，不仅注意到了道教的民族性，而且从多侧面发掘道教思想中那些有益于社会良性发展和伦理道德观念。他在博士论文答辩时曾经说过：“如果这篇论文能对海峡两岸道教文化学术交流有益，并对促进祖国和平统一大业有所帮助的话，这便是我最大的心愿。”②

2. 推动两岸道教研究学术成果的交流与出版。

赖宗贤对中华传统文化怀着深厚的民族感情，把它看成是千百年来凝聚我们整个民族的核心，是亿万黄帝子孙共同的根，也是能够促成国家团结统一之最深刻、最稳固的内部力量。他深深感到，在今天，为了要实现祖国统一，就应当踏踏实实地为继承和弘扬中华传统文化做些实事。因此他抛弃优裕的物质生活条件，只身到四川大学攻读博士研究生。同时，又积极地筹措资金，在台湾出版大陆学者的优秀道教研究著作，加强两岸学术文化的

① 赖宗贤：《台湾道教源流》，台北：中华道统出版社 1999 年版，第 301 页。

② 卿希泰：《精神永在，道业长存——沉痛悼念赖宗贤先生》，《宗教学研究》2006 年第 2 期。

交流，在文化同源的基础上，共同来促进祖国的统一，并把中华传统文化的积极成分，创造性地转换成符合当代中国社会需要的新文化，使我们能够肩负起建设二十一世纪整个人类进步、和谐、繁荣的大同世界的历史使命。[①]

第一，资助创办学术期刊。

20 世纪 80 年代后期，赖宗贤为道教研究做的第一件事就是接手由邓文仪创办的《中华大道》杂志。后来又为四川大学道教与宗教研究所主办的《宗教学研究》帮助解决出版经费困难的问题。

《宗教学研究》杂志是面向国内外公开发行的以研究道教为主的学术期刊。期刊是季刊，按理一年四期。但是由于经费短缺，不得不经常合并出刊，变为半年刊，这样就不能不影响到刊物的质量。赖宗贤得知这一情况后，便立即联系台湾的张仁山先生为《宗教学研究》杂志提供卯鲤山文教基金的赠款，解决办刊经费，保证其能够按季出版，并且使得内容和质量都得到了提高。《宗教学研究》从一本普通的学术刊物成长为“核心刊物”，并被 CSSCI 收录，在国内外的学术影响也越来越大。

赖宗贤还热心资助大陆其他宗教研究机构的学术研究工作。其中，厦门大学宗教学研究所创办道教研究的专业期刊——《道韵》，也是由他统筹支持的。《道韵》前后六年一共出了 12 个专集，依次为：第一辑《钟吕仙脉与丹道养生》（1997 年 8 月）；第二辑《钟吕信仰与文学艺术》（1998 年 2 月）；第三辑《玄武精蕴》（1998 年 8 月）；第四辑《玄武与道教科技文化》（1999 年 2 月）；第五辑《金丹派南宗（甲）》（1999 年 8 月）；第六辑《金丹派南宗（乙）》（2000 年 2 月）；第七辑《金丹派南宗（丙）》（2000 年 8 月）；第八辑《方域道迹考原》（2001 年 2 月）；第九辑《净明闾山派与养生哲学》（2001 年 8 月）；第十辑《三玄与丹道养生（甲）》（2002 年 2 月）；第十一辑《三玄与丹道养生（乙）》（2002 年 8 月）；第十二辑《三玄与丹道养生（丙》）（2003 年 2 月）。

现在由四川大学老子研究院、厦门大学宗教学研究所与香港蓬瀛仙馆合作主办的期刊《道学研究》，其前身就是赖宗贤统筹的《道韵》。

---

① 观海：《中华大道之兴也，海峡变通衢——赖宗贤先生访谈录》，《宗教学研究》1996 年第 2 期。

第二,创办道统出版社。

为了更好地推动两岸的学术交流,增进两岸学者相互之间的了解,赖宗贤还创办了中华道统出版社,以“中华道统丛书”和“中华大道丛书”的名义出版了众多道教学术著作,其中有:《太上道祖(老子)经 · 史 · 论》(1995年);黄德海、李刚:《中华道教宝典》(1995年);卿希泰、唐大潮:《中华道教简史》(1996年);蔡方鹿:《中华道统思想发展史》(1996年);卿希泰主编:《道教与中国传统文化》(中英对照)(1996年);卿希泰、詹石窗:《道教文化新典》(1996年);卿希泰主编:《道教与道学常识》(1997年);卿希泰、郭武主编:《道教三字经注释》(1997年);卿希泰主编:《道教常识答问》(1997年);卿希泰主编:《中国道教史》(四卷)(1997年);杨光文:《道教宝鉴》(道教人物要览及道家经典文选)(1998年);盖建民:《道教医学导论》(1999年);赖宗贤:《台湾道教源流》(1999年);四川大学宗教所主编:《道教神仙信仰研究》(论文集)(2000年);吴洲:《中国宗教学概论》(2001年)。

值得指出的是,所有这些出版物从经费的筹措到编排、校对和印刷出版,乃至于发行的整个过程,都由他一人主持经办。

3. 推动两岸道教文化教育的开展。

赖宗贤深感中华道统是我们中华民族共同的根,但在台湾由于历史和社会的原因,道教文化的发展有脱离道统精神的倾向,于是他筹划成立相关学会,对其组织整合,引导台湾道教界发挥伦理道德教化功能,在社会生活中发挥积极作用。也曾在台湾多次参与组织各种形式的传统伦理推进活动,组团来大陆进行祭孔、祭黄帝陵等活动。

第一,建立灵乩协会。

1989年,赖宗贤邀请台湾所有宫庙堂院的住持共同建立“中华民国灵乩协会”,该协会于9月16日召开会员成立大会。赖宗贤感到为了重整道风道务,唯有从灵乩士的教育做起,故于1991年5月在众多灵乩士中招考了15名优秀成员,在鹿谷、凤凰山溪谷“明月道苑”接受研修课程。为了给这个研修项目提供经费,灵乩学会除原有的五个委员会之外,增加一个“灵乩教育基金委员会”,以便推动“中华灵学院”的教育目标。

同年农历九月,在新店皇意宫讲堂成立北区先修班,招收第一届学员,并定于每年分春秋两季班招生，名额每班25人左右。往后陆续在北中南花东各处成立灵学院道场，为提升灵乩人士的宗教文化素质努力不懈。

第二，筹建道教大学的设想与努力。

台湾的道教信众很多，但大都缺乏系统的道教文化知识。台湾有许多天主教的高中和大学，近年佛教大学开始也设立完成，却无一所道教大学。这固然是与道教传统上不重视教育而重设坛消灾祈福的灵验心态有关，然并不表示道门中无人意识到道教教育问题。赖宗贤在担任灵乩学会会长时就许下了“建立道教大学”目标，以重整道风，弥补台湾道教传统的不足。

然而，实现这一目标的过程并不顺利，土地，资金等问题一一浮现，其中道教专业师资问题必须要先解决。于是赖宗贤在自己52岁时还到四川大学宗教所攻读道教专业的博士学位。正是在他的影响下，有不少台湾学生相继来到四川大学和厦门大学求学。

在四川大学求学期间，赖宗贤不断致力于两岸道教宗教交流，为灵乩教育工作特别举办为期一个月的道教课程。他多次利用暑假，组织台湾道教信众来四川大学举办学习班，每次学习班他都亲自带队，参与制定教学计划。这不仅交流了道教文化知识，而且大大增强了海峡两岸人民彼此之间的相互了解和同胞情谊。不仅如此，他还极力想把这种办学形式固定化、制度化并加以提高，打算以四川大学道教与宗教文化研究所为基础，在成都附近创办一所道教学院，面向海内外招生，培养更多的道教研究方面的高级专门人才。这个计划后来因故中止。①

第三，创建“卿希泰学术基金会”。

赖宗贤于1997年5月，积极联系台湾企业界热心弘扬中华传统文化的张新井先生提供无条件赞助，经有关部门批准，在四川大学成立了“卿希泰学术基金会”（简称“卿氏学术基金会”），以基金孳息奖助四川大学道教与宗教文化研究所的优秀博士研究生和硕士研究生，并奖励有关优秀学术著作的出版，用以推动宗教学人才培养和学术事业发展。这项工作对弘扬中

① 详见卿希泰：《精神永在，道业长存——沉痛悼念赖宗贤先生》，《宗教学研究》2006年第2期。

华优秀传统文化，促进海峡两岸学术交流和发展，都起到了积极的推动作用。赖宗贤亲自担任基金会的秘书长，操办基金会的运作。从1997年开始，每年颁发一次奖学金，到2002年为止，连续颁发六次。每年在奖学金颁发之前，赖宗贤都煞费苦心地在台湾筹款保证基金会每年的颁奖活动正常运作。在此期间，他还与翟庄先生一道，共同联系了台湾热心弘道事业的企业家韩秋荣先生无条件地提供赞助，面向全国前后两次颁发道教文化研究的优秀学术著作奖。

赖宗贤一直有病，但他抓紧生命的每一时刻，努力推动两岸的道教事业。2003年春夏之交，赖宗贤病情加重，急需治疗。他将自己在成都求学期间所置的住房出售以应治病急需。卿希泰先生得知后，征得赖宗贤同意，由基金会收购该住房后出租，作为今后基金会后续动作的资金来源，同时由基金会支付住房本金十八万元供给赖宗贤治病支付费用。基金会后来又得到邱任铎先生及台湾一批弘道人士的帮助，使得由赖宗贤开创的这一学术基金会得以长年继续维持正常运作。当年受惠于基金会奖励的博士、硕士研究生们，现在大多已经是国内道教研究的骨干力量。

4. 弘扬道教文化，推动两岸学术交流。

赖宗贤还热情支持、资助两岸学术机构召开各种道教学术会议。

1987年，赖宗贤在其母校淡江大学筹划举办了第一届“中国近代政治与宗教关系国际学术研讨会”，并以《中华大道》杂志社社长的身份，对各地学者高僧，佛光山，天帝教，基督教，天主教，锡安山，乩童，一般宫庙道坛，孔孟学会等各宗教领导人物进行采访。

1999年8月在福建武夷山召开的“99武夷山道文化学术研讨会”，赖宗贤就亲率台湾同道参会，并为大会的顺利召开提供了资金支持。来自中国海峡两岸和日本、比利时的五十余位专家、学者及道教界人士应邀出席了会议。那次会议在海内外影响颇大，《中国道教》、《世界宗教研究》、《中华文化论坛》发表了会议报道与综述①，中新社和海外许多媒体也发表了会议

① 参见尹志华：《1999年武夷山道文化研讨会召开》，《中国道教》1999年第5期；石竹：《1999年武夷山道文化研讨会综述》，《世界宗教研究》2000年第1期；石竹：《武夷山道文化学术研讨会综述》，《中华文化论坛》2000年第1期。

通讯和赖宗贤的专访报道。赖宗贤在本次会议上做了专题发言:“台湾丹道养生文化之发展。”

2000年10月,赖宗贤已经重病缠身,但他仍然惦记着四川大学宗教研究所建所二十周年的日子,千方百计地筹措资金,要为宗教所举办一次大型的国际道教学术研讨会。赖宗贤承担了会议的主要费用,并且将会议论文集《道教神仙信仰研究》上下两巨册赶在会议开幕时在台湾中华道统出版社正式出版,专程运送到成都会议上,确保与会代表都能及时拿到。

赖宗贤先生为海峡两岸的文化交流和道教文化的弘扬以及人才培养付出了毕生的精力和财力。他的仙逝,是海峡两岸道教文化事业发展的重大损失。但他毕生为之奋斗的包括道教文化在内的整个中华传统文化事业,不仅会永恒存在,而且一定会更加发扬光大;两岸同胞之间的道教文化学术交流也将日趋繁荣,结出丰硕的成果。

四、台湾道教研究的主要开拓者

台湾道教能够逐步地向纵深发展,这既有国际道教研究氛围的熏陶,也与本地学者的积极投入分不开,其中,李丰楙与丁煌堪称台湾道教研究界的主要开拓者。

(一)李丰楙

李丰楙,1978年以《魏晋南北朝文士与道教之关系》获得博士学位,1989年时担任政治大学中文系教授及台湾“中央研究院”文哲研究所研究员,2015年退休,现任政治大学宗教研究所讲座教授。李丰楙以道教和文学为研究方向。他涉猎的道教研究范围极其广泛,包括道教文学、道教思想、道教经典、道教养生、道教仪式和道教史等内容。李丰楙不仅从文献研究道教,个人亦坚持修炼,还参与道教界的许多宗教活动。由于长期的研究投入,累积了大量的研究成果。其中比较突出的有《六朝隋唐仙道类小说研究》(学生书局,1986年)、《许逊与萨守坚:邓志谟道教小说研究》(学生书局,1997年)、《老子想尔注的形成及其道教思想》(《东方宗教研究》,新1期,1990年)、《养生修炼与现代社会》(《二十一世纪中国道教展望——茅山中国道教文化研讨会会议论文集》,2001年)等,都是高水准的论著。20

世纪90年代以后，李丰楙也开始重视台湾道士及道教生态的基础研究，相关的研究成果也颇多，例如《台湾中部“客仔师”与客家社会》、《东港王船的瘟神与送王习俗之研究》、《台湾道教拔度仪中的目莲戏》、《妈祖与儒释道三教》等。

1. 道教文学研究：仙凡互动的永恒主题。

道教文学是李氏学术的主领域。早期研究关注道教文学赖以形成的历史情境、创作动机与目的，以确认其在文学史上的地位与价值。由此延伸至道教文献的考证与历史研究。除了版本考校、辑佚之外，李氏提醒必须辩证地使用正史与道教文献，避免受到教内或教外意识形态或偏颇意见误导，同时必须辨明不同来源数据的袭用与改写，分析作者通过整理、改写旧有文献所反映的时代风尚、集体愿望与意识形态。而文学作品透显的道教观念则可根据教义史的定位，判定作者道派或作品时代。当时他既已为此研究擘画蓝图，一旦累积足够个案，便可进一步发掘具有代表性的主题，进行贯时研究，印证道教在不同阶段的发展过程。

对于李氏而言，道教文学的永恒主题在于仙、凡或彼、此二界的沟通与往来。这是他在道教文学研究的核心部分。李氏通过不同时代、文体与群体的作品，反复论述这个主题，指陈其中追求不死与和谐乐园的隐喻，以之说明中国自有他界文学系谱。① 若以六朝游仙文学为中心，上可溯至《楚辞》为代表的巫系文学，这类与巫俗活动、神游经验有关的作品，成为汉代乐府游仙诗、东晋〈神弦歌〉以及〈步虚辞〉等游仙文学谱系的源头。李氏特别拈举“因忧而游”作为此系文学的中心思想，讨论帝室贵游、寒门文士或道教中人使用此一体裁所表现的不同动机与想望。而唐宋发展成熟的游仙语言与叙事结构则为娼妓文化提供隐喻系统，意味着游仙文学在新的环境中完成了世俗化过程。

相对韵文所发挥的言志咏怀功能，散文体裁更能表达他界想象或彼此二界的沟通，因此李氏运用更多道教观念，说明民间传说或笔记小说如何深具本土宗教意识。在汉晋“三品仙”的观念基础之上，邻近人间的洞天福地

① 李丰楙：《忧与游：六朝隋唐仙道文学》，北京：中华书局2010年版。

成为凡俗之人"误入"其中,或是崇道之人受到"引导"而前往的静修之地;天界官僚则可能违犯律仪而遭谪谴,这又与因传道目的而造访学道者的情形不同。[①] 李氏善于利用多种教内外材料,比对不同立场的叙述观点,拈举"引导/误入"、"感遇/谪降"等不同仙凡互动类型,甚至援引人类学理论或社会学观点,论述"误入"故事如何反映寒门士族在讲究门第的六朝社会,以这类仙界想象满足其婚配贵姓的愿望。

早在完成《误入与谪降》之初,李氏已有"谪仙文学"专论的构想。随后集结的许逊与萨守坚研究,不仅持续关注不同社群文本所使用的语言、叙述策略及其传播情形,同时思索其中叙事结构,及其在中国叙事传统所发挥的功能。[②] 对李氏来说,道教小说的永恒主题在于"谪谴—历劫—回返",这也是架构元杂剧与明代小说的叙事结构。这样的主题或结构更多得自道教圣传"出身—修行—成道"模式的启发,成为本土宗教文学的主要性格。

总之,李氏道教文学研究与道教史、道教文献研究紧密结合。为了确立"道教文学"作为文学史上的新兴范畴,他积极证明文学中的道教要素,同时整理道教中的文学成分。只是对他而言,如要真切掌握"道教文学",就须运用道教义理来阅读文学作品,以期穿透表象,直达背后的隐喻。

2. 汉人文化思维与诠释架构:常与非常。

为了有效理解道教乃至中国文化现象背后的核心理念,李氏不仅借鉴不同学科的理论,同时从事古典文献的爬梳与当代田野的实地观察。基于长期考察,李氏认为道教乃至中国文化存在二元相对又互转的思维方式。这样的观察得益于六朝志怪的"非常"论述及其字源学分析,以"常"为生活中所能经验、熟悉或掌握的事物情状,至于违反经验、不熟悉或无法掌握者则为"非常"。从中古"变化"思想出发,李氏指出其中对于两种不同生命延续模式的认识:生产与变化。同一物种通过"正常"生产过程延续生命,异类之间的变化非但属于"非常",而且常被视作精怪或灾异象征。如此"怪异非常"的变化事件往往成为精怪传说的主要内容,而这些变化精怪终被

---

① 李丰楙:《误入与谪降:六朝隋唐道教文学论集》,台北:台湾学生书局 1996 年版。

② 李丰楙:《许逊与萨守坚:邓志谟道教小说研究》,台北:台湾学生书局 1997 年版。

识破、克治的叙事模式，则说明了汉人追求生存秩序的集体意识。①

处置这类“非常”状态的方法多为巫术，亦即面对非常状态不能依赖常道，而须以非常克治非常。非常死亡的处理亦然。早在处理神女神话时，李氏便已留意未婚死亡女子在父系社会中的“非常”性，以及相关的冥婚习俗或祠庙信仰。但非常死亡不限女性，任何非自然终结的生命都是非常死亡，因其违反自然规律而被视为不祥或凶恶，需要适当处理，否则将会形成破坏生活秩序的力量。李氏以此死亡方式的自然与否与处理方式的恰当与否作成两组参照点，用以说明包含道教在内的民间礼俗看待死亡时所隐含的结构性思维。不同宗教传统基于各自教义所提供的仪式实践，即在转化此一非常状态，使其复归正常。

“常与非常”的文化思维同时适用于服饰所象征的身份，所处情境、时空的差异与转换。李氏以为身份差异在人类的社会生活与文化象征上有其存在的必要，人在社会生活当中必须时常面对常与非常两种情状的形成与转换。基于长期的祭典调查，他指出以道教斋醮仪式为核心的庆典活动具显中国社会日常作息之外的休闲文化，而与后者形成“一张一弛”的循环规律。

3. 道教核心教义与实践：苦难与解除。

道教教义的核心议题在于苦难与解除，用李氏的话说，即是“导异为常”的情状转换。这样的转换遍及宇宙、小区与个人三种不同范畴或层次。就宇宙层次而言，李氏将苦难与解除概括为末世与度劫。六朝道派继承汉代灾变思想，视其为宇宙失序，甚至结合感应学说而推源于人性的堕落。不同道派的解释或有差异，但都提出度脱劫难的方法。奉道者多被视作选民，将在救世主的领导下迈向太平。这样的思潮成为支持多起武装革命或宫闱争权的重要力量，同时启发不同时期新兴道派或民间教派的形成。

小区性苦难往往以天灾或瘟疫的方式呈现。李氏这一方面的研究立基于六朝瘟疫观念的分析与近代瘟神崇拜的调查。前者将瘟疫观念置于上古疫鬼信仰与逐疫仪式的脉络之中，强调惩恶扬善的伦理观点，同时指出持戒

---

① 参见李丰楙：《神化与变异：一个“常与非常”的文化思维》，北京：中华书局 2010 年版。

配符、转经忏谢的克治之道。后者结合贯时性的瘟神崇拜考察与并时性地方瘟醮调查，拈举“行瘟与送瘟”为面对瘟疫时的困境描述与解决方法。

个人的苦难与解除与自我修行有关。李氏早年完成的《抱朴子内篇》研究概述了方仙道的各种方法，后来专门深究其中“气论”及其对内丹的影响。延续洞天游历研究，李氏亦曾考察潜游洞窟的经验与存思内观技法的联系，指出追求内在超越的存思方法成为接续秦汉内视传统与唐宋内丹学的关键技艺。内丹研究则是延续气论研究，以为道教修炼技法从强调后天气的炼养到先天炁的引发之间有着长足进展，同时指出追求超越状态的生命境界乃与以家庭中心的世俗价值或延续生命的本能欲望背反。

4. 中国宗教中的道教：多元复合。

李氏在当代的调查研究也未限于道教范畴，而多观察中国宗教脉络中的道教活动。李氏的调查多以立坛于小区村落、提供仪式服务的在家道士为对象。这类道坛道士不仅具备“体系化的教义、稳定的经典文字传承，以及礼仪程序的定型化”，同时又积极介入地方宗教活动或信仰习俗。而这样的道教形态则是延续汉晋以来天师道固有的传统。

由于道坛道士积极介入地方宗教活动，经常需要与其他礼仪专家合作。李氏即以台湾醮典为例，说明不同礼仪专家“复合”其中的情形，尤其是修习儒籍、娴熟礼制与献仪的“礼生”与传承道教科仪、善于行斋设醮的“道士”。除了吉礼，丧葬礼俗同样具现复合性。传统丧葬礼俗以儒家丧礼与地方习俗为主体，道坛道士则依地方传统，在不同阶段提供仪式服务，拔度亡者，尤其处理非常性的死亡。除了礼仪专家的合作，李氏也留意不同仪式传统的“复合”现象，诸如道教拔度科仪复合佛教目连戏的演出，或道教谢土科仪复合闾山法祭煞仪式，两者虽然结合为一，却又分担不同的功能。简单来说，“道”重安镇，“法”重解除。

（二）丁煌

丁煌，字君涛，祖籍江苏泰兴，台湾“中央研究院”总干事丁文江是他的伯父。丁煌的幼年曾在上海生活，后赴台湾，1968 年毕业于中国文化大学历史系。其后，一直在台南成功大学历史系任教，先后担任讲师、副教授、教授。1988 年，丁煌教授在《道教学探索》的《出版前言》中说到，他研究道教已经二十多年了。二十多年中,“几乎所有的时间,都耗费在材料的收集和阅读的工作上,偶而也亲自参观仪式与活动,藉以了解宗教在社会及群众生活中所呈现的实态”。“多年来的搜访下,道士世传的秘典,所获近三百种,学者们撰述的单篇专论亦逾七千以上,近代专家著书也达六七百册。在国内而言,我的研究室和家中的庋藏,目前总算极方便研究所需。”①

如果说丁煌教授开始涉足道教仅仅是个人的兴趣和隋唐史研究的需要,那么到80年代筹备创刊《道教学探索》的时候,他研究道教就已经升华为对于中国文化的挚爱感情了。那个时候,丁煌教授应邀到日本和韩国考察外国学术研究状况,看到外国学术界对道教研究的重视。他说“道教的学术研究,在法国、日本,有近百年的历史,因此成就最为显著。美国、加拿大、英国、意大利,也有不少人从事此领域中的某些问题的研究”,“反观国内,专务者盖寡,其名为国际间所知者,仅不到十位而已”②。正是在这样一种对中华学术和文化事业的责任感和使命感的驱动下,丁煌教授才以更大的热情投入到道教研究事业之中。

丁煌是研究历史出身,因此,他的主要研究论著大多是关于“道教史”的研究范围,即便是对于道教经籍或者科仪活动的研究,也大多从史学的角度切入。例如:

《唐高祖太宗对符瑞的应用及其对道教的态度》(《成功大学历史学报》第2号,1975年);《唐及五代道教宗派之研究(一)》(《成功大学历史学报》第13号,1987年);《唐代道教太清宫制度考》(《成功大学历史学报》第6、7号,1979年;《道教文化》第4卷,第8、10、11期,1988—1989年);《叶法善在道教史地位之探讨》(《成功大学历史学报》第14号,1988年;《道教文化》第4卷,第9期,1988年);《汉末三国道教发展与江南地缘初探》(《道教文化》第5卷,第1、2期,1990年);《“正一大黄预修延寿经箓”初研》(《道教学探索》第8、9、10期,1994、1995、1997年);《信仰与民俗》(《台湾月刊》第212期,2000年)。

---

① 丁煌主编:《道教学探索》(台湾)1988年创刊号,第2页。
② 丁煌主编:《道教学探索》(台湾)1988年创刊号,第2页。

2009年中华书局出版了丁煌著《汉唐道教论集》，收载有丁煌历年发表的道教研究论文7篇。上起汉末三国，下迄明清现代。其中新见迭起，有很高的学术价值。

以丁煌的《唐代太清宫制度考》一文而言，这是一篇有关唐代太清宫制度的制定、确立、实施以及他对五代和宋的影响的考述。道教在唐代处于隆盛时期，而一般道教史著作，大多从皇帝和道士的关系，道观建造，道经赐名，道举实施等方面来加以论述，然而从国家和宗教的关系来说，这些论述总嫌不足，因为泱泱唐代的崇道绝不能只依靠君臣喜好就能说明的。丁煌从制度入手，显示出史学家对国家理论的深刻认识。太清宫就是祠奉老子的道教宫观。据丁煌研究，从唐高宗乾封元年（666年）上老子尊号为"太上玄元皇帝"，名庙为"玄元皇帝庙"，其后庙名又改易为"老子庙"。天宝二年（743年）改西京玄元庙为太清宫，由此得名。丁煌考证了唐太清宫的地理位置、规制、组织与设官给职及掌役的史实。丁煌认为"最益于道教发展，且夫影响后世深远者，首要当推天宝初年所建立之'太清宫制度'也。盖此制度，自是遂行不绝于终期，降及五代之后唐，犹尚沿仍，至北宋亡金方告终止，观实行期间历时几达四百年之久。夫固不独影响并世之政教、社会、文学与学术各层面，视其余波犹荡及近世道教"。对于这一重要的历史现象，丁煌感慨"窃观治史者，竟无一语以涉之"，因此丁煌这一长篇力作，可称是海内外有关道教的国家奉祀制度的第一篇要文。

作为一个具有扎实治学功底的史学家，丁煌也受到现代史学研究思潮的影响。因此，他也重视当代道教史料的发掘、收集和调查研究。他的《台南世业道士陈、曾二家初探》和《"正一大黄预修延寿经箓"初研》等论文，就是这一研究特点的体现。正一道士从大陆进入台湾，首先在台南落脚。据丁煌调查，在清代时，台南就已经有正一道士陈、曾、黄、吴、施、严等诸姓。到20世纪80年代时，曾家唯一存世的道士曾椿寿，陈家则有陈锦锡和陈荣盛等著名道长。不过，曾陈两家的子孙中崇道者似乎乏人，而黄、吴、施、严等诸姓道长家中后人都无人继续道教事业了。《台南世业道士陈、曾二家初探》一文根据族谱和道士的口述，阐述了陈、曾二家从道的历史及其传衍。著名正一派道长陈荣盛，先祖陈号是康熙时代的道士，曾在彰州海澄县城隍庙主祈雨醮。陈号传子陈玉麟,玉麟传子法兴,法兴传子陈红,陈红(1789—1829年)在乾隆年间自彰州赴台湾,生有五子。其中二、四、五子早殁,长子陈基种和三子陈基从都习道,陈基从的曾孙子就是陈荣盛。陈家世代习道,源远流长。陈家祖先按照道门规矩,曾赴龙虎山授箓,因此,当时有人称,“龙虎山代代出天师,陈家代代出大法师”。曾姓道士的族谱已经被焚毁,丁煌考证曾氏原籍泉州,清代雍正乾隆年间赴台。迁台之祖名讳失考,其子曾金科习道,曾椿寿就是曾金科之后。丁煌称,“曾门道士多善著述,今第七代椿寿师所编次造作者尤伙。清初以来,全台羽流之家罕有过之者”①。曾荣灿(1843—1905年)曾任台湾府道会司道会,名闻玄门。曾椿寿之父妙傅被荣灿之妻陈豫无端逐出后,乐道安贫,精研三洞经籍和斋醮科仪,终成高道。为培养椿寿成才,妙傅谒乞台南名儒教养,诵四书五经,习唐诗,在台南师范附属公学毕业后,入长荣中学。中学毕业后曾在台南病院供职。1933年至日本半工半读,入同志社大学文学部研习日本文学。1943年回台湾,在旧居发现妙傅所遗盈箱道书而承绍祖业,研习道经,继又通究道典及科仪,未及三载,即能胜任科仪。“师以道流所持世传递经、忏、法、诀之文并多讹误,故四十余载校脱厘正之业,朝夕不曾辍辍,又编集或自著道书多种,知者求之,亦无吝惜,影印相赠,故流传甚广。”②《台南世业道士陈、曾二家初探》一文,特别对陈、曾二家家传道教文物散佚的过程更有详细的记载,其中直接点名欧美学者之名的有法国的施舟人,美国的苏海涵和穆海飞,加拿大的包如廉等,称“曾氏世传法器、冠服并抄本道籍,几尽为外国弟子”③所得。

丁煌对于道教研究的另一个重要贡献就是工作内外,培养后学,形成风气。丁煌在访问日本、韩国以后,走访一些前辈,“他们鼓励我在回国后,能积极提倡风气”,在学界内外工作,在成功大学历史系的日、夜部开设《道教史》课程,鼓励同学们学习和研究的兴趣,并且向各方面筹集奖学金,奖励研习道教史课程的同学,还设法将同学们的论译发表出来。龚群先生的

① 丁煌主编:《道教学探索》(台湾)1990年第3号,第300页。
② 丁煌主编:《道教学探索》(台湾)1990年第3号,第312页。
③ 丁煌主编:《道教学探索》(台湾)1990年第3号,第324、299页。

《道教文化》杂志曾经评价丁煌"为人谦虚,待友忠厚,是近代青年有为的好教授,学生求问,均以历史分析详细解答,比一般抄写文章教授高明多矣"①。正是由于丁煌的竭力提倡和苦心培养,成功大学涌现了一批对道教研究感兴趣的青年学者,例如,刘焕玲、仲曼萍、徐建勋等。同时,还热情联络台湾南部道教界有识之士,协助举办道教学术演讲会,筹备各种道教知识讲座。还同台南市道教会合作刊印《道教学探索》,每年一期,连续出刊十四期之多。正是在丁煌的努力下,以成功大学历史系为中心的道教研究终于成为台湾南部的道教研究重要基地,而关心道教和研究道教的人也越来越多了。

五、台湾道教研究的实力派人物

台湾学术界从20世纪80年代起关心和研究道教逐渐成为风气。除了李丰楙、丁煌以外,还有一些学者也在道教研究领域努力耕耘,取得令人瞩目的成果。其中较有影响的有:

(一)萧登福

萧登福(1950—　),台湾政治大学中国文学研究所硕士,曾任台中科技大学应用中文系教授。其研究领域包括道教、佛教、先秦诸子、《易经》、敦煌俗文学等方面,已出版学术专著共有50余种,发表学术论文200余篇。有关道教研究,着重于如下四个方面:

1. 佛道二教比较研究。

萧登福在佛道二教比较研究方面,所出版的研究专著计有8种。(1)《汉魏六朝佛道两教之天堂地狱说》,1989年初版于学生书局。其后屡加增补;2013年修订再版于香港青松出版社,其篇幅增加了一倍以上,达到677页。(2)《道教星斗符印与佛教密宗》,新文丰出版公司1993年版,共245页。(3)《道教与密宗》,新文丰出版公司1993年版,共618页。(4)《道教术仪与密教典籍》,新文丰出版公司1994年版,共501页。(5)《道教与佛教》,东大图书公司1995年版,共325页。(6)《道佛十王地狱说》,新文丰

① 《道教文化》(台湾)第4卷第8期。

出版公司 1996 年版,共 620 页。(7)《道家道教与中土佛教初期经义发展》,上海古籍出版社 2003 年版,共 567 页。(8)《道家道教影响下的佛教经籍》(精装,上下二册),新文丰出版公司 2005 年版,共 1264 页。

以上 8 部著作的最大特点是:第一,从《大正新修大藏经》、《卍续藏经》《正统道藏》、《藏外道书》等佛道两教经藏中汲取史料,按照经典年代先后,将其和天堂、地狱相关经籍之内容,加以摘录,罗列,说明两教天堂、地狱说的演化及发展以及相互涉入等情形。第二,从星斗崇拜、仪轨、哲理、习俗、禁忌、炼养、术法等不同角度,分析道教影响佛教的情况。例如在哲理上,道教太极图被唐代宗密、清代行策用来解释唯识和禅学。又如庄子的道体无所不在,对六朝道生、《大乘起信论》、隋朝吉藏《大乘玄论》、唐朝湛然《金刚錍》等之佛性说,均有影响。唐代禅宗的不立文字、顿悟成佛,更与老庄的思想有关。再者,在仪轨及习俗、炼养上,道教的讲经仪、坛仪、符印、星斗崇拜、安宅、葬埋、药饵、冶炼、食气、导引、灵签、节庆,等等,常被佛经所袭用。而道教房中术与佛教密宗无上瑜伽,也有密切关联。

2. 道教神祇研究。

萧登福有关道教神祇方面的专著共有 8 种:(1)《道教地狱教主——太乙救苦天尊》,新文丰出版公司 2006 年版,共 344 页。(2)《东方长乐世界太乙救苦天尊与道教地狱救赎》,九阳道善堂及无极圣宫 2008 年印行,共 145 页。(3)《玄天上帝道典汇编》,楼观台文化事业公司 2009 年版,共 617 页。(4)《扶桑太帝东王公信仰研究》,新文丰出版公司 2009 年版,共 790 页。(5)《西王母信仰研究》上下册,新文丰出版公司 2012 年版,共 964 页。(6)《玄天上帝信仰研究》,新文丰出版公司 2013 年版,共 735 页。(7)《关帝信仰与现代社会研究论文集》(萧登福、林翠凤主编),宇河文化出版社 2013 年版,共 700 页。(8)《太岁元辰与南北斗星神信仰》,香港黄大仙啬色园 2011 年版,共 423 页。

以上 8 部著作对不同神祇分别予以论述。萧登福认为,太乙救苦天尊和地狱救赎、佛教观世音及地藏间有密切关系。观音在汉至唐皆是男性,无杨柳、净水,二物来自太乙救苦天尊之药苗、符水;佛教的观音,在六朝译经中并没有手持杨枝、净瓶医救百姓的叙述;杨枝净瓶,在印度为洁齿盥洗之具，印度的嚼杨枝，类似今日的刷牙；六朝观音像的造型，亦无观音手持杨枝净瓶者；观音以施洒杨枝净水来治病驱鬼，乃是出自唐代密教经典，应是受自六朝道教太乙救苦天尊以药苗符水（柳枝净水）救治众生的影响而来。至于佛教的地藏，初期也和地狱无关；六朝至唐初，佛教译经中所见的地藏菩萨，如北凉失名译《大方广十轮经》、隋朝菩萨灯译《占察善恶业报经》、唐朝玄奘译《大乘大集地藏十轮经》等，此时之地藏，是以接引世人至诸佛净土及人间救苦为主，其神格和观音及阿弥陀佛相重叠。在六朝佛经中，地藏并无地狱救赎神格。地藏和地狱救赎牵连上关系，始于唐代，是受六朝道教太乙救苦天尊地狱救亡神格的影响而来。地藏在唐前无地狱救赎，唐后始以地藏为地狱教主。而扶桑太帝（东王公）及西王母，系东晋上清派之传经二圣，对上清派影响甚大。扶桑太帝东王公，即是全真教东华帝君。西王母神格后来发展成斗姆元君，以及一贯道的母娘信仰。至于太岁元辰信仰，起源于张道陵五斗经中南北斗星君主司人命的观念，其中尤以北斗为主，再加上出生时日所值遇的星神而成。于是而有本命星君（北斗七星君之一）、本命宿（二十八宿）、本命曜（唐代九曜，宋代十一曜）、本命元辰（六十甲子元辰神），宋代又加入了本命宫（印度传入的西洋十二宫），至清代而六十太岁亦成为本命元辰神。六十太岁原非元辰神，且原仅有一“太岁”，而无六十之称。太岁由岁星衍出，其神格或为神煞，或为星神，或为地祇，其后受六十甲子元辰神的影响，至清代衍为六十太岁，并取代六十甲子元辰神，成为六十太岁本命元辰神，于是而有安太岁的民俗产生。

3. 道门宗派研究与道教综论。

萧登福在道教宗派研究方面也下了功夫。主要著作有：(1)《六朝道教上清派研究》，台湾文津出版社 2005 年版，共 741 页。(2)《六朝道教灵宝派研究》（精装，上下二册），台湾新文丰出版公司 2008 年版，共 1286 页。(3)《全真三祖考略及修行法门研究》，香港青松出版社 2017 年版。这几部著作主要探讨上清派、灵宝派及全真派的历史、思想、科仪等问题。

在对道教宗派进行分析基础上，萧登福也注意对道教进行综合考察，主要著述有：(1)《先秦两汉冥界及神仙思想探原》，台湾文津出版社 1990 年初版，共 450 页；2001 年再版时篇幅略有增删。(2)《周秦两汉早期道教》，台湾文津出版社 1998 年版,共 486 页。(3)《谶纬与道教》,台湾文津出版社 2000 年版,共 715 页。(4)《道教与民俗》,台湾文津出版社 2002 年版,共 592 页。

在以上著述中,萧登福指出一种情况:近世学者撰写道教史,都说道教创立于张道陵,但遍查北周前史料,甚至梁代僧祐《弘明集》所载众多佛道二教徒相互论战之词等,都无张道陵创教说。而以孔、老、释来代表三教,以张道陵为道教主,实乃出自北周的释道安《二教论 · 服法非老第九》所倡始,系佛道相攻时丑诋之词,至唐世再经法琳、道宣等人的揄扬,于是遂被世人所误信。萧登福引证先秦两汉史籍及地下出土文物,说明坛场科仪及经典等三张之前已存在,故而道教不始于三张。此外,萧登福注意到,汉代的谶纬,原是杂引早期神仙道教之方术、信仰以说经,与道教的关系本来极为密切;汉世及汉后的道教又沿承谶纬之说,于是形成了谶纬与道教相互影响、纠缠难分的情形。谶纬中的《河图纪命符》谈到了三尸及司命掌人算纪之说;《周易乾凿度》沿袭《列子》,以太易、太初、太始、太素、浑沦等五期,论述天地的生成;《龙鱼河图》所述五岳、四海神祇名讳,以及人身发、耳、目、鼻、齿等神,以为"夜卧呼之,有患亦便呼之九过,恶鬼自却";这些都与道教之说不相异。更有甚者,有些谶纬书,自内容言,甚或书名而言,实难以判定是纬书或是道书。而六朝上清经系的存思修炼法门,以及六朝道教的坛场仪轨,也常可在谶纬中找到沿承之迹。为了从广度上彰显道教的特点,萧登福从礼斗、安太岁、纸钱寄库、守庚申、三魂七魄说、功过格、善恶祸福相感应、内丹修炼及养生等侧面,来说明道教与民俗的关系,这种论述是别开生面的。

值得注意的是,萧登福还独自撰写了《正统道藏总目提要》上下册,该书由台湾文津出版社于 2011 年出版,共 1452 页。其内容包含《正统道藏》及万历《续道藏》二部道藏之提要,总共 1473 条。其中有的道书年代容易考定,有的年代难以论断。难以论断的,则据六朝道书相互征引,北周、唐、宋等道教类书所引,历代书志所载,各朝代哲学、神学演进不同等因素,并参考相关佛经撰译年代,试着为每一本道书论断其撰成年代及内容。本书对各道派主要道书,以及重要神祇专属经典等,因其影响较大而介绍较为详尽。如上清派的《上清大洞真经》，灵宝派的《灵宝无量度人上品妙经》，斗母专属道经《太上玄灵斗姆大圣元君本命延生心经》《玉清无上灵宝自然北斗本生真经》，玄天上帝专属道经《太上说玄天大圣真武本传神咒妙经》《元始天尊说北方真武妙经》《太上说紫微神兵护国消魔经》《玄天上帝启圣录》，以及神霄派、全真道、净明道、清微派等道书，都予以深入考察，稽考源流，阐发其内涵。以往，中国大陆任继愈主编《道藏提要》，那是发动一批学者耗费比较长时间完成的，而萧登福却独自一人开展了这项工作，这不仅需要有胆识，而且需要大量时间投入。其精神难能可贵。

4. 道家与道教经典翻译。

长期以来，萧登福在道家与道教经典今译注疏方面也取得较大成效。属于道家经典系列的主要有：(1)《老子古注今译》，香港青松出版社 2013 年版，共 597 页；(2)《列子古注今译》，台湾文津出版社 1990 年初版，共 776 页；其后于 2009 年由台湾新文丰出版公司出修订版。属于道教教理教义经典系列的主要有：(1)《黄帝阴符经今注今译》，台湾文津出版社 1996 年版，共 242 页；(2)《南北斗经今注今译》，台湾行天宫文教基金会 1999 年版，共 423 页；(3)《玉皇经今注今译》，台湾行天宫文教基金会 2001 年印行，共 420 页；(4)《清静经今注今译》，台湾九阳道善堂，2004 年刊印，共 287 页；(5)《上清大洞真经今注今译》(上下二册)，香港青松出版社 2006 年版，共 1060 页；(6)《灵宝无量度人上品妙经今注今译》，台湾文津出版社 2008 年版，共 391 页；(7)《太上老君说常清静妙经通解》，宗教文化出版社 2011 年版，共 152 页。属于道教科仪的有：(1)《三元赐福宝忏译注》，香港青松出版社 2013 年版，共 303 页；(2)《玉皇宥罪锡福宝忏译注》，香港青松出版社 2013 年版，共 396 页；(3)《正阳仁风宝忏译注》，香港青松出版社 2014 年版，共 348 页；(4)《武圣保安法忏译注》，香港青松出版社 2014 年版，共 293 页；(5)《玄门朝科上集译注》，香港青松出版社 2014 年版，共 462 页；(6)《玄门朝科下集译注》，香港青松出版社 2014 年版，共 528 页。这些著述虽然是通俗读物，但每书的前言中往往对其作者、问世年代、版本多有考证，体现了撰著者扎实而丰厚的文献学基础。

（二）郑志明

郑志明（1957— ），台湾师范大学国文系学士、硕士、博士。曾任嘉义师范学院语教系主任、淡江大学中文系教授、南华大学通识学院院长，现任辅仁大学宗教学系教授，辅仁大学宗教学系台湾民间宗教学系中心执行长。其研究领域为中国思想史、神话学、民俗学、民间文学、道教文学、道教哲学、道教生死学、民间信仰、民间教派、新兴宗教、宗教组织与行政等方面。已出版专著六十余种，论文三百多篇，有关道教与民间信仰的研究，着重于如下四个面向：

1. 从灾异、劝善到神话。

郑志明对道教的研究主要是从传统文化的神圣面向入手，追究道教内在理路的发展脉络，肯定道教是在古老的文化传统中逐渐扩充而成。早期有关道教的研究，收录于《中国社会与宗教——通俗思想的研究》，1986 年台湾学生书局出版，从左传与汉书本纪的灾异说入手，探讨天人之间特殊的感应与报应，以及追溯如此的通俗思想在中国社会的传承与发展。灾异是传统古老的宗教意识，经由神话与善书不断地在民间流传，进而与儒释道等思想相互结合，已成为庶民的主要思想内涵。台湾学生书局 1988 年的《中国善书与宗教》、1992 年的《中国文学与宗教》、1993 年的《中国意识与宗教》，此一时期着重在民间各种善书的研究，包含道教的《太上清静经》《太上感应篇》等，探讨庶民善恶观念下的道德实践。民间劝善书的流行与道教有着密切的互动关系，将道教推向通俗的实践与发展，助长了神话意识的流传。神话意识是民间信仰与道教的核心内涵，郑志明有一系列这方面的著作，谷风出版社 1993 年的《中国社会的神话思维》，指出远古的神话意识与思维历久不衰，成为道教与民间信仰神明由来的主要依据，有关各种神明的由来有下列的著作，南华管理学院 1997 年《神明的由来》（中国篇），1998 年《神明的由来》（台湾篇），2001 年《中国社会鬼神观念的演变》与《台湾的神明由来》等，探讨神话思维下的神明信仰。神话与宗教崇拜仪式紧密相关，对道教与民间信仰影响甚大，这方面的著作有大元书局 2005 年的《宗教神话与崇拜的起源》，2006 年的《宗教神话与巫术仪式》，文津出版社 2009 年的《中国神话与仪式》，论述神话与道教一脉相传的宗教内涵。

2. 从母神、教派到教主。

郑志明最早正式出版的著作为台湾学生书局1984年的《台湾民间宗教论集》一书，主要是以母神信仰为核心的教派研究，追溯女娲、西王母、瑶池金母、无生老母等母神信仰的发展与变迁。1985年文史哲出版社的《无生老母信仰溯源》则是以民间宝卷为材料，探讨无生老母信仰形成的文化脉络。此种母神信仰不仅被道教所保存，也发展出各式各样的民间教派，一直延续至今。郑志明对民间教派的关注，使此一领域逐渐被学界所重视，相关的研究有正一善书出版社1990年的《先天道与一贯道》与《民间的三教心法》，台原出版社1990年的《台湾的宗教与秘密教派》。这些教派的流行与开创的教主有密切的关系，明代的罗祖是重要的人物，衍生出数量庞大的民间教派，台湾斋教即是其分支。另，明代阳明学风潮下林兆恩，称三一教主，在莆田地区广为流行，郑志明针对台湾夏教的调查中，从该教的文献撰写《明代三一教主研究》（台湾学生书局1988年出版）。此种教主的研究不仅涉及民间思想史的领域，也可以从教主的生命史中掌握到社会文化发展的脉络。郑志明以此方法对当代民间与新兴宗教的教主进行调查与研究，其成果有1996年国际佛学研究中心的《当代台湾新兴宗教》（上下二册），1998年南华管理学院的《台湾民间宗教结社》《台湾当代新兴佛教——禅教篇》《台湾新兴宗教现象——传统信仰篇》《台湾新兴宗教现象——扶乩鸾书篇》等，大致上是从领导者的思想入手，疏解其宗教的内涵与发展的面向。2011年在既有的基础上加以增补，由台湾文津出版社发行《当代新兴宗教现象》第一卷与第二卷，主要探讨本土宗教在教主的带领下所发展的新风潮。

3. 从性命、生死到雷法。

郑志明是从道家哲学入手，在20世纪80年代撰写老子、庄子、列子等有关人性论的论文，从1986年在中国学术年刊第8期发表《敦煌写本老子想尔注义理初探》一文，开始转向于道教经典的研究，涉及的层面逐渐扩大。除了劝善性质的道经外，从《太平经》、杜光庭《道德真经广圣义》，到明初张宇初《岘泉集》，关注的是道经的生命观，2000年集结为《以人体为媒介的道教》，由南华大学宗教文化研究中心出版。该书指出，道教不同于其他宗教,特别重视人的身体,以各种养生的理论与方法,来强化人身存在的意义与价值。从人体生命的关注扩大到道教生死学的研究。台湾文津出版社2006年出版的《道教生死学》,2012年的《道教生死学》(第二卷),涉及的面向比较广。第一卷主要是从道家到道教,追究先秦到明代生命观念的衍变,以及生死的体验与实践。第二卷内容更为丰富与多样,比如讨论《西升经》的意义治疗与精神疗愈。《洞玄灵宝玄一真人说生死轮转因缘经》的轮转因缘,《洞玄灵宝诸天世界造化经》的消灾解厄,《太上玄灵本命延生真经》的本命延生,《洞真太上说智慧消魔真经》的医治护命,《赤松子章历》生死的仪式治疗,《太上慈悲九幽拔罪忏》的拔罪度幽,《云笈七籤 · 禀生受命》的生命形成与精神疗愈。除了重视六朝的道教经典外,也关注宋代的丹道发展,如北宋蹇昌辰《黄帝阴符经解》的生命观,元代邓锜《道德真经三解》的内丹养生,明代陆西星的双修丹法。郑志明长期关注道教内养的修行工夫,发表《周易参同契》与《黄庭经》的研究论文,也注意到《黄庭经》与早期全真教的关系,2016年香港青松出版社印行《黄庭经与早期全真道的内丹思想》一书。2013年郑志明与简一女合著《道教符咒法术养生学——以道法会元为核心》,由文津出版社发行,注意到宋元时期符咒法术与丹道修行结合的雷法。认为这是道教新发展的趋势,或可称为新道教,强调以道为体,以法为用。此书对雷法的理论与实务有较深入的讨论。

4. 从扶鸾、灵乩到游宗。

除了重视道教内养的修炼工夫外,郑志明对于各种天人感应的仪式也相当关注,进行了长期的田野调查与研究。从鸾书入手观察台湾鸾堂与扶鸾的宗教活动,注意到此种代天宣化的感应仪式在民间极为流行,是道教密契经验通俗发展的重要管道。20世纪80年代郑志明对于扶鸾的各种文化面向已有不少的分析与研究,代表作为1987年中研院民族所集刊61期的《游记类鸾书所显示之宗教新趋势》一文,指出扶鸾的宗教活动有不少新的发展趋势。此一时期的相关著作,集结为《台湾的鸾书》,1990年由正一善书出版社发行,1998年南华管理学院增补出版《台湾新兴宗教现象——扶乩鸾书篇》。乩童的跳童仪式是古老的巫术传承,在台湾逐渐由乩童转向于灵乩,郑志明从20世纪80年代开始长期进行参与观察,于2004年《宗教论述专辑》第六辑发表的《台湾灵乩的宗教形态》一文，对灵乩的宗教形态有较全面的论述，也带领研究生从事灵乩的调查与研究。郑志明对传统社会密契经验有不少学术性的省思，如《巫术文化的哲学省思》《禁忌文化的哲学省思》《传统宗教密契经验的生命境界》《台湾民间灵感思维的现代意义》等文，重视天人交感的灵验文化，肯定道教与民间信仰的神圣领域。郑志明意识到道教与民间信仰有其独特的宗教体验，与西方宗教学理论差异甚大，应发展出自身的宗教学理论。2005年大元书局的《台湾传统信仰的宗教诠释》、2009年文津出版社的《传统宗教的文化诠释——天地人鬼神五位一体》，力图建构出新的宗教学理论，主张"天地人鬼神五位一体"，指出传统宗教"游宗"的开放性格，以及合缘共振与含混多义等特殊的文化内涵。

（三）吕锤宽

吕锤宽（1952— ），法国巴黎第四大学音乐学院高级研究文凭获得者，曾任台湾师范大学民族音乐研究所所长，现任该研究所教授，台北教育大学音乐系硕士班兼任教授。其研究领域包括民俗乐器与音乐、道教仪式与音乐等。从20世纪80年代起，吕锤宽就开始从事道教仪式与音乐的研究，并且获得许多研究成果。对于道教文化研究的论述，能跨道法科仪及音乐分析双重领域并且有权威性的，非其莫属。其有关道教仪式与音乐研究，具体可分为如下五个方面：

1. 道教法事之记录与研究。

吕锤宽有关道教法事之记录与研究的著述共有3种：(1)《安龙谢土》，台湾"行政院"文化建设委员会文化资产总管理处筹备处2009年版，共95页。(2)《2008台湾灯会道教金箓祈福法会纪胜》（附DVD光盘2片），台湾历史博物馆2008年版，共146页。(3)《台湾道教仪式与音乐的数据》，《艺术学》1993年第9期。

以上三种著述的特点是：第一，对仪式流程进行了相对完整的记录。道教做一坛法事需要诸多的机缘，如时间、事由、资金等；且由于其本身的神圣性，一般不准外人拍摄或记录。吕锤宽与道教界一直关系融洽，得以对道教法事进行全程记录。如《安龙谢土》就是台湾"行政院"文化建设委员会所属的文化资产管理处筹备的，于公元 2009 年 11 月 7 日举行的“安龙谢土广成法会”的记录；《2008 台湾灯会道教金箓祈福法会纪胜》就是由台湾著名道士陈荣盛主持的，为国家民族祈福的“2008 台湾灯会 · 道教金箓祈福法会”的记录。第二，对所记录的道教科仪流程进行较为深入的研究。道教法事或多或少会有一些学者记录，但大多由于没有音乐研究的专业背景，对于法事研究与分析较难进行深入探讨。吕锤宽凭借其音乐研究的专业背景，加上数十年的道教法事田野考察，对道教法事研究得以较为深入地进行。如在《台湾道教仪式与音乐的数据》一文中，通过对上百场道教法事的记录分析，总结出进行道教法事科仪田野资料收集的三个方面，即仪式演出的资料、道士与乐师之察访、与科仪演出有关的文书，为道教科仪研究的资料收集提供了基础理论参照。

2. 道教仪式音乐的历史、功能及风格特征研究。

吕锤宽有关道教仪式音乐的历史、功能及风格特征研究的著述共有三种：(1)《论中古时期的道教音乐及其发展》，收录于《2004 国际宗教音乐学术研讨会论文集——宗教音乐的传统与变迁》，台湾传统艺术中心 2004 年版。(2)《台湾天师派道教仪式音乐的功能》，载于《中国音乐学》1990 年第 3 期，后收录于《第四届国际民族音乐学会议论文集》，台湾师范大学音乐研究所 1991 年版。(3)《道教仪式音乐的体系及其风格特征》，载于《黄钟——武汉音乐学院学报》2014 年第 2 期。

在吕锤宽之前，学术界在中国古代音乐史研究方面对道教音乐的情况了解较少，研究较少。吕锤宽基于对道教仪式音乐的理解，从历史文献以及当代的活传统（道教法事）出发，论述道教文化圈所保存的乐器、乐谱、乐曲、诠释方式等与音乐相关的基本现象，以及它们从中古时期至今的发展层次与脉络，填补了古代中国音乐史研究的不足。同时，吕锤宽以台湾天师派道教仪式音乐为主，按其功能进行分类，归纳出净思存神、洒净逐秽、运香通真、运炁命神、赞颂诸神、过场闹坛等方面的音乐。基于对大陆北方全真道和南方天师道科仪与音乐的大量田野考察，作者归纳出全真道静谧淡雅、天师道热闹世俗的音乐风格特征，并以仪式空间作为切入点，论述了形成各自音乐风格特征的因素。吕锤宽认为全真道举行仪式的空间多为名山宫观，地处幽静，朴素、静谧淡雅的音乐正是此一环境特征的写照；而天师道科仪在人口荟萃的庙宇举行，该空间是各种民俗的展现场所，故其音乐融入甚多传统音乐的内容，形成了热闹世俗的音乐风格。

3. 道教法事中的传统戏曲因素研究。

吕锤宽有关道教法事中的传统戏曲因素研究的著述共有二种：(1)《论道教仪式中的戏剧化法事》，载于《古典文献与民俗艺术集刊》2012 年第 1 期。(2)《台湾道教法事中的戏剧化仪式与仪式性戏剧》，收录于《2012 年海峡两岸戏曲学术研讨会论文集》，2012 年出版。

对于道教学界而言，基本上认为道教是一种宗教，道教法事有深厚的宗教性，吕锤宽通过对道教法事的了解与道教徒生活的调查积累，对此问题提出了新的看法。道教法事种类颇多，每种法事也是由数量不等的仪式组成，其中有若干仪式是透过传统戏曲戏剧化的方式进行诠释与演绎的。吕锤宽重点从这若干仪式入手，通过这类仪式与传统戏曲的对比分析，论述了其相同之处与不同之处，最后将这类以戏剧化的方式进行诠释与演绎的道教法事称为“戏剧化法事”。甚至通过对台湾灵宝派“拔亡法会”中“宣行节目”的角色分科、戏剧效果、说白、科介等特征进行分析后，认为其符合戏曲的表演与内容，将这类节目称为“仪式性戏剧”。

4. 道教仪式之神圣性与世俗化研究。

吕锤宽有关道教仪式之神圣性与世俗化研究的著述共有三种：(1)《道教仪式与音乐之神圣性与世俗化——仪式篇》，台湾“行政院”文化建设委员会文化资产总管理处筹备处 2009 年版，共 307 页。(2)《道教仪式与音乐之神圣性与世俗化——音乐篇》，台湾“行政院”文化建设委员会文化资产总管理处筹备处 2009 年版，共 204 页。(3)《神圣性与世俗性的并置与互涉：台湾道教金箓科仪演出体系研究》，收录于《亚太传统艺术论坛研讨会论文集》，台湾艺术学院 2000 年版。

以上三种著述是吕锤宽道教仪式与音乐研究的重量级成果，主要论述了道教道法源流及法事活动、法事节目之古典性与世俗化、科仪音乐神圣性之分析、道教仪式与音乐世俗化之分析、法事相关资料等内容，并从科仪文本的神圣性与世俗化层次、科介动作的神圣性与世俗化层次、音乐的神圣性与世俗化层次三个方面得出了其研究的结论。其研究呈现了当代台湾各地汉族社会的道教仪式现象,探讨了仪式内容的本质,以神圣性与世俗化作为分析道教仪式这一文化现象的基础。神圣性指出了仪式内容的传统性,世俗化指出仪式内容的地方性,前者具有普遍性,后者属一时一地的现象。至于道教仪式的功效或灵验性,作者秉持"不语怪力乱神"的态度,未着笔墨。

5. 道教仪式与音乐的综合研究。

吕锤宽有关道教仪式与音乐的综合研究的著述共有二种:(1)《台湾的道教仪式与音乐》,台湾学艺出版社 1994 年版,共 497 页。(2)《台湾的道教醮祭与科仪》,载于《音乐艺术——上海音乐学院学报》1989 年第 2 期。

道教仪式举行时间有何特别?仪式空间的选择有何意义与讲究?执法道士操演科仪的肢体语言是什么内涵?法器道具有何功能?祭仪用品如何搭配?吕锤宽从仪式的参演者、仪式的空间、仪式的演出、仪式的音乐、法事分析、仪式的剧场性、仪式音乐分析等方面入手,对上述问题一一进行了分析与论述,对道教仪式与音乐进行了综合研究。基于文献资料和田野考察,吕锤宽还分析了道教仪式的社会文化功能、仪式体系的演变、过场仪式的发展等问题。

(四)谢聪辉

谢聪辉,1963 年生,台湾师范大学国文研究所博士,现任台湾师范大学国文学系专任教授。研究专长为道教经典、道教文学、养生医疗、道坛道法、玉皇信仰与文昌文化。其除擅于运用历史、经典与比较研究方法外,长期以来的道教人类学田野实务调查采录与参与观察研究,特别是近七、八年来深入福建泉州与逐渐开展的闽中地区道坛道法考察,对其论文的扎实精进帮助甚大,也为闽台区域道教史传承关系与演变,不断累积许多具有证据力的重要个案。

在其已出版的三本专书中,以 2013 年 9 月的《新天帝之命:玉皇、梓潼与飞鸾》最具创发突破。本书阐述《周易·系辞上》通变思想为主题意涵,以传承与创新观念内化为章节安排结构,并以"新天帝之命"贯通为经,时间先后顺序为纬。主要探讨"玉皇、梓潼与飞鸾"三大主题,共包含八章专论,并以导论一篇领其首,以统括全书意旨与补述部分观点;以结论掇其要,以明本书之旨趣。此一研究成果为传统道教“道经师”三宝内涵赋予新的意义，即作为新天帝的玉皇所建构的新天命，可视之为“道”；而作为玉皇之道信仰落实于新出的经典功德，自是为“经”；另奉玉皇敕授，以如意飞鸾墨迹于天地之间，降笔出世经文以救末劫的梓潼帝君，也实质担任了下教之“师”的天职。

观其质量并重的论文成果累积，大多先发表于国际学术会议，或再投稿重要的学术期刊，或被翻译成日文收录，具体的学术贡献表现于以下四大方面：

1. 道教传记与道坛抄本文学。

自其1994年6月硕士论文《帝女神话中人神之恋研究》与1999年6月博士论文《修真与降真：六朝道教上清经派仙传研究》以来，仍持续钻研道教文学专题，如2016年5月发表于《湖南大学学报》的《东晋上清经派仙传叙述内涵与特质析论》，即运用西方叙述学中文类的观念，来分析道教东晋上清仙传的名称体例、语言笔法与意象结构上所表现的叙述内涵与特质，以凸显其作为宗教别传的文学意义与“修与报”的结构功能。2016年底发表的《啾啾唧唧断根源：闽南闽中道坛禳灾抄本中“知名”故事叙述研究》，先建构中国“知名信仰”的理论，而后再以其在闽中闽南道坛道法调查所搜集到的相关延生禳灾抄本为例，深入分析19则故事的叙述情节与结构点功能，以及背后的道法意涵，具显其作为道教文学的例证与特质。

2. 道坛道法传承谱系建构。

2009年以来陆续发表《大人宫翁家族谱与道坛源流考述》《大人宫翁家道法外传及其相关道坛考述》《关于撰述当代〈台湾道教史〉的诠释建构试探：兼论台湾本土世业道坛与道法传承谱系的相关研究突破问题》《道坛谱系与道法研究：以黄吉昌道长归真缴箓仪式为例》与《道坛传承谱系建构的资料与方法研究：以台湾、福建田野调查为例》等多篇相关论文。这些成果具显在闽台区域道教史诠释建构的四项意义：一是提供了台湾正一派世业道士研究的新史证，二是重建了清初以来高屏灵宝道法部分的传承谱系，三是填补了闽台道教史传承关系的一些重要缺环，四是借由已累积的部分研究个案为例，具体提出了要建构世业道坛道法传承谱系的有用方法论。

3. 道教经典与文检运用研究。

主要析论道坛经典历史传承和新创的意义，以及凸显台湾道教科仪史与文书学上的重要价值。其对《度人经》的研究颇有突破，《一卷本度人经及其在台湾正一派的运用析论》，探究一卷新旧版本的变化、成书时间，及其经文在今天台湾正一派斋醮科仪运用中的传承与运用的梗要，以及背后所呈现的意涵和价值。《〈度人经〉在台湾“伏章”仪节的运用内涵》，诠释“伏章”四个阶段结构所具显通过仪礼的意涵，体证了老子归复的思想与再现道教神话情景的功能。而对道教文检研究属于先行者，代表著作如《台南地区灵宝道坛〈无上九幽放赦告下真科〉文检考源》，证明了应与南宋初兴起的“东华派灵宝法”有密切的传承关系；《台南地区灵宝道坛〈无上九幽放赦告下真科〉文检的仙曹名称与文体格式考论》，阐释“三天门下”、“泰玄都省”与“风火驿传”三组词汇的意涵、来源以及作为仙界公文机关的职能；《台湾道法二门建醮文检研究：以基隆广远坛乙酉年七朝醮典演法为例》，分析道教“文检”一词内涵中“内在的文”与“外在的检”的内涵，不同文类与古代公文书的关系，以及正一派灵宝道坛书写运用的传承规矩。

4. 道坛道法科仪源流与实际演行考证。

代表论文如《南台湾和瘟送船仪式的传承及其道法析论》，析论南台湾和瘟送船仪式所传承的道法体系，及其身体技法表演的功能特质，以充实台湾道教作为“活传统”的意涵。《产难的预防、禳除与拔度：以南台湾与泉州地区所见道教科法为主》，以“产难”为问题意识核心，利用新的抄本文献与调查发现，对传统医家与道教民俗中的生命礼仪主题研究，补充前人论述的不足与开展出新的局面。《图像、抄本与仪式关系研究：以福建三元法教闾山图为例》，凸显仪式图像学的研究角度，讨论其形式结构的建构内涵，所绘重要图像题材的抄本根据，和内容情景所涉及的相关仪式操作，以及其所属三元法教的意涵与闾山府主的信仰问题。

5. 道教法箓的传度与缴回调查研究。

传度授法授箓与保奏缴法缴箓是道教教义与实践制度的核心部分，但历来学者少有实际田野的个案调查与研究，谢聪辉则在此方面做出具体贡献。其在德国发表的《受箓与驱邪：以台湾“凤山道”奏职文检为中心》，首先探究了台湾南部灵宝派借用闾山法教爬刀梯奏职中的文检意涵,《正一经箓初探:以台湾与福建南安所见为主》《正一经箓新史料的调查与考证》与《泉州南安奏职仪式初探:以洪濑唐家采用为主》三文,则利用新发现的史料抄本与具体个案,探究正一经箓的实际传授科仪内涵与提出闽台道法传承的重要证据。《书评:〈道教授箓制度研究〉》一文,则针对刘仲宇教授著名专书提出评论与补充所见新的《天坛玉格》资料。《缴箓研究:以南安市乐峰镇黄吉昌道长归真为例》,则为学界首见对道教缴箓仪式演行与文检运用深入的专题研究个案,具有重要意义。

(五)赖贤宗

赖贤宗,台湾台北市人,1962 年生。1998 年获德国慕尼黑大学(LMU,Ludwig-Maximilians-Universität München)哲学博士学位;曾任台北大学中文系系主任与中文研究所所长(2005—2012 年)、第五届台北市丹道文化研究会理事长、人文与社会科学研究杂志《思与言》总主编(2001—2002 年);现任台北大学中国文学系教授暨东西哲学与诠释学研究中心主任。已出版 24 部学术专著,其中关于道家道教的有如下五种:《道家诠释学》(北京大学出版社 2009 年版)、《海德格尔与道家禅宗的跨文化沟通》(宗教文化出版社 2007 年版)、《意境美学与诠释学》(北京大学出版社 2009 年版)、《龙门养生筑基》(台湾丹道文化出版公司 2012 年版)、《道家禅宗、海德格尔与当代艺术》(台湾洪叶文化事业有限公司 2007 年版)。

赖贤宗熟悉中西哲学,较为深入地研究道家美学,具有全真道龙门派的内丹修炼与教学经验。在道家与道教文化领域,赖贤宗的研究特长在于道家诠释学、道家意境美学以及丹道养生学与道家整合治疗学等三个方面。在道家诠释学、道家意境美学的研究上,他最具有成绩的是海德格尔与道家的跨文化沟通,道家诠释学观点之中的意境美学,以及当代台湾全真道龙门派的黄龙丹院丹法之研究以及道家整合养生学。

1. 道家诠释学。

赖贤宗《道家诠释学》一书重整西方学者关于道家思想诠释的重要成果,例如哲学家谢林、海德格尔、魏礼贤与心理学家荣格。本书在当代文化意义脉络中,对道家思想进行了新的诠释。此书第二部分是从象征诠释学的角度进行阐述,包含了易图与丹道修炼、三教会通等课题。赖贤宗道家诠释学的主要目的在进行道家思想的当代诠释,以创造性的五个环节(实谓、意谓、蕴谓、当谓、必谓)为知识建构的方法论,而以本体诠释以及跨界应用为其目的。此书发挥成中英、海德格尔、贝克等人的本体诠释学(Onto-Hermeneutics)的诠释思路对中国哲学进行当代诠释。

此外,赖贤宗更吸收了现代新道家、日本京都学派、海德格尔、迦达默尔等哲学家之中的本体诠释学思想资源,从而在《道家诠释学》等书中开展了儒、道、佛与中国美学关系解读的四个面向。在此一背景中,《道家诠释学》一书立足于本体诠释学观点,在与海德格尔的对话中重新厘清道家哲学“有无玄同”的基本架构,阐明丹道修炼工夫论的当代意义。

赖贤宗《海德格尔与道家思想的跨文化沟通的现有研究之考察》一文阐明:自 1929 年以后,海德格尔思想逐渐进入所谓的转折(Kehre),而在其晚期思想中多次讨论了道(Tao)和道家思想。1930 年之后,海德格尔从《存在与时间》探索存有的意义,转移到关心存有的真理,乃至于以近似于老庄的无为自然理念 Gelassenheit(泰然任之)来阐释其存有思想,从 Ereignis(本成、发生、大道)和存有与思想者共同隶属来探讨存有自身的问题,和老子的有无玄同有着思想的亲缘性。他的作品中也出现了许多新的课题,比如艺术的本质、诗和语言、技术与表象性思维的批判。这些都和他对于老庄哲学中的“道”(Tao)的讨论有着不可分割的关系。

赖贤宗指出,海德格尔曾在 1946 年夏天和萧师毅合译老子论道的八章经文为德文,且对中国的道家思想多所阐明,海德格尔的思想转折与他对道家思想的诠释具有密切关系。而谢林在西方道家思想诠释史中第一位从形上学高度来把握老子,认为老子“无”的概念突破了亚里士多德的“第一潜能”问题,而海德格尔则是这一诠释进路的当代继承者,海德格尔认为老子所提出的道(Tao)和希腊的先苏时期哲学一样,都是一种存有思想,一种回到思想根源的新思想之路,足以克服西方形上学所造成的存有遗忘的危机。海德格尔在做这个东西跨文化沟通的时候,直接用的是 Tao 这个字,也就是中文的“道”的音译,另外也多次用了德文的 Weg 这个字来指称他晚期所讨论的存有思想和道,Weg 就是“道路”、“道”的意思。赖贤宗认为,海德格尔在《存在与时间》之后经历了尼采讲稿与谢林讲稿的发展阶段。最后，海德格尔受到了谢林关于老子诠释的影响，进而放弃了意志哲学，而选择了谢林的无意愿哲学以及老庄无为清静哲学的进路，也从此延伸出海德格尔的诗学以及他对于科技的批判，后者又与他对于庄子所说的无用之用有着深密的关系。

2. 道家意境美学与诠释学美学。

赖贤宗《意境美学与诠释学》一书除了展开道家的意境美学之外，也印证于道家山水画、书法、当代水墨与油画的抽象山水等造型艺术创作，参考海德格尔的"此有诠释学"与"存有"思想，来建构意境美学的本体诠释，进行以道家诠释学为核心的中西美学对话。"意境"（境界）是中国美学的重要思想范畴，"意境美学"（境界美学）是中国美学的重要基本理论，在中国现当代美学的发展过程中，意境美学是被阐释最多的美学理论。赖贤宗《浑之三义与道家意境美学》一文阐明：意境说是中国古典美学的重要理论，而"浑然一体"与"象外之象"、"自然天真"是道家意境美学的重要课题。此文第一节阐释"浑然一体"与"象外之象"、"自然天真"等美学课题，都表现了道家思想特色，乃来自老庄思想中"浑"之三义的相关文献。第二节探讨老庄哲学之"浑"的三层意义在美学内涵上的开拓，来重检道家意境美学的思想形成史及其体系之建构。第三节转而探讨意境说美学在中西比较美学当中的意义。第四节从浑之三义进一步探讨道家美学与诠释学美学的同异，阐明东西雄浑观之差异。

赖贤宗《海德格尔与道家禅宗的跨文化沟通》与《意境美学与诠释学》二书阐明：王国维、宗白华已将意境美学提升到中西比较美学的高度来考虑，海外学者刘若愚、杜国清、叶维廉、王建元、叶嘉莹等人也将之关联于西方当代的诠释学现象学，从事中西比较美学之研究，意境美学主要渊源于道家思想。《意境美学与诠释学》等书阐明作为中国美学的思想基础的道家意境论，进行意境美学的本体诠释，会通于西方当代诠释学现象学美学思想，使得道家美学在当代情境中具有跨文化沟通的视域。

3. 丹道养生学与道家整合治疗学。

赖贤宗《道文化整合养生学之实践》一文，发表于 2014 年 11 月 25 日江西龙虎山第三届世界道教论坛，阐明“道家整合养生学”所包含的身、心、灵、气、道五个层次。对比西方治疗学所说的“身心灵”来看，道家整合养生学更具丰富的层次和养生文化特色。除了身心灵的统合之外，道家整合养生学还包含了气与道，“气”概念的引入，使得道家整合养生学具有了独特的出发点与中介。而“道”这个概念则作为整合养生与整合治疗的根本与终极目标。因此，道家整合养生学的统整范围与目的性，才能真正完整。就此对比而观，西方关于身心灵统合的治疗学，以心理分析来解决身体的病征并且希冀达到灵性的高度，此一做法未免缺乏物质基础，在出发点上或许过于蹈空，缺乏“合一”的能量中介。

赖贤宗《龙门养生筑基》一书阐明：全真道龙门派黄龙丹院一派（王来静创立于台北）之全真龙门丹功的进展层次可分为：(1)初级丹功：一转散浊、性光初现，乃为炼精化气、百日筑基之功。(2)中级丹功：气遍全身，炼气化神，进修静功，静神养中。(3)高级丹功：炼神还虚，炼化心性。此处所说包含了初级、中级、高级丹道炼功的三个阶段，都是属于性命双修的修持法。

赖贤宗《太极导引与龙门丹道》一文首先在第一节阐明熊卫师所创立的太极导引要义。其次在第二节，阐述来静师所创立的黄龙丹院龙门丹道的修炼，涉及传承与修炼课程内容次第，并以杨松年、王松龄、来静师所传功法的综合讨论，为功法实例来阐明龙门派丹法之中的采药法（补亏正法）的现代化过程，以及到了台湾黄龙丹院的来静师重视相关口诀的收集与实修解说。赖贤宗解说此中的一脉相承以及创新之处。此文第三节阐明太极导引与龙门丹功的会通，太极导引是林怀民云门舞集在《水月》以后所创作的主要道功训练方法。此文第四节讨论太极导引与道歌禅唱之协作，还有太极导引心学，阐释已经进行多年的太极导引与道歌禅唱之协作之三个特点，就熊卫师太极导引缠丝劲之呈现与训练方法而言，阐述重心、中心、真心、一心、无心的五心之说，乃是道家养生功导引一门的心学。

（六）其他道教研究学者

庄宏谊（1956—　），台中县人，台湾政治大学历史系毕业，后在历史研究所获得硕士学位，在法国巴黎大学获博士学位，现任台湾辅仁大学宗教系教授。著有《明代道教正一派》和《明诸帝与道教正一派之符箓斋醮》等。《明代道教正一派》一书 1986 年在学生书局出版,全书叙述正一派天师封号、天师行谊、天师传承以及明代帝王的礼遇,并对正一派和龙虎山的宫观修建、经费、组织和道士的度牒作了较为详尽的考证,对正一派的符箓和斋醮做了较细致的考释,一般认为这是一部较扎实的道教正一派的断代史。

郑素春(1961—　),台北市人,台湾政治大学毕业,现任东南科技大学通识教育中心副教授。著有《全真教与大蒙古帝室》、《道教信仰、神仙与仪式》、《元朝统治下的茅山道士(1260—1368)》和《全真道士尹志平(1169—1251)的宗教实践》等。《全真教与大蒙古帝室》一书 1987 年在学生书局出版,全书分为五章,叙述金元两朝的全真教的历史及其与大元王朝的关系。其中一二章叙述全真教的传教及其与金王朝的关系,三章叙述成吉思汗时代全真教受到元太祖的礼遇,四章叙述全真教在元朝地位之变迁,五章叙述忽必烈时代,全真教被贬抑的历史原因及其与自身素质降低的关系。

第十七章

道教在世界各地的传播和影响

在漫长的历史发展过程中,不仅神州大地到处都留有道教胜迹,而且随着中外文化交流和华人移居海外,道教也传播到了海外。

传播到海外的道教,有的是在中国政治、经济和文化都十分强大和繁荣的时候,外国派人来学习、请去的;有的是在国际交流中,由到中国来的外国宾客带回去的。这些学过去、带出去的道教,起初大都保持着原样,但是由于语言文字和信仰习惯的差异,往往在传承一两代以后,或者消亡了,或者同传入国的信仰相融合,被吸收,进而蜕变为该国的一种新宗教。

传播到海外的道教,还有的则是随着移居海外的华人携带出去的。在历史上,华人出洋大多是因为避灾、逃难、谋生。他们在异国他乡,忍饥挨饿,挣扎奋斗,千辛万苦。他们怀念故土,思念亲人,他们认为只有故乡的神明能保佑自己健康平安,将来衣锦还乡。因此,他们出洋时,有的衣包里带着神像,有的木船上安放着神像。到了海外落脚时,有的将神像安放在家里,有的则盖起茅草屋安放神像,以供从"唐山"(华侨对祖国的称呼)来的人共同祀奉。有的地方还逐渐有了道士,如果当地政府允许,还盖起了道观。在这些国家里,道教在华人中发挥着社交功能和凝聚作用。当然,这些海外的道观和道士,由于为了同海外华人的信仰习惯相适应,往往是三教合一的,因而大成至圣先师、释迦和观音、关帝和吕祖等神像都供奉在一起。道教的科仪和节庆日期也各有适应性的变化。

此外,在第二次世界大战以后,欧美各国一度出现过探索东方的哲学和神秘主义的思潮,于是,道教也逐渐为外国人所接受和认识,出现了传播道教信仰的社团,有些外国人还在道教宫观中学道和修道,在学术界也兴起了一个道教研究的热潮。

改革开放以来,中国道教逐渐复苏,道教宫观恢复,道教人才培养,道教经籍刊印,道教研究开展。中国大陆的道教和海外的道教交流逐渐密切。来自美国、加拿大、新加坡等地的道教团体和人士都先后到中国大陆道教的名山和宫观去参访。本土道教也派出代表赴海外的道观传经授法和讲道。因此,中国本土的道教和海外道教的交往,比起以往都已有了很大的增加,无疑的是,这些交流对于本土和海外道教的发展都是有利的。

第一节　道教在朝鲜半岛的传播和影响

朝鲜的北部同我国东北接壤,西部和南部同我国的华北和华东隔海相望。自古以来,朝鲜和中国就有密切的来往。公元初年,统治朝鲜半岛的有三个政权,即高句丽①、百济和新罗。直至唐高宗总章元年(668 年)新罗文武王法敏统一了朝鲜半岛。10 世纪建立高丽王朝。14 世纪末李氏王朝代替了高丽王朝,改称朝鲜。

根据朝鲜考古学家的研究,朝鲜受到中国文化影响的路径有三条:第一条是从辽东半岛进入朝鲜西海岸汉江以南的地区;第二条是从中国东北进入朝鲜半岛的东海岸,再至南海岸;第三条则是从山东半岛度过黄海进入朝鲜半岛的西部、西南和南部地区。考古资料表明,朝鲜的新石器文化同西伯利亚和蒙古的相类似,因此其文化的源头当属于北方文化系统。

一、道教传入朝鲜半岛

自古以来,朝鲜就有崇拜山岳和神仙的传说,并且一直将山岳和神仙联系在一起。朝鲜有檀君开国神话,称天上世界有王是桓因,相当于道教的元始天尊。桓因知道庶子桓雄有志于天下,给予天符印。于是,桓雄率领三千天兵降于太伯山顶的神坛树上,建立神市,将天上和地上的世界连在一起。桓雄还将熊族之女娶为妻,生子檀君王俭。王俭长寿达 1908 岁,创建了朝

① 高句丽是公元一世纪至七世纪控制疆域在中国东北和朝鲜半岛部分地区的一个政权。

鲜国。这就是朝鲜神话中的创世纪,其都城和山岳密切关联。

除了檀君神话,朝鲜各小国又有自己的开国神话,山川也有山川神话。在山岳崇拜的祭祀仪式中,朝鲜自古还有巫女(萨满)的传统。由此可见,朝鲜自古就有自己的宗教的信仰,民间祭祀天神、日月神、山神、海神等各种自然神和祖先神。高句丽控制的朝鲜地区每逢收获的秋天,都要祭祀始祖神;逢冬天,则要以鼓乐和舞蹈祭天。西南部的三韩地区则由巫来祭祀天君。公元初,生活于同一地区的人还要举行堂祭和部落祭,祈求神明保佑,消灾免祸,一般一年举行一次或者几次。堂祭的内容包括:山祭、山神祭、洞祭、洞神祭、街里祭、将军祭、城隍祭和本乡祭等。

中国的儒家思想和佛教、道教先后传入朝鲜半岛,它们对于朝鲜文化的发展有着重要影响。据朝鲜学术界研究,道家思想传入朝鲜是很早的事。史籍《三国史记》记载:公元 3 世纪时期,老子的《道德经》和《列子》的《天瑞篇》已经在百济、新罗社会中传播。公元 7 世纪时,读老庄之书,已在新罗贵族子弟中蔚为风尚。《庄子 · 在宥》中有黄帝问道于广成子,其事出于崆峒山。崆峒山在蓟丘,即青丘。青丘,据《清一统志》当在高丽境内。《抱朴子内篇》的《地真》篇有句称"昔黄帝东到青丘,过风山,见紫府先生,受三皇内文,以劾召万神"①,青丘,历代注家都称在"海东","东夷之国",当即指朝鲜。中国古有蓬莱、方丈、瀛洲等三神山之说。《史记 · 封禅书》称,三神山者其传在渤海中,尝有至者,诸仙人及不死之药皆在焉,其物禽兽尽白而黄金银为宫阙。由于称其在渤海中,因此朝鲜学者也怀疑三神山指的就是朝鲜之山。朝鲜古时也有三神山之说,但其意思是桓因、桓雄和王俭等创建之山,即太白山,而并非是中国的三座神山之意。后来,朝鲜也出现过以朝鲜之山实指中国三神山的说法,即以蓬莱为金刚山,以方丈为智异山(庆尚道),以瀛洲为汉挐山(济州岛)。同三神山有关的还有秦汉方士行踪的研究,朝鲜学者认为,秦始皇派遣方士徐福和韩终入海求不死之药。徐福东渡至日本,而韩终则到了朝鲜南部,有称其建立了马韩国。晋王嘉《拾遗记》有关于韩终之子韩稚的记载,称汉惠帝二年(前 193 年),天下太平,干

① 王明:《抱朴子内篇校释》(增订本),北京:中华书局 1985 年版,第 323 页。

戈偃息，远国殊乡，重泽来贡，有道士姓韩名稚，即韩终之子，越海而来，能解东海来使之语，后无人知其所终。汉惠帝为纪念韩稚，在长安城北立仙坛，名为司韩馆，称其为管理寒冷之神。正是在这样一种长期联系的基础上，儒、释、道三家思想相继传入了朝鲜。韩国的史学家们认为，正是由于这些思想传入，朝鲜人民才懂得了哲学，并且在较高的水平上领悟到了人间社会的矛盾和纠纷。

道教传入朝鲜半岛的最早记载，有人认为是公元197年，中原地区的难民把五斗米道带到高句丽统治区域。其依据是，史书《三国史记》卷十六，"高句丽本纪"故国川王十九年条，"中国大乱，汉人避乱来投者甚多，是汉献帝建安二年也"①。汉献帝建安二年即公元197年。据中国史书的记载，从公元2世纪开始起，农民起义就接连不断，震动最大的当然就是中平元年(184年)中国的早期道教太平道的黄巾起义。黄巾之后，中平二年(185年)黑山张燕起义，转战于河北地区，直至建安十年(205年)才被收降。中平五年(188年)青徐黄巾起义，转战山东苏北地区，直至建安二十四年(219年)，仍续有活动。《三国志》卷十二《邢颙传》称，"黄巾起来二十余年，海内鼎沸，百姓流离"②。农民起义绵延不绝。在华北地区的太平道徒，流离至东北，再逃到高句丽去避难，这是完全有可能的。

史书《三国遗事》称："丽季武德、贞观间，国人争奉五斗米教。唐高祖闻之，遣道士，送天尊像来，讲《道德经》。王与国人听之。即第二十七代荣留王即位七年，武德七年甲申也。"③这就是说，公元624年，朝鲜已有许多人信奉五斗米道。中国的唐高祖听到后就送道士和道经到了朝鲜。"明年，遣使往唐，求学佛法。唐帝许之。及宝藏王即位，亦欲兴三教。时宠相盖苏文说王，以儒释并炽而黄冠未盛，特使于唐求道教"④。这些史料说明，公元625年时，高句丽就曾经派使节去中原地区专门学习佛道二教。苏文

① [高丽]金富轼原著，孙文范等校勘：《三国史记》(校勘本)，长春：吉林文史出版社2003年版，第202—203页。

② (晋)陈寿：《三国志》，北京：中华书局1959年版，第2册，第382页。

③ [高丽]一然：《三国遗事》，长沙：岳麓书社2009年版，第235页。

④ [高丽]一然：《三国遗事》，长沙：岳麓书社2009年版，第235页。

是宰相，他是主张三教互补、共扶社稷的。《三国遗事》称《高丽古记》云，武阳王时，苏文奏曰："'鼎有三足，国有三教，臣见国中，唯有儒释，无道教，故国危矣'。王然之，奏唐请之。太宗遣叙达等道士八人。王喜，以佛寺为道馆，尊道士，坐儒士之上，道士等行镇国内有名山川。"①武阳王，朝鲜学者李能和疑为宝藏王。宝藏王在位是642年至668年，相当于中国唐太宗、唐高宗的时代。

《三国史记》卷二十记载，荣留王七年"王遣使如唐，请班历……命道士以天尊像及道法往，为之讲《老子》，王及国人听之"②。《三国史记》卷二十一记载，宝藏王二年(643年)"遣使入唐朝贡。三月，苏文告王曰：'三教譬如鼎足，阙一不可。今儒释并兴，而道教未盛，非所谓备天下之道术者也。伏请遣使于唐，求道教以训国人'。大王深然之，奉表陈请。太宗遣道士叔达等八人，兼赐老子道德经。王喜，取僧寺馆之"③。因此，在唐王朝的国力最为强盛的时期，高句丽王朝连续多年向中原地区学习道教，要求派遣道士。鉴于高句丽王朝控制疆域横跨中国东北和朝鲜半岛部分地区，有理由相信当时道教已在朝鲜半岛广泛传播。

朝鲜半岛上当时还有百济。目前尚未发现道教传入百济的记载，但是日本有百济学者东渡日本，向习本皇室传授中国典籍的记载，其中就有《孝经》、《论语》、《千字文》和《山海经》等。日本史籍《延喜式》收有神道祝词《东文忌寸部献横刀咒》，祝词称：

> 谨请皇天上帝、三极大君、日月星辰、八方诸神、司命司籍、左东王公、右西王母、五方五帝、四时四气，捧以银人，请除灾祸；捧以金刀，请延帝祚。

这是一篇充满道教语汇和思想的日本神道仪式的祝词。据日本历史教授黑板胜美研究，这个咒语是在百济学者帮助下完成的。由此可以推定朝鲜半

① ［高丽］一然：《三国遗事》，长沙：岳麓书社2009年版，第236页。

② ［高丽］金富轼原著，孙文范等校勘：《三国史记》(校勘本)，长春：吉林文史出版社2003年版，第251—252页。

③ ［高丽］金富轼原著，孙文范等校勘：《三国史记》(校勘本)，长春：吉林文史出版社2003年版，第254—255页。

岛上的百济也有道教的影响。

新罗地区，从南北朝时代后期开始同大陆有了频繁接触。真兴王末年(576年)，新罗的花郎道形成。花郎道的精神就是“玄妙之道”，出自《道德经》第一章，具有明显的道家色彩。至于新罗的道教传入，据《三国史记》卷九的“新罗本纪”称，孝成王二年(738年)“三月，遣金元玄入唐”。四月，唐玄宗派“使臣邢璹以老子道德经等文书献于王”①。另据《庆州甘山寺弥勒菩萨造像记》称，开元七年(719年)，金志诚“性谐山水，慕庄老之逍遥；志重真宗，希无着之玄寂”。由此可见，在公元8世纪初，新罗已有道家思想的传布和道教文献的流通。同时，新罗派出了金可记、崔致远等58名学人赴唐学习。《云笈七籤》卷113下《续仙传》就有金可记的小传称：“金可记，新罗人也。宾贡进士，性沉静好道，不尚华侈。或服气炼形，自以为乐，博学强记，属文清丽，美姿容，举动言谈，迥有中华之风。俄擢第不仕，隐于终南山子午谷葺居，怀退逸之趣，手植奇花异果极多。常焚香静坐，若有念思。又诵《道德》及诸仙经不辍。后三年，思归本国，航海而去。复来，衣道服，却入终南，务行阴德，人有所求无阻者，精勤为事，人不可偕也。”传记称大中十二年(858年)“春景妍媚，花卉烂熳”之时，金可记升天而去。② 金可记入唐时日，不得而知，可是他是一名新罗道士，则是无疑的。

二、唐以后道教在朝鲜半岛的传播

自唐代以后的几百年间，道教成为高句丽的宗教之一。中原道士受唐王朝的派遣来到高句丽，以佛寺作为道观，被尊奉居于儒士之上。这些道士还举行镇护朝鲜半岛名山的斋醮仪式。新罗统一朝鲜半岛后，直到高丽时代，道教仪式仍不断举行。据《高丽史》，显宗九年(1018年)和十四年(1023年)，在球场(球技场)举行大醮，禳灾祈福。德宗和靖宗时，还多次举行祷雨醮。文宗即位时又在宫中举行本命醮，其后每年都举行年中行事，并在太一九宫中举行祷雨醮。《高丽史》世家记载，睿宗文孝王时，合计有

① [高丽]金富轼原著，孙文范等校勘：《三国史》(校勘本)，长春：吉林文史出版社2003年版，第121页。

② (宋)张君房：《云笈七籤》卷113，《道藏》第22册，第780页。

27 次醮祭，祷雨醮祭的对象有太一、三界神祇、昊天五方帝、三清、本命、下元、南斗等。睿宗特别喜好道教，建福源宫安置道士，并多次赴醮坛亲祭。二年（1107 年）还在玉烛亭安置元始天尊，每月行醮礼。毅宗庄孝文时行醮祭有 26 次，还有频繁的蝗虫禳除祭、疫疾禳祭，醮祭的对象有三界神、太一、三清、北斗、天皇大帝、二十八宿、老人星等。到朝鲜王朝时，设立昭格署举行道教斋醮。中宗时（1506—1544 年）曾一度废止，后又恢复，直到壬辰倭乱时才停止。

睿宗时的福源宫有道士十余名。据《高丽图经》，其中二名道士是由宋徽宗大观四年（1110 年）作为使节从中国派来的，二名中国道士教了十余名高丽道士，可知当时通晓道教仪式和教理的高丽道士还是有的。

昭格殿是在朝鲜王朝时创建的。太祖初年，作为道教醮祭的场所留有昭格殿一处。汉阳迁都以后，太祖派遣二百名工匠建造汉阳昭格殿，据传还有太清观和祀奉太一的永兴宫等道观。在昭格殿安置提调，确定祀典以及举行醮祭。世祖十六年（1466 年）改昭格殿名称为昭格署，作为国家官署，有一定的职制和确定道士的考课制度。昭格署由三清殿、太一殿、直宿殿、十一曜殿以及内外诸坛组成，奉祀玉皇上帝、太上老君、普化天尊、梓潼帝君等神仙以及日月星辰、四海龙王、冥府十王等诸神。昭格署则职掌三清和星辰的醮祭。据《经国大典》卷三，道士考试要朗诵《禁坛》，读《灵宝经》，以《延生经》《太一经》《玉枢经》《真武经》《龙王经》等中的三经作为考试材料。《东文选》卷 114 和 115 中收有斋词 15 篇，青词 36 篇。无论是斋词或青词，其写作方法和使用的语汇和中国道教的斋词和青词完全相同。例如李奎报《上元青词》云：

> 道固宅于希夷，迎随不见；神若于恍忽，祸福无常。念眇眇之资，临元元之众。克艰王业，居多夕惕之心；寅奉天威，恒有日临之畏。况属群仙之校录，宜邀上帝之保持。恭按真科，式严净醮，仰冀冥然之听，优加惠我之私。拥茨福之方将，永于多享；保萝图于可久，展也大成。

其中“恭按真科，式严净醮”，就是谨以真正的道教仪式，举行严格而洁净的醮礼的意思。

在高丽王朝的末年，明太祖派遣朝天宫道士徐师昊到高丽，祭祀高丽山川。据李穑《送徐道士使还序》称，“洪武建元之三年（1370年），朝天宫道士号玉岩者，奉香币祝册，自金陵航海至王京，郊迎馆劳，悉如例程。唯谨命礼部供祭用，又以同知密直李公成林监其事，而穑亦与焉。用五月丁酉，百官陪位，合祭山水之神于城南”，“玉岩，姓徐氏，名师昊，扬州人”。《高丽史》卷42记载：“洪武三年春正月三日癸巳，皇帝御奉天殿，受群臣朝，乃言曰：朕赖天地祖宗眷佑，位于臣民之上。郊庙社稷以及岳镇海渎之祭，不敢不恭。迩者高丽遣使，奉表称臣，朕已封其王为高丽国王，则其国之境内山川，既归职方。考诸古典，天子望祭，虽无不通，然未闻行实礼达其敬者。今当具牲币，遣朝天宫道士徐师昊前往，用答神灵。”[①]徐师昊在高丽期间，还受到了恭愍王的召见。

朝鲜王朝是在1392年确立的。其后，朝鲜道教的规模一度由于儒生的反对而大大缩小。不过，李朝的太宗对于道教的醮礼甚为关心，八年（1408年）十月六日就曾派遣昭格殿提调孔俯作为谢恩使的书状官来中国学习道教的醮祭。中国的明成祖也在永乐十五年（1417年）派专使送善书600部到朝鲜。只是因为儒生们一再反对，昭格殿的祭祀活动才时断时续。1592年发生壬辰倭乱，昭格殿烧毁，道教的醮祭仪式于是自然废止。

如同明清时期的中国士大夫对于道教的内丹修炼术颇感兴趣一样，朝鲜的士大夫阶层也对内修术很感兴趣，并且自成一支内修道派。仁祖李倧（1623—1649年在位）时，由一名被捕僧侣处得到的《海东传道录》就是一部有关朝鲜道教内丹派脉传承的典籍。《海东传道录》把道教同朝鲜固有的三神崇拜（即桓因、桓雄和檀君王俭）结合起来，创造了朝鲜道教自己的道统，尊民族最高神即三神为朝鲜道教的始祖。典籍记载了从唐开成年间到仁祖朝的800年间的40名人物。其主要人物是崔致远和金时习。

崔致远（857—?），又名承佑，字孤云、海云，庆州人氏，新罗时期末年的道学家。869年入唐留学，874年科举及第。历任宣州溧水县尉，承务部侍御史内供奉，赐紫金鱼袋。879年黄巢之乱时，作为诸道行营兵马都统高骈

---

① [朝鲜]郑麟趾等著，孙晓主编：《高丽史》（标点校勘本），重庆：西南师范大学出版社2014年版，第1293页。

的从事官,因著有《讨黄巢檄文》而名噪一时。885年归朝,任侍读、翰林学士守兵部侍郎知瑞书监等职,后因感叹国政之乱,请求外职。893年,又被任命为遣唐使入唐。归国后,悲观厌世,辞职下隐,游历各地,晚年出家于伽倻山海印寺。崔致远有大量散文传世,被尊为韩国文艺之始祖,其《鸾郎碑序》是朝鲜著名碑文,记载了儒、佛、仙三教思潮的融合,以及新罗的花郎即风流道的史料。崔致远还撰有青词十余篇,是朝鲜青词的代表作。《海东传道录》以崔致远为朝鲜丹道传承的重要代表人物,言其在中国留学时,曾受青华秘文、灵宝毕法等道术。

金时习(1435—1493年),朝鲜时代初期的道学家,生于汉阳,字悦卿,法名雪岑,号梅月堂、清寒子、东峰、碧山清隐之赘世翁等。世称神童,4岁时即能以诗唱和,后在名儒李季甸、金泮和尹样等门下学业。早年丧父,家道中落,后入三角重兴寺苦读。1453年出家为僧,遍游天下,寻师问学。1465年入住金鳌山茸长寺后,曾编写朝鲜传奇仙道小说《金鳌新话》。1481年,46岁时还俗结婚,死别后再出家。1493年,58岁时入寂于鸿山无量寺,遗言后学要努力炼丹。著有《梅月堂集》。

金时习的思想融会道、佛和儒等三家。他精于内丹,世称朝鲜丹学道派的鼻祖。《梅月堂集》有《天形》、《龙虎》、《服气》、《修真》等篇。其《修真》篇云:"夫神仙者,养性服气,炼龙虎以却老者也。其养性诀曰:夫养性者,常欲小劳,但莫大疲及强所不能堪,且流水不腐,户枢不蠹,以其运动故也。夫养性者,莫久立,莫久行,莫久坐,莫久卧,莫久视,莫久听,其要在存三抱一,三者精气神也,一者道也。"这些有关养性服气的词语同陶弘景和孙思邈的养生语言是一脉相承的。

另外,从宣祖至仁祖朝,赵汝籍编成了《青鹤集》,记载了其师李思渊等朝鲜道家言行的轶事,区别朝鲜丹道和中国道教丹学的同异。海东青霞子著有《周易参同契注解》,此书是朝鲜丹道家们对于中国道教"丹经之王"的注解。现有奎章阁抄本,一册,99页。其内容为:

魏真人本传

皇明崇祯己卯(1639年)五月日长至青霞子序

卷一,上篇,32章

卷二，中篇，25 章

卷三，下篇，7 章

卷四，疏论，原本、炼己、制度、采取、火候、互修等

卷五，图说，金丹炉鼎图、金丹药物图、金丹坎离交媾图、金丹降流逆还图、金丹五行三要图、金丹八卦图、丹法三关图、八卦纳甲图、周天火候之图、金丹明镜之图、日月晦朔弦望之图、一年阴阳升降节候进退之图、六十四卦方圆图、太极之图等

参同后序

附：青霞子金丹吟

此注的上中下三卷区分同于阴长生本，与彭晓本不同。全书分为六十四章，与《易》的六十四卦相合，与彭晓本分为 90 章不同。通常别出的鼎器歌，在此注本中列为第 64 章。卷 4 的“疏论”共 6 篇，由注释者编写。卷 5 各图，原来别置，并不与经文列在一起。《参同契》的经文内容，各家所见并不相同，有外丹说、内丹说和内外兼修说等三种。朝鲜的《周易参同契注解》则是内丹说，强调性命双修。而这是符合元明以后中国内丹学的主流的。

道教传入朝鲜半岛，大致可区分为科仪、修炼以及结合朝鲜本土民间信仰等三个方面，各自对朝鲜的历史和当时社会产生了深刻的影响。其中，在科仪和修炼方面影响朝鲜半岛社会时，传入朝鲜的道教基本上还保持着中国道教的本色，而一旦结合朝鲜本土民间信仰以后，道教对于朝鲜的影响随之加大，而传入朝鲜的道教的面貌也就发生了巨大变化。

朝鲜在历史上出现过不少融合道、佛和儒的朝鲜固有的民间宗教，其中影响最大、流传至今的就是东学道，后改称为天道教。据天道教中央总部编《天约宗正》称，“厥初有山云大神师崔济愚者，甲申（李朝纯祖二十四年，即 1824 年）生于庆州郡之稼亭里，三十二岁时金刚山榆山占寺异僧，来赠天书一卷，得其书而入梁山郡通道天上山。四十九日间，行祈天祭，遂通道焉，感得天帝降临。神师从此以符咒术法教授徒弟，称谓布德。其咒文，有降灵咒文及本咒文二者。降灵咒文：至气今至，愿为本降。本咒文：侍天主，造化定，永世不忘万事知”。

崔济愚传道的主要手段是造作灵符、咒文，画灵符，念咒文，以符咒治

病，赐受福禄。东学道之称，是相对西学（天主教）而言的，表示其所宗的，创于东洋。东学道，即天道教，明显地受到“道教”的影响，它的教旨是敬天命、顺天地、明天道、修天德、事天主。崔济愚从天灵那里接受了理法，听到了“吾心即汝心”的大真理，命其“众生教化”，宣传“大觉之道”是“后天无极大道”。在哲学上，主张“气”论，强调“气”的概念在天地和社会中的作用。天有气数“运寿”，这就包含着认为朝鲜王朝“寿运”已尽的革命思想；在社会思想上，主张天人感应，强调“人乃天”，这就包含着平等主义和人道主义的思想，因而得到了大批底层民众的响应。

天道教的仪式是画灵符，念咒文，咒文有 21 字：至气今至，愿为大降。侍天主，造化定，永世不忘万事知。前 8 字，表示信仰的忠诚，从此以后，要至诚尽道，愿得到天帝感应。后 13 字，表示天主和造化早已确定，人们要相信天道的无穷和圆满，相信人和自然宇宙同归一体。天道教的主要崇拜仪式是清水礼拜，在食桌上放清水一碗，诵念咒文。每逢周日举行仪式。信教人要缴纳“诚米”即普通的食用米，一人一匙，以消灾治病、祈福受禄。

由于东学道信仰所追求的是“长生不死”、“消灾祈福”和社会的“德治”，因此它对于封建社会中的下层农民自然具有巨大的吸引力，并且很快同农民运动结合起来，为农民运动所利用。1864 年，天道教作为异端邪教而受到镇压。崔济愚被捕拷问达 20 余次，在断头台被杀，但天道教仍在民众中流传，其信众曾经达到 300 万人。天道教在近代朝鲜人民抗日民主独立斗争中，曾发挥过组织群众、团结群众的作用。

据记载，韩国现有天道教徒约 82 万人，此外，还有道教宫观 11 座，道士 3000 人。日本学者三浦国雄在日文本《朝鲜的道教》一书的“序”中说道：在现代的韩国要找到道教的痕迹不能说不容易。就拿目睹的建筑物来说，关帝庙还是有的。在汉阳钟路区崇仁洞残留的东庙，称为关帝庙，它的外观已经朝鲜化，已经不是中国庙宇的外貌。不过，南原的关王庙，其外观虽然已变成佛教古刹，但是殿内的关羽彩色塑像和神位依然如旧，庙里的关帝灵签至今仍存放并得到使用。朝鲜的关帝庙是在日本的丰臣秀吉侵朝之际，由明朝的援军带来朝鲜的。由此可见，在韩国，祀奉关帝、城隍等道教宫观，尽管已经和中国本土的道教宫观大不一样，但是还是存在着，并且仍然同韩国民众的信仰生活密切相连。

第二节　道教在日本的传播和影响

中国和日本是一衣带水的邻国。根据考古资料,在远古时,日本列岛和大陆可能是相连的。日本列岛的最早居民大概也是从亚洲大陆移居过去的。前几年,有日本学者从体质人类学的角度提出日本人是从中国云南移居过去的。这个论点没有得到大多数日本历史学、考古学和文化人类学家们的支持。比较普遍的看法则是,日本的古代文化同亚洲大陆北方的蒙古人种具有某种联系。因此,日本列岛的最早居民可能来自亚洲大陆的北部。

中国和日本的社会和文化,在历史上有过密切的联系。日本借用中国的汉字创立了自己的文字,书写自己的历史文献;学习中国医学和药学,创立了汉方医术;学习中国佛教,创立了自己的佛教;中国的儒家思想也深刻影响了日本民族的政治观和伦理观。中国的道教也以不同的途径传到了日本,并且对于日本文化和日本社会生活产生了深远的影响。

关于道教是否传入日本的问题,日本学术界和社会人士一向是有不同意见的。一种意见认为是道教没有传入日本,其理由是日本史籍上没有道观和道士的记载,日本土地上也没有道教宫观和碑刻的遗迹;另一种意见认为是道教传入过日本,当然持传入说的人们对于道教传入的方式和途径也有不同的说法。客观地分析这二种不同的意见,我们认为,道教的教义、科仪等等还是曾经传入了日本的,并且在许多方面和日本固有的民族宗教即神道教融合在一起。

一、道观在日本的存在

首先,日本土地上存在着由于华人的移入或者由于对华关系密切而兴建起来的道观。华侨移居日本已经有很长的历史,并且对于长崎、横滨、神户和函馆等港口城市建设和发展作出过贡献。当然,有华侨移居就会有中国宗教包括道教的带入。现在,在日本的函馆、横滨、大阪、神户以及长崎等地都有关帝庙,华侨生活中离不开对于关帝的信仰,因为关帝自明清以来由于历代帝王的提倡，它已成为忠和义的象征，忠是忠于祖国和民族，义是相互关心、帮助和支持。在华侨中，关帝庙成了华侨心里的归宿，发挥着民族凝聚力的作用。

北海道函馆的关帝庙是在明治十年（1877年）由当地从广东来的华侨发起建造的，后来由同德堂三江公所建成。明治四十年（1907年）毁于大火，当时就由华侨捐资再造，1910年建成，极尽清朝末年中国工艺美术的精华，豪华壮美。清末现代化实业家张謇有题日本函馆关帝庙楹联："三山今在人间，神之来兮，弱水千寻迎节仗；五月每逢诞日，民有过者，清泉一掬荐蒲花。"目前函馆关帝庙也是日本的中华会馆的主要活动场所。

横滨的关帝庙坐落在充满中国旧城建筑情趣的中华街里，二层的花岗岩高台上，一座中国南方庙宇风格的大殿，雕梁画栋，金碧辉煌。汉白玉的牌坊和护栏，云飞龙走。两只青石雕狮雄踞在大殿前，完完全全的中国庙宇风格。大殿里中间供奉关帝，两侧供奉观音和龙王。在殿角上还供奉土地公公。关帝庙始建于明治七年（1874年），一向被视作中华街和横滨华人的保护神。庙中香火旺盛，横滨附近如东京和关东地区的华人都到此地烧香祈祷。元旦春节，都有数万华人男女以及同华人有关的日本人来此地烧香。1986年元旦，横滨关帝庙大殿毁于火，后经侨界共同努力，招聘大陆和台湾的古建筑专家和工匠重建。1990年8月14日重建开光，恢复开放。

神户的关帝庙坐落在神户远离华人区的西北小巷之中，始建于明治二十一年（1888年），第二次世界大战以前由佛教黄檗宗管理。日本佛教的黄檗宗，由中国僧人隐元为开山祖师，因此，黄檗宗寺庙里供奉关帝作为护法神，以中文诵念经文，并且像中国佛道教一样在盂兰盆会上举行施饿鬼的仪式。战后神户关帝庙的住持属于天台宗，但其黄檗宗的传统至今维持。每逢盂兰盆会，神户关帝庙都由黄檗宗大本山万福寺来的和尚举行普度仪式。神户关帝庙的山门在三岔路口，山门上有对联称"精忠扶汉业，德泽荫侨民"，表达了华侨们心怀祖国，祈望祖国护佑侨民生存他乡和生活美好的强烈愿望。门内院中有高大的木雕龙门，下有光绪年间制作的青石狮子，大殿中间供奉关帝，两侧供奉观音和天后（妈祖）。大殿侧还建有桃园和凉亭。庙内新建有豪华的礼堂，也是神户华侨聚会的场所。

长崎自古就同中国有密切联系，从17—18世纪，华侨就陆续兴建了兴福寺、崇福寺、福济寺和圣福寺等寺庙，这些寺庙都属于黄檗宗，因此，各寺庙都有关帝殿堂，供奉关帝。日本的这些有华侨烧香的关帝庙，从来没有道士，据说也从未举行过道教的仪式。这些庙观或者由侨民公推的董事会管理，或者由日本和尚管理。

第二次世界大战后，日本新宗教层出不穷。也有一些日本宗教界的人士，以新宗教的形式将道教引进日本，兴建了一些不属于华侨系统的道观设施，只是规模很小。在东京西部大岳山上有多摩道院，代表人物是笹目秀，笹目秀自称是仙人，收养弟子并且扶乩占卜。多摩道院自称是道教宫观，但受到日本新宗教之一的大本教的支持。东京还有一个仙道连，创立人是田中教夫。田中教夫自称“五千言坊玄通子道士”，仙道连以不老不死的仙境作为理想。田中教夫在第二次世界大战前曾在北京白云观修行。福岛县还建有日本道观，道观名可音译为“池拔利”，创始人是早岛正雄。早岛正雄自称是在台湾学道，龙门派第十三代传人。这些日本的道观在日本数以千百计的宗教团体和宗教庙堂中，实在是微不足道的。但是，因为它是日本民众的，又标榜为道教宫观，所以值得注意。

二、从日本的本土宗教和社会生活看道教影响

日本的宗教和社会生活明显地受到过中国道教的影响，这也是一个毋庸置疑的历史事实。

日本固有的民族宗教“神道教”起源于日本原始的自然崇拜、精灵崇拜和祖先崇拜。大约在5—6世纪时，逐渐体系化为一种宗教。不过，“神道”之得名是受到了中国道教的影响的。“神道”一词出于《易》之《观》卦卦辞。《观》卦辞称“观天之神道，而四时不忒。圣人以神道设教，而天下服矣”。唐孔颖达疏：“神道者，微妙无方，理不可知，目不可见，不知所以然而然，谓之神道。”①

① （唐）孔颖达：《周易正义》卷3，《十三经注疏》上册，北京：中华书局1990年版，第36页。

成书于东汉时的道教经典《太平经》,更有许多处用"神道"词语的,例如:

太平气至,阳气大兴,天道严,神道明。明则天且使人俱兴用之,神道用,则以降消鬼物之道也。神道兴,与君子同行。①

愚者贱道志,下与地连,仁贤贵道,忽上天门,神道不死,鬼道终焉。②

夫真道而多与神交际,神道专以司人为事,亲人且喜善,与不视人且惊骇,与不俱争语言与人旁,状若群鸟相与往来,无有穷极③

神人曰:决于明师,行之于身;身变形易,与神道同门,与真为邻,与神人同户。④

《太平经》的"神道"一词,指的是一种"真道","神者,道也"⑤,"能得太上之心者,皆无形自然。天仙大人有真道,乃能得太上之心,余者何因得与相见乎"⑥,人如果能与真为邻,与神人同户,就是"与神道同门"。所以,神道就是"为神要道"⑦的意思。

在日本的文献中,初次以神道名教见于8世纪成书的《日本书纪》的"用明纪"。纪称"(用明)天皇,信佛法,尊神道"。用明天皇在位是585—586年,相当于隋文帝开皇五至六年。日本有学者认为以"佛法"和"神道"对举,"无可争辩的指的是道教"(三谷荣一教授语),或者退一步讲,指的是在道教影响下的日本民族宗教。

日本的最高统治者称为"天皇"。日本开始使用"天皇"一词,一般认为是在从推古天皇(592—628年在位)至天武天皇(673—686年在位)时,相当于中国的隋末至唐初年间。唐高宗李治(650—683年在位)在生前就称为天皇,据《旧唐书·高宗本纪》,咸亨五年(674年)秋八月壬辰,高宗李治

① 王明:《太平经合校》,北京:中华书局1960年版,第696页。
② 王明:《太平经合校》,北京:中华书局1960年版,第472页。
③ 王明:《太平经合校》,北京:中华书局1960年版,第439页。
④ 王明:《太平经合校》,北京:中华书局1960年版,第26页。
⑤ 王明:《太平经合校》,北京:中华书局1960年版,第734页。
⑥ 王明:《太平经合校》,北京:中华书局1960年版,第734页。
⑦ 王明:《太平经合校》,北京:中华书局1960年版,第180页。

称天皇,皇后称天后。高宗称天皇是因为他崇信道教,自比为神。道教有神,称名为天皇大帝,即太一神,是人格化的北极星神。大约在汉末,太一神改称为天皇大帝。约在3世纪时,天皇大帝成为东方的最高神。唐高宗李治即位以后,又采取了一系列措施扶植道教,例如,追号老子为太上玄元皇帝,置天下诸州供奉玄元皇帝道观各一所,道观内各度道士7名,王公百僚皆习《老子》并每岁例试于有司,恩宠道士王远知、潘师正等。因此,唐高宗自称天皇,是他自居太上玄元皇帝的子孙,天上之神与地上之皇相互贯通思想的反映。唐高宗死后也被谥为天皇。根据中日两国史籍的记载,从公元630—894年之间,日本派来中国的遣隋使和遣唐使十余次,使团人员中有官吏、学者和僧人等,一次多达数百人。使团人员归国后带回了中国人民的友谊以及当时作为世界文明高峰的唐朝政治制度和社会文化。可以推想,由于日本政治制度的需要又符合日本神话的思想,天皇也被采用作为日本的最高统治者的称呼,并且一直沿用至今。和唐高宗同一时代的日本天武天皇以及后来的持统天皇(690—696年在位)都信奉道教,据传,天武天皇学习了作为道术之部分的天文、遁甲(占星术和隐形术),营造了道教的占星台,建立了奉祀道教风神的神社。

更为值得注意的是,天武天皇死后谥为天渟中原瀛真人。真人,在道教里原是得道之人的意思。道教《南华真经》(即《庄子》)的《大宗师》和《天下》等篇就有语称“关尹、老聃乎。古之博大真人哉”,“古之真人,不逆寡,不雄成,不谟士”①。瀛,是瀛州。道教和中国古神话均以瀛州、蓬莱和方丈等合称为三神山。天渟中原,则和日本神话有关。日本神话称天上神灵所居之地为“高天原”,高天原之下为“中津国”,即大海的世界,当指天武天皇生前执掌统治大权的地域,而中津国之下则为地下的“黄泉国”。天渟中原,当是天水积淀之大海,人间土地之主宰的意思。这一谥号可以认为是中国道教和日本神道信仰相结合的体现。天武天皇生前还自定了八种等级的家格制度,这一制度的最高等级就称为真人,当然这个最高家格等级只能属于天皇和天皇家族所有。现在还没有史料说明天武天皇从何处受到如此广

① 《道藏要籍选刊》第2册,上海:上海古籍出版社1989年版,第766、352页。

泛的道教影响,但是,当时正是中国和日本通过使节交流和朝鲜半岛百济来客的媒介,关系十分密切的时候,也是中国唐代的政治经济力量比较强大以及社会风气崇信道教的时候,所以当时道教对日本的影响可能是上至王室下至庶民,全面而广泛深入的。

在日本的神道教中,有一派称为“土御门神道”,即阴阳道。所谓阴阳道,就是以日本民族思想作为基础,吸收了中国的道教和佛教密宗的祭祀仪式中的核心部分,以天文、占筮等占术和咒术等作为主要宗教行为的神道教的一个派别。它的代表人物一般认为是安倍晴明(921—1005 年)。安倍晴明是平安时代中期的阴阳师,由于他一生从事充满神秘色彩的阴阳历法、占卜和咒禁医术,因此,有关安倍晴明的生平如同谜一样神秘。传说他的母亲葛叶姬是狐狸的化身。大阪的阿倍王子神社还藏有一身和服的葛叶姬在月光下同狐狸在一起的古人物画。《大日本史料》引《赞岐国大日记》和《赞阳簪笔录》称安倍晴明是赞岐国人。现在大阪市阿倍野区阿倍野元町的安倍晴明神社前立有“安倍晴明生诞传承地”的石柱标志。

安倍晴明从小就跟随大阴阳师贺茂忠行学习。贺茂忠行精通阴阳五行思想。阴阳五行思想起源于中国。这个以木、火、土、金、水等五行来解释世界的思想以及用天干地支来解释天象和制订历法的学说,大约在 6 世纪时经过朝鲜半岛传入日本。据日本史籍《日本书纪》的记载,继天天皇七年(513 年),从百济国派遣来日本有五经博士,其中包括有精通《易》的博士。继天天皇之孙钦明天皇十四年(553 年)六月,朝鲜半岛上百济受到新罗和高句丽的胁迫,向日本国请求援军。作为报答,钦明天皇要求百济派“医博士、易博士”和“历博士”来日本。所谓易博士,当是专门研究《易经》的博士;所谓历博士,当是专门研究历法的博士;所谓医博士,当是指以阴阳五行论医的中国医学药学博士。另外,钦明天皇还要求百济送“卜书、历本和各种药物”到日本。这些就导致从 6 世纪到 7 世纪日本阴阳道十分活跃的局面。奈良和平安时期,专职的阴阳师由国家机构阴阳寮管理,有关阴阳五行的书籍作为国家的机密。阴阳寮的职责范围就是占验天文、制定历法,以天象的变化来预测社会人事的吉凶,通过咒术来祭祀星象以禳灾却祸,同时,以阴阳五行医学理论为人治病。安倍晴明从阴阳师贺茂忠行处学习了天文之道。贺茂忠行又将历法之道传给儿子贺茂保宪，从此阴阳道成为世袭的学问，同时阴阳道的制度和内容逐渐稳定，阴阳师对于社会生活的影响也从朝廷逐渐扩大到了民众之中。

从现存的阴阳道仪式来看，它深深受到道教的影响。天社土御门神道本厅藏有《太上神仙镇宅灵符》，灵符上有八卦图，中央是北斗星象图，下有天尊及侍者像，天尊像类似真武坐像。《太上神仙镇宅灵符》包括72灵符，符的画法与道教之符全同。另外，至今仍可在京都市的晴明神社买到《晴明镇宅守护》，上面绘有类似道教之符的标志。阴阳道的祭祀仪式有泰山府君祭和天曹地府祭，这二种祭仪还曾作为国家大祭仪。此外，还有星辰祭和星神祭，包括北斗星祭、五星・八将神祭，特别是玄宫北极祭，专门祭祀北极星，《朝野群载》中记载了白河上皇61岁厄年时曾作玄宫北极祭。祭文称："北辰作为七曜九执之至尊，司理千帝万王之历数，居紫微之正位，司理天下兴灭。施光于玄宫，照曜人间之恶。"①在阴阳道仪式中，除了用符，还用道教的禹步。据《尊星都兰禹步作法》称，唱天蓬，出左足，继右足；唱天芮，出右足，继左足。依次唱天冲、天辅、天禽、天心、天柱、天任和天英等，反复以足的动作，旋绕于坛上。坛地之四周表示以九星和三十六禽，既示方位，也示时间。从平安时代起，阴阳道又接受了道教的庚申思想和守庚申仪式，首先流行于宫廷皇室，后又深入到了民众中间。中国道教称人身中有"三尸虫"（即彭倨、彭质和彭矫），每逢庚申日，待人熟睡之时，就会到天庭上告人之罪过，折人寿筭。因此，学道之人逢庚申日就要彻夜不寐，称"守庚申"。日本江户时代，每至庚申日傍晚，民众相聚在一起，在神像或神位前做祭祀，然后在灯下一起吃喝，直至头遍鸡叫，史称"庚申待"。庚申待以天皇为中心进行，所以又称"御庚申"或"庚申御游"。据《侍中群要》，"御庚申"在清凉殿进行，天皇出御，饮酒，在灯下作诗、弈棋，快天亮时奏管弦、跳舞，因此，变得已不再具有道教庚申之忌的内容，也不再称"守庚申"。从室町至明治时期，"庚申待"曾在全日本广泛流传过。按天干地支的排列计算，庚申日每逢六十天出现一次，因此日本每年有六个"庚申待"日。尽管

① 转引自《阴阳道の本》，东京：学习研究社1993年版，第116页。

日本的庚申民俗已经同道教的“守庚申”有了很大的区别,并且作了新的解释,但是,它是在道教影响下产生的,并且原是有过宗教色彩的。现在日本就存有《老子守庚申长生经》,一些神社和庙宇仍有“庚申堂”,在一些地方的路傍还散见有“庚申冢”,冢上还雕刻有“三猿”,即道教“三尸”的日本版。有些地方至今还借庚申之日举行聚会,一些喜欢饮酒的人聚在一起饮酒至深夜,以加深亲睦之感情。

在日本的神道教中,另有一派称为“修验道”。所谓修验道,就是以日本的民族信仰作为基础,吸收中国道教和佛教的修持方法,以苦行、修炼、符法和咒语为主要宗教行为的神道教的一个派别。它的创始人一般认为是役小角。役小角是个传奇人物,传说他生于舒明天皇六年(634 年),大约在大宝元年(701 年)返还故乡以后,伴随母亲一起升天。又一说称他坐于云端西飞中国。日本自古就有对于山岳的崇拜。由于山势高耸,接近神仙所居之高天原,因此日本神话一直将山作为天神降临的场所;由于山是河流的起源处,水又掌握着农业的生命,因此日本崇拜的山神,又衍生出水分神、丰收神和福神。由于山谷幽暗险峻,日本神话又将高山视为死者灵魂回归的彼岸世界。从日本史籍的记载看,日本的神话时代就已经有生活在山里的“山人”,他们身躯短而手足长,住在挖掘出来的土窟里,性格如同狼枭一样。在佛教和道教的修持和符咒之法传入以后,入山修炼的人逐渐增多。作为修验道开山祖师的役小角,传说生于大和国葛木上郡茅原村,出生时手持一枝花,其哭声听来如言“天遣我来,拯救众生”。母亲嫌其有异而弃之于林中,尽管风吹雨打,野兽出没,可是有鸟兽日夜守卫,被抛弃的役小角多日未见虚弱,于是母亲又抱回家中抚养。役小角出身于“贺茂役君”之姓的家庭。在大和朝廷里,贺茂役氏是个有力量的豪族之姓。小角是个通称,役小角就是役君(公)的意思。役小角居住在大和国葛城山的山麓。葛城山在河内和大和境内。南北走向,是生驹葛城金刚山脉的一座山峰,高度 959 米。古时称戒那山、鸭山。葛城之名原是山脉的总称,从古代文献来看,最古的修验道的灵山就是葛城山。不过,现在适于修验的还有吉野的金峰山、九州岛的英彦山和东北的羽黑山等名山灵峰。修验道的信徒们要隐于山中修持,称“山伏”,有发的要剪发,有固定的服装和法具,融合了佛道两教的部分特点。修验道认为山有灵力,通过修持,可以使自己同山的灵力化为一体。据史载,“山伏”的信徒实行“辟谷法”、“服饵法”、“调息法”等法。金峰山的修验道徒以服食药草制作的金丹来求得长生。羽黑山的修验道徒有以延命长寿为目的的“延年舞”,其舞符合“天道之行”的长生目的。《羽黑派修验道提要》称,役小角说:“我今弘誓,东土众生,能除灾难,增益寿命”,后来役小角“现身飞升,冲天而去”,这些都是道教用语和道术内容。另外,修验道的祭祀仪式多同道教类似,一是使用镜子,视镜子能识魔鬼的本体,即中国民间俗称照妖镜。二是使用道教九字诀:“临兵斗者,皆阵列前行”。九字诀见于东晋葛洪《抱朴子内篇》的《登涉》篇:“抱朴子曰:入名山,以甲子开除日,以五色缯各五寸,悬大石上,所求必得。又曰,入山宜知六甲秘祝。祝曰,临兵斗者,皆阵列前行。凡九字,常当密祝之,无所不辟。要道不烦,此之谓也。”①修验道认为念此九字诀,加上叩齿三十六次,就能免除一切灾害,得以禳灾却祸。三是使用道教灵符。《镇宅灵符缘起图说》收有灵符 12 种,称佩带该灵符就能长寿无病,有福有禄。《修验深秘行法符咒集》共 10 卷,包括:恋爱、结婚、出产、求子、生长、引导、长命、施饿鬼、治病、求雨、止雨、驱魔、防火等,涉及一般人的生活的各个方面。四是修验道的咒语,多杂有道教咒语“急急如律令”。明治五年(1873 年)修验道被废止,但由于其修持内容被日本佛教真言、天台两宗吸收融合,因此修验道对民众生活仍保持着一定的影响。至今仍有人沿着修验道的足迹从奈良县吉野沿大蜂山系徒步走到和歌山县的熊野。山路上共有 75 个修持点,最快也要走上 7 天。修验道徒们认为,7 天山中的修验就是经历了 7 天的死亡。7 天修验的完成,就是死后复生,即身成佛,求得永生。

在日本的神道教中,还有一派称为“吉田神道,”又称“唯一神道”或“卜部神道”。吉田神道由室町时期文明年间(1469—1487 年)京都吉田神社的祠官吉田兼俱创立。吉田兼俱(1435—1511 年)出身于神道界权威的吉田家族,在宽正元年(1460 年)26 岁时,就参予以亡父之名命名的吉田社事务。应仁之乱时,吉田社毁于兵火。但是,吉田兼俱在社会上要求复兴神道

① 王明:《抱朴子内篇校释》(增订本),北京:中华书局 1985 年版,第 303 页。

神事和统一神祇崇敬的时候，复出和创立了吉田神道，并且依靠朝廷公卿和武将们的支持，重建吉田神社，成为日本最上神祇的斋仪场所。吉田兼俱著有《唯一神道名法要集》，有系统的神道教义思想，同时十分重视仪式，"内场行事祈愿表白等文，一切发言初"，都要加上"无上灵宝，神道加持"等8个字。据《唯一神道名法要集》称："无上者，高天原之尊号也，太极天是也。太极者，苍天至极之妙云名也。三清天者，《北斗元灵经》云：无色界之其上有三清天。故颂曰：太极玉清、上清、太清。无上极天，是高天原。""灵者，一切诸神，有情非情之精灵是也。故颂曰：器界生界，山河大地。森罗万象，一切神灵"，"宝者，神明相承之十种之神财也，是则修真妙行之灵宝也。故颂曰：十种神财，十界十善。十心十住，一一圆满。各各成就，如意感应"。这些对于道教词语"无上灵宝"的解释显然是经过日本神道思想的改造的。至于"加持"则是借用了佛教词语。"加持"的原义是以佛的力量护佑众生。《唯一神道名法要集》称，"加持者，神语也。神代昔，武瓮槌神、斋主神，为天上神御使，最初降下界，拂平一切恶魔，然后神孙降临。依之，彼二神，今垂迹之名，云加四魔胜取，又云揖取。是则于此治彼秘术之起也……佛子谓加持者，神道名目一同乎。三国相通之言语，多有以其例"①。这些解释，在熟悉佛道教的人看来，实在是牵强的，但是，吉田神道受到道佛两教的影响，乃至于借用道佛两教的语词这一点却是明显无疑的。另外，吉田神道还直接吸收道教的《北斗元灵经》（即《北斗本命延生经》）、《太上太玄女青三元品诫拔罪妙经》、《上清三元玉检三元布经》等内容，作为神道教义思想的内容。《唯一神道名法要集》在述及神道即"真道"时称，"神者，善恶邪正，一切灵性之通号也。所谓为明纯一无杂之真元神，谓之真道者也。《北斗元灵经》云：真者，神也，正也，直也，化也，圣也。灵通而妙明，谓之真者也。天无真，万物不春；地无真，草木不根；人无真，不能御神"②。其中，《北斗元

① 转引自陈耀庭：《道教在海外》，福州：福建人民出版社2000年版，第59—60页；《中世神道论》（日本思想大系19），东京：岩波书店1977年版，第321—322、324—325页。

② 转引自陈耀庭：《道教在海外》，福州：福建人民出版社2000年版，第59—60页；《中世神道论》（日本思想大系19），东京：岩波书店1977年版，第331页。

灵经》已经成为其神道教义的依据和组成部分,可见道教对吉田神道教义思想的确有重要的作用。在述及“三元”时称,“三界者,天地人之三元也……儒教道教,万端以三成物。故《易》云:三生万物,是谓之乎……天无神道,则无有三光,亦无四时;地无神道,则无有五行,亦无万物;人无神道,则无有一命,亦无万法”;“三妙者,三元之神妙也;三行者,三妙之法行也”①。这里有关三元的概念和论述,全部是道教教义思想的内容。吉田神道在《神道大护摩次第》中有《符印立炉中心咒文》,其咒称“天灵节荣,愿保长生,太玄之一,守其真形,五脏神君,各保安宁,急急如律令”。其中咒语的语言和形式,特别是“守其真形”和结尾语言,可以认为都是同道教有密切关系的。吉田神道是日本神道教发展史上一个有系统神道教义的重要流派,而在其教义系统化的过程中,利用了大量的道教教义思想的材料,这一点是毋庸置疑的。

“急急如律令”,是中国道教仪式和法术中常见的一句咒语,逢到召将、驱邪、发符、施令等的时候,都要用到它。据考证,“急急如律令”原是汉代官方文书的结束语,就是上述内容如同律令,必须尽快按照执行的意思。道教法术和道教科仪中使用这句话,就是为了加强道坛的威势、执法的严肃,表现道教徒急迫的愿望。日本的修验道、阴阳道和吉田神道的文书和仪式中都有“急急如律令”的使用。从考古发掘的资料来看,“急急如律令”传入日本可能是在奈良时代的末期至平安时代的初期,相当于中国的中晚唐时期。像静冈县的伊场遗迹和东北部的多贺遗迹中的符咒木简,都是该时期的文物。在奈良县僵原市的曲川遗迹里,一些平安末期至镰仓初期(大约在1192年前后,中国的金代中期)的豪族屋基发掘中,也出土了上有墨写黑字的木简,据辨认,上面书写的文字就有“急急如律令”。可知在800年前,道教的咒语文字就已作为镇地之物安放于新建房屋的屋基之中了。从奈良到平安时期的400余年之中,由于阴阳师和修验道的影响,当时天皇在立春之日的早朝中,都要唱念“万岁不变水,急急如律令”。如果以上这些材料

① 转引自陈耀庭:《道教在海外》,福州:福建人民出版社2000年版,第59—60页;《中世神道论》(日本思想大系19),东京:岩波书店1977年版,第327、324、325页。

及其说明能够成立，那么，“急急如律令”在日本的传播至少已经有 1100 余年的历史了，并且广泛深入到朝野的宗教生活和民众的民俗活动之中。现在，在一些寺庙和出版物中仍有“急急如律令”在流传。修验本宗所在地奈良吉野山金峰山寺有国宝“安产祈愿文”，咒文用黑墨写在白布上，由孕妇系在腰腹之上作为安胎之用。咒文的结尾处写有“寿”字和“安产”字样。中间盖有金峰山寺的印记和被安产人的姓名。咒文中部是密传的本尊真言，类似于手写的藏文，而这句本尊真言的两侧各有一句“急急如律令”，只是“急”字加了一个“口”字的偏旁。奈良的五条市地福寺常年发行一种木版印刷的“除虫护符”。农家每年来请领以除农田里的害虫。这个护符的下部就是五个偌大的汉字“急急如律令”。京都府绫部市林南院也向信徒传符：一是祈愿幼儿健康成长符，二是祈愿诸难消除符，三是祈愿万事如意符。三种符式除上半部分略有不同外，下部都用“急急如律令”作尾，只是“急”字加上了“口”字偏旁。至于日本的出版物中看到的“急急如律令”就更多了。在天宝年间（1830—1844 年）发行的《天保新选永代大杂书万历大成》，在“咒咀秘传”部分里带有“急急如律令”字样的就有二十多种，其中“止小儿夜啼之符”，实在有点像我国民间过去流传的“天皇皇，地皇皇，我家有个夜啼郎。过路君子念一遍，一夜睡到大天亮”之类的东西。“急急如律令”还渗透在日本民俗之中，奈良县的田原本町、僵原市、樱井市和当麻町一带的居民住宅的屋脊瓦上就有“急急如律令”咒语的字样。奈良县横丁的“三幸料理店”，店堂的墙上就挂有三条写着“急急如律令”的咒语。据说这三条类似于道符的东西，每年张贴，每年更新，已经持续有 30 多年了。但是，写这条咒语的女店主井上喜美代却从不知道它是道教和修验道使用的咒语。“急急如律令”深入到日本民众生活之中，并且被日本民众按照日本的生活习惯和信仰传统来解释。在伊势湾口的神岛上，民众都在屋门口挂有一条草绳，叫注连绳。绳下吊有木牌，正面写有“苏民将来子孙门”，传说挂牌的家庭都是苏民将来的子孙后代，有神灵保佑，可以免灾。在木牌的背后则写有“急急如律令”。可是，日本民众并不知道它是道教的咒语。当有教授告诉他们是中国道教的咒语的时候，他们还不以为然地反问“谁说这是中国神说的话”，似乎它本来就是日本神灵“须佐之男命”的创造一样。

至于一些和中国关系较为密切的日本岛屿，中国道教的影响那就更为明显突出了。例如冲绳，古称“琉球国”，据《隋书》卷八十一《东夷传》，从隋代起琉球国同中国就开始有来往，并且持续了1400余年的历史。明代洪武年间，还有敕命下赐琉球王国“三十六姓”，中国的文化也随着“闽中舟工”而流传到了琉球。日本著名道教学者洼德忠曾多次到冲绳考察，著有《冲绳的民间信仰》等书。根据他的研究，从中国来的“三十六姓”子孙居住于那霸的“唐荣”、“唐营”和“久米村”等地，在那里建有孔子庙、龙王殿、天尊堂、上下两天妃庙和关帝庙等。在太平洋战争中，这些庙宇大部分被烧毁，但是在20世纪六七十年代大部分又重新得到修建，虽然规模大大缩小，但是标柱上仍明记“天尊庙”和“天妃宫”，并且有人参拜。从琉球的各种史地书籍中查考，冲绳可能并未有过道士的踪迹，但是据《历代宝案》卷43，当时琉球的尚巴志王曾函请龙虎山张天师下赐符箓，其时正是天师道第45代天师张九阳（1387—1444年）掌执教权的时代。另外，冲绳各县民众也都有灶神崇拜、土地神、后土神和城隍神的信仰，以及妈祖和关帝的信仰。对于日本本土来说，冲绳则是边境。冲绳地区由于历史上多有中国沿海渔民登岛、避风、增补给养等，同中国的交往关系密切程度自然远远超过同日本国本土的关系，因此，中国文化乃至于道教文化对琉球的影响比起对日本本土当然要广泛得多和深刻得多，而且在历史发展中，这些接受过来的文化都同冲绳文化结合在一起。洼德忠认为，站在本土人的立场上将中国宗教文化的影响视作“不适当、不必要、不正确”这样一种态度是不符合历史观点的。这种状况正是冲绳文化与日本本土文化不同的“独自性、固有性”的表现。洼德忠的看法正是一位学者的客观而公允的见解。

第三节　道教在东南亚地区

通常所说的“东南亚”指的是亚洲的东南部地区，又称南洋。该地区是第二次世界大战后期才出现的一个新的地区名称，共有11个国家：越南、老挝、柬埔寨、泰国、缅甸、马来西亚、新加坡、印度尼西亚、文莱、菲律宾、东帝汶。由于地缘上的关系，这些国家也有道教传播和影响。其中，尤以华人较多的新加坡、马来西亚、越南为明显。

一、道教在新加坡

新加坡位于马来西亚半岛的南端,原是马来西亚的一部分。1819 年,英国东印度公司东方部的代表史丹福·莱佛士率舰队到达新加坡,与当时治理新加坡的马来酋长天猛公拉曼签署临时协定,由此开始了新加坡的开发和建制。[①] 这一年,一般认为是新加坡现代文明的开始。之后,马六甲的华商和中国闽粤沿海的劳工来到新加坡。[②] 1836 年,旅居新加坡的华族人口超越了马来族原住民,成为新加坡最大的族群。从 20 世纪初至今,华族人数基本上占总人口 3/4。华族的宗教信仰,包括道教,也跟随着移民来到了这里。

(一)道教初传新加坡

在英国人到来之前,中国的商人和种植者曾经到过新加坡[③],但当时的新加坡只是一个小渔村,人口稀少。[④] 有人推测早在明代郑和下西洋时,中国人就已经把妈祖神像带到了新加坡。许原泰在《论新加坡道教信仰的起源》一文中,从新加坡最早两间庙宇"福德祠"和"顺天宫"的史料分析,认为新加坡道教信仰的起源很可能早于开埠日期,而是从安葬移民海上浮尸的"阴鬼"信仰开始的。这种说法虽然难以确证开埠前的新加坡有否道教,不过,"顺天宫"和"福德祠"作为新加坡最早的华人庙宇,同道教有关也是事实。

---

① 参见林孝胜:《新加坡华社与华商》,新加坡:新加坡亚洲研究学会 1995 年版,第 8 页。

② 参见林孝胜:《新加坡华社与华商》,新加坡:新加坡亚洲研究学会 1995 年版,第 89—90 页。

③ 参见王赓武:《中国与海外华人》,香港:商务印书馆 1994 年版,第 196 页。

④ 根据莱佛士与当时的纽波德上尉的记录,那时的新加坡只是个渔村,居民大约 150 人,其中有马来人及海人,他们多半是渔夫与海盗,亦有约 30 名华人。上述记录引起了学者的质疑,有人认为当时的新加坡并非荒岛,而是一个商港。也有学者认为当时的新加坡居民远远超过 150 人。莱佛士登陆之前的华人已有从事甘密的种植。参见崔贵强:《新加坡华人——从开埠到建国》,新加坡:宗乡会馆联合总会 1994 年版,第 5 页。

"顺天宫"是供奉大伯公,即土地公公的庙宇。根据《新加坡华人碑铭集录》收录的"重建顺天宫碑记",该庙"建于嘉道之际"①。对于"嘉道之际"的年份,人们有多种解释,②但是无论是哪一种说法,都表明顺天宫在新加坡开埠前就已经存在了。

"福德祠"出现的年代与顺天宫相去不远。据说,在清仁宗嘉庆年间(1820 年左右)有一陈姓长者浮尸到直落亚逸海边。居民捞起浮尸落葬祭祀。因祭祀人很多,广客七属人等遂敛资于道光甲申年(1824 年)建祠,榜约"福德祠"。庙内悬挂的最早的一块匾额立于"道光岁次甲申年",即 1824 年。这说明在 1824 年之前,此地便有了大伯公香火。③

"顺天宫"和"福德祠"供奉的主神都是"大伯公"。"大伯公"是新加坡华族供奉最多的神明。新加坡和马来西亚地区大部分学者认为,"大伯公"就是中国的"土地神",只是被增加了新马地区的文化色彩。大伯公庙的出现可以认为是道教传入的标志。

另外,华人庙宇的出现又同帮权政治联系在一起,这是 19 世纪新加坡社会的一大特色。"帮"指的是华人的原籍地。新加坡开埠后,最早的华人移民是来自马六甲的福建漳泉商人,后来又有中国东南沿海闽、粤、琼和客属移民。华族移民原籍地不同,方言和生活习惯不同,加上抵达新加坡的先后造成在利益资源分配上的差异。华族移民就自然区分为一个个"帮",于是有人就称其为帮权政治。④ 据 1881 年人口统计显示,在总数 86,766 名华族人中,以福建人最多,有 33,508 人;潮州人其次,有 22,644 名;广东人 14,853 名;海峡侨生 9,527 名;海南人 8,319 名;客家人 170 名;其他 272 名。⑤ 由此可知,新加坡五大主要帮群就是:闽、潮、广、琼、客。移民初期,

---

① 陈荆和、陈育崧:《新加坡华人碑铭集录》,香港:香港中文大学出版社 1972 年版,第 152 页。

② 参见《针对邱新民的看法国大两讲师提出质疑》,《南洋商报》(新加坡)1981 年 10 月 1 日。

③ 参见李奕志:《从海唇福德祠到绿野亭》,载林孝胜等:《石叻古迹》,新加坡:南洋学会 1975 年版,第 199—200 页。

④ 参见林孝胜:《新加坡华社与华商》,新加坡:新加坡亚洲研究学会 1995 年版,第 29 页。

⑤ 参见 Maurice Freeman,"Immigrants and associations:Chinese in Nineteenth-Century Singapore",*Comparative Studies in Society and History*,Vol.3,No.1,1960,p.26。

各帮群聚集在各自的庙宇中议事。庙宇承担着建造该庙的一帮族群的会馆和学校的功能。后来各帮有了专门议事的会馆,但是该帮的庙宇仍然是帮群的象征。例如,闽帮的天福宫(1839—1842年),主神妈祖;潮帮的粤海清庙(1826年),主神玄天上帝和妈祖;广客七属人的海唇福德祠(1824年),主神大伯公;琼帮的天后宫(1857年),主神妈祖;嘉应客家帮的丹戎巴葛福德祠(1844年),主神大伯公。在19世纪的新加坡,华族首领在建庙、修庙、管庙等工作中都扮演了非常重要的角色。例如,福建帮侨领章芳琳,在1863年建巴西班让福德庙,在1887年建清元真君庙与玉皇殿,在1869年他又捐地重修海唇福德祠,在1881年他独资重修了金兰庙。[①]"福德祠"也有浓厚的帮权色彩,它起初由广惠肇集团创建。19世纪前期,广惠肇集团的广东帮和客家帮为了对抗人财众多的福建帮,两帮组成了广惠肇集团。"福德祠"就是广、客两帮联合阵线的总部。而"天福宫"则是福建帮总机构的所在地。

在这样的时代背景下,新加坡道教庙宇从一开始就在宗教信仰功能之外,还承担着其他功能。庙宇的建设和管理者都是商人,而这些商人又是华社的领袖和帮群政治的核心人物。庙宇里的职业宗教徒只是受雇从事宗教活动,并没有庙观的领导权和管理权。

从庙观的碑文可知,从19世纪到20世纪初期,当时在庙观里从事职业宗教活动的大多是僧人。"新加坡佛教总会"在《新加坡庙宇概览》一书中说道:"新加坡开埠之初,已有华侨之神庙,嗣后庙宇随人口而增,然真正祀奉佛者甚少,多属大伯公、城隍、天后之类,三宝佛及观音菩萨、地藏王,却少之又少。"[②]供奉大伯公的顺天宫起初六位住持都是僧人,直到2009年第十四届董事会兼十二届理事会起,顺天宫才与新加坡道教总会有了往来,并逐渐密切起来。[③] 福建帮的"天福宫",也是由僧人主持。天福宫管理层通过

① 参见林孝胜:《典型华族庙宇玉皇殿》,林孝胜等:《石叻古迹》,新加坡:南洋学会1975年版,第117页。

② 《新加坡庙宇概览》,新加坡:南风商业出版社1951年版,第1页。

③ 在2012年出版的特刊中,新加坡佛教总会和新加坡道教总会会长分别题写了贺词。参见《路班让顺天宫福德正神——新加坡路班让顺天宫二百周年纪念特刊》,新加坡:顺天宫(大公司)有限公司2012年版。

公开招标,招募僧人承包香火。僧人只是被雇佣者。到了20世纪初期,天福宫还是由僧人主持宫内的宗教活动。例如,天福宫的《中元节更新之办法》说到,该宫中元普度的费用就是由管理层拨款,交住持僧办理的。清末民初,中国福建一些著名和尚来到东南亚弘法,有的被挽留担任庙宇住持,例如转道法师,曾先后住持天福宫与普陀寺。[①] 坐落在丹戎巴葛地区的都城隍庙,则是由凤山寺僧人瑞于在1905年修建的。1953年瑞于圆寂,此庙后由俗家弟子管理。而中国的城隍神历来被认为是道教神灵,从元明时代开始,城隍庙多由道士住持。[②] 但是,新加坡情况不同。新加坡庙宇无论供奉什么神,在19世纪和20世纪初期,大多由僧人住持。在五大帮群中,福建帮管辖的所有庙宇、坟山,都聘有僧人担任住持,并负责法务活动。当时的新加坡道士都是伙居道士,只在自己家中设立道院或道坛,并不住庙。他们把道士作为职业,为信众做些超度功德,或者在庙宇庆典中诵经祈福。正因为伙居道士无庙,自立道坛,又没有统一组织,所以有关道士及其活动的记载非常少。

新加坡现存最早提到道士和道院的资料是光绪十年(1884年)设立的"广惠肇重修利济桥道碑"。碑文说:"吴道院送醮一坛,玄门弟子吴升南、李杰生";"陈道院送醮一坛,玄门弟子陈心泉、陈谦堂"[③]。碑文说明,早在1884年,新加坡就有了道院和玄门弟子,而且还不止一家和一两个。广、惠、肇属于广东帮,因此,碑文中的吴道院和陈道院属于广帮道院,其弟子也是广帮道士。当时的新加坡道院和道士只是为信徒做功德法事,在社会上无足轻重。

除了帮权庙宇外,新加坡还有广布在丛林和甘榜(即村落)地区的庙宇。中国本土道教界称之为地方庙,或乡村小庙。这些庙宇大多是底层劳工移民建立的。劳工移民有的在工厂和港口劳作,有的进入山芭和甘榜垦殖。他们劳苦而孤独,有强烈的信仰需求。这类庙宇大多是先设小神龛,供

---

① 参见陈支平主编:《福建宗教史》,福州:福建教育出版社1996年版,第280页。

② 参见邓嗣禹:《城隍考》,载黄培、陶晋生编:《邓嗣禹先生学术论文集》,台北:食货出版社1980年版,第87页。

③ 陈荆和、陈育崧:《新加坡华文碑铭集录》,香港:香港中文大学1972年版,第238—239页。

奉家乡带来的神像,等待他们富裕起来后再集资兴建大庙。例如,万山港福德祠,起初只是供奉“土地爷爷”的临时神龛,为附近的苦力和村民的祭拜。因为神明显灵,有人出资建庙,于是得以建成。另外,现今的淡宾尼联合宫是由淡宾尼地区的 12 所小庙整合而成的。这些小庙中一间最早创建于 1851 年。当时的淡宾尼地区是山芭和丛林,虎患肆虐,有流行病,还有过“麻风芭”①。天灾人祸使得淡宾尼地区的百姓虔信神明。于是,就有了驱逐虎患的洪仙大帝庙、驱赶时疫和麻风的福安殿、保佑信徒平安的大伯公庙等。凤山宫的前身是葱茅园九皇宫。“葱茅园”原来人烟稀少,村民以种植葱茅为生。1906 年,三位漳州籍人士从马来西亚迁移到此,随身带有九皇大帝的神像。他们在葱茅园栖身后,就把九皇大帝神像安在前屋,供村民膜拜。随着祭拜人增多,1928 年始建凤山宫。② 这类乡村小庙散落在新加坡各个角落,几乎每年都有旧庙衰颓,又有新庙兴建。小庙供奉的神明大多根据当地民众信仰需要,数量最多的是大伯公,即使主神是关帝、观音和妈祖的,也将大伯公和注生娘娘配祀两边。另外,闽、粤移民还供奉家乡的地方神灵,例如清水祖师、广泽尊王、保生大帝、哪吒三太子、法主公、包公、三王府大人等。正如《福建宗教史》中所说:“福建民间社会的诸神崇拜是十分繁杂的,不仅奉祀之神为数众多,而且各地崇奉之神差别很大,一铺一境,一乡一村,奉祀之神都各不相同。”③

与帮权庙宇不同的是,乡村庙宇的功能单一,就是底层民众需要有一个驱邪纳福、守护家园,同时慰藉思乡之情的场所。这些乡村庙宇中,与神沟通的主要方式并不是道士的上表祈愿、科仪法事,而是“跳神”和“扶乩”。“跳神”指灵媒自称神灵附体,做出种种行为,替人驱邪、治病、问亡、判断吉凶、寻人、寻物等。“扶乩”又称扶鸾、降卜,是在请神以后用桃木三叉在沙盘上写下文字,记录下来,作为神示。

---

① 《淡宾尼古庙晋驻大庙》,《庙宇文化 1》,新加坡:焦点出版有限公司 2005 年版,第 38 页。

② 《葱茅园百年九皇爷庙》,《庙宇文化 1》,新加坡:焦点出版有限公司 2005 年版,第 38 页。

③ 陈支平主编:《福建宗教史》,福州:福建教育出版社 1996 年版,第 487 页。

在新加坡独立建国以前，乡村庙宇几乎没有任何文字记载，庙宇碑刻也非常稀少。这些庙宇和道教的关系也很少有资料留存。新加坡开埠后，一些有影响的新加坡河两岸的帮权庙宇，当时就有延请道士参加法会的。至于数目众多的乡村小庙，信众并不在乎和尚或者道士举行祭拜活动，只求供奉的神灵有灵验。这些以多神信仰为特色的、具有浓烈地方色彩的宫庙，在新加坡建国后大多逐渐加入了新建立的道教组织之中。

（二）道士与道坛

新加坡华族分为五大帮，即闽、粤、潮、琼、客等。一般地说，各帮华族信众都只邀请本帮道士做法事功德。只有潮州帮信众一直由善堂经师主理法事，因为新加坡没有潮州帮道士。[1] 另外，新加坡客家帮信众做道场一向从马来西亚柔佛州古延请客家道士，有的客家信众还延请斋姑来诵经。所以，新加坡也没有客家帮道士。新加坡的道士只有三大帮派，即福建（闽）帮、广东（粤）帮和海南（琼）帮。因为福建省方言差异巨大，所以福建帮的道士又分为闽南帮、福州帮和兴化帮三种。

据三大帮道士的口传史，广东帮道士到新加坡最早，大约是在19世纪末至20世纪初；福建帮道士其次，大约是在20世纪20年代；海南帮道士出现得较晚，直到50年代琼帮道士才出现在新加坡道坛上。

1. 福建帮道坛和道士。

第一，闽南帮，指用闽南方言诵经的，来自泉州、漳州及永春地区的道士。

20世纪20年代，在新加坡出现了几个闽南帮道坛。闽南道士的道法道术来自祖籍地闽南，因为是南来的第一代移民，都很年轻，没有学会全部法事。所以，他们来到新加坡后，也向其他道坛，甚至远赴台湾学习道法。于是，闽南帮道士一开始就有自称“灵宝派”和“三元派”二派。

“灵宝”原是道教宗派名称，以符箓科教和斋戒仪轨，劝世度人为特征。闽南的泉州、漳州和诏安一带流行灵宝派。[2] 新加坡“灵宝派”道坛主要在

---

① 彭松涛：《道教传入新加坡概况》，《道讯》1992年第4期。

② Kenneth Dean, *Taoist Ritual and Popular Cults of Southeast China*, Princeton: Princeton University Press, 1993, pp.28, 42.

市区活动,被称为“坡底师公”,以泉州籍陈辉荣的“混元道坛”和惠安籍张启珍的“西龙道坛”为代表。

“三元”原是道教名词,并非是宗派名称。据三元派中人称,“三元”一词来自“三元普济监雷嘉惠真君”的封号,此真君俗称法主公,即张公圣君。三元派奉张公圣君为法主之一。三元派道坛以法主三公:张公圣君、萧公圣者、章公真人为主神。① 三元派当属于法主公教的一支。法主公教流行于永春、泉州、安溪、南安一带,属于闾山派。闾山派在唐宋间由于临水夫人陈靖姑信仰的流行而传播于福建、浙江、江西、广东和台湾等地,是中国南方民间有影响力的道派。台湾称闾山派道士为红头道士。② 新加坡的“三元派”道士主要在村落一带活动,被称为“山顶师公”。道坛有:南安籍林嘉禧兄弟的“南山普济道坛”、安溪籍施玉泽的“广应道坛”、安溪籍姚池南的“高济道坛”以及永春籍的陈氏兄弟的“显灵坛”和洪锡瑞的“桃源坛”。新加坡,同属于闾山派的“三奶派”还有漳州籍林兆保的“报应坛”,此坛也以三妈为主神。不过,该派道士不足十人。由于漳州东山县旧时归诏安县,因此新加坡民众亦称三奶派道士为“诏安师公”。

“三元派”道法以驱邪镇妖为主,缺少度亡科仪。因此,到新加坡的“三元派”道士有向灵宝派道坛学习度亡科仪,抄录度亡科仪经书的。于是,三元派道士的度亡科仪就和灵宝派道法类同。同属闾山派的这两派道士(即“山顶师公”和“诏安师公”)在进入新加坡以后就有融合的趋势。

混元道坛

混元道坛是闽南帮灵宝派道士陈辉荣(1900—1973 年)在 20 世纪 40 年代创建的。陈辉荣,法号高追,出身泉州市东岳乡道士世家,传承已有 24 代。陈辉荣的道法授自其祖父泉州东岳行宫住持陈禧胜。1925 年,陈辉荣为逃避壮丁而南渡新加坡。起初,他以主厨谋生,40 年代设立“混元道坛”。陈辉荣收徒有余丁财、林忠铭、陈松柏等。之后,又收了林忠铭之弟林忠坛,并教习儿子陈国显。

① 许思伟:《新加坡闽南籍道士初探》,新加坡国立大学中文系荣誉学士学位毕业论文 2004 年,第 18 页。

② 叶明生:《道教闾山派与闽越神仙信仰考》,《世界宗教研究》2004 年第 3 期。

余丁财(1928—2006年)出生于福建南安。1947年,20岁的余丁财来到新加坡,因为熟悉器乐,常替混元道坛伴奏,遂拜陈辉荣为师,学习道法。1962年,余丁财创建"混真道坛"。1964年,"第六十三代天师"张恩溥到新加坡授箓于余丁财,并名道号为"鼎进"。1965年,余丁财又向泉州晋江老道长蔡长鑫请教道法。1981年,余丁财主持云山健身社道教诵经团,收门徒多人。众弟子又独立设坛,如黄贞泉的"集真道坛"、陈忠义的"观静清虚道坛"、陈堃贵的"泓真道坛"等。继承混真道坛的是余丁财的长子余光辉。①

林忠铭出身三元派世家,本有家传道业"南山普济道坛"。因为随混元道坛学习灵宝派幽科度亡道法,成为陈辉荣的弟子。林忠铭与余丁财曾被称为陈辉荣的"东西都讲"。

陈松柏原是布袋戏艺人,熟习乐器,以唢呐演奏著称。原是混元道坛一员,随陈辉荣学道,后来独立设"靖化道坛"。

混元道坛在林忠铭与余丁财独立门户后,陈辉荣的儿子陈国显继承父业,担任了混元道坛的"都讲"。陈辉荣育有四子七女。陈国显是其三子。陈国显中学求学时,当时道士被称为"赛公"(师公),文化程度不高,社会地位低下,有的还染有恶习。陈国显中学毕业时,随父学道,尽管心怀抵触,只是别无选择。1964年,陈国显从"第六十三代天师"张恩溥处授箓,并被赐号"鼎达"。1973年陈辉荣去世,陈国显即成为"混元道坛"掌门人。其幼弟陈国铭也随兄学习道法,成为陈氏道业又一传人。陈国显一生收徒近三十人,其中有亲戚朋友,也有慕名而来的外姓青年。他的弟子陈笃志、许景添、陈新中、陈荣华等学成之后,也都自设道坛,成为新加坡第二代闽南籍骨干道士。陈国显为了改变新加坡道教的面貌,推动道教革新、建立组织、弘扬教育,和同道一起着手创建了新加坡最早的道教组织——三清道教会和新加坡道教总会。②

① 林纬毅:《怀念余丁财老道长》,《狮城道教》2006年第4期(总第8期)。

② 徐李颖:《承传道业创总会,弘扬教义立楷模——陈国显道长与新加坡道教》,《狮城道教》2006年第2期(总第6期)。

西龙道坛

在闽南帮道士中，与“混元道坛”齐名的，还有惠安籍道士张启珍的“西龙道坛”。张启珍是中医师，曾获中华医院文凭。20 世纪初期，张启珍由惠安来新加坡，创建“西龙道坛”，和陈辉荣的“混元道坛”齐名，并称“龙虎坛”。张启珍“西龙道坛”传其子张福安。张福安又将道坛传于次子张再龙。由于母亲阻挠张再龙从道，因此，张再龙离开英文学校后直到 20 岁才开始随父学道，为了用闽南话诵经，坚持练习闽南话发音，读报朗诵，终于克服科仪语言障碍。[①] 张再龙现在是“西龙道坛”的掌门人。

复灵道坛

“复灵道坛”由金门籍道士黄森树创立。黄森树于三十年代来新，设“复灵道坛”，主要为码头行业的金门和同安人中道教信徒服务。“复灵道坛”的道士主要在码头工人聚居地活动。[②] 复灵道坛后传于其子及外甥。

兴玄道坛

“兴玄道坛”由晋江道士张文埔创立。张文埔在 20 世纪初来新，创立“兴玄道坛”后不久即过世，留有一子张清湖（1943—　）。张文埔之妻续嫁于张文埔之徒许赞成，育有一子许祖贤。张清湖和许祖贤共同继承了“兴玄道坛”，其信徒主要在芽笼（Geylang）一带活动。

南山普济道坛

南山普济道坛由南安道士林嘉禧和林本佬创建。林嘉禧的道坛传于其子林忠铭和林忠坛。林忠铭和林忠坛是“混元道坛”陈辉荣的大弟子，曾跟随陈辉荣学习灵宝派道法。林本佬的道坛传于其子林再添、林忠豹、林忠虎。林忠豹后自设“通玄道坛”。

广应道坛

“广应道坛”由安溪道士施玉泽（1899—1980 年）创建。施玉泽于 1933 年来新加坡。“广应道坛”后传于施玉泽的子孙。

高济道坛

“高济道坛”由安溪道士姚池南创建，历史悠久。道坛设在安溪人聚居

① 《张再龙访谈》（口述记录稿），2011 年 7 月 27 日。

② 彭松涛：《道教传入新加坡概况》，《道讯》1992 年第 4 期。

的村落,服务对象主要是安溪籍信徒。“高济道坛”传于姚池南之子。后因姚氏子孙不再从道,高济道坛即中止道业。

报应坛

“报应坛”由漳州籍道士林兆保创建,是新加坡唯一的漳州诏安籍道坛。林兆保(1906—?)出身道士世家,1928 年来新加坡谋生。抵新后,林兆保即设立“报应坛”和“碧珠宫”,奉祀“三奶夫人”陈靖姑。林兆保的二子林兴国(1934—2010 年)继承父亲道业。林兴国育有二子林碧乾(1957—)和林碧坤(1958—),从小随父学道。报应坛服务的对象局限于诏安籍(包括东山)人士。从林兆保起,林家便精于制作各种红白法事的纸扎料。林兴国也继承了扎纸手艺。林家纸扎手艺由次子林碧坤继承。林家儿女都有较高学历和自己的事业,但是子孙都会时常参与“报应坛”的活动和纸扎手艺制作。

属于闽南帮的还有两个永春道士的道坛,即“显灵道坛”和“桃源道坛”。这两个道坛成员不多,遇有法事时常要请马来西亚的永春籍道士协助。

第二,福州帮,指福州十邑籍、以福州方言诵经的道士。

福州帮的道坛是召元道坛,其创办人是闽侯县道士陈躬梅(1906—1978 年)。陈躬梅出身道士世家,第二次世界大战前来到马来西亚槟城,1951 年携子陈子元(1930—)来到新加坡,创建“召元道坛”,收徒弘道。陈子元传业于其子陈信礼和其他徒弟。

第三,兴化帮,指莆田、仙游及福清三县,以福建兴化语诵经的道士。

兴化帮是新加坡各帮道士中人数最少的,据说仅有一位,名叫余梦维。余梦维出身道士世家,第二次世界大战前抵达马来西亚槟城,日军侵占新马时期移居新加坡,设立“显济道坛”。

2. 广东帮道士。

广东帮道士,指来自广州、惠州、肇州等地用广东方言诵经的道士。来自广东的移民劳工在开埠之初就到新加坡了,并且设立了宁阳公司。清道光二十八年(1848 年)在牛车水的宁阳公司改名为宁阳会馆,馆内供奉妈祖。另有海唇福德祠,是广东和客家两籍人士祭祀大伯公的庙宇。只是新加坡有广东帮道士活动的记录却是迟至20世纪30年代的事。

20世纪30年代，广东帮道士曹耀辉，冯梓成、冯衍德兄弟，何一鸣、何有祺兄弟，几乎同时来到新加坡。曹耀辉抵新后创建“太来曹道院”，后改称“太上老君庙”，收徒传道。冯梓成和冯衍德兄弟，收徒弟冯九、冯安、陈荣基及黎童贤。何一鸣和何有祺兄弟，起初经营粤剧大戏演出，后来才建道院。何一鸣传子何瑞华，建“玄明道院”。何有祺传子何育祥，建“法昌何道院”。

根据何育祥（1948— ）回忆，他的外公陆处安，即何有祺的岳父，原是广东三水县著名道长。陆处安抵新后，曾在“广福古庙”任住持。“广福古庙”是由广肇邑人所建的新加坡古庙，约建于同治六年（1867年）。古庙主供齐天大圣。陆处安住持除了负责日常香火外，也在神明诞辰或春节时期为信众做科仪道场，直至古庙因城市建设而被拆。何育祥的父亲何有祺随岳父陆处安学习道法，早年还曾去中国大陆拜师学道，道法精湛。除了外公和父亲，何育祥家族中还有叔叔何耀垣，曾在福德祠任住持。何育祥兄弟三人也都是道士。何有祺羽化后，何育祥便继承父亲创立的“法昌何道院”，承接大小功德，念经打斋，纸品扎作等。1997年何育祥曾赴龙虎山天师府受箓。

20世纪70年代，新加坡约有近80名广东帮道士，现今大约还有40名仍在从道。广东帮道士的科仪常有动作场面，例如“九幽破狱”科仪中就有武打、越火和喷火动作，故有“武道士”之称。何育祥在广帮道士中之所以有名，就是因为能做各种高难度动作。作为广府人士，何育祥积极参与广帮会馆和庙宇的活动。他不但是番禺会馆和碧山亭的理事，也是广惠肇碧山亭祭祀活动的主要参与者。

广惠肇碧山亭是广惠肇先人的坟场，建于1870年，现已成为新加坡最大坟场之一，安葬先人超过十多万人。20世纪50年代，坟场曾交付给16家会馆共同管理，其中就包括有何育祥所属的番禺会馆。广东籍道士最盛大的法会，当属广惠肇碧山亭举办的“万缘盛会”。万缘盛会是碧山亭每年春秋二次祭祀和超度祖先的法会。1923年时举行第一次“万缘盛会”，邀请僧、道、尼三坛诵经礼忏七昼夜。1943年举办第二次，之后每隔三五年举办一次,因为每次参与人数超过万人或近万人,故称“万缘盛会”。从青年时代起,何育祥就代表道教参与法会,以后又连续参与了1985年、1998年、2003年、2007年等多次。

3. 海南帮道士。

海南帮,也称琼州帮,指的是用海南方言诵经的道士。海南帮道士直至20世纪50年代才出现在新加坡,而且人数较少。

1941年,原籍海南岛嘉积县(今琼海市)道士王经初和王经师两兄弟来新加坡谋生。王氏兄弟的道法得自家传。其父王守川原是晚清秀才,因为笃信命相,自认必须从道,方能保全性命,于是虔心拜师,潜心学道。王守川通晓道家和阴阳家的“山、医、命、卜、相”等术。王经初和王经师兄弟自幼耳濡目染,深得真传。不过,二人初抵新时,只是打工谋生。20世纪50年代,王氏兄弟经人邀请,才出山主持大型醮仪,并且在科仪坛场上拿出由家乡带来的“灵宝皇坛”挂幡,一出茅庐便大获成功,受到了海南籍各界善信的欢迎。之后,邀请他们主持科仪法事者越来越多,海南帮道士灵宝皇坛的名气也不胫而走,一些后来抵新的海南道士也相继归在“灵宝皇坛”的旗下,[①]以“灵宝皇坛”为坛号,延续至今。20世纪50年代之后,海南帮道士创建了多座神庙,例如“林府相爷庙”、后港水尾圣娘庙等。王经师也创立了“南海圣娘庙”和“梁太爷庙”,善男信女,上庙膜拜,香火鼎盛。1964年,灵宝皇坛的海南道士王经初、王经师、张业新、何良尧、符业光等都在“第六十三代天师”张恩溥处授箓,赐号“鼎裕”、“鼎扬”、“鼎运”、“鼎宣”、“鼎耀”等。80年代中后期,为了顺应社会发展和满足信众需求,也为了避免坛内道士后继无人的问题,王经师道长开始举办道教科仪学习班,广收学员,亲自授课,培养下一代海南道士。从1988年起,已有三届学员结业,并分别赴中国江西龙虎山天师府授箓。目前,灵宝皇坛共有近40位具有道职的道士,最高箓位是“上清三洞五雷经箓”。

新加坡的道士虽然有方言和地域区分,闽、粤、琼三帮道士至今仍然保

① 王忠仁:《从灵宝皇坛看海南道教在新加坡的传承》,黎志添主编:《香港及华南道教研究》,香港:中华书局2005年版,第515—516页。

持着明显的区别。但是,从 20 世纪 70 年代起,随着新加坡城镇建设的发展,方言群聚居区的消失,道坛服务范围区分已经不太明显。道坛的服务也遍及新加坡全岛。

新加坡道士大部分还延续着家族内传承的方式。但是,当家族无人接传时,一些开明的道士也招收异姓弟子传业。由于正一派道士,从道也是他们谋生的职业,师傅顾忌弟子抢饭碗,因此,公开招收弟子的道士并不很多,一位师父的弟子数量也不会很多。不过,新加坡有名望的道士的收入都高于工薪阶层,所以,尽管政府调查信仰道教的人数在下降,可是愿意做道士的中青年却未见减少。由于新加坡道教组织还没有对本地散居道士作过登记调查,总人数无从知晓。不过,从道教组织同本地道观和散居道士的联络统计可以看到,目前新加坡闽粤琼三帮道士共设有道坛 30 多个,以道为业的道士估计在 300 人左右。

（三）道教组织及其活动

尽管道教在 19 世纪二三十年代已经随华人移民进入新加坡地区,尽管 20 世纪初各帮派道士陆续进入新加坡,开始服务道教信徒的信仰活动,但是,新加坡成立现代意义的道教组织却是很晚的。

新加坡最早成立的道教组织是 1979 年成立的“三清道教会”。1990 年后又在“三清道教会”的基础上,成立了“新加坡道教总会”和“新加坡道教协会”。这些道教组织的成立,使得道教成为当代新加坡民众社会生活的一部分。道教作为一支社会力量,也获得了国家的正式承认,并在国家和社会的政治、经济、文化、社群等活动中占有了合法的一席之地。

1. 三清道教会。

新加坡的道士,因为方言和服务信众的差别,闽、粤、琼各帮和各道坛从来是各自为政的。即使同帮道士之间,也常常因各种原因而矛盾重重。1973 年,福建帮混元道坛道士陈国显继承父业执掌道坛时,深深感到道教不能适应当代有组织的社会生活,道教继续一盘散沙,前途堪忧,于是,产生了联合道士和道坛,组成一支社会力量,维护道教生存和发展的想法。陈国显在得到师兄林忠铭支持后,首先联络闽南帮道长于 1974 年 10 月 6 日非正式地成立了“庆祝道祖圣诞同盟”。该同盟定于每年农历二月十五,由加盟的各道坛轮流举办庆祝道祖太上老君的庆典。白天举行祝寿法事，聘请戏班酬神。夜间宴请社会各界人士，同时邀请布袋戏班、杂技团和南音团表演助兴。1975年，第一届“庆祝道祖圣诞”的活动首先在陈国显的“混元道坛”举行。之后，陈国显又进一步联络广东帮与海南帮道士。1978年，广东帮道士加入该同盟。1979年，海南帮道士也加入该同盟。三帮道士汇合后，决定成立统一的道教组织。1979年12月7日，经新加坡社团注册官批准，新加坡第一个由闽、粤、琼三帮道士及其道坛联合组成的道教团体——三清道教会正式成立，揭开了新加坡道教史上新的一页。

三清道教会成立后，除了每年继续举行庆祝道祖圣诞的活动以外，开展了一系列服务新加坡道教信众的活动。1985年，在劳动公园举行盛大的“全国水陆空超度大法会”，吸引近万名道教信徒前往参拜。同时，三清道教会还成立诵经班，招收学员，以闽南语教授学员诵经。另一方面积极开展与中国大陆、香港和台湾的道教界联系交流，开阔视野，争取外援，共同发展。在政府发起讲华语（普通话）运动后，三清道教会邀请北京白云观监院黄信阳道长前来教授华语诵经。1995年，三清道教会假黄金广场主办了“新加坡道教——现在与未来”的研讨会，得到新加坡社会各界的热烈响应。1999年7月，三清道教会在香港蓬瀛仙馆协助下举办了为期三天的“99道教宣弘大会暨新加坡三清道教会成立二十周年庆典”。中国道协副会长张继禹，中国道教学院副院长李养正以及大陆各省市道教协会领导和香港、台湾地区道教界以及包括法国道教研究学者施舟人等都应邀出席此次庆典。庆典活动包括“祈祷二十一世纪世界和平大法会”、“道教文化展”、“道教家庭日园游会”，“道教论坛”和“《道德经》书法比赛”等等。当代高道和学者们在“道教论坛”上发表了演讲：《道德经初探》、《道教的生命观》、《道教与现实生活》、《我的崇道与修道经历》等。时任新加坡总理公署兼卫生部政务次长、劳工部部长等官吏士绅，也分别出席了开幕式和庆贺晚宴，显示了新加坡道教的社会影响力。

2. 新加坡道教总会。

1988年，新加坡的一次宗教调查显示，新加坡道教徒在总人口中所占比例,从 1980 年的 29.3%下降到了 1988 年的 13.4%。① 这一调查报告的数字,给新加坡道教界以极大的震动。三清道教会陈国显等领袖认识到,道教组织不仅要联合道士和道坛,还要把华人传统的民间庙宇也联合起来。因为民间庙宇供奉的都是道教神灵,或者是与道教密切关联的神灵。只有将庙宇、道士和信徒联合在一起,道教才能够在日渐西化的新加坡社会里维系香火,发挥华族凝聚力的作用。三清道教会的陈国显、忠义庙的李金池和通淮庙的苏建成等联合发起,广邀各道教宫庙和民间庙宇的负责人,召开座谈会,商讨如何应对新加坡的道教徒流失的问题。席间,大家一致同意筹组新加坡道教的总组织机构——“新加坡道教总会”,立即成立了筹备委员会并向社团注册官提出申请。1990 年 2 月,建会申请得到批准。同年 3 月 11 日,“新加坡道教总会”在裕廊东通淮庙临时会所宣布正式成立。

新加坡道教总会的宗旨是:(1)促进、加强及鼓励新加坡各道教团体和道教信仰者,彼此间建立更好与更密切的关系,协调、合作及了解;(2)促进、主办或资助教育文化,社会及其他活动,以提高公众人士对道教的认识;(3)提倡、资助或从事有关道教文化及传统的研究和弘扬;(4)在公共与民间方面促进本会与其他组织间的关系、了解及合作;(5)主办、参与或协助社区与福利服务;(6)从事一切符合或利于促进上述宗旨,或其中一项宗旨的活动。②

新加坡道教总会章程规定会员有团体会员和个人会员两种。团体会员是指“任何在新加坡法令下注册的道教团体,或从事道教活动的团体”。个人会员是指“信仰道教或从事道教活动的新加坡公民或永久居民”③。1990 年成立时,共有 27 个庙宇和道教组织加入成为团体会员。他们是:大士伯公宫、淡宾尼联合宫、水江庙香友会、玄夫仙庙、金凤庙、昭灵庙、裕廊总宫、风火院、忠义庙、上帝庙济公坛、芽笼联合宫、韭菜芭城隍庙、三清道教会、通淮庙、北海社、福安庙、阜龙宫、兴山坛、元龙圣庙、七寨龙泉庙、天公坛(谦

① Eddie C.Y.Kuo, Jon S.T.Quah, *Religion in Singapore: Report of a National Survey*(新加坡宗教:全国调查报告), Ministry of Community Development, 1988 年版,第 5 页。

② 《新加坡道教总会章程》,第 1—2 页。

③ 《新加坡道教总会章程》,第 2—3 页。

福律)、龙虎山玄灵坛天师道教、金福宫、勿洛北顺利社普度会、福山亭、水美宫、汫水港斗母宫凤山寺等。

新加坡道教总会设立理事会,理事会职务由获选庙宇代表担任。首任主席是原三清道教会会长陈国显道长,秘书长是忠义庙代表李金池,财政是通淮庙代表苏建成。总会成立后,当年 8 月,新加坡道教总会就组团参加了中国泉州的"老子研讨会",参访了北京白云观、山西太原关圣帝君古庙、湖北武当山金顶和紫霄宫等。10 月间,陈国显主席还率团参加了江西龙虎山嗣汉天师府的天师殿开光大典,同中国内地和港澳台地区的道教界建立了联络关系。

随着新加坡城市的现代化,许多乡村庙宇面临着转型的危机。有的庙宇因为无力承担高昂的租地费用而面临消失,有的庙宇需要联合其他庙宇择地重建,组成新的庙宇形态"联合宫"。与此同时,作为一个多种族和多宗教的国家,新加坡政府开始高度重视种族和宗教问题,既对宗教在社会中的积极作用给以肯定,又对宗教可能引发的种族信仰冲突提高了警惕。在社会现代化过程中,新加坡政府需要有效地管理民间庙宇,而民间庙宇也需要有一个强大组织来保护自身利益。道教总会的成立,就为民间庙宇的归属提供了一座维护生存和发展的靠山。于是,许多华人传统民间庙宇相继加入了道教总会,壮大了道教总会的力量。

道教总会成立初期,理事们有着强烈的弘道之心的使命感和维护社会和谐的责任感。总会成立时,理事们的宣誓词是:

皈依无极,心向太极,敬尊现实;焚香立誓,护道必扬、道炁长存。

总会成立后努力宣传道教的历史文化价值,称:道教为中国固有宗教,也是中国文化的结晶;道教在其鼎盛的唐宋时代,更贵为国教;道教的特点是祭祖又拜神;道教的主张是"遵天法祖、利物济世"。

道教总会提倡"道教徒六诀":"忠——国家、领袖;孝——民族、尊亲;仁——博爱、好生;信——坦诚、无私;和——纯一、团结;顺——秩序、法理"。宣扬"道教徒五箴":"做好事、说好话、学好样、读好书、存好心。"①

---

① 《护国祈安大清醮暨超度法会特刊》,新加坡:新加坡道教总会 1993 年版,第 57 页。

新加坡道教总会的信仰目标和修身信条,为新加坡道教树立了一个正面的形象,也给新加坡众多的庙宇、神坛和信仰者提供了一个共同努力的方向,形成了一股凝聚力。

道教总会树立了正确的方向和目标后,开始了一系列弘扬道教传统、宣传道教文化、增强道教组织凝聚力和吸引力的活动。

在弘扬道教传统、服务道教信众方面,从 1989 年 11 月开始,道教总会每月举办一次礼斗法会,在各庙宇巡回举行。首次是在忠义庙,之后是韭菜芭城隍庙、芽笼联合宫等十二座宫观。礼斗法会开始前,道长先向道教信徒传授道教知识和祭拜方法。1993 年 5 月,道教总会在大士伯公宫草场举办连续五昼夜的“护国祈安大清醮暨超度法会”。法会是为了“发扬道教、彰其真义,振兴道统,让世人对道教有更深刻之认识,并为祈求风调雨顺,国泰民安,消灾纳福,国运昌隆,道气长存,同时为我国开埠百余年初期移民之受难者,日侵期间被害者,交通意外,工伤事件之冤魂野鬼及各善信之先人修荐超度”①。法会得到中国道教协会、北京白云观和台湾“中华道教总会”的支持。北京白云观监院黄信阳道长和台湾“中华道教总会”副秘书长张柽率领大陆和台湾道士联合主持了超度法会。另外,为了弘扬正信,道教总会还开办“诵经班”。1992 年 7 月,女皇镇忠义庙及裕廊总宫的琼瑶教邸相继成立诵经班,聘请北京白云观监院黄信阳道长及陈信一道长授课。诵经班吸引了六十多名信众参加,教授北斗经、救苦经、转天尊、玉皇忏、三官经、玄门诸赞等诵念。此后,还开办结缘班,教授结缘科仪、道教法器使用等。

在宣传道教文化、普及道教知识方面。1990 年,道教总会举办道教画展,时任总理公署部长庄日昆主持了开展仪式。1991 年 6 月,道教总会主办“道教与传统文化研讨会”,有国立大学李焯然教授、风水师陈军荣、学者张克润、彭松涛、张兼嘉等主讲道教文化。1994 年开始,道教总会联合正道地理研究中心举办道教文化月。首次“道教文化月”的活动内容有英语和华语的道教讲座,“道教文物书画展览”以及有北京白云观、台湾“中华道教

① 《护国祈安大清醮暨超度法会特刊》,新加坡:新加坡道教总会 1993 年版,第 23 页。

会”和香港信善玄宫参与的“道教斋醮超度大会”。1995年10月，道教总会再次举行“道教文化月”。道教总会属下的五十多所庙宇参与活动，还邀请了十八位国际道教学者担任文化顾问和开设道教讲座。[①] 例如，6月的讲座题有“道教与华人民间信仰”、“什么是道教”和“道教与华人传统文化”等。主讲人为荷兰莱顿大学施舟人教授、中国四川大学卿希泰教授、台湾地区李丰楙教授、新加坡国立大学容世诚博士、澳洲国立大学柳存仁教授。7月份专题讲座是“新加坡作家谈道教”，主讲人为容世诚博士、作家董农政和南子。8月份专题讲座是“外国学者眼里的道教”，主讲人为法国远东学院研究员劳格文、美国普林斯顿大学教授太史文。9月份的专题讲座为“传统拜神仪式”，主讲人为风水师陈军荣。10月份专题讲座为“音乐与道教文化”，主讲人为香港中文大学曹本冶教授；讲座“道教的真谛”，主讲人为中国道教协会闵智亭会长、北京白云观黄信阳道长、江西龙虎山天师府住持张金涛道长、湖北武当山道教协会王光德会长。道教文化月的“道教气功·音乐·文娱慈善义演”，在牛车水人民剧场举行。道教文化月还举办“祈福法会”和“超度法会”，为新加坡道教善信服务。受邀的法务团有北京白云观、湖北武当山、江西龙虎山天师府等。

在继承道教传统、加强组织凝聚力等方面。1992年，道教总会按传统举办“传度大典”，为96位道教徒举行传度入道仪式。由台湾“中华道教总会”张柽秘书长和芦洲护天宫地母庙主委李益义带领16位经乐师主持仪式。通过一系列弘扬道教的活动，道教的社会影响力得到扩大，不少民间庙宇有了明确的道教认同。韭菜芭城隍庙于1993年仿照北京白云观增设了“六十太岁殿”，吸引了更多的道教信众，同时弘扬了道教意义。[②] 六十太岁信仰在新加坡信徒里逐渐流行开来，此后，道教总会不少庙宇都增设了六十太岁殿。1995年，韭菜芭城隍庙首次从中国聘请全真道士驻庙，负责每天的宗教活动，从此终止了新加坡几十年来由和尚主持道教城隍庙的历史现象。1995年起，韭菜芭城隍庙成立了道教诵经团，邀请中国的全真道士教

① 《道教文化月特刊》，新加坡：新加坡道教总会1995年版。

② 《韭菜芭城隍庙联谊会第七届执委会特别会议记录》，1993年11月25日。

授道教经文,[1]建成了庙属道士的科仪经诵法务班子。

3. 新加坡道教协会[2]。

1996年,新加坡道教总会中一部分人另外组织成立了"新加坡道教协会",并获得了注册批准。新加坡道教协会的会长,自成立起一直由李至旺道长担任。

新加坡道教协会的宗旨是:(1)弘扬道教教义与道教精神;(2)研究与发展道教文化与传统;(3)联络新加坡道教徒的感情关系;(4)促进公益事业与社会福利工作。新加坡道教协会成立后,联合内地、香港和台湾地区的道教组织,在每年农历二月十五日举办"新加坡道教节"。1996年3月15日,《新加坡道教节宣言》称:

> 怎样才能使道教徒知道,什么是道教?道教又是什么样的一种宗教?为什么大文豪鲁迅会说:"中国人的根柢全在道教"?
>
> 根据道历,道教至今已有4693年,它源自黄帝(始祖),发扬于老子(道祖)成教于东汉顺帝时的张道陵天师(教祖),其中包含和继承了上古至今、几千年的中华文化和民族传统以及民间的风俗习惯。
>
> 华人在继承祖先的文化遗产时,也当然地保留了民族的固有宗教——道教。虽然道教都是世袭的,没有完善的宣教组织,但是,还能流传至今,单由这一点便足以证明鲁迅先生所说的那一句话。请不要再逃避和不承认这铁一般的事实:道教和中华文化是分不开的。为此我们有必要秉承先人的大志,致力发扬中华精粹,使优良的传统不致于流逝,并推广至各个角落,让更广泛的群众了解道教,认识道教,同时在道祖的圣诞日,连同海外各地如台湾,香港等,共同宣布农历二月十五日为道教节。祈使中华文化永远光芒四射,光辉灿烂,更祝愿道气长存。

"新加坡道教节"已经连续举办了十三年,道教协会的李至旺近年又开

---

① 徐李颖:《佛道与阴阳:新加坡城隍庙与城隍信仰研究》,厦门:厦门大学出版社2010年版,第223—225页。

② 新加坡道教协会网站。

始举办跨国的世界道教庆典。2009 年,第一届“道教节世界庆典”由新加坡道教协会和印尼三宝垄泽海庙共同举行。2010 年,“道教节世界庆典”又增加了马来西亚沙巴州道教联合总会共同举办。2011 年,除以上三个团体外,还有意大利道教协会加入。2012 年的道教节在台湾开幕,代表们还去中国河南涡阳朝圣,闭幕式则在意大利举行。2013 年,道教节开幕式在马来西亚,朝圣大典在中国河南涡阳天静宫和鹿邑太清宫举行,闭幕式则在中国台湾。

新加坡道教协会从成立之日起,就积极争取将“道教节”定为新加坡政府规定的公共假期。但是,在目前的社会环境中,要在新加坡争取“道教节”成为全民公共假期,实在不是一件容易的事。

4. 新加坡道教总会的发展和成就①。

2002 年,在新加坡道教总会第七届理事会选举中,韭菜芭城隍庙总务陈添来当选为新加坡道教总会会长。陈添来主持工作以来,新加坡道教总会取得了令人瞩目的成就。

陈添来(1950—　)祖籍中国福建安溪。他从小居住在韭菜芭城隍庙附近,加上城隍庙供奉的城隍神像来自安溪,因此他对该庙怀有深厚感情。青年时起,陈添来便参与该庙活动。1988 年,韭菜芭城隍庙新庙建成,原来的家族式管理模式与新注册的韭菜芭城隍庙联谊会的社团管理模式,发生了管理权之争。陈添来在处理这场矛盾中发挥了关键作用,结束了家族管理模式的历史,使该庙得以成为社会公共社团。陈添来的交际和处事能力,获得了韭菜芭城隍庙联谊会成员的信任。1989 年 7 月,在第八届会员大会上,陈添来被推举为执委会“总务”。在韭菜芭城隍庙中,“总务”一职虽然位在正、副主席之后,但却是庙宇活动的真正执掌者和主要决策人。②

陈添来就职后,参访了中国内地和港澳台地区的道教宫观,为韭菜芭城

① 新加坡道教总会最近十年的资料,由道教总会会议记录(2002—2013)、《狮城道教》(2005—2013)、《联合早报》和《新明日报》相关报道,以及道教总会理事和秘书的口述历史,综合而成。

② 徐李颖:《佛道与阴阳:新加坡城隍庙与城隍信仰研究》,厦门:厦门大学出版社 2010 年版,第 100—102 页。

隍庙增设殿堂，开创时代需要的新的道教活动，吸收新会员，使得城隍庙收入大幅度增长，社会知名度也得到提高。1997 年年底，韭菜芭城隍庙举行了“庆祝显佑伯主奉祀八十周年暨新庙落成庆典”。庆典邀请了本地各道坛以及中国许多地区包括台湾的道教、佛教团体，同时还举办了长达三个多月的酬神戏演出，吸引了大批华族民众参与。这次庆典使韭菜芭城隍庙声名鹊起，陈添来的领导也得到了广泛认可。①

在新加坡道教总会中，陈添来在 1989 年只是作为韭菜芭城隍庙的代表进入理事会，担任的是普通委员。其间，由于新加坡道教协会成立，带走了部分资源，给新加坡道教总会带来了困难。道教总会的一些资深理事看到韭菜芭城隍庙的发展和陈添来的领导才能，于是在第五届理事会（1998—2000 年）上，力推陈添来升任“正总务”，并连任两届。加上新加坡政府在“9·11”事件后大力加强种族和宗教工作，希望道教总会能对庞大而零散的道教庙宇和道教徒具有影响力，于是，在新加坡道教总会 2002 年第七届理事会上，陈添来被推举为道教总会会长。②

陈添来出任会长后，首先面对的是新加坡华族对道教认同有严重滑坡趋势。在道教认同危机日趋严重的情况下，陈添来从教内与教外两个方面，开始推动新加坡道教的振兴。

在教内，陈添来加强道教总会联络各传统民间信仰庙宇，争取更多庙宇加入新加坡道教总会，加强总会对道教的领导职能，提出建立新加坡道教青年团，创办总会机关刊物，开展各种活动，增强会员的凝聚力和向心力，并在政府与宫庙之间发挥桥梁作用，将政府政策和宫庙意见上传下达，发挥道教总会在宗教和谐大局中的积极作用。

同时，总会积极参与新加坡宗教联谊会的活动，同各宗教建立良好关系，树立新加坡道教的正面形象。创办在东南亚的第一所新加坡道教学院，开放第一所专业水平的三清道教图书馆，持久推广太极拳养生训练活动，举

① 徐李颖：《佛道与阴阳：新加坡城隍庙与城隍信仰研究》，厦门：大学出版社 2010 年版，第 102—105 页。

② 徐李颖：《佛道与阴阳：新加坡城隍庙与城隍信仰研究》，厦门：厦门大学出版社 2010 年版，第 107 页。

办中国传统戏剧歌仔戏和南音的演出活动，以多种多样华族文化和道教文化宣传活动，推广华族文化和道教文化，宣传健康向上的宗教正信。

有人统计，近十多年来，新加坡道教总会开展的各种活动多达25项，新加坡民众对于道教的正信获得了初步的认识，社会对道教的印象有了显著的变化，为扭转民众对道教的认同滑坡趋势创造了必要条件。

二、道教在马来西亚

马来西亚由东西两部分组成，包括加里曼丹岛北部的沙捞越、沙巴和马来半岛的南部。1957年马来亚联邦脱离英国殖民统治宣布独立，1963年组成马来西亚。据2010年统计，马来西亚人口约2800余万，其中华族人口约占百分之二十五。

马来西亚华人是移民社群，华人最早何时进入并定居马来西亚已无从考究。根据历史文献的记载，最迟在公元13世纪末，已有中国商人在东南亚活动，但估计还未定居马来半岛。15世纪时，郑和下西洋的舰队，曾抵达马来西亚的马六甲，当地至今仍传说当时有一部分随行者滞留于马六甲，形成了最早的华人移民，其后代逐渐被马来族同化而成为名为“峇峇娘惹”的土生华人。华人大规模移民并定居马来半岛，可以确定为18世纪之后的英国殖民统治时期。这一时期进入马来半岛的华人，主要来自福建、广东、海南、广西这几个南方省份，由此形成了马来西亚华人中的闽籍、粤籍、客家籍、潮籍、琼籍的帮派。根据王赓武的说法，18世纪至19世纪中叶的中国移民以“华商型”为主流，而之后直到20世纪20年代，“华工型”移民数量则有所增加。①

起初移民南来的华人，一般文化水平都不高，但是，他们把原籍的风俗习惯带入马来西亚，包括宗教信仰。由于当时的华人移民大多是同一原籍聚居于一地，因此华人中宗教信仰的籍贯性和地方性也相当凸显，例如，闽南人多以奉祀开漳圣王、广泽尊王、保生大帝、清水祖师为主，广东人大多祭拜关公，潮州人供奉本头公、本头妈、宋大峰，客家人供奉大伯公以及海南人

① 王赓武：《中国与海外华人》，香港：商务印书馆1994版，第5—12页。

供奉天后和水尾圣娘等等。再者，还供奉一些民间熟悉的道教佛教神灵，比如玉皇大帝、佛祖如来、观音、华光、灶君和济公等；甚至包括一些明清通俗小说中神灵，诸如孙悟空、哪吒、红孩儿、二郎神等。这些神灵被供奉在简陋的神庙或者信众住家的神龛里。当时的神庙大都以庙、坛、亭、祠、殿甚至宫来命名，比如齐天大圣庙、观音亭、黑白无常殿、广福宫等。但是，这些神庙并非正统的道教宫观。在道教史上，真正有资格称"宫"的都是大型且具有历史意义的庙宇，在帝制时代有的还曾经获得皇帝诰封，可是马来亚民间的"宫"却不具备这些特点。除此之外，随着时代变迁，一些具有马来亚色彩的华人信仰也依据本地华人信徒的需要而发展起来，例如，崇拜19世纪地方领袖盛明利①的仙师爷信仰，以及祭拜前伊斯兰教时期马来神灵拿督公②的信仰等等。由此可见，早期由华人移民遗留下来的信仰，与其说是道教信仰，不如说是与道教有关的民间信仰更为确切。

另一方面，自20世纪以来，马来亚华族信仰中盛行一些"民间教派"，例如金英教、茅山教、闾山教、昆仑教、六壬教、普庵教、西天茅山教等等。③这些民间教派的共同特点都有"神功"，他们大多标榜能够使神明降驾、附身跳神、刀枪不入、神符法术，尤其都有乩童的现象。由于形式上和道教有某些相似点，一般人会误把民间教派归类于道教之中。其实这些"民间教派"并不属于道教。因为，第一，这些教派虽然也会供奉道教、佛教的神明，但是由于特别重视法术神通，其教中人士向来以"法教"自称，并不自称道

① 据传，盛明利祖籍广东惠州，生于1822年，1850年先抵达马六甲，再往森美兰州芙蓉市创办锡矿公司，逐渐成为当地华人领袖，1860年卷入矿场地主之间的纷争而遭杀害，相传遇害时颈溅白血，时人乃尊为仙师爷设庙奉祀。

② 拿督为马来语Datuk的音译，字面含义为爷爷、老人家，也可以是一种马来统治者册封的勋衔。拿督公在华人民间信仰者的心目中被认为是本土的地神、山神之类的地方守护神，不同地方会有不同的拿督公，其形象为一穿有马来传统服饰的老人，一般会在路边或树下设一神龛供奉。

③ 一般人都会把这些民间教派笼统称为"茅山"。这里的茅山与道教历史上的茅山上清派或者江苏省茅山地名并非一回事，许多学者以及宗教工作者已经指出，民间教派的茅山其实是清末在华南(特别是广东一带)发展起来的一种民间信仰。参阅陈耀庭《道教在海外》，福州：福建人民出版社2000年版，第80页。

教或佛教，以示与道教和佛教相区别。[①] 第二，这些教派的法术，很多都是道教所禁止的。比如降神附体的乩童。张道陵《老子想尔注》即称“诸附身者悉世间常伪伎，非真道也”[②]。张宇初《道门十规》则强调“附体、降将、附箕、扶鸾、照水诸项邪说，行持正法之士所不宜道，亦不得蔽惑邪言，诱众害道”[③]，《太上天坛玉格》更直接说“一切上真、天仙、神将，不附生人之体，若辄附人语者，决是邪魔外道，不正之鬼”[④]。第三，这些教派的开教传说，于道教史无征，民间信仰的色彩明显浓厚，例如，金英教以七岁修行的赤膊金英子为祖师，声称是唐三藏的道友，并曾与七姑仙女结拜，后来前往西域取经，即其所谓“三教祖师”。第四，这些教派的祖师神牌（习称“师公牌”）以及请神咒里多列有通天教主、西天佛祖、西天佛法、佛法弟子、普庵禅师、少林祖师、铜皮铁骨仙师、白莲教祖、铜牛仙师、铁牛仙师、齐天大圣、猪精、沙精等。这些神灵名称于正统的道教和佛教神谱中无据，属于民间信仰的神谱系统。

大约在20世纪前期和中期，中国大陆客家籍与潮州籍道士到马来亚半岛，这些道士被称信众称为“喃呒佬”或“香花和尚”，专门从事丧葬殡仪服务。一般人将客家籍喃呒佬称为“客家道士”。这类喃呒佬在做法事时，有时会头戴道巾，但坛场张挂的却又是三世诸佛、菩萨、金刚之像，并专门咏诵佛号、佛教秘咒；“喃呒佬”之名大概源于此。香港中文大学谭伟伦教授曾经指出，认定喃呒佬为道士其实是民众的误解，因为粤北、粤西北等地的喃

---

① 一些兼修闾山法的道士，大都会供奉一面上写“道法二门”的牌位，其中“道”即是道教，“法”即是闾山法，既然标明是“二门”，由此也可反映出这些修行人明确知道道教与法教是两个不同的体系。

② 饶宗颐：《老子想尔注校证》，上海：上海古籍出版社1991年版，第12页。

③ 《道藏》第32册第150页。

④ 马来西亚的乩童现象，其实跟早期闽籍移民有关。古今学者已经指出，福建为巫术流行的区域，“巫道一直是福建信仰文化的主流”，乩童现象即为巫之一种，如五代泉州道士谭峭即说“为巫者鬼必附之”，清代施鸿保则说“降童，即降神也，闽俗又谓之打童，皆巫者为之”，其所记录的降童情况，比如绑红巾、裸上身穿红裤、起舞、摇头、晃身、割舌喷血画符等等（参阅徐晓望《福建民间信仰源流》，福州：福建教育出版社1993年版），与现今在马来西亚看到的乩童情形如出一辙。由于马来西亚华人大多为祖籍福建者，因此福建巫风盛行于马来西亚华人社会并不出奇。

呒佬自认是佛弟子,他们是把自己做的法事当作佛教仪式来处理的。[①] 而潮州籍香花派成员并非佛教的出家僧人,但在做法事时却披上袈裟、戴上僧帽,无异于和尚,道场挂佛法僧菩萨像,法事内容虽以佛经为主,但会杂糅一点破狱、过桥、施食、上疏文等道教成分,一般人往往会将之归类为道教。

正因为如此,马来西亚华族的信仰可谓复杂。马来西亚学者骆静山在《大马华人宗教之检讨》中评说:"一般华人对宗教的态度是最随便的,他们不但能够同时信奉两个甚至三个不同的教派,而且能够默许不是属于他们的宗教。此外,许多没有明确宗教信仰的人都伪装为其宗教的信徒。在这种情况之下,要准确鉴定他们的宗教信仰便不容易。"[②]华人宗教研究专家陈志明则认为可以用"华人宗教 Chinese Religion"这个专有名词来统称马来西亚的华人民间信仰。[③] Alan Elliott 则直截了当地主张华人民间满天神佛、乩童、灵媒等信仰可以统称为"神教 Shenism"[④]。

道教和华族民间信仰是不同的。道教是制度化宗教。它具备明确的创教历史,有追求超越的系统教义,有正规的道教经典,有合法的教团以及能够反映宗教义理的仪式。换言之,作为制度化宗教的道教,显然不同于前述的华人民间信仰或法教。那么,是否可以说马来西亚就没有制度化的道教呢?关于这点,骆静山与陈志明都显得相当悲观。前者认为道教"传入马来西亚的完全属于末流,现在已经跟其他通俗的民间信仰混合……它没有真正的组织,所以不能当作一个完整的本地宗教来讨论"[⑤],后者则认为马来西亚华人信众往往认为自己信仰"道教",但这种说法并不准确,因为马来西亚只有替人建醮做法事的职业伙居道士,而没有组织严密的道观

① 谭伟伦:《中国东南部醮仪之四种形态》,《历史人类学学刊》2005 年第 3 卷第 2 期。

② 骆静山:《大马华人宗教之检讨》,马来西亚留台联总主办,槟城留台同学会协办,"华人宗教研讨会"讲稿,2008 年 10 月 4 日。

③ Tan Chee Beng,"Chinese Religion in Malaysia:A General View",*Asian Folklore Studies*,1983 年第 2 期(总第 42 期)。

④ Alan Elliott,*Chinese Spirit-medium Cults in Singapore*,伦敦:伦敦大学出版社 1955 年版,第 29 页。

⑤ 骆静山:《大马华人宗教之检讨》,马来西亚留台联总主办,槟城留台同学会协办,"华人宗教研讨会"讲稿,2008 年 10 月 4 日。

和教团。[1] 我们认为,就民众混淆道教以及民间信仰这一实际情况而言,两位学者的说法还算中肯,但是,他们忽略了马来西亚客观存在道教的事实。

至迟在19世纪末期,马来西亚已有正规的道士活动。正规的马来西亚道观的出现,不会迟于20世纪初。马来西亚霹雳州怡保市有一座名为南道岩的岩洞,洞中有铸于1893年的铁钟一口,并有一面1909年题为“玉师观”的大殿牌匾。引人注意的是玉师观还供奉着一位名为卢善福的道士肖像。卢善福的事迹不详,但可以肯定的是,他也曾经在离怡保以北约160公里的槟城州创立一座名为“自在观”的道观,时间为1900年。除此之外,怡保另有一座名为龙头岩的岩洞,也称“天公观”或“白云观”,至今仍有道教的道观。据该洞一块刻于1919年的石碑记载,龙头岩原有善信供奉关羽,后于1911年由道士钟善坤购地置产,建成道教宫观。钟善坤(?—1933年),原籍客家,曾获得广东罗浮山冲虚观的度牒,当属道教全真派。钟善坤,在20世纪初期在马来西亚十分活跃,除了龙头岩之外,他还在森美兰州芙蓉市创立“天公五老观”(1927年)、天师宫(约1930年)等。最重要的是,钟善坤曾创立“海云派”,属全真派分支,据藏于天师宫的木刻度牒记载,钟善坤的法名“钟理明”,属于龙门派二十二代的“理”字辈,随后“开枝南洋东华山石叻同德宫海云派,下南道岩,分于龙头岩天公观”,并记有海云派派诗一首:“善法真昌隆,福修大道成,开德锦春秀,西朝紫□宸,遥吐南诚礼,回光返照□。”从已知的钟善坤简历及其宗教活动可以确定属于正统道教无疑。天公五老观的石碑说明,钟善坤崇奉三清道祖、玉帝和五老诸神,讽诵《道德五千言》、《玉皇经》和《三元赐福消灾解厄宝经》等,和民间信仰或法教不同。因此,这可说是马来西亚道教史上重要的一页。龙头岩至今仍传承全真海云派,目前已传至第四代,住持为李瑞芳道长,[2]并正在积极筹建一座

① Tan Chee Beng,“Chinese Religion in Malaysia:A General View”,*Asian Folklore Studies*,1983年第2期(总第42期)。

② 辈份为第四代,但主持已是第五代。据李瑞芳道长的海云派派诗,有别于钟善坤的木刻度牒,作:“上九正善法,真修大道成,开德锦春秀,西朝影紫宸,遥度南城礼,回光返照兴,北极分帝座,五炁乾坤定”;李道长派法李修清,现已传至“大”字辈。龙头岩历代主持:第一代钟善坤,第二代徐法来(?—1938年),第三代邓法钦道姑(?—1951年),第四代李真祥(1918—1986年),第五代李瑞芳(李修清)。

玉皇殿。值得注意的是,在1986年,在马来西亚吉隆坡士拉央,建成了一座新的自在宫。当时,当地华人房产开发商在经济不景气的背景下,得到齐天大圣神灵护佑,发愿建设这座新庙。自在宫新庙名同历史上卢善福建的“自在观”相连接,显示了马来西亚道教法脉的延续。自在宫大殿供奉齐天大圣爷、太上老君、玉皇大帝、关帝、观世音等,偏殿供奉城隍神、大伯公、太岁爷等。自在宫以十月十二日为齐天大圣圣诞日。自在宫设有理事会,第一届(1987—1989年)主席陈联球。第二至四届(1990—1998年)主席李瑞芳。第五、六届(1999—2004年)主席刘子才。顾问有高级拿督陈广才,拿督胡亚桥,苏木发PJK,道教总会署理总会长陈文成等。

基于华人社群亟须道教仪式服务,大约在20世纪初期有一批正一派道士陆续抵达南洋,其中包括有福建、广东和海南籍贯的道士。福建道士主要是漳州系以及泉州系,遍布马来西亚各地。此处以槟城州以及柔佛州两地的福建正一派道士为例。

主持槟城州七条路城隍庙的是福建漳州道士,坛名赞化坛。其传承可以上溯至19世纪末福建漳州一位名为颜公前的道士。颜公前,生卒年不详,60余岁羽化,年少时常到龙虎山,后来传道法科仪予林长杉,即现任城隍庙住持林传宗的祖父。据林传宗说,林长杉法名汉嵩,师承颜公前,20世纪20年代,大约20岁时随颜公前从福建龙溪到达马来亚槟城,管理当地富商邱姓家族从龙溪分香而建立的城隍庙。林长杉曾多次返回中国,受“太上正一盟威经箓玉府上卿”经箓,在槟城设立赞化坛,1993年左右羽化,享寿95岁。林长杉到马来亚时,带有许多清朝年间刻印以及手抄的经书,比如《太上灵宝朝天谢罪宝忏》、《太上说解释咒诅经》和《度人经》等,皆属正统道教经典。至今赞化坛仍在沿用。林长杉有子林茂盛,从其父学习道法之余,曾于1964年到台湾从“第六十三代天师”张恩溥受箓,奏职“太上三五都功经箓紫府赞化宏教仙官”,法名林大达,属于正一派第二十九代“大”字辈。2004年羽化。林氏父子的道法和道术在槟城颇有声望,许多庙宇都会礼请他们做法事,也曾建过规模不小的大醮。目前赞化坛的法事,所用音乐韵调属“南音”,较常进行的科仪有《太上灵宝朝天谢罪宝忏》,其余如发奏、请圣、摄魂、诵《度人经》、引魂沐浴、超度等科仪程序,也符合正统道教规范。

位于柔佛州麻坡的“德真道坛”，现任坛主为侯罗展道长。德真道坛的道士源出福建泉州，传自南安眉山道士魏招续。魏招续，法名法全，偕妻于20世纪三四十年代到马来西亚，沿用始于眉山的“玄真坛”名。由于魏招续之子年幼，魏招续便将道法传授于外孙侯竣吉。侯竣吉，生于1950年，60年代中期即开始随外祖父学习道法科仪。魏招续得病后，侯竣吉在20多岁时接手处理玄真坛坛务，还把道法科仪回传给魏家子孙，并将“玄真坛”归还魏家。侯竣吉于1978年另设“德真坛”，受箓后奏职“上清三洞五雷经箓九天金阙玄都大夫”。现任德真坛主侯罗展是侯竣吉之子。侯竣吉有兄弟三人，都是道士，年幼即随父学习道法科仪，在2005年还到龙虎山受箓奏职。德真道坛所行之道教科仪十分严谨，内坛所挂为三清、天师、玄天上帝等诸道教神明画像，科仪榜文和疏文等一应具备，符合正统道教规格，高功奏疏自称“龙虎山嗣汉天师府拜授上清三洞五雷经箓”。科仪有《灵宝发奏》、《请圣》、《颁赦》、《填库》、《炼度》、《太上灵宝安土孤矢神灯科》、《太上慈悲九幽拔罪宝忏》等，皆为纯正道教内容，只是其踏罡步斗等动作具有南方道士（特别是福建道士）大幅度动作以及戏剧化的特点。① 据侯罗展说，麻坡境内目前有南安、永春的福建道士，这些福建道士之间由于人手不足而会相互调配帮忙，科书也大致相同，只是在某些细节上有点差别。以《太上慈悲九幽拔罪宝忏》为例，永春道士科仪中上的是白色方函表文，而南安道士的德真道坛则上黄、白方函各一表。科仪音乐伴奏，德真道坛与槟城的福建道士所用的旋律韵腔完全不相同，不过唢呐吹奏则大同小异。

在广东道士方面，兹以吉隆坡梁道馆为例。梁道馆现任主持是梁耀鸿，祖籍广东信宜，法名梁道鸿②，约50岁。梁耀鸿的父亲梁炳燊与伯父梁德厚都是广东高州的正一道士。梁炳燊在20世纪40年代左右来到马来西亚，定居吉隆坡，除了为吉隆坡一带乡亲服务以外，有时也会去外地做法事。梁耀鸿随父学道，青年时就由父亲代为请受“上清五雷经箓金阙御前大夫

① 比如摇晃、急速旋转等动作，将赦官上马、登云的状态表现得活灵活现。

② 梁道馆是以“道法玄”三字取法名。

统理诸司事"[1],自此跟随父亲行法打醮。梁道馆的坛场挂三清像,高功称"天师门下",一些科书名称也标示"正一"字样,可以断定为广东正一派道士。该馆目前藏有《箓格》两卷,能为求箓者奏职,职箓名称有"上清五雷经箓玉京雷部大夫掌管府院事"、"上清五雷经箓玉宸上相大夫掌理三教事"等。该馆另有《缴箓法窍》一卷,页首书"正一缴箓斋"五字,是为道士羽化时进行"缴箓"的科仪。在马来西亚,能为道教徒授箓奏职者实属罕见,但梁耀鸿称不会随意给人授箓,因为授箓是非常严肃的事情,必须依《箓格》规定审察求箓者个人"年案"[2]以及观察人品后,方能决定是否适宜受箓。梁耀鸿表示,目前梁道馆面临人手不足的问题,并感叹后继无人,因为年轻一代并不了解道教,不懂得道教博大精深,还以为理丧、跳神、算命等就是道教。

除了福建、广东道士之外,马来西亚还有海南籍道士,即柔佛麻坡华光庙的陈达茂道长。陈达茂,今年 80 余岁,年轻时在海南随朱成交道长学习科仪大约 5 年,在 21 岁时来到马来亚达麻坡定居。1968 年陈达茂拜海南道士黄泰和为师,又与海南同乡一起购置木屋,改建为华光庙,成为马来西亚唯一的海南道士庙宇。庙内道士为马来西亚各地的海南华人主持法事。道士陈达茂等所用坛名称"灵宝皇坛",科仪经本上都标有"灵宝皇坛"四字。而马来亚的隔邻新加坡的海南道士著名道坛名也称为"灵宝皇坛",两者之间可能存有传承关系。据考察,两个"灵宝皇坛"的道士都戴相同的"水火巾"道巾,法衣款式也同为对襟长袍。科仪诵唱的音韵都是海南方言,二者相差不远。灵宝皇坛所行科仪,以超度为主,称为"幽斋"或"初宵",内容有开方、引魂、沐浴、调医、炼度、解结、禀旺祖先等;阳科则有上表庆贺等。由于海南籍华人在马来西亚华族中属于少数,而祖籍海南的年轻人大多已不谙海南方言,也少有对道教感兴趣者,因此灵宝皇坛在马来西亚有绝迹的危险。

---

① 但据梁道长的说法,此"上清五雷经箓"为初阶。这就与龙虎山天师府所授者不同,因为天师府初授者为"太上三五都功经箓",经升授"正一盟威经箓"后才能加授"上清五雷经箓",且为三品衔头。

② 以个人的生辰八字推算吉凶禁忌等。

当然,马来西亚的正一道士并非仅止于上述几个道坛。只是马来西亚的正一道士都有一项共同点,即专以科仪法事服务社群,对于道教教义教理的宣扬阙如,加上没有代表道士的组织出现在社会上,民众只知道有民间信仰,甚而将民间信仰跟道教画上等号,而不知道道教是有信仰和有制度的宗教。更有甚者,民间神庙往往驻有神汉、巫婆和乩童,某些灵媒往往借神明上身为借口而骗财骗色,此类事件时有发生,而民众又误会此类事情都与道教有关。因此,马来西亚道教界的有识之士遂有建立道教组织、宣传道教正信以及提升道教徒信仰层次的考虑。[①] 再者,在中国,随着改革开放和宗教信仰自由政策的落实,道教出现恢复振兴的局面,这也鼓舞了马来西亚道教界人士振兴道教的愿望。

马来西亚有道教组织,大约是受到新加坡道教的影响。新加坡在 1979 年成立了三清道教会。马来西亚雪隆三清道教会[②]也在 1989 年成立。雪隆三清道教会是由道教徒李炎辉以及一班福建道士在雪兰莪州成立的。该会初创时仅以正一派道士为会员,后来又吸纳一些有志学习道教人士,现在会员人数已达 300 多名。该会提倡通过讲解道教教义、经典以及举行科仪诵经等方式推动正规的道教教育,曾主办道教讲座,为大众讲解《太上感应篇》、《清静经》和《北斗经》等道教经典。逢道教节日也会延请道士进行科仪。该会还在当地报章《中国报》的专访中明确表示,正信的道教不能有跳童、神打之类的活动,并强调道士是道教的神职人员,而乩童则属于民间教派,两者有很大差别,因此对于附身、乩童之举"对内严禁,对外不提倡",这些说明该会已有区分道教与民间信仰以及强调"正信"的自觉。[③]

1997 年,马来西亚道教组织联合总会在苏木发、陈文成等人的倡导下成立。据其章程,道教组织联合总会的宗旨是"发扬道教思想哲学文化价值观"以及"促进引导信徒迈向道教正统信仰"。然而,这个组织名义上是道教总会,但其会员几乎都是民间信仰的神庙,并且理事会中亦有一些讲究乩童者。造成此情况之原因,首先在于人们对道教定义不严谨以及对道教

① 陈耀庭:《道教在海外》,福州:福建人民出版社 2000 年版,第 80 页。

② 后来改称马来西亚三清道教会。

③ 《中国报》雪隆版,2008 年 5 月 11 日。

作为一个制度化宗教的不了解,把民间信仰与法教简单等同道教所致。其次是缺乏专业人士,与雪隆三清道教会具有道士班底不同。苏木发等倡办人只是普通善信,没有道士的背景,只有陈文成早年学习过法教,后来则拜上海正一派高道陈莲笙、薛明德为师,受过龙虎山天师府"上清五雷经箓",在担任该会总会长时积极与中国道教界进行交流,同时到马来西亚各地讲解道教历史、道教教义,出版《道教礼仪》,也推动办过几届"传度"。随着陈文成的退休,该会的重点似乎停留在民间神庙之间的联谊活动,较少涉及宗教教义了。①

近年来,马来西亚也出现了一些主张正统道教的组织,如沙捞越美里莲花山三清观以及马来西亚老子学院等。位于东马来西亚沙捞越州美里市莲花山的三清观是较具规模的正统道观,于 2002 年 3 月 28 日举行开光落成大典。三清观在 2005 年 5 月设立道教全真玄都律坛,隆重举行了"全真传戒大法会"。中国道教协会副会长黄信阳道长等率 80 余名全真道长主持传戒活动,向 40 多名马来西亚弟子颁授了初真戒。马来西亚老子学院得到吉隆坡三清道观建委会和吉隆坡道教东方养生文化中心的支持,成立于 2007 年。马来西亚老子学院的四大使命是虔诚弘道、培养人才、弘扬道学、提倡正信。同样也强调"正信",主要举办道教经典、道教教义、道教科仪方面的讲座,抄写《清静经》以及在重大道教节日,比如农历二月十五道祖圣诞、中元节、九月礼斗时,进行祈福上表科仪等宗教活动。

尽管已经迈入 21 世纪,但是民众对于正规的道教仍然认识不足。有鉴于此,以严家建、苏金泉、刘德胜为首的一群道教徒发起成立马来西亚道教协会,于 2012 年 2 月正式成立,严家建任首任会长,并礼请陈文成为教务顾

① 早在马来西亚道教组织联合总会成立之前,1995 年就有马来西亚道教教义公会的成立,其主席号称茅山教教主总坛李天师。当然,此处的茅山教只是清代末年的一种民间教派,属于法教的范围,而不是中国道教茅山派(上清派)。根据陈耀庭的观察,李天师自称第 64 代香火李天师,但缺乏实质依据。从媒体上的照片显示,该会所有领袖无一穿着道装。再从该会公布的匡正道德指南可知,其所谓道教的内容有法神、术神、道神、邪童、神童、法童、阴童、阴坛、鬼坛、术坛、法坛、神坛等,带有明显的民间宗教色彩。然其却以"道教"命名,可见人们对道教是如何的认知不足。(参见陈耀庭:《道教在海外》,福州:福建人民出版社 2000 年版,第 80 页)

问。该协会的成立宗旨是要通过文教的工作来弘扬正统、正信、正规的道教，以便让民众了解什么才是真正的道教，消除民众“道教擅长装神弄鬼”、“什么都拜的就是道教”、“卜卦算命看风水就是道教”等刻板印象。严家建，伦敦大学哲学博士，拉曼大学中文系教授，早年曾在新加坡拜著名道士王鼎扬为师，法名严大建，后到龙虎山受“正一盟威经箓”。针对如何树立制度化正统道教的形象，严家建强调“三要”：第一，目标要明确，宣扬道教的正统教义而不标榜怪力乱神、神通法术；第二，立场要坚定，一切不符合道教教义的情况，比如跳神巫术等，均须加以厘清区别；第三，形象要鲜明，道士在道场须着严整道装，行为举止须端庄得体，做科仪时须严谨肃穆，不得表现粗俗。此外，他也提出道教实有本身的“法印”可作为判别正统与否的标准。第一，道体真常：道教以“道”作为最高信仰，“道”是真常不变的最高本体，是万化的最终极根本。第二，三宝应化：“道”显化为“三清”，即玉清、上清、太清，是为道、经、师三宝。此三宝不仅是宇宙开化的根本，同时也是道教义理的根源。此外，此三宝与内修的“精炁神”三宝也有内在的联系，是道教徒进行宗教修养时的内在根据。第三，道性清静：道生万物，人由道生。因此，人秉有常清常静、至善至圆的道性。道教徒的宗教修养，就是要贯彻“清静寡欲，自然无为”，从而彰显此清静的道性。第四，生道合一：通过生命得以彰显道性。因此，道教的宗教终极关怀就在于如何使生命“与道合真”，返璞归真，复归于无极。第五，性命圆融：与道合真的境界，可以通过性命双修的方法达致，旁门三千六百，唯有性命双修最真。[①] 由此可见，马来西亚道教协会走的完全是正统道教的路线，在马来西亚诚属少见。目前，该会每年均于农历七月举办“道教中元节礼拜三官宝忏祈福度幽法会”，形式是采取道教三元节礼拜三官宝忏的传统，强调中元节的对象为地官而非“鬼节”，有别于马来西亚华人民间信仰于农历七月在街边祭拜孤魂野鬼的做法。

根据马来西亚2010年统计局的分类，道教只是“华人宗教”类别下的

① 马来西亚道教协会计划出版一系列丛书，此处引用的是该丛书《总序》中的话，由主编严家建执笔。

一种宗教,与儒教、华人民间信仰以及其他传统教派并列。换句话说,道教在马来西亚属于弱势宗教。此外,马来西亚道教还面临着自身缺乏人才、社会对道教缺乏认识和存在偏见等问题。所有这些都有待刚成立不久的马来西亚道教组织努力克服。

三、道教在越南

除了新加坡和马来西亚以外的东南亚国家,例如越南、柬埔寨、泰国、缅甸、菲律宾和印度尼西亚等国,也同中国有着历史悠久的往来关系。这种往来对于这些东南亚国家的政治、经济和文化的发展,无疑是十分有益的。从15世纪以后,这些国家都或多或少地接纳了来自中国的移民。华人移民对所在国家的矿业、交通、港口建设、商贸和农垦等方面都作出了自己的贡献,同时,也把中国的传统文化和信仰习惯带到那里,作为心灵的慰藉、社交的手段。而这些信仰和文化也成为增强华人凝聚力的一种工具。

越南是印度支那半岛上最大的国家,北部还同中国相邻。根据越南学者的研究,中国佛教在公元2世纪就传入了越南。佛教僧人或者从越南进入中国,或者从中国进入越南,往来关系密切。中国道教什么时候传入越南,至今还没有一个明确的说法。不过根据中国和越南的历史,公元前111年,汉武帝进兵越南,越南进入汉朝的版图,设立交趾部(后称交州),于是,中国和越南的经济和文化关系开始密切。中国史书上记载,东汉末年,道教创立。东晋末年,五斗米道孙恩在江南发动起义失败后,其妹夫卢循率部逃至交州。史载越南人李脱帮助卢循进攻交州府城,失败后赴水自尽。这大概是道教传入越南最早的记载。

中国的五代十国时期,内乱纷争,国力衰微。后晋天福二年(938年),越南吴权在北方建立了吴朝,结束了越南依附中国的历史。继吴朝以后,在500年中,越南又先后建立过丁朝、前黎、李朝、陈朝、胡朝和后陈等朝代。在此期间,中国和越南在政治、经济和文化上一直保持着密切的联系。据《大越史记全书》的《本纪》,丁朝先皇太平二年(中国宋代开宝四年,971年)曾经给越南的佛道二教领袖颁授官阶品级,“道士邓玄光授崇真威仪”。传称,丁先皇在一次起兵时,还到今宁平省的“天尊洞”道观,礼拜神明。后平定天下，遂改“天尊洞”为“安国祠”。《大越史记全书》的《本纪》还称，黎朝大行皇帝在兴统四年（中国宋代淳化三年，992年），曾经“宣华山道士陈先生诣阙”。这里的陈先生可能就是陈抟。但是，中国史书中似乎并无陈抟到过越南的记载。越南史书这一黎朝的记载至少说明，黎朝大行皇帝欲召盛名的陈抟而不得。李朝崇信三教，李太祖在位时，兴建道教宫观太清宫，诏度道士。太祖之子李太宗登基时，道士陈慧龙还为其造“天命”，得宠信，获赐御衣。李神宗天彰宝嗣三年（中国宋代绍兴五年，1135年），神宗曾经赴五岳观，“庆成金银三尊像”，这大概是越南史书上有关道观造三清神像的首次记载。陈朝受中国文化的深刻影响，三教并重，尤重儒家。陈朝道士曾经为陈太宗举行祈嗣醮仪，获验；为太宗举行延寿醮仪，亦获验。对于道士醮仪，越南史书均作记载。陈朝曾遭蒙元三次入侵。据《白鹤通圣观钟记》记载，陈圣宗宝符四年（中国南宋景炎元年，元代至元十三年，1276年），道士许宗道随商船避难来到越南，获得越南朝野的重视，检校太尉平章事，清化府路都元帅，赐紫鱼袋。1284年，当元军来犯时，许宗道与越南将帅，“在白鹤江剪发立誓，与神为盟，尽以心忠共报君上”，结果击退元军，杀元将。于是，陈朝君臣更加崇信道教，屡次请许宗道行仪，“投简于伞圆山，进龙璧于白鹤渊”。道士许宗道客居越南达40余年。这些历史记载说明，中国道教对于越南的政治和军事都有过影响，并且在历史上很长时期内直接进入民众的信仰生活。尽管近百年来越南和中国一样，饱受外国侵略，战争动乱，人民生活困苦，但是，道教的遗迹至今仍然到处可见。

玉山祠是越南著名的道观，又称玉山寺、玉山庙，位于河内市中心还剑湖中的玉山岛上。玉山岛以40米长的太鼓桥与湖岸相连接。玉山祠合祀文昌帝君、关帝、陈兴道和吕祖等。其中除陈兴道以外，都是明清时期在中国广泛奉祀的道教神祇。陈兴道（？—1300年）是越南陈朝名将，民族英雄，也是越南男巫奉祀的神祇。陈兴道，本名陈国峻，自幼博览群书，及长又精于兵法和天文，收集诸家兵法，释秘八卦九宫图。1257年、1284年和1287年时，陈兴道率军击退蒙元的军队，因此，被封为兴道王。在越南民众的心目中，陈兴道是民族英雄，驱除恶灵的威武象征，还能救治妇人的不孕和难产等症。玉山祠现存《玉山帝君祠记》，《记》称，玉山原是黎太祖的钓鱼台,后建关帝庙。阮朝时,由蕊溪社的信徒们修复。其后又在1842年由科举及第的文士们组织的“向善会”增建了文昌殿。现在玉山祠是河内市的文化古迹和旅游胜地,祠庙建筑完好,有三重门阙、大殿、廊房和亭塔等。头门临街,门墙上有“福禄”二字。二门名曰“砚台”,右题“龙门”,联称,“砚台笔塔大块文章,唐科宋榜士子梯阶”;左题“虎榜”,联称,“窦桂王槐国家桢干,虎榜龙门善人缘法”。三门为“得月楼”。楼后即玉山祠主殿。玉山祠在越南宗教史上的地位,还在于此祠曾经刊印了大量的中国道教的经书,例如:《文帝全书》、《阴骘文注》、《阴骘解音》、《吕祖药签》、《关圣垂训宝文》、《玄天上帝实录》、《文昌帝君解厄宝训》、《玉皇救劫》等61种。另外,也刊印越南文人的著述,如《会真篇》等。

真武观,现在首都河内西北部,也称镇武观,供奉真武天尊玄天上帝。对于真武观创建的年代,越南史学界一直有三种说法。一说是李朝顺天元年(1010年),相当于中国宋真宗大中祥符三年;一说是李朝龙瑞太平年间(1054—1058年),相当于中国宋仁宗至和、嘉祐年间;一说是李朝龙符二年(1102年),相当于宋徽宗崇宁元年。说法虽然有三,但是这三说相差时间不过百年,都是北宋末年的时候。李朝建成真武观以后,真武观也受到后来越南朝野的普遍重视。黎朝圣宗就在洪德元年(1470年)为求雨到真武观祈求玄天上帝。李朝以及后来各朝的君主都曾经到真武观祈求玄天上帝。到15世纪后半叶,随着科举制度的完善,文昌帝君受到考生和社会的普遍崇奉,于是,真武观也供养文昌帝君。真武观原来在河内皇城之内。后黎朝洪德三年(1472年),因为皇宫扩建,真武观便移建于城外西湖南岸。现存的真武观面对西湖建有棂星门(牌楼),有拜殿和本殿的长方形的殿堂建筑。殿堂的中心是玄天上帝的铜像,像高3.46米。这个铜像是后黎朝熙宗永治二年(1677年)铸造的。铜像是坐像,散发,身披铠甲,左手握手印,右手臂绕有蛇,持剑,膝下有龟蛇合体的造型。真武观的馆主由原是清化地方出身的道士出任,世袭,其谱系不明。在18世纪,真武信仰曾经一度衰退,但是阮朝初期,即19世纪,受到官民双方的共同保护。除了河内的真武观,越南还有许多奉祀玄天上帝的真武观,而且大多设在从中国进入越南的路线上,例如谅山有镇北真武祠、瑞雷武当山的天真武祠、红河东岸的巨灵镇武祠。而且，这些真武祠的真武大帝大多面向北方。

天后圣母庙，在越南南部的胡志明市，建造于 1760 年。天后圣母，即天妃、妈祖。天后圣母原名林默娘，宋代时出生于福建莆田。南宋以后，中国海上贸易逐渐兴旺，对于护航的天妃信仰逐渐遍布中国南方沿海。有人统计全世界奉祀天妃的庙观有 1500 多座。越南胡志明市的天后庙，中国殿堂式建筑风格，彩绘雕刻，富于特色。至今还有古钟和石碑。天后庙中间供奉天后圣母，两边是金华圣母和龙母娘娘。每年的三月二十三日是天后圣母的节日，胡志明市的华侨和渔民都会去庙奉祀天后圣母。

七府古庙，是越南南部最古的古庙之一，以奉祀武财神关圣帝君而著名。华人圈里，都知道关帝是三国时代的一个大英雄、大将军，因此，越南的战士都会去拜关帝。可是，在越南，关帝还是商界的保护神，是武财神，另外，又是一位神医，能够治疗被魔鬼制造出来的疾病。七府古庙开始建造于 1684 年，由于战争动乱破坏，后来经过三次重修。除了七府古庙，越南南部各大小城市，只要有越南华侨的地方都有奉祀关帝的关帝庙。每年的八月十九日都会举行祭拜关帝的法会。越南南部的人家一般都供奉赵公明和关圣帝君。

中国道教对越南的影响，还表现在越南本土宗教吸取了道教的成分。正如有一位越南学者说的那样，“越南人信道教而不知道是道教”。

母道教是越南北方的民间宗教，崇奉越南仙女柳杏圣母。柳杏圣母是越南神仙思想融合了萨满和地母信仰而创立的信仰对象。圣母诞生地云葛社建有圣母神祠。后黎朝以及阮朝各皇帝都曾给圣母封号，称圣母为上等福神。母道教的庙观称为府、殿和祠。各庙都有世袭的庙主。河内市内就有云府、顺美祠和安寿祠等供奉柳杏圣母。据考察，母道教的庙观的神像雕塑和殿堂设置与道教宫观大致相同，其横匾和对联均用汉字书写。殿前还吊有许多尖顶斗笠，上面写有祈愿人的姓名，以祈求仙女护佑。

高台教是越南的一种新宗教，1926 年创建，全称为大道三期普度教，又称梵教。高台教主要流行于越南中部和湄公河三角洲一带，信徒约有三百万人。高台教是以越南的萨满信仰为基础，融合道教和其他宗教信仰而形成的。“高台”一词出自《道德经》第二十章，“众人熙熙，如享太牢，如春登台”。高台教徒解释“如春登台”为“上祷高台”,高台就是神灵居住的最高的宫殿的意思。高台教的教义思想基本上吸收了中国儒家和佛家的伦理观念,但其神仙基本上搬用道教的神仙体系。高台教的最高神是玉皇上帝,即道教的玉皇大帝。在越南,也称为皇官教主,居于越南民间信仰神系的最高的支配者的地位,统率各种神祇。据称,玉皇上帝属下有人间的出生和死亡两大册账簿,每天由北斗和南曹等星神掌管。在大晦日,由灶神将人的善恶报告天界。此外,高台教还吸收了道教的其他神灵,例如:李太白、关帝、姜太公和太上老君等。越南民众对于道教的玉皇大帝的信仰,大约开始于 14 世纪。越南陈朝的文人陈元旦(1325—1390 年)有《题玄天紫极宫》诗称:“玉皇校箓红云拥”。1419 年编成的《安南志原》引用《交趾通志》称,每年正月“九日,玉皇诞生日,各道观行礼拜”,接着,在 14 世纪的三四十年代,《玉皇本行集经》在越南刊行并且开始流行。越南高台教将玉皇大帝的信仰融合进了自己的信仰中间。

四、道教在其他东南亚国家

柬埔寨。柬埔寨一直是中国的友好邻邦。相传在公元 7 世纪,中国和柬埔寨就有良好的交往关系。中国史籍《隋书》卷八十二《南蛮》中有《真腊》列传,真腊就是柬埔寨的古称。其中说到真腊“其丧葬,儿女皆七日不食,剔发而哭,僧尼、道士、亲故皆来聚会,音乐送之”。“其敬鬼如此。多奉佛法,尤信道士,佛及道士并立像于馆”①。《隋书》所言的“道士”,如果是道教的道士,那么道教至少在唐代立朝(618 年)以前已经传入柬埔寨了。《旧唐书》卷一九七《南蛮》有《真腊》列传称,“国尚佛道及天神,天神为大,佛道次之”②。《明史》卷三二四《真腊》列传称,“其地谓儒为班诘,僧为苎姑,道为八思”③。三部史书记载的历史事实,相隔达到一千年,但是都说到柬埔寨的历史上有“道”,当地人称之为“八思”。目前柬埔寨有不少来自福建和广东来的华人。首都金边有关帝庙,人称“协天上帝庙”。协天上帝就

① 《隋书》卷 82,北京:中华书局 1973 年版,第 6 册第 1837 页。
② 《旧唐书》卷 197,北京:中华书局 1975 年版,第 16 册第 5272 页。
③ 《明史》卷 324,北京:中华书局 1974 年版,第 28 册第 8395 页。

是关帝。或者尊称为关圣帝君。每逢关帝节日，柬埔寨的潮州会馆各顾问、副会长、理事、各界乡亲善信都到协天大帝庙举行敬拜仪式。仪式中，神坛上摆放了由会长、各副会长和顾问捐献的金猪，福利组也虔备花果礼品祭拜。与此同时，潮州会馆南北醒狮团和锣鼓班都到场起舞献瑞和演奏助兴，气氛热烈，突显了海外潮人对家乡传统习俗的尊崇，即使远居海外，也没有忘记对家乡的眷念。

泰国。泰国是一个佛教国家，位于中南半岛的最南端。但是，据史载，早在汉代，中国和泰国就有了往来。到元代时，广东潮汕地区的人民就有坐"红头船"赴泰国的。有人估计，从 1782 年后的百年间，到泰国经商、谋生的华人人数高达 150 万以上。目前在泰国的华人大约有 540 万人，占据总人口的十分之一。泰国的佛教是上座部小乘佛教，与中国流传的汉地大乘佛教不同。不过华人进入泰国以后，既把大乘佛教带到了泰国，也把中国道教带到了泰国。从广东和福建到泰国的华人，大多集中在泰国的一些大城市里，例如：泰国的曼谷、清迈等地。在这些地方有不少从中国带去的信仰道教的宫观。旅泰华人中商人不少，他们在泰国各地建立关帝庙，奉祀关圣帝君。其中最著名的是曼谷河南的关帝庙，又称武圣庙，供奉关帝，又称协天上帝。这个庙里有一方匾额，上面的题记是 1781 年，即中国的乾隆四十六年。此外，还有曼谷唐人街的关帝古庙，大约修建于 1892 年。在曼谷都城城墙内还有玄天上帝庙，庙内有 1842 年挂的匾额，相当于中国清代道光二十二年。玄天上帝庙也供奉关帝，香火很旺。不过泰国道教宫观最多的是"本头公妈"庙。本头公，就是本土公，也就是道教供奉的土地神，俗称有土地公公和土地婆婆，泰国就有本头公和本头妈。潮州人读"本土公"如"本头公"，所以泰国的土地神庙一般都写作"本头公庙"，或者"本头妈庙"。据泰国的资料，泰国全国 24 座著名中国式的庙宇，其中"本头公"庙占 10 座，所占比例还是不小的。泰国的本头公庙多于本头妈庙。据泰国学者研究，那是因为早期潮汕人移居泰国的，大都是单身男子，所以他们开始供奉的自然都是"本头公"。随着时间的推移，他们在泰国成家立业，带上妻子，拖儿带女，这才意识到缺了个"本头妈"，于是，本头公庙里也奉祭起了"本头妈"，并且出现了"本头公"和"本头妈"分别两个庙观供奉的现象。

1999 年泰国北揽坡的本头公庙的理事会代表还专门参访了北京白云观和中国道教协会。同年,中国道教协会回访泰国以后,中国道教协会副秘书长说:“我们经北揽坡、彭世洛、溯可泰、清莱、清迈诸地,由泰国的南部到北部,十余天时间里所涉足的各府县,就曾十余次地见到供奉‘本头公妈’神的庙堂”。一些旅居泰国的华人还说,旅泰潮汕人的家庭、铺头、工厂,也大多设有“本头公”的神位。

泰国的北部有瑶族近四万人。泰国的瑶族多使用汉字,瑶族举行宗教仪式的时候,挂的是元始天尊、灵宝天尊和太上老君的神像,另外还有玉皇、李天师、张天师、十殿冥王和邓元帅、赵元帅等。因此,瑶族信仰的宗教实际上就是“瑶道教”。他们的仪礼文书用汉字书写。据有人研究,他们的仪礼体系实际上就是宋代的天心道派的道法。瑶族的信仰中包含着大量的道教因素。

近年来,泰国道教积极开展同大陆和港澳台地区道教界的联络活动。2012 年香港黄大仙观就以香港道教文化交流团的名义访问了泰国的一些主要宫观。2013 年初中国道教协会副会长、武当山道教协会会长李光富率领武当山道士访问泰国华侨崇圣大学和道教华光宝殿,并且举办了道教文化讲座。

缅甸,也是一个东南亚的佛教国家。道教在缅甸的信仰者主要是华人,主要分布在北部农村地区,特别是与我国交界的克钦邦和掸邦。当地的华人大约有 40 万人,其中 25% 至 30% 信仰儒释道三教。现有道坛或庙观 7 座,道士 200 余人。缅甸最有名的道教大庙是掸邦的果敢大庙,占地约有 5000 多平方米。果敢是地名,全名是缅甸掸邦第一特区。果敢的首府是老街市。果敢大庙就在老街市的东侧,坐北朝南。果敢大庙始建于清末,大约在 19 世纪末建成。尽管 20 世纪缅北地区战火不断,大庙数次被破坏,但一边被毁,一边修复,经过多次修葺完善,果敢大庙越发壮观宏伟。大庙正门进入是关帝庙。关帝殿在中心位置,门上悬有“威震乾坤”、“神威远镇”、“古今一人”、“盖天古佛”、“不贪为皇”、“九天化雨”等木刻匾额。殿内正中供奉关圣帝君神像,神像左侧有关平捧印,右侧有周仓持刀护卫。两旁对联称:“伐魏抗吴皇皇忠义参天地,兴蜀立汉耿耿赤胆贯山河”,“立志破曹瞒万古英明垂竹帛，忠心扶汉室一身勋业足千秋”。在关帝殿前后左右，还有一些殿堂，分别供奉福德正神、财神、文昌神等。财神殿的对联作“生财当须有道，谋利不能昧心”。文昌殿的对联作“文兴教化莘莘学子成栋梁，昌明播世茫茫大地换新装”。从关帝庙的左侧进入是观音庙。观音殿中央供奉观世音，左有南斗星君，右为北斗星君。据说南斗和北斗主人生死，人们祭拜南斗和北斗就是为了求得长寿。而这一殿堂设置已经不是一般佛道融合的布局了。每当农历 2 月下旬，果敢大庙成了中缅两国边民顶礼膜拜的中心。会期来临，缅北和中国边境的善男信女，不辞辛劳，长途跋涉，前来进香祭拜。数千人集结大庙，盛况空前。大庙还特备素餐，免费接待前来烧香的信众。

菲律宾。有人说菲律宾是亚洲最西方化的国家。现在有人口 9000 多万，马来族人占人口的 80%以上。84%的人口信仰天主教。华人在菲律宾是少数民族，大多数信仰佛教。道教在华人中也有很大的影响力。根据厦门大学陈衍德教授的研究，道教传入菲律宾的年代已经难以考证，有组织的道教活动不过是 20 世纪 50 年代以后的事情。菲律宾全国现有道坛 58 座，道教信徒有 3.8 万人。道坛中较有规模的道教中心，在加洛干市（Caloocan City）有大道玄坛；在马尼拉市（City of Manila），有九霄大道观，设有菲华道教促进会总部；在巴西市（Pasay City）有九八龙霄宝殿，菲律宾中国道教总会和妇女组护道大居士的机构也设在这里；在宿务市（Cebu City）有规模宏大的道观——定光宝殿，它可以认为是菲律宾南岛地区道教传播中心。定光宝殿和大道玄坛都创建于 20 世纪 50 年代。在 60 年代，部分道士从大道玄坛分离出来，另外组建了九霄大道观。到了 80 年代，又有部分道士从九霄大道观分离出来，另外新建了九八凌霄宝殿。此外还有大千寺、菲华通准庙、石狮城隍公庙、青阳石鼓庙、兰洛市隆天宫、清静道坛、保安宫、青龙殿、慈惠御宫、金銮御范、吗利瑾那李府三太子宫、北星鲍王宫、镇海宫、古佛寺文曲星宫、描东峰市妈祖天后宫、包王府等一些小道观。这类庙宇多与会党或同乡会有关。

从菲律宾道教供奉的神仙分析，菲律宾的道教主要供奉的神仙可以区分为四类：一类是道教中修道成仙的祖师神明，例如全真祖师重阳帝君、云梦祖师;第二类是道教中从未降生人间的先天神灵,例如玉皇大帝、三皇太子等;第三类是中国历史上有功于社稷和百姓的人物,例如关公、包公等;第四类是地方民众祭拜的民俗神灵,例如天上圣母妈祖、保生大帝、广泽尊王等。菲律宾全国的天后圣母庙,即妈祖庙,据统计大大小小有100多座。菲律宾道教的节庆大多是神灵的圣诞日。在春节和神灵圣诞之日菲律宾华人常常到道教宫观中祈求平安长生。逢到先人需要超度,菲律宾道教也为信众举行黄箓度幽道场,在道场里,法术禁咒、符篆扶乩等道术盛行。驱鬼辟邪法术也常包含一些药物医疗。厦门大学的陈衍德教授曾经访问过一个道教宫观的理事长李先生,这位李先生告诉陈教授,"我在家里供奉着许多神像,天主教、佛教、道教诸神都有。我知道人一死什么都完了,但我还是天天给神像烧香。我还是三清坛玉皇宫理事会的理事长"。他之所以热心道教宫观管理,只是因为他一生跌宕起伏,磨难不断。李先生原来姓杨,幼年时,因为生父贫穷,被卖给福建晋江的李姓人家为子,后来跟随到菲律宾,成年后经商,做过商店老板,也做过工厂主。他的一生有过风光的时候,但是,大多数时间是悲剧不断。他的生意受到父亲和兄弟酗酒和赌博的拖累,生养了四男四女,却有一男和二女夭折,所剩下的子女或者忤逆不孝,或者不成器。他说,"我在菲律宾已经埋葬了祖父、父亲、伯父、叔父、母亲、妻子、弟弟,还有儿子和女儿。一个个丧事都是我一手操办的,一个个送走离开人世。我深深感觉人生的无常和短暂,所以,我现在天天敬神烧香,热心玉皇宫的事情"。李先生的话恰当地反映了所有海外华人的心声。菲律宾的道教组织有三个,一个是菲华道教促进会,会址在马尼拉市的九霄大道观。一个是菲律宾中国道教总会,会址在巴西市的九八龙霄宝殿。另一个是菲律宾全国道教总会,会址在大马尼拉地区。一般认为宿务市的定光宝殿,规模宏大,是道教传播的中心。20世纪90年代以来菲律宾中国道教总会与北京的中国道教协会开始建立了联系。

印度尼西亚。印度尼西亚是一个有2亿人口的东南亚大国,其中华人人口约有500万,占全国总人口的2.5%。印度尼西亚的宗教信仰中,伊斯兰教处于绝对强势的地位。华人道教庙宇影响微弱。在印度尼西亚近代历史上,由于政治和经济的多种原因,曾经发生过多次排华的运动,例如,1740

年的“红溪惨案”,1965年的“9·30事件”和1998年“黑色5月”等排华事件。在这些排华事件中,华侨华人的生命被任意屠戮,华人妇女被侮辱强奸,财产遭受严重损失。华人商店和仓库被抢劫掠夺和焚烧,给印度尼西亚华侨华人带来了巨大的伤痛。据印度尼西亚华人学者告知,在华文教育、华族文化被取缔和禁止的社会状况下,华人道教庙宇发挥着安慰、鼓舞和凝聚华族民心,共同渡过难关,并且私下里教授华文和中华文化的作用。华人道教庙宇,无论在怎样险恶的环境里,都没有断过香火。

在爪哇岛三宝垄华人社区,华人庙宇都以大伯公为主神。大伯公就是福建的福德正神,即土地公。据记载,三宝垄的郭六官祠堂修建于1756年,大伯公庙修建于1792年,在1881年又修建了妈祖庙。比较起来,关帝信仰在印度尼西亚似乎更为突出,这是因为关帝是中国民族精神“忠义”的代表,它对团结和鼓舞印度尼西亚华人渡过难关更具有精神上的激励力量。专门奉祀关帝的著名庙宇,有雅加达的南靖庙、苏门答腊岛上的棉兰关帝庙和巨港的关帝庙(又称义合庙、协天宫)。棉兰关帝庙香火很盛,除奉祀关圣帝君外,还可以祭拜财帛星君和福德正神(大伯公)。巨港关帝庙大约修建于清朝光绪年间。此外,在东爪哇的杜板、西加里曼丹的万乎山以及坤甸等地,也都建有关帝庙,供当地华人烧香祭拜。

东帝汶。东帝汶是个岛国,位于东南亚努沙登加拉群岛的最东端,西部与印度尼西亚西帝汶相接,南隔帝汶海与澳大利亚相望。首都是帝力,人口约106万人。东帝汶是世界上极端贫穷落后的国家之一,大部分物资都要靠外国援助。据传,华人抵达东帝汶谋生已经有200年了。东帝汶的帝力有一座关帝庙,兴建于1936年。从现存的关帝庙的碑文可知,当时一批澳门同胞“离乡别井,乘风破浪,远渡重洋,栖身东帝汶”,就在1936年修建了关帝庙。在关帝庙的旁边还有一座小观音堂。关帝庙加上观音堂合起来大约有1000多平方米。这两座庙不论是在日军占领的太平洋战争期间或者战后的二次政变风波之中,都没有遭到破坏。现在庙堂的香火还是很旺盛。不光是华人到庙来祈福,还有印度尼西亚和土著居民也来拜关公和观世音。

据台湾龚群在《道教的国际发展》一文中介绍,泰国有道坛或庙观9

座，道士 5200 人；缅甸有道坛或庙观 7 座，道士 2700 人；印度尼西亚有道坛或庙观 4 座，道士 820 人；印度有道坛或庙观 2 座，道士 120 人；菲律宾有道坛或庙观 258 座，道士 38000 人。① 这些统计数字的来源已经不可考了，但是可以供人参考。

第四节　道教在欧美国家

随着华人移居欧美等洲的足迹，道教也传布到了欧美等洲，包括欧洲、北美洲、拉丁美洲、大洋洲和非洲等一些国家，这些国家的政治、经济和文化背景同道教赖以生存的中国的情况有很大的不同。因此，道教在欧美国家的传布起初也主要是在海外华人之中。

一、欧美国家的道观

由于移居海外的华人，原因和目的不尽相同，财力物力的积聚也需要有个过程，如同东南亚国家的状况一样，起初各洲华人兴建的道观，大多是简陋的棚屋，供奉一些来自大陆原籍带出来的神像和神位。直到条件成熟后，才兴建起道观并由大陆移居来的道士执掌法事活动。

据台湾龚群在《道教的国际发展》一文中介绍，至 20 世纪 80 年代，北美洲有道教神坛或道观 54 座，道士 25000 人；拉丁美洲有道教神坛或道观 85 座，道士 27000 人；欧洲有道教的坛或道观 98 座，道士 29000 人；非洲有道教的坛或道观 54 座，道士 3400 人；大洋洲有道教的坛或道观 130 座，道士 9500 人。②

根据考察，欧美的一些道坛或道观，大体上规模都不大，对于欧美社会的影响也很小，但是因为都是当地华人从祖国带出去的宗教信仰，因此，它们在华人社群中发挥保持传统文化和加强民族凝聚力的作用却是不容忽视的。

---

① 《道教文化》(台湾)第 3 卷第 11 期。

② 《道教文化》(台湾)第 3 卷第 11 期。

就以欧美各国的关帝庙为例,美国的关帝庙主要有三座:

一座是美国纽约的关帝庙,在坚尼街 94 号。1993 年筹建,1994 年建成。纽约关帝庙建庙的宗旨就是“弘扬以关帝为表率的、儒释道三教融合的中华传统文化,净化人心,教化社会。提倡助人为善,广结善缘,积极参与社会慈善事业,服务侨社新老移民”。关帝庙内神龛中的关帝神像,高 5.9 英尺,穿黄色龙袍,神龛上高悬匾额“义节千秋”。庙内有对联一副称,“忠义超千古,威灵显五洲”。每年的农历六月二十四日,纽约及邻近城市的信众都会到关帝殿来叩拜,香火旺盛。

第二座关帝庙是旧金山关帝庙。旧金山在加州,加州有关帝庙是很早的事。据传,北加州的门多西诺的阿尔比翁街有座供奉关帝的武帝庙,在 1882 年就开始为华侨华人服务,1979 年时武帝庙被列为加州的历史古迹。旧金山的关帝庙,不仅华人烧香,在 1999 年市长布朗为了选举连任,还专程到关帝庙烧香,选举获得连任后,还专门到关帝庙还愿。旧金山各大报纸还在显著位置刊载新闻,报道“拜关帝求得第 12 签,市长布朗遇贵人相助”。舆论称布朗的贵人就是旧金山的华人。

第三座关帝庙是德克萨斯州的休斯顿市中心的德州关帝庙。德州关帝庙的庙门正面对着宽广繁忙的 45 号高速公路,与对侧著名的休斯顿大学遥遥相望。关帝庙古雅雄伟,视野开阔。德州关帝庙是目前美国最大的关帝庙,也是休斯顿市政府官方指定的旅游观光宗教寺院之一。这三座关帝庙都是由赴美华人自己筹备建设起来,为海外华人的关帝信仰服务的。这些关帝庙里有的有道士,有的则有来自中国的和尚为信众服务。

在西南印度洋有一个小岛叫法属留尼旺岛。岛的西面就是马达加斯加岛。法属留尼旺岛不大,2000 多平方公里,70 多万人口,华人只有 3 万多。岛上的人大部分人都信仰天主教。可是,这个岛上就有个关帝庙,关帝庙初建于 1896 年。2008 年的时候,法属留尼旺岛上的新老华人凑钱一起把庙整修一新。如今真是粉彩雕琢,非常壮观。关帝庙每年还要举行关帝节,敲锣打鼓,跳舞唱戏,还要烧香拜神。庙里的工作人员,无论男女老少都穿中式衣服,可是都是法属留尼旺岛本土的姑娘和小伙子,却没有来自中国的道士或者和尚。庙里面为香客和游客做介绍的都是说法语的本地人,而在庙里祭拜关帝、上供烧香的有华人,更多的却是法属留尼旺岛本地人、印度人、马达加斯加人、科摩罗人和欧洲人等。关帝成了岛上各民族共同的神,关帝节也成了法属留尼旺岛人共同的节日。法属留尼旺岛关帝庙的事实说明,道教本身无疑是具有一些普世的教义思想和伦理观念的,道教神灵也可以为不同国家的信众膜拜的,但是,道教的传播必须突破语言和文字的障碍,不然,那是难以取得持久成就的。

随着到美国的华人越来越多,道教的影响也越来越大。在20世纪80年代,有美国亚利桑那州的中孚道院主持凯蒂博士等,访问了北京白云观、成都青羊宫、上海白云观、杭州葛岭抱朴道院等地。和凯蒂同行的,还有中孚研究所所长冀朝理。冀朝理就是著名翻译家和社会活动家冀朝铸的兄弟。他们还参加了北京白云观举行的"九皇会"道场。作为第一批应邀来访的洋道士,看到中国道观的开放和宗教活动的恢复赞叹不已。凯蒂说:"中国是一个文明古国。我特别信仰中国的道教文化,道教文化能给人带来幸福。"他表示:要以所见所闻向美国人民介绍中国的宗教信仰自由。美国夏威夷的太玄道观主持张怡香女士,也率队多次访问中国大陆各地各道观。她自称是"六十三代天师"张恩溥之女,拥有医学博士和文学博士学位,精通中医。她热心道教文化事业,四处奔走为推进道教的国际交流作出了贡献。20世纪80年代起,香港青松观侯宝垣道长为了在世界范围弘扬道教文化,先后参与或者出资筹建了旧金山道教美洲青松观、波士顿市的纯阳观。道教正统而规范的仪式活动,在美国这些道观中逐渐展开。2011年1月在旅美福建同乡会的支持下,在纽约曼哈顿门罗街的石竹山九仙君宫和南天照天君宫的观址还成立了美国道教协会。

二、在欧美国家弘道

由于近三十年来,中国成功实行改革开放政策,人民生活改善,国家力量强大,中华文化对于世界各国人民的吸引力逐渐增强。西方的一些人开始有兴趣钻研道教思想观念,有兴趣学习道教仪式活动,有兴趣实践道教的养生之道,于是他们主动到中国道教中来寻师访友。而中国道教在恢复过程中,也出现了一些学习和精通西方语言与文化的青年道士,他们满怀着献身精神，不计个人名利地位，奔走于道教国际交流的各项活动之中。其中颇为突出的是原中国道教协会研究室的田诚阳道长和陕西青华宫的黄世真道长。

田诚阳道长，山东单县人，出身中医世家，从小随祖父和父亲学习道家思想。十八岁高中毕业以后，到青岛崂山出家学道，在山修道六年，是全真龙门第二十四代传人。1985年云游访师。1987年进入中国道教学院学习。1989年被推选为崂山太清宫副监院，山东省青年联合会委员，同年调入北京中国道教协会，任教务处秘书，参与处理国内外教务工作。在京期间，田诚阳道长开始通读《道藏》。1992年调入道教协会研究室，从事道教学术研究，先后编写出版了《道家养生秘库（仙学解秘）》、《道经知识宝典》、《中华道家修炼学（上下）》、《仙学详述》、《修道入门》、《道教格言集》等著作，还参与了《道教大辞典》、《中华道教大辞典》、《道教神仙画册》、《罗天大醮》、《道教常识》等书的合作编写，同时发表了一系列道教学术论文。田诚阳道长除了弘传道教教理教义外，注重丹道修炼仙学的理论和实践，博学多才，自成体系。1999年田诚阳道长应西班牙马德里自治大学和巴塞罗那太极中心邀请，经中国道教协会和国家宗教局批准，赴西班牙讲学传道。他历经困苦，艰难创业，教授外国信众，于2001年5月联合西班牙弟子创立道教协会，同年12月冬至佳节在巴塞罗那举行道教丛林清静宫落成典礼。这是有史以来由中国全真道士在欧洲创建的第一所道观，得到西班牙政府正式承认，取得与天主教平等的合法地位，成为中国道教传入欧洲大陆的里程碑。2003年田诚阳道长用西班牙语撰写并出版了他的书稿《认识道教》，这是第一部由中国道长直接用西班牙语出版的道教著作，发行西班牙和欧美等国。2007年4月田诚阳道长携带四名外国弟子，应国家宗教局邀请参加了分别在西安和香港举行的“国际道德经论坛”，并且率领西班牙道教协会弟子和法国道教协会弟子访问了中国道教协会。2007年8月又有以西班牙语为主要语言的拉丁美洲弟子皈依田道长，并且在古巴创建了清静宫，为中国道教在西班牙语地区的传播填补了重要的空白。2007年8月，西班牙、法国和瑞士等国道教组织，在田诚阳道长的努力下，联合筹备成立了“欧洲道教联盟”。

黄世真道长,1968年出生于陕西省安康市,道号飘涯子。自幼生长在汉水流域,秦巴山区,受祖辈神仙信仰的熏陶,随同父母到庙院养成了烧香拜神的信仰习惯。1989年春,在陕西省紫阳县擂鼓台道观出家皈依道教,师从刘兴地道长。同年秋天,黄世真道长到西安八仙宫常住修道,成为全真龙门派第31代传人。1990年到中国道教学院学习,1992年毕业后,返回西安八仙宫并担任巡寮,组建八仙宫教职人员培训班,组织道众学习道教经籍教义以及道教音乐知识,带领八仙宫和西安音乐学院合作录制全真正韵《步虚声》等音乐磁带,经陕西音像出版社出版发行。同时,他还出任八仙宫道教乐会会长兼主唱。1992年在工作中开始与英国、美国、法国等来访外国信士建立联系。1994年应邀率领西安八仙宫高功法师以及法国、英国信徒等一行18人,到龙虎山天师府与美国夏威夷太玄道观进行国际道教文化交流,美国太玄道观住持张怡香道长在天师殿收黄世真为正一门徒,并赐道名黄大仁。

1995年,黄世真道长帮助英国信徒组建成立英国道教协会。1996年英国道教协会成立,正式邀请黄世真道长前往英国传道,经陕西道协上报省政府同意出访。出访英国时,被英国道教协会礼请为会长。英国多家新闻媒体作了报导。中国驻英使馆热情接待和赞赏黄世真的传道工作。

为了做好向欧美国家传道工作,从1993年至1997年,黄世真道长在西安外国语学院英语系进修四年。

1997年秋,西安市道教协会选派黄世真出任青华宫住持。黄世真多方争取社会支持赞助,把即将倒塌的青华宫大殿进行维修,新塑神像,添置殿堂法器,修建宫内住房,等等。西安市政府任命黄世真为青华宫负责人,颁发了宗教活动场所登记证书。

2002年,黄世真道长应邀前往俄罗斯,在俄罗斯帮助道教武术信徒,组建了“莫斯科道德养生武院”,并为其武院授课一个星期。

2006年9月,经过河南省鹿邑县政府多次邀请,河南省道教协会发出聘书,邀请黄世真道长出任河南鹿邑“道教祖庭”太清宫住持。鹿邑县政府宗教事务局还给黄世真道长颁发了宗教场所法人登记证书。2007年4月“老子诞辰”之际,黄道长亲自邀请英国、法国、中国大陆和香港、台湾地区的知名高道齐聚鹿邑，为道祖老子贺寿。此次聚会成为鹿邑历史上最具有国际性的大规模、高规格的道教盛会。中国道教协会任法融会长应邀亲自题写了“中国鹿邑老子故里”、“道教祖庭”、“道教节”以及“老子千古”等珍贵作品，实现了鹿邑人民多年来打造“老子故里”、“道教祖庭”的愿望，为鹿邑的道教地位、旅游开发和经济发展都作出了积极贡献。

2009 年 7 月，应法国道教协会之邀，黄世真道长前往法国传授道教文化。为了促进国际道教信徒之间的交流与发展，在法国协助重组了法国道教协会，并在巴黎倡议，组织成立了国际道教协会，还被推选为第一届会长。

2009 年 9 月，黄世真道长协助国际道教协会墨西哥道教文化交流团一行，首次组团访问中国。墨西哥总统的姐姐卡尔德隆·玛利亚女士随团来华，在西安青华宫和交流团人员一起学习和体会打坐修炼，吃斋听经，洗碗做饭，打扫卫生，练习书法，学习太极，感受推拿。此外，黄世真道长还带领他们参加了中国道教协会在中岳庙组织的“五岳祈福”活动，参观西安兵马俑、楼观台、重阳宫、少林寺、太清宫、亳州等名胜古迹。玛利亚女士等交流团一行，通过亲身体验，对中国道教产生了极大的兴趣，同中国道教协会建立了友好关系。

2010 年 7 月，黄世真道长应邀到葡萄牙和法国传播道教文化。其间，在葡萄牙首都里斯本，出席并主持了“国际道教协会”第一届第一次会议，帮助组建了“葡萄牙道教协会”，创建了“老子庙”，并为老子神像开光，为“老子庙”题名。此外，还参观了“里斯本中医学校”，为该校题字，应邀在该校做了关于“道教与中医”的专题讲座。

2010 年 10 月，第十六届亚运会和第十届亚洲残疾人运动会在广州隆重举行。黄道长应广东省和广州市道教协会邀请，经国家宗教局批准，在广州亚运城亚运村宗教服务中心道教活动室工作，被任命为道教事务组组长。他遵守 24 小时坚守岗位制度，为来自 45 个国家和地区的运动员和随队官员做好服务工作，亲自执笔撰写了“亚运祈祷文”，“为和谐亚运提供道教优质服务”，“飘涯子亚运缘”等书面材料。在宗教中心组织的文化大讲堂里，应邀讲授了题为“和谐亚运，道德为上”的讲座。他发挥了多年从事道教对外事务的成功经验，有力地传扬了道教传统文化，增进了伊朗、巴基斯坦、韩国、日本、新加坡等亚洲国家运动员对道教的宗教感情，受到了亚运会宗教中心领导的高度赞扬，获得了亚组委有关部门颁发的荣誉证书。

经过踏实务实的对外传道工作，黄世真道长成为葡萄牙道教协会创始人、墨西哥道教协会创始人、法国道教协会创始人、英国道教协会创始人，并担任国际道教协会会长。

田诚阳道长和黄世真道长，近20年来，在欧美地区传道获得成功的事实，值得人们共同庆贺，也是发人深思的。因为，由外国的信徒提出要求，主动来请道教传播到该国去的事情，在中国道教史上曾经出现过，而这次出现的，又同历史上有所不同。

首先，田诚阳道长和黄世真道长是以普通道士的身份，被外国民间的信仰者邀请去传播道教的。他们的出国虽然要得到中国有关方面的批准同意，但是，他们在国外一切活动只是一个普通道士的个人行为，没有来自中国政府的政治要求和经济支撑，也不带有任何个人到海外镀金敛财的目的。他们只是应外国信徒的要求，传播有助于人生的道教教义和养生功法。田诚阳道长和黄世真道长在国外的一切活动只代表他们自己的信仰和追求。

其次，田诚阳道长和黄世真道长都努力学习外国语言，不论是英语、法语，或者西班牙语。一个传道的人，如果他同传道的对象存在语言障碍，那是没有办法做长期弘道工作的。可以想象，道教的经典、道教的科仪、道教的科仪经文等，一切需要使用语言和文字的地方，必须改变为传播国的语言和文字，这样的传道才能持久和获得效果。道教史上有过教训，如果没有使得道教的种种本土化，一些道士到外国传道一段时间以后，或者出国的道士回国了，或者老道士在异乡客地羽化了，他们带到国外的道教也就烟消云散了。田诚阳道长和黄世真道长在国外的一切活动已经国际化了，他们已经在使用外国语言和文字传教了，这就为道教在海外扎根创造了条件。

再次，田诚阳道长和黄世真道长都是在近30年涌现出来学道修道的青年道士。他们在外国信教群众面前具有宗教家的魅力，谦卑恭敬，虔诚信仰，虚心学习，团结人群，热爱世界和平，维护社会公德，具有高尚的道德素养。他们敢于开拓创新，心胸豁达，公道正派，善于沟通，乐于助人，顾全大局，安贫乐道，广结道缘，淡泊名利。他们兢兢业业，无怨无悔地坚守在条件极其清贫困苦的生活环境中，忙碌于宫观事务的同时，默默无闻地为中国传统文化的弘扬散发着自己的光和热。他们不炫耀才智，不讲究排场，远离声色犬马，坚持清正廉洁。他们没有官场背景，没有财团支撑，完全依靠自己的宗教信仰作为精神支柱，体现自己的人生价值和道教的社会价值。

道教走向世界的步伐已经迈开了，但是，道教要为海外华人服务，为创建一个和谐世界服务，为全人类的和平、健康和幸福服务，还有很长很远的路要走，还有许多工作要做，还需要几代道门中怀有献身精神的人共同努力。值得注意的是，今天的中国道教学院已经设立了专门管理国际事务的国际部，并且委派得力人员从事道教的国际联络工作。另外，中国道教学院在 2012 年 10 月还举办了第一届海外留学生道教科仪初级班，有来自 6 个国家的 17 名外国学员学习道教科仪。这 17 名学员中，有说英语、法语、比利时语、瑞士语的，还有说葡萄牙语、西班牙语、意大利语的。据说，这个班级除了道教科仪课程以外，还开设了道教的哲学、历史、养生方面的知识讲座。因此，这个班级的课堂教育的语言问题无疑是个难题。让道教丰富的内容被各国学员用自己的语言表达出来，并加以弘扬。这对于道教如何走出国门将是一个极其重要、急需探索的课题。

第十八章

海外的道教研究

海外人士对我国固有宗教——道教的研究大约开始于19世纪初期。起初的研究者大部分是来华的传教士,他们大多认为自己信仰的宗教优于其他宗教,对道教大多持鄙视或敌视态度,因此他们既无科学方法,也不能作出实事求是的论述。欧美人士对中国道教的直接了解,进而对道教进行研究,可追溯至1840年鸦片战争时代。鸦片战争的结果,使中国的大门被迫向资本主义国家开放,于是许多外交官和基督教传教士接踵来到中国。他们利用不平等条约给予的便利条件,对中国各方面的情况进行调查研究,开始对道教有了认识,撰写出了一批研究著述,如英国传教士里雅各布的《中国的宗教》、《道教经典》,法国耶稣会传教士戴遂良的《道教》和《中国的宗教信仰和哲学思想》,英国传教士艾约瑟的《中国的宗教》,等等。随着来华学人的增加,特别是第二次世界大战以后,随着宗教学科的发展,国外不少学者对道教越来越感兴趣。到20世纪60年代,逐渐形成了日本、法国、美国三个道教研究中心,而在英国、德国、荷兰、澳大利亚、瑞士、加拿大和俄罗斯等国也有不少研究者,出现了一批比较全面而准确地研究道教的科学论著,并且国际上先后举行了三次大型的道教研究会议以及各种双边和多边的道教研究学术会议。

法国汉学家对中国宗教的研究已有200余年的历史了。法国道教研究者中,早期代表人物为葛耐、马伯乐、石泰安、康德谟。其中,康德谟是世界驰名的中国宗教学权威,尤其精于道教学研究,他是葛耐和马伯乐的高足。当代法国最著名的道教学研究者是施舟人,享有世界声誉。他受教于康德谟,曾在台南居住8年,拜曾赐、陈聡等道士为师,修习正一科仪,曾经在巴黎高等研究院任第五宗教组主任导师,主持道教文献馆工作,还曾任法兰西学院汉学研究所所长，欧洲青年汉学家会议之执行秘书。其后，施舟人还曾在荷兰莱顿大学任职。他撰写过大量的有关道教的著述、专著和论文。

美国的道教研究，起步较晚。然而，从 20 世纪 60 年代以后，也取得了长足的进步。美国较为著名的道教研究代表人物有韦尔奇、席文、斯特里克曼、苏海涵、顾立雅、马瑟、柯恩等。韦尔奇可以被视为美国道教研究的开拓者，曾任哈佛大学东亚研究中心和世界宗教中心副主任。席文专门研究中国文化史和科学，讲授中医治疗、宗教仪式疗法、巫术治疗和天文学及炼丹术。斯特里克曼也是国际上著名的道教学者，侧重于六朝以前的道教研究，尤其是对茅山上清派的研究，其成果引人注目。苏海涵曾在台湾从事道教与民俗方面的研究和调查工作，与新竹道士陈登云、钱彩枝交往颇深。他尽力搜集道教经书法诀秘本，获得庄、林、陈、吴诸家世传珍抄秘本，后由台北市成文出版社以《庄林续道藏》为名刊印出版。又由东京龙溪市舍以《道教秘诀集成》为名刊出茅山道教珍贵抄本，引起国际道教学者的重视。所撰道教论著近 20 种。马瑟为美国研究中国六朝思想的名家，《世说新语》英译者，对六朝时期的道教、佛教有极为深刻的见解。当代美国最著名的道教学者大约要数柯恩教授了，她从波士顿大学退休以后，仍然在编杂志，出版著作，到处讲课，并且亲身参与道教养生修炼。

李约瑟是英国最为著名的道教研究家。牛津大学的龙彼得教授亦从事道教研究，发表了《宋代馆阁及私藏道书研究》。瑞士的霍曼教授也撰写并发表了不少道教论著。德国的已故学者石秀娜也从事早期道教研究。荷兰的佛教目录学权威舒尔克，近年来也开始道教研究，并在罗马东方学院成立了道教小组。澳大利亚的柳存仁、加拿大的冉云华都是著名的佛道教研究专家。

至于日本，由于从明治维新以后，日本的经济急速发展，无论从资源、市场乃至于土地和人口的需要，都不得不把眼光投向国外。离开日本最近的地方，无疑就是朝鲜半岛、中国东北地区、中国台湾和琉球。因此从 20 世纪初，日本就开始关注中国土地上发生的一切，以至于一度把中国人的宗教信仰及其习俗都作为发动侵华战争所需的情报一部分，道教研究自然也成为一项政治、军事和经济界都需要掌握的重要内容。这样的研究需要一直贯穿至今天。

欧美学者对道教研究的范围很广,特别是近20年来,成效显著,涉及许多方面,有的是前人已探讨过的,有的则是在以往的研究中未涉足的。他们在研究过程中,对道教也有了更为深刻的认识,认识到“道教与中国人的生活与思想密切相关,由于这个缘故,世界上研究道教的学者强调了道教对认识中国的重要性”①。由于他们的努力,在研究道家、道教及相关的中国科技、宗教思想、对外文化交流,美学及政治经济领域等等方面,都取得了令人瞩目的重大成果。

欧美学者在考察道藏源流、编辑道教研究文献目录索引、道教经典的研究、道教史的研究、道教教派的研究、道教哲学思想的研究、道教斋醮仪典的研究、道教与儒释关系的研究、道教与民间宗教关系的研究、道教与文学艺术关系的研究、道教炼丹史的研究、道教与医药学的研究、道教现状的调查研究等方面,都作了不懈的努力,有益的探讨。欧美道教学者们不仅从经典、文献方面进行研究,而且还试图深入到秘传道教的研究中去,并取得了一些成绩。在欧美学者的推动下,从1968年到现在召开了数次国际性的道教研究学术讨论会,这些讨论会的论题广泛,有深度,交流了学术研究成果,研究水平也得到了提高。一位欧美学者曾在20年前预测认为,尽管道教研究当时还处于“初期阶段”,“然而,几年后我们就能看见巨大的进展,对这一迷人的学科进行大为详尽地描述的希望不会太久就能实现”。这一预测现在已经成为现实。

近年来,欧美道教学者也加强了与中国道教界和学术界的交往联系,来中国大陆进行实地考察、学习的人士日益增多。相信在中外道教界和学术界的共同努力下,道教文化研究必将会有一个光辉灿烂的前景。

第一节　法国的道教研究

欧洲原来并不了解中国,也不知道中国有个道教。在17世纪以前,欧

① 迈克尔 · A.迪马科:《西方道教研究概述》,引自《中国道教》1992年第1期。

洲只是从《马可·波罗游记》和西班牙传教士写的《汉大王国记》中知道一点中国的历史、文明和语言等综合知识。《汉大王国记》在1588年被翻译成法语,得到了在欧洲传播的机会。

一、传教士让欧洲知道中国有一个道教

从17世纪后半叶开始,欧洲汉学的主导权基本上一直掌握在法国人手里。而法国的汉学研究以及对道教的介绍则是从传教士写回来的各种函件和报告开始的。

17世纪中叶,北京有一个葡萄牙耶稣会传教区,传教士中虽有意大利人、德国人、比利时人,但他们都被置于葡萄牙国王保护下的葡萄牙印度教省。根据法国国王路易十四(1638—1715年)的诏令,法国要改革地理学,以增加对印度、中国的了解,为此决定在北京创立法国耶稣会传教区,并招募人员,此事由当时的科学院负责处理。但是,从科学院选择使者有不受欢迎和外国人不信任的危险,于是选拔的注意力转向了本国的耶稣会士们,并决定从他们中选派“六名精通数学的人”。最后被选中的法国耶稣会传教士有:洪若翰(Jean de Fontaney,1643—1710年)、张诚(Jean-Francois Gerbillon,1654—1707年)、李明(Louis le Comte,1655—1728年)、白晋(Joachim Bouvet,1665—1730年)、马若瑟(Joseph Henri Marie Premare,1666—1735年)和塔查尔(Tachard)。其中除了塔查尔(Tachard)后来被留在暹罗(泰国旧称)外,其余五人都来到中国。国王以私库资助了这次长途旅行。临行前这个以洪若翰神父为首的布道团被刚成立(1685年)的科学院(Académie des Sciences)接纳成为院士,还被冠以“御前数学士”名称,每人都亲自接到国王的指令,要他们“改善科学和艺术”,将他们在中国实地观察的结果直接向“科学院”报告。1685年3月法国传教士离开法国,1688年2月抵达北京,受到清康熙帝的友好相待,1693年还在皇宫附近得到恩赐一座住院和供建造教堂的地皮。此后法国又有耶稣会传教士陆续来华,直到民国时期。法国耶稣会传教士在华传教活动中,获得了大量的中国及其周边地区的政治、经济和社会生活的情报,其中也涉及道教。

法国耶稣会传教士在华传教都采用利玛窦当年的传教方法,他们对于

崇拜偶像的道教也持有全盘否定的态度。

刘应(Claude de Visdelou,1656—1737 年),法国传教士,号声闻。1687 年来华,先在北京,后在山西传教。1708 年升为代牧。1709 年赴印度,直至逝世。1725 年著有《论出家道士们的宗教》,书稿现存梵蒂冈教廷传信部。刘应在《中国哲学家们的宗教史》中说道,“中国共有三种道士,第一种不结婚,仅仅从事炼丹术,他们认为使用仙丹就会长生不老。第二种也结婚。第三种是那些到各家各户做祈祷活动的人。第一种是一批如同欧洲常见的以蔷薇十字会之名而著称的宗教狂。第二种与普通人没有区别。第三种都是一些善耍花招的人,足可与街头艺人相匹敌”。刘应认为,佛道两教“招引了大批其他人”,“这两种恶毒之源分成了无数恶臭的小溪,它们以一种比大禹从前把中国从中解放出来的那种有害的洪水更大的水灾淹没了这一辽阔的帝国”①。

法国耶稣会士傅圣铎神父(Jean Francoise Foucquet,1665—1741 年),他于 1690 年来华,1720 年回到罗马教皇那里,用拉丁文发表了一个大事年表,内有“老君的宗派”(1a secte de Lao kium)的记述,这显然指道教。《耶稣会士中国书简集:中国回忆录》第一卷收有傅圣泽在 1702 年从江西南昌给法国公爵拉福尔斯的信。信中说道,“我们在这里竭尽全力推翻从前的偶像和摧毁魔鬼的帝国”的工作。中国的“道士”,“寻找长生不老之法”,“均为招摇撞骗之徒”。“道士的首领张”,“人们称他为天师”,“穿着华丽,坐在一把豪华的椅子上,有八个人抬着走。他经常这样在全国各地行走,看看他的手下,收收银两”。“张天师带领大批随从,以我刚才提到过的装备,到达了抚州。道士对他们的头领的到来感到十分的荣耀,向全城散布谣言,说基督教的传教士们不敢露面了,他们已经跑了”。“那个家庭也和其他人一起来见张天师,希望能够找到治疗折磨他们的疯病的良药。交了钱以后,他们得到了一根和手臂差不多长的棍子,上面密密麻麻写着一些咒语。当他们受疾病折磨时,他们就使用棍子,同时要举行某种仪式。但这不仅没有

① 转引自《明清间入华耶稣会士和中西文化交流》,成都:巴蜀书社 1993 年版,第 153 页。

减轻他们的痛苦,反而使他们的病越来越重。”[①]耶稣会士的信件说到的道教种种,都是持贬斥的态度的。据说,傅圣铎曾经翻译过《道德经》,还概括过《道德经》的内容。他说,“整部《道德经》仅仅为经文,其中讲到了智慧得到发展而形成了道德的模式”[②]。从这个意义来说,傅圣铎对于《道德经》的思想还是持较为客观的态度,也因此可能得罪了教廷传信部的人士。

在 18 世纪的最后二三十年里,耶稣会士韩国英(Pierre-Martial Cibot,1727—1780 年),曾经介绍过中国的“功夫”。耶稣会士中最后一位大汉学家是钱德明(Jean Joseph Marie Amiot,1718—1793 年),把《孙子兵法》介绍到了欧洲。据称,他曾经想完成一部关于“道教”的论著,称道教“曾是一个很出色的教派,可与儒生们的教派相媲美。但是该派今天已经名誉扫地,最终受到了所有高雅之士的鄙视”[③]。

台湾淡江大学中国文学系何金兰副教授于 1988 年 5 月在《淡江学报》第二十六期上发表的《法国汉学之奠立及其发展》一文中写道:“那时,适逢在中国的传教士于 1702 年送了一位福建籍的黄姓青年(Arcade Hoang,中文名字不详,美国学者称其为 Huang Pai Lu)到法国深造,并被派往皇家图书馆处理耶稣会士不断从中国寄回法国的大量中国书籍。就是这一份资源使得法国在 19 世纪时得以在欧洲的汉学研究中占了领导地位”。何金兰的文章还指出,“皇家图书馆馆长毕农(Bignon)教士订下计划,要利用黄姓青年留法期间从事编纂中文文法和字典的工作”。

二、第一个汉学讲座和马伯乐的道教研究

著名的思想家伏尔泰(Voltaire,1694—1778 年),在他的《哲学词典》里有《中国的教理问答》一章,以“老君的宗派”来指称“道教”。叙利亚语教

---

① 《耶稣会士中国书简集:中国回忆录》第 1 卷,郑州:大象出版社 2001 年版,第 202、212—214 页。

② 转引自《明清间入华耶稣会士和中西文化交流》,成都:巴蜀书社 1993 年版,第 156 页。

③ 转引自《明清间入华耶稣会士和中西文化交流》,成都:巴蜀书社 1993 年版,第 158 页。

授德金（1721—1800 年）在他的《匈奴、土耳其、蒙古和其它鞑靼诸国通史》（简称《匈奴通史》）一书中，使用了“道士”的术语，并且称中国的唐代“老子是中国的一神格”。

1814 年 12 月，经过路易十八的批准，法兰西学院创设了欧洲第一个汉学讲座——中国及鞑靼满洲语言和文学讲座，主持这一讲座的是汉学家雷慕沙（Abel Remusat，1788—1832 年）。雷慕沙著有《汉语基本文典——古文·官话纲要》，他于 1816 年出版了法文译本的《太上感应篇》，1823 年又发表了《老子的一生及其作品》，其中选译了《道德经》的第一、二十五、四十一、四十二章等，认为老子的学说同毕达哥拉斯学派和柏拉图学派的学说都有共同之处。雷慕沙的作品里还没有使用“道教”这个词汇，但是，他在《中国和它的居民》中说到了“三教为一”的成语，称“中国的第二号宗教（引者注，指道教）是中国最古的居民的原始宗教”，但是“它的信仰堕落成了多神教和偶像崇拜”，“它的司祭和女司祭实施魔术，占星术和神等各种各样的奇怪的迷信之术，他们被称呼为‘道士’，也就是‘道理的博士’的意思。他们的基本理论是由公元前六世纪的老子授予的”。在雷慕沙的学生之中，茹理安最为著名。茹理安（Stanislas Julien，1797—1873 年），中文名儒莲，曾任法兰西学院图书馆副馆长，法兰西学院院士。儒莲以法文翻译了《大唐西域记》和《西厢记》，1842 年完整翻译了法文本《道德经》。这个译本介绍了几十位中国注释家的注解和评说。从儒莲开始，法国汉学逐渐明显地处于欧洲汉学的领先地位。

1873 年，法国的民族志学会成立了中国日本学协会，戴罗斯尼（Leo de Rosny）出任首届会长。当法国高等研究院设立“远东宗教”讲座的时候，戴罗斯尼又出任第一任讲座教授。他在 1856 年用法文翻译了道教的《阴骘文》。戴罗斯尼的学生马塞龙在 1898 年编撰出版了《道教研究文献目录》。在这部早期出现的目录里，人们可以看到道教研究的历史以及当时研究的状况。在该目录的附录里，收有《著名道教徒传记》，其中包括有葛洪、司马承祯、陶弘景、张道陵、杜光庭、王弼和文子等传记，显示出法国的道教研究经过近百年的研究积累已经有了相当的成果。

也就在 1911 年前后，巴黎国家图书馆搜罗到了两套不完整的明万历刊本的《道藏》。这两套不完整的《道藏》原来收藏于何处，怎么会落入法国人之手，现在都已经不得而知，但是，巴黎有了明刊本《道藏》，即使是不完整的，也无疑会是对法国道教研究的促进。法国的汉学研究的奠基人沙畹（Chavannes，？—1919 年）就曾经利用这两套《道藏》的材料，在 1910 至 1911 年间出版了《汉文藏经五百寓言及故事选》。沙畹毕业于巴黎高等师范学校，曾在北京的法国驻中国公使馆任职。1893 年返国后，任法兰西学院中文教授。1910 年，沙畹的论文《中国的社神》发表，被公认为欧洲第一篇研究中国古代祭祀仪式的文献。他的《投龙简》论文则是第一篇有关道教仪式研究的论文。因此，沙畹一直在学术界被视作法国汉学研究的开拓者，是法国的道教学术研究的开山祖师。

沙畹的弟子中，有几位是非常有名的研究中国的专家。一位是伯希和（Pelliot，1878—1945 年），此人以掠走中国大批敦煌经卷而闻名于世。另一位是葛兰言（Marcel Granet，1884—1941 年），葛兰言毕业于巴黎高等师范学校，1911 至 1913 年在中国从事研究工作，回国以后出任高等研究院东方宗教研究所所长，后转任东方学院院长。葛兰言除了以沙畹为师以外，还向著名的涂尔干（又译杜尔克姆）学习社会学研究理论和方法。葛兰言的《诗经》研究就是采用从儒教伦理的立场进行解释，并且与东南亚社会进行对比的方法，因而在《诗经》研究中独树一帜。葛兰言没有专门研究道教的著述，但是，他的《中国古代的节庆和歌谣》、《中国的宗教》、《中国的思想》等著述，从社会学的角度来诠释中国古代宗教，确认了老庄道家思想和作为宗教的道教的内容具有密切的关联。葛兰言的研究对于法国的汉学研究有很大的和持久的影响，并且至今仍受到欧美学者的高度评价。

沙畹的第三名著名弟子就是马伯乐。亨利·马伯乐（Henri Maspero，1883—1945 年），是一位历史学家和语言学家，也是公认的为法国的道教研究奠定基础的汉学家。当然，他首先是位历史学家。马伯乐的父亲是埃及学家加斯通·马伯乐，他在 1904 年开始学术生涯时就追随其父写有《亨利二世时代的埃及财政组织》一书，不久，他就开始对东方世界感兴趣，并且加入到了当时在河内的远东学院研究之中。在那里，他几乎度过了整整 15 个年头，足迹踏遍远东和东南亚各国。马伯乐多次逗留于中国，目击了大清帝国的最后崩溃。1911年出任法国远东学院(河内)教授,1920年起任法兰西学院(巴黎)教授,著有《古代中国》、《中国宗教·历史杂考》等。1944年,亨利·马伯乐当时任法兰西学院文学部会长。由于其子参加秘密反抗组织,遭到德国警察的追捕。7月27日,马伯乐夫妇被逮捕。就在巴黎解放前夕,他们又被送往德国的集中营,受尽饥饿、寒冷和酷刑。1945年3月17日(一说为15日),马伯乐病死于集中营内,此时距巴黎解放仅一个月的时间。其子后参加美军,同年9月8日战死沙场。

马伯乐的学术活动范围很广,涉及中国历史、古汉语语法和汉语音韵,乃至于汉语史。从1927年起,马伯乐的研究集中于中国经济史和宗教史,在这两个重要的领域里,保持着强烈的探索精神,获得了一系列成果。1937年,马伯乐在法兰西学院发表了讲演,其讲题为“道教的神仙——就其如何与神交感而言”。同年,又在《亚洲杂志》上连载两篇论文,论述《古道教及其养性术》。第二次世界大战结束后,马伯乐夫人在马伯乐的书斋里发现了大量未刊遗稿。马伯乐的弟子和同事戴密微在马伯乐夫人允诺之下,对遗稿作了认真研究,并在1950年出版了《关于中国宗教和历史的遗稿》三卷本,其中第二卷以“道教”为题。第二卷收集整理了马伯乐生前有关道教的演讲稿以及在战争期间写作的一些未曾发表的手稿。戴密微在此书的“序”中称,“本卷收有关于公元初数世纪的道教的未刊稿三篇。这个时期差不多就是道教后来的基本构成形式形成的决定性时期。亨利·马伯乐是第一个企图对这一时期的道教历史和道教文献作学术探讨的人,几乎至今仍然是唯一通晓这门学问的人”。1971年,第二卷又以《道教和中国宗教》为名单独重新出版。此书收有马伯乐《中国宗教·历史杂考》中的一些内容,包括《中国六朝时期的人的宗教信仰和道教》、《诗人嵇康和竹林七贤的聚合》以及《关于公元初几个世纪的道教研究》、《老子和庄子以及圣人的生的神秘体验》和附录《道教的神仙——就其如何与神交感而言》等内容。1971年该书又以《道教和中国宗教》为名重新出版。其日文本书名简称为《道教》。《不列颠百科全书》称该书为“关于道教的最优秀的先驱者的著作”,“西方权威著作”。

日本已故著名学者川胜义雄主持了马伯乐的《道教》一书的日文版翻

译工作，并且在翻译后记中说，"1950年，马伯乐的原著出版，给予欧美学术界很大的刺激，其后，道教研究人才辈出，对于道教研究也呈现出空前活跃的状况。对于何谓道教以及如何回答这一问题，马伯乐作出了明确的答复，它的大纲式的特征，现在看来仍具有持久不灭的价值"。"1950年原著刊印以来，又经过了1/4世纪的风云考验，马伯乐的书作为道教研究的经典著作的地位毫不动摇，我想现在来说是不过分的"①。可以认为，这个评价也是实事求是、恰如其分的。

马伯乐称道教是"世界上最奇妙的宗教之一"。他认为从后汉到唐朝，特别是六朝的道教，是道教发展历史上的一个焦点。六朝是道教的最盛时期，唐以后直到现代的道教一直是处在很长的衰退的过程中。其理由，一是道士紧缩在道观之中，逐步丧失了对民众的影响力；二是在民间的道士变成了单纯的科仪崇拜（马伯乐称其为"巫"）。这种看法，人们可以举出史实来加以批驳，不过马伯乐的出发点是把六朝和六朝前的道教称为"古道教"，并以此同后来吸收了各种方术、仪式成分的道教，或称"民众道教"，"近代民间宗教"相区别。

马伯乐对于"古道教"（即六朝和六朝前的道教）的研究，是从文献入手的。马伯乐认为古道教是一个持守着《大洞真经》传统的道教集团，并与另一个持守《灵宝经》传统的集团相对立。因此，马伯乐认为道教是"引导信仰者以追求长生和不死为目标的寻求个人解脱的宗教"。为了求得长生，道教包含着养形和养性的一整套道术，并且要信仰者积累善行，最后使自己的体内居住各种神灵。从有意识地进行精神集中到无意识地与道冥合为一，这就是达到入道的高度神秘主义的体验阶段了。他正是基于这一认识，马伯乐认为老庄的道家思想和道教是没有区别的。庄子和六朝道教虽然年代间隔久远，但是在理论上和实践上，它们应该是有其连续性的。他在《老子和庄子以及圣人的生的神秘体验》一文中指出，道家"致力于创造一个对世界的科学化的表象"，并把"神秘性实践加之于理论的思辨之中"，因而其结论是"道家和道教并不如一般人们所说的那么不同，他们彼此来自同一

① 《道教》，东京：平凡社1978年版，第362、363页。

种极古老的宗教的根源”。川胜义雄曾经评价马伯乐“是通晓欧亚的,唯一独立探索道教的历史及其道术的内部体系的人”。马伯乐道教研究的这些观点后来为法国的道教研究家们所继承。对于马伯乐的历史贡献,他的学生卡顿马克(康德谟)曾经说过,“马伯乐的最大的功绩就是对于道教这样一种难于理解的宗教,给予了理解,提出了问题,并且向着这个方面开拓了道路”①。

马伯乐培养了三名优秀的弟子。

马伯乐的第一名优秀的学生是卡顿马克。卡顿马克(Max Kaltenmark,1910—2002 年),中文名康德谟,曾在 1949 年至 1953 年间在中国北京的中法研究中心工作,广泛接触中国文化和民俗。1953 年在北京出版了法文的《列仙传译注》。《不列颠百科全书》评价称该书是“现存最早的道教徒传记的翻译,在其长注中还包括许多神话知识”。1957 年就任巴黎的法国高等研究院第五组导师,担任“中国宗教讲座”,主讲中国道教思想史。主要著作有《老子和道教》和《列仙传》。《不列颠百科全书》称前者为“关于道家哲学和道教的较好的一般性概论”,后者为“现存最早的道教徒传记的翻译”,其注文中还包括许多神话知识。《老子和道教》一书,在以后还被翻译成为英文和德文。此外,康德谟还著有《灵宝五符经考》、《太平经的思想》等。

马伯乐的另一名学生是戴密微,戴密微(Paul Demiéville,1894—1979 年),谦虚敦厚,博学多才,1919 年毕业于东方语言学院,其后到越南河内的远东学院从事研究工作,在中国的北京和厦门逗留六年,在日本逗留五年,编撰《法宝义林》等。他的研究工作主要在佛教,从敦煌经卷开始,涉及禅宗、禅意诗、文人诗等,推动了法国对中国佛教和文学研究的发展,著述极为丰富,约有 300 余种。

马伯乐的另一位学生石泰安。石泰安(Rolf Stein,1911—1999 年),音译作斯坦安。石泰安是中文名,曾在中国和越南从事研究工作。1951 年任法国高等研究院教授,担任“远东和中亚诸宗教的比较研究讲座”,研究道

① 转引自川胜义雄《译后记》,《道教》,东京:平凡社 1978 年版,第 363 页。

教以及西藏,其主要著作《公元二世纪道教的政治动态》在印度和越南文化的背景上研究中国黄巾之乱和五斗米道徒等问题,开拓了道教研究的方法和视野。1966 年以后,石泰安和著名人类学家列维·斯特劳斯合作创立了“中国宗教史资料中心”,使法国高等研究院的宗教学部成为欧美最重要的道教和藏传佛教研究机构之一。

三、施舟人对道教研究的贡献

施舟人(Kristofer M Schipper,1934—　),即施博尔,康德谟和石泰安的弟子。施舟人,原籍荷兰,出生于瑞典,1953 年到法国学习,自 1958 年起专事道教研究。1962 年,以法国远东学院研究员身份,到台湾作关于道教的田野调查工作。施舟人拜台南著名正一派道士曾赐、陈聪和陈荣盛为师,研究台湾南部灵宝清微派科仪和制度,历时七年。1970 年回法国时,搜罗了许多台南世家道士祖传的科仪秘典以及民间流传的戏曲唱本。1970 年起,任法国高等研究院教授。1973 年,创立道教研究及资料中心。1975 年曾任欧洲研究中国协会的秘书长,并且主持了国际规模的“道藏索引和提要”的编制工作。参加这一系统研究《道藏》中各种经籍的作者、流派、年代和内容以及编制索引工作的专家有法国、意大利、丹麦、荷兰、瑞士、德国和美国的汉学家。1979 年,作为主办单位之一,施舟人主持了在瑞士苏黎世召开的“第三次国际道教研究会议”。自 1981 年起,施舟人多次访问中国大陆,调查研究大陆道教的历史和现状。1989 年,施舟人就任法兰西学院汉学研究所所长。不久,就因研究工作繁忙而离任,又应邀担任荷兰莱顿大学汉学院教授,奔忙于荷兰和法国之间。他是荷兰皇家科学院院士,法国高等研究院特级教授。2001 年,施舟人携妻子和女儿回到福州,应聘为福州大学教授,2003 年施舟人建立了福州大学世界文明研究中心,创办了中国首家西方人文典籍图书馆“西观藏书楼”。2004 年,施舟人被法国总统授予荣誉骑士勋位,获得中国政府颁发的中华人民共和国友谊奖。2008 年,被评为“感动中国”国际友人之一。2009 年,施舟人被聘为中国“五经翻译”项目主持人。他的道教研究主要代表作是《道体论》(*The Taoist Body*),并且主编有《道藏通考》(*The Taoist Canon*)等数十种论著,在国际汉学界享有很高的声望。

施舟人对道教研究的贡献有五个方面：

一是编制了道教研究的工具书。例如:《黄庭经索引》、《抱朴子内篇索引》、《抱朴子外篇索引》、《云笈七籤索引》、《道藏通检》等。其中《道藏通检》是一字检索型的工具书。任何人只要记住经名中一个字,就可以查找全名和《道藏》所在卷册。该工具书经台湾配编于新版《正统道藏》一起发行,流传广泛。1996 年,施舟人无偿提供版权,上海书店出版了由施舟人原编、陈耀庭改编的《道藏索引——五种版本道藏通检》,作为新版三家本《道藏》的工具书。国际学术界有人认为,正是由于施舟人编制的大量工具书问世,才促进了 20 世纪七八十年代国际范围出现了道教研究的高潮。

二是关于道教仪式的研究。施舟人一直说,他之所以会对道教感兴趣,是因为在台湾"中央研究院"访问时,经常看见台湾乡村打醮的醮棚,而台湾的研究人员经常不屑一顾,鄙视称其为迷信。但是,熟悉西方人类学理论的施舟人不理那一套,于是,他亲自踏访这些道士的醮棚,直到赴台南拜道士为师。施舟人在道场里,从扫地、倒水开始,获得台南道士的信任。他说,他会念经拜忏,步罡踏斗,他穿过道衣、法衣。他重视道教仪式的内容、形式和历史演进等诸多方面。1975 年施舟人以大英博物馆藏《金箓分灯卷帘科仪全集》为底本,以台南道士曾赐家藏本、陈聪家藏本、湖街道士王龙飞家藏本和《道藏》本相对照,汇校整理了一份《金箓分灯卷帘科仪》的较为完整的经本。在著作中,施舟人还注重当代道士举行该仪式的实态,以 1967 年 3 月 6 日台湾苏厝的乡村金箓祈安禳灾醮为例,详细描述了分灯科仪的坛场设置、神位安排、行仪道士的分工职务与职责、行仪程序以及演唱的曲谱等。此外,施舟人还发表了《道教的古典的和地方的仪式》、《"步虚"研究》、《关于中国之替身仪礼》等许多有关仪式的论文。

三是关于道教史和道教实体的研究。施舟人的第一部道教研究著作是 1965 年出版的《〈汉武帝内传〉研究》。《不列颠百科全书》称《〈汉武帝内传〉研究》是"对于道教徒传记小说的翻译以及对茅山派宗教仪式背景的研究"。其后,施舟人的道教史研究也大多与道教仪式史有关。例如《对于都功职务功能的几点考察》、《关于敦煌文书中所见道士的法位》、《唐代的道教仪礼和地方崇拜》、《赵宜真和道教清微派》等。所有这些研究，都是文献学研究结合田野调查的结果，因此，施舟人对于道教作为一个生动的宗教实体是非常清楚的，他从不把道教看成是仅仅存在于文献和思想里的东西。

四是对于道教综合研究。1982 年，施舟人在巴黎出版了《道体论》。1993 年，美国的加利福尼亚大学出版了该书的英文翻译本（*The Taoist Body*）。《道体论》是一本综合研究道教的著作。施舟人在英文本《序言》中称，“道教仍然生存着，虽然它面对许多不利的处境。它部分地残存在中国人每天的生活之中，然而没有清晰而明确的轮廓。为了考察它们，我们必须深入说明道教各个组成部分，那些涉及物化的体，还有有关社会的体。也就是说，我们不仅应该考虑到养生的技术和长生之道，而且应该注意到道教的礼拜仪式、神话和神秘的道教法术。所有这些方面，有时让我们看来有不一致的地方，但是它们在道教之中却是紧密相连的”。这本著作还认为“普通人的社会、地区和地方的文化、寺庙和社会网络系统。中国的这一方面——反映着民众的绝大多数——并不是像宣传要我们相信的那样，‘愚昧和迷信的人群’。普通人的社会深深扎根于他们信仰和崇拜仪式的传统之中。这个传统是强大而旺盛的，足以使道教在经受最严厉的迫害之下仍能生存下来。民众的道教仍保持着它的宗教名山、它的节庆日子和它的祭祀坛场。首先它的文献宝库，即《道藏》，是最重要的例子。可以这样认为，中国民众的宗教是中国的官方文化和官方意识形态的平衡物”。施舟人的《道体论》，充分反映了当代法国道教研究家们的胸怀、视野和新的研究方法及其特点。施舟人的这本著作不仅有文献研究的成果，更有许多调查研究的材料，体现了用结构体的观点观察社会和道教的方法，在传统研究的基础上，增添了注意道教实态的社会学和人类学研究的内容，丰富了一个世纪以来的法国的道教研究的传统。施舟人在《道体论》的第一章总论中，认为道教是不能以西方习惯对宗教的看法加以观察的，“它是中国民众宗教的最高的表现，它拥有丰富而博大的文献，其数量超过一千种，并且蕴涵着中国传统民间信仰的所有方面”。正因为他有如此宽广的视野和博大的胸怀，所以,日本学者福井文雅评价施舟人“不仅是法国,也是欧洲站在世界道教研究第一线上的人物”。

五是率领欧美的道教研究专家,编制了英文版的《道藏通考》,对于近百年来欧美道教经典的研究做了历史的总结。《道藏通考》(*The Taoist Canon*)是一本道教工具书。英文版,三卷本,1637 页。由施舟人和弗朗西斯科 · 韦雷伦(Franciscus Verellen,傅飞岚)主编,芝加哥大学出版社,2004 年出版。这部工具书的出版费时二十多年。1976 年,在巴黎举行的第 24 届汉学研究会议上,施舟人倡议集体开展“道藏研究计划”。由于得到欧洲科学基金的慷慨资助,他的集体研究《道藏》的计划得以实现。施舟人作为项目的协调人,立刻组织了《道藏通考》的研究和编写工作专家班子——道教资料和研究中心。据《道藏通考》中列出的作者介绍,参与该书研究和编写的有 29 名专家教授。其中法国有 10 名,德国 3 名,意大利 3 名,荷兰 2 名,比利时 1 名,瑞士 1 名,美国 6 名。以上 26 位都属于欧洲共同体的国家的专家教授,他们的年龄当时都是四十岁上下,正是年富力强,精力充沛的时候。可是过了 28 年书成问世的时候,执笔的教授大都已经退休,其中还有 2 位不幸作古了。另外还有原籍中国内地和香港的 3 名专家,她们都是在法国或荷兰学习后,当时留在法国继续做研究工作的。

《道藏通考》的第一卷,分为两个部分。第一部为古代至中世,涉及东周至六朝社会上流通的道教教义,如哲学经典、易经学、医药学、养生学、炼丹术、神话和道教内部奉行的教义,如天师道(教义与理论、礼仪与戒律)、上清教(主要经典、初期经典、礼仪戒律)、灵宝教(主要经典、教义与礼仪)等。第二部涉及的是隋唐五代时期社会上流通的道教教义和道教内部的教义。第二卷涉及的是宋元明时期的道教,其中有社会上流通的教义和道教内部的教义、道藏目录等。第三卷内容为注释、参考文献、执笔者介绍(姓名、学历、职业、主要业绩)等。

明版《道藏》,根据施舟人制作的《道藏索引》共有 1487 种经籍。可是,《道藏通考》收集作考的道教经籍就超过了 1487 种。因为它还包括敦煌经卷中的五种,即《洞玄灵宝升玄内教经》、《太上太极太上真人演太上灵宝威仪洞玄真一自然经诀》、《太上洞玄灵宝空洞灵章》、《授受三皇法》、《老子想尔注》等。还有像类书《云笈七籤》所收的经籍，有的在《道藏》中已经亡佚，《道藏通考》也对这些已经亡佚的经籍做了必要的考释。

明版《道藏》的编排是采用“三洞四辅十二类”的方法，这是一种既表示传承又顾及内容的二元分类方法。这种分类，因为经籍传承日久，出现了混乱，所以中国学者一直想改变《道藏》的编排。2004 年中国道教协会新版《中华道藏》就以七大分类法重新编排《道藏》众经序次。七大类指的是“三洞真经、四辅真经、道教论集、道法众术、道教科仪、仙传道史、目录索引”等。《道藏通考》也作了三级分类的新尝试。《道藏通考》首先按照道藏各经籍问世的年代，区分为三大部分。第一部分为东周至六朝时期的经籍，第二部分是隋唐五代时期的经籍，第三部分是宋元明时期的经籍。其次在每一个部分内，又按照各经籍流通方式区分为二大类，即“公开发行（general circulation）”和“内部发行（restricted circulation）”也就是在社会上流通以及仅在道门内部流通等二类。这种不同流通方式，是道门内熟知的，而一般社会人士是不知的或者知晓了也不在意的，也就是说，道门内有一些经籍是师徒相传，道门内传阅，只准手抄而不准刊印的。施舟人进过道门，知道道门内这条规矩，因此，将它列入《道藏通考》经籍编排第二级的原则。1994 年中国四川巴蜀书社刊印《藏外道书》时，就已经涉及此类问题，并且确定道门既然有不在社会流行的规矩，理应尊重，因此，《藏外道书》只收刊印道经，不收道门内流传的手抄本，特别是有朱砂圈点符书的抄本。《道藏通考》的第三级分类，就是按照内容区分类别。在社会流通类内区分为哲学经典、易经学、医药学、养生学、炼丹术、神话等，在道门中流通内区分为天师道（教义与理论、礼仪与戒律）、上清派（主要经典、初期经典、礼仪戒律）、灵宝派（主要经典、教义与礼仪）等等。这样一种新创的分类方法，给《道藏通考》的作者和编者出了很大的难题，因为并非所有道教经籍都能够很容易确定问世的年代，也有一些经籍很难界定它流通的范围，因此，《道藏通考》的作者和编者们作了很大的努力，有很大的贡献，却也留下了不少问题为海内外方家所诟病。美国的席文曾经评论说：“这个计划是有意义的，同时，又不可避免地带有随意性。"①

对于每种经籍,《道藏通考》都给以考释。就编著者的意图来说,力图做到以下几点:考释经籍的英译名和释义;考释经籍的来源、作者和教义传授的状况;考释经籍在明版道藏以外的版本及其收藏情况;考释经籍在时间顺序上与道藏收录的其他经典有否关系,以及在内容上有否传承关系;考释经籍的内容特点及其教内功能,等等。但是,由于各种各样的原因,并不是每种经籍的考释都能包含这样完整的内容的。正是由于编著者如此高的要求,参与这项工程的作者们,在他们的研究中几乎调动了西方对于道藏研究的全部成果,乃至日本近百年的研究成果,以及中国大陆学者在近三十年的研究工作中的一些优秀成果。席文曾经公正地指出,某些条目的考释"甚至已经吸收了当前的学术研究的成果"。从这个意义上说,《道藏通考》是西方汉学界和道教研究界百年研究成果的历史总结,也是对于进一步开展道教研究的正确向导。席文高度评价《道藏通考》的编写和编辑质量,认为它"不是给初学者准备的,但是,每一个准备进入道教经典研究的学者,都将尊重它,并且以此作为向导"。

施舟人教授曾经说到他研究道教是在做让世界了解中国的事情,现在他还要做的是让中国也了解世界。因此,他在福州大学的世界文明研究中心工作期间,除了筹建西观楼以外,还为全校师生开设了世界文明史、世界美术史、福建历史、中英文高级翻译等多门课程,并且开展了多项相关学科的学术研究项目,以实现他向中国介绍世界的愿望。

四、贺碧莱、石秀娜以及劳格文等的道教研究

跟施舟人同时还有一些道教研究学者分别在法国远东学院、高等研究院和有关大学工作,也作出了各自的成就。

伊莎贝拉 · 奥比奈(Isabelle Robinet,1932—2000 年)教授,中文名是贺碧莱。她和施舟人一样,都是康德谟的学生。贺碧莱教授在巴黎大学获得

① "Old and New Daoisms",见 *Religious Studies Review*,美国:Council of Societies for the Study of Religion(CSSR),2010 年版,第 36 卷第 1 期。

博士学位,然后在法国国家东方语言和文明研究所(INALCO)教书多年。在1985年,她被聘任为普鲁旺斯马赛大学中国历史和文明研究主任。贺碧莱专攻道教思想。她的《七世纪以前对〈道德经〉的评注》(*Les commentaires du Tao töking jusqu'au VIIe siècle*)一书,系统地阐述了严遵、河上公、王弼、梁武帝、周弘正、成玄英对《道德经》的评注。她认为,严遵的注"属于'哲学的'道家学说",但由于同佛教学说的对抗而作出一系列调整。她又认为"由于河上公的缘故,《道德经》成了既是一本讲统治术的教科书,又是一本讲长生不老方法的教科书。因此,河上公的评注摆脱了庄子、淮南子、韩非子或严遵等把《道德经》看作是掩盖政治上的考虑那种本体论,也完全不同于后来的王弼对《道德经》所作的那种形而上学的解释"。而王弼的注是"代表称之为第三世纪玄学的新道学派的看法"。她的众所周知的著作是她对上清经典传统的分析,《上清道派的历史启示》(法国远东学院,1984年)。她的得到奖励的著作是《道教史——十四世纪为止》(英译本书名为:*Taoism:Growth of a Religion*,斯坦福大学出版社,1997年),这是一本道教历史书,其中特别注重内丹观念的发展史,从开始出现到元代。她后来的著作也都集中在内丹的哲学和精神部分,以及作为内丹概念的媒介的许多隐喻之上。贺碧莱教授对茅山上清派历史、人物和经典作了详尽的研究,并因此获得了法国国家博士的称号。

安娜·赛德尔(Anna Seidel,1938—1991年)教授,中文名是石秀娜。石秀娜教授是德国人,出生于柏林,后生活于慕尼黑和汉堡。由于童年时代深受第二次世界大战的痛苦,石秀娜一生仇恨纳粹主义、法西斯主义和反犹太主义,一直同情和关心弱小民族为自由和民主而斗争的事业。1954至1955年还曾在美国念过短期高中。在慕尼黑和汉堡,石秀娜开始汉学研究。1961至1968年,她又到巴黎从事汉学研究,成为法国著名汉学家石泰安和康德谟的学生。1969年,她的博士论文《汉代道教中老子的神的地位》发表,《不列颠百科全书》称此书是"关于民间道教的初步研究"。这以后,石秀娜一直是法国远东研究院的成员,并且移居日本国,在京都市上京区风景秀美的相国寺里建立了远东学院的法宝义林研究所,专门从事中国和日本佛教《法宝义林》的编辑工作,并且从1985年起开始出版多语本的《远东亚细亚研究纪要》杂志。这个研究所和它的出版物以其高度的研究水平成为国际范围的汉学研究的象征。第二次国际道教研究会议在日本的长野蓼科举行以后,石秀娜参与合编了会议论文集《道教的面面观》(*Facets of Taoism*),其中的论文无疑是20世纪70年代国际道教研究水平的代表。1990年,石秀娜发表《1950—1990年西方的道教研究概述》(*Chronicle of Taoist Studies in the West*,1950—1990)(中文又译为《西方道教研究史》或《西方道教研究编年史(1950—1990年)》)。法国学者傅飞岚说这部著作是"对自从马伯乐关于道教的具有开拓性的遗著发表以来该研究领域所有重要进展所作的系统的评论"。[①] 有人评价它是一部"令人敬畏的、鼓舞人心的和纪念碑式的"[②]著作。这部著作包含着石秀娜对于中国、中国文化和中国宗教的深厚感情,表现了她的敏锐犀利的文风和深邃透彻的洞察力和判断力。这部著作说明,石秀娜的研究综合了德法两国汉学研究的传统,并且是这个独一无二组合的代表。令人惋惜的是,在这部力作问世后不久,石秀娜因肝移植手术失败,在美国逝世。这是法国的道教研究,也是世界的道教研究的巨大损失。

凯瑟琳·德珀(Catherine Despeux,1946—),中文名是戴思博。荣誉退休教授。1975年出版了博士论文《太极拳:长寿和武术》。其后一直致力于研究道教的长生不老的观念以及道教各种养生方术,并且将很多道教和中医的养生文献翻译成了法文。1979年发表了《论炼丹术和道教心理学》,1988年出版专著《〈赤凤髓〉,中国十六世纪的健康和长寿》。1990年戴思博发表专著《中国古代的女仙,道教和女性炼丹术》,该书是西方道教研究第一本对道教信仰中的女仙崇拜问题进行文献考证的专著。书中对于从金元到明清时期有关女性丹功的历史和人物、功法、经典等诸多问题都进行了考证和分析,如麻姑信仰问题、魏华存的研究、孙不二的生平、"斩赤龙"概念的由来等,开创了对女性丹功研究的先河,在西方道教研究史上第一次全面、细致、深入并且资料翔实地研究了女性丹功问题。1994年出版了《道教

① 《西方学者道教研究现状综述》,《国际汉学》,郑州:大象出版社2000年版,第6辑,第339页。

② 转引自陈耀庭:《道教在海外》,福州:福建人民出版社2000年版,第183页注②。

和人体——〈修真图〉》。2009年发表了《法宝义林——中国和日本的佛教百科辞典》,《佛教和中国中世纪的宗教,日本和西藏》,《实践和身体》,《对东亚哲学和宗教传统的理论和实践的解释》,等等。正在做的研究还有《六朝时期佛教徒和道教徒的养生修炼的做法》、《中国中世纪汉唐时期的宗教信仰、养生观念和方法技术之间的交流和互动》等。

约翰·拉格威(John Lagerwey,1946—　),中文名是劳格文。1967年毕业于密歇根大学,获得英国文学学士学位。1975年在哈佛大学以《论赵晔的〈吴越春秋〉》论文获得东亚语言和文化博士学位,后在法国高等研究院在康德谟和施舟人的指导下做博士后研究工作。1977年后成为法国远东研究院成员。从1978至1983年他作为《道藏通考》工程的秘书。劳格文的专业是道教仪式的历史以及中国东南部的地方宗教和社会的人类学研究。1981年,劳格文在巴黎发表了《〈无上秘要〉,八世纪道教的类书》(*Wu-shang pi-yao:somme taoïste du VIe siècle*)的专著,为阅读和使用道教最早的类书《无上秘要》提供了很好的帮助。他曾多次访问中国大陆和台湾。劳格文的著作《中国社会和历史中的道教仪式》(*Taoist Ritual in Chinese Society and History*),是第一本用英文写作的关于道教仪式的综合导论,全书分为"道教仪式的源流"、"基本的道教仪式"以及"仪式的道教和中国社会"等三个部分,提出三个中心问题:什么是道教仪式?它在运用中国人的宇宙论中做了些什么?仪式和思想这两者在中国历史的发展中又做了些什么?劳格文认为道教是深深扎根于中国社会生活中的宗教的象征和行为系统,仪式就是以行为和音乐对这一系统的表示,因此其中反映着中国人的宇宙论、命理学、生死观等,并且同中国社会的政治、历史和民俗等具有密切关系。由于这一专著从社会学、历史学和人类学的角度系统阐述了道教仪式的丰富内容,学风严谨,颇有新意,因此发展了法国学派对于中国道教的研究。20世纪90年代后,劳格文花了大量时间和精力主持了《客家传统社会丛书》编撰和出版的工作。该丛书已经出版了24卷,包括有劳格文参与合著的《赣南地区的庙会与宗族》(1997年)、《闽西的城乡庙会与村落文化》(1998年)等。该丛书从生活在各个地区的客家人的历史、社会、民俗和宗教等方面探讨客家社群的传统及其现代化的过程,为社会学、人类学和宗教学研究提供了丰富而翔实、难能可贵的材料。2005 年,劳格文又选取丛书中的文章,编辑了《客家传统社会》一书,交中华书局出版。该书分为上下编。上编内容为民俗与经济,下编为民俗与宗族。全书贯穿着客家地区的道教和民间宗教信仰的内容。附录有《辞汇的问题或我们应该如何讨论中国民间宗教》一文,表述了劳格文对于中国宗教信仰特点的一些看法,以及他对当前西方道教研究方向的希望。

弗朗西斯库斯·韦雷兰(Franciscus Verellen,1952—),中文名是傅飞岚,现任法国远东学院的院长。以前他是远东学院中国研究项目在台北和香港的代表处的负责人,保持着法国的道教历史研究的首席的学术地位。在牛津和巴黎的博士研究以后,傅飞岚又到哥伦比亚大学和法国高等研究院接受训练。除了在欧洲和亚洲的研究奖学金以外,傅飞岚还保持着普林斯顿大学、加利福尼亚大学伯克莱分校、香港中文大学的访问职位。他的研究领域是中世纪的道教和中国地方文化的历史。傅飞岚出版了包括《杜光庭传记》、《中世纪后期的中国道教法庭》(法兰西学院,1989 年),同时还发表了许多有关杜光庭的思想和著作以及有关早期天师道的仪式和公共组织的研究的文章。2003 年不列颠哥伦比亚大学出版社出版的《朝圣者、旁观者和地点》一书中,收录了他的《张道陵和二十四治》(*The Twenty-four dioceses and Zhang Daoling*)。在 2004 年他在《远东及亚细亚研究纪要》第 14 期上发表了《根据〈赤松子年历〉的天师祈愿仪礼程序》。他的最大的贡献是和施舟人一起完成了《道藏通考》(*The Taoist Canon*)这个伟大工程,对于近百年西方的道教研究做了历史性的总结。

克莉丝汀·穆瑞儿(Christine Mollier)的中文名是穆瑞明,现任法国国家科学研究中心研究员(CNRS)。1986 年,她以《洞渊神咒经》的论文获得博士学位,该论文以《五世纪时的道教启示录:〈洞渊神咒经〉》为名于 1990 年在巴黎出版。穆瑞明认为,中国原来并没有西方宗教中的启示录思想的存在。但是道教的《洞渊神咒经》中却有这类观念,即:清除邪恶,末日的来临不可避免;在各种灾难纷至沓来时,世界上一切都将毁灭;世界的结束,就是最后的拯救;对于虔诚的信徒的集体拯救,实现乌托邦的社会理想,救世主终将来临。穆瑞明的思想分析方法是结构的思想方法,并且明显的是站在基督教文化的背景上作道教经典思想的研究。正如穆瑞明在“绪论”中说到的，用这样的方法来研究中国的道教，无疑是一种有价值的尝试。作为敦煌抄本研究组的成员，她还参与合作编辑了《伯希和从中国敦煌收集的手稿目录》第五卷（1995）。1997 至 1998 年她在日内瓦大学文学院作为访问学者，2002 年又是芝加哥大学神学院的访问学者。她近年的工作集中在佛教和道教的经典和图像，例如她的论文《老子和佛陀的“厨经”》，收在 2003 年由马克·卡利诺夫斯基编的《中国古代占卜：从法国国家图书馆和大英图书馆的敦煌文献的研究》。文章认为这些“厨经”是由道教徒原创，在 8 世纪时，逐渐被佛教密宗吸收并创作出他们自己的佛经，而且在 8 世纪末东传到日本，融入日本密教经典传统中。2008 年，穆瑞明在夏威夷大学出版社出版了新著《佛教、道教面对面：经典、仪式、造像在中世中国的交融》（*Buddhism and Taoism Face to Face—Scripture, Ritual, and Iconographic Exchange in Medieval China*）。该书第一章天厨，第二章法术的施行，第三章命运算纪之增长，第四章在星宿的庇护下，第五章观音——道教的面具，通过对佛、道这两种传统中国宗教中世纪在经典、仪式及造像等领域中的渊源、异同及其作用的客观而精细比较，对中世纪的中国佛教和道教相互交融和相互影响的复杂关系有了一个明确的说明。

法国还有一些青年学者已经崭露头角，例如伊莎贝拉·洪（Isbella Hong），中文名洪怡莎，专门研究道教神仙吕洞宾；华澜（Alain Arrault）专门从事邵雍和道教哲学的研究；等等。其中比较突出的是高万桑。文森特·戈塞尔特（Vincent Goossaert），中文名是高万桑。他 1997 年在巴黎的高等研究院获得宗教研究的博士学位，他的博士学位论文《近代道教的建立——全真道》是在导师施舟人教师指导下完成的。1998 年起，他担任法国国家科学院专职研究员，还在 2004 年出任法国社会、宗教和政教关系研究所的副所长。2007 年，他成为香港中文大学中国文化研究中心客座教授。高万桑的研究范围是近代中国宗教社会史，主要著作有《北京的道士，1800—1949：城市神职人员的社会史》（哈佛大学出版社，2007 年）以及论述近现代中国的宗教冲突史的《近代中国的宗教问题》（合著，芝加哥，2011 年）。他还是《中国的寺庙》（巴黎，2000 年）一书的作者。他的许多论文发表在哈佛的《亚洲研究杂志》、《通报》等期刊上，内容都是中国晚期帝国时代的中国宗教的社会历史。《北京的道士，1800—1949：城市神职人员的社会史》概述了在150年的历史中，北京道教的具有神职的道士这一社会群体的历史。高万桑并不像一般道教史学者那样以上层的精英道士作为研究对象，而是将目光集中于普通的道士群体，他认为："毫无疑问，道教在中国的宗教、文化和社会历史中占据着一个非常重要的位置，并且我也相信，如果没有道士，道教将不会有历史，当然，这里的道士包括所有的道士。"

第二节　日本的道教研究

日本学术界对于中国道教的研究已有百余年的历史。这百余年大体上可分为四个时期：第一时期是从明治到大正，直到昭和初期，也就是从19世纪后期至20世纪20至30年代；第二时期是从30年代到第二次世界大战结束；第三时期是从战后到1972年；第四时期是从1972年至今。

一、开创期的道教研究

第一时期可称为开创期。当时做道教研究的，一般都是一些汉学家和"中国通"。他们主要感兴趣的是中国的儒家经典、佛教和佛教史。明治维新以后，由于日本资本主义经济的迅速发展，日本的发展需要市场和资源，于是日本统治集团就把目光投向了世界，特别注意到隔海相望、幅员辽阔的中国，因此日本学术界也开始关注和研究中国的社会、文化和宗教。他们把中国和日本的文化看成在本质上是相同的，并且认为中国文化是日本文化的先驱，称中国过去的文化是"日本文化的源泉和灵感"。因为道教是中国文化的一个组成部分，所以道教也成为学者们研究的重点之一。作为开创期的道教研究家及其代表著作，主要有：武内义雄的《老子原始（其人和著作）》，津田左右吉的《道家思想及其发展》，幸田露伴的《道教思想》，小柳司气太的《东洋思想研究》、《白云观志·附：东岳庙志》、《老庄思想和道教》，等等。

小柳司气太(1870—1940年),1894年修业于东京帝国大学文科大学汉学科。1921年以《朱子哲学》取得文学博士学位,同年来中国考察。1923年他以讲课的讲义为底本写成《道教概说》,并在几年以后就被翻译介绍到中国,由商务印书馆出版了中文版。小柳司气太在中国期间为了取得关于道教宗教生活的第一手材料,还住进了道教全真龙门第一丛林——北京白云观,编写了《白云观志》。他的主要贡献就在于开始运用较为科学的研究方法,像研究其他宗教一样,不带偏见地研究道教和道教史,收集整理了大量关于道教神学和教理的历史资料,并且提出了许多值得注意的、至今仍有影响的论点。如:道教起源于神仙家、上古宗教和民间信仰的结合;道教发展史可以区分为开创期、完成期、唐宋期、分派期和衰亡期的说法;等等。但是其研究方法上有明显缺点,如同其他早期研究者一样,只把对于道教的研究局限在道教自身的范围里,很少去探索道教和社会政治的关系,道教和哲学、道教和文化科学的关系,道教和其他宗教的关系,等等。小柳司气太还没有把道教作为社会现象来研究和论述。

就在这一时期结束的时候,上海的商务印书馆以涵芬楼名义影印出版了《正统道藏》和万历《续道藏》。同时,巴黎和北京收藏的敦煌文献中与中国道教有关的文献也被介绍到了日本学术界。这就大大刺激了日本和全世界的道教研究家们,并为他们进一步研究创造了条件。

二、为政治军事服务期的道教研究

第二时期可称为"为政治、军事服务期"。这一时期的道教研究离开了原来的发展轨道,而服务于日本对华侵略战争的需要。从三十年代起,日本军国主义加紧了侵华步伐,把日本的政治、经济和学术都纳入了他们对外扩张的需要。战争要求提供有关中国文化和风土人情的知识情报,这种新的道教研究可以认为是以"南满洲铁道株式会社"(满铁)和"东亚研究所"为中心的。东北的"满铁"和上海的"东亚研究所"是日本军国主义对中国进行殖民侵略的机构,它的调查部专门从事搜集我国政治、经济、历史、文化、风俗和宗教等情报的活动。他们对中国北部、中部城乡人民的宗教生活作了广泛的调查研究,从社会现象的角度对道教在民众生活的影响作了一系列的论述。在战争时期出版了永尾龙造的《中国民俗志》(多卷本)、泷泽俊亮的《满洲城乡的信仰》等。这些对于中国民间宗教信仰(包括道教)所作的调查的代表性的成果几乎全部被包含在战后出版的6卷本《中国农村风俗调查》里。

不过,应当指出,当时在日本从事宗教研究的人员中,有些还是坚持了严肃态度的,并且出现了历史地研究佛教和道教以及从中国历史的纵向联系上观察道教变化的新趋势。其间发挥作用的组织是成立于1936年的"中国佛教史学会"。作为这一时期的主要代表人物和著作有:平野义太郎的《道教的经典》和《功过格》,五十岚贤隆的《太清宫志》,橘朴的《中国思想研究》、《道教和神话传说》,福井康顺的《太平经的一个考证》、《道教的基础研究》、《东洋思想史研究》,吉冈义丰的《道教的实态》、《道教研究》、《道教经典史论》、《道教和佛教》(多卷本)、《永生的愿望·道教》,等等。尽管其中有些著作出版在战后,但是它们在研究方法和理论体系,乃至写作的时间,都属于这一时期。

福井康顺(1898—1991年),毕业于早稻田大学文学部哲学科,并在该校研究生院修业完成后到中国留学,师承日本著名历史学家津田左右吉(1873—1961年)。津田左右吉当时在"满铁调查部·东洋协会学术调查部"任研究员,后来因为著作中比较客观地论述日本古代史实,被诬侵犯皇室尊严而判罪,他的《古代史研究》等四种著作曾被禁止发行。战后,津田左右吉及其著作恢复了学术地位。他的历史学观点以及治学方法对于福井康顺有明显的影响,而福井康顺的道教研究观点和方法又为吉冈义丰所承继。

吉冈义丰(1916—1979年),毕业于智山专门学校(今大正大学),在中国学习期间曾继小柳司气太之后住进了北京白云观。他写的关于道教宗教生活的回忆文章,被其他专家学者认为是具有珍贵意义的亲身体验。不论是福井康顺或者是吉冈义丰,他们都比较彻底地摈弃了传统的儒、佛观点,把道教作为一个独立的真正的宗教信仰系统来研究,并且从个别的研究发展到带有一定的综合性的研究。他们对道教和道教经典的研究也从道教本身扩大到了道教历史、考古、文献、方志和年表等领域。他们的治学方法比较严谨,明显地受到我国乾嘉学派的影响。他们对于《道藏》的历史以及《灵宝经》、《周易参同契》、《列仙传》等经典研究都是旁征博引,互相参照,细致考证,钩稽异同,言必有据,多有发见的。但是,他们的研究目标着眼在经典中和宫观中的道教,方法上也过多使用考据和引证,他们也还没有把道教作为一种社会现象来研究,未曾触及道教在社会政治、文化和科技领域中的作用等内容。

三、战后恢复期的道教研究

第三时期可称为战后恢复期。这个时期大致包括了从 1945 年到 20 世纪 70 年代初。这个时期的日本道教研究继承了过去已经开始的系统研究的方法,继承了已经取得的历史和经典研究的成果,又利用战争时期在中国大陆取得的大量有价值的材料(包括文献材料和民情调查材料),扩大了研究范围。加上社会科学理论的发展,某些边缘学科的建立,对道教的内容以及历史的认识也越来越深入。因此,这个时期的大部分著作不只局限于对道教从思想、哲学、宗教、文学和科学等方面进行研究,而且注意到道教在历史上的变化和社会作用。随着人文学科理论的发展变化和综合研究趋势的加强,1950 年日本成立了道教学会。学会在它的成立声明中明确地宣布了他们的研究方向,声明说:

> 道教被认为是一种渗透在中国人的全部生活之中的宗教。对每个东亚专家来说,特别是汉学家,它的重要性无疑是明显的。考虑到对于中国作系统研究的趋势正在发展,道教研究不能再被忽视了,所以,我们和我们的同事组织了日本道教学会。学会的任务是艰巨的。道教研究本身是一个庞杂的领域,但是,如果没有对东亚其他宗教的广泛研究以及对其他学科的相应研究,那么就不可能对道教有任何透彻的理解。在详细调查了道教研究的现状以后,我们决定采取将各个方面综合在一起的方法。①

日本道教学会的成立,把原来属于著名的中国佛教史学会的道教学者都吸

---

① 《道教面面观》(*Facets of Taoism*),黑文:耶鲁大学出版社 1979 年版,第 273 页。

收并固定在这个组织之中。据报道，作为日本道教学会的会员现在约有900余人。学会成立后的第二年，就出版了机关刊物《东方宗教》，持续刊行至今。

作为这一时期研究人员的代表和著作，除了福井康顺、吉冈义丰及其著作以外，还有：金谷治的《老庄的世界——淮南子的思想》，木村英一的《中国民众的思想和文化》，宫川尚志的《六朝史研究·宗教编》、《六朝宗教史》，大渊忍尔的《道教史研究》、《敦煌道经目录》，酒井忠夫的《近代中国的宗教结社研究》、《中国善书研究》，泽田瑞穗的《增补宝卷研究》、《校注破邪详辨》，福永光司的《庄子》、《老子》、《气的思想》、《道教与日本文化》、《道教与日本思想》、《道教与古代日本》、《道教中的镜与剑》等，洼德忠的《庚申信仰的研究》、《庚申信仰的研究——岛屿篇》、《道教史》等。从大量的研究成果中，人们可以看到战后恢复期的日本道教研究出现了前所未有的四个特点：

第一，对道教历史的研究已从一般的文化研究深入到从政治和社会的角度进行观察研究。像著名的六朝宗教史专家宫川尚志教授（1913—2006年）对五斗米道、太平道的研究和大渊忍尔的《黄巾的叛乱和五斗米道》，洼德忠对全真教的出现所包含的政治和社会内容所作的探索（见《中国的宗教改革》），以及其他作者写的关于民间宗教和秘密会社的研究文章等，都把宗教现象作为农民阶级或者士大夫阶级的叛逆者的社会运动来研究讨论，结果就加强了对大规模群众运动的宗教外衣的分析。宫川尚志就分析过道教之所以称为庶民宗教，是因为六朝时代的道教的传道人，用当时的话来说，大多出身寒门，这个寒门阶层中有一些叛逆者，利用图谶自称为帝，六朝时代佛教和道教都曾发生过这类叛乱，以张陵、张鲁、张角为代表的道教教团也是如此。宫川尚志的论点代表了一种关于道教社会作用的有意义的新论点。有的著作还指出了宗教教团的基础是在农民和一般群众的社会组织之中。

第二，对道教的历史研究已从一般的书面文献研究深入到从它同现实的民间信仰、迷信、风俗、节庆等联系的角度进行观察研究。像著名的洼德忠教授对民间道教信仰所作的许多有趣的调查，例如对灶神、城隍、土地、后土信仰的调查研究,就加深了人们对中国的普通人民特别是农民群众的认识。当然,战后的宗教民俗调查和上述第二个时期的调查在目的上是完全不同的。洼德忠(1913—2010 年),1937 年毕业于东京大学文学部,战后曾任东京大学东洋文化研究所教授、所长等,退休后在驹泽大学、大正大学等校任教。在已经七次印刷的《庚申信仰》一书中,他就“守庚申”的民俗进行了广泛调查和比较研究,指出流传在冲绳、朝鲜南部和日本本土的“守庚申”风俗起源于中国的道教。洼德忠对于冲绳的神主牌位、丧祀、探病、婚姻等民俗的研究,指出冲绳民俗也来源于中国大陆,只是有了变化。这些论著不仅从民俗学角度深入研究了道教,而且对道教以及中国民俗在东北亚、东南亚传播的研究也作出了重要的贡献。洼德忠教授在他独特研究的基础上吸收各家之说编写了《道教史》。这本道教史收在山川出版社的“世界宗教史丛书”中,并已由四川大学肖坤华教授译成中文并由上海译文出版社出版。由于它更多地从中国民俗和中国文化发展的角度进行论述,因此,同以前的道教和道教史专著比较较为具体生动。

第三,对道教的历史研究,已从一般的文化角度深入到对道教所包含的多种多样的实用方术,诸如医学、药物学、炼丹术以及道教的法术,连同占星、占卜、堪舆等,进行了观察和研究。道教的这些科学和非科学的方术同道教教义都是紧密联系着的。例如炼丹术就是道教追求长生的一种方法。而另一方面,非科学的方术经常看来像是宗教的一个独立内容,同实用的方术一样在活动着。这些非科学的方术通常被称为迷信。战后时期日本对中国科学史的研究涉及许多关于科学和道教的内容,虽然它强调的是科学史。日本这一时期的道教史研究也涉及关系道教和科学的内容,并对加深对于道教的本质的认识起了很大的促进作用。前京都大学人文科学研究所教授薮内清(1906—2000 年)以及他周围的专家学者,这一时期发表的《中国古代科学技术史研究》、《中国中世纪科学技术史研究》、《宋元时代的科学技术史》、《明清时代的科学技术史》等许多著作,为道教发展史增添了新的有意义的篇章。例如关于陶弘景的研究,在 20 世纪 30 年代,小柳司气太认为陶弘景的学说大多来自佛教,《真诰》一书,有的出自《四十二章经》,有的脱胎于“如是我闻”之句。在 60 年代宫川尚志的著作里,这个观点发展成为陶弘景不是一个独创的深邃的思想家而是一个佛教、道教和神仙家等各家学说的综合家。在70年代,由薮内清主持的研究室编辑的《中国的科学和科学家》文集里发表了赤堀昭《陶弘景和〈集注本草〉》一文。他从医学史的角度对陶弘景的思想作了进一步探索,指出陶弘景的隐居不过是一般地追随六朝时代的社会潮流,而不是完全与世隔绝。他只是利用隐士的名声来达到列身于官僚生活的目的。陶弘景的思想体系不仅是佛教思想渗进了道教的体系,而且是由道、佛、医、药和天文等范围广阔的思想所构成的。

第四,对道教的历史研究已经从一般文化的角度深入到了中国同东北亚、东南亚邻国的历史关系和文化影响的比较研究。道教历来被认为是中国的土生土长的宗教。以往的日本学者在历史研究中尽管已经研究到了中日两国的关系史,研究了中国佛教对东亚佛教的影响,但几乎都未曾触及道教的外传史。第二次世界大战后,随着宗教学特别是比较宗教学研究的进展,以及现代社会的国家和地区关系的加强,日本学者们也开始注意到了道教的海外影响问题。前京都大学人文科学研究所所长,著名学者福永光司(1918—2001年)发表了一系列关于这个课题的论文和演讲,出版了《道教和日本文化》、《道教和古代日本》、《道教和日本思想》、《道教和古代的天皇制》等书。其中有关天皇和道教、天皇和真人等文章,无论在日本或者在中国,都引起了很大的震动。例如,关于天皇的研究,20世纪30年代津田左右吉有《天皇考》的论文,但是他否认"天皇"的称号同中国思想文献有关联,并且对于道教持否定的态度,否定道教曾经进入过日本。而福永光司在京都大学哲学系研究中国哲学史时,就注意到了道教具有宗教哲学的体系。他说:"在对于道教神学或者教义作为基轴进行思想史的分析考察时,我们坚持认为道教神学同中国思想史的不同时代的发展有着不可分割的密切关系。它是中国的民族的具有超时空的绝对的皈依宗教的感情、信仰和祈求、思维和思辨的历史的博大蓄积,也是他们的传统的综合成果。"①正是从这一研究立场出发,福永光司一反过去日本学术界鄙视道教的立场,对于道教

① 福永光司:《道教的天神降临授诫》,《中国中世纪的宗教和文化》,京都:京都大学人文科学研究所1982年版,第44页。

的神学思想、仪式和象征物同日本“天皇”和神道的神学思想、仪式和象征物作出了客观的令人信服的研究。这一研究尽管赞同者有之，批评者有之，但是，无可否认的是，它对于中日关系史的研究以及日本思想史、日本政治史、道教外传史的研究都具有不可磨灭的贡献。

四、高潮期的道教研究

第四时期可称为高潮期。1972 年 9 月中日邦交恢复后，日本学者的研究视野、兴趣和目的都有一系列的发展，道教研究进入高潮。

第一，研究的国际化。1972 年以前，日本的道教研究学者和欧美学者接触得很少。1968 年在意大利举行首届国际道教研究会议时就没有邀请日本学者参加。1972 年在日本召开第二次国际道教研究会议以后，日本的道教学者开始进入国际学术交流的行列，同欧美各国的道教学者有了广泛的接触，日本道教研究的国际交流非常兴盛。日本学者承认，欧洲人对于道教的研究起步甚早，积累了大量材料，并且建立了很好的学术传统，有不少第一流专家。研究的国际化扩大了日本学者的视野和思考领域。

第二，研究学者增加。日中邦交恢复后，日本民众对中国的历史和社会关心程度大增，因此，对道教感兴趣的中青年学者越来越多。在日本道教学会成立 35 周年纪念讨论会上作现状和问题的主要发言的 7 名学者，他们的年龄均在 55 岁以下，其中 40 岁以下的 4 名，最年轻的只有 32 岁。近年来，除日本道教学会以外，还成立了一些新的团体，如大正大学的“道教谈话会”、关西地区的“中国古代养生思想研究会”以及“道教文化研究会”等。以道教文化研究会为例，它成立于 1984 年 3 月，已有近 30 年的历史，当年入会的会员的年龄大多在 28—40 岁之间，他们都是大学里的关心道教和东亚宗教的青年教师和研究人员。当时这些青年人组织道教文化研究会的目的就是为了超越自己从事的教学和专业研究的领域，同对于道教和其他东亚宗教进行经常而密切的研究交流和信息交换。从第一次会议起，关东地区的老一辈教授，如宫川尚志、大渊忍尔、洼德忠等都曾经关心和指导道教文化研究会的活动，而如今道教文化研究会中年龄最大的都已经退休，一些骨干研究人员也都将面临退休了。近 30 年中，道教文化研究会连续举行会员的研究活动会议,从来没有间断过。例会的学术活动的内容有:道教研究的信息交流、道教现状的调查研究,以及道教史、道教思想和经典、道教方术和仪礼的研究,等等。1994 年底,平河出版社出版了道教文化研究会的学术论文集《道教文化展望》。从中,人们可以看到当年三四十岁的日本青年学者的扎实功力、宽阔视野和新颖的研究方法。如今这一批青年学者已经成为日本的道教研究的主力。

第三,道教学的独立。日本道教研究长期依附在中国哲学研究和佛教研究之中。直到 1974 年,京都大学福永光司教授受聘于东京大学,担任该校中国哲学中国文学第三讲座"道教"的讲席,首次开设了"道教学"专业课程,培养了一批新一代学者。到 1983 年,在第 31 届国际东洋学会上建立了"儒教和道教"作为独立的第四部会。1985 年,在巴黎举行了题为"道教和日本文化"的日法学术讨论会,在香港中文大学又召开了"道教仪轨及音乐国际讨论会"。所有这些都表明,不论在日本或者是在世界范围,道教研究作为一个学科已经从其他学科中独立出来。

第四,新材料的发现。《道藏》和《道藏辑要》等多次重印,为道教的展开提供了重要的条件。关于敦煌文书目录和图录也相继整理出版,特别是马王堆汉墓帛书《老子》、郭店竹简《老子》以及其他古文献的发现和出版,对道教研究发展产生了决定性的影响。

第五,研究范围扩大。日本道教研究原来多集中于历史和经典。在这一时期中,中国大陆道教、台湾地区道教、香港地区道教以及马来西亚、新加坡华人社会中的道教也已成为道教研究的新对象。其次,开始重视对道教"仪礼"的研究。

这一时期的代表人物,可以列举的有早稻田大学教授福井文雅、东京大学教授田仲一成、东京大学教授蜂屋邦夫、京都大学教授麦谷邦夫等。

福井文雅(1934—),文学博士,著名的佛教史学家福井康顺之子。1957 年早稻田大学东洋哲学科毕业。1961 至 1964 年,作为法国政府留学生赴巴黎的国立高等研究院留学三年,专门学习中国宗教史。由于法国的中国学研究受到法国社会学方法的巨大影响,福井文雅后来的道教研究方法也受到法国学术传统熏染,给日本的道教学术研究增加了新的营养。他曾任早稻田大学文学部（东洋哲学、中国哲学史）教授，大正大学讲师，日光山轮王寺唯心院住持，天台宗劝学，日法东洋学会会长，东亚宗教、思想关系诸学会的会员，著作有《中国思想研究和现状》、《欧美的东方学研究和比较论》等，主编《道教》三卷本和《道教事典》等，并发表有一大批道教研究的学术论文。福井文雅的道教研究以其对于世界的道教的学术研究状况的广博了解作为背景，从宏观上评估日本的道教研究的成就和薄弱环节，提出了以后日本的道教学科研究的方向，并且，对佛道关系作了客观的研究，将道教放在中国思想乃至汉字文化圈中进行广泛的比较。

田仲一成（1932—　），1955 年东京大学法学部毕业，后入东京大学大学院研究科攻读博士课程，专业中国语言和文学。1962 年毕业，1972 年起任东京大学东洋文化研究所教授，1993 年退休，被授予东京大学名誉教授，又任东洋文库图书部主任，日本学士院会员。田仲一成说得一口流利的中国普通话，先后发表过有关道教研究著作《中国祭祀演剧研究》、《中国的宗族和演剧》、《中国乡村祭祀研究——与地方剧有关的范围》、《道教仪礼与祀神戏剧之间的关系》等。田仲一成对于香港台湾地区和东南亚华人聚居区的道教仪礼和传统戏剧演出的关系的调查研究，为采用文化人类学的方法深入研究道教的现状作出了楷模。

蜂屋邦夫（1938—　），1963 年毕业于东京大学教养学部教养学科，同年进入东京大学大学院人文科学研究科比较文化专业攻读博士课程，由于学习了中国语而开始毕生研究中国的生涯。1968 年毕业后，就职于东京大学东洋文化研究所，先后任助手、副教授、教授等职。1999 年退休。蜂屋邦夫的学术活动原来是中国思想史研究，如老庄思想等，后专攻道教思想特别是全真道教思想的研究，著有《关于重阳真人〈金关玉锁诀〉》、《谈马丹阳的出家》、《谈马丹阳的传教活动》、《谭长真的生涯和思想》等。作为这一时期道教学者的代表，蜂屋邦夫特别注意调查中国道教的现状，1988 年在得到文部省的海外学术研究基金资助后，以“道教在中国文化中占据的位置和现状”为题，率领调查队伍用 56 天时间对中国的北京、山东、上海、杭州、江西、湖北、四川和陕西等地的道观、道教协会和道士的历史与现状作了系统的调查，并在 1990 年出版了《中国道教的现状——道士、道协、道观》。

麦谷邦夫(1948—),1972 年毕业于东京大学中国哲学系,受业于蜂屋邦夫和福永光司等教授,曾任名古屋大学教养部讲师,京都大学人文科学研究所副教授、教授,京都大学人文科学研究所副所长,2013 年退休。麦谷邦夫的专业是中国思想史,着重研究以六朝隋唐时期的道教为中心的宗教思想,发表过大量论文,如《陶弘景年谱考略》、《黄庭内景经试论》、《道家、道教的气》、《南北朝隋唐初道教教义学管窥》、《道教中的各种天界说》等。麦谷邦夫的道教思想研究,在方法上既有传统的治学的一面,又有采用现代科学研究手段的特点。他的《老子想尔注索引》和《真诰索引》都是用电脑编撰,并存入了软盘。由电脑编制的索引极大地方便了研究工作,因为,研究家们从此不要花费大量时日去制作卡片,使许多可能需要几代人的努力才能弄清楚的问题,很快就能得到结论。

日本的道教研究经过近百年的积累,按照道教文化综合体的特点,其独立的道教学大致已形成十个门类:

(1)关于道教的一般著作;

(2)道教史;

(3)道教和民俗、信仰、历法,道教和文学;

(4)道教和科学;

(5)道教和儒教、佛教;

(6)道教思想和哲学;

(7)道教经典和文献研究;

(8)道教的传播;

(9)道观、道士和科仪、节庆;

(10)道教研究学术动向。

在战后道教研究的高潮期,日本道教研究的重点,在思想史方面是三教关系史的研究、“气”的研究、道教定义研究;在道教经典方面是道藏研究、道藏目录编制、道教文献、敦煌出土文书、道教史材料和新修道藏问题;在道教文学方面是确定定义和范围、方法;在道教民俗方面是重点调查中国大陆民俗、道教仪礼以及文献和仪礼实际的比较;在道教和中国科技史方面是加强炼丹术和养生术的研究。因此,这一时期的日本道教研究的规模无疑远较过去来得宏大，持续的时间也会比较久远。

1983 年，日本平河出版社出版了由福井康顺、山崎宏、木村英一和酒井忠夫监修的《道教》三卷本，可以视为日本新时期道教研究的起点。上海古籍出版社在 1990 年出版了这个三卷本的中译本。

1994 年，平河出版社又出版了由野口铁郎、坂出祥伸、福井文雅和山田利明等主编的《道教事典》。全书共收事项条目 1147 条，804 页，其中照片彩页有 32 页，文中还有大量黑白照片，软布面精装，印制精美。参加这本事典的条目编写的有日本的老中青三代学者和法国、美国、韩国、中国台湾的学者共计 132 人。编写这本事典从提出项目到最后完成历时 30 年，集中了日本和国际学术界近百年对于道教的研究成果。其内容的主要特点，一是充分吸取最新研究成果，内容较为完整而周详；二是道教史研究的重心逐渐后移，并且重视当代；三是研究视野逐渐开阔，分科缺门正在补充齐备。《道教事典》是第一本用外国语言集中诠释中国道教各种事项的典籍，反映了海外道教研究学者对道教及其各项内容的看法，可以将其视作日本道教学界在 20 世纪末对本国道教研究所作的一项历史总结。

五、日本道教研究出现的变化

日本人文科学和社会科学研究大约从 20 世纪 90 年代末起，就开始在酝酿较大的变革。著名的东京大学东洋文化研究所的研究方向已经有从东北亚转向东南亚和南亚的迹象，而京都大学人文科学研究所的变化就更大了。2000 年 4 月，京都大学人文科学研究所进行了全面改组。改组的目的是为了适应时代的要求，有利于人文科学研究的发展。改组的结果就是将小部门设置改为成立五个大部门和一个附属机构。

这五个大部门就是：

“文化研究创新部门”，以研究新的文化研究的方法为职能。“文化生成部门”，以新的角度研究各种文化的产生、延续、灭亡等状态为职能。“文化表象部门”，以考察各种非言语素材的文化现象为职能。“文化构成部门”，以研究和解读各种文字文献的文化现象为职能。“文化关连部门”，以捕捉和研究人类历史上各种文化之间有关人、物和情报的相关事项为职能。

这一个附属机构就是:东洋学文献中心。

应该说,这一体制的改革幅度是相当大的,因为传统学科的小部门被打碎了,科研的组织改为按照研究对象和对象特点、对象发展和对象功能来组织。不过,据说这样的改组并不影响原来的研究计划和步骤。以京都大学为中心的关西地区的道教研究,仍然继续以传统的读书班研究方法,对六朝以降的道教思想以及道教和佛教关系问题进行深入研究。从 21 世纪开始以后的十年,京都大学人文科学研究所的道教研究就是以"三教关系研究班"的名义继续取得研究成果。"三教关系研究班"的日文汉字原写作"三教交涉研究班"。这里的"交涉"是古代汉语里的关系的意思,而不是协商解决某些权利争执的意思。"三教关系研究班"是在 2000 年伴随着京都大学人文科学研究所改革步伐登场的。因此,可以认为,它正是京都大学人文科学研究所一边为了适应时代而进行改革,一边又坚持自己优秀的学术传统的标志。

京都大学人文科学研究所"三教交涉"即三教关系这个题目,在麦谷邦夫教授主持下,和研究班诸位同仁一做就做了十年。

"前五年"是指 2000 年 4 月至 2005 年 3 月研究班共同会读集中于元代刘大彬所编的《茅山志》卷二十以下所收录的金石篇的各种资料。通过这些金石资料的会读,茅山道教作为从六朝到隋唐时期的江南道教的一大中心地区,连同其后继续成为中心地的各个侧面,以及与此有关的三教之间的相互关系,都清楚地浮现出来。研究班由此得到了共同的认识。这个共识就是,儒释道三教有着各自个别的职能,同时在中国社会里三教之间又有着复杂的关系。经过五年研究,"三教关系研究班"出版了研究成果《三教关系论丛》报告书。这本报告书里收集了研究班各成员的论文。

属于京都大学及其人文科学研究所的研究班成员和他们的论文有:麦谷邦夫教授《〈道教义枢〉和南北朝隋初唐时期的道教教理学》;小南一郎教授《敦煌的孝子传》;金文京教授《南宋时期的儒释道三教合一思想和出版物——以王日休〈龙舒净土文〉和〈速成法〉为例》;莫妮卡副教授《清代道教和密教——龙门西竺心宗》;船山彻副教授《圣者观的二个系统——六朝隋唐佛教史鸟瞰的试论》;佐野诚子助手《道教佛教的宗教家的出生的不可

思议——或者是神话和传记》;宇佐美文理副教授《苏东坡的信仰》。

此外,属于关西地区一些著名学者的论文有:名古屋大学大学院文学研究科的神冢淑子教授《六朝灵宝经中所见的葛仙公》;龙谷大学文学部都筑晶子教授《六朝后半期科仪戒律的成立——以〈上清经〉为中心》;熊本县立大学文学部山田俊教授《从六朝到唐代的道教文献中所见的夷狄和外道》;大阪大学大学院言语文化研究科深泽一幸教授《李商隐及其茅山的引导者——从叔李褒》;东京大学大学院人文社会学系研究科横手裕副教授《道教及其"本然之性"和"气质之性"——二者周围的"性"和"神"》;千叶大学文学部古胜隆一副教授《韩愈的排佛论和师道论》;岐阜大学教育学部坂内荣夫副教授《〈真龙虎九仙经〉的内丹思想》;京都府立大学的孙路易《成玄英的"道"的再考》;关西大学大学院的山田广明《关于道教的功德仪礼的科仪——以台南市一朝宿启的功德仪礼为例》;大阪市立大学的池平纪子《〈究竟大悲经〉及其众生观和太极》;大阪市立大学的垣内智之《〈五老宝经〉小考》;福井县立大学的龟田胜见《〈刘子〉与刘昼》;同志社大学的藤井京美《关于唐代士大夫的儒佛论的一个考察——合一的思考以及辨别和排斥的思考》。

从这些论文及其作者就可见,京都大学人文科学研究所研究班的力量应该说是十分强大的。每个成员各自应该有多种多样的专门研究领域,例如中国的宗教、思想、学术和文学等各种各样的种类,同时在共同研究中各抒己见,得到共同的提高。

根据麦谷邦夫教授的《序言》,研究班对于"三教关系"的历史发展曾经做了深入的探讨。麦谷邦夫教授指出"作为儒佛道意义上的'三教'概念,大约在6世纪以后已经相当普及"。也就是在这个时期,道教的教理逐渐完备,佛教也越来越有力量。人们在思想上就把这三者用"教"联系在一起了。从南北朝到隋代唐初,三教之间围绕着"教"的认识,有过反反复复的争论。麦谷邦夫教授指出,初唐道士孟安排在《道教义枢》的序文中,提出元始天尊的根源性和实在,天尊创造了世界和最高的教以及道教的义理和救济思想。然后,超越了魏晋以来的各种说法,把元始天尊推上了世界上唯一的教主地位,不论是儒教或者作为外国宗教的佛教,都被包含在元始天尊的道教当中。孟安排的以道教的一元论包含了三教论,这同他的以“显至道之教方,标大义之枢要”①为目的的《道教义枢》之名是符合一致的。这也反映了孟安排明确主张最终作为“教”的道教的存在。其后,唐代周固朴的《大道论》有“垂教章”,其中在提出“上古无教,三皇五帝有教”的基础上,树立了“自然”、“神明”、“正真”、“返俗”和“训世”等五教。“自然”、“神明”二教无师资,到“正真”之教时,开始有无上虚皇作为师传授给元始天尊,再传授给三皇五帝。“返俗”和“训世”二教相当于老子和孔子之教。这里显示了一种对于教相的判释。周固朴的主张是从三皇五帝开始有地上的教,与法琳以道教不存在教主而发难的意识不同,它明确地说到了道教作为“教”的谱系。宋代的张君房在编纂《云笈七籤》的时候,在卷三《道教本始部》中以“道教序”为题转载了《大道论》的垂教章。这就从理论上认可了周固朴的说法,并且为花费在“教”上面的反复论争打上了休止符。

关于三教的第二次比较大的争论则来自近代。麦谷邦夫教授认为,日本明治年代以后的学院派对于儒教是否符合宗教的性质发生了疑问。直到今天的学术界里,关于儒教是否是宗教的问题还是处在需要确立一个共同认识的阶段。麦谷邦夫教授认为,儒家在先秦时只是诸子百家之中的一家,但是,在春秋战国时代的思想斗争中取得胜利以后,它就从祭和政等两个方面支撑起了汉帝国的国家机器。作为国家理念的儒教也有个变化的过程。起初它可能从战国时期的各国,特别是秦国和齐国的地方祭祀中吸取了祭神的复杂仪礼,并且构筑起了祭祀体系,加上儒教原先就有的祖先祭祀的宗教一面。因此,麦谷邦夫教授认为,不能简单地否定儒教不是宗教,儒教作为一种宗教不应该是个问题。

应该说,京都大学人文科学研究所的“三教关系共同研究班”的研究过程是科学而客观,认真而细致的。明确三教概念,并且回顾中国历史上三教概念及其性质的争论也是十分必要的。经过五年的研究,“三教关系共同研究班”得到的共识是,魏晋南北朝后半期以降的中国历史中,三教并存和相互影响是在宗教、思想和文学等广泛领域研究中必须把握的现象,必须从

---

① 《道藏》第24册第804页。

三教相互关系的广泛视野来理解中国文化的核心。

“后五年”是指2005年4月至2010年3月这五年间。京都大学人文科学研究所举办了第二期“三教关系研究共同研究班”。第二期研究班仍由麦谷邦夫教授出任班长。研究班继承了原先的“三教关系研究班”的方法，以共同阅读和研究陈垣的《道家金石略》中所收录的唐代以前的金石资料作为基础工作。通过共同阅读和研究，研究班对于六朝至隋唐的道教的有关三教关系的各个方面，展开了研究讨论，取得了共同的认识。

第二期三教关系研究班的研究成果发表在《三教交涉论丛续编》的报告书中，这本报告书收有18篇论文。它们是：

宇佐美文理（京都大学及其人文科学研究所副教授）《六朝时期的“信仰”的概貌》；垣内智之（和歌山大学非常勤讲师）《道教的“九天说”及其有关问题》；金志玹（京都大学人文科学研究所助教）《“玄师”和“经师”——道教的新的“师”观念及其发展》；神冢淑子（名古屋大学大学院文学研究科教授）《元始天尊及其有关的三教关系》；船山彻（京都大学人文科学研究所教授）《〈梵网经〉下卷先成说的再研究》；池平纪子（大阪市立大学非常勤讲师）《斯坦因第2438号中所见佛教服饵辟谷法的受容——以〈太上灵宝五符序〉为中心》；斋藤智宽（东北大学大学院文学研究科副教授）《菏泽神会的见性论及其变化》；古胜隆一（京都大学人文科学研究所副教授）《武则天的〈升仙太子碑〉的立碑背景》；麦谷邦夫（京都大学人文科学研究所教授）《唐玄宗的御注三经及其有关问题——以〈御注金刚经〉为中心》；深泽一幸（大阪大学大学院言语文化研究科）《崔玄亮的道教生活》；山田俊（熊本县立大学文学部）《关于宋太宗的〈逍遥吟〉》；藤井京美（同志社大学）《王安石思想中的〈庄子〉》；金文京（京都大学人文科学研究所教授）《天赐夫人考——风中飞来的花嫁的故事》；松下道信（皇学馆大学专任讲师）《关于全真教性命说中的机根问题——以南宗比较为中心》；秋冈英行（大阪市立大学非常勤讲师）《〈唱道真言〉中儒家对内丹的理解》；莫妮卡·埃斯波西托（京都大学人文科学研究所副教授）《清代道教及其作为三教宝库的〈道藏辑要〉——居士和道士的对峙》；克里丝汀（京都大学人文科学研究所副教授）《〈道藏辑要〉的编纂和电子化及其有关问题》；龟田胜见（福井县

立大学学术教养中心副教授)《关于以五行理论解释食禁的尝试》。

从以上18篇论文的题目,人们可以看到论文研究的对象包括有中国的宗教、思想、学术和文学等各个领域。它们从各个领域对于三教关系的各个方面以及中国社会及其三教间的复杂关系变化等,加以分别剖析。通过共同研究,研究班成员从广泛的视野中明确地得到了共同的认识,就是对上期研究班研究成果的完整补充。因此,这本报告书题名为《三教关系论丛续编》。

在18篇论文中,关于帝王著作中的"三教关系"研究,有麦谷邦夫的论文《唐玄宗的御注三经及其有关问题——以〈御注金刚经〉为中心》。以前有人对这几个皇帝注解的《道德经》做了分析和比较研究,可是还没有人对同一个皇帝注三教三部经典作分析和比较研究。麦谷邦夫的研究恐怕还是第一个,这一研究可以深入了解三教关系对帝王思想的影响。

关于大臣著作中的"三教关系"研究,有藤井京美的论文《王安石思想中的〈庄子〉》。论文分析了王安石的圣人观,评价庄子其人其心是同儒家的圣人观是相匹敌的。通过具有思想史意味的检讨,论文探讨了《庄子·天下篇》的各种统一论理和王安石的"权"的思想的结合,认为王安石构筑了他的独特的思想统一论。

关于儒生思想中的"三教关系"研究,有金文京的论文《天赐夫人考——风中飞来的花嫁的故事》。论文分析了敦煌发现的句道兴撰的《搜神记》中的花嫁报恩谭,指出儒生们最关心的是科举登榜,以实现自己家族荣宗耀祖的繁荣兴旺。这无疑是将民间神鬼信仰披上了儒教的外衣。同时,也为新道教加上了文艺化的特色。这也说明,宋代以后到近世社会中的上层知识儒生已经接受了道教神仙传说。

关于佛道教之间相互影响的研究,有池平纪子的论文《斯坦因第2438号中所见佛教服饵辟谷法的受容——以〈太上灵宝五符序〉为中心》,论文分析了佛教接受的服饵辟谷法来源于道教《太上灵宝五符序》卷中的辟谷法。那是佛教接受道教的影响。还有神家淑子的论文《元始天尊及其有关的三教关系》一文沿着佛道论争的线索,分析和指出作为道教最高神灵的元始天尊在因缘和自然这两个对立概念中发挥着具有调和二者的神格。在这个过程中,道教巧取了佛教中悉达太子本生谭来构成元始天尊的本生谭。那是道教接受佛教的影响。

山田俊的论文《关于宋太宗的“逍遥吟”》,论文分析了宋太宗在《逍遥吟》中使用的“逍遥”、“理”、“真空”和“炼丹”等概念,其思想中包含有模仿外丹的内丹修炼的内容。那是大儒受到道教的影响。论文的内容体现了在中国社会生活中,三教相互影响已经成为普遍而渗透一切的存在。

从上述介绍,不难看出,第二期“三教关系研究班”的后五年工作比较完美地实现了深化“三教关系研究”的目标,取得了丰硕的成果。

在《三教关系论丛续编》“序言”的最后,麦谷邦夫针对当今世界研究和写作使用的工具有了突飞猛进的变化的状况说道,“随着IT技术的进展,经典的电子化的各种问题相继提出。由此可以预想的是,研究方法也会出现大的变化。我是一直积极地利用新研究方法的,不过,我也认为这样一种传统的阅读和研究也是良好的大事。”这段话是麦谷邦夫教授的肺腑之言,也是他毕生治学的经验,也完全符合国际学术界对他的评价:“融传统研究方法和先进科研手段为一体”。

从2010年起,麦谷邦夫又领衔主持《唐代道教的研究》共同研究班,继续担任该研究班的班长,以此来继续和深化前十年的“三教关系研究”。麦谷邦夫教授对于道教教理的系统研究也已经从魏晋南北朝延续深入到了唐代以及更后的明清时期,但是,他对中国文化的核心——三教关系的研究始终没有放松。麦谷邦夫教授在《唐代道教的研究》课题说明中写道:

> 中国的主要宗教有五种,即儒教、佛教、道教、伊斯兰教和基督教。这里的后两者相对地说传播比较晚一点。而前三者从公元二世纪的后半叶开始就形成了各式各样的相互关系,并且给予中国社会和文化很大的影响。这三大宗教彼此相互的关系就称为“三教交涉”。
>
> 在三教相互关系的过程中,相互之间的非难和论争并不是主要的。特别是道教在接受了佛教教义的影响,逐渐形成了自己的教理,而佛教也接受了儒教和道教的影响,使得来自印度的佛教变成了似是而非的中国佛教。在这个过程中,影响和接受影响的相互双方,有一些是接受了,有一部分又没有接受。其结果,就是发生了各种各样的变化。通过

分析这一过程,就能够获得对于二大文明各自本质的认识的线索。

本研究班的最终目标是,收集三教相互关系的各式各样的资料作为研究的基础,通过对三教关系的各方面状况的分析,认识中国思想、宗教以及中国文化的本质。根据这些先行的作业,由于日本接受了经过中国化的佛教,因此自然也一定可以看到日本文化的精髓。

本研究班,基于上述分析,从六朝到唐代时期,佛教和道教之间的相互影响,除了其他的以外,佛教教义对于道教教理的影响是共同研究进行的焦点。具体的有《太玄真一本际经》和《海空智藏经》等经典类的研究,开始以大量吸收佛教教理的唐代道教理论著作王玄览的《玄珠录》作为分析的对象,分析其教理构成的特色及其思想形成的背景,以达到本课题要达到的目的。①

这个研究班的目标是明晰的,它的研究活动正在正常开展之中。

另一个方面是关东地区以道教文化研究会为核心的一批中青年学者继续探讨以新的方法和视角从人类学和符号学等方法深入研究道教的各项内容。值得注意的是道教文化研究会对于日本和美国间开展道教研究方面的交流和合作所做的工作。

第一次日本美国道教研究会议,1995 年 5 月,在东京的东洋大学举行。大多数道教文化研究会的会员都参与了会议。作为会议的成果,由田中文雄和山田利明主编了《道教的历史和文化》,1998 年由雄山阁出版。收入论文十五篇以及一篇有关《日美道教研究会议的经过报告》,主要包括以下篇目:

罗素·柯克兰的《中国及其道教的历史概观——关于分类和用语方法问题的考察》。罗素·柯克兰(Russell Kirkland)1976 年在布朗大学获得亚洲研究和宗教研究的学士学位,然后在 1982 年在印第安纳大学获得宗教研究硕士学位,在 1986 年同校获得东亚语言文化博士学位。以后,他曾经在斯坦福大学、罗切斯特大学、密苏里大学、欧柏林学院和麦卡莱斯特学院任

① 《京都大学人文科学研究所要览(2010)》,京都:京都大学人文科学研究所 2011 年版,第 30 页。

教。他是《道教:经久不衰的传统》(鲁特莱奇出版社,伦敦和纽约,2004年)以及其他许多有关中国、韩国和日本历史和宗教的论文的作者。

馆野正美的《老子及其“存在”——从存在论观点的哲学分析》。馆野正美,1954年生,日本大学毕业,同校博士课程修了。时任日本大学副教授。

罗浩的《关于早期道教及其冥想的各阶段的文献记述》。罗浩(Harold Roth),加拿大多伦多大学毕业,哲学博士。曾任伦敦大学亚非学院研究员,时任布朗大学东亚研究和宗教研究教授。

科恩的《老子出关的故事和道士的序次排列》。科恩(Livia Kohn),德国波恩大学毕业,博士。曾任加利福尼亚大学伯克莱分校研究员,日本京都大学人文科学研究所研究员,时任波士顿大学教授。

白杰明的《老君说一百八十戒及其道教和佛教》。白杰明(Benjamin Penny),澳大利亚国立大学毕业,哲学博士。时任澳大利亚国立大学人文科学研究中心研究员。

菊地章太的《李弘和弥勒——天师道改革和中国佛教中的救世主信仰的确立》。菊地章太,1959年生,筑波大学博士课程修了,曾去法国留学,时任樱花女子大学副教授。

托马斯·斯密斯的《六朝的佛道论争和〈列仙传〉的传承》。托马斯·斯密斯(Thomas Smith),密金根大学毕业,哲学博士。台北国际贸易局文书翻译。

二阶堂善弘的《哪吒太子考》。二阶堂善弘,1962年生,东洋大学文学部毕业,在早稻田大学修了博士课程。时任东北大学国际文化研究科助手。

皮特·尼克松的《中国的中世初期的鬼神观和官僚制》。皮特·尼克松(Peter Nickerson),加利福尼亚大学伯克莱分校毕业,哲学博士,时任杜克大学亚非语言文学副教授。

田中文雄的《道教斋坛的构造和功能》。田中文雄,1954年生,大正大学毕业,同校修了博士课程。曾任加利福尼亚大学伯克莱分校研究员,时任大正大学非常勤讲师。

柯素芝的《规范和变化——唐代女性道士的生活及其身体和实践》。

柯素芝(Suzanne Cahill),1982 年毕业于加利福尼亚大学伯克莱分校,著名的汉学家薛爱华(Edward Schafer,1913—1991 年)的学生,哲学博士。时任加利福尼亚大学圣迭戈分校副教授。

森由利亚的《关于〈丘祖语录〉——关于明末清初的全真龙门派的谱系观的补足的考察》。森由利亚,1965 年生,早稻田大学文学部毕业,同校修了博士课程。时任早稻田大学讲师。

马渊昌也的《关于明代后期儒学士大夫的道教变化》。马渊昌也,1957 年生,在东京大学修了博士课程。时任学习院大学外语教研中心教授。

增尾伸一郎的《日本古代道教接纳变化和疑伪经典》。增尾伸一郎,1956 年生,筑波大学毕业,同校修了博士课程。时任东京成德大学副教授。

山田利明的《日美道教研究会议——日本和美国的道教研究》。山田利明,1947 年生。东洋大学文学部毕业,在大正大学修了博士课程。时任东洋大学教授。

在第一次日美道教研究会议上,主持会议和发表论文的日本方面的都是四十到五十岁的中年人,大多是太平洋战争结束前后出生的青年学者。美方参加的大致也是这样的年龄段的学者。这一年龄段的学者到今天都已经接近六十或者超过六十,也已经退休或者要准备退休了。

第二次日美道教研究会议,在 1998 年,在美国波士顿大学举行。道教文化研究会的大多数会员也参加了会议,同时,还参加了亚洲和北非研究学会的国际研究会议。作为会议的成果,由美国的科恩教授和罗浩教授合编了《道教的特性——历史、谱系和仪式》一书,2002 年由夏威夷大学出版社出版。收入的论文有十三篇,被区分为四个专题内容。

第一部分,早期的形成。

祁泰履的《传统中国的民族的特性和道教的特性》。祁泰履,即特里 · 克里曼(Terry F.Kleeman),加利福尼亚大学伯克莱分校毕业,哲学博士,时任科罗拉多大学东亚语言文学系副教授。

土屋昌明的《〈太平经〉的自我的认识和罪恶的忏悔》。土屋昌明,1960 年生,国学院大学毕业,同校修了博士课程。富士短期大学讲师。

皮特 · 尼克松的《"开路":驱魔,漫游和早期道教丧葬实践中的救世神学及其有关的事项》。皮特·尼克松，简介见上。

第二部分，经典和象征。

齐思敏的《汉代经典的传统分类和启示经典》。齐思敏，即马克·奇克森特米哈伊（Mark Csikszentmihàlyi），毕业于哈佛大学，斯坦福大学哲学博士，时任美国威斯康星大学麦迪逊分校的宗教副教授。

柯素芝的《物质文化和道：鱼玄机诗歌中的纺织、小船和拨弦琴》。柯素芝简介见上。

马渊昌也的《明代中期对老子的重新评价：王道的例证》。马渊昌也，简介见上。

第三部分，谱系和地方文化。

爱德华·戴维斯的《武器和道，在茶的国家中的许氏兄弟》。爱德华·戴维斯（Edward L.Davis），1976 年哈佛大学毕业。1994 年在加利福尼亚大学伯克莱分校获哲学博士学位。他的专业方向是中世纪中华帝国（750—1600 年）的社会和文化历史，以及从中世纪到今天的中国宗教历史。时任夏威夷大学中国史副教授。

森由利亚的《特性和谱系：〈太一金华宗旨〉和清代中国吕祖信仰的乩坛膜写团体》。森由利亚，简介见上。

志贺市子的《近代广东和香港的吕祖现象：乩坛信仰的发端和成长》。志贺市子，日本筑波大学历史和人类学博士，时任茨城基督教大学副教授。

第四部分，仪式边界。

查尔斯·奥尔泽的《放焰口和普度：传统，象征隐喻和宗教特性》。查尔斯·奥尔泽（Charles D.Orzech），芝加哥大学博士，时任北卡罗来纳州立大学格林波若分校宗教研究系主任，副教授。他的专业方向是中国中世纪的佛教和道教，以及宗教研究的批评性理论。

三田春圭子的《道士的手印和佛的手势》。三田春圭子，1965 年生，在大正大学修了博士课程，时任樱美林大学中国文学科助手。

丸山宏的《台湾道教功德仪式中文书的使用》。丸山宏，1959 年生，筑波大学毕业，同校修了博士课程。时任筑波大学东亚宗教副教授。

浅野春二的《道教仪式中的奉献》。浅野春二，1962 年生，国学院大学毕业,博士课程未修完,时任国学院大学兼任讲师,仪礼文化研究中心研究员。

第三次日本美国道教研究会议,2008 年,在东京的东洋大学举行。大多数道教文化研究会的会员参加了会议。作为会议的成果,由日本的田中文雄教授和美国的祁泰履教授合作编撰会议的论文,2009 年由日本大河书房出版,书名《道教和共生思想》。书中除了田中文雄的《序言》,山田利明的研究会议的《基调报告》和丸山宏的《总结报告》以外,还收有论文 16 篇:

吉尔 · 拉茨的《道的历史和道教的历史》。吉尔 · 拉茨(Gil Raz),美国 Dartmouth 学院。

祁泰履的《道的境界的确定——早期道教教团及其宗教特性》。祁泰履,简介见上。

池平纪子的《关于在佛道文献的戒神说中见到的人与众神的共生》。池平纪子,简介见上。

柏夷的《转经——古灵宝派的宣教方法》。柏夷(Stephen Bokenkamp),斯蒂芬 · 博克纳姆,中文名柏夷,时任印第安纳大学古代汉语的副教授,他的专长是研究早期中古时期道教及其文献。

梅川纯代的《日中有关房中性爱技法的交流史——后期房中书是怎样传入日本的?》。梅川纯代,1973 年生。1996 年毕业于东京外国语大学中国语科。后进入伦敦大学亚非学院攻读中国文学硕士学位,进入历史学科攻读博士课程。时任大妻女子大学非常勤讲师。

酒井规史的《在道法之中的道术交流——以童初正法和玉堂大法为中心》。酒井规史,2005 年在早稻田大学修了博士课程,同年留学北京大学。归国后,曾任早稻田大学非常勤讲师,时任东京纯心女子大学非常勤讲师。

洛厄尔 · 斯卡尔的《清微仙谱、雷法、神灵以及道原——关于中世纪中国东南部及其宗教的整合》。洛厄尔 · 斯卡尔(Lowell Skar),美国科罗拉多大学。

松下道信的《关于赵友钦和陈致虚的性命说——达摩西来是什么意思》。松下道信,日本皇学馆大学专任讲师。

山下一夫的《"封神演义"中的通天教主考》。山下一夫,庆应义塾大学毕业,同校修了中国文学博士课程。时任神田外语大学专任讲师。

加藤千惠的《在存思中融合的天地——有关山的仙境》。爱媛大学毕业,在大阪市立大学修了中国文学博士课程,时任立教大学准教授。

铃木健郎的《关于"洞天"的基础考察》。铃木健郎,在东京大学人文社会系修了博士课程。文学博士。时任专修大学准教授。

蔡南亭的《从"玄坛刊误论"及其批评者的关系看唐宋时期道教仪礼之争》。蔡南亭,美国德克萨斯州基督教大学助理教授,斯坦福大学宗教研究所博士候选人。

山田明広的《傅金铨的生平及其同印刷出版业和宗教的关系——一个作为四川的道士、内丹家、宗教领袖和出版家》。山田明広,2000年早稻田大学宗教系毕业,2008年获得关西大学文学博士学位。时任关西大学亚洲文化交流研究中心研究员。

刘迅的《在时代的局限下——全真道士李宗阳和慈禧太后、同盟会以及清末民国初年南阳的现代化改革(1890年代至1930年代)》。刘迅,新不伦瑞克省的罗格斯大学历史系助教。他的研究领域主要是道教和晚清时期的精英文化。

艾琳娜·瓦卢丝的《台湾正一派红头道士的午朝科仪》。艾琳娜·瓦卢丝(Elena Valussi),独立学者,美国。

野村英登的《民国初期的武术和内丹术——有关呼吸法的现代化》。野村英登,1973年生,东洋大学文学博士,时任二松学舍大学文学部和法政大学国际文化学部的非常勤讲师,花园大学国际禅学研究所研究员。

令人感兴趣的是关东地区的道教文化研究会的成员,在21世纪初的十余年里,人数有了很大的增加,其中也有不少关西地区的青年研究者参加了进来。例如,大阪市立大学的池平纪子、关西大学的山田明广,他们既是道教文化研究会的骨干研究人员,同时也是京都大学人文科学研究所麦谷邦夫教授为首的"三教交涉研究班"的成员。他们和地处关东三重县的皇学馆大学的专任讲师松下道信都在前后二本《三教交涉论丛》中发表了论文。这个交结和其他成员的无交结,都是令人深思的。

因为,在局外人看来,关东的道教文化研究会和关西的京都大学人文科学研究所的道教研究似乎一直是走不同路线的,不管日本学者自己承认不承认这一点。因为京都大学的研究仍然坚持走自己原来的以经典研究为主的传统研究方法的路子,而关东的青年一代的道教研究家们正在走"国际化"的道路,采用欧美流行的研究方法,正如田中文雄在《"日美道教研究会议"经过报告》中说的,"根据研究史的时代分类,现在应该属于第四期(1972 年以后)。这个时期要通过国际会议等渠道交换科研情报,或者这就是本时期国际化的特征之一。也正是在这一情况下,这次日美道教研究会议,就是以三十岁到四十岁的青年研究者为中心的特殊的国际会议了"①。

在第一次日美道教研究会议发表的文集《道教的历史和文化》中,山田利明发表了一篇《日美道教研究会议——日本和美国的道教研究》文章。文章提到开这次会议的必要性的时候说,专门的学问,要适应时代就必须持久地国际化和多学科化地研究。在中国研究的领域里,每年召开国际会议就是为了在多领域里使用不同的研究方法和扩大研究视野。田中文雄认为,日本的中国研究,由于地理上比较接近和历史上曾经有过密切的关系,自然具有他国学者没有的优势。但是,长期以来日本的道教研究在政治、思想、文学和历史等广泛范围内进行,不少是从有别于佛教的角度的宗教目的开展起来的。另一方面,对于宗教研究,欧美的研究难以无视的是他们是以基督教作为基础来研究的。法国的东亚研究对先期道教的研究就是如此。还有以民俗学、文化人类学为基础的现场调查的成果,比起文献研究来也比较少见。美国的中国研究的历史,比起欧洲来要短一些,大约从越南战争前后的美中冷战时代,才投入足够的资金和培养了很多人才。无论如何,欧洲对于中国的研究,或者人员的交流,都要比美国来得多。因此,山田利明认为,"日本的中国研究学者,无论如何,不加选择地盲目跟从是不对的,而'唯我独尊'也是不可取的。这已经是研究者的共识了"②。以上这些分析,一般研究者是应该考虑的,而对于青年研究者来说,就会更加感觉有危机意识了。缺乏海外研究的最新情报,眼看着要丢失今后研究的方向,这自

① 《道教の历史と文化》,东京:雄山阁出版社 1998 年版,第 334 页。
② 《道教の历史と文化》,东京:雄山阁出版社 1998 年版,第 334 页。

然会让人感觉到恐惧。近年来，日本的道教研究人气很旺盛，这是因为《道藏》等道教书籍很容易置办，有关的书籍出版物的数量也大增，加上《道教事典》的出版，这是道教研究活跃的一个原因。关于道教研究史，酒井忠夫和福井文雅博士曾经详细叙述过，从时代的分类来看，现在的研究史应该是属于第四期(1972年以后)，通过国际会议等渠道交换科研情报，或者是这一时期国际化的特征之一。也正是在这一情势下，三次日美道教研究会议，就是以三十岁到四十岁的青年研究者为中心的特殊的国际会议。从道教文化研究会的主要成员的文章中，我们不难看出，道教文化研究会举行“日美道教研究会议”的目的有三个：一是交流国际研究情报，以帮助青年研究人员及时跟上国际道教研究的潮流；二是开展多学科研究方法的探讨，以美国的民俗学、文化人类学的研究为学习榜样，开阔青年研究人员的学术视野；三是端正青年研究人员的态度，既不盲目追随，也不夜郎自大。应该说，这样的三次会议对于日本道教研究的今后发展和人才培养都是很有意义的，至关重要的。

第三节 英国的道教研究

英国本是老牌帝国主义国家。不过，当英国向远东扩张侵略的时候，远东航道早已被葡萄牙和西班牙的航海家们开辟通畅了，而传教的大门亦早已被意大利的天主教传教士打开。因此，英国的对华关系一开始就放在贸易上。大约在18世纪的上半叶，英国对华贸易的总量已经超过所有其他欧洲国家对华贸易的总和。为了在对华贸易中，变逆差为顺差，英国大力开展政治和军事外交，同时也开始关心起中国的文化和宗教，以及普通中国人的追求和理想。

一、传教士理雅各布确定道教的英文译名

理雅各布(James Legge，1815—1897年)，英国基督新教派公理宗的伦敦布道会的传教士。在1839年受伦敦布道会派遣来到马六甲任英华书院院长，1843年随书院搬迁来到香港。在港期间，得到鸦片贩子查顿的资助，

还得到王韬的帮助，理雅各布将儒家“四书”经典，翻译成英文，后来被收入马克斯 · 缪勒的《东方圣典丛书》。1873 年，理雅各布回到英国，1875 年任牛津大学汉学讲座第一任中文教授。1880 年出版著作《中国的宗教：儒家、道教及其与基督教之比较》（*The Religions of China*：*Confucianism and Tâoism Described and Compared with Christianity*）。在书中，第一次将道家和道教翻译定为 Taoism，得到了此后欧美宗教界和学术界的采纳。1882 年，理雅各布为第九版《不列颠百科全书》撰写了《老子》的条目。理雅各布的有关中国古典经籍的英译本影响很大，至今仍是欧美学术界人士参考的版本。

1848 年，伦敦布道会驻上海的代理人艾约瑟（Joseph Edkins，1823—1905 年），抵达上海，并且在上海传道十五年。艾约瑟毕业于伦敦大学，在上海传教期间，艾约瑟著有《中国的宗教》（1854 年）、《中国人的宗教状况》（1859 年），同时在《教务》和《中国评论》等杂志上发表了《秦汉时代的道教》和《中国的宗教迫害》等研究文章。1852 年，湛约翰（John Chalmers，1825—1899 年）抵达香港，主持伦敦布道会和英华书院等香港事务。湛约翰曾经以英文翻译《老子》于 1868 年在伦敦出版，书名为《对老子思辨哲学、国家说、道德论的考察》，另外还撰有《城隍非神论》等文章。

1881 年，英国基督教偕我会（即循道公会）传教士苏慧廉（William Edward Soothill，1861—1935 年）抵达温州布道，1906 年任山西大学校长，在任期间翻译《论语》，被牛津大学认为最准确的译本，至今已重印三十余次。1920 年，受聘为牛津大学汉学教授，著有《中国三大宗教》，翻译佛经，编撰《中国佛教术语辞典》等。1928 年受邀为美国哥伦比亚大学访问学者，收美国汉学家费正清为弟子。

除了传教士以外，在华的英国的一些行政人员和外交官也都在公余对道教和其他中国宗教作了一些研究。

1869 年，庄延龄（Edward Harper Parker，1849—1926 年）抵达中国，出任英国驻华公使馆翻译学生。1871 至 1875 年间先后在天津、大沽、汉口、九江和广州等地的领事馆任职。1895 年回国后任利物浦大学中文讲师。1901 年任曼彻斯特维多利亚大学中文教授。前后著有《中国和宗教》、《中国宗教研究》。后者附有从 1788 至 1903 年的道教研究文献目录，有较高的学术参考价值。庄延龄还在《中国评论》和《都柏林评论》等杂志上发表了《道德经还活着》、《道教宗教》和《道教》等文章。

1870 年,巴尔福(Frederic Henry Balfour,1846—1909 年),以商人的身份来华经营丝绸和茶叶,后来在华从事新闻和出版事业,先后担任《通闻西报》、《华洋通闻》和《字林西报》的主笔。同时,巴尔福也从事道教经典的翻译工作。翻译了《太上感应篇》、《清静经》和《阴符经》等。1881 年巴尔福在伦敦出版了《南华真经》的译本。1884 年又在上海出版了英文的《道教经典》。

韦利(Arthur Waley,1889—1966 年)是一名自学成才的汉学家和翻译家。他一生从未到过中国和日本。青年时代,韦利在拉各比学校和剑桥大学的皇家学院学习古典文学,曾任不列颠博物馆书画部助理保管员,后在伦敦大学的东方和非洲研究学院任教。韦利翻译过日本古典小说《源氏物语》,1931 年还翻译了元代道士李志常的《长春真人西游记》。1930 至 1932 年间,韦利还在该院的学报上发表了论文《中国炼金术考》和《佛经中所提到的炼金术》。1934 年,韦利出版了关于《道德经》的研究著作,《道及其力量,老子及其在中国思想中的地位》。1939 年,韦利又出版了关于庄子的研究著作,《古代中国的三大处世之道》。该书先后被翻译成德文和法文出版。

翟理斯(Herbert Giles,1845—1935 年),1867 年来华,起初是一名使馆的翻译生,后来历任领事馆的翻译、副领事、领事。在华任职长达 24 年之久。1891 年回英国,离华前任英驻宁波领事。1897 年继前驻华外交官威妥玛(Thomas Francis Wade,1818—1895 年)之后,任剑桥大学中文教授,伦敦皇家亚洲学会会员。1928 年退休。翟理斯著述丰富,涉及道教的有《庄子:神秘主义者、道德家和社会改革家》、《老子的遗产》、《中国和汉人》、《中国古代之宗教》。翟理斯之子翟林奈(Lionel Giles,1875—1958 年),出生于中国,1900 年进入大英博物馆图书馆,负责管理东方图书,研究汉学,1940 年退休。翟林奈除了英译《孙子兵法》、《论语》以外,还编译过《老子的格言》、《中国神秘主义的沉思录——庄子哲学选》、《来自〈列子〉的道家学说》、《列仙传》等。翟理斯父子的许多翻译著作在近五十年中,在伦敦、中国香港、中国台湾等地曾经被多次翻印、重印过，在英国早期汉学史上具有重要的影响。《中国和中国人》一书共有六章，文稿原来是 1902 年翟理斯在哥伦比亚大学作为首任天龙汉学讲座基金所设立的庆典嘉宾的六份演讲稿。其中第五讲的题目就是《道教》。翟理斯把道教同中国人的传统礼俗联系在一起讲来，浅显生动。

应该说，从 19 世纪至 20 世纪初来到中国的英国人是相当多的。但是，这些英国人关心的只是政治侵略和经济掠夺。他们对于中国宗教包括道教的了解，实在并不比其他欧美国家的人来得少，但是，这些英国人并不重视这些思想和文化。因此，与法国和日本不同，英国并没有努力去建立汉学研究的传统阵地，也没有去努力培养一代又一代的汉学家。在当时的英国人的眼里，埃及、印度和中国的文化都是历史，都是大炮、军舰和米字旗的手下败将。埃及、印度和中国的文化也必将被大不列颠文化所取代。

二、李约瑟的道教研究

英国研究道教最著名的学者，当推李约瑟（Joseph Needham，1900—1995 年）。李约瑟音译原名约瑟夫 · 尼达姆，后因崇敬中国的道家和道教，自译其名为李约瑟，以示其尊老子李耳为祖，表字“丹耀”，号“十宿道人”。1922 年毕业于英国剑桥大学，1924 年在该校获哲学博士学位。早年从事生物化学研究。1931 年出版《化学胚胎学》，概述胚胎发育过程中发生的全部化学变化，被誉为“化学胚胎学之父”。1937 年开始学习中文，并且以毕生精力从事沟通东方与西方、中国与欧洲的工作。1939 年完成了第一篇有关中国科学技术史的论文。1942 年来到中国重庆，任英国驻华使馆科学参赞，主持中英科学合作馆工作。第二次世界大战结束后，赴巴黎任联合国教科文组织科学部主任。1946 年 3 月，李约瑟在巴黎作了《中国对科学技术之贡献》的长篇报告。1947 年 5 月，又在伦敦作了《古代中国的科学与社会》的讲演。1948 年返回剑桥大学，着手编写《中国科学技术史》的工作。

《中国科学技术史》的原书名是：*Science and Civilisation in China*，也可直译为《中国之科学与文明》，自 1954 年开始出版，全书原拟出 7 册，即随后出版的七卷 25 册。即：

第一卷　导论,1 册;

第二卷　科学思想史,1 册;

第三卷　数学、天学和地学,1 册;

第四卷　物理学及相关技术,3 册;

第五卷　化学及相关技术,13 册;

第六卷　生物学及相关技术,6 册;

第七卷　社会背景和总结,2 册。

其中与道教有密切关系的有第二卷《科学思想史》(1956 年),第三卷《数学与天、地科学》(1959 年)中的地科学部分,第四卷《物理学和物理技术》中的第 1 分册《物理学》(1962 年),第五卷《化学与化学工业》的第 5 分册《炼金术上的发现和发明·生理学的炼金术》(1983 年),第 6 卷《生物学和生物技术》的第 1 分册《植物学》(1986 年)。

李约瑟不仅详细说明了中国科学技术的世界史意义,而且在前无古人的领域里全面介绍了道教在世界科技发展中理当占据的历史地位。李约瑟在《人和他的地位》一文中认为,道教"实际上是在中国古老的和中世纪科学的进展中做事最多的,确如冯友兰已经正确地说过的,它是世界上曾经看到的唯一的基本上不反科学的神秘主义的体系"①。道家、道教是自然神秘主义的思想体系"在世界历史上的一定时期,帮助实验科学成长的正是否定权威的神秘主义,而不是理性主义",道家具有的一套复杂而微妙的概念,这些正"是中国后来一切科学思想的基础"②。在相当一段时间里,李约瑟曾经使用过一个简单的公式表示研究结果,这个公式就是:

$$\frac{\text{道教}}{\text{儒教}}=\frac{\text{促进}}{\text{阻止}}$$

对于李约瑟的道教研究,日本和美国学者曾经从不同角度提出过批评,中山茂就在《李约瑟——有机论哲学家》中指出:"李约瑟对中国科学的说

① 《认识的模式》(*Moulds of Understanding:A Pattern of Natural Philosophy*),纽约:圣马丁出版社 1976 年版,第 270 页。

② 《中国科学技术史》,科学出版社、上海古籍出版社 1990 年版,第 2 卷,第 109 页;第 1 卷,第 95 页。

明中有三个方面特别引起争论：1. 道教对科学的贡献；2. 中国有机的科学作为与西方的相应的科学；3. 自然的各种规律和自然规律的关系。所有这些都是在他的对促进和阻止科学发展的各种因素的调查之中形成的。”①

这三个方面争论的第一方面，就是道教对科学的贡献。实际上，道教对科学贡献这一课题的研究，从李约瑟起，只是刚刚开始。李约瑟从道教文献，道教史中挖掘的材料都无可争辩地说明道教的思想和方术同中国古代科学的发展有着密切的联系。

例如在《长春真人西游记》中，丘长春和随行人员曾观测过一次日全食，沿途系统地收集了各地蚀时和蚀分的情况，称“扇形所及，无复光明，其旁渐远，则镫光渐多矣”。李约瑟认为“在历史上，这应当是最早研究日食阴影在地面移动的一次记载”②。在时间计量方面，李约瑟认为“最早的文字记载，是北魏道士李兰写的另一《漏刻法》（约450年）”③。在化学方面，李约瑟认为“化学，它是在唐代道观中隐秘的实验室里开展起来的，现在终于真正有了成果：火药成了有用的武器——宋金之战便是它的第一个试验场”④。

李约瑟在《近代科技史作者纵横谈》中说道：“我们不仅应该对公元前一世纪以来中国人的太阳黑子记录，对陶弘景在公元5世纪作出的世界上最早的钾盐燃烧试验，对公元1300年胡特卜 · 阿丁 · 设拉子关于虹的光学现象第一个作出的正确解释表示我们的敬意，把他们看作走向近代科学的明确的步伐。而且，我们必须注意考察培育出这些创举的不可缺少的思想和实践体系。”⑤从科学发展的实践出发，挖掘产生这些实践的思想体系，这个方法无疑是科学的、客观的和历史的，但是，李约瑟的研究只是初步的。在国际上出现这样或那样的不同意见，也是正常的。不过，对于中国科学技

---

① 中山茂：《李约瑟——有机论哲学家》，载《中国的科学》，剑桥：剑桥大学出版社1973年版，第37页。

② 李约瑟：《中国科学技术史》第4卷第2分册，北京：科学出版社1976年版，第588页。

③ 李约瑟：《中国科学技术史》第4卷第2分册，北京：科学出版社1976年版，第369页。

④ 李约瑟：《中国科学技术史》第1卷，科学出版社、上海古籍出版社1990年版，第139页。

⑤ 《社会科学战线》1979年3期。

术发展历史的研究以及对于中国道教和科技的关系的研究,李约瑟的贡献和学术地位也是举世公认的。《新不列颠百科全书》评价李约瑟的《中国科学技术史》第二卷《科学思想史》是“关于道教对科学思想贡献的最完善的文献和书目”。

三、龙彼得和巴瑞特等的道教研究

龙彼得(Pier van der Loon,1920—2002 年),荷兰人,1940 至 1946 年就读于荷兰的莱顿大学中文系,1948 年起任剑桥大学中文讲座教授,1972 年转任牛津大学讲座教授,1982 年荣任欧洲汉学协会会长。1987 年退休。他还是剑桥大学图书馆名誉馆员、日本道教学会理事、法兰西亚洲学会名誉会员。龙彼得的汉学研究涉及古籍版本、道教和南音等,他的最出名的著作是《宋代收藏道书考》(*Taoist Books in the Li-braries of the Sung Period: A Critical Study and Index*)。《宋代收藏道书考》,作为牛津东方研究所专著的第八种,1984 年在伦敦伊萨卡出版社出版。这本书对国际汉学界产生了重大影响。该书的宗旨在于阐明宋代官方图书馆和私人家藏图书的性质和传承,并探索道教经典的历史。全书分英文和中文两部分。英文部分列有“皇家图书馆的诸文献目录”、“家藏文献目录”和“《道藏》”等三节,中文部分称“宋代馆阁及家藏道书综录”汇集了《新唐书》、《宋史》、《通志》、《文献通考》、《崇文总目》、《秘书省续编到四库阙书目》、《袁本郡斋读书志·附志·后志》、《衢本郡斋读书志》、《遂初堂书目》、《直斋录题解》、《东观余论》、《玉海》和《〈道藏〉阙经目录》等道书目录,都由作者详加校订。其中“道教经典”一节就道教经典、宋代道教经典文献目录的沿革进行了详尽的回顾,分析了官方图书馆和家藏图书的性质和传承,特别是说明了宋朝各皇帝对于道教的政策以及对道经存书的影响。中文部分,由作者校定,邝庆欢女士书写。按笔画顺序排列,道经编号采用施博尔原编《正统道藏》目录索引编号,另附哈佛燕京引得编号推算表,总共收有道书书名 1600 种,计 3600 卷,其中不少是迄今被忽视了的版本。《宋代收藏道书考》出版后,受到欧美和日本汉学家的高度评价,也颇受中国大陆和台湾学者的赞扬。有评论认为,此书搜罗各方面的资料,包括大陆新出土的碑文、残篇等,再利用版本学、书目学的知识,对宋代收藏的道书做了详尽的分析整理,连刊刻和版式都加以解说,这对了解《道藏》的源流有很大的帮助。

葛兰(Angus Graham,1919—1991 年),在牛津大学获艺术硕士学位,在伦敦大学获哲学博士学位。曾任伦敦大学亚非研究学院教授,长期研究中国古籍,尤其精于道家经典《庄子》和《列子》。有关这方面的译著在国际汉学界享有盛名。其中《〈列子〉新译》(1960 年初版,1961 年和 1990 年再版),被认为是《列子》的最佳英译本。另有《庄子内篇》(1951 年)、《两个中国哲学家:程明道和程伊川》(1958 年)、《价值的问题》(1961 年)、《晚唐诗词》(1965 年)、《庄子:内篇六种及其它作品》(1981 年)、《庄子:对原著部分译文评注》(1982 年)和论文集《道之论辩》(1989 年)、《中国哲学和哲学文献研究》(1990 年)等作品。涉及道教的主要论文有《西方哲学中的"存在"和中国哲学中的"是非"及"有无"的比较》、《〈列子〉的成书时间和结构》、《"农家"学派和农民乌托邦主义在中国的起源》、《〈庄子〉中有多少是庄子写的?》等。

王斯福(Stephan Feuchtwan,1937—　),人类学家。英国人,1961 年获得牛津大学学士学位,1964 年获得伦敦经济学院人类学硕士学位,1974 年获得伦敦大学人类学博士学位。其后,任职于伦敦大学亚非学院和英国城市大学等校。现已退休,退休前是伦敦经济学院人类学系研究教授和伦敦大学亚非学院研究教授。王斯福的著述很多,其中和道教关系最为密切的是 1992 年初版、2000 年增订发表的《帝国的隐喻:中国民间宗教》一书。这本书是王斯福在获得硕士学位以后,根据台湾做田野调查后的研究而写作的,后来增订时,又以福建、江苏、河北调查的材料增写了第八章。据王铭铭教授介绍,王斯福受马丁所著《中国仪式与政治》一书的影响,试图从政治和意识形态的角度探讨中国民间宗教,认为汉人的民间宗教隐含着历史上帝王统治的影子,但在地方上民间仪式具有地域性。民间仪式往往与中华帝国时代的政治空间模式有关,但是民间山神与祭仪所表达的是不同的观念。官方的仪式通过宇宙仪式化,在象征上创造帝国的象征政治格局,对民间而言,这种格局成了仪式上的傀儡,操演它的是地域化的社区与民间权力代表人,如道士、士绅与民众。

巴瑞特(Timothy Hugh Barrett),巴瑞特出生于英国,毕业于剑桥大学,其后曾经到美国的耶鲁大学和日本学习。1978 年以论文《李翱思想中的佛教、道教和儒教》获耶鲁大学哲学博士学位,后又回到剑桥大学讲课教书。从 1986 年起至今,巴瑞特就是伦敦亚非学院宗教系的东亚史研究教授,历史系的东亚史研究教授。同时,还是日本研究中心和中国研究中心的成员。他的主要兴趣是东亚宗教史,特别是道教和佛教的禅宗,但是,他对中国宗教的现状以及世界范围的道教研究现状都非常关心和熟悉。1982 年 12 月,巴瑞特在美国的《守护神》(Numen)杂志的第 29 期上发表了《理解中国宗教中的变化和进展》。1987 年,巴瑞特为美国新版《宗教百科全书》第十四卷撰写了《道教:研究史》条目,叙述了自 1911 年至 1983 年之间,中国、法国、日本、德国、美国、英国、澳大利亚、韩国等国道教学者的研究情况,为读者提供了一个比较完整的东西方的道教研究概述。他的主要研究著作有:1992 年由牛津大学出版社出版的《李翱:和尚,道士,还是新儒家?》,著作翻译了李翱的《复性书》,分析了李翱的思想;2006 年出版的《唐代道教:中国历史上黄金时期的宗教和帝国》(*Taoism under the Tang*),这本书,巴瑞特原来是应剑桥中国史第二卷的要求编写的,后来因为出版计划的推迟,加上该书包含着许多令人感兴趣的道教和帝王关系的材料而独立出版了;2009 年出版的《道教的探索:文献中的医学和炼金术》,研究了《道藏》中许多匿名的缺乏时间记载的文献,勾勒了道教文献中对于医学和外丹术的贡献。

第四节　美国的道教研究

美国学术界对于道教研究的兴趣和研究规模同美国对中国关心的程度是密切相关的。一百年前,当英国的兵舰和枪炮轰开中国大门的时候,美国正忙于对西班牙的战争,在古巴和菲律宾等地同西班牙打仗。其后,当列强在中国忙于掠夺的时候,美国就鼓吹“门户开放”,企图分得一点“均等”的利益。从这个意义上说,美国当时忙于拼命发展自己,并没有把中国放在眼里。因此,它的汉学研究以及道教研究起步晚于欧洲国家和日本。20 世纪上半叶,太平洋战争爆发的时候,美国最关心和研究较多的国家是日本。第二次世界大战结束以及战后,世界进入两大阵营的冷战阶段,美国最关心和研究最多的国家是苏联。那个时候要说到世界上研究道教最有成就的国家,还轮不到美国。只是到了20世纪50年代以后,中国土地上出现了中华人民共和国的天翻地覆变化,并且其后在朝鲜半岛以及中南半岛上美中有了较量,这才推动了美国政界和学术界对于中国作全方位的研究。特别是,从1978年中国实行改革开放政策以后,中国的飞速发展导致美国需要更加了解中国的历史、现状和预测中国的未来。于是,美国的道教研究也随着对中国研究的步伐开展起来,并且在国际学术界获得了相应的成果。

一、美国道教研究发展的三个阶段

与美国对华关心程度相一致的,我们认为美国的道教研究大致也可以区分为三个时期:第一阶段:第二次世界大战前的开创时期,第二阶段:第二次世界大战后的发展时期,第三阶段:中国改革开放以后的全面推进时期。

第一阶段是第二次世界大战前的开创时期。19世纪中叶,美国基督教会陆续派遣传教士来华传教。其中一位传教士是明恩溥(Arthur Henderson Smith,1845—1932年)。明恩溥在1872年代表公理会来华,最初在天津,后来到鲁西北传教,兼任上海《字林西报》(*North China Daily News*)周刊的通讯员。1905年,明恩溥辞去教会职务,留居通州,致力社会调查和写作。1906年,明恩溥建议美国政府将庚子赔款的半数留于中国,获得总统的赞成,以赔款兴办清华留美预备学校,后改名清华大学,还参与筹建协和医院等事。明恩溥在华传教30余年,对北方民情有较深刻了解,先后出版了许多著述,如《中国文明》、《中国人的特性》、《中国乡村生活:社会学研究》、《中国在动乱中》、《王者基督:中国研究大纲》、《中国的进步》、《今日的中国与美国》、《汉语谚语俗语集》等。1892年,明恩溥在纽约出版《中国人的特性》(*Chinese Characteristics*),认为"道教是一般人民的宗教,支配着他们的精神境界"。1899年出版《中国乡村生活:社会学研究》,说到寺庙与宗教会社、宗教仪礼等情况,为人们了解当时的农村宗教提供了资料。另一名传教士杜步西(Hampden Gait Du Bose,1845—1910年),在1872年代表南长老会来华,先后在杭州、苏州传教,并在苏州定居38年,创立了中国禁烟会,反对吸食毒品和鸦片贸易。1886 年著有《中国的三教:儒、释、道》,对于中国人的神话、偶像崇拜和鬼崇拜作了说明。

20 世纪 20 年代,加利福尼亚大学博士研究生约翰逊(Obed Simon Johnson,1881—?)来华作学术考察,1928 年在上海出版了博士论文《中国炼丹术考》(*A Study of Chinese Alchemy*)。该论文论述了炼丹术与道教思想的密切关系,肯定了炼丹术在古代医学和古代化学工业中的地位,同时指出欧洲的炼丹术曾受到中国炼丹术的影响。此书于 1937 年翻译成中文出版,并于 1974 年在纽约再版。

几乎同时,哈佛燕京学社的研究生魏鲁男(James Roland Ware,1901—?),1929 年来华,1932 年返美后获哈佛大学哲学博士学位并留校任教。1933 年至 1934 年,他在《美国东方学会杂志》第 53 和 54 期上连续发表了《〈魏书〉和〈隋书〉谈道教》一文。1963 年出版《庄子语录》。1966 年出版了《公元 320 年中国的炼丹术、医学和宗教:葛洪的〈抱朴子内篇〉》。该书是《抱朴子内篇》最早最完备的英译本,1981 年曾在纽约再版。

第二次世界大战前,美国也有研究中国历史和中国道教的学者,例如宾夕法尼亚大学中文教授卜德(Derk Bodde,1909—2003 年)在 1939 年就翻译出版了中国古籍《燕京岁时记》,书名直译为《北京一年一度的风俗》(*Peking Diary:A Year of Revolution*)。其后长期从事中国哲学和民间宗教的研究,曾经在 60 年代出任东方学会会长,发表了《〈老子〉的两种译本》、《中国的文化传统》、《古代中国的节庆》、《中国思想、社会和科学:前近代中国科学技术的思想文化与社会背景》等论著。芝加哥大学教授顾立雅(Herrlee Glessner Creel,1905—1994 年),长期研究中国史、中国哲学史,在 50 年代曾经出任东方学会会长,发表了《中国初期文化研究》和《道教和中国文化史的其它研究》等论著。他们的研究成果有的发表于第二次世界大战以后,但是,这些论著都是他们从战前就开始研究的结果。

美国的道教研究的内容从开创时期开始,就具有比较广阔的领域,包括道教经典的翻译、道教哲学和道教史、外丹术的科学认识以及宗教仪式和宗派,等等。但是,美国学术界早期对道教的研究,多具有个人兴趣的色彩。至于美国基督教界对道教的关注,虽然还没有发现像法国耶稣会传教士那样对道教的露骨攻击,但是也有像穆德那样叫嚣“基督教征服世界”,“基督教占领中国”的人。第二次世界大战以前,美国学术界和宗教界关心道教的人数总的来说还不多,更谈不上有什么规模。

第二阶段是第二次世界大战后的发展时期。从20世纪50年代起兴旺起来的道教研究,是在美国加强了对中国的研究的大背景之下开始发展的。那是因为中国在朝鲜半岛和中南半岛的二次战争中都敢于同美国这个头号强国较量,现实促使美国学术界以及为数不多的汉学研究人才考虑中国研究的现实意义,美国的军界和政界都建立了中国问题的研究机构。于是,道教研究也获得了发展的机会。

已故的前哈佛大学东亚研究中心和世界宗教研究中心主任霍姆斯·威尔奇教授(Holmes Welch,1921—1981年),可以认为是这一时期美国道教研究的代表人物。他在1942年获得文学学士学位,1956年获硕士学位。1957年在波士顿出版《道教——道之分歧》(*Taoism: The Parting of the Way*),1966年又出修订本,改名为《道的分裂:老子和道教运动》。全书分为老子的问题、《道德经》、道教运动和今日道教等四部分。它既是对于《道德经》的解释,又是对于早期道教的简要而清晰的说明。它不仅一般地介绍了道教,还对今日的道教作了饶有趣味的评述,至今仍被公认为是本好书。霍姆斯·威尔奇教授还两次为国际道教研究会议的召开作出了贡献。1969年在芝加哥大学主办的《宗教史》杂志第9期上发表《佩鲁贾道教研究会议》,对第一次国际道教会议作了评介。1979年,霍姆斯·威尔奇与安娜·塞德尔合作编辑出版的第二次国际道教研究会议论文集《道教面面观》,成为国际汉学家的必读之书,扩大了道教在欧美的影响。

已故的前加利福尼亚大学伯克莱分校东方语文和亚洲研究系教授米歇尔·斯特里克曼(Michel Strickmann,1942—1994年),中文名史灼文,原籍德国,出生在美国,是德裔美籍学者。据说他没有大学毕业,但是他到比利时学习佛教,到巴黎跟随石泰安、施舟人学习道教,并且在萨蓬的法国高等研究院获得博士学位。然后,他又到日本学习和研究,直到1977年才回到美国,成为加利福尼亚大学伯克莱分校的终身教授。斯特里克曼精通德、法、英、中等国语言,曾经撰写《不列颠百科全书》中有关道家、道教、道家

（教）文献、道家（教）史等条目，他的论著《茅山宗——上清的启示》（*Le Taoism du Mao Chan：Chronique d' une revelation*）在1981年作为法兰西学院汉学研究所的专著在巴黎出版，对茅山宗的历史研究作出了重要贡献，得到国际学术界的好评。此外他还发表过许多有见地的论文，侧重六朝以前时期的道教研究，多以英文、法文刊布。著有《道教史》、《道教文学》（载《不列颠百科全书》1974年第15版第17卷）；1977年在《通报》发表《茅山启示：道教与贵族集团》；1978年在《宗教史》杂志上发表《最长的道教经典》，同年在《美国东方学会杂志》上发表论文《梁武帝的强化道教与对道教的镇压》；1979年《论陶弘景的炼丹术研究》一文被收入《道教面面观》，同年参加第三次国际道教研究会议，并宣读了《十二世纪道教的复兴》一文；1980年在《哈佛亚洲研究杂志》上发表《历史、人类学与中国宗教》。他还编辑出版过纪念导师石泰安的密宗和道教研究著作，即四卷本的《中国论丛和佛学》，分别于1981年、1983年、1985年、1988年在布鲁塞尔出版。1991年病逝前，还曾与大卫·约翰逊（David Johnson）教授合作"中国民间文化研究计划"，邀请不少外国学者投入这项工作。他的不幸早逝是美国和法国道教研究的损失。

宾夕法尼亚大学中国文化和科学史教授席文（Nathan Sivin，1931—　），在23岁的时候，因为有机会到美国陆军外语学院学习中文18个月，从此，他开始了一生研究中国的生涯。1958年6月，他在麻省理工学院获得了选修化学的理学士学位。1960年，他获得了哈佛大学的科学史硕士学位。1966年，他在哈佛大学又获得了科学史博士学位。他还收到过宾夕法尼亚大学的荣誉文学硕士的称号。1966年，在麻省理工学院，席文作为一名人文学科的助理教授。到1969年，他成为副教授。1968年，席文的《中国炼金术：初步研究》（*Chinese Alchemy：Preliminay Studies*）一书作为哈佛科学史专著在哈佛大学出版社出版。这部专著被认为是"关于中国炼金术研究的学术性最强的导论"。从1972年到1977年，他到了宾夕法尼亚大学作为中国文化和科学史的教授，直到退休。席文一直希望将他的研究室建成为世界范围的中国科学史研究的另一中心，就像英国李约瑟研究中心一样。

前夏威夷大学教授麦埃考·萨梭（Michael Saso，1930—　），中文名苏海涵,1952 年毕业于桑特克拉拉大学,1964 年获耶鲁大学中国历史和文学硕士,1971 年获英国伦敦大学中国宗教文学博士。后在伦敦大学和美国华盛顿州立大学任教。1970 年任夏威夷大学教授,直到退休。1964 年时,苏海涵曾去中国台湾从事道教与民俗研究工作,并且任教于辅仁大学语言学院。苏海涵的调查活动集中在台湾北部新竹一带,他与当地道士庄陈登云、钱枝彩等善处,获得了不少科书法诀的秘本,后汇集成册,1975 年由台北成文出版刊印,取名《庄林续道藏》,共 25 册,收金箓、黄箓、文检和小法事等道书 104 种,大多是福建道士从家乡带到台湾北部后常用的道经,为研究道教科仪法事以及闽台道教传播,提供了基本材料。1968 年,苏海涵还曾参与过第一次国际道教会议的工作。1978 年又从新竹林(汝梅)、吴(景春)姓道士家中得到抄本四种,取名《道教秘诀集成》,在东京龙溪书舍影印出版。苏海涵曾多次来中国大陆参观访问、讲学。在 1972 年在美国华盛顿州立大学出版社出版《道教和宇宙更新仪式》,在 1978 年在耶鲁大学出版社出版《庄法师的学说》(*Teaching of Taoist Master Chuang*),还有《青龙白虎:道教的斗法仪式》等。1985 年 12 月苏海涵参加了香港中文大学和香港中华文化促进中心联合主办的"道教仪轨及音乐国际研讨会",宣读论文《宿启科仪:乐谱和录像以及安灵宝真文、收真文舞蹈》。1988 年 10 月,还与他人合作创办并负责杂志《道教资料》的编辑,后又因故中止。苏海涵教授退休后,虽然年事已高,腿脚不便,但是,仍然到中国少数民族地区和边远地区搜集道教资料,并且发布在个人网页上,为推动美国和国际的道教研究继续有所贡献。

第二阶段的代表性学者有的已经作古,有的还健在,还继续在美国道教研究中发挥着重要的影响。席文就是一位至今保持影响力的学者。他在 2010 年 3 月出版的《宗教研究报导》第 36 卷第 1 期上发表了一篇评述美国和世界范围道教研究现状和发展趋势的长文《老的道教和新的道教》(*Old and New Daoism*)。在此文之中,席文比较了 2000 年以后在美国出版的 9 种道教研究书籍,探讨了当代道教研究中的多种问题,在西方世界的道教研究学术界中得到较大的反响,对欧美的道教研究已经并将继续产生影响。

第三阶段是道教研究的全面推进时期。从 1978 年起,中国开始实行改革开放政策，中国的经济开始飞跃发展，中国的宗教信仰自由政策得到落实，中国道教面对近百年来从未有过的发展黄金时期，也出现了全面恢复和振兴。在这一时期，美国的中国研究也得到了长足的进步和发展。这个时期的美国道教研究，充分显示了美国的汉学研究同法国、日本的汉学研究比较有自己显著的特色，那就是注重中国宗教和中国道教的现状研究及其功能探讨，并且在客观上对美国的对华政策的形成和执行发挥着一定的影响。

近30年来，美国原来的一些汉学家关心起了道教，同时也涌现出一批年轻的道教研究学者。

萨拉·艾兰(Sarah Allan，1945—)，出生在美国，1966年在加利福尼亚大学洛杉矶分校获得学士学位，1969年在加利福尼亚大学伯克莱分校学习中文和考古学，获得硕士学位，并在1974年以论文《世袭和禅让：中国古代的王朝更替传说》获哲学博士学位。获得博士学位以后，在伦敦大学的亚非学院任教达23年，直到1995年，才去美国达慕思大学执教。现在是达慕思大学亚洲和中东语言文学教授，亚洲和中东研究教授。萨拉·艾兰的专业领域是中国古代汉语和古典文学，早期中国文化，早期中文作品和出土文献，古代中国哲学系统的发展，等等。1991年萨拉·艾兰在纽约州立大学出版社出版了《龟的形态：神话、艺术、宇宙在古代中国》，该书在1992年就被翻译成中文，在四川人民出版社出版，书名译作《龟之谜——商代神话、祭祀、艺术和宇宙观研究》。2001年此书又被译成韩文出版。1997年萨拉·艾兰又在纽约州立大学出版社出版了《水的道路和美德成长》(*The Way of Water and Sprouts of Virtue*)。此书在1999年被译成韩文，在2002年又被译成中文在上海人民出版社出版，书名译作《水之道与德之端——中国早期哲学思想的本喻》。从这样两本书的书名，人们就可以知道萨拉·艾兰教授研究的是早期中国宗教和早期道家思想，同早期道教史有着密切的关系。

罗伯特·亨里克斯(Robert G.Henricks)，中文名韩禄伯。1961年18岁时因兴趣进入威尔克斯学院学习音乐。1963年又因兴趣转移宗教文化而转入宾夕法尼亚州立大学，1965年获宗教学学士学位。其后，韩禄伯开始研究生生涯，先后在芝加哥大学和威斯康星州立大学学习，1973年获得中国语言与文学的文学硕士学位,1976年12月,以《嵇康的生平、思想与诗歌》获"中国语言与文学"的哲学博士学位。从1968年起,韩禄伯就在大学里担任行政助理、讲师等职务。获得博士学位后,他受聘于达慕思大学:1976至1982年,任宗教学助教授。1982年任宗教学副教授。1986至1987年,任达慕斯大学亚洲研究计划执行主席。1988年任宗教学教授。1992至1995年,任达慕斯大学宗教系系主任。在达慕思大学,韩禄伯教授的主要课程有:"宗教经验的范式"(内容包括印度教、佛教和宗教学方法论问题等)、"中国宗教导论"、"中国佛教"、"中国民间宗教"、"道家与道教"、"儒教"以及有关中国宗教的研讨课(内容包括中国古代宗教、道教、比较神话研究、比较民间宗教和中国古代神话等)。1979年,在《通报》第六十五卷上,韩禄伯发表了长文《马王堆帛书〈老子〉考:与王弼注本的比较研究》。1983年普林斯顿大学出版社出版了他的研究专著《三世纪中国的哲学和立论:嵇康集》。1989年纽约白兰汀图书公司出版译著《老子道德经:对新出马王堆本的新译本》(*Lao Tze:Te-Tao Ching—A New Translation Based on the Recently Discovered Ma-wang-tui Texts*)。这本译著在1990至1993年间连续再版五次,还同时出版了荷兰文版。1996年8月应邀参加了北京"道家文化国际学术研讨会",在分组会上发表《再论(老子)分章的问题》。

艾兰和韩禄伯都是20世纪60年代进入美国的大学,同七八十年代才出道的道教研究人相比,应该是算前辈了,但是,他们发表有关道教的文章和专著大致都在七八十年代。在七八十年代,美国还涌现出来一批新的年轻道教研究家,其中包括有以下几位:

罗素·柯克兰(Russell Kirkland),中文名柯瑞思。在1976年在布朗大学获得亚洲研究和宗教研究的学士学位,在1982年在印第安纳大学获得宗教研究硕士学位,在1986年同校获得东亚语言文化博士学位。以后,他曾经在斯坦福大学、罗切斯特大学、密苏里大学、欧柏林学院和麦卡莱斯特学院任教。现在是佐治亚大学宗教和亚洲研究副教授。2004年,他的《道教:持久的传统》(*Taoism:The Enduring Tradition*)在鲁特莱奇出版社出版。这本著作按照席文的分析,包含了四个主题。"古典遗产":《庄子》,"内业(内在修养)"《管子》的一章,《老子》。"道教传统":从汉代到清王朝的道教传统。“社会政治母体”:文人道士和女性道士参与朝廷的活动。“有教养的生活”:道教对于走向死亡,永生和修身养性的态度。席文高度评价柯瑞思的著作,他说:“是什么使这本书从脱颖而出的呢?是他从上到下挑战陈词滥调。结果就是许多新的见解”。柯瑞思在学术研究上最著名的是他对唐代的研究,此外他还有一些关于中国、韩国和日本的历史和宗教论文。柯瑞思目前是美国的中国宗教研究学会的执行委员会成员,也是美国科学院的中国宗教组的指导委员会委员,也是美国道教协会的董事会成员。

查尔斯·本(Charles Benn),1965年在怀俄明州立大学获得学士学位,1968年在夏威夷大学获得硕士学位,1977年在密歇根州立大学以论文《玄宗皇帝统治时期(712—755)作为意识形态的道教》获得哲学博士学位。1991年由夏威夷大学出版社出版了专著《洞穴秘密的传输:公元711年的一个授道仪式》(*The Cavern-Mystery Transmission*:*A Taoist Ordination Rite of A.d 711*),研究唐代二位公主正式受道封赐的过程。查尔斯·本现在是独立学者和夏威夷大学的兼职教授,偶尔也在大学里讲课。

斯蒂芬·伯肯坎普(Stephen Bokenkamp),中文名柏夷,1971年因参军而进入加利福尼亚州蒙特雷市国防部语言研究所学习基础中文并且得到进修。1976年在华盛顿特区乔治华盛顿大学获得中国语言文学学士学位。1981年在加利福尼亚大学伯克莱分校获得中国语言文学硕士学位。1986年在同校获得古代汉语博士学位。20世纪80年代曾在中国四川大学访问学习研究一年半,以早期道教的二十四治考察,开始了道教研究的生涯。1977年起,就在加利福尼亚大学伯克莱分校学习期间,开始充任教师助手,协助教授古代汉语和中国史、道教等课程。获得博士学位后,1987年起任职于田纳西州立大学亚洲研究委员会宗教研究系,副教授。1989年至2007年,在印第安纳大学东亚语言和文化系任副教授、教授。2008年起,任亚利桑那州立大学宗教研究系国际文学和文化学院教授。柏夷的专长是研究早期和中古时期道教及其文献。他参与合作编辑《中国宗教杂志》。他最近的著作包括《早期道教经典》(*Early Daoist Scriptures*,加利福尼亚大学出版社,1997年)和发表在由Scott Pearce,Audrey Spiro And Patricia Ebrey编辑的《中国国家重组的文化和权力,200—600》(哈佛大学出版社,2001年)上的《陆修静,佛教和第一部道藏》。有人特别欣赏柏夷的一个观点,我们过去研究道教特别在意研究它的像辐射波那样的影响,事实上研究道教自身,研究道教的环境条件,以及研究道教的动机,更加重要。也就是在这样的观点指导下,柏夷提出了"灵宝试图代替佛教"的说法。

特里 · 克利曼(Terry Kleeman),中文名祁泰履。1975 年在迈阿密大学历史系获得文学学士学位。1979 年在加拿大不列颠哥伦比亚大学亚洲研究系获得硕士学位。1988 年以论文《文昌和毒蛇:一个中国民族神的创世》获加利福尼亚大学伯克莱分校东方语言系哲学博士学位。从 1975 年起先后在不列颠哥伦比亚大学、加利福尼亚大学伯克莱分校、宾夕法尼亚大学、明尼苏达大学、威廉玛丽学院等校任教,现在是科罗拉多州立大学宗教系和中文系教授。1994 年祁泰履在纽约州立大学出版社出版了《神的自传:文昌帝君化书》(*A God's Own Tale*:*The Book of Transformations of Wenchang*, *the Divine Lord of Zitong*)。全书按内容分为研究、翻译和解说三部分。首先探讨文昌帝君信仰史和《文昌帝君化书》的形成及后世的文昌帝君信仰。英译了《化书》首篇《化迹总诗》,以及对文昌帝君七十三化的解说,最后附有参考文献书目。

辛西娅 · 布罗考(Cynthia J.Brokaw),中文名包筠雅。1972 年在威尔斯学院获历史学士学位,1974 年在哈佛大学获东亚地区研究硕士学位,1984 年在哈佛大学获历史和东亚语言博士学位。从 1984 年起,先后在范德比尔特大学、俄勒冈州立大学、俄亥俄州立大学等校任助理教授、副教授、教授。现任布朗大学历史教授。其教学和研究范围是明清时期社会史、思想史和宗教史。1991 年,普林斯顿大学出版社出版了包筠雅的专著《功过格:晚期中华帝国的社会变化和道德秩序》(*The Ledgers of Merit and Demerit*:*Social Change and Moral Order in Late Imperial China*)。1999 年,浙江人民出版社出版了该专著的中译本《功过格:明清社会的道德秩序》。这是用西方语言详细探讨中国善书的为数不多的专著之一。包筠雅既利用了大量第一手中文资料,也吸收了酒井忠夫、吉冈义丰、秋月观瑛、奥崎裕司等四位日本前辈学者的研究成果。全书共分四章,在"序论"中,包筠雅概述了功过信仰的历史以及直到 16 世纪末还存在的有关文献。第一章"早期中国的功德积累传统”概述了《太上感应篇》和《功过格》以及儒家的命运观,特别是中国传统思想中功德积累的原则。第二章“为升迁而积累功德”主要论述明代礼部官员袁黄(1533—1606年)的生平及其有关约束功过行为和塑造自己命运的制度和著述,以及他对功过体系的解释。第三章继续评判袁黄所利用的功过格,因为这种习惯承传了利益见解,且以道德教化取代个人目的。第四章探讨袁黄死后17和18世纪期间,随着中国社会发生的变化,变化了的功过格的内容企图恢复旧的温情式社会秩序,直至在明末和清初功过信仰逐步走向衰落的情况。作者详细描述了明清时期社会名流利用业已形成的功过思想,进行道德教化的画面。论著主题集中,条理清晰,材料丰富,容易阅读,使得读者对明清时期社会道德变迁史有了较完整的了解。国际学术界评论认为,这本论述功过格史的专著,写得饶有趣味,颇有教益。

朱迪思·博尔茨(Judith Boltz,?—2013),中文名鲍菊隐。1969年在爱荷华州立大学中文和东方研究系获学士学位,1976年在加利福尼亚大学伯克莱分校东方语言系获硕士学位,1985年以论文《道教的驱邪仪式》在同校获哲学博士学位。生前是华盛顿州立大学亚洲语言文学系附属副教授。其专业为中文和古代汉语研究。1987年,她为《宗教百科全书》第十四卷撰写了《道教文献》。同年加利福尼亚大学出版社出版了她的专著《十——十七世纪道教文献通论》。这本书对10至17世纪的200余种道教经典作了导读性评述。1993年,鲍菊隐在夏威夷大学出版社出版的《中国唐宋时期的宗教和社会》文集中发表了她的论文《不仅靠官印:与神灵争斗中的新武器》。论文说到宋代有官员从最初主要依靠自己的官印来震慑民间淫祠邪鬼,发展到后来的道教新出了驱邪镇鬼之法——雷法,成为官员与鬼神斗争的新武器。鲍菊隐的说法是一个解读中国宗教和政治关系的新材料和新视角。

苏珊娜·卡希尔(Suzanne Cahill,1947—),中文名是柯素芝。1968年加利福尼亚大学伯克莱分校毕业,获得学士学位。1975年同校获硕士学位,1982年以《唐代道经》在同校获得中国古典文学博士学位。1968至1969年,在台湾师范大学国语练习中心学习。1969年至1970年,在威斯康星州立大学研究佛教。1970年至1971年,在阿富汗和平工作队服务。

1980年至1982年，在北京大学做研究工作。现在是加利福尼亚大学圣迭戈分校的历史系兼任名誉教授。在加利福尼亚大学伯克莱分校学习期间，柯素芝师事已故著名的汉学家薛爱华，写作了博士论文《中国古代文学中女神西王母的形象》，事后，她继续深入研究，加工改写，于1993年由斯坦福大学出版社出版了她的新作《超越与神圣的激情——中国中古时代的西王母》（*Transcendence and Divine Passion: The Queen Mother of the West in Medieval China*）。全书共分六章。第一章追述中古即唐代以前文物和史籍中有关西王母和对其崇拜的记载。从第二章到第六章，根据唐代道士杜光庭的《墉城集仙录》中西王母的生平和仙迹，再结合历代诗人咏颂西王母的诗作，指出西王母的生平及其在唐人诗歌中的形象集中体现了情爱与丧夫、登仙与死亡、政治及宗教的力量等主题。柯素芝已经写了四本专著，另外还有许多讨论中世纪中国史，文学艺术，物质文化和宗教等的论文。

保罗·卡茨（Paul R.Katz，1961—　），中文名康豹。生于美国加州洛杉矶。1984年在耶鲁大学以有关白莲教的论文获历史学士学位，1990年在普林斯顿大学以明清时期的中国宗教为论文内容获得历史学博士学位。1997年他的博士论文的中文版出版，书名为《台湾的王爷信仰》。他先后在台湾的中正大学任副教授，中央大学任教授。2002年康豹进入台湾的“中央研究院”，2005年任“中央研究院”研究员。康豹就读于耶鲁大学时，本想研究基督教。但因为修了中国史教授史景迁（Jonathan Spence）的课程，听了很多白莲教、义和团、罗教的故事，对中国的宗教文化产生了兴趣。1983年到台湾，研究台湾民间信仰，时居屏东东港，见到许多民间的祭典活动，于是就以中国宗教社会史、道教、中国民间信仰等作为自己专业方向。康豹的另一本专著也已经出版了中文版，书名《多面相的神仙——永乐宫的吕洞宾信仰》，该书以《道藏》中有关吕洞宾的传说和全真教的记载、永乐宫建置的碑文、永乐宫三座主要宫殿内的壁画，以及各种以吕洞宾为题材的小说和戏剧，和流行于永乐一带的民间故事等为研究资料，从资料编撰的过程、流传以及被社会接受的程度等角度进行研究。从道教史研究的角度审视这本专著，它对山西地区的吕洞宾信仰以及全真道派与吕洞宾信仰的关系等都有深刻的剖析。

二、科恩和韩书瑞的道教研究

在当代美国研究道教的专家教授中间，柯恩教授的研究工作、主编工作和会议组织工作等确实令人刮目相看。这不仅因为她是美国的一位有成就的女性道教研究专家，而是因为她选择了道教养生作为主要研究方向，结合当代西方医学、药物学、营养学和心理学的理论来解释道教在养生方面众多的文献和实践，同时花了很大的精力在美国和欧洲组织召开多次研究道教养生理论的国际会议，在美国还建立传授养生的基地和出版以养生为主要内容的《道教研究杂志》，还在21世纪初主编和出版了《道教手册》，为中国道教的养生理论和实践的推广作出了贡献。

列维·科恩(Livia Kohn)的中文名曾经有过好几个，但是她说她最喜欢的中文名是"科恩"。1976年毕业于德国哥丁根大学。1980年在德国波恩大学获得博士学位。她的博士论文的题目是《陈抟的生平与传说》。这一博士论文在1981年在德国法兰克福出版了德文版，2001年又在美国三松出版社出版了英文版。从德国毕业后，柯恩曾经在日本京都大学研究学习整整六年，接着又在美国密歇根大学中国研究中心和哈佛大学费正清东亚研究中心从事研究工作。1988年起，柯恩受聘于波士顿大学，作为东亚宗教的研究教授，先后任宗教系副教授、教授、系主任。同时，她还以客座教授和兼职教授等不同身份参与了匈牙利布达佩斯的罗兰大学、日本京都的斯坦福日本研究中心、美国俄亥俄州辛辛那提的联合研究所以及旧金山大学等机构的工作。除了英语外，柯恩还能流利地使用德语、中文和日文。柯恩的专业是研究道教和中国人长生不老的生活实践。她已撰写和编辑了三十多本书籍，以及无数的文章和评论。她服务于多个委员会及编辑委员会，并且组织了一系列有关道教的重大国际会议。从2006年退休以后，柯恩在她的佛罗里达州住地继续从事教学活动，开办各种讲习班，举行有关会议，并且作为《道教研究杂志》的主编和执行编辑，在没有企业和团体财力支持的情况下，坚持每年出版一期道教研究杂志。她的著作包括有《道教打坐和长寿技术》(1989年)、《道教的神秘哲学》(1991年)、《笑道论：中国佛道之争》(1995年)、《道的神》(1998年)、《道教手册》(2000年)、《道教与中国文化》(2001 年)、《中世纪道教的宫观生活》(2003 年)、《大同和社区》(2004 年)、《道教的身体修炼》(2006 年),以及最近出版的冥想作品,《中国人的康复练习》、《道教概论》(2008 年)、《道教营养学》(2010 年)和《坐忘》(2010 年),等等。有人曾经评价说,在国际道教研究专家之中,科恩可以称得上是一位"多产作家"。

2001 年科恩的《道教与中国文化》(*Daoism and Chinese Culture*)出版,2004 年就再版了。因为这是一本给大学生阅读的导论参考书,受到了普遍欢迎。这本书概述了道教来自《老子》和《庄子》的基本思想,也说到了道教作为宗教的开始、发展、变化,直到今天道教的现状。与其说它是一份有限的年表,不如说它包含了道教一连串主题和它们的变化,诸如宇宙观、长生不朽、国家支持、修道规戒,当代道教,等等。所有这些题目都是经过科恩精心挑选的,全书的组织安排也是有效的。对于一些西方人难以理解的主题,例如,冥想存思、入定、护身符以及符咒等重要的道教现象,作者的解释和分析都是有说服力的,能够为现代西方大学生所理解。该书的写作语言清楚明白,既不讲究修辞也不辞章华丽。有人开玩笑地说,一个大学生用三周时间读科恩的《道教与中国文化》就大致可以了解道教和中国文化了。席文教授曾经评价这本书称,"直率地说,这是一本给初学者的值得尊敬的教科书,同时,它也是传统的,只是它的信息量和内容范围使得许多教师高兴使用它"。

退休以后,柯恩还利用三松出版社这个机构,主编和出版了美国第一本以道教为研究对象的学术刊物《道教研究杂志》(*The Journal of Daoist Studies*, *JDS*)。《道教研究杂志》是年刊,创刊于 2008 年,至今已经出版 5 期。根据刊物自我介绍,该杂志是致力于在道教不同方面进行学术探索的出版物,不过从已经出版的杂志内容来看,其内容明显偏向于养生和修炼理论的探索和现代解读。该杂志每期都包含三个部分:一是关于道教历史、哲学、艺术、社会以及其他的学术论文;二是在中国和世界其他地区的当代道教的实践及其活动的问题讨论;三是有关道教研究领域的各种新闻,包括最近的出版物,学位论文、学术会议和网站等。

《道教研究杂志》的主编有 3 名,除了科恩教授以外,还有佐治亚大学宗教和亚洲研究的副教授罗素·柯克兰(Russell Kirkland,中文名柯瑞思)以及贝尔蒙大学哲学系的龙尼·利特尔约翰(Ronnie Littlejohn)。《道教研究杂志》设有庞大的编辑委员会。编委会有美国和其他各国著名道教研究学者共33人,其中包括法国的戴思博、阿德琳·埃鲁(Adeline Herrou)、戴维·帕默(David Palmer,中文名宗树人),美国的康豹、维克托·迈尔(Victor Mair)、迈克尔·皮特(Michael Puett,中文名普鸣),加拿大的詹姆斯·米勒(James Miller,中文名苗建时),韩国的Sung-Hae Kim(金圣惠),等等。编委会中还包括现在生活在中国的中国学者6名。

2008年的第一期《道教研究杂志》收有论文五篇,其中由编委写作的3篇,即:斯蒂芬·埃斯基尔森(Stephen Eskildsen),刘易斯·科姆亚蒂(Louis Komjathy),罗伯特·桑蒂(Robert Santee)。

另外"当代实践论坛"收有文章7篇,其中由编委写作的5篇。这5位编委是:刘迅,王蓉蓉(Robin R. Wang),科恩,伊利亚·西格勒(Elijah Siegler),迈克尔·温。

这8位编委中,在道教研究领域中除了科恩和刘迅是大家已经熟知的以外,其他6位都是新人新面孔。

由于科恩的苦心经营,《道教研究杂志》已经得到许多美国学者的关心和支持,美国的一支研究道教的队伍正在这本杂志周围逐渐形成之中。

在21世纪初,在西方世界里,出现了三本英文版的道教研究的工具书。这3本工具书的出现表明在西方世界里,道教研究已经达到一定的水平,并且形成了一支足以能够承担编写工具书任务的专家队伍,同时它也反映了西方世界正从新的起点上继续培养道教研究人才,因为工具书正是适应了后来的研究新秀们的实际需要。三大英文版道教研究工具书之一是《道教手册》(*Daoism Handbook*)。这本《道教手册》也是由列维·柯恩主编的,美国布里尔(Brill)学术出版社在2000年出版。该工具书包括一个"导论"和28篇论文,从综合的角度探索道教的结构和组织。各篇论文按照当前的研究水平,各自针对特定的主题作出详尽分析。其中大约有一半论文集中在道教的历史和教派方面,例如,澳大利亚芭芭拉的《早期道教运动》、美国柯恩的《北方天师道》、尼克松的《南方天师道》等。另一半论文则介绍道教炼丹术、长生术、斋醮仪礼、妇女等特定主题。例如,法国戴思博的《道教中的妇女》,意大利法布里齐奥的《内丹术》,加拿大丁荷生的《当代道教仪式》,等等。每篇论文都包括历史、文献、思想和实践等四个部分。有评论认为,该手册从编写开始到编写出版只用了四年时间,但是每篇论文都是高质量的。其中有的论述还是本手册唯一独有的。《道教手册》的分章目录如下:

《序言》由罗素 · 柯克兰、巴瑞特(T.H.Barrett)和柯恩合作编写。

艾伦 · 陈:第一章,《道德经》及其翻译。

维克托 · 梅尔(Victor Mair,梅维恒):第二章,《庄子》及其影响。

马克 · 奇克森特米哈伊:第三章,汉代宇宙观和语义实践。

尤特 · 恩格尔哈特(Ute Engelhardt):第四章,长寿技术和中国医学。

本杰明 · 彭尼:第五章,不朽和超越。

芭芭拉 · 亨德里斯克(Barbara Hendrischke):第六章,早期道教。

法布里齐奥 · 普雷加迪奥(Fabrizio Pregadio):第七章,长生药物和炼丹术。

伊莎贝拉 · 罗比内(Isabelle Robinet,贺碧莱):第八章,上清——最高的清澈。

山田利明(Yamada Toshiaki):第九章,灵宝派。

彼得 · 尼克松(Peter Nickerson):第十章,南天师道。

科恩:第十一章,北天师道。

查尔斯 · 本(Charles Benn):第十二章,道教的授职和泰仪式。

科恩和罗素 · 柯克兰(柯瑞思):第十三章,唐代道教 618—907 年。

戴思博:第十四章,道教中的妇女。

洛厄尔 · 斯卡尔(Lowell Skar):第十五章,宋元时期道教的变化和仪式运动,神灵崇拜和转型。

洛厄尔 · 斯卡尔和法布里齐奥 · 普雷加迪奥(Lowell Skar and Fabrizio Pregadio):第十六章,内丹术。

戴思博:第十七章 护身符和神圣的图示。

坂出祥伸(Sakade Yoshinobu):第十八章,作为道教实践的占卜。

特德·姚(Ted Yao):第十九章,全真——达到完美。

皮埃尔—亨利·德布鲁因(Pierre-Henry Debruyn):第二十章,明代道教1368—1644年。

莫妮卡·埃斯波西托(Monica Esposito):第二十一章,清代道教1644—1911年。

肯尼思·迪安(Kenneth Dean,丁荷生):第二十二章,当代道教仪式。

托马斯·哈恩(Thomas Hahn,韩涛):第二十三章,道教圣地。

斯蒂芬·利特尔(Stephen Little):第二十四章,道教艺术。

泷本雄三和刘红(Takimoto Yuzo and Liu Hong):第二十五章,道教仪式音乐。

丁煌:第二十六章,当代中国的道教研究。

郑在书(Jung Jae-Seo):第二十七章,朝鲜的道教。

增尾伸一郎(Masuo Shinichiro):第二十八章,道教在日本。

巴瑞特说过一本书的成功是因为它的目标“提供一个从无数作者将可能要做的并对其可能达到的进步程度的估量的一个底线”。(《序言》,第27页)《道教手册》中有许多新的分析和解释连同它的文献给予感兴趣的读者和已经熟悉道教的人。每一章根据论题,叙述有关的道教历史、主要的原始经典、世界观以及道教的实践。这个结构极大地使利读者在有限的时间里了解道教某个专题的主要内容。因为这是一本由二十多位世界各国学者和编者共同完成的工具书,不可避免地会出现某些概念使用的不一致。但是,要肯定的是,这是一本高质量的工具书。因此,它是那些刚刚开始学习和关心道教的学生不可缺少的工具书。

苏珊·纳奎因(Susan Naquin,1944—　),中文名韩书瑞,出生于美国伊利诺伊州,1966年在斯坦福大学获得学士学位,1968年在耶鲁大学获得硕士学位,1974年在同校以论著《中国的千年起义:1813年八卦教起义》(*Millenarian Rebellion in China:Eight Trigrams Uprising of* 1813)获得史学博士学位,1976 年在耶鲁大学出版社出版。毕业后,韩书瑞在宾夕法尼亚大学任历史学教授多年。1993 年起在普林斯顿大学东亚研究系和历史系任教至今。在中国还没有改革开放的时候,韩书瑞在 20 世纪 60 年代到台湾地区学习汉语。改革开放以后,韩书瑞多次来大陆访问。韩书瑞精于研究中国民间宗教,尤其是清代民间教门,主要著作除了博士论文 1976 年在耶鲁大学出版社出版外,还有《山东起义:1774 年王伦起义》1981 年在耶鲁大学出版社出版。1992 年她还同于君方一起合作编辑了会议论文集《中国的信徒和圣地》,加利福尼亚大学出版社出版。2000 年还在加利福尼亚大学出版社出版了专著《北京:寺庙与城市生活(1400—1900 年)》(*Peking: Temples and City Life*,1400—1900)。

韩书瑞的《中国的千年起义:1813 年八卦教起义》使用了收藏在台湾故宫博物院的一批档案资料,这批资料从来没有被利用过。韩书瑞的书分为四章。第一章通过概述清中期存在的白莲教传统,对八卦教起义者的宗教背景进行考察。第二章透视了八卦教门在林清和李文成的领导和努力下艰辛成立的过程。第三章描述了 1813 年秋信徒们攻打北京紫禁城的情况。第四章记载了起义的后期阶段如何被当局镇压的情况。该书根据有关这次暴动的第一手材料和证据,自始至终提供了丰富翔实而有条理的知识和思想。

该书的出版受到了西方汉学界的欢迎,纷纷撰文予以肯定。美国的韩书瑞在 1974 年完成这本博士论文,并在 1976 年出版。而加拿大的欧大年(Daniel Overmyer),也在 1974 年完成他的博士论文《中国民间宗教教派研究》,几乎也是和韩书瑞同年公开发表了处女作。而他们二人的作品又都是关于中国民间宗教的。这样就在北美汉学界引起了强烈反响,也引起了世界范围汉学界的热烈关注,并由此掀起了一股中国民间宗教研究热,进而拓展到中国民间信仰研究领域,研究者的队伍也逐渐扩大。英国的巴瑞特(C.T.Barrett)、阿兰·德桑特(Alan Y.Dessaint)、美国的拉尔夫·撒克斯通(Ralf Thaxton)、罗斯基(Evelyn Sakakida Rawski)、加拿大的埃拉·拉菲(Eua S.Laffey)和日本的铃木中正,都曾分别在《现代亚洲研究》(*Modern Asia Studies*)、《中国季刊》(*The China Quarterly*)、《亚洲研究杂志》(*Journal of Asian Studies*)和日文《近代中国》上发表过书评。

从韩书瑞和欧大年的专著发表以后近四十年来的美国和西方学术界对中国“民众宗教”的研究来看,可以说讨论持续不断,成果也越来越丰富,并且其研究的触角已经延伸到中国佛教和中国道教研究的领域。以至于以美国为主的道教研究界中有人提出要摒弃中国只有五大宗教的观念,要重新认识道教的命题。美国的韦思谛编辑出版了《中国大众宗教》文集,集中了韩书瑞等写作研究妈祖、泰山娘娘等民间信仰现象的八篇论文,冠以popular religion 的名称,和其他教授提出的另一个 common religion 名称相对。在道教研究中明确提出这样观点的是已故的法国汉学家安娜·塞德尔(石秀娜)教授。她在 1995 年的第三届欧美远东研究会议上的论文《国宝与道教礼仪:道教根植于谶纬》中,提出了一个对于中国的“政教关系”的新认识。她认为,中国的政权和宗教的关系并不是一直是分离的简单关系,而是有比较复杂的联系。中国的社会制度也不是简单地建立在儒家思想基础上,而是建立在包含复杂的宗教成分的基础之上。石秀娜认为,中国的天命概念具有复杂而丰富的内涵。天命观念与道教思想具有紧密的联系。汉代的国家和政治体制是建立在道教的谶纬和天命的观念基础上的,并不是建立在儒家思想的基础上的。从这个意义上说,汉代是有“国教”的。这个国教就是谶纬和天命观念。根据法国道教研究自马伯乐起就建立的传统观点,石秀娜将谶纬和天命观念,乃至于“道家”都包括在“道教”这个概念里面。因此,汉代的“道教”以类似于“国教”的形式存在着。当然,“道教”这个词并不是指我们平时所指的东汉末年产生的“太平道”和“正一盟威之道”的道教,而是包含着复杂内容的道教。石秀娜的论文并不是否定儒家的重要角色,也不否定六朝以后佛教在天命观念上重大影响。但是,它对于中国宗教的源头就存在政教密切相关的探讨引起国际汉学界的重视,并且派生出一系列的新看法。例如,中国的国家制度和社会制度,并不是“政教分离”的制度,而是一种政教具有密切关联的复杂的制度形式。当然也不是“政教合一”的国家制度。中国的国家制度和社会组织一直带有宗教色彩。与中国国家制度和社会组织相联系的“宗教”,可以称为 common religion 或者 popular religion(可以意译为“共同宗教”、“普通宗教”),它是一种贵族和平民都信仰的宗教,并且一直延续到了今天。而道教只不过是这个 common religion 或者 popular religion 中的一种。

2000 年 5 月在香港中文大学召开了一次准备极其充分的《宗教与中国社会国际研讨会》,在这次会议上,来自世界各国的 70 多位学者集中讨论了“研究领域的转变、启迪与中国文化”的问题。会议共有 66 篇论文,分为 12 个论题,为这次会议费尽心血的法国劳格文说,会议“尽可能广泛地覆盖近二十年来研究中国宗教历史的最重要成果,并据此而尝试探求今后学者们在‘宗教与社会’这一研究领域上可以有的方向与意义”。在这 12 个论题中,引人注目的就有 14 篇“南北中国的地方宗教”的论文,其中包括:广东省博物馆刘劲峰的《福建长汀河田镇社公醮仪述略》、福建省社会科学院杨彦杰的《泰宁、凯山的宗族和宗教》、嘉应大学房学嘉的《Songkou 宗族和庙观组织》、香港中文大学陈志明的《福建永春的社会变化和宗教传统》、清华大学张小军的《从功德祠到宗祠:福建凤林祠和开元寺的历史个案研究》、台湾“中央大学”康豹的《在教皇的法庭里:中国庙观中的神判和审判》、爱荷华州立大学的戴维·阿库什的《神是善的吗?河北民间故事中的崇拜和美德》、香港中文大学谭伟伦的《广东北部的庙观节庆》、普林斯顿大学苏珊·纳奎因的《北中国的地区文化:泰山的女神崇拜》、北京师范大学董晓萍的《华北说唱经典研究:道教与民俗》、加州大学伯克莱分校托马斯·杜布依斯的《信仰、组织荷山西农村的农民,1930—1999》、加州大学洛杉矶分校理查德·冯·格拉海的《太湖流域的地方宗教社会学》、法国远东学院劳格文的《论中国宗教的地方理性特征》、麦克吉尔大学丁荷生的《中国东南部的仪式行为中的地方性及其体现》。

在“宗派主义”的论题下有三篇论文,即山东大学历史系路遥教授的《中国民间教派“白莲教”辨析》、海德堡大学的巴伦德·特尔·哈尔《中国宗教文化中的宗派主义的再思考》、香港中文大学陶飞亚的《敬奠瀛与耶苏家庭的起源》。

在其他论题下都有一些中国正统宗教变异或中国化、地方化的论述。会议有意全面回顾近二十年来中国宗教研究的成果,并且希望为下一个世纪对于中国宗教与中国社会的研究作出某种引导。这种引导明显地说就是对道教和中国原有的民间信仰或者民间宗教的关系的研究。

美国学术界提出了这一研究课题,但是直到如今对于所谓“民众宗教”的说法还是极其不一致的,即使对“民众宗教”(popular religion)、“共同宗教”(common religion)的概念名称,各家也还是处在争论不休的阶段。席文曾经公开批评“最大的不足不得不说就是对民众宗教(popular religion)的处理了”,“尽管少数杰出的著作,新认识的闪光迄今为止不得不说已经在广阔的领域中被发现了。第二代和第三代的专家们还是不得不要责怪这些不足。因为,这些著作表露出他们不能同意甚至不能界定什么是“民众宗教”。许多在他们的圈子之外的读者们简直不能了解这些作者写的东西。这些作者说的是同一个现象,但是,在描写这些现象的时候却很大程度上不管别人是怎样描写的”。劳格文在他的文集里,引用的是“民众宗教”一词。他在二卷本第二册的副标题是“当代中国的道教和地方宗教(local religion)”。马克·卡利诺夫斯基选择“普通宗教”(common religion)来代替,而高万桑则使用“民众道教运动”(popular Daoist movement)来描写“有魅力的领袖对于任何信众教化不朽的技术”。人们希望柯恩的《道教手册》和普雷加迪奥的《道教百科》能够克服这些令人迷惑的定论性的词语,但是,这些书里仍然是毫无变化的迷惑。普雷加迪奥包含的条目有《道教和民众宗教(common religion)》、《道教和民众教派(popular sects)》、《道教和地方崇拜(local cults)》和《道教和通灵崇拜(medium cults)》等。这四个界定的概念里,仅仅有第二个概念是非道教的,而且,这个概念在某种程度上和第一个概念几乎完全相同。这四个概念并没有回答,通灵崇拜是否已经超过了有通灵人在其中活动的民众宗教组织。某些对于这些概念的差别的正当理由是有价值的,但是,在这里却没有反映出来。而且,这本书里衍生出来的条目种类,有一些走得更远——除了上述的“民众崇拜”(popular cults),还有“群众性的无名宗教”(nameless religion of masses)。柯恩的书里加进了更加混乱的术语,“萨满主义(shamanism)”、“通灵人的巫术领地(shamanic possession of mediums)”、“地方和种族崇拜(ethnic cults)”和“民众狂热崇拜(popular cult worship)”。一个作者说“供奉民众神灵的地方宫观”,而另一个作者说“宗教徒的庙观通常是道教徒的,但是有时候又是佛教徒的”。

《道教手册》的三个编者中没有一个承认这是对于一个简单现象的描述，而只是在用词汇做游戏”①。席文的批评是尖锐的，但是，却指出当前美国学术界对于道教和民间宗教之间关系的研究现状，还没有权威的分析和研究，并且缺乏彼此之间的沟通和理解。这一切对于道教和民众宗教作更广泛的认识研究是必要的，也是必然要走过的一步。因为道教和多样的民众宗教在中国是广泛的密切相连的社会现象。

第五节　加拿大的道教研究

加拿大对中国宗教和中国道教的研究，直到20世纪70年代才形成规模，而当时国际上的中国宗教和道教研究已经是热点项目了。

一、中国宗教研究会成立与朱利安入道

中国宗教研究会的成立。1974年在美国宗教学会的中国宗教组开会时，加拿大不列颠哥伦比亚大学的欧大年教授（Daniel Lee Overmyer，1935—　）提出组织成立加拿大的中国宗教研究会。1975年加拿大学者们完成了研究会的组织筹备工作。中国宗教研究会不仅得到众学科的中国研究专家的响应，而且得到美国宗教学会和亚洲研究协会的认可。中国宗教研究会发起者只有6人。成立时参加的就有44人。经过十年，到1987年时，中国宗教研究会的会员就已经达到200人，现已超过300人。参加加拿大中国宗教研究会的学者，除了加拿大的以外，还有美国、德国、荷兰、比利时、英国、法国、瑞典、意大利、日本、马来西亚、新加坡、澳大利亚、韩国、中国香港和台湾地区的学者。中国宗教研究会除了自己组织学术活动外，主要是组织会员参加美国宗教学会和亚洲研究协会中国宗教组的活动。中国宗教研究会还创办了自己的学术阵地《中国宗教杂志》。1976年至1977年，出版了《中国宗教研究会会讯》，共三期。1977年至1981年，《会讯》更名为《中国宗教

① “Old and New Daoism”，见 *Religious Studies Review*，美国：Council of Societies for the Study of Religion（CSSR），2010年版，第36卷第1期。

研究会通报》,共六期。从 1982 年起至今,《通报》更名为《中国宗教杂志》,每年出版一期。《中国宗教杂志》以发表有关中国宗教的研究论文为主,同时刊载书刊评介,特别是评价一些非英语的论著。除《中国宗教杂志》以外,中国宗教研究会还出版了《会讯》,每年二期,刊登一些让会员感兴趣的学术资讯。

在中国宗教研究会及其会刊《中国宗教杂志》的活动中,出力最多的当推欧大年。他于 1957 年毕业于韦斯特曼学院,获文学士学位。1960 年,获得基督教神学院学士学位,1966 年在芝加哥大学获文学硕士学位。1971 年在同校获哲学博士学位。欧大年长年研究中国宗教,特别重视明清时期的民间秘密宗教。主要著作有《民间佛教:中国古代后期从正教脱离出来的教派》(*Folk Buddhist Religion:Dissenting Sects in Late Traditional China*,1976 年)、《中国民间宗教中的二元论和冲突》(1980 年)、《二者择一:中国社会中的民间教派》(1981 年)、《宝卷在十六至十七世纪中国民间宗教文学中的作用和地位之我见》(1984 年)、《中国宗教》(1985 年)、《明清宝卷在中国宗教文学中的价值》(1985 年)、《凤之舞:中国台湾宗派主义面面观》(合著,1986 年)《中国宗教:宇宙生命观》(1992 年)、《中国最古老教派的经文:佛说皇极结果宝卷》(1992 年)、《中国宗教:田野之国》的第一和第二部分(1995 年)、《台湾慈惠堂考察》(1999 年)、《今天的中国宗教》(2003 年)、《二十世纪的中国北方的地方宗教》(2009 年)等。

朱利安·帕斯(Julian Pas,1929—2000 年),中文名是包士廉。生前是加拿大萨斯喀彻温大学宗教研究系教授。包士廉出生于比利时,原是一名天主教神父。1957 年比利时鲁汶大学天启神学硕士。当他献身天主时,他的信仰天主教的家庭和居住的村镇,无不为他自豪而欢庆。1959 年包士廉受罗马教廷派遣到中国台湾地区传教,在新竹华语学院学习汉语二年,以后就在台中神学院任教,并在台中一带进行传教活动,同中国普通民众的宗教生活有了密切的接触。包士廉在回忆这一时期的传教生活时曾说:“我对于原本认为是绝对真理的一些基本的天主教教义,开始有了怀疑;同时,也对教会的某些规定和原则起疑”,“我对‘天主教以外是没有办法得救也不能享受到永生’的想法逐渐转变,而开始感觉到千千万万友善的中国人一定有属于他们自己的信仰,总不可能全部被打下地狱吧”。包士廉为了得到心灵的安宁,“全部的精力贯注在工作和祈祷上,希望能够克服这类的困难”,但是,“挣扎的结果是白费了;我热爱跟台湾的汉人一起工作,同时感觉到我的理想与奋斗根本不切实际”①。于是,在1966年,包士廉回到了比利时,决定不再做一名天主教传教士。经过一段时间的等候,罗马教廷批准他离职。包士廉热爱中国传统文化,喜欢研究中国的历史和哲学。包士廉后移居加拿大,攻读“比较宗教学”,1973年在麦克马斯特大学获得博士学位,并在加拿大中西部的萨斯喀通市开始教学生涯,成为道教研究学者。1975年,包士廉应邀赴台湾的东海大学任教,同年在台中拜道士林正祺为师,开始入道门研习道教经典和科仪。1978年,台湾的张源先在台中城隍庙为包士廉举行了授“三五都功经箓”的奏职仪式,包士廉遂成为又一名正式受箓的外国道士。1984年,包士廉曾到中国大陆考察,1985年,他还参加了香港中文大学举办的国际道教仪轨和音乐的研讨会。1994年至1995年,包士廉又赴台湾考察中国宗教的发展状况,他认为,“台湾是中国的一部分,因此,文化背景主要是根据中国大陆而来”。包士廉的主要著作有《道教书目选》(1988年)、《潮流的逆转:今日中国宗教》(主编,1989年),主要论文有《再论中国宗教》(1979年)、《庄子的文章》(1981年)、《新光的象征:道教分灯科仪与基督教复活节烛光圣化的比较研究》(1980年)、《消灾仪式》(1985年)、《道观礼拜和民间宗教的复兴》(1989年)、《通往地狱之路:一个地府之行的新记录》(1989年)、《中国新年贺卡中的宗教色彩》(1992年)《道教历史辞典》(*Historical Dictionary of Taoism*,1999年)等。主编了论文集《今日中国之宗教》(1989年),与人合作翻译了法国贺碧来教授的著作《道士的存思》等。在加拿大的中国宗教研究会和《中国宗教杂志》的筹备和创建中,包士廉是出力最多的学者之一,还出任过中国宗教研究会的副主席和《中国宗教杂志》的主编,在组织学术活动和编辑、出版、发行等工作方面花费了大量心血,对于推动加拿大的汉学研究和道教研究作出了巨大贡献。

① 台湾高雄市文化院管理委员会:《关系我》(杂志),1995年第56期。

包士廉的学术兴趣是多方面的。他的研究牵涉到中国宗教文化的许多领域。到过包士廉在加拿大的居所的人都说,包士廉的家就像是一个中国民俗宗教文化的博物馆。正如他一直说的,他热爱中国文化。他的道教研究代表作是《新光的象征:道教分灯科仪与基督教复活节烛光圣化的比较研究》和《消灾仪式》。前文发表于《英国皇家亚洲协会香港分会杂志》,后者则是包士廉参加香港中文大学召开的“道教仪轨及音乐国际研讨会”的论文。《新光的象征:道教分灯科仪与基督教复活节烛光圣化的比较研究》一文分为四个部分,即“道教分灯科仪”、“基督教的火祭和复活节的蜡烛”、“比较和对照要点”和“假设和结论”。在有关道教分灯科仪的分析和说明中,包士廉部分地采用了美国夏威夷大学苏海涵教授和法国高等研究院的施舟人教授的研究成果,分析了分灯科仪的意义和仪式构成。在“基督教的火祭和复活节的蜡烛”中,包士廉根据基督教的经典和神学家的阐述,分析了基督教仪式的过程。在“比较和对照要点”中,包士廉从五个方面比较两个宗教的两种仪式,这五个方面是:“仪式的标签”、“取得新火的方法”、“三位一体的程序”、“光明的行进和礼拜仪式的构造”等。对于文章采用的比较方法,包士廉有个说明,“光明象征在它的各个方面就像是一个模型。与其一样的是水的象征。在宗教和人类学文献中,水的象征也是常见的重复出现的主题之一。在二元系统之中,光明和黑暗之间有时是泾渭分明的。光明被视作神圣的散射,它是神圣、纯洁和生命的象征。黑暗则是罪恶、妖魔、污秽和死亡的象征”。包士廉选择道教分灯科仪和基督教复活节烛光圣化仪式进行比较,就是因为这两个仪式都使用新火和新光,都属于光明象征的模型的产物。包士廉认为光明象征可以从许多不同的角度进行讨论,不过,他“喜欢从两个明显没有联系的礼拜仪式传统中找到一个特别的主题:它们不仅呈现于我们一个明显类似的事物,而且无论在意义方面或者在仪式的具体表现上都非常相似的。第一个例子就是道教的分灯科仪,第二个例子就是在复活节星期日的前夜天主教的复活烛光作为新火献祭组成的仪式”。包士廉这一比较方法、比较对象和比较的切入点选择,应该说都是合理的、有意义的。这一比较的结果,自然就是在“假设和结论”部分的第一个结论,“首先是仪式本身,在它的原初意义上,那就是,太阳给予生命力量的庆典,在春分之日万物回到胜利成长的过程中。这个仪式必须被视作一个原始模型,并且在每个主要传统中完全可以作为一个独立的现象给以解释”。以光明象征作为模型,在地中海文明传统中和在黄河文明传统中发现两个意义类似和仪式过程类似的独立的现象,这样一种比较研究的本身,就给世界宗教人类学研究增添了有价值的内容。不过,在“假设和结论”部分,包士廉又提出第二个结论:“一个历史的假设是基督教影响过道教的分灯科仪”。这个历史的假说无疑是过分大胆了,因此,国际学术界很少有人响应。对分灯科仪作过认真研究的苏海涵和施舟人,也是出身于天主教和基督教的家庭。他们对于基督教复活节的仪式和地中海文化传统也是十分熟悉的。估计他们无论如何也不会赞成道教分灯科仪受到基督教影响的说法。根据考古和文献资料,基督教确实在唐代曾经传入我国,但是景教对中国社会和中国民众的宗教生活影响并不大。没有材料可以作为景教仪式影响道教科仪的依据。因此,包士廉的“历史的假设”也只能是大胆的历史假设,而并非是历史的真实。不过,对于文章的第一个结论,对于包士廉的比较研究、对照和分析,人们仍然会有兴趣,因为它叙述在人类文明的不同传统中生活的人们,他们都把追求光明的愿望融化到了自己的宗教信仰之中,形成了自己独特的追求光明的象征系统和仪式行为,这些象征和仪式行为世世代代寄托着人们对于光明的追求和对于黑暗的诅咒。

二、中西文化相互借镜下的道教研究

自加拿大中国宗教研究会成立之后,旅居该国的数位学者更加注重于中西文化视野下来开展道教研究。其中比较著名的有秦家懿、冉云华、肯尼斯 · 迪安等。

秦家懿(Julia Ching,1934—2001 年),原籍中国江苏无锡,出生于上海。纽约 CNR 学士,1960 年天主教大学硕士,1972 年澳大利亚国立大学博士,1993 年圣安德鲁普利斯比第利安学院古典文学博士,生前是多伦多大学的中国哲学教授,加拿大皇家学会会员,专治宋明理学。著作很多,其中不少已经翻译成中文在中国出版,例如:《中国宗教与基督教》(三联,1990 年),《德国哲学家论中国》(三联,1993 年)。台湾地区出版的有《中国宗教与西方神学》（台北联经，1989年），《上下求索中国魂》（台北允晨，1992年）。其他还有《获得智能：王阳明之道》（1976年）、《儒学主义与基督教》（1977年）、《中国的宗教》（1993年）、《王阳明“四句教”之善》、《朱熹与道教》等。

其中《朱熹与道教》一文是秦家懿来华参加朱熹学术思想讨论会的论文，文章主要研究朱熹“他对于道教的认识与评价，与道教对于他的影响”。秦家懿认为“朱熹对于老庄的批评，不及他对于佛教（尤其禅宗）的责斥”，“朱熹一方面，承认正当的‘鬼神’，可受官家的祭祀。另一方面，又极力反对‘淫祀’（不合法的祠庙）与其所尊的鬼神”。“朱熹并不全盘反对长生之术，不过也确是有所保留。”从这些方面看，朱熹并未全盘否定道教。秦家懿又指出朱熹批评道教不看老庄之书，批评道教模仿佛教的“三身”而衍生“三清”，批评道教置“老子”于昊天上帝之上，等等。从这些方面看，朱熹批评道教颇有恨铁不成钢的意味。至于道教对朱熹的影响，秦家懿认为朱熹“他的宇宙论，实有得自道家与道教的地方。虽然他也加以改造，并加强道教所说的话的哲理性。又将它与自己的其他学说，连贯起来。另外，他又整理了《道藏》的两本书，为道教的研究也作了贡献”。秦家懿说的两本书，就是指《周易参同契考异》和《阴符经考异》。令人感兴趣的《周易参同契考异》的作者署名为“空同道士”。秦家懿认为“‘空同道士’的标签，有何意义，笔者不敢断言。但是，我大致认为，‘空同’可能是表示朱熹并非‘真道士’的意思”。以“空同道士”为假道士，这也是诸种解释中的一种。

冉云华（Jan Yun-hua，1923—　），出生于中国四川省。1948年四川大学历史系毕业。1955年在印度的维斯瓦·巴拉蒂大学获硕士学位，1964年在同校获宗教学博士学位。1967年在加拿大的麦克马斯特大学宗教研究系任助理教授，1969年任副教授，1976年任教授，麦克马斯特大学宗教研究系主任。退休后，被授予荣誉退休教授称号。1979年以后，冉云华多次访问过祖国大陆，同中国社会科学院、各地方社会科学院以及北京大学、四川大学等有学术交流往来。

1991年12月21日，在台湾“行政院”陆委会主办的“两岸宗教与文化交流学术研讨会”上，冉云华应邀就“两岸宗教文化与目前学术交流”作了即席的主题演讲。演讲说道“大陆学者们做的事情，从学术界来讲，主要地做了一些基础工作。这些基础工作，不只是对未来大陆的学术打下了一个基础，就是对我们在海外、台湾，也有可以借镜之处”。冉云华说到的基础工作，包括有大型工具书的编写，大部头宗教文献总集的编印，一些重要的研究著作如任继愈主编《中国佛教史》和卿希泰主编《中国道教史》的出版，以及对少数民族宗教的调查研究工作。对于这些基础工作，冉云华感慨“就有这么多的成就”，其中某些研究“也许大陆现在是领先，甚至于超过日本”。而所谓“借镜之处”，正是对台湾学术界追求“标新立异”和“哗众取宠”的不良学风的批评。

冉云华的宗教研究初期着重于佛教，大约从 1970 年代起就陆续有研究道教的论文见世。他的主要著作有《公元 581 至 906 年的中国佛教编年史》、《中国佛教的变迁》、《唐时期有关印度的佛教》等等。主要论文有《道的问题和〈道德经〉》、《道教帛书简目》、《道教的帛书》、《道原或道：起源》、《道，原则和法律》、《作为佛性的思想：佛教禅宗的完全纯粹的概念》、《中国的宗教状况和佛道教研究》、《北宗禅籍拾遗——记寂和尚偈》、《敦煌文献中的“无念”思想》、《文化事物和宗教同一：研究道教之神一例》、《人与宇宙之沟通：道教音乐的哲学基础》、《近年来中国的宗教研究的研究成果》、《黄老道中人的本质及其宇宙基础》等。

冉云华的著作和论文，大部分是用英文写作的。《人与宇宙之沟通：道教音乐的哲学基础》是冉云华参加香港中文大学举行的“国际道教科仪及音乐研讨会”发表的论文。论文的一开头，冉云华就说道，“和中国文化的其他部分相比较，道教音乐是研究得最少的，而这个音乐的哲学意义在当代学者中甚至没有触及过。这样一种落后的原因，令人遗憾的部分是因为现在学术界讨论道教哲学，所注意到的时常首先只是哲学著作，例如：《老子》和《庄子》，而对于音乐则视其为非文化的所以不感兴趣。另外，在那些著名的道教研究著作中，作者虽然知道音乐作为宗教仪式的一个完整的部分，不过对于它的哲学意义却很少有人提出问题。本文以《太平经》中有关音乐的部分作为一个例子来叙述，这表明当代学术界几十年来已经注意到这些经文,却至今没有一个人研究过这些已经发表了的材料"①。冉云华发出这样的感慨是有道理的,因为他的文章并没有什么新的独家占有的材料,文章引用的全部材料就是二十余年前出版的《太平经合校》。冉云华集中讨论的就是《太平经合校》的卷一百十六的《某诀第二百四》。此诀的要旨就是"音乐当所动发前后得天地人心意以致太平除灾奸致和气"。他对《太平经》的音乐哲学研究的结论是,"《太平经》认为音乐是快乐的表示。音乐在本质上是一种有声的艺术和善事。快乐是健康的生命,它不仅在世界和宇宙中存在,并且渗透到所有的物体和事情之中,也就是自然的现象。声音和旋律是音乐'说话的语言',和谐在音乐中是关键的字眼。和谐的声音的感染是音乐的力量。当快乐通过音乐的声音表现出来,声音有能力让其他类似的世界生命进入运动,并且因而鼓舞和促使他们变得快乐。当一个人,世界的或者宇宙的,是高兴的,那么整个世界就会分享和参与到这个快乐之中。人和宇宙之间的桥梁就是由音乐的声音和力量建立起来的。宗教音乐同其他种类的音乐承担着某些共同的特征,它们是声音的魔力、娱乐和高兴。同时,宗教音乐又不同于其他种类的音乐,除去技术熟练外,宗教知识对于建设这座桥梁也是必要的。在桥梁的构建中,或者成功,或者失败,个人的才能时常是决定性的。这个知识包括有不同生命的分别、助长和遏止。关于这些生命的任何误解和变动,将不仅导致建设通神的桥梁的失败,而且甚至有能力给人和世界带来灾难。然而,如果有魔力的音乐由演奏者胜任地和谐地在正确的时间演奏,那么世界就可能得到和平与繁荣,快乐与好运。通过它的影响,作为其结果,就会获得和宇宙的交流。这就是《太平经》所说的音乐的目的"。

冉云华指出,"绝大多数中国文化的学者们都知道,音乐具有影响自然和社会现象的力量。它的力量就是调和天地,包括社会。这一点和古代中国的音乐哲学是相同的。《太平经》在这一点上,同其他中国哲学也是一致的。然而,太平的生命和它们在宇宙中的位置的有形示意,关于条件的强

① 冉云华:《人与宇宙之沟通:道教音乐的哲学基础》,《国际道教科仪及音乐研讨会论文集》,香港:香港中文大学出版1989年版,第15页。

调,音乐的宗教知识,生命的分类及其各自的外表等等,在《太平经》中都是音乐哲学的非常重要的特征”。冉云华文章的最后概括说,“简言之,音乐有力量为人和宇宙架起一座桥梁,这是好事也是有益的。它仅仅是正确的演奏者可能成功的。宁静、平安、长寿和昌盛是道教音乐的目标。如果我们希望有这样的事,我们也会去建设这样一座桥梁,因为这是乐观的和充满希望的,而这就是道教的宗教哲学的全部精神所在”①。

肯尼斯·迪安(Kenneth Dean,1956—),中文名丁荷生。1979 年在布朗大学获得中国研究学士学位。1981 年斯坦福大学中文硕士。1988 年以《道教和华南民间宗教:历史和复兴》论文在斯坦福大学获得亚洲研究哲学博士学位。现在是麦吉尔大学东亚研究系中国文化研究教授。丁荷生教授的研究兴趣包括道教研究、中国民间宗教、民间文化和中国文学。他是许多有关道教和中国民间宗教著作的作者,例如《第一个和最后一个皇帝:至高无上的国家和专制者的躯体》(合著,1992 年),“中国东南部的道教仪式和民间崇拜”(普林斯顿大学出版社,1993 年),《三一教的神主:东南中国的崇拜的传播》(普林斯顿大学出版社,1998 年)。《莆田地区的仪式结合》第一卷《神灵回归的历史导论》、第二卷《乡村庙观和仪式活动的调查》(莱顿:布里尔出版社,2010 年)。丁荷生还和郑振满教授一起编辑了《福建宗教碑铭汇编·兴化府分册》(福建人民出版社,1995 年)和《福建宗教碑铭汇编·泉州府分册》(福建人民出版社,2003 年)。

在《三一教的神主:东南中国的崇拜的传播》(*Lord of the Three in One: The spread of a cult in Southeast China*)中,丁荷生认为“三一教运动”是由林兆恩(1517—1598 年)发起的,结合了儒、释、道三教。现有一千多座三一教庙宇分布在福建的兴化地区(由莆田县和仙游县组成)以及中国的台湾、马来西亚、新加坡和印度尼西亚等地的兴化人社区之中。在这些庙宇里,林兆恩是神,庙宇里还供奉着莆田本土的其他民间众神。丁荷生的研究集中在对莆田、台湾和东南亚地区三一教的礼仪行为和组织形式的历史的考察。

① 冉云华:《人与宇宙之沟通:道教音乐的哲学基础》,《国际道教科仪及音乐研讨会论文集》,香港:香港中文大学出版 1989 年版,第 24 页。

他提出了“融合的宗教仪式场”(Syncretic ritual field)和“宗教仪式事件”(Ritual-event)等概念。“宗教仪式事件”指的是整个仪式场所内的宗教仪式过程。这本书的另一个主要贡献是发现了不同仪式人员在仪式中的自发表演,也就是中国农村宗教仪式中存在的多重礼拜仪式的框架。也就是说,三一教有一种新的祭拜的组织形式,使得信奉三一教的村民在参与庙宇宗教仪式活动之外,还以仪式化的形式,以补充性的、自愿的行动实践自我修养、表现道德性。丁荷生认为这一组织和宗教仪式活动反映了晚清时代在莆田地区存在的社会经济张力,这种自发的张力将当地社会拉扯得四分五裂。在该书中,丁荷生不使用“sect”这个宗派意义的词来指称“三一教”,他认为“宗派”(sect)这个概念与基督教的历史研究和新教教派的兴起紧密相关。因此丁荷生用“宗教运动”这一表达形式,以便考察三一教兴起的历史具体性。他说他自己并不反对一般的社会学理论,但是,他认为非常有必要对宗教活动进行实证研究,并从当地的宗教实践活动中寻找出本土的概念。因此他的论文使用“宗教运动”这个概念,以表示仪式场对于信众的引力形成的“融合的仪式场”。即神的秩序和等级,以及灵性力量导致的信众的自发力量剧增。

《中国东南部的道教科仪和民间崇拜》(*Taoist Ritual and Popular Cults of Southeast China*),是由西方人写的第一部关于福建道教历史与现状的专著,受到国际汉学界的高度重视。全书共分四部分,包括了作者本人多年在福建各地进行调查中搜集到的第一手资料。第一部分“道教在福建”,内容涉及历史背景、福建的道教传统、道教史料和地方崇拜、宋代经典、明清经典、福建道教传统的分布、当代福建的道士、道教科仪的结构特点、道教科仪团体的结构、来自莆田的道馆证书等。第二部分“保生大帝”包括香客建造寺庙、殿堂和进香的分配及其供品、关于崇拜的史料、关于神的赞美诗、崇拜的传播、神职人员的遗物、其他遗物——文化的结合、保生大帝真经等内容。第三部分“清水祖师”包括诸神的行进仪式,由圣像学和宗教行进式组织、安溪县志中所述诸神行状和史料——神庙的原本历史、道书中神的传说、宋代的圣化过程、关于崇拜的后期史料、建庙的历史概况、近来的复兴、神的功能、佛教圣人或道教诸神等。第四部分“广泽尊王”包括科仪和传统中对广泽尊王的矛盾解释、崇拜的突起和史料、神的传说、庙的主要历史、道教两位神的儒教解释、民歌、经书和祈祷、诸神的自我评定、祖坟上的儒教仪式、道教的神诞仪式、广泽尊王真经等。

詹姆斯·米勒(James Miller,1968—),中文名苗建时。1968 年出生在英国,在达勒姆大学获得中国研究学士学位。接着,苗建时用了一年时间到北京的中国人民大学学习,还在暑期里参加了在台北的台师大的学习。在获得文学士学位以后,苗建时还花了三年时间到剑桥大学神学系学习神学和宗教研究。在获得硕士学位以后,苗建时又到美国波士顿大学的宗教和神学研究部开始博士学位的学习。另外,苗建时还在哈佛跟随杜维明等学习儒家哲学。苗建时在 2000 年获得哲学博士学位以后,一直居住在加拿大,现在是皇后大学宗教研究副教授。2003 年,他出版了教科书《道教:简明的导论》(*Daoism:A Short Introduction*),这本书同时还被翻译成意大利文。2008 年,这本教科书改名为《道教:给初学者的导引》(*Daoism:A Beginner's Guide*)。席文曾经评价苗建时的这本教科书“不是给所有教授定调子,而是给予今天的西方人了解道教的知识(带有一些来自加拿大的有趣的例子)。它是按照主题组织起来的,我相信,它可以修改。它的章节有特性,道、本体、权力(与政治连接的道教运动)、觉悟(其核心在冥想道教)、炼丹术、经籍(经文与启示)与自然(环境)等,它们可以提供一个很好的选择,可能符合大多数读者的兴趣。人们可以按照任何顺序来阅读。我发现这本书有趣的和开放的态度,以及丰富的新见解”①。

第六节　澳大利亚的道教研究

澳大利亚学术界对中国道教的研究起步较晚。这是因为澳大利亚在 1931 年独立以前的 160 年里一直是英国的殖民地。澳大利亚的文化教育和学术研究一直沿袭着英国的文化学术传统,并且以西方的政治、经济和文

① “Old and New Daoism”,见 *Religious Studies Review*,美国:Council of Societies for the Study of Religion(CSSR),2010 年版,第 36 卷第 1 期。

化为主要教育内容和研究对象。直到第二次世界大战结束以后，1946 年，澳大利亚才把墨尔本大学的堪培拉分校改建为联邦政府的澳大利亚国立大学，并且随着东方国家政治、经济的发展，世界的目光逐渐投向东方，澳大利亚国立大学设置了亚洲学院，其中包括了中文系。澳大利亚的学术界才开始关注中国的政治、经济和文化，包括中国的历史和现状。

一、柳存仁的道教研究

澳大利亚研究道教的学者中最著名的是前澳大利亚国立大学的柳存仁先生。柳存仁是英国伦敦大学文学博士、哲学博士，也是韩国岭南大学、香港大学、澳大利亚默多克大学荣誉文学博士，曾经担任过澳大利亚国立大学中文系的高级讲师、教授、系主任，亚洲学院院长，大学研究员，澳大利亚人文科学院院士。柳存仁在道教研究、中国俗文学研究和中国小说研究方面发表了许多有分量的论文和著作，在海内外学术界享有很高的声誉。

（一）柳存仁的童年和求学时期

柳存仁（Liu Ts'un-yan，1917—2009 年），字雨生，祖籍是中国山东临清，1917 年 8 月 11 日出生于北京，2009 年 8 月 13 日殁于澳大利亚堪培拉寓所，享年 93 岁。

柳存仁的祖上在清康熙年间以汉军驻防正黄旗举家移居广州。柳存仁的父亲柳宗权在 1898 年在广东科考中秀才，1914 年在北京海关学校毕业后，即在税务处任职，于是，全家又定居北京。

据柳存仁在堪培拉的澳大利亚亚洲学会的演讲《我的童年和我的梦》中说道，柳存仁出身的家庭是一个中等阶层的家庭，因为他是长子，母亲又早逝，所以他从小受到比较严格的儒家思想教育，生活也无童趣，只有说不尽的规矩和禁忌束缚。[①] 因此，在家庭和社会环境的影响下，柳存仁的少年时代是比较压抑的。七岁时，柳存仁在外交部小学就读。十二岁时，在上海继续中学的学业，就读于东吴二中、光华中学等校。在中学里，他就喜欢阅

① 参见"My Childhood and My Dreams"，载于 *New Excursions from the Hall of Harmonious Wind*，Leiden：E.J.Brill.1984 年，第 357—377 页。

读和写作小说和散文,有志于文学创作。1935 年,柳存仁十八岁时考入国立北京大学国文系,受到了比较严格的国学治学训练。1937 年卢沟桥事变爆发,日本军国主义入侵中国华北地区,抗日战争爆发。柳存仁并未随北大赴西南等地,而是转到了上海光华大学借读,完成学业后,仍然算是北京大学的毕业生。

(二)柳雨生在日本侵华战争时期的"文化汉奸"行径

1939 年,柳存仁在大学毕业后,直到 1945 年抗日战争胜利,一直在上海、香港二地生活,并且在各种活动中以"柳雨生"为名。这一时期,柳存仁的年龄当是在 22 至 28 岁之间。

据杉野元子《柳雨生与日本——太平洋战争时期上海"亲日"派文人的足迹》①一文,柳雨生大学毕业后曾担任《大美报》、《大美晚报》、《文史周刊》《西洋文学月刊》等报刊编辑,"同时也担任光华大学史学系、太炎文学院的老师以维持生计。"

> 四〇年八月二十八日,柳雨生(引用者按:当时柳 23 岁)离开上海前往香港。从上海出发的时候也曾经考虑经由香港到内地,但最后还是留在香港,任职香港政府文化检察官,柳雨生在《谈自传》中提到在香港的时候,"曾经和邹韬奋、茅盾、长江笔战,后自悔,即止"②。

茅盾和邹韬奋都是在 1941 年 3 月抵达香港的,5 月间邹韬奋的《大众生活》在香港复刊。茅盾在《我走过的道路》里就曾经说到当时的报纸杂志开天窗的更多更大,检察官的水平也有提高。这大约就是指柳存仁任职香港政府文化检察官的时期。

1945 年 10 月 20 日,香港《大公晚报》发表过柳亚子先生《鲁迅先生九周年祭》的文章。文章说四年前(引者注:1941 年)柳亚子初到香港,遇到鲁迅先生逝世纪念日。他从九龙渡海到香港岛参加文化界举办的"鲁迅先生五周年祭"。柳亚子的文章说:"散会以后,忽然有一个同姓不宗的不肖灰孙子柳雨生(原注:这时候他叫作柳存仁,是广东人),硬要拉住我和我讲

---

① 《中国文哲研究通讯》(台湾)2011 年第 21 卷第 3 期。

② 《古今》(台湾)第 10 期第 16 页,1942 年 11 月 1 日。又见《中国文哲研究通讯》(台湾)2011 年第 21 卷第 3 期。

和，原来这不肖是曾在香港《国民日报》上面，发表过一封给邹韬奋、金仲华、茅盾、胡风四位先生的公开信，他信上的话，都是鲁迅先生所谓‘有悖于现代中国人为人的道德’的。但他居然也来参加这五周年祭，我疑心他还是政府的暗探呢。但他还居然盯我的梢，在电车上和我大谈特谈，表示忏悔，他说这封公开信是错误的，现在已经觉悟了。他又说，他曾和已经去世的许地山先生谈过，许先生对他很了解云云。我也只好报以苦笑。因为许先生已归道山，那儿能够起之于地下而给他做证明人呢。但证明人毕竟是有的，就是他自己的行为。他在香港沦陷以后，由柳存仁摇身一变而为柳雨生，在上海俨然是敌伪文化界的要人，去东京，去南京，丑态百出，现在不知怎么样了。我想，也许他摇身再变会变成文化界的‘中兴名将，佐运功臣’了（吴晗先生《惩办汉奸国贼私议》一语），那真是上海话所谓‘天晓得’了。”柳亚子这篇文章是在1945年抗日战争胜利以后写的。其中记载柳雨生的事情却是发生在1941年，也就是柳雨生身为香港政府文化检察官的时候，所以，柳亚子疑心柳雨生是“政府的暗探”，是“盯我的梢”。1941年以后，柳雨生回上海投靠伪汪精卫政权，成为人所共知的大东亚文学的亲日活跃分子，因此，柳亚子在1945年时称柳存仁是“同姓不宗的不肖灰孙子”。

杉野元子的文章还记载说：

> 四一年十二月八日，日本军空袭夏威夷珍珠港，爆发太平洋战争，随后与英军交火，进攻香港，十二月二十五日攻下。柳雨生在《海客谈瀛录》中，描写了当时的状况：“港岛以民国三十年十二月十五日重返亚洲人之手。翌年三月十七日予抵广州，苦住至四月二十八日始得附‘筑后丸’返沪”。
>
> 四〇年三月，汪精卫为首的南京国民政府诞生。四二年回到上海的柳雨生加入此傀儡政府，担任宣传部编审及新国民运动促进委员会的秘书。①

从1942至1946年，柳雨生一直在上海、南京活动。

---

① 《中国文哲研究通讯》（台湾）2011年第21卷第3期。日文原文原载于《日本中国学会报》（日本）2003年第55集。

2010年,散文家黄裳先生在新加坡《联合早报》上有《关于止庵》一文,文中说到上海沦陷时期,“柳雨生则是颇不寻常的人物,在敌伪时期活跃非常,办杂志,卖力参加‘大东亚’种种活动,是一时风云人物”①。

黄裳说柳雨生在敌伪时期“颇不寻常”自然是有所指的。

黄裳说柳雨生“办杂志”,指的就是柳存仁创办和主编《风雨谈》杂志。这本杂志是继朱朴创办、周黎庵主编的《古今》以后,又一种上海出版的媚日杂志。因此,后来人们就称这两种杂志为“汉奸文学杂志”。

黄裳说柳雨生“卖力参加‘大东亚’种种活动”,指的就是柳雨生曾经二次参加“大东亚文学者会议”。

其中第一次是在1942年11月3日,柳雨生年仅25岁,代表“上海”参加了在日本东京举行的“大东亚文学者会议”的第一次会议。这次会议的主题有两个,一个是“大东亚共荣圈内文学家为实现大东亚战争的目的进行合作的方法”,另一个是“大东亚文学建设”。会议的时间为一周。从这个会议的主题就可以知道,这是一个从文化角度帮助日本侵略中国和东亚的会议。会议举行7天,从日文版《维基百科》的“大东亚文学者大会”条目还可以知道,参加会议的“满蒙华”代表还参拜了“明治神宫”和“靖国神社”。据说,会议的日本主办方原本希望有“周作人、俞平伯、张资平、陶晶孙、叶灵凤、高明等名人”参加,结果实际与会的都是当时还不太著名的人,让日方感到失望。柳雨生当时的身份是,“宣传部编审,新国民运动促进委员会秘书”。

1943年8月25日,柳雨生又以“上海”代表身份参加了在日本东京举行的“大东亚文学者会议”的第二次会议。这次会议是在日本侵略战争逐渐陷入困境的局势下召开的,因此会议主题更加露骨地为日本侵略捧场打气了。日文版《维基百科》的“大东亚文学者大会”条目称,这次会议的主题是“鼓舞决战精神,消灭美英文化,确立共荣圈文化,这一理念及其实践方法”。在这次会议的开幕式上致词的有日本情报局总裁、大东亚大臣、陆军和海军的报道部长、兴亚总本部总理等官员。柳雨生的身份是“国民政府

---

① 《联合早报》(新加坡)2010年3月2日。

新国民运动促进委员会设计委员,国民政府宣传部编审,中华日报主撰,西洋文学月刊编辑,风雨谈月刊社社长,上海杂志联合会常务理事”。

第三次“大东亚文学者会议”在1944年11月12日至14日在南京伪国民政府所在地召开。日文版《维基百科》的“大东亚文学者大会”条目,没有列举参加这次会议的“中国”代表,但是,据1991年日本岩波书局出版的《近代文学的伤痕》一书说到,三次大会,柳雨生(柳存仁)都到场参加。因为,第三次会议的主办方是“中日文化协会”。而“中日文化协会”正是柳雨生和周毓英在参加了第一次会议以后回国组织起来的,因此,在第三次会议上,即使不是会议的正式代表,柳雨生作为主办方到场自然是可以理解的事了。1943年由柳雨生和周毓英筹备和组织还在南京召开过“全国文化代表大会”,日本还派遣了“文化使节团”十人参加了这次大会。

据高克勤先生引用陈青生先生和张曦先生的论著中转述的柳雨生在《怀乡集》的“序言”中的话,柳雨生说:“我想,做人的道理,最高尚的是应该超乎以德报德的恩仇观念之外的,一个人是如此,一个民族国家其实也是如此。更进一步追寻吧,我们不但应该以德报德,并且应该用投饲饿虎的伟大精神,去拯救全人类正在挣扎苦痛中的水深火热的生活,把人类从战乱中解救出来,把自由和真理从压迫中解救出来。”读了这段序言文字,熟悉柳存仁文风的人会惊讶地发现:五十多年前,柳雨生表述的风格,同后来柳存仁写的《和风堂文集》中的文章风格是如此惊人相似。只是在表现感情流露方面,五十年前的文章显得更加外露一点。也因此,没有人怀疑柳雨生曾经追随日本侵略者,对于日本发动大东亚侵略战争的献媚的态度,也没有人怀疑柳雨生把日本侵略军的大刀和枪炮说成是“拯救”、把中国和东亚人民的鲜血和生命说成是“解救”的如此颠倒黑白的汉奸嘴脸。人们更为他鼓吹“以德报德”和“投饲饿虎”的说教感到不解,这样一个二十七八岁的青年在五十年前在民族危亡、百姓灾难的血雨腥风面前,何以如此的恬不知耻。柳雨生他当年在追求什么,还有没有一点民族的良知?

除了三次大东亚文学者大会的活动,柳雨生在出任汪伪国民政府新国民运动促进委员会秘书和设计委员时,还参与了新国民运动的政策制定和政策宣传工作,发表过一系列的文章,例如,《新国民运动与青年训练》①,《大东亚主义的再出发》②。此外,1942 年 12 月编纂了《新国民运动论文选》,其中收有柳雨生的《释新国民运动纲要》一文,该文是对汪精卫在 1942 年元旦发表的《新国民运动纲要》的解释。柳雨生在解释中主张“大东亚战争的最终目的是为了解放全体东亚民族及获得独立。中国当然要乘机崛起,与友邦日本合力团结,将英美帝国主义的势力驱逐东亚”③,这些话明确表明他前门驱狼、后门迎虎的媚日汉奸立场。

1944 年,柳雨生还与另一名汉奸文人陶亢德一起,以没收“敌伪”资产为名,接收了“太平书局”,其后就在该书局出版了不少汉奸文学的作品。有材料说,太平书局直属于日本陆军报导部管辖。柳雨生自己也创作了不少散文和小说,散见于当时很多杂志,后来结集出版的就有散文《怀乡记》、短篇小说《挞妻记》等。《怀乡记》里的散文,就有一些是明显赞扬所谓“大东亚战争”、“大东亚共荣”的作品。

日本投降,第二次世界大战结束。被柳亚子称为“同姓不宗的不肖灰孙子”的柳雨生终究没有变成“中兴名将,佐运功臣”。

重庆的《新华日报》在 1945 年 8 月 23 日报纸上,刊有《文化汉奸名录》,其中列举的文化汉奸名字中就有“柳雨生”。

上海的《申报》在 1946 年 5 月 31 日有报道说:“文化汉奸柳雨生、谭伸将、刘炜俊、印奸那那克昌、鲍培等则将于今日下午二时宣判决。”接着在 6 月 1 日又报道说:“柳雨生等亦定罪,昨日下午高院又宣判一文化汉奸柳雨生通牒敌国,图谋反抗本国,处有期徒刑三年,剥夺公权三年,全部财产除留家族必需之生活费外没收。柳逆闻判含笑,其妻亦笑逐颜开。”其时,柳雨生当时 29 岁。柳雨生及其妻子闻听判决后露出笑容,说明判决是在他们意料之中,也是他们感到庆幸的,或者甚至是他们在事前早已知悉,此时获得证实而已。

近年出版的《上海监狱志》第十一章“人物”的第三节“抗战胜利后提篮

① 《中华日报》1942 年 6 月 15 日。
② 《中华周报》1942 年 7 月 11 日。
③ 《新国民运动论文选》,上海:太平书局 1942 年版,第 170 页。转引自杉野元子文章,载于《中国文哲研究通讯》(台湾)2011 年第 21 卷第 3 期。

桥监狱关押的部分汉奸犯简介”中，就列有柳雨生的名字，并且署有他当时的职务是“曾任汪伪国民党中央宣传部编审”。

据此，柳雨生被定性为文化汉奸这一点，国共两党的看法和态度是完全一致的。柳雨生在上海被捕入监，以及因“通牒敌国，图谋反抗本国”罪而被判入狱三年也是铁板钉钉的事实。不过，黄裳在《关于止庵》一文中，还曾经调侃《周作人传》中有周作人和柳雨生合影一事，黄裳认为应在照片说明中加上一段话，（柳雨生）“抗战胜利后，逃往域外，改名柳存仁，从事‘学术研究’，变为‘教授学者’，其著作曾在国内出版”。

这里说到的“逃往域外”也是许多文章都在说的“事实”，因为，一些悼念柳存仁的文章都说到柳雨生在1946年“赴港工作，先后任教于皇仁书院和罗富国师范学院”①。对于柳雨生怎么能够在被判决服刑三年的当年，就立刻“逃往域外”的问题，我们确实还找不到答案。这个问题的答案可能与《申报》报道记载的柳雨生及其妻子听闻判决后的微笑有关，可能身为南京伪国民政府文化要员的柳雨生早已经编织好和重庆国民政府双重联络的关系网有关，也可能与柳雨生的妻子出身湖北军系名门同国民政府军界有广泛的关系网有关。

和许多人都在说的逃往域外“事实”不同的是，日本杉野元子教授的文章认为，柳雨生没有在1946年逃往香港，而是在上海监狱服刑三年。杉野元子引用了比柳雨生小一岁的崛田善卫的文章《关于异民族交涉》，说到崛田善卫在1946年柳雨生收监时，曾经偷偷给柳雨生的妻子、母亲和孩子的家庭送过日用品，说到“两人（引者按：指陶亢德和柳雨生）于1949年中国人民解放军进入上海以前，刑期届满出狱了”。如果，这个说法成立，那么，柳雨生在1946年并未逃出上海，而是曾经坐过三年监狱，受到过当汉奸的罪罚。杉野元子的说法是，“柳存仁于五二年，逃离共产党政权下的中国，移居香港。担任皇仁书院的中文教员，投入校内的戏剧活动”②。据此，柳雨生到香港的时间不是1946年，而是1952年。

---

① 李焯然：《悼念锲而不捨的汉学家柳存仁教授》，《明报周刊》（香港）2009年10月号。

② 《中国文哲研究通讯》（台湾）2011年第21卷第3期。

关于柳存仁判刑以后的抵港时间，也出现了两种说法，即 1946 年抵港说和 1952 年抵港说。这两种说法直接导致了柳存仁留港时间的差异。前者留港 16 年，后者留港仅 10 年。目前我们在整理“柳存仁论著编年目录”的时候，都会发现，从 1946 至 1952 年这六年中，那是柳存仁著述的空白时期，当时柳存仁的年龄正是在 28 岁至 35 岁之间。按照人们对柳雨生性格的了解，在这样一个青壮年时间段里，柳存仁不写文章或者不发表文章是不可能的。这或许表明柳存仁当时的生活正处在非常时期，因此，杉野元子教授的说法可能比较可靠。而且，近期上海出版的监狱志明确将柳雨生列在上海监狱曾经关押的汉奸名录里面，这是 1952 年抵港说的辅证。

对于柳雨生这一时期不光彩的经历，柳存仁在 20 世纪 80 年代后以澳大利亚教授的身份回中国大陆访问时，有关方面一开始就是心知肚明的，只是按照爱国不分先后的原则接待，而柳存仁也从不涉及这方面的话题，从不挑起对敏感问题的争论。

在《南方都市报》的《2009 年文化年鉴》上，黄与之著文评价柳存仁一生时，曾经说道“2007 年，柳存仁接受《南方都市报》副刊‘大家访谈’栏目记者专访，回顾生平时，对那段历史不着一语。对于早年曾模仿周作人风格写散文、三度撰文评赞张爱玲小说等‘敏感’事件，他也刻意回避与撇清。柳存仁逝世后，他的故交好友深知他不愿提起柳雨生之往事，对这段历史只字不提。”

2011 年台湾“中央研究院”的《中国文哲研究通讯》发表 2007 年采访柳存仁专题文章，柳存仁也绝口不提这段历史。文章称：“一九三九年柳先生大学毕业后，曾经在光华大学担任过一年的教职。后来由于结婚的关系，离开大陆到香港。原先柳先生想到别的地方，不是要到香港。只是到了香港之后，因为亲友的关系，在香港住了一年多，就没有前往原先要去的地方。那一年，柳先生就在香港政府做事。”①这段文字给柳存仁一生的历史里留下了一个难以理解的空白，就是从 1939 至 1946 年柳存仁除了“结婚”和“亲友”以外没有做任何事情。

---

① 《中国文哲研究通讯》(台湾)2011 年第 21 卷第 3 期。

而事实上，这一时期的柳雨生，虽然只有30岁不到，却是在抗日战争史上做了一番上蹿下跳的文化汉奸的丑事。只是这样的丑事今天不好说出口，于是，柳存仁就干脆避而不谈了。

（三）香港十六年柳存仁摸索转型

柳存仁逃到香港以后，即弃用“柳雨生”的名字，改称“柳存仁”，直到离世。

柳存仁到了香港以后，作为已经成家的长子，作为有子女的父亲需要养家糊口，因此，柳存仁一开始就以教育工作来谋生。但是在英国殖民租借的香港，在英国制定的教育体制下，他的北京大学毕业的学历是难以进入像香港大学这样的学府就业的。所以，不论有多深的学问、多高的才华，柳存仁只能一直屈居于一些私立的书院和中学里从教。在这段从教工作期间，柳存仁撰写和出版过一些有关语文教学的专著，例如《中国历史教学法略论》（1960年）、《中小学文言读本序例》（1960年）；还先后发表过一些有关语文教学的文章，例如在香港《中文通讯》上发表过《教材的选择与舍弃》（1954年）、《教材中所见的散文和小说》（1956年）、《略读文选序》（1959年）、《声音与朗诵》（1960年）、《形式与欣赏》（1960年）、《学习汉字的困难》（1960年）等。这些中文教学的文章，一方面说明柳存仁在香港的教育界中还有一定的声誉，另一方面也说明柳存仁当时同香港教育界的上层还有相当距离，而他的努力就是在寻找接触上层的途径。

柳存仁是不甘寂寞的人，他还曾经企图在从教之余，在文学创作上寻找人生的突破口。因此，他曾经埋头创作小说。1954年他发表了他写的长篇小说的前九章，题名《庚辛》。直到他离开香港定居澳大利亚的1968年，香港星岛日报才出版了他写的长篇小说《青春》全三十章。《庚辛》虽然获得出版，但是读者和文艺界对它几无反响。这一部描写“几个忧郁幽悒的妇人和可怜的孩子”，“在清末直到一九二五年顷约三十年间”的“生活的变化”和“繁复变迁”①。这部长篇小说，直到1996年才在中国天津的百花文艺出版社以《大都》为书名出版。文学创作需要生活的基础，柳存仁既没有

① 《大都》，天津：百花文艺出版社1996年版，第5页。

受过饥寒交迫、生离死别的煎熬,也没有烽火连天、血肉横飞的生活经历,要想写作现实主义的小说,自然难有成就。柳存仁还想在戏剧创作上有所建树。据李焯然教授的纪念文章,"其间柳教授曾经创作过不少脍炙人口的古装话剧剧本,如《红拂》《涅槃》,与姚克合写的《西施》《秦始皇帝》,与黎觉奔合写的《赵氏孤儿》是五六十年代香港古装历史剧的代表作。1959 年出版的《在舞台的边缘上》里,收有三幕剧《红拂》、独幕剧《婴孃》《月落乌啼霜满天》《涅槃》,俱曾经由香港的各院校演出,连获校际戏剧比赛冠军。书中又收有关导演、舞台监督、剧社组织、演员修养等多篇文字,被认为是当时有志戏剧艺术者不可不读的作品。"①这里似乎还漏写了在 1959 年香港文艺书局出版的柳存仁反映现代生活的三幕剧本《我爱夏日长》。李焯然教授评价这些剧本"脍炙人口",实在是尊敬业师的过头话。柳存仁写的剧本大多是历史剧,尽管可以借古讽今,但是它同当时香港这个缺乏文化底蕴的殖民都市的环境是不合调的,加上不了解底层市民欣赏风花雪月、侠义情长的婉转缠绵的粤剧口味,他的古装剧本搬上舞台以后也只能在校园中找到观众,并没有产生多大的社会影响。加上,香港的文学和戏剧这二块领地一直是由左、右文化界和西洋文化界把持着,柳存仁这样一个有媚日历史的文人在香港实在难以获得立足之地,更谈不上得到左、右、中、西文化界的支持。戏剧和演员都是需要有人捧场的,需要舆论鼓吹的,柳存仁得不到捧场的靠山、媒体的支持、市民的欣赏,就必然陷入了无用武之地的困境。也就在这个阶段柳存仁还发表过两本中国文学史的专著,即《上古秦汉文学史》(1948 年)和《中国文学史》(1956 年),但在文学史学界也没有什么大的影响。

柳存仁经过从政的挫折、执教的失望、作文的困境,在香港一直难以出头。加上新中国成立,香港逐渐繁荣,柳存仁终于明白要实现自己的梦想,没有西方大学的学历是寸步难行的。于是,就有了出国念书的想法。据《民国时期学术研究的活字典——柳存仁先生专访》称,柳存仁在《上古秦

① 参见李焯然:《悼念锲而不舍的汉学家柳存仁教授》,《明报周刊》(香港)2009 年 10 月号。

汉文学史》一书的序文中说，早在大学毕业前后就有过出国念书的想法。正巧20世纪50年代的英国伦敦大学有这样一个制度，即大学在香港委托教育司招收学生，经过考试，可以不必去伦敦读书就取得学士学位。于是，柳存仁就在香港报名，通过自学，参加了伦敦大学四年级考题的各科考试，在1954年取得了伦敦大学的学士学位。当时，柳存仁已经37岁了。《民国时期学术研究的活字典——柳存仁先生专访》一文中说到，柳存仁获得学士学位以后，"不仅当时工作的收入因此提高，更让自己对学问的兴趣开拓出一条新的道路"[①]。这句话是不是柳存仁自己说的，我们不知道。但是，"收入因此提高"这是可信的。至于说柳存仁从中看到了展开在自己面前的人生的"新的道路"，这也是可信的，也是合情合理的，符合柳存仁当时追求出头的心态变化。

接着，按照英国的学位制度，柳存仁又报读了伦敦大学的博士学位。同样的，柳存仁并不需要到伦敦生活和上课。他只需要在导师的指导下完成博士学位论文，赴伦敦参加论文答辩。只要论文答辩通过，就可以获得博士学位。柳存仁的博士论文原来是想以"形声字声符兼义说"为依据编一本汉字字典，但是，因为学校方面回应找不到指导教授，最后就只能将博士论文的题目改为《佛道教影响中国小说考》。

柳存仁以中国宗教和中国小说的关系作为开始学术研究的方向，是一个十分明智的选择。这是因为中国小说是柳存仁从少年时期开始就非常熟悉并且一直关心的文学领域，至于当时的佛道教研究在中国还处在比较低的水平，国外的佛道教研究特别是日本学术界的研究成果可以帮助他提供许多有价值的研究线索和视角，而阅读日文资料正是柳存仁的强项。在香港为谋生而从事中文教育工作期间，柳存仁也从来没有放弃对中国小说的兴趣，曾发表过有关中国小说的文章。例如：《王冕传与吴敬梓》（1957年）等。1957年，柳存仁的博士论文《佛道教影响中国小说考》答辩成功，获得了英国伦敦大学哲学博士学位。此时柳存仁正好40岁。这本博士学位论文后来在德国出版，指导教师瓦尔特·希蒙还为此书写了序言。

---

① 《中国文哲研究通讯》（台湾）2011年第21卷第3期。

许多有关柳存仁生平的介绍都说到他曾去英国留学，获得学位。实际上，他是在香港取得伦敦大学的学位。

柳存仁在撰写论文的三年里，在四十岁的时候，终于找到了一条出人头地的新路子：那就是充分利用从小积累的中国传统文化的底蕴，以在北京大学学习到的国学研究传统方法作为基础，吸收西方的文化研究的新方法和新视角，充分施展自己娴熟的英语口述能力和写作优势，走一条学贯中西的国学研究的道路，达到跻身于中国文化学术研究的国际学者的前列。

据台湾南华大学《敦煌学》杂志刊载的由郑阿财、周西波编的《柳存仁先生论著目》，在1957年至1963年间香港发表的柳存仁文章共计有11篇，其中除发表在《中文通讯》上的有6篇以外，发表在《新亚学报》上的有3篇，即《昆沙门天王父子与中国小说之关系》、《元至治本全相武王伐纣平话明刊本列国志传卷一与封神演义之关系》和《四游记的明刻本——伦敦所见中国小说书目提要之一》。发表在《崇基校刊》上的有一篇，即《话本小说与戏曲》。发表在《联合学报》上的有一篇，即《论明清中国通俗小说之版本》。柳存仁终于开始在香港的教育界和学术界中有了影响。1987年，当柳存仁选择论文编成《和风堂文集》的时候，柳存仁面对大量待选文章却将三十年前刚刚踏入学术研究领域时发表的五篇论文中的4篇选收在内，这不能不认为，他对30年前的这4篇旧文是怀着特殊的感情的。

（四）赴澳大利亚任教二十年

1962年，柳存仁得到澳大利亚国立大学聘任，赴澳大利亚堪培拉从事汉语教学工作。此时的柳存仁已经45岁了。当时，澳大利亚国立大学中文系主任是马悦然（Malmqvist Göran），他是瑞典汉学家高本汉的学生。1966年马悦然退休以后，柳存仁即出任中文系主任。从1966年至1982年，柳存仁又先后担任过澳大利亚国立大学讲座教授、系主任、亚洲学院院长等职。1983年退休后又任名誉教授。1969年，他还以其学术成就获伦敦大学文学博士学位，此后获世界各地多校的荣誉博士学位。柳存仁还是澳大利亚人文科学院的首届院士，英国及北爱尔兰皇家亚洲学会会员。他在道教史、中国小说和古籍版本等方面的研究成就得到中国和世界学术界的赞赏。在澳大利亚的47年，柳存仁终于成为国际汉学界有广泛影响的学者。

在澳大利亚国立大学任教20年中，柳存仁为澳大利亚和世界各国培养了许多能够说写中文的人才，同时还培养出不少目前活跃在中国研究领域里的学者。其中有以下几位：

澳大利亚的本杰明·彭尼（Benjamin Penny），澳大利亚国立大学的太平洋和亚洲学院的研究员，从事太平洋和亚洲历史的研究，曾经编撰和出版过《中国和西藏的宗教和传记》（2002年）。本杰明·彭尼能够说一口极为流利的普通话，能够用中文写文章。2006年，为了庆祝柳存仁的九十大寿，本杰明还组织一批青年学者在路特里格出版社出版了一本文集。文集名为《历史上的道教》。书的扉页上题签就是："献给名誉教授柳存仁"。为这本文集撰文的都是各国著名的中年的研究道教的专家，其中有英国的巴瑞特，法国的弗朗西斯科·韦雷伦（傅飞岚）和克里斯蒂娜·莫利耶（穆瑞明），美国的斯蒂芬·博克纳姆（柏夷）和皮特·尼克松，意大利的法布里齐奥·普雷加迪，日本的前田繁树等。本杰明·彭尼还专门撰写了《论左手的梦：柳存仁和道教》置于全书第一部分的开头。该书的第二部分是柳存仁在北京大学"汤用彤学术讲座"文稿之一《汉张天师是不是历史人物?》的英文稿。

新加坡的李焯然澳大利亚国立大学哲学博士，受业于柳存仁，现任新加坡国立大学中文系教授，曾经担任该校中文系系主任，从事中国语言文学和道教的研究。2002年，在柳存仁八十五岁寿辰之际，曾经同陈万成合编《道苑缤纷录》，由香港商务印书馆出版，作为庆祝他恩师柳存仁大寿的贺礼。

香港的黄兆汉，澳大利亚国立大学哲学博士，曾经受业于柳存仁，1976年完成博士论文《张三丰崇拜及其著作的可靠性》，后以《明代道士张三丰考》为名由台湾学生书局出版。他先后在西澳默笃克大学和香港大学任教。

香港的苏基朗，黄兆汉曾任香港中文大学协理副校长，专业中国史研究，特别是在福建和泉州的历史研究方面取得了令人瞩目的成就。

加拿大的秦家懿，已故，曾任多伦多大学中国哲学教授。著有《王阳明》。

（五）柳存仁对道教研究的贡献

柳存仁在澳大利亚一共生活了47年，其中前20年是在澳大利亚国立大学任教，可以称为在澳大利亚的第一阶段。后27年从大学退休开始直至终老,可以称为第二阶段。在澳大利亚的47年里,柳存仁始终没有放弃过他的中国传统国学的研究,其中特别是在第二阶段对于道教的研究作出了贡献。

第一阶段,任教期间。在这一阶段,柳存仁主要从事应聘的在澳大利亚国立大学的中国语言文学的教学工作,加上后来兼任系主任和亚洲学院院长的行政工作,因此,他发表的著作和论文内容比较广泛。

这一阶段,柳存仁发表了中文长篇小说《青春》(1968年),这是一部旧稿。发表了《和风堂读书记》,这是一本国学研究的杂记。这一阶段,柳存仁发表的中文论文大约有三十多篇。从内容来分析,其中,有关诗歌、戏剧、小说等文学方面的为9篇;有关诸子研究的为2篇;有关历史古籍和语文教学的为6篇;有关道教研究的有16篇,大约接近总数的一半。

这一阶段,柳存仁发表的英文著作、论文和译作的内容也比较广泛。其中有关文学的,例如德国威斯巴登出版的《佛道教对于中国小说的影响》(1967年)、香港出版的《伦敦两大图书馆的中国通俗小说》(1967年)、荷兰莱顿出版的《吴承恩,他的生活和生平》(1967年)、波士顿出版的《李渔》(与内森·毛合作,1977年)、香港出版的《寒夜》(巴金原作,与内森·毛合作翻译,1978年)。同中国国学和道教有关的则有澳大利亚出版的《澳大利亚的中国学:在堪培拉发表的就职演讲》(1966年)、荷兰莱顿《通报》刊登的《十二世纪道士的结核病知识》(1971年)、澳大利亚出版的《大国治理的艺术:三位中国皇帝的观点》(1974年)、荷兰莱顿出版的《和风堂文选》(1976年)。另外还有一篇比较特殊的英文演讲词,就是在1980年在堪培拉亚洲协会举行的国际儿童年集会上的演讲,题为《我的童年和我的梦》。

综合柳存仁在澳大利亚任教的20年中发表的中英文研究成果,人们自然可以得到一个结论:在前20年里,柳存仁主要的精力还是放在中文教育、国学研究以及有关文学的翻译等课题上。这是完全可以理解的。一个刚刚踏上澳大利亚土地的华人学者,有一大家子人要养活,不得不首先考虑自己谋生的手段。加上道教在当时还是一个冷门的学术领域,其研究成果也难以得到他身处的生活环境和学术环境的重视。这从他的中文研究成果《道藏本三圣注道德经会笺》和《道藏本三圣注道德经之得失》,改写成英文的时候，不得不适应西方读者的兴趣而改书名为《大国治理的艺术：三位中国皇帝的观点》，就可知一斑了。

柳存仁对于道教，原来是瞧不起的。他在比较儒释道的时候，曾经认为“比较卑俚、无内容而且浅薄贫弱的是道教”①。所以，有些熟悉柳存仁这一看法的人对于他晚年成为国际汉学界研究道教的权威学者都感到难以理解。

李焯然教授说：“柳存仁教授潜心道教的研究，大约是从六十年代开始。在对道教进行认真研究之前，他做好了充分的准备。在1965年间，柳教授花了两年的时间，把1120卷的《道藏》看完，并写了50册的笔记。”②据李教授注，这段两年读完《道藏》和50册笔记的掌故可能来自荷兰莱顿出版的英文版《和风堂文选》的柳存仁自撰的序言。

不过，从柳存仁另外一些文章可以知道，他第一次读《道藏》的时间似乎要比60年代早一点。《张伯端与悟真篇》一文有个“附注”，其中感叹“上距丙申愚初读《道藏》时已二十年，丙子从余季豫先生读汉隋二《志》时已四十年。岂亦昔人所谓抱瓮出灌而不见其功者非与？一九七六年丙辰，识于堪培拉”③。这一附注表明，柳存仁自己说，他第一次读《道藏》是在丙申年，即1956年。这可能是因为他在写作博士论文《佛道教影响中国小说考》时需要参考《道藏》中有关的典籍。柳存仁说的“抱瓮出灌而不见其功”的典故，出于《庄子》的《天地》篇。柳存仁用这个典故大概是谦虚地表示，自己读了20年的《道藏》，40年前跟随余嘉锡先生学习二《志》，可是自己有愧于师，不就是一只小小的瓦罐吗？难以在浇地中作出更大的贡献。

另外，柳存仁在1977年发表的《阅道藏记凡例》中说，“著者自一九五六年起读《藏》，于今廿年。砚余得暇，辄濡笔作记，积稿数十册，拟付剞劂，以便学者之采撷。”由此可知，柳存仁读《道藏》当始自50年代。同时，读者无不为柳存仁数十册读《道藏》笔记至今出版无门而倍感遗憾。另外，在《道藏本三圣注道德经会笺》的《小序》里，柳存仁还说“一九六九年春，余曾

---

① 柳存仁：《和风堂文集》，上海：上海古籍出版社1991年版，第819页。

② 李焯然：《悼念锲而不舍的汉学家柳存仁教授》，《明报周刊》（香港）2009年10月号。

③ 柳存仁：《和风堂文集》，上海：上海古籍出版社1991年版，第808页。

应哈佛燕京学社之邀,在彼工作凡半年。居恒浏览道籍”①。因此,柳存仁只要有机会就会读“道籍”,李焯然教授称其师“潜心道教的研究”这一点那是实事求是的说法。

在这一时期中,柳存仁发表的有关道教的论文主要都是用文献学的方法,也就是利用道教的典籍来研究道教。他自编的《和风堂文集》放置的第一篇道教研究文章就是《论道藏本顾欢注老子之性质》,这里的“性质”并不是哲学意义上的本质的意思,而是指署名顾欢注的注本,并不全是顾欢个人的撰述,而是包含着众多前贤的注释的内容。柳存仁说,“盖今本顾注之体裁,曰‘注’,曰‘疏’,曰‘御’,曰‘某某曰’,曰‘某曰’,所包实不止一人之作,而各家亦非同时代之人”②。其“注疏御”,分别出于河上公、成玄英和唐玄宗,而“某某曰”和“某曰”则有“东汉严遵,魏何晏,晋羊祜、郭象、孙登、裴处恩,苻秦时来华之鸠摩罗什,南齐顾欢、松灵,梁张凭(或刘宋张嗣),后魏卢景裕,北齐杜弼,唐蔡子晃、车惠弼、李荣……”“顾欢之文,惟见于书中所引之‘欢曰’等三四十条耳。”③柳存仁用大量文献考据,辨正了从清代至民国多人认为“此书即唐代张君相编之《三十家道德经集解》,或《集解》之残编”的说法,另外,还辨正了注中“王曰”的“王”并不是王弼,也不是王尚、王玄载,而可能是唐代曾参与唐玄宗道德经注修订的王顾。应该说,从发表时间的顺序来说,柳存仁的第一篇道教研究文章是《明儒与道教》,发表于1967 年。而《论道藏本顾欢注老子之性质》则发表于 1970 年,但是,这篇文章非常突出地体现了柳存仁道教研究的特点,那就是从道教经典入手,以传统国学的治学方法来治道教之学。

同样采用这种方法治道教之学而有了新的发展的文章,那就是柳存仁关于三个帝王的《道德经》注的比较研究了,即《道藏本三圣注道德经会笺》和《道藏本三圣注道德经之得失》。《道藏》中有关《道德经》的注释之作中有三个帝王的注本,即唐玄宗、宋徽宗和明太祖的“御注”。当然,在《四库

---

① 柳存仁:《和风堂文集》,上海:上海古籍出版社 1991 年版,第 223 页。
② 柳存仁:《和风堂文集》,上海:上海古籍出版社 1991 年版,第 205 页。
③ 柳存仁:《和风堂文集》,上海:上海古籍出版社 1991 年版,第 206 页。

全书》里还收有清顺治帝的《御制道德经注》，但是，柳存仁认为清代这本御注“实大学士成克巩等承命编校，于道家思想哲学无大发明，其于政治哲学，亦不如《道藏》所收上述三圣注本之重要”。这段不经意的话透露了柳存仁研究三圣注的方法，已经从单纯的人事考据和义理发挥的治学方法，发展成为结合三位帝王的治身、治政来研究的方法，这样一种方法无疑带有现代政治哲学研究的意味了。柳存仁的一段话将他这个课题的目的说得很清楚：“《道藏》中有唐玄、宋徽及明祖三帝王之‘御注’。前二帝皆积学爱士，文字积缘甚深，其注或有他贤共相研求，而不必非出自一手。至于明祖，虽不学无术，刚愎自用，然以其干纲独断，所注他人亦断不敢为之。悉谓之为帝王统治阶层对于道家治术之观察与记录，洵有征矣。三帝之遭际亦不同，对道家思想之理解层次亦有深浅，然理解深者，未必便为成功之帝王，理解浅者，反得为创业之主，其义亦有可思。”[①]对于三圣的《道德经》注的研究，除了要说明他们的道家思想，还要说明他们的“义”，而这个“义”自然是政治哲学的研究范畴。

在这一时期，柳存仁还对于他的道教研究有了通盘打算。他把他的道教研究方向第一步确定为明代道教，连续发表了《明儒与道教》、《王阳明与道教》、《王阳明与佛道二教》、《研究明代道教思想中日文书目举要》等文章。这些文章立刻在海内外学术界引起了极大的关注。柳存仁这个名字在海内外汉学界也立刻为人知晓了。其实，从柳存仁《明儒与道教》这篇文章的行文，明眼人一看就知道，柳存仁正是以挑战整个哲学史界、道教学界的姿态出现的。他的文章一开始就连续提出了五个问题。他说，“明代思想道教所占的地位究竟怎样？传统的儒家，向来卫道的观念是很浓厚的，他们怎么肯让宋、明以还早已失去了高深的哲学理想和正当的学术地位的道教侵蚀了他们的优越地位？难道说，他们不会反击或和它正面抗衡么？道教难道真的有那么大的力量？何以今天各种重要的课本和参考书中（不论它是用什么文字写的），很少提到这一方面的发展情形？”这五个问题的锋芒正是针对全世界做明代思想研究的人的，也是针对全世界做道教思想研究

---

① 柳存仁：《和风堂文集》，上海：上海古籍出版社 1991 年版，第 223 页。

的人的。所以,这篇文章本身就是一个挑战。

接着,柳存仁明确地说出自己研究的结论:“我很老实地回答说,在明代思想史中,道教的影响力的确很大,大到也许比我们大家耳熟能详的许多新儒家像王阳明、王龙溪、湛甘泉、罗近溪这些人所能够个别地给予当时的影响要大得多。”①这一段振聋发聩的话,柳存仁在20世纪80年代访问中国一些学术机构的时候,是经常说到的,因此很多人记忆犹新。这是因为,在柳存仁之前,确实没有人如此明确地揭示和道破明代这一客观存在的现象,并且给以恰当的评价。而这样一个结论正是放在被挑战者面前的一个“标的”。

柳存仁是一个会写戏的人。他的学术论文《明儒与道教》也就像一出折子戏那样写得有声有色。文章像剧本,有开场,有戏文的情节展开,有高潮,还有余韵未尽的发人深思的结尾。

《明儒与道教》一文的“开场”,就是提出了哲学史和宗教史界们常常诟病的一个事实,就是明代道教没有出现过引人瞩目的高道和有分量的经籍,因此道教在明代历史上没有什么影响力。柳存仁认为:“这三百年中道教虽不曾有过一个汇融贯通像南宋朱熹,像明代正德、嘉靖间的王阳明那样伟大的思想界的人物来笼罩全局,做这一个时代的冠冕人物,然而在整个中国思想史中,道教的势力之大,道教空气弥漫笼罩于上下各阶层、各方面,却没有比这三百年更浓厚更盛的了”。他还说,研究明代思想,我们不能仅仅是注意几个“顶儿尖儿的首脑”,只是看他们整理过的“教本或参考读物”,而是要透过他们儒教的外貌,逼近他们思想的历程,分析他们的方法,尤其是理解他们的主要“修身工夫”②。

从这样一个角度去研究,柳存仁把读者带进了著名的权威的《明儒学案》,最早期的学者吴康斋的三个学生中只有一个曾经正面排斥道教,其余二位在修持和前知上不能说没有道教的色彩。明中期的学者最著名的是王阳明,他自称五十年中有三十年在道教书籍和修持中生活。至于传承王阳

① 柳存仁:《和风堂文集》,上海:上海古籍出版社1991年版,第809页。

② 柳存仁:《和风堂文集》,上海:上海古籍出版社1991年版,第814—815页。

明的各派学者中,有的接近僧,有的接近道,有的学习烧炼,有的关心采补。明代有一些坚持传统儒学立场,反对僧道的人,但是他们的主张在整个明代思潮之中没有什么影响力。柳存仁认为:“道教影响实在是明代思想中的一个特色。且与宋学比较来说,其受过道教影响则同,其所受道教影响的深度及阔度,则远非宋代儒教所能望其项背。”①

《明儒与道教》一文的“中场”可以说是围绕着三教的交融展开的。柳存仁指出“影响这个名词在历史上是累积而非一时的,是流行、普遍而非停滞在一地的。有时候它是细水长流,有时候它如‘水之就下,沛然孰能御之!’然而其最厉害的一端仍在不知不觉之间的渗透。渗透的作用无声无臭,然而,及其至也,即如水乳之交融,如胶漆之不可分离。此种影响之最初起因,便是所谓三教的交融”。柳存仁从中国思想史的角度总结说,“三教混融的局面,肇端于南北朝的后期,渐盛于宋、元,到了明代,虽然表面上思想界还是儒家的天下,实际上朝野早已不成文似地承认,这是三分鼎峙的均势了”。柳存仁从道教对于皇家祭祀活动的影响,对于科举应制题目的影响,对于官员青词写作、讲会论题的影响等三个方面指出“受了道教这样浓厚的熏染而仍旧称为明代的新儒学,这一点恰好说明明代新儒学的特质”②。

接着,柳存仁以明代的大儒王阳明及其弟子的思想为例,剖析明代儒学中的道教影响。

他指出王阳明尽管自称有30年在道教书籍和修持方法中过活,但是有两方面王阳明是绝不相信道教的,其中一是“神仙飞升之说”,二是“采补之说”。但是,王阳明的关于“良知”的思想体系,对于“良知”的解释,则是完全沿用了道教的精气神学说。特别是王阳明及其弟子的修持方法则是完全沿用了道教的“静坐”的功夫。柳存仁指出在哲学史研究中一个长期被忽略的问题就是“标榜为圣贤之学的孔门,有无一脉相传的修持方法”。“其实单以儒家也需要有修持方法这一点言之,自亦不始于阳明,而可远绍自宋

① 柳存仁:《和风堂文集》,上海:上海古籍出版社1991年版,第819页。

② 柳存仁:《和风堂文集》,上海:上海古籍出版社1991年版,第819、822、825页。

儒”。而“阳明的修持方法,自然也是道教的,这从他自称为了养生的缘故习道的话可知。因为道教的方面虽多,但养生之道,也只有个修炼静坐”①。道教对于明代大儒的影响,“不完全是思想方面的,而是修持和实践方面的功夫”。王阳明的“良知”的口号正是他被谪居在贵州的时候,在静坐这一阶段中悟出的。修持的实践和作用同良知理论的悟出和阐述联系在一起,明代大儒王阳明在同他弟子的谈话中,自然会在某种意义上把儒释道三教列为一家。当有人问王阳明三教异同的时候,王阳明说:“道大无外。若曰各道其道,是小其道也。心学纯明之时,天下同风,惟求自尽,就如此厅事,元是统成一间。其后子孙分居,便有中有旁;又传渐设藩篱,犹能往来相助;再久来渐有相较相争,甚而至于相敌。其初只是一家,去其藩篱,仍旧是一家。三教之分亦只似此。”②

在明代道教对于儒家越来越大的影响下,王阳明的二代和三代弟子们吸收道和释的行为越演越烈,引起了晚明儒家诸派的不满。当然道教对于明代以后的中国社会思想也出现过积极的影响。柳存仁列举了晚明在福建出现的林兆恩(1517—1589 年)兴建的“三教堂”和后来出现的“三一教”,以及明万历进士袁黄(袁了凡)编刊的《四训》和《四书删正》。这两个人对于明代后期,乃至于有清一代,直至当今社会仍有影响力。

《明儒与道教》这篇文章的最后直接点出了黄宗羲的《明儒学案》。《明儒学案》是一本国学名著,历来对它有很高的评价。不论是治哲学史的、文学史的、明代政治史的都要读这本名著,历来也没有对这部书的公认的正统儒家地位有什么怀疑。

柳存仁一方面指出黄宗羲在《明儒学案》中不收录林兆恩和袁黄的事实,还指出《明儒学案》不收嘉靖儒生陆西星的事实,但是又指出《明儒学案》中收录的明代儒家人物同道教又有着撇不开的“干系”。黄宗羲是个儒家,那是毫无疑问的。可是,柳存仁在结尾的地方为全文设计了一个“高潮”。他举出了黄宗羲的一段话:

---

① 柳存仁:《和风堂文集》,上海:上海古籍出版社 1991 年版,第 817、828、829 页。

② 柳存仁:《和风堂文集》,上海:上海古籍出版社 1991 年版,第 834 页。

识者谓五星聚奎，濂、洛、关、闽出焉；五星聚室，阳明子之说昌；五星聚张，子刘子（案，指刘宗周）之道通。岂非天哉！岂非天哉！①

然后，柳存仁问读者：

读者们请想一想，他这种想法，说的是那一门子的话呢？②

最后一句话用的是和全文语言风格完全不一致的口语。“那一门子”这个不协调的纯北京方言词语，既是为了引起读者的注意，又表现出作者对黄宗羲这样一位大儒的调侃戏弄的态度。同时，提出了一个让读者掩卷以后仍然不能忘怀的问题，就好像在北京天桥听评书，那说书人最后一声“惊堂木”的巨响，久久回荡！

这样铺叙的学术论文实在是难能见到的！

这样充满激情的学术论文也只能是出于柳存仁的手中了。

《明儒与道教》一文的发表着实引起了哲学史界和宗教史界普遍的注意。柳存仁这个大名在海内外学术界和宗教史学界立刻受到前所未有的关注。继1967年发表《明儒与道教》以后，柳存仁又发表了《研究明代道教思想中日文书目举要》，这篇文章是为了“有裨于通人之采撷，或学者之查考”。在1970年又发表了《王阳明与道教》，1981年又发表了《王阳明与佛道二教》等论文，进一步论述了王阳明思想体系中的道教因素以及佛教思想因素，还不计个人得失地为其他学者从事明代思想研究提供了解这一课题的海内外研究水平的重要的学术情报，这就大大推动了国内和国际对于明代道教研究的水平。

在任教澳大利亚国立大学期间，柳存仁还着手准备对于道教的历史和思想、科仪和法术等内容以及道教对于科学史方面的贡献等作全面的研究探索，为他自己后续的研究准备条件。在1969年，柳存仁在香港中文大学发表了《研究道教史的面面观》，这篇演讲表明柳存仁已经对于当时道教史的研究有了一个全面的分析和打算。1977年，柳存仁在吉隆坡的马来亚大学又发表了一篇短文章，题为《阅道藏记凡例》。这篇文章只有三千字不

① 黄宗羲著、沈芝盈点校：《明儒学案》卷62《蕺山学案》下册，北京：中华书局1985年版，第1512页。

② 柳存仁：《明儒与道教》，《和风堂文集》，上海：上海古籍出版社1991年版，第809—846页。

到，但是，柳存仁还是收在《和风堂文集》里。这篇短文章分为十二条，透露了一个重要的信息，那就是柳存仁原来有这样一个打算，想把他陆续做的几十本阅读道藏的笔记，整理发表为一部专著，书名就是《阅道藏记》。可惜的是柳存仁生前没有来得及做完此事。至于，柳存仁研究的深度和广度从他对于道教史上道士的医学知识的研究就可以见其大概了。

1971 年，柳存仁在荷兰《通报》杂志上用英文发表了一篇关于道教和中国医学史的专文，题为《十二世纪道士的结核病知识》。这篇文章介绍了 12 世纪中叶出现的一部道经《无上玄元三天玉堂大法》，研究表明该经籍的内容是那时的道士已经认识到结核病是有多种传染途径传播的传染病，并且是一种由专门的原因或者寄生虫引起的传染病。道士们还对这种结核病的预防和治疗进行了讨论。通过查考中国不同时期的著作以及比较西方医药史中的大量记载，柳存仁判定“中国道教的道士们在这个特殊领域里所获得的知识，比起同时代的其它国家来说要早上几百年”。从道教研究的角度说，柳存仁的这篇文章给人的启示就是，在一个完全讲道门某宗派的科仪、法术、规戒的经籍中却可以找到符合世界科学技术发展历史的内容和材料，并且以此来揭示道教对于人类医学发展的历史贡献。

第二阶段：退休终老期间。1982 年，柳存仁 65 岁的时候，终于从澳大利亚国立大学退休了。国立大学为了表彰柳存仁的贡献，授予柳存仁终身荣誉教授的称号。

柳存仁虽然退了下来，但是他仍然继续从事汉学研究，特别是道教的研究。据刘梦溪先生的回忆文章，2007 年，柳存仁已经 90 岁高龄。在 3 月至 4 月间，他仍在儿子陪同下，连续在香港中文大学、台南成功大学以及西安、香港举行的国际道德经论坛上，发表演讲。[①] 其安排时间之紧凑，演讲任务之繁重，甚至比他小 20 岁的人也很难做到的。但是，他还是满怀着热情在大小会议上演讲，畅谈自己的研究心得，享受着人们对他的崇敬。

根据不完全的统计，从 1982 年起至柳存仁去世止，柳存仁共出版中文书籍约有 9 种，其中与道教有关的约有 4 种，有关中国文学史的有 2 种，其

① 《不思量，自难忘——怀念柳存仁先生》，《东方早报》2009 年 11 月 1 日。

他小说、散文2种。柳存仁发表的中文论文近120篇，其内容包括有古诗文、古代通俗小说、现代武侠小说、语言文字、历史事件的考据等，十分广泛。而其中有关道教内容的接近二分之一。

这一时期柳存仁道教研究的特色之一是对道教作全方位的研究。

在概貌式研究方面。柳存仁在1986年在香港中文大学发表了题为《一千八百年来的道教》的演讲。这个演讲不是像西方学者那样用猎奇的眼光来扭曲道教，或者用西方宗教的框框来非议道教，也不是像某些中国学者那样用批判的眼光来审视道教，或者用哲学思想的框框来限定道教，而是用历史学和文献学的眼光来客观地认识道教本身。柳存仁在演讲一开头就说，"道教的信仰，不论它在哲学思想、历史发展和宗教本身的活动这几方面来说，都是不简单的"。这句话表明，他对于道教的看法同他在十多年以前的认识，认为道教是"比较卑俚、无内容而且浅薄贫弱"的相比，已经发生了巨大的变化。[①] 这篇演讲也正是从哲学思想、历史发展和宗教活动等三个方面概述了道教具有的民族的、历史的、大众的特点。柳存仁在总结道教发展一千多年的历史时，对决定道教今天面貌的四项重要因素做了客观的阐述。他认为：

第一件是，"在悠长的中国历史里，不论是汉族的或异族的君主们，对道教活动的支持"。

第二件是，"儒、释、道三家逐渐融洽以至混合的倾向"。

第三件是，"'内丹'的兴起，它是一方面受到古人飞升观念的影响，一方面是被长期研究炼丹——'外丹'的经验所启发的"。

第四件是，"作为是宗教活动的道教，对宋、明两个朝代的学者们影响的深厚"。

柳存仁在演讲的最后结论说，道教"它完全是中国土生土长的一种宗教，它有快两千年的历史的根。当然有许多地方它不是现代化的，它的许多迷信的举动我们不容易真的同意，但是靠着宗教的力量去劝导人做有益于

---

① 参见柳存仁：《和风堂文集》，上海：上海古籍出版社1991年版，第649、819页。

社会大众的事情，这也还是世界上现存的各种高尚的信仰追求的鹄的"①。

在道教前史的研究方面。柳存仁在20世纪90年代初连续发表了《道教前史二章》、《萨满与南巫》、《占梦、卜筮和"尸"》、《道教为什么是多神教》等文章。这些文章从标题上，我们看不出有什么内在的联系，但是，如果我们读过这些文章，知道了它们的内容，就会发现它们在内容的逻辑上，在文字表达上都是连贯在一起的。因此，有人甚至怀疑它们原来是一篇大文章，只是因为某种原因分拆开来发表而已。在《道教前史》第二章中，柳存仁提出了研究道教前史的必要性。他说"道教原是土生土长的，虽然它也曾吸收过外来的血液（像佛教或摩尼教这些），灌溉和滋润它的本体。我们既然承认它是一个悠久的，却也具有民族文化特点的宗教，就不妨用世界水平的看法去观察一下它具备的条件和内涵"。他还说到道教的这些具有民族文化特点的内容正在受到世界学者的关注，"他们对从古代以来就有的那些被宗教的信徒视为神圣的仪轨、伦理、信仰、习惯和制度，都同样地感到浓厚的探索的兴趣。作为一个快有两千年历史的中国道教，它的复杂的经历和变化，它的饶有吸引力的、层出不穷的内涵，就这一方面说，也是世界学者们追求的鹄的"②。在"道教前史"的研究中，柳存仁提出了关于道教的"创世纪"问题，"魂魄"和巫的问题，梦、卜筮和"鬼神"的问题以及多神体系的形成问题，等等。所有这些问题都关系到中华民族宗教信仰的发展和道教的形成，以及道教对于本民族宗教信仰特点的继承和发展，因此，这些研究都具有极其重要的理论价值。柳存仁对于这些问题的研究，始终采用的是文献学研究方法，不论是道教内部的文献，或者是教外的文献，柳存仁都保持着平等而客观的态度。唯一令人遗憾的是，柳存仁在研究中没有采用考古发现的材料，也没有对近20年来国内对道教前史研究中提出的"宗法宗教"、"黄老道"和"方仙道"等作出回应。

在道教史研究方面。柳存仁对于道教史的研究涉及许多内容，不过，他首先关心的是道教创立和张天师的关系问题。这可能同他对吕思勉先生的

① 参见柳存仁：《和风堂文集》，上海：上海古籍出版社1991年版，第667—671页。

② 柳存仁：《道教史探源》，北京：北京大学出版社2000年版，第2、5页。

感情有关。柳存仁多次提到吕思勉的《秦汉史》中提出的怀疑,"疑张鲁父、祖之事,实伪造不可究诘也"[①]。因为,吕思勉曾经是他的老师,吕先生的学术观点自然对他有较大的影响。柳存仁在 1984 年发表《张天师的妻女们》,在 1986 至 1987 年又连续发表《题免得龛藏汉天师世系赞卷》,在 1998 年更是在北京大学"汤用彤学术讲座"上发表长篇演讲《张天师是不是历史人物?》,对吕思勉的疑问作出了回应。柳存仁认为,"历史上大概确有张陵这个人,他是张鲁的祖父。大约在顺帝时的某一年,从沛国到今天的四川区域","张陵所行的只是鬼道,五斗米教是张鲁承袭的张修的一套,后来他在汉中把张陵时代的鬼道和五斗米道合并推行,成了新的五斗米道"[②]。柳存仁的这些研究,对于张天师及其世系在历史上的客观存在做了肯定的回答,同时,也对张氏世系特别是前三代天师在道教形成过程中的作用和地位提出了独到的见解。这对于道教史,特别是道教断代史的研究提出了更高的要求。

在道教宗教行为研究方面。身处在人口不多的澳大利亚首都堪培拉,柳存仁在做道教研究的时候恐怕连个道教小宫观都接触不到,加上当时的中国还处在"文化大革命"和刚刚开始实施改革开放政策,柳存仁还难以接触现实的道教宫观及其宗教活动,或者像某些西方青年学者那样能够长期从事现实的道教宗教活动的田野调查工作。因此,柳存仁对于道教宗教行为方面的研究也只是采用文献学的方法。1986 年的香港《明报月刊》连续两期刊登了柳存仁的《五代到南宋时的道教斋醮》一文,这篇文章大概就是 1985 年在香港中文大学作的演讲稿。论文的题目是《五代到南宋》,因此,论文的内容就像一部从六朝到南宋的道教斋醮史。柳存仁提出,"斋法出于灵宝","陆修静的謦欬","斋"和"醮"的意义是有分别的等观点都是有文献学的依据的。柳存仁还特别重视杜光庭在五代道教斋醮发展中的贡献,指出杜光庭现存著作有二十余种,其中和斋醮有关的就有十几部之多,并且还特别说到杜光庭对当时道教斋醮行仪中的随便改动和马马虎虎的行

---

① 参见柳存仁:《和风堂文集》,上海:上海古籍出版社 1991 年版,第 672 页;柳存仁:《道教史探源》,北京:北京大学出版社 2000 年版,第 73 页。

② 柳存仁:《道教史探源》,北京:北京大学出版社 2000 年版,第 118 页。

为表示不满。在论文中,柳存仁还分析了道教仪式中“发炉”、“出官”节次和“炼度”科仪的内容,比较了南宋时期出现的几部道教典籍,他对于金允中的《上清灵宝大法》给予了很高的评价。他认为金允中《上清灵宝大法》中摄召孤魂的一些段落“写得很有气魄”,“简直像是《宋会要》、《东京梦华录》……诸书之遗了”①。柳存仁对于道教斋醮行为的分析和研究尽管是文献学意义上的,但是它是学术界开始对道教行为的民族和大众的特色进行探索的重要一步。

在道教和文学关系方面。柳存仁继续将兴趣集中在道教对于中国通俗小说的影响方面,并且沿着他的英国伦敦大学的博士论文《佛道教影响中国小说考》的线索,在1985年在香港《明报月刊》上连续发表《全真教和小说西游记》的长篇文章。柳存仁在这篇文章要解答的问题是“金元开始的全真教究竟对《西游记》小说有没有关系?或者,有怎样的一种关系?”柳存仁指出这些问题正是“我们小说史上的一个空隙”。为了填补这个空隙,柳存仁引用了大量全真教的文献同通行的《西游记》加以对照,指出《西游记》里使用了许多全真教的词语,渗透了全真教义思想,甚至许多诗词都直接采用公认的全真道门中人的诗词。因此,这些都不得不让人想到,在通行的《西游记》正式形成之前,曾经有过一个全真教本的《西游记》。但是又有理由说明,这个全真教本的《西游记》并非是祖师丘处机所作的。因此,柳存仁的研究结论有两点。一个结论是,“如果我们认定在明万历二十年金陵世德堂百回本《西游记》出现之前,有一个全真教本的《西游记》小说存在,这个假定可能性是很高的。当然,这个本子如果是有的,现在也早已湮没不存了,而且,它是什么时间、由什么人、用什么方式编写的,我们能掌握的证据也很感不足,没有太多的发言资格”,柳存仁生前非常关心《西游记》新版本的发现状况。当从媒体得知在甘肃发现新的《西游记》版本的时候,他曾经多次询问有关这个版本的情况,希望能够对《西游记》研究有所裨益。另一个结论是,“真正撰写这个假定的全真本《西游记》的人,他的生存和活跃的时代,也许要比丘处机迟个五六十年到一百年。不过书里既然隐蕴着一

① 柳存仁:《和风堂文集》,上海:上海古籍出版社1991年版,第778—779页。

些全真的文字和教义，恰巧丘处机个人又曾有他的另外一次不寻常的西游，而记载他那一次西行的真实记录，就是在元代也早已被简称做《西游记》了，和道教有关的人士们振振有词地提出丘祖长春是它的撰人的说法来，照今天我们所能爬梳到的记载资料看来，是一种微带着误会和过分地简化了繁纷的问题的意见”①。这两个结论都是很有分量的，一般认为，柳存仁这两个结论是当前对于《西游记》作者研究的最稳妥的说法了。而他的研究方法也对中国道教和文学关系的研究有很大的推动作用。

在道教和科技关系方面。柳存仁对于道教和医学的关系做过多方面的研究。在19世纪70年代，他就曾经撰文，根据《无上玄元三天玉堂大法》，指出道士对于结核病的知识比起西方医学对结核病的知识要早约四百年。1995年，柳存仁又发表了《道教和中国医药》一文，文章列举了葛洪、陶弘景在中国医药学发展中的成就，还着重叙述了唐代道士孙思邈作为一个中医大家的杰出贡献。附带还提到了北宋道士王怀德主编的《太平圣惠方》，道士马志编撰的《开宝复位本草》等。这篇文章的最后一句话，柳存仁说，“历史上道教对中国医药的贡献是说不尽的”②。柳存仁说这句话已经七十八岁了，熟知他文风的人，都知道这句话在柳存仁研究工作中的分量。“说不尽”可以说是他对于道教医学宝库的深刻认识，也是对中国医学研究必须继续重视道教医药宝库的发掘和弘扬作出的明确提示。

将柳存仁这一阶段的道教研究和以前他的道教研究相比较，任何人从他的著述中都会感觉到，他对于道教的态度有了明显的变化，很少见到对道教是“比较卑俚、无内容而且浅薄贫弱的”批评。这大约同他对道教内涵的探索逐渐深入有关，也同他在这一时期能够回到中国，同现实的道教有了比较感性的接触有关。1986年6月柳存仁应邀对上海道教协会道学班受业的第一届小道士讲话，他勉励他们要有一种“新的道教精神”，当他谈到《度人经》中“情同慈爱，异骨成亲，国安民丰，欣乐太平”这十六个字时又说：“道教尽管是中国人自己的宗教，但是，它同佛教、基督教一样，爱人、牺牲

① 柳存仁：《和风堂文集》，上海：上海古籍出版社1991年版，第1376、1382页。

② 柳存仁：《道教史探源》，北京：北京大学出版社2000年版，第253页。

自己等等的思想却是共通的。我们的道教已经有了几乎2000年的历史了，我们有灿烂的庙宇，有古老的经典。我们今天要建设的道教应该不是为自己的，而是为大众的”。这种新的道教精神正是道教适应现代生活必备的内容。他在谈到民国以后的道教时曾说，除了前中国道教协会会长陈撄宁有些思想上的成就外，恐怕民国时期没有什么有影响的道学家；台湾今天出版的一些“仙学”杂志，戴源长编的《仙学词典》、《道教词典》都是讲个人修仙之类的事，编得不好，解释也不可信。因此不值得去读它。20世纪30年代陈撄宁编过《扬善》杂志，还讲“兼利天下”，普度众生，一个人活在世界上总要为别人做些事，陈撄宁就这样做了；现在一些人只想自己成仙，连起码的道德也谈不上了；当代道教的教义还不成一个系统，除非再出现几个有成就的高道，像基督教吴耀宗那样的人物，使得道教的思想能够跟得上时代。柳存仁这样一些看法当然都不是从纯粹的文献学研究中能够得到的了。

柳存仁的道教研究采用的方法一直是文献学的方法，或者说，是研究中国国学的传统方法。在他踏上澳大利亚的土地，离开中国国学滋生的土壤以后，他一直在治学条件十分困难的情况下继续使用这一方法，在中国文学、语言、历史和道教等领域不断有所建树，最后达到了他个人治学事业的高峰。1987年，柳存仁将他的论文结集在中国大陆出版时，精心写作过一篇长达三十四页的《序》文。这篇《序》文是一个身居海外，在图书缺乏、资料不全的环境中从事几十年研究工作的老学者留给晚辈中国青年学人的治学经验的总结。柳存仁治学的经验，概括起来有这样几步：

第一步是利用《四库全书总目》，从目录学入手。柳存仁说，“中国的古籍既然那么多，性质那么驳杂，研究起来最好一方面要明了它们的分类，一方面也先得知道一下它们的总值或全貌。简括地说，这种基本的知识就是所谓目录之学”。“我们研治古代的学问、运用古籍的人，基本入手处是想知道（一）究竟有些什么古书，它们的性质是怎样的？（二）这些古书传统的方法向来是怎样把它们分类的？和（三）这些类别为什么要这样分，它们相互之间有没有关系？如果有关系，有的是怎样一种关系？要想满足我们这几个要求，《四库全书总目》（《四库提要》）依然是一部可以供我们利用的敲门砖”。①

第二步是读“经”。柳存仁说，“我们的所谓读经，自然不是20世纪30年代民国有些地方军人忽然心血来潮地提倡读经复古那一套。但是我们虽然反对复古性质的读经，肯用现代人的头脑和工具研求古代文明、思想和事物的人，却不能够自甘愚陋，在这一方面轻易放弃值得耕耘并且日积月累肯定地会有适当的收获的园地”。因为，柳存仁认为，“《五经》里面不但有历史，还有古人在他们的环境里所表现的思想，他们的生活背景、社会条件，和描叙纤微的活动记录”。在五经之中，柳存仁特别强调读“礼”，也就是《三礼》。他说，“我这里要说读经书的人应该注意《三礼》，这不是一句谬悠空谈的话，更不是要把学者们送到烦琐、支离破碎的考证牛角尖里去。历史是延续的，文化的增长进步也是沿袭重叠的，祖老天爷的面影不仅在子孙们身上还依稀可辨，要知道自己今天许多行为和观念，恐怕也还不曾完全脱离两千多年前社会的信仰和习俗”②。

第三步是读“史”。柳存仁认为，“史学方面的书，或俭或丰，不论汲取多少，当然是一般人的常识的一部分”。“单从普通做学问的观点来看，那么全部的史书，正像从地下发掘出来的尊、鼎、彝器一样，都可以说是人们研究的素材了”。柳存仁很婉转地表述了他的经验，指出“《资治通鉴》有二百九十四卷之多，包括一千三百六十二年那么悠长的史迹，我们还是应该把它读全的”。对于《史记》、《汉书》、《后汉书》、《三国志》等“前四史”以及杜佑的《通典》，柳存仁“私心还希望有志读书的人读它们时就是整本地读，有注、疏的就要连注疏看，这是不得已的事情”。他说：“世界上有那一个行业不是日积月累、心力和物力的结晶呢？”③

第四步是注意运用博览和分析的方法。关于博览，柳存仁指出，“我们传统的做学问的方法也从能够博览入手，这也许跟我们悠长的历史，汗牛充栋的著作把许多类似或看似相关的事物、观念很容易地打成一片，也不无关系罢”。柳存仁说的“博览入手”指的是，“精读一部分的古籍，简括到只剩

---

① 柳存仁：《和风堂文集》，上海：上海古籍出版社1991年版，第2—3页。

② 柳存仁：《和风堂文集》，上海：上海古籍出版社1991年版，第13、17页。

③ 柳存仁：《和风堂文集》，上海：上海古籍出版社1991年版，第25、27、28页。

下对各个人或者有益的不同的几种，这无疑地仅可以说是扎根结实的一种训练。困难是难免的，但是经过了盘根错节，对文字的理解和事物的观察就比较多一点把握。然而这还不能处理特定的问题。任何一个特定的问题研究的对象都有它的小范围和大范围。小范围自然集中在和那问题本身直接有关的时、地、人、事各方面的情态，但是小范围内直接的问题也有时候不是单从排比一下它本身已经具有的材料就一定可以解决的，否则这问题也就不成其为什么问题了，那么进一步就得从大范围落墨"①。这段话是柳存仁从博览入手处理问题的经验之谈。博览的基础就是要有广泛而扎实的古籍文献基础。入手就是调动自己掌握的全部"经史子集"的知识积累，从大小不同层面上解决研究的问题。关于分析，柳存仁比较西方人头脑的分析性后指出，"我们多数人的头脑一向综合性长，分析性短，读书即或不是不求甚解，也往往只是但观大意。这种但观大意、不耐烦琐的习惯，恐怕是我们研究学问很严重的一种缺失"。他认为"西方十九世纪以还直到现代不少学者的著作，在分析严谨如剥茧抽丝这方面，是大可以供借镜的"，"勤加操练，才能够综合之中有分析，分析之后再综合，达到了现代人希望的做中国学问的一个境地"②。

这样的国学治学方法并不是柳存仁首创的，他在许多文章中提到他在北京大学就学时听余嘉锡等多位老师的课程，受到许多教诲。他的文献学研究的传统方法就是来源于他的师承。当然，其中也包含了柳存仁在当代学术环境中，在身居海外的条件下的自己的经验，乃至于教训。1996年，柳存仁在香港浸会大学"潘重规先生学术讲座"上又作了一次题为《研究中国传统学问的门径和方法》的演讲。柳存仁说自己演讲的内容是"一个想专门研究一般的中国学问的人的初步要求"，是"简单的敲门砖"③。柳存仁说的"敲门砖"，只有三块。一块是"古汉语"，一块就是"经史子集"的传统知识，第三块就是结合当代生活和方法融会贯通地研究和运用"经史子集"的知识，从"经"里看到"史"，从"礼"里看到社会，从"儒"里看到佛，从"集"

① 柳存仁：《和风堂文集》，上海：上海古籍出版社1991年版，第31、29页。
② 柳存仁：《和风堂文集》，上海：上海古籍出版社1991年版，第33、34页。
③ 柳存仁：《道家与道术》，上海：上海古籍出版社1999年版，第31页。

里看到社会和历史。从中国历代学术发展的历史来看，一个在治学上获得巨大成就的人，常常是只知道“治”，而对如何“治”或者怎样“治”的方法不甚了了，更说不出一个道理来。柳存仁大约是个例外，他不仅能够治学，而且能够说出他是怎样治学的。这在中国学术史上也是不多见的。

1998 年 5 月，柳存仁应北京大学中国哲学与文化研究所邀请，在“汤用彤学术讲座”上，以《张天师是不是历史人物?》为题作了演讲。在事后出版的《道教史探源》一书中，汤一介先生写了一个《序》。在《序》中，汤一介先生认为“读柳先生的论著或有三点应该为我们所注意”。汤一介先生说的三点，简括起来就是：

第一，“柳先生的每篇论文都是尽可能地把相关材料搜集起来，分析比较，以求得最可靠之结论。”第二，“柳先生的每篇论文都有新意，提出一两个新问题作为其研究的课题。”第三，“柳先生写的论文则是通过解决具体学术问题来树立一种良好的学风”，而不是像“有些人动不动就想创造出能够解决一切宇宙人生问题的理论体系”[①]。

汤一介先生对于柳存仁研究风格的分析是严肃公正而恰如其分的。

（六）柳存仁一生给人们的启示

1995 年，柳存仁在天津百花文艺出版社重版他的唯一一部长篇小说《大都》的时候，写过一篇《前言》。这篇《前言》中有许多话是他已经八十八岁的人生经验的总结。其中有一段话，柳存仁说，“历史是不容易，其实也是不能够忘记的。因为它毕竟是生活的继续和连环。这样的环节，自然人们也有淡忘它的时候，但是，客观地说，它不曾断，也不会断”[②]。历史是继续和连环的，它是不容易忘记的，也不能够忘记的。这在一个社会、一个国家、一个民族，乃至于一个城市、一个家庭都是如此。同样，对于一个人来说，也是如此。柳存仁的一生的历史，柳存仁自己是不会忘记的，柳存仁工作过的学校和他的学生们也是不会忘记的。要把一个历史上发生过的事情硬是抹掉，要把一个不会忘记的东西硬要让它被忘记，这些都是不可能的，

① 柳存仁：《道教史探源》，北京：北京大学出版社 2000 年版，第 1—2 页。

② 柳存仁：《大都》，天津：百花文艺出版社 1996 年版，第 1 页。

而这也是柳存仁生前总结过的人生规律。

柳存仁的《道家与道术——和风堂文集续编》[①]里还有一篇他在1996年10月15日在香港浸会大学的《潘重规先生学术讲座》上的讲辞——《研究中国传统学问的门径和方法》。柳存仁讲词中的最后一句话是"我们要想多知道一点传统的事物,是想多知道一点我们自己。我们要想多知道一点过去,是想知道现在。"这句话也是柳存仁治学和人生的经验概括,他说得很对,也发人深省。

正是遵照柳存仁总结的这二条人生规律,本章节比较详细地记载了柳存仁的生平,评述他的功过。我们既不能因为他后半辈子的贡献而去故意掩盖和洗刷他青年时期的文化汉奸的罪行,也不能因为他曾经犯过的罪行而在服罪受惩坐监以后再贬低他后半生对于中国传统文化研究的功绩。

我们只是秉承柳存仁生前对治学和人生的经验总结,让后世的学人从柳存仁的一生经历中吸取教训,懂得人生和治学的道路需要自己去选择,自己去力行。生活在当今社会里,我们应该怎样选择自己的人生道路和怎样从事自己的事业,从柳存仁的过去和后来的曲折经历里,明白我们今天应该怎样为国家、为民族、为世界、也为自己去做个堂堂正正的中国人,做个踏实严谨、奋发上进的中国学人。

二、拉塞尔和芭芭拉的道教研究

澳大利亚的道教研究除了柳存仁以外,还有一些学者在做。

特伦斯·拉塞尔(Terrence C.Russell),1985年在澳洲国立大学以研究《真诰》而获哲学博士学位,他有英译《真诰》(*Songs of Immor tals:The Poetry of the Chen kao*)一部。后来,拉塞尔到日本京都大学进修。同年为法国远东学院京都分院院刊《远亚通讯》第二号撰文评论美国著名汉学家薛爱华的新作《时间之海上蜃景:曹唐的游仙诗》。1989年发表《顾况的道教挽诗》,载《唐研究》(*T' ang Studies*)第七辑。1990年在瑞士半年刊《亚洲研究》(*Asiatische Studien,Etudes Asiatiques*)上发表了一篇研究五代、宋初道士

① 柳存仁:《道家与道术》,上海:上海古籍出版社1999年版,第43页。

陈抟的长篇文章《陈抟在黄檗山:中国晚明的扶箕崇拜》。

芭芭拉·亨德里斯克(Barbara Hendrischke)。她是艾士宏的弟子,曾经在德国图宾根大学、威尔茨堡和慕尼黑大学学习古代西方文学及中国文学,还在日本京都大学人文科学研究所研究过早期道教历史。19 世纪 70 年代初,她曾经在德国慕尼黑大学任教,后来移居澳大利亚。她曾经是墨尔本大学高级讲师,后在麦奎利大学任教,现任新南威尔士州立大学的高级研究学者及中国史讲师。

芭芭拉在 1974 年在《威尔茨堡大学中国和日本学丛书》(*Wurzburager Sino-Japonica*)第一辑上发表了从语言学和哲学分析《文子》的论著《〈文子〉对道经的难点及理智的贡献》。1979 年开始用英文连续发表了研究《太平经》的论著。在《德国东亚自然与人类学会报告》(*Mitteilungen der Gesellschaft ftir Natur-und Volkerkunde Ostasiens*)第 75 号上发表了《〈太平经〉的起源和传播:非正式经典史》。同年,在瑞士举行的第三次国际道教研究会议上,芭芭拉宣读了论文《宇宙模式及其社会影响——〈太平经〉中的"自然科学"》(*Cosmological Patterns and Their Social Impact-'Natural Science' in the Scripture of General Walfare* [*T' ai—ping ching*])。20 世纪 80 年代,芭芭拉曾来华进行学术交流,访问过中国道教学会,还撰文报道刊登于加拿大中国宗教研究会的《通报》上。

芭芭拉教授移居澳大利亚以后,在道教研究领域里比较活跃。1996 年,她与澳大利亚国立大学的本杰明·彭尼(Benjamin Penny)合作写了《老君说一百八十戒:文本翻译与研究》,发表在美国杂志《道教资料》1996 年 8 月第六卷第二期上。

同年,芭芭拉还参加了北京大学主办的道家文化国际学术研讨会,宣读论文《〈太平经〉中财富和贫困的概念》。该文讨论了《太平经》中财产与贫困的定义,太平道的致富避贫的规划以及富人应有的社会作用。为了揭示经文的特点,她把《太平经》的观点与其他主流的观点作了比较。财富与贫困的问题主要是在《太平经》中存留的两节中论述的。两节都是天师与其门徒之间的对话,这并不是偶然的。芭芭拉认为《太平经》分析了汉末山东南部一个地区内的社会经济情况,《太平经》为政治活动提供了创造性的独特纲领。因为《太平经》其他部分很少涉及社会问题,所以,它的观点对中国政治思想的影响很轻微。由于内容没有超过道教传统的架构,所以《太平经》的思想被贬斥为无足轻重的迷信。

2007 年 1 月,美国加利福尼亚大学出版社出版了芭芭拉教授的专著《关于太平经——太平经和道教的开端》(“*The Scripture on Great Peace—The Taiping Jing and Beginnings of Daoism*”)。这是西方学者第一本对于早期道教经典《太平经》的分析和解读。芭芭拉教授认为,《太平经》是中国古代一部有关宗教及政治思考的伟大著作。《太平经》的起源和汉朝统治的最后几十年的社会动乱、知识重新定向和对革新的需求相关联。作者展望一个和平、和谐及公正的社会时,他们像黄巾军和其他反叛运动者一样对社会持批判看法。而道教正是从这样一个批判、革新和思考环境中开端的。《太平经》中涉及的社会主题包括了对一般社会福利的设立、妇女及非汉族群组融入社会的需求的期望,乃至于有关疾病及旱夭中的自救。这些主题都和早期道教时代的下层民众生活有关,也和道德哲学方面紧密相关。《太平经》的观点基于《老子》中的看法,也反映了汉代末期知识与政治情况。这些观点在道教兴起和早期发展中都起到了很重要的作用。芭芭拉著作的一部分向读者介绍了国际上对《太平经》的成书时间、作者和经文结构的研究情况,另一部分则是对《太平经》原文所作的带有大量注解的翻译。由于《太平经》中的观点和想法在当时是很前卫的,芭芭拉教授的注解从更具知识性和历史性的环境解释《太平经》的重要思想。芭芭拉教授的注解与中国传统的训诂式的注释不同。她采用了西方语言学上对西方古典经文进行注解的方法,就是对于需要解释的经典,通过建立一个历史和知识的平行通道作出辨别和阐释,这就保证了对《太平经》的理解达到比较高的水平。这种语言学方法也使读者能够完全理解《太平经》中的论证方法及其哲学目的。罗素·柯克兰曾经这样评价芭芭拉及其著作,“没有一个西方学者像亨德里施克那样给予《太平经》以如此深入而细致的注意。在过去的四分之一世纪里,她无疑是关于这一问题的西方领先的专家。亨德里施克不仅是对历史和文字本身的性质具有权威,而且在几乎所有相关的历史资料和问题上都具有首要的权威。亨德里施克全书中贯穿了广泛的知识领域。

她的论点是非常引人注目的,对经文的翻译是不厌其烦地准确,熟练而细致,并且颇有启发意义。全书的每一页都有精彩美妙的新内涵以及新花絮。"

芭芭拉教授在2007年曾赴中国西安和香港参加"国际《道德经》论坛",发表了论文《韩非眼中的〈老子〉:〈老子〉管理思想导读》。2009年芭芭拉还到北京参加了首届国际老子道学文化高层论坛。芭芭拉教授的主要研究课题是早期中国史与宗教史,特别是道家和道教史。过去几十年中,她发表过有关淮南子、文子及韩非子等对《道德经》解释的研究著作和论文。而她的主要精力则是研究《太平经》并且发表了有关《太平经》研究的著述。她的道教的研究,无论是观点还是方法,在国际学术界中都是有成就的。

第七节 德意等国的道教研究

德国与意大利在道教文化研究方面也有许多学者在努力开拓。两国情况有所不同,但都有令人关注的成果问世,尤其是马克斯·韦伯的成就更是为世人所瞩目。

一、传教士和外交官对道教的研究

在18世纪前,德国一些介绍中国知识的书,大多是天主教芳济各会的传教士写的。其中的代表人物是汤若望和基尔彻。

汤若望(Johann Adam Schall von Bell,1592—1666年),号道未,出生于贵族之家,自幼受到传统的德国教育。1611年入罗马耶稣会的圣安德雷奥修道院学习,钦佩利马窦和金尼阁在中国传教的经历。结业当上神父以后,经葡萄牙到中国传教。崇祯三年(1630年)被召到北京。由于编成《崇祯历书》,修造天文仪器,获得明清儿朝皇帝的重视。明崇祯帝曾赐"钦褒天学"的匾额。清兵入关以后,清顺治帝赐汤若望任钦天监监正,兼太常寺卿,赐"通玄教师"称号,官至一品。康熙三年(1664年)曾受诬入狱,获释后,病逝北京。汤若望居住中国四十余年,有《汤若望回忆录》3卷,记述有关中国传教事。

基尔彻(A.Kircher,1601—1680年)则在1667年出版了《图说中国志》,图文并茂地介绍中国的宗教和风土人情。此书在17世纪时曾在欧洲广泛流传。在1730年,拜尔(Bayer,1694—1738年)也出版了《中国博物志》。这类传教士写作的书只是介绍中国的常识,还称不上是汉学研究。

克拉普罗斯(Klaproth,1783—1835年),14岁时学习汉文,21岁时在俄国的戈洛夫金赴华使团中担任翻译,还曾在恰克图学习蒙文和满文。1814年法国巴黎开设汉学课程时,德国的克拉普罗斯就参加了听讲。1815年克拉普罗斯开始在巴黎从事汉学研究。1828年,克拉普罗斯用法文翻译出版了满语本《太上感应篇》。1833年又以法文发表了论文《关于中国道士的宗教》。因此,可以认为,克拉普罗斯是德国汉学研究道教的第一人。

19世纪的中后期开始,德国汉学家中开始有人专门研究中国道教。

奥古斯特·普菲兹默尔(August Pfitzmaier,1808—1887年),在1869至1885年间,先后在《维也纳科学院学术报告》上发表了《道士的长生愿望》、《关于道教信仰的某些命题》、《中国道教学说的基础》等论著。在这些论著中,普菲兹默尔引用了不少唐代道士有关养生的著述。

传教士花之安(Ernst Faber,1839—1899年),在1865年到达香港,1886年到达上海,在德国侨民中传教,并从事汉学研究。其后发表了多篇有关儒家思想研究的论文,被誉为"19世纪最有造诣的汉学家"。1873年,花之安出版了德文版的《中国宗教学导论》,1879年又出版了该书的英文版。1884年和1885年,又发表了《道教》和《道教的历史性质》等德文的论文。

1881年,德国的汉学家加贝莱兹(Gabelenz,1846—1885年)在《中国报导》上发表了有关《庄子》、《文子》的论文和英文论文《老子的生平和教义》。

1892年,德国的柏林大学开设了"东亚语言讲座",由葛禄伯教授主持。葛禄伯(Wilhelm Grube,又译为顾路柏,1855—1908年),德国汉学家,1855年出生于俄罗斯圣彼得堡,1874年至1878年在圣彼得堡大学学习汉语、满语、蒙古语和藏语。1878年时,葛禄伯到德国莱比锡大学学习,并在1880年提交博士论文。1883年,葛禄伯任柏林民族博物馆的助理,并在柏林大学任教。1897年,葛禄伯和妻子一起来到中国北京,直到1899年。他在北京从事研究工作,对于中国的民俗和民间信仰作了调查研究,并且获得大量收藏品。当他回到德国时，他的藏品全部被柏林民族博物馆收藏。葛禄伯先后发表过论文：《中国的宗教和文化》、《中国古代的宗教》等。他的《道教创世神话》，翻译了道教的《列仙传》，研究了作品的语言，还据此分析了道教的创世说。葛禄伯研究了中国的民间信仰和“八仙”的形成，发表了《中国民间宗教对佛教的影响》、《厦门的中国民间之神》、《北京人对死之利用》等。葛禄伯最为有名的工作是将中国古典神话小说《封神演义》的前四十八回独立翻译成德文。德文本《封神演义》的后半部分翻译是由赫伯特·马勒完成的。

1912年，德国柏林大学正式开设了“汉语讲座”，负责这一讲座的是荷兰汉学家格鲁特（Groot，1854—1921年）。格鲁特原是负责印度的殖民地事务的官员，后以研究中国的道教闻名于世。他在1892年至1910年间出版的《中国宗教大系》六卷，成为后世汉学家们必读的名著。1903年至1904年，他又发表的《中国宗教受难史》二卷，也成为世界汉学的名著。除此以外，格鲁特还用英文发表了《中国的宗教》，后来被翻译成为德文。

在柏林大学从事汉语讲座的德国学者还有奥托·弗兰克（Otto Franke，1863—1946年）。弗兰克中文名福兰阁，1888年抵达中国，在德国驻华使馆学习翻译。1890年以后担任译员和领事。1907年在德国汉堡大学任汉语教授，主持汉堡大学的中国语言和文化讲座，后转任柏林大学。弗兰克的研究工作十分广泛，主要著作是《中华帝国史》（五卷本），其中也有丰富的道教内容。他对于中国宗教的研究有《1900年中国宗教学图书》和《1909年中国宗教学图书》，发表在1910年和1915年的《宗教学档案》杂志上。对于欧美学术界来说，这项基础工作对他们的中国宗教研究非常重要。1945年北京的德中学会出版了弗兰克的《关于中国文化与历史的讲演和论文集》，其中就有他的道教研究的论述。

继弗兰克之后，福克（Forke，1867—1944年）也到北京学习汉语，之后也从担任译员开始走上了汉学研究之路。1903年至1923年，福克任柏林大学东方语言学院中文教授。1924年后，任汉堡大学中文教授，专事中国哲学研究。1939年，福克的《中国中古哲学史》出版，其中收有《中国的神秘主义》、《作为哲学家和炼丹家的葛洪》等文章。

在德国的汉学研究中,影响较大的人物还有卫礼贤。卫礼贤原名为理查德・威廉(Richard Wilhelm,1873—1930年),来中国后取名卫希圣,字礼贤,亦作尉礼贤。卫礼贤出生在斯图加特,四岁时丧父,因家境困难而进入基督教神学校。1895年,卫礼贤通过神学职业资格考试,被授予斯图加特修道院所属教堂(主教堂)的牧师职位。1897年作为魏玛差会的传教士来华,一直在青岛传教。第一次世界大战前,卫礼贤就翻译出版了《老子》、《庄子》和《列子》等道家著作,后任德国驻华使馆的文学顾问。法兰克福大学的中国研究所成立时,卫礼贤出任该研究所的中国语言教授。卫礼贤认为《老子》是一本"关于道德和生命"的书,而《庄子》则是包含着神秘主义的内容。除了上述道家书籍以外,卫礼贤还著有《实用中国常识》、《老子与道教》、《老子、孔子和墨翟——中国哲学的奠基人》、《歌德与老子》、《中国精神》、《中国文化史》、《东方——中国文化的形成和变迁》、《中国哲学》和《〈太乙金华宗旨〉译注》(英文本书名:*The Secret of the Golden Flower*)等等。著名心理学家荣格(Carl G Jung,1875—1961)还专门为《〈太乙金华宗旨〉译注》一书,写作了《序言》,其后该书还出版了英文本。卫礼贤对于汉学研究的贡献是巨大的。为了纪念他,波恩还专门成立了卫礼贤翻译研究中心。

二、马克斯・韦伯的道教研究

马克斯・韦伯(Max Weber,1864—1920年),德国著名的社会学家、历史学家、经济学家和政治家,出生于东部的艾尔福特,毕业于海德堡大学法律系,1889年以《论中世纪贸易交往》获得博士学位,先后任教于柏林大学、弗莱堡大学、海德堡大学、慕尼黑大学等校。德国社会学的创始人之一。马克斯・韦伯的全部研究成果,汇编成为《宗教社会学论文集》三卷。第一卷中包括有名著《新教伦理与资本主义精神》以及《世界诸宗教之经济伦理》。马克斯・韦伯对于道教的研究,就是在"世界诸宗教之经济伦理"的总框架之下,作为其对于世界宗教伦理研究的成果的一部分。而对于世界诸宗教的经济伦理的研究,又是他对《新教伦理与资本主义精神》研究的补充。马克斯・韦伯认为,西方世界在宗教改革以后所形成的基督教新教,对于西方近代资本主义的发展起了促进作用。因为新教伦理不仅和资本主义精神有着一种内在的亲和力，而且是导致资本主义制度形成的决定力量。马克斯·韦伯的《儒教与道教》一书的本意，是要论证中国之所以没有成功地发展出像西方那样的资本主义，是因为缺乏一种宗教伦理可以作为推动资本主义发展的有力的“杠杆”。不过，马克斯·韦伯并不懂得中文，他只是利用当时西方世界从传教士和殖民活动中已经知道的一点点有关中国的知识以及少量的被译介过去的儒教和道教的书籍作为研究的依据。因此，马克斯·韦伯的汉学研究水平与中国知识的局限性和片面性是不言而喻的。

《儒教与道教》分为三篇。

第一篇是“社会学的基础”，分章论述中国社会的经济和政治制度，即：“城市、君侯与神祇”，“封建国家与俸禄国家”，“行政与农业制度”，“自治、法律与资本主义”，指出中国的政治制度、血缘关系、农业制度和法律制度存在许多不利于资本主义发展的条件。

第二篇“正统”，分章论述中国社会正统的价值体系——儒教，即“士人阶层”，“儒教的生活取向”等。马克斯·韦伯认为中国的士人阶层“无疑是中国的统治阶层”，他们所代表的正统的价值体系就是“儒教”。儒教“纯粹是俗世内部的一种俗人道德”，“它只不过是为受过教育的世人确立政治准则与社会礼仪的一部大法典”。

第三篇“道教”，马克斯·韦伯依据的是葛禄伯的《中国人的宗教与文化》以及格鲁特的《天人合一论：中国之宗教、伦理、国家制度、科学的基础》。韦伯认为道教受到儒教的排斥，在中国被视作异端。他说：“在士人与其敌对势力的斗争中，我们总是看到道教徒站在反对派一边。”韦伯提到道教天师张陵，称其后代“在汉朝衰微不安的时代，创立了一个组织。这个组织有其管理机构、税收与严格的强制性的政治纪律，并成功地与政治当局相抗衡”。韦伯注意到道教在开创时以儒教的异端的面目出现，道教中人起初作为君侯与士大夫的反对者，这是完全正确的。不过，韦伯认为道教和儒教尽管是对立的，但是它们同样信奉传统主义，因此，道教和儒教一样，同样不可能成为推动出现资本主义的“杠杆”。

从道教研究的角度来看，必须指出的是，马克斯·韦伯对于道教的研究，事实上并没有超出当时欧洲汉学家的研究水平和一般认识。韦伯称：

"道教是一种绝对反理性的、坦率地说是一种非常低下的巫术性、长生术、治疗学与消灾术。"①这种看法是19世纪末西方传教士和20世纪初欧洲的有基督教、天主教信仰背景的汉学家们的普遍的看法。因此,马克斯·韦伯这样的说法是毫不令人奇怪的。他从宗教组织的角度分析,认为"道教不过是个巫师的组织。佛教,就其传入中国的形态而言,也不再是早期印度佛教那样的救赎宗教,而变成实施巫术与秘法的僧侣组织。因此,道教与佛教,至少对俗人而言,没有成为在社会学上具有决定性意义的宗教团体"。他从宗教教义的角度分析,认为道教的教义虽然不同于巫术的粗陋和"普遍主义"的理论,但是,它并没有更理性地产生作用,也没有形成一种抗衡力量。韦伯的分析,完全是以西方宗教作为参照系的,于是,在韦伯的眼里道教只是一大堆巫术、长生术、治疗术以及消灾术等的堆砌物,尽管韦伯看到了道教属于俗人的宗教,曾经与儒教正统相对立。

三、第二次世界大战前后的德国道教研究

第二次世界大战前夕,德国的汉学家纷纷离德而去。其中就有卫礼贤之子卫德明(Hellmut Wilhelm,1905—1990年)。卫德明出生于中国青岛,后在北京大学教德语,一直主持北京的德中学会工作。1948年赴美国,任华盛顿州立大学东方学院教授,著有《中国思想史和社会史》、《中国的社会和国家:一个帝国的历史》等。由于卫德明曾协助其父卫礼贤翻译《易》经的工作,因此,卫德明还著有《易》经译解,后被译成英文本,并以讲授《易》学闻名于世。其对于西欧的《易》学研究的影响保持至今。同时,厄克斯(Erkes)著有《道教的起源》和《道士的起源》等。第二次世界大战以后,德国的汉学研究起初并不景气。近二十年来,德国的大学中学习汉语的学生数量逐渐增加,汉学研究也逐渐恢复开展起来。不过,德国的汉学研究主要是研究儒家和宋明理学,这与德国学术界的观念论传统是一致的。德国在战后对道教的研究,既是战前对道教研究的继续,又是受到邻国法国的道教

---

① [德]马克斯·韦伯:《儒教与道教》,洪天富译,南京:江苏人民出版社1995年版,第222页。

研究的影响。

沃尔夫冈·弗兰克(Wolfgang Franke,1912—2007年),中文名傅吾康,汉学家奥托·弗兰克之子。1937年来华,在北京的德中学会作研究工作。1950年回国,任汉堡大学教授,著有《明史书目题解》、《中国革命百年史》和《中国和西方》等。傅吾康的道教研究著述有:《"三一教"及其在新加坡和马来西亚演变述评》、《林兆恩述评》、《黄石公研究》、《中国和幸福的希望——中国思想史中的天堂和理想国》、《面对中国》、《葛洪的内丹学说》、《今日台湾的中国石祖崇拜》和《中国哲学史》等。

沃纳·艾科恩(Werner Eichhorn,1899—1990年),对于中国文化、中国宗教和道教都有不少研究,著述很多。其中有:《〈庄子〉第二篇中的道教思辨》、《孙恩叛乱和早期道教反叛概述》、《张角起义和张鲁政权考》、《太平和太平道》、《中国文化史》、《佛道二教在宋代的价值及其法律地位》、《中国的宗教》和《中国古代宗教和国家崇拜》等。

约瑟夫·蒂尔(Joseph Thiel),以研究元史为主,著有元代的佛道论争的著作《佛教徒和道教徒,元蒙时期的纠纷》以及《〈庄子〉的认识论问题》和《〈道德经〉中道的概念》等。

维尔茨堡大学的汉斯·施泰宁格(Hans Steininger,1920—1990年)教授,以研究关尹子和《文始真经》著称于世。1965年,他在维尔茨堡大学开设远东文献讲座,并创建了中国学研究所,直到他1986年退休。1979年,汉斯·施泰宁格与法国施舟人教授合作,参与了国际的《道藏》提要研究工作。另外,施泰宁格教授也是日本道教学会的国际会员,同日本东京大学东洋文化研究所和早稻田大学文学部有密切关系。1985年,在施泰宁格65岁生日时,曾出版了纪念文集《东方的宗教和哲学》,共收有论文30篇,区分为道教、佛教、其他宗教和哲学等四个部分。其中关于道教的有:《岳阳与吕洞宾的"沁园春"——宋代的炼丹诗》(巴德里安—胡赛因)、《"五通"中祭祀变迁史》(锡德齐希)、《〈西游记〉中对炼丹的解释》(戴思博)、《天师确认天意的方法》(芭芭拉·亨德里斯克)、《东华帝君在道教传承中的地位》(赖特)、《宋元道教徒中的三教合一》(贺碧莱)、《关于敦煌文书中所见道士的法位》(施舟人)、《郭宪的〈洞真记〉》(艾科恩)、《关于老君八十戒》

(施密德)、《彼世的许可证——后汉墓券中所见的冥界观》(安娜·赛德尔)、《早期道教的治疗礼仪与恶的问题》(斯特里克曼)。

战后的德国汉学家大多在法国或日本学习进修,有的就长期在法国或日本从事汉学研究工作,并且通常列在该国汉学家行列。安娜·赛德尔就通常认作法国的汉学家。有的则在学成后归国,巴德里安—胡赛因就是在法国的高等研究院学习研究道教的内丹学,并在1984年用法文发表了《灵宝秘法》的翻译与研究的博士论文。另外还有《吕洞宾的〈沁园春〉——宋代的炼丹诗》《北宋文学中的吕洞宾》《道教:总论》和《内丹》等。胡赛因回德国后,在维尔茨堡大学任教。

近年来德国也有一些学者关心道教的法术和道教的养生。例如,柏林洪堡大学中文系的教授弗洛礼安·莱特(Florian C.Reiter),也是洪堡大学亚非研究所的教授,中文名常志静。常志静以道教的仪式和法术,道教经典的考证为专长,2007年在亚非研究所的研讨会上,他发表了《道教的目的、手段和信念》《道教雷法的基本条件》的论文。2008年又发表了《〈老子〉的跨文化阅读》的文章。2007年,常志静教授还到台湾做了《道教雷法现状》的专题研究。

德国维尔茨堡大学教授法辛·巴尔德林(Farzeen Baldrian),也是海德堡大学助理教授,中文名胡法心。她的研究专长是北宋道经翻译、北宋文学中的吕洞宾研究、黄帝内经和中国道教等。1992年,胡法心以“一般道教和台南特别熟练的道士”为题,在台湾研究3个月。2003年,胡法心对由戴维·俞(David Yu,中文名俞检身)翻译的卿希泰教授主编的《中国道教史》(四卷本)的第一卷译文发表了评论。在2007年《通报》第93期上,胡法心发表了《杰出的明晰,中国早期道教的炼金术》。

四、意大利的道教研究

意大利是欧洲的文明古国。在很长的一段时间里,由于经济、政治和文化的原因,特别是宗教的原因,意大利一直在欧洲占有重要的地位。意大利的航海和海上贸易也比较发达,所以,意大利人的目光早就投向了东方。

意大利最早介绍中国的书,大约就要数《马可·波罗游记》了。一般认为,马可·波罗是一位旅行家,出生在威尼斯的商人家庭,大约在1271年,他跟随父亲和叔父经过两河流域和伊朗高原来到中国。1275年抵达中国的上都,受到元世祖忽必烈的重视,在元朝做官17年,还曾经到中国各地游览。1292年,马可·波罗从海路回到威尼斯。在1298年的威尼斯与热那亚战争中被俘,在狱中口述他的东方见闻,记录下来成书,就是《马可·波罗游记》。游记讲述了中国土地的富庶,城市的辉煌以及文明的高度发展。尽管学术界对于马可·波罗是否实有其人,或者他是否真的到过中国等都有疑问,但是,《马可·波罗游记》的出现并受到关注,反映了意大利和古代欧洲人民关心东方人民和东方文化是确凿无疑的。

意大利早期从事汉学研究的都是天主教传教士,其中最为特出的自然是利玛窦。

利玛窦(Matteo Ricci,1552—1610年),9岁时进入天主教耶稣会的小学学习,16岁时到罗马学习法律,21岁时加入耶稣会,在罗马接受神职教育,同时学习数学。1577年,25岁时在葡萄牙里斯本的科因布拉大学学习葡萄牙语,翌年就被派到印度果阿传教。1580年升职为神父,1582年奉耶稣会命到澳门学习中文,1583年跟随耶稣会士罗明坚到广东肇庆定居,在中国内地建立了第一个传教会所。

利玛窦为了适应中国社会生活,削发,穿僧服,自称僧人,给自己定居的会所起名为“仙花寺”。移居广州十年后,利玛窦又改装儒生。1589年,利玛窦在韶州,请人讲授《四书章句》,然后用拉丁文意译成书。一般认为,该书是《四书》最早的外文译本。利玛窦为该译本写了《序》,他称颂儒家的伦理观念,将“四书”和罗马哲学家塞涅卡的名著相提并论。塞涅卡曾经担任过皇帝的老师和大臣,塞涅卡还认为善恶问题是哲学的唯一对象,他主张人要确保自己道德的进步,就要每天自己反省,要助人为乐,要宽恕别人,要惩罚做坏事的人,但是不能过度,等等。塞纳卡的经历和主张确实同孔子有某些类似之处。

1595年,利玛窦穿着儒服从广东北上,抵达江西南昌。在南昌,利玛窦结交官府、儒生,一边传教一边传授西方天文、地理等科学知识,并且完成了第一本中文的天主教教义著作《天学实义》。1597年,利玛窦被任命为耶稣会中国传教会会长。1598 年，利玛窦以进贡方物、协助修正历法为名北上，后因为未获批准而回返南京。在南京期间，利玛窦结交徐光启、李贽等达官名人。1601 年徐光启获准赴北京，向明神宗进贡天主图像、天主母像、天主经、珍珠镶十字架以及自鸣钟、万国图志等。明朝廷因为利玛窦通晓天文地理等知识，授予官职。自此以后，利玛窦得以公开向明朝官吏文人传授各种西方知识。他的《山海舆地图》被多次刊印。1610 年，利玛窦死于北京，享年 58 岁。耶稣会士加莱格尔曾经评价利玛窦，“他把孔夫子介绍给欧洲，把哥白尼和欧儿里德介绍给中国”①。

利玛窦在晚年的时候开始撰写他本人在中国传教的经历。利玛窦写的经历材料，后来经过金尼阁整理，并且翻译成拉丁文，1615 年在德国的奥格斯堡出版，书名题为《基督教远征中国史》，后来又陆续出版了 4 种拉丁文版，3 种法文版，德文版、西班牙文版和意大利文版各 1 种，英文摘译本 1 种。直到 1942 年，完整的英文版《十六世纪的中国——利玛窦札记》才正式出版。利玛窦的意大利文原稿后来在耶稣会罗马档案馆被发现。1910 年，在利玛窦逝世三百周年的时候，二卷本的《利玛窦神父历史著作集》正式出版。根据利玛窦原稿，他的传教历史记述原来题作《中国报导》。1942 年和 1949 年，《利玛窦全集》三卷本出版，其中第一卷就是《中国报导》。1983 年，中华书局翻译出版该《中国报导》时，定名为《利玛窦中国札记》。

《利玛窦中国札记》的第一卷全面概述了当时中国明朝时期的国名、土地、物产、政治、科技、宗教和风俗习惯等。第二卷至第五卷记述利玛窦和当时其他传教士的传教经历和活动。对于利玛窦的概述，加莱格尔也有一个评价，他说，“中国人的高贵品质，他们对自由、秩序和学识的热爱，他们对宗教的热忱，以及他们对正义和伦理观的敏感，再没有比利玛窦自称对中国人的风俗、法律、制度及政体的概括研究中所阐明的，表述得更清楚的了”②。从利玛窦对中国的总体态度来看，应该说，加莱格尔的评价大致是不错的。

---

① 《利玛窦中国札记》“英译者序言”，北京：中华书局 1983 年版，第 32 页。
② 《利玛窦中国札记》“英译者序言”，北京：中华书局 1983 年版，第 35 页。

但是,利玛窦毕竟是受派遣来“远征”的天主教传教士。他的使命就是到中国来开拓天主教的阵地,要与中国传统宗教争夺教徒,从这一意义上说,利玛窦对于中国的佛教和道教,乃至于儒家信仰都不可能持有公正而客观的立场。在《利玛窦中国札记》的第一卷第十章“中国人的各种宗教派别”里,利玛窦就讨论了中国的儒教、释迦和道教。利玛窦称这三者是“与其他异教教派不同的三种迷信”。对于道教,利玛窦认为,“他们的书籍叙说着各种胡言乱语”,“从这类胡说,人们可以很容易得出结论,在他们的谵语里注入了多少欺骗”,“道士们的特殊职责是用符咒从家里驱妖”,“这些骗子所预言的事儿乎无一例外地全都是错的”,等等。① 这些看法表明利玛窦对于道教只是表面的接触,并没有做过深入研究,特别是对于道教的教义缺乏完整的了解,而只是将道教看作是中国人迷信习惯的积聚。这种观点在相当长的时间里直接影响了意大利的汉学家以及后来的传教士。他们或者对道教毫不感兴趣,或者将道教视作仇敌而加以诋毁和攻击。当然,这样一种看法,归根结底是利玛窦的身份和来华目的决定的,因此,也是可以理解的。《利玛窦中国札记》在总的方面有助于意大利的汉学研究,但是,从中国宗教研究的角度来看,它的推动作用是不明显的,甚至是有障碍的。

和利玛窦一样,其他来华的传教士也用意大利文或者拉丁文写作有关中国和中国人的著述,向欧洲社会或者教会系统介绍中国和中国人的种种。

郭居静(Lfizaro Catfino,1560—1640 年),耶稣会士,1594 年来华协助利玛窦传教。郭居静和利玛窦合作确定汉语的声调,并编撰了一部汉语读音辞典,著有学习汉语的论文。

龙华民(Nicolas Longobardi,1559—1654 年),耶稣会士,1597 年来华,在韶州传教。1603 年在韶州创建了中国第一座天主教教堂。龙华民继利玛窦之后任中国区耶稣会会长,曾发表《论中国宗教的一些要点》,认为中国人不知道灵魂,文人多不信神等,与利玛窦观点有不同。

殷铎泽(Prospero Intorcetta,1626—1696 年),耶稣会士,1642 年入耶稣会,1657 年随卫匡国来华到江西传教,后在杭州主持教务。殷铎泽与其他

① 《利玛窦中国札记》,北京:中华书局 1983 年版,第 110—112 页。

传教士一起著有《西文四书直解》,后在1687年在巴黎出版了《孔子——中国的哲学家》,包括四书的译文和孔子传记。殷铎泽还著有《关于中国崇拜的证据》。

卫匡国(Martin Martini,1614—1661年),17岁进入耶稣会,1643年来华在浙江传教。在1665年编绘和出版了《中国新地图册》,图册收有17张地图,包括中国的全国地图和分省地图。由于这些地图都是按照西方地图学的规范制作的,因此,这些地图的刊印使得西方世界对于中国的地理、人口和物产等都有了较为准确的了解。另外,卫匡国还发表了《关于鞑靼人的战争》和《中国历史的第一章》,分别讲述清王朝和史前中国的历史。

意大利传教士中,后来成为真正意义上的汉学家的是德礼贤。德礼贤(Pasquale m d' Elia,1890—1963年),意大利传教士,著名汉学家。曾任罗马大学汉语和中国文学客座教授。1933年,上海商务印书馆出版了中文版的德礼贤撰写的《中国天主教传教史》。在1934年,德礼贤出版了《第一种中文基督教学说的汉字历史》,在1939年又出版了《1583—1640年中国基督教艺术的起源》。德礼贤在1942至1949年间还亲自整理了耶稣会罗马档案馆收藏的利玛窦手稿,恢复了手稿的全貌,并且为三卷本《利玛窦全集》做了全书的注解和索引。对于中国宗教,德礼贤有自己独特的看法,他认为中国古代宗教原来是一神教,后来被佛教和道教的迷信所破坏。但是,这一观点并不符合历史事实,也未被世界汉学家们所接受。

意大利汉学界对于道教的兴趣是从第一本完整的《道德经》意大利文译本开始的。现存意大利文《道德经》的版本据传已经有11种之多了。第一种译本大约是由斯坦尼斯拉斯·朱利恩完成的。朱利恩的学生安特莫·塞弗里尼,后来成为佛罗伦萨大学的汉语教授。朱利恩的后继者卡洛·派尼开始对道教作初步研究,罗马大学的客座教授乔维尼·瓦卡也撰写过介绍道教外丹的文章,发表在1913年的《东方研究》上。

意大利汉学界对于道教开始作广泛研究,那是在成立了意大利中近东和远东研究所(Istituto Italiano per il Medio ed Estremo Oriente,简称ISMEO)之后的事。1933年在亚洲思想专家乔瓦尼·詹莱蒂(Giovanni Gentile)和朱塞佩·塔奇(Giuseppe Tucci)的倡导下,以促进意大利和亚洲各国之间的经济、政治和文化交流为宗旨的中近东和远东研究所成立。这个研究所前后经过四任所长，于 1995 年与罗马的非洲研究所合并，组成意大利非洲和东方研究所（Istituto Italiano per l'Africa e l'Oriente）。

朱塞佩·塔奇在 1922 年在博洛尼亚出版了《中国古代哲学通史》，在这本哲学通史的附录《老子和印度》里，塔奇批评了吉梅脱在 1904 年提出的老子学说起源于印度佛教或婆罗门教的观点。他采用自己翻译的道教哲学的片段同佛教学说相对比，表明老子和佛教经典的概念是截然不同的，因为道的概念包含着能量和物质的内涵，既是万物产生的根源，也是万物回归的渊泉。从教义理论上说，道教既不讲佛教的因果报应，也不讲佛教的轮回转世。

从道教的角度看，生命不是一种痛苦，而是一种必然。塔奇认为道教和佛教以及婆罗门教相比较，似乎同婆罗门教更为接近一些。当然它们的整个思想体系并不一致。1924 年，塔奇又出版了《颂扬道教》一书，在书里，塔奇为道教思想的独特性作了执着的辩护。塔奇的贡献还在于他尝试了将老子的思想同古希腊罗马的哲学家的思想相比较，开拓了欧洲汉学家研究中国古代思想的广阔前景。1946 年朱塞佩·塔奇在罗马出版了《宗教的亚洲》一书，书中全方位地介绍了亚洲的各种有影响的宗教，包括中国宗教（儒教、道教和民间信仰等）。从 1947 年起朱塞佩·塔奇出任意大利中近东和远东研究所所长，直到 1978 年退休。在塔奇的领导下，罗马在 1958 年又出版了三卷本的《东方文化》，其中介绍亚洲各国的历史、哲学、文学、艺术、科学以及宗教。中国宗教部分执笔人是莱昂内尔·兰乔蒂。

从 20 世纪 60 年代以后，国际学术界出现了道教研究的热潮。意大利虽然没有像日本、法国、美国那样形成研究规模，但是，也陆续出现了一些新研究人员和新研究成果。其中最有影响的是莱昂内尔·兰乔蒂和朱里诺·伯托西里。

莱昂内尔·兰乔蒂（Lionelle Lanciotti，？—2015）曾经是德礼贤神父的学生，他的汉学研究是在丹麦汉学家高本汉指导下开始的。1951 年时，莱昂内尔·兰乔蒂还在荷兰的莱顿大学进修过。1957 年，在《中国》杂志上发表了论文《现代中国的道教》。1960 年时，创建了威尼斯大学的汉学研究中心，后来又改为威尼斯大学的印度和远东系的汉学学部。1981 年时，莱昂内尔·兰乔蒂将马王堆帛书《道德经》翻译介绍给了意大利读者。这本译著在1993年时还曾经重印过。1984年和1987年,莱昂内尔·兰乔蒂将他主持的学术会议论文汇编成五卷出版,其中和中国以及中国道教有关的就有《第三世纪至第十世纪的亚洲宗教》、《威尼斯与东方》等。

朱里诺·伯托西里(Giuliano Bertuecioli,1923—2001年),中文名白佐良,也曾是德礼贤的学生。从青年时期起就投身外交生涯,先后在中国、日本、韩国、越南等国家工作和生活十余年。20世纪60年代,他两次有机会回意大利从事研究和教学工作,却又被召回外交部出任公职。但是,白佐良始终没有放弃对中国文化和道教的关心。1953年他在《东方研究》上发表《有关道教白云观使用火刑的情况》,考证了1946年原白云观方丈及其俗家秘书被道士按火刑处罚的情况。1974年,他在游览江苏茅山以后,在《东方与西方》杂志上发表了《茅山的回忆》,描述了历史上的茅山道观的盛况。1985年,白佐良再访茅山,在同一刊物上发表了《再访茅山》,记述了茅山在"文化大革命"中遭到的破坏。在法国施舟人教授领衔主持《道藏》提要的研究工作以后,白佐良成为施舟人的《道藏》研究班的意大利小组的负责人,校订《道藏》目录、索引并与其他意大利学者一起编写《道藏》所收经籍的提要。在20世纪80年代,白佐良发表了一系列道教研究文章,如《利玛窦与道教》、《古代中国的神秘主义》等。1995年,白佐良终止了教学和研究,离开了他工作15年的罗马大学,2001年去世。

参加施舟人的《道藏》研究班的意大利学者,除了白佐良以外,还有艾尔弗雷德·卡多纳(Alfredo Cadonna,1948—)。卡多纳毕业于威尼斯大学。1977—1978年在荷兰莱顿大学汉学研究所学习,是白佐良的弟子。现在是威尼斯大学的汉学副教授,博士,契尼基金会和威尼斯大学的东方学院的秘书,敦煌文献的专家。卡多纳侧重研究中国唐宋时期。1982年,卡多纳在《中国》杂志上发表了《佩里奥学院收藏的两卷敦煌手稿中有关西王母的片断》,1984年在威尼斯出版《皇帝般的道士:一卷源于敦煌手稿的十二片断》,这是对敦煌卷S6836有关叶静能道士生活片断的注解译本。1992年,卡多纳还在《中国》杂志上发表了《有关唐代道士叶静能和叶法善的资料目录》。2009年,由施舟人领衔组成的《中华五经翻译》国际学术合作工程委员会开始启动翻译工作，卡多纳也是该工程委员会的成员之一。

从20世纪80年代起，意大利出现了一批从事道教研究的青年汉学家，其中已经取得成就的有法布里齐奥·普雷加迪奥和莫妮卡·埃斯波西托等。

法布里齐奥·普雷加迪奥（Fabrizio Pregadio），在1981年大学学习期间，普雷加迪奥就在《中国》杂志上发表《最新道教研究入门》和《王充与道教》等文章。1983年以论文《〈论衡〉的语言：第24卷"道虚"的注解和语法分析》毕业于威尼斯大学。从1986至1994年，普雷加迪奥在荷兰莱顿进修，后又在日本京都大学人文科学研究所山田庆儿和吉川忠夫等教授指导下从事中国古科学和道教内外丹的研究。1986年，普雷加迪奥在《中国》杂志上发表了《中国炼丹术词典——梅彪〈石药尔雅〉的笔记》。1987年，普雷加迪奥将葛洪的《抱朴子内篇》的1、4、11、16至19卷翻译成意大利文，以《太清药：葛洪〈抱朴子内篇〉》为书名在罗马出版。1990年，普雷加迪奥在京都出版的《远东亚细亚研究纪要》杂志第5期上发表了二篇书评《马王堆医书》和《最近两本道教"养生"书》。同年，普雷加迪奥在那波里的东方大学大学院获得博士学位。他的博士论文是《黄帝〈九鼎神丹经〉与它的传统》，其中包括有《黄帝〈九鼎神丹经〉》的译注。这篇论文后来收在山田庆儿编的《中国古代科学史论》第二册中。1993年在《中国》杂志第24期上发表长文《道藏：一部研究和参考诸书的指南》。1995年又在《远东亚细亚研究纪要》第8期上发表《（周易参同契）中时的象征》，同时在加拿大《中国宗教杂志》第23卷上发表文章评介法国贺碧莱著作的英译本《道教的冥想：茅山上清传统》。1996年在德国《华裔学志》第44期发表《中国炼丹术：一个西文中的注释书目》。同年，在威尼斯，普雷加迪奥出版了《〈周易参同契〉：从〈易经〉到金丹》，该书介绍了《道藏》中各种《周易参同契》的注释本，译注了《周易参同契》的重要段落，分析了《周易参同契》和《龙虎经》、《金碧经》、《古文参同契》的关系。普雷加迪奥也是欧洲研究中国协会、意大利研究中国协会、中国宗教研究会、唐朝研究会的成员，他是目前意大利汉学家中发表道教研究著述最多的一位，也曾经参加了施舟人的《道藏》研究班，撰写了一些《道藏》的提要。从1996年起，普雷加迪奥一直在大学教书，他先后任教于威尼斯大学、柏林科技大学、美国斯坦福大学和加拿大的麦吉尔大学。

在斯坦福大学教学工作时期，法布里齐奥·普雷加迪奥完成了西方道教研究历史上的一件大事，主编了英文版的《道教百科全书》(*The Encyclopedia of Taoism*)，由英国劳特里奇(Routledge)出版社，在2008年出版。该书分为二卷，按照传统的百科全书编写体例，收有800余条目。书前有英国亚非学院巴雷特(Barrett)教授的序言。第一卷包括概论和从A至L的条目。在概论部分有法布里齐奥的"导论"以及概论条目，包括"道家"、"道教"概念，道教经籍，道教组织，道教仪式和法术行为，道教和中国社会，道教和中国文化，中国以外的道教，道教的宇宙观，道教思想，道教的天地，道教神仙，道教人物，以及附录。附录包括道藏经目，道教研究的参考书，道教研究的一般文献，中国历史年表，罗马拼音和汉语拼音对照表。参与全书编写的作者有美国、法国、德国、英国、荷兰、意大利、澳大利亚、日本、中国大陆和台湾地区的四十六名道教学者。全书编撰前后用了12年的时间。有评论认为《道教百科全书》是高质量的，汇集了最新的研究成果。

莫妮卡·埃斯波西托(Monica Esposito，1962—2011年)，1962年莫妮卡出生在意大利热那亚，4岁时合家移居帕多瓦。高中毕业后，她到威尼斯大学学习中文和中国哲学，还到中国上海的复旦大学和比利时的根特大学学习。莫妮卡1987年毕业于威尼斯大学，其毕业论文是《中国气功的实践——当代流派和原著的介绍》，后来补充了道教与气功关系的内容，在1995年帕多瓦出版了专著《气功：新的道教五息功流派》，书中还附有完整的《五息阐微》的译文。1988年以后，莫尼卡赴巴黎大学远东研究系在贺碧来教授指导下，深入研究道教内丹学，完成了硕士论文《〈道藏续编〉内丹文献介绍》，论文除了有《道藏续编》的文献内容外，还附有清代高道闵一得(1758—1836年)所述的祖师传记。论文的一部分以《〈道藏续编〉中龙门派的内丹文集》为题，发表于1992年威尼斯的《东方大学学院年刊》。从1988年以后，莫妮卡多次来到中国上海，在上海社会科学院进修，研读《金盖心灯》等全真龙门派重要文献。1993年，莫尼卡完成了博士论文《金盖山龙门派和〈道藏续编〉中的内丹法》。博士论文根据《金盖心灯》等文献，重建了全真龙门派的谱系，指出《金盖心灯》在叙述龙门派第一至第四代祖师传略时，多有不实之处，就连第一代祖师赵虚静的生卒年月都有错误，说明作者有意篡改。莫尼卡认为，“正统”的龙门派系谱的真正创始人应该是第八代祖师王常月（1522—1680 年），尽管道教中人一向自称龙门派是由丘处机创建的。其次，根据《金盖心灯》中将道祖东华帝君的名字从全真道的王玄甫改成龙门的李元阳的事实，莫尼卡认为龙门派的内丹学说和炼丹方法同全真南宗有密切关系。1995 年，莫尼卡在威尼斯发表了《回归源头——明清内丹词典的构想》（收于《中国文化研究的原始资料》一书）。1996 年，莫尼卡在罗马又出版了《炼气之术》，向意大利读者通俗地介绍了明清道教的内丹炼气学说，叙述了龙门派西竺心宗的历史，并且全文译注了清代高道闵一得的《二懒心话》。

在博士后的研究阶段里，莫妮卡曾经先后在威尼斯大学的印度和远东研究系，法国高等研究院和日本大阪的关西大学从事研究工作，并在 1998 年成婚后定居日本京都。2003 年起，莫妮卡在京都大学人文科学研究所任助理教授、副教授等职，在麦谷邦夫教授领导下，参与“三教交涉研究”的共同研究班活动，在 2005 年发表了《清代道教和密宗——龙门西竺心宗》的文章，并且在 2010 年发布了《道藏辑要》的研究计划。这个计划规定，由莫妮卡主持，在日本京都大学人文科学研究所执行。这个研究计划一公开，就得到日本、中国大陆和港台地区学者的支持和响应。可是，这个计划还没有正式实施，莫妮卡就匆匆离我们而去。可以肯定地说，在当代的意大利研究道教的学者中，莫尼卡虽然不能说是最优秀的，但是她的认真、勤奋和扎实是有目共睹的。

意大利的汉学研究虽然有了相当久的历史，但是，其道教研究还处在开创阶段。目前意大利还有一批学者，他们分别在法国、英国、日本和中国学习或从事道教研究工作。可以期望，新一代意大利的汉学家，会在汉学研究和道教研究中做出优秀的成果来。

第八节 俄罗斯的道教研究

俄罗斯是中国北方的邻国，自古以来就同中国有经济和文化上的交流。

因此历来重视对中国问题的研究。不过，俄国对于道教的研究是与沙皇俄国入侵中国、东正教传入中国同步开始的。

一、俄罗斯道教研究的四个阶段

俄罗斯对于道教文化研究，大体经历了四个阶段。①

第一阶段，从18世纪到19世纪上半叶初创期。这个阶段以俄罗斯东正教会驻北京传教士团的成员为骨干，他们同时接受沙俄外交部亚洲司的领导和政府宗教管理机构圣教院的控制。其成员大多经过圣彼得堡大学和喀山大学的培养，也有个别是自学成才的。他们一方面收集中国的政治、经济和民情风俗的情报，一方面学习汉语、满语、藏语及其文字，从事汉、满、藏文的材料和书籍的翻译活动。初创期的活动大致只是涉及中国政治经济以及宗教文化的一般情况。1728年中俄《恰克图条约》签订后，沙皇俄国政府获得了派遣传教士来华活动的权利。到第一次鸦片战争前后，沙皇俄国先后共派遣了二十批传教士团和“学生”随员前来中国。1807年东正教传教士亚金甫（N.Yakinf Biehurin，1777—1853年）来华，亚金甫的中文名是毕丘林。毕丘林在北京留居十多年，结交清廷权贵和蒙藏上层人物，搜集了大量中国图书资料。据传他回国时带回去书籍和文物，数量超过了传教团带回的图书资料的总和。毕丘林以研究元蒙历史和古代中亚史地而闻名于世，也发表了一些有关道教的文章和专著。1842年，毕丘林在俄国的《祖国之子》杂志上发表了《老子及其学说》一文，文中称：“人民的宗教是由纯粹的哲学学说蜕化而来，道教的历史便是例子”。同年，在圣彼得堡，毕丘林出版《中华帝国统计集》，书中称：“老子的道德学说是和孔子学说对立的”，老子的继承者“脱离了老子的思想方式，构成了新的原理”，并且创立了道教。

1818年8月，沙俄政府训令在华东正教会，规定“今后的主要任务不是宗教活动，而是对中国的经济和文化进行全面研究，并应及时向沙俄外交部

① 本节曾参考过郑天星先生执笔的《当代道教》第三部分第二章第三节“俄罗斯的道教研究”中的内容。

报告中国政治生活的重大事件”。同年，沙俄外交部中文翻译卡缅斯基（P. I.Kamenski，1765—1845 年）改任东正教在华传教士团的团长，他于 1815 年把满文版的《太上感应篇》译成了俄文，并在 1819 年赠送给皇家图书馆馆长，1821 年他又将《太上感应篇》的节译本发表在国民教育部的杂志《国民教育》上。

第二阶段，19 世纪下半叶至 20 世纪上半叶奠基期。随着对中国政治、经济和民情风俗的深入了解，东正教会传教士团的成员逐渐开始关心和研究中国的道家思想和道教活动。司祭奇维特科夫（P.Chvitkov）在 1857 年《俄罗斯东正教会北京传教士团成员报告书》第三辑发表的一篇《论道教》认为，老子是道教的奠基人，他的道德学说和伊壁鸠鲁的学说有某些共同之处，并且反对把老子学说神秘化。1840 年随第十二届（1840—1849 年）传教士团来京的魏（王）西里（V.P.Vasilyev，1818—1900 年）是这个时期的主要代表人物。魏（王）西里于 1837 年在喀山大学历史系东方语专业毕业，来北京后学习梵语、蒙语、藏语、满语，致力于研究儒、佛、道三教，1850 年回国，次年任喀山大学教授，1855 年起任圣彼得堡大学教授，1866 年起被选为科学院通讯院士，十年后又当选为院士，成为俄罗斯汉学研究的奠基人。魏（王）西里于 1873 年在圣彼得堡出版的《东方的宗教：儒教、佛教、道教》一书，书中阐述了宗教的神秘主义同老子的哲学结合在一起，“道教的各种体系之间的共同关系，就在于反对儒教，并且把一切不满现实的人联合在同一的旗帜下”，在神秘主义者解释的老子学说中找到了这一思想基础。魏西里在圣彼得堡创办了俄罗斯的第一所中国学校，后来这所学校成为圣彼得堡大学东方语言系的基础，培养出了一批汉学家。其中格奥尔基耶夫斯基（S.M.Georgievski，1851—1893 年）在 1885 年出版的《中国历史的初期》一书中写道：“在《道德经》中，‘道’字用以标志太初的混沌，而理性是这种混沌所固有的”，“按照老子的学说，这个可以看得到的世界的多样性并不是别的，而是永恒的、统一的、绝对的‘道’的生命的显现。‘道’是宇宙的物质，是宇宙的力，又是宇宙的理性”。1888 年，他在《中国人的生活原则》一书中指出，《道德经》的哲学学说远远超过希腊最早的唯物主义者的学说，他还批评了黑格尔否认中国有哲学思想的说法。在 1892 年，他发表了《中国人的神话观念和神话》一书。波波夫(P.S.Popov,1842—1913年)也是该校的毕业生,他除了研究西藏佛教外还出版过一本《中华诸神》(1901年)。莫斯科东正教神学院教授格拉哥列夫(S.S.Glagolev)在他1901年出版的《中国的宗教》一书中介绍道教时说:"'道'是道路,又是这道路的遵循者,'道'是万物所遵循的道路。""'道'不是所创造的,因为'道'自己就是永恒的存在。'道'是一切,又什么也不是,是因,又是果……'道'是万有的自然法则与万有的显现。""万有的法则乃是一种智慧,这种智慧的实现就是福。"19世纪70至80年代的俄国大文豪列夫·托尔斯泰(L.N.Tolstoy,1828—1910年)的思想发生了"激变",他同他原先的俄国统治思想的传统观念决裂,企图在耶稣基督的教义和东方古代哲学,特别是在中国的老子和孔子的学说中,寻找生活的真理,企图以此建立自己的新生活和新思想。托尔斯泰从1877年起开始研究老子的著作,对老子产生了很大兴趣,并准备翻译《道德经》。1884年3月6日他在日记中写道:"翻译老子,难以像我们所希望翻译的那样好。"1893年9至10月,他同波波夫一起根据德文译本翻译老子的《道德经》,1895年他校订了在俄国研究神学的日本人小西氏翻译的《道德经》。1910年他又出版了自己编选的《中国贤人老子语录》,封面上印有老子骑着青牛的图,就在这本书里,他还写了《论老子学说的真髓》一文。托尔斯泰非常欣赏老子的"道"和"无为"的思想,据此,后来他就从中生发成为他主张的"不用暴力抵抗邪恶"的理论,主张用"无为"对待一切事物。1913年他与他人合作翻译出版了《老子道德经或关于道德的书》。这是公开出版的第一部《道德经》的俄文译本。

第三阶段,20世纪上半期至60年代为发展期。这个时期的俄国社会的政治文化发生了剧烈的变动,中国社会经历了动乱和战争连绵不断的复杂变化。俄国对于中国的研究随着社会形势的剧变也发展了起来。对于道教文化的研究,俄国,或者说苏联,以大汉学家、翻译家阿列克谢耶夫(B.M.Alekseev,1881—1951年)及其弟子为代表。已故的陶奇夫在《道教:历史宗教的试述》一书的"绪论"中指出,"在道教研究中发挥了巨大作用的苏联汉学学派的奠基人B.M.阿列克谢耶夫及其学生K.K.弗鲁克、A.A.彼得罗夫,特别是楚紫气，他完全可以称得上是我国首席道教史学家”①。阿列克谢耶夫早年师事法国汉学家沙畹。他本人曾经在1906至1909年和1912年两次来华考察，足迹遍及大半个中国，收集了大量图书资料，著有不少关于中国宗教文化的著作。其中涉及道教的论著有《中国民间宗教中的佛教》(1919年)、《中国民间宗教》(1929年)、《中国民间绘画中的神和鬼》(1929年)、《中国年画是社会的定购品和阶级的履行物》(1936年)等。他的著作出版目录中，在1925至1945年间，还列有《试论〈老子〉的编纂》、《论中国的宗教体系》、《论欧洲汉学中的〈易经〉问题》、《道教的超人说》、《中国最高的龙崇拜》等。1982年，俄罗斯科学院东方学研究所出版了他的文集《东方学：论文和文献》。阿列克谢耶夫的学生中以楚紫气(Yu.K.Shuchmki，1896—1938年)最为出名，他于1928年发表过《佛教中的道士》、《道家经典〈列子〉研究》，还翻译过葛洪的《抱朴子》，完成了《易经》俄文译稿。1938年楚紫气蒙冤而死。经过汉学界的努力，楚紫气的《易经》俄文译稿直到1960年才得以在莫斯科出版。1993年，东方学所的科布泽夫(A.I.Kobzev)博士修订了楚紫气的译本，出版了第二版，由原来的423页增至606页，印数达10000册，满足了俄国汉学界和俄国社会的迫切需要。此外，什库尔金(P.V.Shkurkin，1868—1948年)在1926年《亚洲通报》第五十三期上发表了《道教概略》。驻华外交官彼得罗夫(A.A.Petrov，1907—1949年)研究过王弼的哲学，1936年出版了《中国哲学史论》。1946年马拉库耶夫(A.V.Marakuev，1891—1955年)在《托姆斯克师范学院学术丛刊》第三期上发表了《阴符经——中国哲学史的一页》，此文还附有该经译文和注释，同时对国外的《阴符经》的译注作了评论。1948年华裔学者杨兴顺将《道德经》译成俄文，并于1950年出版，这是第二个《道德经》俄译本。《道德经》的第三个俄译本是由旅居巴西的俄国诗人佩列列申(V.F.Pereleshin，1913—1992年)于1971年完成的。这个译本是根据1949年郑麟的《古籍新编·老子》英译本转译的，用俄国诗律译出，对各章顺序也作了大调整。1990年科学院远东研究所所刊《远东问题》第三期曾将译文全部发表。佩列列申的青年时代

① 陶奇夫著，邱凤侠译：《道教——历史宗教的试述》，济南：齐鲁书社2011年版，第9页。

曾在哈尔滨和上海居住长达十年,曾经写诗把中国当作自己第二故乡。据报道,1996 年在莫斯科出版了鲍鲁什科(O.Borushko)的俄译本《老子道德经》,这是《道德经》的第四个俄译本。这一时期,由于苏联的宗教政策影响了东方学家对于道教的研究工作,因此,苏联对于道教的研究只是集中在道教的基本经典《道德经》的研究上,而对于道教这一宗教的历史和诸多要素的研究则并不重视,也未见重要成果问世。

第四阶段,1970 年起至今为开拓期。俄国社会和中国社会都发生了巨大的变化。两国的宗教政策也相应出现了改变。俄国的汉学家对于中国宗教特别是道教的研究也出现了转机,表现出前所未有的热情和关心。莫斯科东方学研究所中国部开始召开"中国的社会和国家"学术年会,十余年间先后共举行了 20 次,会后由科学出版社出版论文报告集一至二册。据统计,其中有五十余篇论文涉及道教史、道教哲学、道教与武术、道教与佛教、道教与儒教、道教与民间宗教、道教心理学等诸多领域。这一变化也反映在该所出版的文集《道和道教在中国》(1982 年)、《伦理和礼仪在中国》(1988 年)以及其他个人著译之中。例如,波兹德涅耶娃(L.D.Pozdneeva,1908—1974 年)的《中国古代的无神论者:唯物主义者和辩证家》(1967 年初版,1993 年再版改名为《中国贤人》)、波尔什涅娃(Y.B.Porshneva)的《白莲教信仰:1796—1804 年民众起义的意识形态》(1972 年)、波麦兰采娃(L.E.Pomerantseva)的《晚期道家论自然、社会和艺术》(1979 年)、司徒洛娃(E.S.Stulova,1934—1993)的《〈普明宝卷〉译注》(1979 年)、阿巴耶夫(N.V.Abayev)的《佛教禅宗和文化心理传统在中世纪中国》(1983 年)、马利亚文(V.V.Malyavin)的《庄子》(1985 年)及卢基杨诺夫(A.E.Lukiyanov)的《道德经:前哲学和哲学》(1989 年)、《道教的起源:中国古代神话》和《东方哲学的形成:古代中国和印度》(1992 年)等。

1991 年苏联解体后,莫斯科和列宁格勒(1991 年恢复原名圣彼得堡)的汉学研究更是以新的面目出现,开始继承俄国汉学原有的积淀和传统,追随国际范围对道教研究的趋势,扬弃了教条主义的研究框框,涌现了一些新的研究成果。老一代汉学家有新作,年轻一代汉学家开拓了新领域,道教研究呈现出别开生面的势头。

二、俄罗斯道教研究的代表性成果

纵观俄国道教研究的历史和现状,有以下一些主要研究成果值得关注:

《中国古代哲学家老子及其学说》,杨兴顺著,1950 年苏联科学出版社出版,1957 年中国科学出版社出版杨超的中文译本。全书由导论和正文等六章组成。导论综述老子思想在中国古代哲学史上的地位。第一章讲道德经思想发生时的社会历史情况。第二章介绍老子其人及《道德经》一书。第三章论"道"的学说的唯物主义本质。第四章论《道德经》的伦理学说。第五章叙述西欧资产阶级论《道德经》。第六章分析革命前的俄国和苏联对《道德经》的研究。最后是附录:《道德经》俄文今译序、《道德经》俄文今译。该书作者杨兴顺(Yang Hsing-shun,1905—1989 年),华裔学者,原籍浙江。1933 年毕业于共产主义社会科学教师大学。1933 至 1939 年任教于海参崴远东中国列宁学校。1939 年在共产主义专修班任教兼翻译。1941 至 1946 年在全苏广播委员会任职。1948 年进入科学院哲学研究所工作,任东方哲学和社会学研究室主任。曾以《〈道德经〉的哲学学说》和《中国古代唯物主义思想》获哲学副博士、博士学位。著有《中国哲学史论》(1956 年)、《马克思列宁主义在中国胜利奋斗史》(1967 年)、《古代中国的唯物主义思想》(1984 年),主编《中国古代哲学》(1990 年),等等。

列·谢·瓦西里耶夫撰写的《祭祀、宗教、传教在中国》和《东方宗教史》两书,分别于 1970 年和 1983 年在莫斯科出版。前一本是对中国古代宗教、儒家、儒教、道教、佛教和混合宗教的介绍和论述。后一本书有 21 章,前 6 章是对中国的古代宗教、儒教、道教、佛教和藏传佛教等的介绍。前一本书在第四章中,阐述了道教起源、老子和道的学说、庄子和列子、道教的"无为"原则、道家哲学和作为宗教的道教、中国古代神话、道家神话的变化、长生不死说、成仙的基本手段和方法、护身符和炼金术、占星术和占卜术、土卜、巫术与医学、道教与黄巾起义、道教徒的神权国家、道教与佛教、中国中世纪的道教思想和理论、"民间"道教和道教万神殿、神仙、道教的衰落与变化等。后一本的第十七章论述道教。作者从道教哲学,秦汉(公元前 3 世纪至公元 3 世纪)的道家,农民道教的"黄巾"起义,道教教主的神权国家,道教关于成仙，道教徒的“伪科学”——炼金术、占星术、土占术、医学，中国中世纪的道教徒，道教的上层和下层，道教的万神殿等 9 个方面，阐述了对道教认识。该书作者认为古代祭祀和迷信、信仰和仪式及所有神灵、英雄和仙人都交织在一起，因此道教满足了民众的各种各样要求，道教在形而上和众多神灵面向感情范围的功能，弥补了儒教的枯燥性和理性主义的欠缺。这两本书的作者都是列·谢·瓦西里耶夫（L.S.Vasilyev）。瓦西里耶夫，1930 年生于莫斯科，1953 年莫斯科大学历史系毕业，1958 年获莫斯科大学历史学副博士学位。1974 年获同校历史学博士学位。1956 年起为莫斯科东方学研究所研究员，1967 年为高级研究员，1979 年任教授。瓦西里耶夫的著作已出版有 120 余种，专门研究中国传统文化和文明起源，撰写了多卷本《古代中国》，1995 年已出版第一卷《史前史：商殷·西周》，主编过几本有关道家、道教的书，如《道和道教在中国》（1982 年）、《伦理和礼仪在中国》（1988 年）等。

《道和道教在中国》是 1982 年出版的论文集。论文集由科学院东方学研究所列·谢·瓦西里耶夫教授和叶·鲍·波尔什涅娃博士主编。文集收有研究论文 14 篇，其内容分为三部分：第一部分分析古代道教的理论结构及其在中国中世纪意识形态中的表现，论文有戈罗霍娃（G.E.Gomkhova）的《早期道教的普救说》、别洛泽罗娃（B.G.Belozerova）的《〈道德经〉中的器象征》、马利亚文（V.V.Malyan）的《庄子的哲学：清心寡欲》、托尔奇诺夫（E.A.Tortchinov）的《六朝时期道教演变的主要方面：根据葛洪〈抱朴子〉》、科布泽夫（A.I.Kobzev）的《王阳明和道教》、马尔蒂诺夫（A.S.Martynov）的《明代文化和林兆恩（1517　1598）的道教主题》。第二部分论述道教和印度教—佛教观念在中国和日本的相互关系，论文有瓦西里耶夫的《道和大梵天：最初至高普遍性的现象》、格里戈利耶娃（T.P.Gfigoryeva）的《道教和佛教的世界模式初探》、伊格纳托维奇（A.N.Ignatovich）的《日本的佛教和道教：论相互关系和评价的问题》。第三部分阐述道教思想影响中国文化和社会政治生活的各种形式，论文有戈利金娜（K.I.Golygina）的《三至六世纪的中国志怪小说和道教》、扎娃茨卡娅（Y.V.Zavadskaya）的《道教性漫游诗》、谢罗娃（S.A.Serova）的《道教的生活观和戏剧（十六至十七世纪）》、阿巴耶夫（N.V.

Abayev)的《中国武术的道教根源》、波尔什涅娃的《民间宗教运动中的道教传统》。该书受到学术界的高度评价,有人认为文集中大多数论文结合世界汉学的研究成果,高水准地对实际材料和版本资料进行理论上的总结,是俄国的中国学、历史哲学和宗教学研究中的不同寻常水准的体现。

《道教:历史宗教的试述》,陶奇夫著,1993 年在彼得堡出版。2011 年齐鲁书社出版了邱凤侠翻译的中译本。这是俄罗斯中国学研究中的第一部道教史专著。全书分为四个部分①:

"绪论",作者陶奇夫开门见山提出了一个问题:"什么是道教",指出对于这个问题的回答,目前中国和世界范围的学术界还是"各种各样"的。其原因是"对现象研究的不足,史料选择的片面性,史料范围不宽泛",同时,也是因为道教本身的特点的复杂性决定的。陶奇夫分析了法国的、英国的、中国的以及俄罗斯、苏联的道教研究的历史和现状,认为"在汉学中,道教是真正需要科学认知的对象,所以必须从了解其特点过渡到通过认识、分析来'掌握'它,并予以明确和澄清。归根到底,道教从一个'秘密和不公开'的'神秘含混'学说成为中国传统文化中的一个科学认识方面,在传统社会中履行一定的职责,并在其结构中有自己的位置"②。

在第一章"道教研究的基本问题"中,陶奇夫认为道教研究的基本问题包括有:(1)道教的一致性问题;(2)道教——中国的民族宗教;(3)道教和民间信仰;(4)道教与国家;(5)发展的规律性:"哲学的"道教和"宗教的"道教;(6)道教的长生学说;(7)传统中国的道教和炼丹术;(8)道教学说总评;(9)道教思想:"玄学"的哲学和伦理学;(10)道教的宇宙生成学和宇宙学等。在"道教的一致性问题"中,陶奇夫主要探讨了道教研究的一般问题,例如,道家和道教传统之间的统一性,道教是中国的民族宗教,道教与中国历史上的国家和民间信仰的关系,道教在古代和中世纪中国的古科学形成中的作用等等。陶奇夫对于这些问题都给以论证。在"'哲学的'道教和'宗教的'道教"中,陶奇夫探讨了道家和道教的相互关系问题,并提出了他

① 四个部分的标题和内容,参照齐鲁书社出版的《道教——历史宗教的试述》的邱凤侠译文。

② 陶奇夫:《道教——历史宗教的试述》,邱凤侠译,济南:齐鲁书社 2011 年版,第 2 页。

解决这一问题的观点。在“道教的宇宙生成学和宇宙学”中,陶奇夫以道教的宇宙起源说和宇宙论观念为例,分析了道教世界观的基本特征,并构想了早期道家宇宙起源的体系。

在第二章“道教历史概述”,陶奇夫描述了道教从形成到现在的主要历史阶段:(1)道教起源问题;(2)帝国建立前和早期帝国的道教(战国、秦朝和西汉);(3)“天师”和道教“教会”(二至三世纪);(4)“天下分裂”的混乱时代的道教(四至六世纪);(5)唐、宋时代的道教:整合与变迁;(6)道教“改革”及其影响;(7)晚期道教(十四至十九世纪)和现代中国。在“道教起源问题”中,陶奇夫分析了西方和日本学者对于道教的起源说法,提出了他自己的观点,那就是“道教作为土生土长的中国宗教,起源于楚国、齐国和燕国的萨满信仰,公元前一世纪中叶开始脱离后者并逐渐形成”①。这个说法显然同目前中国学者的说法是有差距的。在对道教历史概述中,陶奇夫还有不少同国际范围的学术界不同的观点。

“道教史时期划分问题的基本结论”,是陶奇夫对他论述的许多问题的总结,同时,也对道教的历史发展提出了自己的展望。陶奇夫认为道教史时期的划分“基本上反映了道教史同中国社会史的主要阶段的联系。因此,统一和整合的过程通常是与统一国家的建立同步(尽管有时候滞后,但显然,与社会意识整体滞后于社会存在有关)。同时,由于社会意识有相当的自主性,道教的一些发展趋势由思想体系的各要素本身所决定,而不能被直接归结为历史的具体化”②。这最后一句话常常被人理解为这些思想要素的创始人的个人行为。

值得注意的是,陶奇夫在总结了道教历史发展以后,对道教今后发展的趋势提出了一个展望。这样的趋势展望在西方和日本的道教研究家的著作是非常少见的。陶奇夫认为道教进一步发展的趋势,包括:(1)道教的制度化和有组织整体化的过程将进一步深入;(2)道教的积极的形态构成的趋

---

① 陶奇夫:《道教——历史宗教的试述》,邱凤侠译,济南:齐鲁书社 2011 年版,第 194 页。

② 陶奇夫:《道教——历史宗教的试述》,邱凤侠译,济南:齐鲁书社 2011 年版,第 342 页。

势,将导致宗教生活的边缘化;(3)唯灵化和内省化趋势会逐渐加强;(4)道教对自身的哲学论述会继续保持混合化的趋势,但是会继续保持强烈的独立性。通过这些发展,道教将使自己"达到阶级社会的成熟宗教的水准"①。对于陶奇夫的说法,人们尽可以保持自己不同的看法和态度,但是,其中包含的丰富内容是值得人们重视的。

陶奇夫是中文名,陶奇夫的原名是叶·阿·托尔奇诺夫(E. A. Tortchinov,1956—2003年)。陶奇夫英年早逝,身后他被誉为俄罗斯杰出的汉学家、宗教学者、佛学家、中国哲学和文化史学家。1973年由于对中国文化的兴趣,他进入列宁格勒大学东方系中文专业。1978年毕业以后,在列宁格勒的国家宗教史和无神论博物馆读研究生,获得硕士学位以后,1981至1984年留馆工作。1985年以论文《作为历史民族学文献的葛洪〈抱朴子〉》获哲学副博士学位,并到东方学研究所列宁格勒分所任研究助理,从事道教研究。1990至1991年在中国进修。1993年10月以论文《道教——历史宗教的试述》获得圣彼得堡大学哲学博士学位。这篇论文在1994年和1998年先后两次出版,成为俄罗斯东方学研究的一个重要事件。1994年起,陶奇夫在圣彼得堡大学哲学系任教。1996年升为教授。1998年起任宗教哲学和宗教学室主任,1999年任东方哲学和文化学室主任。从1980年起,陶奇夫发表了大量涉及中国哲学和文化,特别是有关道教与科学、道教史分期、道教与国家等方面的论文,如《传统中国的道教和炼丹术》②。另外,还翻译出版了《〈悟真篇〉译注》(1994年),转译了英文版的《性命法诀明指》(1993年)。其中,《〈悟真篇〉译注》作为《东方文化作品丛书》第一辑由"圣彼得堡东方学中心"于1994年出版。《悟真篇》是宋代道士张伯端的内丹术名著,宣扬内丹修炼术和道教、禅宗、儒教"三教一理"的思想。后人翁葆光、戴起宗、董德宁、薛道光等多有注疏。陶奇夫的俄译本选用了董德宁的注本《悟真篇正义》作为底本,因为译者认为董本比较可靠。俄译本是继美国戴维斯(T. L. Davis)英译本之后第二种西文译本,不过陶奇夫认

---

① 陶奇夫:《道教——历史宗教的试述》,邱凤侠译,济南:齐鲁书社2011年版,第343页。

② 《彼得堡东方学》(俄罗斯)1992年第2号。

为,戴维斯的译本质量不高,注释中有不少错误,加上戴维斯不明内外丹的区别,译本多使用外丹语言,实际是不忠于原著的转述本,但是英译本的前言写得不错,戴维斯分析了张伯端的生平,提供了许多材料,具有一定的参考价值。俄译本前面有关于道教长生不死学说的长篇导读文章,还收入了《道藏》中的版画以及明清时期民间版画六十余幅。陶奇夫指出,《悟真篇》是专门阐述道教内丹的基本理论、修炼方法论和修炼实践的经典。内丹常被西方学者翻译为"道教瑜伽",称其为心理训练的复杂综合体,旨在达到道教的最终目的——长生成仙(不死、圆满和与万物统一)。内丹训练被当代人用于气功练习。当代气功界人士常常视张伯端的《悟真篇》为气功术的经典之作。从译文上看,译者把董德宁注本的自序及其"外篇"删去不译,对董注本作了技术调整,略有增减。书末附有参考书目:俄文图书与翻译资料以及中文、日文、西文图书资料名录。

陶奇夫在《〈悟真篇〉译注》的导读文章中阐述的问题有:首先是为什么说"成仙"是道教学说的核心,它是如何产生的,它与中国古代宗教信仰有什么关系。佛教传入后对道教的成仙说有何影响,成仙说形成的阶段。此外还要研究仙道即成仙途径,这些自然把成仙与道教的内外丹术联系了起来。陶奇夫提出了炼丹术的界定、炼丹术的起源及其历史分期、炼丹术与其他学科的关系及其与道教的关系、中国炼丹术与其他地区的炼金术形式(印度、阿拉伯)的异同。可以认为,陶奇夫的《〈悟真篇〉译注》吸收了英美学者对中国炼丹术的研究成果(包括英国的李约瑟和美国的席文的研究成果),陶奇夫的另外一本《性命法诀明指》,则是将1970年在伦敦出版的该书的英译本(*Taoist Yoga:Alchemy and Immortality*)转译成为俄文,1993年在圣彼得堡出版。《性命法诀明指》是全真龙门十一代祖师赵避尘(1860—?)所著的性命双修的功法。英译者是华人学者陆宽昱(Lu K'Hall-yu,1898—1979年),英译本书名意为"道教瑜伽:炼丹术与成仙术"。陶奇夫的译著是将英译本转译为俄译本。书前有长篇导读文章《道教和心理训练的传统中国体系》,译自该书英文版的序言。书末附有已故俄国女汉学家司徒洛娃所著的长篇论文《道教的成仙实践》(1984年)。

《道教伦理学》,是研究中国的精神及历史文化遗产的专著,由俄罗斯科学院远东研究所于1993年出版。这本书根据实际材料及道教经籍原著和故事性资料探讨道教的哲学,认为道教伦理思想是中国古代思想最深刻又神秘的方面。该书详细考察了道教思想体系中的伦理学范畴。此外,作者还探讨了道教的生活方式、中国人的现代思维风格、道教的伦理理想及其对中国艺术和民间创作的影响等。该书作者弗拉基米尔·阿列克谢耶维奇·克里弗佐夫(Vladimil Alekseevieh Krivtzov,1921—1985年),1940—1941年参加红军,1949年毕业于莫斯科东方学院。1950—1968年为驻华大使馆官员,曾任上海总领事。1968—1985年任远东研究所副所长,俄罗斯科学院远东研究所高级研究员,有《古代中国的伦理思想(前六世纪至公元二世纪)》(1963年)及论文《中世纪中国的伦理观点》等著述近四十种。他在生命最后日子里还在逐字逐句地对打字文稿进行加工,最后一章没有写完,来不及对稿件作复杂的编辑和对引文加详细注释,便去世了。为纪念他,远东研究所的同仁对其打字文稿进行了整理,并作了必要的注释和索引,交付出版。

《中国晚明的宗教运动:意识形态问题》,作者是叶·鲍·波尔什涅娃,1991年俄罗斯科学出版社出版。全书由引言、正文四章和结论组成。

"引言"指出,宗教运动是社会变革中人类永恒愿望的一种普遍表现,它期望有幸福的结果,相信这种事件发展的最高预定性,但这类渴望和信仰的组合从古代社会到今天这几千年具有巨大的多样性特点。千百年来,民间教派传统依靠自己的形而上学和充满巨大潜能的末世论曾是经常喷发的岩浆,它时而在灰层下不显形地流动,时而向外喷出,给现存的秩序和习惯了的价值体系构成威胁;同时宗教运动始终是中国文化不可分割的重要部分。如果不能多角度地研究这种现象,不能阐明它的类型,那么传统中国历史和中国文化的状况是不可能十分完整地认识和理解的。

正文第一章"宗教运动研究史",回顾了世界范围内汉学家研究中国教派运动的历史过程,重点放在20世纪60年代末以后。文中涉及中国、法国、荷兰、英国、日本、美国、加拿大、俄罗斯等国的著名学者,其中尤为重视加拿大奥弗迈尔(欧大年)、美国纳奎茵(韩书瑞)、中国李世瑜和喻松青的著作。作者指出,研究教派运动的专家有待于考察运动传统这个中国历史上的社会文化现象，同时需要把这一现象的根本特点、普遍得救思想、制度化倾向、从和平虔信主义到武装暴动的自然性及与此相适应的心理定向和理论标准联系起来。

第二章“宗教运动史上中国文化的精神传统”，共分“佛教与宗教运动之形成”、“宗教运动的道教根源”和“宗教运动末世论的起源”等三节，认为儒佛道三教对宗教运动的形成都有影响，任何宗教运动都有潜在的造反种子。

第三章“教派运动的宗教信仰体系之形成(十五至十七世纪)”，共分“明代统治前半期的宗教文化形势”和“宝卷在分裂教派教义发展和形成中的作用”二节，指出晚明中国社会的精神推动因素既存在于高级文化圈中，也表现在底层民众的小传统中，宝卷是教派运动表达自己宗教观念和目的的最成功形式。

第四章“运动在和平时期的宗教积极性、过渡到起义”。强调教门的宗教积极性呈多样性形式，同时维持了自身教义的主旨和价值，借虔诚活动和祈祷得救转向以武力得救是通过统一的宗教教义计划出来的。

“结论”部分表述了对中国宗教运动的总看法，认为它的生命力和长期性在于其形成五花八门的原始宗教观念的情况下，教派的宗教教义中必然有作为得救教义的主要思想核心，并符合人的存在需要，这就使这些运动成为晚明中国精神生活的主要内容之一。

作者叶·鲍·波尔什涅娃(Y.B.Porshneva)，生于1932年，1955年莫斯科大学历史系毕业。1963年以《白莲教会领导下的1796—1804年人民起义》获历史学副博士学位。1992年以这部著作获历史学博士学位，莫斯科东方学所高级研究员，被学术界誉为“研究中国教门历史的主要代表人物”。其他论著有《白莲教信仰：1796—1804年民众起义的意识形态》(1972年)以及《中国中世纪起义农民社会行为的情绪和动机的某些特点》(1973年)、《论实现儒家道德理想于“清官”概念中》(1977年)、《论“邪教”概念》(1978年)、《民间教派的社会作用及其解释理论》(1981年)、《中国千年王国运动的一些基本特点》(1981年)、《十九至二十世纪中国的民间宗教传统》(1981年)、《道教与中国民间宗教运动的思想》(1982年)、《论佛教禅宗对罗教的影响》(1984年)、《论“功夫”在民间宗教运动中的地位》

(1986年)、《论混合主义教派中的一个礼仪经文》(1987年)等40余种。《中国晚明的宗教运动:意识形态问题》这部力作得到科学院通讯院士米亚斯尼科夫(V.S.Miyasnikov)的高度赞赏。

同国际道教研究的潮流一样,俄罗斯宗教学界对于中国民间宗教问题也十分关注。另一位研究中国民间宗教的汉学家是马利亚文(V.V.Malyavin)。马利亚文生于1950年,中文名是马良文。1972年莫斯科大学亚非国家学院毕业,并留校任教到1988年。曾在新加坡(1972年)、日本(1982年)、中国(1988年)作访问研究,师事北京师范大学张紫晨教授。1977年以《公元3世纪中国的强大王朝和思想斗争》获历史学副博士学位,1988年7月获历史学博士学位。1985年起在科学院民族学研究所工作。苏联解体后转入远东研究所工作,从事中国民间宗教和民间信仰研究,著译有《阮籍》(1978年)、《古代帝国的灭亡》(1983年)、《庄子》(1985年)、《中世纪与近世之交的中国民族》(合著,1987年)、《旧中国的格言》(1988年)、《东亚各民族年度习俗和礼仪》(合著,1989年)、《孔子传》(1992年)、《庄子·列子译注》(1995年)以及《论中世纪中国民间文化的宗教方面》(1981年)、《再论中国分裂教派运动的本质》(1985年)、《二十世纪中国的混合宗教:传统与后传统》(1987年)、《论传统文明中民间宗教概念之界定》(1988年)、《佛教与中国传统:关于中国思想混合主义形成问题》(1988年)、《中国的传统信仰与混合宗教》(1991年)、《关于中国财神的起源》(1993年)等,共计有近百种。马良文撰写过专著《宗教在现代中国》。1993年来华作短期访问时,还在中国社会科学院世界宗教研究所同部分专家交流座谈。1994年该所主办的《世界宗教研究》第一期发表了他在那次座谈会上的发言,题为《中国民间宗教刍议》。他认为把民间宗教界定为“民间秘密宗教”不大合适,因为这种界定带有明显的政治色彩,应该称为“混合宗教”,它们是在中国传统宗教(佛教、儒教和道教)基础上,在宗教意识世俗化过程中形成的。晚期的民间宗教应视为某种文化形态的表现,具有特定的历史背景,在中国社会和文化中起了双重的、特殊的、自相矛盾的作用。民间宗教与传统是分不开的,但它又是传统的继续、传统的折射物。在20世纪,民间宗教在中国社会中的地位和作用发生了很大变化,传统制度的解体使之丧失了反对派的角色。这一观点也反映在他的长篇论文《在中国的诸混合宗教现象》①之中。

第九节　道教研究的国际会议

在各国道教研究逐步兴起的背景下,有关国际会议也陆续进行。关于这个议题,大体可以以 20 世纪 80 年代为界,划出前后相续的两个阶段。

一、道教研究国际会议的肇始

国际性的道教研究会议,是在第二次世界大战以后,道教研究受到国际普遍重视,而且人才济济、成果累累的情况下,首先由美国学术团体委员会发起召开的。会议全称英语为 International conference on Taoist studies。会议要求在各国轮流召开,旨在交流成果,促进研究。参加会议的都是各国著名的道教学者,会议的基本形式是到会代表先向会议提交论文散发与会学者。会上,每位专家对自己的论文再作扼要的介绍,接着由另一位专家作主要的评论性发言,然后,由其他学者提出问题进行讨论,最后,由原作者解答问题或表示意见。

第一次国际道教研究会议于 1968 年 9 月在意大利的佩鲁贾举行,由当时的哈佛大学东亚研究中心副主任韦尔奇主持。出席会议的都是欧美各国的专家学者。这次会议的论文后来发表在美国芝加哥大学出版的《宗教史》杂志第 9 卷第 2—3 期上(1969—1970 年),其中主要的有:《〈齐物论〉译注》(格雷厄姆)、《六朝时关于名教和自然的论争》(马瑟)、《释道安的般若本体论的道家的来历》(林克)、《早期道教的救世主运动》(安娜 · 赛德尔)、《关于中国炼金术的理论和实践的考察》(席文)、《宋元道教》(何丙郁)、《慧命经中道教的禅》(Miyuku)、《道教及其科仪传统》(施舟人)等。会议还充分展开了讨论,其论题包括有关于老庄思想和道教,关于道家和道教的关系,关于新道教,关于道教思想对佛教的影响,等等。参加第一次会

① 俄罗斯科学院远东研究所所刊《远东问题》,1997 年第 1 期和第 2 期。

议的代表一致认为对于道教以及整个中国文化的研究，各国都已取得一定的成果，应该对继续进行研究提出一个规划，规划的内容有十四项，即：(1)道教的宫观制度；(2)道教和民间宗教以及会道门；(3)道教徒和现代化潮流（特别是与基督教）的冲突；(4)1949年以后中国本土的道教；(5)道教和佛教，特别是与密宗的关系；(6)正统的道教和占卜术、占星术、医术之间的关系；(7)道教在艺术史上的地位（关于诗、绘画、陶器、音乐等等）；(8)道教在政治史上的地位；(9)道教的"来世"观念；(10)道教在降灵术、召魂术中的地位；(11)古今道教仪礼中存思术的地位；(12)房中术及其作为道教方术的历史；(13)道教各宗派的关系（清谈派和炼丹士，炼丹士和道教正统教派）；(14)道教思维方式的特点。

第二次国际道教研究会议在得到日本政府和三菱公司资助后，于1972年9月在日本长野县蓼科举行。参加会议的学者共14人，其中除了欧美的李约瑟、康德谟、施舟人、赛德尔、斯特里克曼、韦尔奇等人外，还有日本的宫川尚志、酒井忠夫等。会议有英、日语翻译，还有专家担负道教术语翻译和会议录音整理。提交给第二次国际道教研究会议的论文共13篇，另有背景文章2篇。其中有《道教炼丹术的社会内容》（李约瑟）、《晚明和前清社会的善书和平民教育》（酒井忠夫），《儒教思想家中的道教倾向》（杜尔），《"功过格"的作用的考察》（施舟人）等六篇已先期发表。另有九篇文章收入美国耶鲁大学出版的《道教的多面性——中国宗教论文集》一书中，包括《〈太平经〉的思想》（康德谟）、《论陶弘景的炼丹术》（斯特里克曼）、《孙恩叛乱时代庐山周围的民间信仰》（宫川尚志）、《从二世纪到七世纪的道家宗教化和民间宗教》（石泰安）等。第一、二次国际道教研究会议上都没有中国代表参加，尽管道教是中国的宗教。各国与会代表对此都感到遗憾。在筹备第二次会议时，由于许多专家提议邀请中国学者参加，当时的美国学术团体委员会主席弗兰德里克·伯卡特脱曾为此两次写信给中国有关主管单位。但是，当时中国正处于"文化大革命"的动乱之中，所以这样的邀请不可能得到应有的回应。

1979年9月，第三次国际道教研究会议在瑞士苏黎世举行。这次会议是由瑞士促进学术研究基金组织、苏黎世大学和巴黎法国远东研究院主办。

出席会议的有中、美、日、英、法、联邦德国、瑞士、荷兰等八个国家的专家共30人。会议的中心议题是道教与科学。主要论文有:《道教与科学》(席文)、《刘一明的哲学——道教精神修炼之研究》(宫川尚志)、《道教与中国历史上的反迷信运动》(酒井忠夫)、《抱朴子的科学思想》(村上嘉实)、《上清派运动及方士和不死探索者的传统关系之研究》(贺碧莱)、《道教与免疫学的起源》(李约瑟)、《〈无上秘要〉导言》(劳格文)、《宇宙模式及其社会影响——〈太平经〉中的自然科学》(坎德尔)、《中国道家到道教的演变和若干科学技术的关系》(王明)、《中国外丹黄白术考》(陈国符)等。在会议讨论过程中,关于道教、道教史和研究方法等,学者们提出了一系列的问题。一是有人认为道教中某些迷信思想是与理性主义相对立的,但有人却认为历史上某些神秘主义对科学的发展比理性主义更有价值;二是对于如何确定某些道教经典的年代问题,有人认为可以用韵文的韵脚和地理名称确定年代,但也有人认为还需要用其他的考证方法。20 世纪 70 年代末,国外在研究道家转化为道教中非常注意的是对《老子想尔注》和河上公《老子章句》这两部著作的研讨。对于前者的成书年代,有人认为是东汉张陵所作,有人认为是六朝人所作;对于后者,有的认为是东汉末期的作品,有的则认为是六朝人的作品。讨论尽管十分热烈,但是大部分问题并未充分展开。

二、20 世纪 80 年代以来道教研究的国际会议

随着拨乱反正,中国大陆宗教信仰自由政策得到正确的贯彻,中国道教的宗教活动逐渐恢复,宫观修复开放,道教研究工作迅速开展。从 1981 年以后,国外一些著名的学者相继到中国进行考察。国际道教研究活动也有了新的进展。

一是经常有双边和多边的国际性道教会议召开。

1985 年 9 月 30 日至 10 月 12 日,在巴黎召开了“道教和日本文化”国际讨论会,参加者除了法国、日本以外,还有中国、联邦德国和美国的学者。其主要论文有:《关于“天皇”名称确立的问题》(福井文雅)、《替身小考》(施舟人)、《关于“东方朔置文”的考察》(高桥稔)、《〈医心方〉养生篇的道教的性格》(坂出祥伸)、《四川省的道教——历史和现状》(李远国)、《中国

菩萨的变化——弥勒和布袋》(金冈照光)、《江户时代〈五岳真形图〉信仰的一个侧面》(山田利明)、《"祈安醮"的仪礼》(施舟人)、《道教的"性"的概念和儒教的"性"的概念的关系》(贺碧莱)、《关于"老君百八十戒"》(汉斯·霍尔曼·西贝尔)、《关于"十牛图"的禅的寓意的道教解释》(卡特林·塞斯皮克斯)、《临水夫人祭祀——福建道派一例》(珀里奇脱·帕鲁丝)等。从法国和欧洲的研究来看,主要有三个方面的内容:仪礼研究、民间祭礼研究和宋代道教特别是全真教研究。而日本方面的研究则侧重于道教传入史和道教养生学等。

1988 年 10 月 2 日至 13 日,在日本东京又召开了"日本和中国的宗教文化交流"学术讨论会,参加的主要是法国和日本的学者,其主要论文有:《绘札的札》(弗兰克)、《中国宗教文化(特别是符咒文化)在日本的传播和变化》(酒井忠夫)、《日本中世的神道和道教》(坂出祥伸和增尾伸一郎)、《阴阳道的历史发展》(中村璋八)、《儒教和道教的思想关系史上的玄学》(方达米休)、《中国和日本的密教中的道教要素》(三崎良周)、《关于佛教的论义》(奥伯脱)、《〈洞渊神咒经〉的祭仪传统》(穆瑞明)、《太极观念的地位和意义》(洛尼埃露)、《福建省的神话和萨满教》(伯瑟尔)、《日本民俗信仰中表现的"符咒"》(宫田登)、《中国传统戏剧中的王昭君戏》(邝庆欢)、《水陆斋会的神系》(希斯·凡露梦脱)、《灵宝科仪的展开》(施舟人)。日法两国都有悠久的汉学研究传统,两国道教学者的多次联合研究为开拓新的研究领域和研究方法创造了良好的条件。

二是多次召开一些道教的专科性国际会议。

1985 年 12 月 11 日至 15 日,由香港中文大学和香港中华文化促进中心联合主办的"道教仪轨及音乐国际研讨会"在香港中文大学举行。应邀的学者有 35 人,来自法国、美国、加拿大、澳大利亚、英国、联邦德国、日本、中国内地和香港地区等。其中有施舟人、苏海涵、劳格文、柳存仁、冉云华、包士廉、宫川尚志、田仲一成、陈国符、饶宗颐、卿希泰、陈耀庭、陈大灿等。香港报纸认为与会学者"俱为国际上研究精英"。研讨会专场放映了由上海道教协会和上海音乐学院联合摄制的《中国道教斋醮·上海卷》的录像片,受到全体代表和香港中文大学师生的热烈欢迎。提交研讨会的主要论文,包括如下系列：

道教史方面：《关于道教斋醮及其形成问题》（卿希泰）《步虚小考》（施舟人）、《南戏戏神咒"啰哩嗹"之谜》（饶宗颐）、《秦始皇与方士徐福和卢生》（宫川尚志）、《二十世纪道教大师陈撄宁》（韩涛）、《道教传统及其在新界农村中的位置》（福勒）、《闽南道教》（丁荷生）。

道教仪式及其音乐方面：《道教礼仪与祀神戏剧之间的关系》（田仲一成）、《消灾仪式》（包士廉）、《上海道教斋醮及其"进表"科仪概述》（陈耀庭）、《"玉音法事"线谱试解举例提要》（陈国符）、《宿启科仪：乐谱和录像以及安灵宝真文、收真文舞蹈》（苏海涵）、《台湾北部的法场》（劳格文）、《八仙贺寿：象征和仪式》（凯根）、《琴曲中道教影响》（梁铭越）、《同一道曲在各地流传中的变化》（陈大灿）、《道藏乐谱及其今日之演奏习惯》（波尔滋）、《香港农村醮场器乐曲》（陈永海）、《新界的道教科仪经文》（徐佩明）。

除了以上两个系列外，部分学者还提供了宗教理论研究方面的论文：《宗教仪式的文献整理与分析》（白克京）、《火坛：世界最古代的仪式》（司塔尔）、《人与宇宙之沟通：道教音乐的哲学基础》（冉云华）、《关于社会主义时期宗教问题的研究》（阮仁泽）。

作为第一次在中国土地上举行的世界性的研究中国道教的会议，会上讨论了道教对于中国文化及其传统道德的影响等一系列的问题。日本松元浩一在这次会议上指出：道教仪礼研究是中国学术研究的缺门，以这次会议为契机，这一领域的今后发展是"令人注目"的。继第一次道教音乐会议以后，香港中文大学又与圆玄学院等合作续开了几次有关道教音乐的研讨会。

1986 年 4 月 11 日至 13 日，美国夏威夷大学宗教系又举行了"全真道教斋醮仪式国际讨论会"，参加会议的有美国、日本、中国内地和香港地区的学者。会议的主要论文有：《全真教团史》（洼德忠）、《论"先天斛食济炼幽科仪"的历史发展及其社会思想内容》（陈耀庭）等。讨论会特别邀请香港圆玄学院的道长们赴夏威夷设坛行斋仪三天，向海外学者介绍了道教斋仪的全过程，并且由香港中文大学音乐系曹本冶教授介绍了道教音乐的形式和特点。会议气氛活跃，议论风生，具有鲜明的当代学术研究的特点。

可以认为，关于道教研究的国际会议，从 20 世纪 80 年代以后，不论是多边的或是双边的，都渐趋活跃。这一现象是同道教在中国大陆得到恢复和振兴，以及道教研究的国际化趋势相一致的。近二十年来，在中国大陆和世界各地召开的道教研究会议，大致可以区分为以下三类：

第一类是海峡两岸道教界和学术界的学术研讨会。1992年8月，中国社会科学院世界宗教研究所和台湾中华宗教哲学研究社在西安联合召开了"海峡两岸道家思想与道教文化研讨会"，有来自海峡两岸的专家学者55人出席。会后出版了会议文集《道家思想文化——海峡两岸道家思想与道教文化研讨会论文集》。1994年12月在台湾省嘉义县的中正大学举行"第一届海峡两岸道教文化学术研讨会"。1999年3月，在台湾嘉义召开了"第二届海峡两岸道教学术研讨会"。在此期间，海峡两岸由地方道教界举办的单一主题的研讨会，也经常有对岸道教界和学术界有关人士参加。两岸人士的学术交流活动日趋频繁和多样。

第二类是在中国内地和香港地区召开的不同范围不同主题的国际学术研讨会。在20世纪90年代，1992年10月在中国西安召开的中国道教文化研讨会，就有日本和法国的学者参加。1994年10月在中国江西鹰潭召开的中国龙虎山道教文化学术研讨会，就有法国和英国的学者参加。1994年12月，在中国成都，由四川大学与香港道教学院共同召开的中国道教文化学术研讨会议，除中国大陆、台湾、香港的学者参加外，还有新加坡、美国、韩国和日本的百余名学者参加。1996年8月由北京大学哲学系暨中国哲学与文化研究所、香港道教学院联合主办的道家文化国际学术研讨会在北京举行。除中国大陆学者以外，还有分别来自台湾地区、香港地区、日本、韩国、新加坡、马来西亚、美国、澳大利亚、加拿大、德、法、英、意、荷兰、比利时、瑞典、挪威、波兰、南斯拉夫等国的学者与会。二百多位研究道家和道教的国内外专家学者，围绕着"周秦汉时期的道家文化及其在后世的演变"的主题展开了热烈的讨论，提交论文多达150余篇。1998年12月，由中山大学哲学系和宗教研究所、北京大学中国哲学与文化研究所、国际道联会与香港道教学院联合主办的第二届道家文化国际学术研讨会，在罗浮山黄龙古观召开。会议收到论文103篇，有200多位来自亚洲、欧洲、美洲、澳洲的中外学者和同道参加。会议论文收入陈鼓应、冯达文编的《第二届道家文化国际学术研讨会论文集》。

正是在这一系列双边、多边和多主题的研讨会成功举办的基础上，中国道教界和学术界取得了举办大型国际研讨会的经验。于是，在21世纪开始就有了一系列大型的以道教文化为主题的国际研讨会在中国大陆举行。其中，最大规模的有三次。

第一次是国际《道德经》论坛。在2007年4月由中华宗教文化交流协会、中国道教协会主办，中国社会科学院世界宗教研究所、陕西省社会科学院道学研究中心、四川大学道教与宗教文化研究所、厦门大学道学与传统文化研究中心、宗教文化出版社协办，陕西组委会与香港组委会合力承办，以“和谐世界，以道相通”为主题的“国际《道德经》论坛”在西安和香港两地相继连续举行，来自17个国家和地区的道教界人士和其他宗教界人士、专家学者、工商界人士、文化名人等共350余位代表出席了论坛，另有200多位嘉宾观礼。论坛收到274篇征文，114万字，成书名为《和谐世界，以道相通》，由宗教文化出版社出版。

第二次是国际老子道学高层论坛。在2009年，在中国北京举行了首届国际老子道学高层论坛。论坛由中国老子道学文化研究会主办，中国道教协会、河南省周口市鹿邑县人民政府协办，北京道通公司承办。参加高层论坛的有20多个国家和地区的600多位专家学者。论坛围绕着“大道、科学、和谐、健康”的主题，以道家的智慧为解决当代人类面临的各种矛盾、冲突等问题献计献策。

第三次是国际道教论坛。在2011年10月，中国南岳衡山举行了国际道教论坛。来自20多个国家和地区的500余位嘉宾，齐聚湖南，论道衡山。国际道教论坛以道教文化为中心，进行不同思想、不同维度的沟通和交流。论坛期间，除了论坛大会发言，还有四场电视论坛和四场分论坛活动。论坛以“尊道贵德、和谐共生”的主题，从道教文化内涵、当代功用、发展远景等方面进行了广泛交流和深入探讨，阐释了道教基本教义在新时代的应用和价值，体现了道教界对当今世界和现实人生的高度关注，增进了海内外道教界的友谊与团结，产生了良好的社会反响。

在五年之中，连续举行这样大规模的道教国际学术研讨会，并且获得成功，大大提高了中国道教的国际声望，引起海内外对于中国道教的关注，同时，也引发了社会对于道教的生存和发展的反思，激励了中国道教界和学术界对于中华文化发展的责任感和自豪感。

第三类是中国内地和香港地区举行的一系列的不同专题的研讨会。随着道教文化的复兴，道教人才的培养以及道教发展中出现的问题。在近二十年内，中国道教界联合学术界举行了一系列不同专题的研讨会。这些研讨会有的有港澳台地区的人士参加，有的则是国际性的研讨会，有不同国家的道教界和学术界人士参加。例如：以“道教思想和中国社会发展进步”为题的专题研讨会，第一次在 2002 年在上海举行，集中研讨“道教教义的现代阐释”；第二次在 2003 年在福建泉州举行，集中研讨“道教与神仙信仰”；第三次在 2004 年在湖南南岳衡山举行，集中研讨“道教与伦理道德建设”；第四次在 2008 年在江西南昌举行，集中研讨“道教与经济社会发展”。连续四次会议，加上在 2000 年在庐山召开的“道教文化研讨会”集中研讨的“生活道教”议题，体现了当代道教为发展道教教义思想、适应社会发展、服务当代道教信众，全方位的持久努力。再如，以香港道教学院为主的香港道教界联合海峡两岸的道教界和学术界召开的一系列道教和当代社会的研讨会。2002 年在香港举行的“道教教义与现代社会”的国际研讨会，应邀参加的有来自中国大陆、香港和台湾地区及日本、法国等国家和地区的学者达 30 余人，集中研讨“道教如何在现代社会中获得发展”的问题。2012 年在香港道教学院成立二十周年之际，在香港举行的道教学院弘道宣道工作研讨会，邀请中国大陆五所道教学院和港台二所道教学院以及新加坡道教学院的代表，集中研讨道教学院的教学目的、任务和课程设置等内容。这些会议对于推动当代道教的各项工作建设和开展等都有明显的促进作用。

第四类是国际范围的道教研讨会，仍然在深入持久地举行之中。20 世纪六七十年代举行的三次道教研究国际会议，参加的都是国际范围的道教研究第二代、第三代元老。到世纪末的时候，他们大多已经从道教研究的第一线退了下来。新一代的道教研究家们在举行了多次双边和多边的研讨会以后，从 2003 年开始，连续举行了以“道教与当代世界”为专题的大型的国际学术研讨会。其中，2003 年在美国波士顿举行了第一次“道教与当代世界”国际学术研讨会。2004年在中国四川青城山举行了第二次会议。2006年在德国慕尼黑举行了第三次会议。2007年在中国香港举行了第四次会议。2009年在中国湖北武当山举行了第五次会议。2010年在美国洛杉矶举行了第六次会议。2011年在中国南岳衡山举行了第七次会议。在各方面的支持下,在国际范围内能够连续举行七次专题会议,这不能不说是一个奇迹,这也从另一个方面说明道教文化具有吸引当代人眼球的内容,以及世上有一大批人在为弘扬道教文化共同努力、坚持不懈地工作着。

附 录

新中国成立后大陆道教大事记
（1949—2012）

公元	事　　记
1949	10月，陈国符著《道藏源流考》由中华书局出版。
1952	苏州道教界成立“道教音乐研究组”。
1956	沈阳太清宫方丈岳崇岱被邀为全国政协特邀委员，参加中国人民政治协商会议。 岳崇岱及全国各地区、各宗派道教著名人士23人，齐集北京，发起组建中国道教协会，拟定《中国道教协会发起书》，成立筹备委员会，岳崇岱为主任，陈撄宁、孟明慧为副主任。 8月6日，楼观台、八仙宫、东岳庙、张良庙、武侯祠、黄帝陵及祖庵、药王山石刻被公布为陕西省第一批重点文物保护单位，并拨款修葺。
1957	道教界举行第一次全国代表大会，正式宣布成立中国道教协会。大会制定了《中国道教协会章程》，会址设立在北京西便门外的白云观。岳崇岱当选为会长。中华人民共和国副主席朱德等领导人在中南海接见全体会议代表和部分工作人员。 5月31日，老子墓、宗圣宫三清殿、西安城隍庙、兴平玉清观、周至城隍庙、韩城法王庙、禹王宫、关帝庙正殿、三清殿，岐山周公庙、黄陵黄帝庙、城隍庙、佳县白云山、三原城隍庙、彬县姜塬公刘庙，勉县武侯墓被公布为陕西省第二批重点文物保护单位。
1958	中国道教协会在北京召开理事扩大会，开展反右斗争。会长岳崇岱被打成右派分子，不久去世。 陈撄宁代理中国道教协会会长一职。
1961	中国道教协会举行第二次全国代表大会，陈撄宁当选为会长，并代表第一届理事会作《工作报告》。大会修改了《中国道教协会章程》。 国务院公布药王山石刻为全国第一批重点文物保护单位。

续表

公元	事　　记
1962	中国道教协会第二届二次常务理事会在北京召开，陈撄宁作关于“道协1962年上半年工作情况及下半年工作安排”的报告。 陈撄宁在政协全国委员会第三届三次会议上，作《分析道教界今昔不同的情况》的讲话，并在第三十五次政协常委会上作关于“中国道协第二届全国代表会议情况”的报告。 中国道教协会《道协会刊》创刊。 国务院宗教事务局决定将八仙宫、楼观台、华山列入全国道教名山保护名单。
1966	据统计，大陆著名道教宫观有637座，常住职业道士5000人，散居道士数万人。
1978	中国共产党召开十一届三中全会，随着改革开放和一系列宗教工作的政策陆续出台，道教界开始全面落实各项宗教政策。
1980	中国道教协会恢复了停顿长达12年的工作，5月召开了第二届二次理事扩大会，召开第三次全国代表大会，黎遇航致《开幕词》，王伟业代表第二届理事会作《工作报告》，选举黎遇航为会长。修改《中国道协章程》，并通过了《致台湾省道教界书》。 中国道教协会第三届理事会第一次会议召开，讨论《中国道教协会研究室三年规划》、《重新出版〈道协会刊〉的计划》、《白云观修缮工程规划》等。中国道教协会研究室恢复，《道协会刊》复刊。 陕西楼观台恢复宗教活动。 四川大学宗教学研究所成立。
1981	中国道教协会草拟《道教知识专修班计划》。 武汉市道教协会恢复工作。 陕西省确定楼观台、八仙宫及华山玉泉院、东道院、青柯坪、镇岳宫等著名宫观交还道士管理。
1982	中国道教协会第三届理事会第二次会议在北京白云观召开，听取道协恢复工作以来的《工作报告》，讨论通过《拟作为宗教活动场所的道教全国重点宫观名单》、《道教知识专修班教学计划》和《道教界爱国爱教公约》。 国务院宗教事务局批准泰山碧霞祠、华山玉泉道院、华山东道院、华山镇岳宫、嵩山中岳庙、龙虎山天师府、茅山道院、崂山太清宫、杭州抱朴道院、武当山紫霄宫、武当山太和宫、武汉长春观、罗浮山冲虚观、青城山天师洞、青城山祖师殿、成都青羊宫、周至楼观台、西安八仙宫、千山无量观、沈阳太清宫、北京白云观等21座宫观为全国道教重点宫观。
1984	北京白云观作为道教活动场所，重新开放。 7月，全国政协落实宗教政策调查组赵朴初、黎遇航等12人到陕西，对道教方面检查八仙宫、楼观台、华山三处五座宫观的移交情况。 成都市道教协会成立。成都市道协与巴蜀书社协议合作重印《道藏辑要》。
1985	上海市道教协会、甘肃省道教协会、茅山道教协会等成立。 世界宗教和平会议秘书长泰勒参访北京白云观。 美国前国务卿基辛格博士参访北京白云观。

续表

公元	事　记
1986	中国道教协会第四届全国代表大会在北京白云观举行,黎遇航作《工作报告》,选举组成第四届理事会。选举黎遇航为会长。会议修改了《中国道教协会章程》,规定了道协工作任务,代表们讨论了《近年来道教界为四化建设服务及宫观逐步实行自养的情况汇报》。习仲勋等国家领导人接见了全体代表。 陕西省道教协会、湖南省道教协会等成立。 长沙市道教协会、温州市道教协会、苏州市道教协会等成立。 《道协会刊》改版更名为《中国道教》,向国内外公开发行。 重阳宫、龙门洞被确定为陕西省重点宫观。华阴西岳庙被定为全国重点文物保护单位。 西安和平门外出土《大唐回元观钟楼铭并序》。 香港六大宗教领袖座谈会秘书处访问团,参访北京白云观。
1988	中国道教协会四届二次常务理事会通过《中国道教协会关于道教宫观管理试行办法》。 中国道教协会成立传戒仪典筹备小组。 宝鸡市道教协会成立。 中国道协第五期道教知识专修班(坤道班)开学,此是中国道教史上第一次为坤道办学。 成都市道教协会开办道教知识进修班。 茅山道教协会道教知识培训班改办为茅山道院经忏学习班。 上海市道教协会会刊《上海道教》创刊,此刊为内部发行。 中国道教协会与中央新闻电影纪录制片厂合作拍摄纪录片《中国道教》。 辽宁省喀喇沁左翼蒙古族自治县的天成观被列为省级文物保护单位。 文物出版社、上海书店、天津古籍出版社联合重印明《道藏》。
1989	中国道教协会成立道教文化研究所。 中国道教协会制定《关于全真道传戒规定》、《对正一散居道士管理的几点意见》。 中国道教协会和全国政协宗教委员会,隆重举行陈撄宁先生逝世20周年纪念会。 南阳地区、青岛市、石首市、洛阳市道教协会成立。 中国道教协会在北京召开"道教文化研讨会"。 香港阮适庆夫妇向天台山桐柏宫赠送《正统道藏》一部。
1990	中国道教协会召开部分地区"关于散居道士管理"问题座谈会。 中国道教协会创办中国道教学院。 江西龙虎山道教协会成立。 中国道教协会完成《道教文化丛书》第一辑编写工作。
1991	龙虎山嗣汉天师府为台湾和海外道教徒举行授箓传度醮仪。 安徽省道教协会、湖北省道教协会等成立。 浙江省台州地区道教协会成立。
1992	中国道教协会第五届全国代表大会在北京召开,选举傅元天为会长。会议通过了《中国道教协会章程》、《道教宫观管理办法》、《道教散居正一派道士管理试行办法》,代表大会举行了祝愿国家繁荣昌盛的"祈祷法会"。

续表

公元	事　　记
1992	湖南省南岳道教协会成立。 西安市八仙宫举行闵智亭监院升座仪典。 陇县龙门洞被列为陕西省重点文物保护单位。 中国社科院、陕西省社科院和台湾中华宗教哲学研究社在西安联合举办了“海峡两岸道家思想和道教文化研讨会”。 中国道教协会、西安市道教协会、西安市八仙宫共同主办“西安中国道教文化研讨会”。 《三秦道教》创刊号出版,此刊为内部刊物。 台湾玄门弘法圣会演醮法会团160余人到楼观举行为期三日的“中国道教海峡两岸楼观台演醮法会”。
1993	道教界爱国爱教先进集体和先进个人表彰会在北京召开,中国道协会长傅元天作《发扬道教优良传统,为社会主义建设事业作贡献》的报告。 香港青松观与台湾、京、沪等地道众,于北京白云观建“护国佑民、世界和平罗天大醮”,北京白云观将功德收入100万元人民币,全部捐献给希望工程。 四川省道教协会、江苏省道教协会、湖北省道教协会等成立。 华山道教改子孙庙为十方丛林道院。 海峡两岸道教界在茅山道院联合举行超度南京大屠杀亡灵黄箓大法会。 国务院宗教事务局局长张声作视察上海市道教宫观。
1994	中国道教协会在京召开第五届二次会议,傅元天会长作《加强管理,服务社会,发扬道教优良传统》为题的工作报告,通过《关于道教正一派道士授箓规定》。 中国道教协会第五届二次理事会召开。 中国道教协会召开全国部分地区“道教正一派授箓”座谈会。 中国道教协会于四川青城山召开关于全真派道士传戒座谈会。 中国道教协会在西安召开九省一市(湖北省、湖南省、陕西省、甘肃省、四川省、山西省、河北省、福建省、安徽省、西安市)道教协会负责人参加的“道教宫观情况交流座谈会”。 中国宗教界和平委员会成立,傅元天被推举为副主席。 广东省道教协会成立。 浙江省瑞安市、江苏省南通市、河北省鹿泉市、江西省龙虎山、河南省平顶山市等地道教协会成立。 浙江省天台山道教文化研究会成立。 江西龙虎山道教协会、江西省社会科学院、台湾中华道教总会联合举行“龙虎山道教文化学术研讨会”。 福建省福州市道教文化研究会召开首届道教文化学术研讨会。 香港道教学院与北京大学中国哲学与中国文化研究所和四川大学宗教学研究所共同发起,于12月在四川大学召开了两岸三地道家道教与中国文化学术研讨会。有新加坡、美国、韩国和中国大陆及港台地区的教内教外学者150余人参加会议。 中国道教协会与苏州道教协会主编的《道教大辞典》出版,收入词条1.2万余条,计270余万字。 新编道教典籍丛书《藏外道书》36册,在巴蜀书社出齐。 香港道教联合会访问团访问北京。中国道教协会领导人接待座谈。

续表

公元	事记
1995	中国道教协会举行纪念中国人民抗日战争和世界反法西斯战争胜利50周年"和平祈祷法会",全国各地宫观也举行祈祷法会。 中国道教代表团参加"世界宗教与环境保护首脑会议",发表《中国道教关于生态环境保护的宣言》。 中国道教协会在四川成都青城山召开第五届六次常务理事会。 中国道教协会发出"关于落实《爱国主义教育实施纲要》的意见"。 中国道教协会举行第二次传戒法会,临坛受戒全真道士546人、居士166人。 中国道教协会在江西龙虎山嗣汉天师府举行正一派首次国内授箓传度法会,受箓箓生有197人。 上海市道教协会成立十周年庆祝大会暨第三届代表大会召开。 河北省道教协会成立。 福建省泉州市、甘肃省武威市、江苏省如皋市、河北省邢台市和湖南省怀化地区道教协会成立。 海峡两岸华山道教文化座谈会在西安八仙宫举行。 香港青松观捐资为中国道教学院设立奖助学金。
1996	中国道教协会五届七次常务理事会召开。 中国道教协会举行香港青松观向内地诸山道院赠款仪式。 《道藏》整理座谈会在北京白云观召开,并确定整理后的《道藏》定名为《中华道藏》。 全国政协宗教工作调查组视察湖北武当山、武汉长春观及安徽省齐云山,并听取了两地道教协会的工作汇报。 中央社会主义学院道教中青年爱国宗教教职人员读书班开学,有学员来自21个省市,共40人。国务院宗教事务局领导和读书班学员座谈。 浙江省台州市天台山道教协会成立,福建省福州市道教协会和南安市道教协会成立,江西省瑞昌市道教协会成立。 甘肃省道教协会召开正一派散居道士管理工作座谈会,举办第五期道士培训班。 海峡两岸道教界第二次超度南京大屠杀死难同胞黄箓大法会在茅山道院举行。 江苏省金坛市茅山道教文化研究中心成立。陕西省宝鸡市道教文化研究会成立。 上海道教界举行祝贺陈莲笙会长八秩寿辰暨《道风集》出版座谈会。 北京大学哲学系与香港道教学院联合在京举办"道家文化国际学术研讨会",出席会议的有17个国家和港澳台地区以及中国大陆学者200余人。 陕西省道家养生研究会主办"传统养生文化学术交流会"在楼观台举行,到会学者90余人。 法国驻华使馆文化参赞段路易和语言教育专员佛朗西斯·约瑟夫等一行十人访问西安八仙宫。
1997	中国道教协会、各省市道教协会、各县道教协会、各地著名道教宫观、各县乡道教庙观,举行各种庆祝活动及祈福道场庆祝香港回归。 中国道教协会成立四十周年纪念会在人民大会堂举行。

续表

公元	事　　记
1997	中国道教协会五届八次常务理事扩大会议召开，讨论通过《中华道藏》编纂规划和《分类总目》。《中华道藏》编委会召开首次编委会会议。 第八届全国政协常委、中国道教协会会长、道教全真派第23代传戒大师傅元天道长仙逝。 福建省道教协会、青海省道教协会成立。 江苏省太仓市、福建省福清市、吉林省辽源市、湖南省娄底市、四川省崇州市、湖南省岳阳市等地道教协会成立。 江苏省苏州市成立散居道士管理委员会。 《中国道教》创刊10周年。 中国道教协会研究室编撰《道教常识》出版。 据中国道教协会教务处不完全统计，全国开放宫观1500余处，县级以上道教协会组织133个，全真、正一道士2.5万余人。
1998	中国道教协会第六届代表会议召开，会议通过《道教散居正一派道士管理暂行办法》、《中国道教协会章程》、《关于道教宫观管理办法》。 《中华道藏》编委会第三次会议召开。 全国政协副主席钱伟长视察西安八仙宫。 北京白云观王理仙方丈灵塔落成典礼在陕西省楼观台举行。 江西省赣州市道教协会成立。 中国道教协会道教文化研究所、庐山仙人洞道院、台北文化三清宫共同举办“98庐山中国道教文化研讨会”，来自北京大学、四川大学、中国社会科学院等大专院校、科研院所的专家学者和北京、上海、台湾地区的道教界人士近百人参加了会议。 中国道教代表出席在伦敦兰贝瑟宫召开的“世界（宗教）信仰与发展”会议。 香港蓬瀛仙馆向河北灾区捐款56万元。 澳门信善二分坛首次组团访问内地道教宫观。 台湾道教海峡两岸文化交流团访问西安。 世界宗教与环境保护联盟考察山东省泰山道教文化古迹和环境状况。
1999	中国道教界强烈谴责北约轰炸我国驻南斯拉夫联盟共和国大使馆的罪行。 中国道教协会会长闵智亭代表道教界声明“道教界坚决拥护祖国统一——谴责李登辉‘两国论’”。 中国道教协会六届理事会第一次会长扩大会议召开。 中国道教协会六届二次常务理事会召开。 中国道教协会组织协会青年参观西柏坡。 中国道教协会、北京白云观举办“庆国庆、迎回归、祈和平”中秋音乐会。 中国道教协会、中国道教学院、北京白云观20名道众代表道教界参加国庆群众游行。 中国道教学院举行“庆澳门回归祖国座谈会”。 广东省道教协会举办庆祝国庆五十周年“万缘法会”。 浙江省道教协会成立。 湖北省天门市道教协会，江苏省无锡市道教协会，江西省南昌市道教协会、九江市道教协会等成立。

续表

公元	事　　记
1999	厦门大学宗教学研究所、台湾中华大道文教基金会、武夷山道文化研究中心、福建师范大学宗教文化研究所、武夷山桃源洞道观联合举办“武夷山道文化研讨会”,主题为道教金丹派南宗思想文化研究,有来自海峡两岸以及日本、比利时等国的道教学者和道教界人士50余人参加。 山西省新绛县发现80年前的绘图手抄本——《三官经》。 中国道教协会副会长丁常云出席在纽约召开的“世界宗教和平委员会第七届大会”。 泰国北揽坡本头公妈己卯值年理事会参访团参访北京、湖北、四川等地道教宫观,此是中泰两国首次正式开展道教文化交往活动。
2000	中国道教协会六届二次会长扩大会议召开。 中国道教协会举行学习贯彻“全国统战工作会议”精神座谈会。 中国道教协会举行“支持我国政府严正声明抗议梵蒂冈反华行径”座谈会。 全国政治协商委员会民宗委西部考察团考察西安八仙宫。 北京政协民宗委到北京白云观调研。 山西省大同市道教协会、陕西省商洛地区道教协会、福建省漳州市道教协会等成立。 上海城隍庙举行陈莲笙住持升座暨城隍庙二期修复工程竣工庆典。 江西龙虎山天师府举行庆祝抗日战争胜利五十五周年祈祷国泰民安世界和平法会。 茅山道院经忏法务团、山东泰山碧霞祠、西安市八仙宫、嵩山中岳庙、湖北省武当山道教协会、辽宁省鞍山市道教协会、成都市青羊宫、道源鹤鸣山道观、河北省永年县道教界、浙江省温岭市道教协会、瑞安市道教协会、福建省福州市裴仙宫、福清市石竹山道院、南平市道教协会、贵州省贵阳市仙人洞道观、甘肃省临夏州道教协会、重庆市道教协会、青海省西宁市土楼观、贵德县三清宫、乐都县武当山、昆仑山等道观举办“新千年祈祷世界和平法会”。 中国道教协会、上海市道教协会联合主办“自然·生命——动物是人类的朋友”大型画展。 第二届庐山中国道教文化研讨会暨道教文化笔会在庐山召开。 陕西省道教协会、陕西省社会科学院宗教研究所发起,宝鸡市道教协会、陇县道教协会协办举行“纪念丘处机创建龙门山场820周年暨学术报告会”。 中国道教协会会长闵智亭在联合国世界宗教领袖和平千年大会上作了题为《热爱自然,尊重生命》的发言。 江西龙虎山天师府举行对海外授箓仪典。 新加坡宗教联谊会访华团拜访中国道教协会。
2001	中国道教协会第六届三次会长扩大会议召开。 中国道教协会六届二次理事会召开。 中国道教协会发表“致全国道教界的公开信”,呼吁全国各地道教协会、各宫观、诸山道长、诸信众,深入揭批“法轮功”邪教的歪理邪说。 中国道教协会全体人员学习座谈《全国五大宗教团体愤怒声讨“法轮功”》。 中国道教协会派员参加中国反邪教协会第三次报告会暨学术讨论会。 首都道教界人士举行座谈会,抗议美国国际宗教自由委员会发表的年度国际宗教自由报告,表示中国的内政不容干涉,中国的信仰自由不容诋毁。

续表

公元	事　　记
2001	全国政协委员、中国道教协会副会长、湖北省道教协会会长、十堰市政协副主席、武当山旅游经济特区副区长、武当山道教协会会长王光德道长仙逝。 中国道教协会正一派道士授箓工作座谈会在沪召开。 云南省道教协会筹备组成立。 中国道教协会、山西省道教协会(筹)、山西介休市道教协会共同举办“罗天大醮”法会,有来自全国各名山道观13个经团参加。 全国首次道教刊物座谈会在延安召开。 北京白云观、登封中岳庙被批准为全国重点文物保护单位。 北京白云观举办第十五届民俗迎春会,首都道教界举办“申奥道场”。 应国家宗教局邀请,由香港六大宗教的知名人士组成的代表团赴北京、上海参观访问。
2002	中共中央统战部朱维群副部长、国家宗教事务局局长叶小文看望中国道教协会负责人。 中国道教协会会长闵智亭为团长的中国宗教世界和平委员会代表团出席亚洲宗教和平委员会第六届大会,闵智亭发表“尊道贵德以促进自然与社会的可持续发展”为题的讲话。 中国道教协会闵智亭会长视察泉州道教工作。 全国政治协商委员会民宗委调研组视察中国道教学院。 中国道教协会主办的全国性刊物《中国道教》创刊15年。 中国道教协会顾问黎遇航道长仙逝,北京白云观为其做了超度道场。 甘肃省政协常委、省、市道教协会名誉会长、全真崳山派第20代传人韩壬泉道长仙逝。 河南省政协委员、中国道教协会理事、河南省道教协会会长、登封市政协委员、中岳庙道教管理委员会主任孟明林道长仙逝。 重庆市道教协会成立。 中共中央统战部组织“全国各省道教协会中青年负责人研讨班”,全国18个省市道教协会的28名学员参加学习。 中国道教协会道教文化研究所、江西省道教协会、江西南昌西山万寿宫共同举办,江西师范大学道教文化研究中心协办“中国道教净明道文化研讨会暨道教文化笔会”。 四川省道教协会、四川大学宗教学研究所、四川省洪雅县瓦屋山管委会共同举办“中国道家与生态文化学术研讨会”。 中国道教协会道教文化研究所、上海道教协会联合主办,上海市社会科学院宗教研究所、上海华东师范大学宗教文化研究中心协办,上海城隍庙承办的“道教思想与中国社会发展进步”研讨会召开。 全国政协委员、中国道教协会副会长、陕西省道教协会会长任法融多方筹集人民币150万元,资助甘肃天水市北道区凤凰乡兴修供水工程。 浙江省温州市道教协会扶贫委员会筹款15万余元及物品,对10个县(市区)13个乡镇近200户贫困家庭进行扶贫慰问活动。浙江省温州市瓯海区道教协会、太清宫,向温州市道教协会扶贫委员会捐赠人民币30万元。 陕西省道教界向遭受特大洪涝灾害的陕南地区捐款5.27万余元人民币。 福建省道教界向闽西北灾区捐资人民币15万余元。 香港道教联合会及六大宗教知名人士参访广东省潮阳市石洞玉龙宫。 香港宗教界知名人士访问泉州元妙观、福州于山九仙观等道教宫观。

续表

公元	事　记
2002	西班牙太极拳协会一行参访北京白云观。 中韩道教文化交流揭碑仪式在陕西楼观台举行。 世界宗教和平会议日本委员会中国和平使节团参访北京白云观。
2003	中国道教协会主办癸未年道祖老子诞辰纪念活动,主要内容有老子诞辰纪念法会、老子诞辰纪念庆典大会、道教书画展及道教音乐汇演。 全国人大常委会副委员长傅铁山主教一行到北京白云观考察、指导工作。 中国道教协会向各省、直辖市、自治区道教协会以及全国道教界发出《倡议书》,倡议从今年春季植树期开始,在甘肃省武威市民勤县政府划拨给县道教协会的1200亩生态林建设用地上建立“中国道教生态林建设基地”,并号召全国各地道教协会、宫观和道教界个人积极参与。 中国道教协会领导及部分省、市道教界代表赴甘肃民勤县参加“中国道教生态林建设基地”揭碑、捐款仪式。 中国道教协会举行《中华道藏》编纂出版座谈会。 黑龙江省道教协会成立。 辽宁省本溪市道教协会、河南省焦作市道教协会、河南省沁阳市道教协会、陕西省汉中市道教协会等成立。 湖北省武当山道教协会近年来筹资4000余万元人民币抢救修复武当山古建筑群。 国家宗教事务局领导慰问中国道教学院教师。 国际黄大仙文化研讨会暨黄大仙祭祀大典在浙江金华举行。 北京白云观举行“道教界避瘟驱疫祈福禳灾道场”,祈祷早日战胜“非典”病疫。 江西龙虎山天师府举行“祈祷‘非典’病疫早日消除,祝愿人类健康吉祥”大法会。 第三届道教音乐会演在北京举行。 “道教思想与中国社会发展进步研讨会”第二次会议在福建泉州召开。 长沙道文化研究中心成立暨“道文化与现代社会”研讨会在长沙举行。 首届葛洪与中国文化国际学术会议在浙江宁波召开,主题为“葛洪、道家(道教)与科学”,共有包括港、澳、台在内的122位国内知名学者和14位国外学者参加。 “唐宋变革与道教研究学术研讨会”在北京大学召开。 台湾中华道教总会秘书长张柽为团长,台湾中华道教总会、中华灵乩协会、台北市道教会、皇意宫、宝天宫、德恩宫等21个单位组成的台湾宗教直航两岸文化交流参圣团到泉州朝圣。
2004	中国道教协会会长扩大会议召开 中国道教协会编修《中华道藏》开始发行。 国家宗教局叶小文局长视察江西南昌万寿宫、龙虎山天师府。 中国道教协会会长闵智亭仙逝。 中国道教协会委托陕西省道教协会、西安市道教协会主办,西安市万寿八仙宫承办“迎请闵智亭大师灵骨回陕西供奉仪式”及“缅怀座谈会”。 中国道教协会发起,江西庐山仙人洞道院承办“海峡两岸三地纪念吕祖诞辰1206年法会”举行。 中国道教协会、四川省道教协会、成都市道教协会联合举办“中国(成都)道教文化节”。

续表

公元	事　　记
2004	中国道教协会组织协会全体工作人员学习《中华人民共和国宪法修正案》。 中国道教协会组织全体道职员工学习《宗教事务条例》。江西龙虎山嗣汉天师府道众学习《宗教事务条例》。福建省泉州市道教协会召开学习《宗教事务条例》座谈会。 宁夏回族自治区道教协会成立。 云南省昆明市道教协会、黑龙江省哈尔滨市道教协会成立。 国家宗教事务局领导慰问中国道教学院教师。 河南嵩山中岳庙举行祭黄帝大典。 老子故里河南鹿邑太清宫庆祝老子2575岁诞辰。 魏华存诞辰1752周年纪念活动在河南省沁阳市神农山二仙庙举行。 上海道教协会举行陈莲笙道长收徒仪式暨“陈莲笙道教研究奖学金”签字仪式。 海峡两岸道教界纪念老子楼观台授经祈祷法会、楼观台修复奠基仪式暨学术报告会、大陵山祭拜老子墓及临潼明圣宫开光庆典举行。 由武汉大学哲学学院、中国社会科学院哲学所、湖北省道协、四川大学道教与宗教文化研究所、武当山道协主办的海峡两岸首届当代道家研讨会在武汉大学召开,共有百余名代表参加。 “天台山暨浙江区域道教国际学术研讨会”召开。 “道教文化与当代社会国际学术研讨会”在四川大学召开。 中国道教协会道教文化研究所、湖南省道教协会、中南大学应用伦理学研究中心和中南大学宗教研究所联合举办“道教思想与中国社会发展进步”研讨会第三次会议。 台湾道教协会访问团参访北京白云观、拜访中国道教协会。 印度尼西亚宗教代表团参观北京白云观。 葡萄牙议会外交与欧洲事务委员会主席亚伊梅·伽玛率团参观陕西省西安八仙宫。 哈萨克斯坦总统夫人参观北京白云观。
2005	中国道教协会第七次全国代表会议召开。全国政协主席贾庆林会见中国道教协会第七次全国代表会议代表。 国家宗教事务局局长叶小文一行看望中国道教协会负责人、全体工作人员。 北京市道教协会成立。 江西省鹰潭市道教协会、河北省保定市道教协会、湖北黄冈市道教协会成立。 中国道教界各地重要宫观同时为东南亚海啸受灾国举行“中国道教消灾解厄祈福大法会”及捐款赈灾。 中国道教协会全体道职员工学习座谈《反分裂国家法》。 中国道教协会创建并开通“中国道教协会”网页和网站。 国家宗教事务局向中国道教学院赠送电脑等教学设备。 中国道教协会原副会长、北京白云观方丈谢宗信道长仙逝。 武当山净乐宫的棂星门、御碑等石刻文物被国务院公布为第六批全国重点文物保护对象。 江西龙虎山天师府举办海外道教文化培训班。 河北五大宗教界书画联展纪念抗战胜利60周年。

续表

公元	事　记
2005	上海市召开"宗教与构建和谐社会"研讨会。 华东师范大学宗教文化研究中心召开了"宫观文化:内涵与功能"学术研讨会,学术界和道教界人士共30余人参加了会议。这是在国内第一次以宫观文化为主题的研讨会。 鲁东大学胶东文化研究中心与山东师范大学齐鲁文化研究中心、文登市人民政府共同举办"全真道与齐鲁文化国际学术研究会"。 由联合国教科文组织、中国社会科学院、北京大学、政协河南省委员会联合发起主办,周口市人民政府、鹿邑县人民政府承办的"自然·和谐·发展——弘扬老子文化国际研讨会",在老子故里河南鹿邑顺利召开。 中国道教协会和台湾中华道教会共同举办以"蓬莱仙韵颂太平"为主题的海峡两岸道教音乐会。 第五届道教音乐会演在广州举行。 香港道教联合会向广西梧州灾民捐款。 湖北省政府台湾事务办公室等主办、武当山道协承办"海峡两岸武当文化论坛"举行。 马来西亚侯竣吉兄弟三人,到龙虎山受箓奏职。
2006	贾庆林与全国性宗教团体负责人举行迎春座谈,并代表中共中央和胡锦涛总书记向全国宗教界人士和广大信教群众祝贺新春佳节。 中共中央统战部朱维群副部长看望慰问中国道教协会领导。 国家宗教事务局领导看望中国道教协会负责人。 中国道教协会第七届一次会长扩大会议在北京白云观召开。 任法融会长出席世界宗教和平会议第八届大会。 任法融会长为甘肃省天水市琥珀乡捐资修建饮水工程。 任法融会长赴湖南南岳看望坤道班全体师生,视察黄岩委羽山大有宫。 中国道教协会、四川省道教协会、成都市道教协会联合主办了"第二届中国(成都)道教文化节",倡议中华道教慈善行帮困助学。 河南省荥阳市道教协会、河北省唐山市道教协会、四川省资阳市道教协会等成立。 兰州市道协召开正一派道士管理经验交流会。 海南玉蟾宫隆重举行竣工庆典和神像开光祈福法会。海南省省长卫留成视察海南文笔峰玉蟾宫。 中国道教学院首届研究生班毕业,国家宗教局蒋坚永副局长会见毕业生并座谈。 中国道协全体教职人员学习座谈胡锦涛总书记关于树立社会主义荣辱观的重要论述。 海峡两岸三地纪念吕祖诞辰1208周年系列活动在山西芮城举行。 泉州市道教界暨社会各界在清源山老君岩举行"太上道祖道德天尊圣诞祝寿大典"。 "道源圣城"道教文化旅游区在四川大邑县鹤鸣山奠基兴建。 江苏省泰州市城隍庙晋级为国家级文物保护单位。 泉州市法石真武庙被定为第六批全国重点文物保护单位。 陕西省道教协会和白云山道教管委会联合在陕西省佳县白云山道观举办了"白云山论道"活动。

续表

公元	事　记
2006	上海市道教协会举办的长三角地区"道教和谐思想及其现代意义研讨会"在上海举行,参加会议的有江、浙、沪道教团体和专家、学者 30 余人。 香港青松观全真道研究中心与中山大学比较宗教研究所共同举办以"全真道的环保观——从全真道看现代人的生命、生活与生态"为主题的学术研讨会。 "太湖论道"国际学术研讨会于江苏无锡太湖举行,主题为太湖太极文化和道教文化的现代开发和利用。 "葛洪与中国道教文化学术研讨会"在句容市隆重召开。 "首届崂山论道学术研讨会"召开。 乐清市道教协会召开"创新发展、平安和谐"研讨会议。 "丘处机道家思想与和谐社会研讨会"在栖霞市召开。 中国社会科学院世界宗教研究所第三届青年论坛在国家宗教事务局培训中心(养怡山庄)举行。本次论坛的主题是"外来宗教的本土化和本土宗教的国际化"。 北京市道教协会成立道家书画艺术委员会。 山东师范大学齐鲁文化研究中心全真道研究所正式成立。 中国道教协会召开《道祖老子》电视专题片座谈会。 苏州玄妙观道教音乐、武当山宫观道乐、武当武术和晋北、临县、太康等地的道情戏被列入第一批国家级非物质文化遗产名录。 新加坡道教总会应邀来北京参访。 斯洛伐克科学院玛丽娜·卡诺古尔斯基教授到白云观参访。
2007	中国道教协会七届二次理事会议在京召开。 中共中央统战部副部长朱维群、国家宗教事务局长叶小文看望慰问中国道教协会领导。 丙戌年冬至内地授(升)箓活动圆满结束。 中国道教协会在北京人民大会堂举行成立 50 周年庆祝大会,贾庆林出席并会见与会代表。大会期间,在北京京都信苑饭店隆重举行了由中国道教协会主办、北京市道家书画艺术会员会承办的首届中国道家书画慈善拍卖暨新年道教音乐会。此次拍卖会是为了北京市大兴区礼贤镇 483 名孤残儿童筹建康复中心募集捐款。 国际道德经论坛在西安和香港成功举办。 "《道德经》版本(文物)展"在北京国家图书馆闭幕。 《中华道藏》线装版工作座谈会在北京召开。 中国道教协会领导考察江西部分道观,并赴辽宁调研道教情况。 中国道协任法融会长应邀赴兰州讲学,甘肃省委书记和省长会见任法融会长。 任法融会长捐资援建的希望小学举行落成典礼,再次为中国道教生态林基地建设捐款 10 万元。 任法融会长捐建的甘肃天水市中梁上水工程举行竣工揭碑仪式。 中国道教协会副会长王全林道长羽化。 山西省道教协会成立。贵州省道教协会成立。 江苏徐州市道教协会成立。福建省武夷山市道教协会成立。 庐山仙人洞道院举办纪念吕祖诞辰暨太上老君神像开光法会。 长沙县陶公庙举行以"慈爱、和谐和发展"为主题的湖南首届道文化节暨陶公庙 1500 年庆典活动。

续表

公元	事　记
2007	河南鹿邑隆重举行纪念老子诞辰2578周年系列活动。 第二次中国道教生态保护教育座谈会在陕西太白山铁甲生态道观召开,与海内外近40个道教宫观和世界宗教与环境保护组织的代表共60多人与会。 位于甘肃省武威市民勤县的中国道教生态林基地圆满完成春季压沙造林任务。 中国社会科学学院道家和道教文化研究中心举办的“道教与民间宗教资料的认知与编撰”学术研讨会在北京召开。 以“宫观管理与戒律建设”为主题的长三角地区道教论坛在苏州召开。 “老子学说与当代和谐社会”学术研讨会于广东惠州召开,有全国各地及马来西亚专家学者与会。 中国首届道教美术史研讨会在西安举行。 陕西志丹县发现道教真身彩绘泥塑像。 内地和香港道教界联合举办的第二届道教文化及管理暑期研修班圆满结业。 “海峡两岸济公文化研讨会”在浙江天台山举行。 “海峡两岸玄天上帝信仰与和谐社会建设学术研讨会”在武当山举行,由武当山道教协会和湖北省武当文化研究会主办。 第二届海峡两岸道教文化论坛在鹰潭举行,以“弘扬中华传统文化、促进两岸和平发展”为主题。 厦门举行保生慈济文化节,共谒两岸医神。 田诚阳道长携带四名外国弟子,应国家宗教局邀请参加了分别在西安和香港举行的“国际道德经论坛”,并且率领西班牙道教协会弟子和法国道教协会弟子访问了中国道教协会。 印尼道教协会参访团莅临海南玉蟾宫。 印度国大党主席索尼娅·甘地参访北京白云观。 西班牙道教协会访问中国道教协会。
2008	中国道教协会编纂出版《老子集成》研讨会在国家宗教事务局银安殿召开。 《道教教职人员认定办法》和《道教宫观方丈住持任职离职办法》开始实施。 中国道教协会和各地道教界为地震灾区捐款和举行祈福消灾法会。 中国道教协会原副会长、中国道教协会顾问、上海市道教协会原会长、上海市道教协会名誉会长、上海城隍庙住持、上海市第七届政协委员,第八、九届政协常委,正一派宗师陈莲笙道长羽化升仙。 辽宁省丹东市道教协会成立。广东佛山市道教协会、揭阳市道教协会等成立。 广州市道教协会在纯阳观举办以“道德人生、和谐社会”为主题的“第一届广州道教文化节暨纯阳观复观二十周年庆典”。 中国道教协会会所暨中国道教学院校舍奠基仪式在北京举行。武当山道教学院首期培训班开学。 中国“老子道学文化研究会”成立大会在北京人民大会堂举行。 中国道教协会主办,江西省道教协会协办的第四次“道教思想与中国社会发展进步”研讨会暨“天籁仙韵颂和谐”第八届道教音乐汇演在南昌举行。 四川道源圣城祖天师神像开光大典暨寻根拜祖活动在大邑县鹤鸣山举行。大典期间,还举办了“鹤鸣山道教论坛”。 王屋山道学文化研讨会在河南省济源市召开。

续表

公元	事　　记
2008	全真道与老庄学国际学术研讨会在武汉华中师范大学召开。 山东师范大学齐鲁文化研究中心举办首届“齐鲁文化与昆嵛山道教国际学术研讨会”。 中国道教协会主办,中国宗教杂志社和山东省道教协会协办的以“大道之行”为主题的2008中国崂山论道暨首届玄门讲经活动在青岛崂山太清宫隆重举行。 由武汉大学和十堰市人民政府联合主办的2008年武当文化论坛在湖北省十堰市召开。 江苏省道教协会主办的第三次中国道教宫观生态保护论坛在江苏句容举行。 由浙江省道教协会主办,上海市和江苏省道教协会协办的第二届“长三角地区道教论坛”在杭州召开。论坛主题是现代道教宫观管理与戒律建设。 中国道教协会和广东省道教协会共同主办的“道教与养生”研讨会在广州举办。会议主题是“道教养生学的理论与实践”。 深圳大学国学研究所与香港青松观全真道教研究中心合办的《全真学案》研讨会在深圳召开。 上海音乐学院举行“蓬瀛道教音乐研究基金”成立典礼。 唐睿宗陵园道教石刻入藏西安博物院。据研究,该石刻揭示出唐睿宗桥陵曾使用了道教“太上灵宝洞玄灭度五炼生尸”之葬仪。这是有关唐代帝王葬仪采用道教仪式的首次披露。 中国道教协会主办的《中国道教》杂志入编《中文核心期刊要目总览》。 《上海道教》创刊二十周年暨道教文化建设研讨会在上海举行。 黄初平(黄大仙)传说(浙江省金华市);八仙传说(山东省蓬莱市);洞经音乐(四川省梓潼县文昌洞经古乐、云南省通海县妙善学女子洞经音乐);道教音乐(河北省广宗县广宗太平道乐、山西省阳高县恒山道乐、上海市道教协会上海道教音乐、江苏省无锡市无锡道教音乐、安徽省休宁县齐云山道场音乐、山东省青岛市崂山区崂山道教音乐、山东省泰安市泰山道教音乐、山东省烟台市胶东全真道教音乐、山东省东平县腊山道教音乐、海南省定安县海南斋醮科仪音乐、四川省成都市成都道教音乐、山西省佳县白云山道教音乐、甘肃省清水县清水镇道教音乐);金华道情(浙江省金华市、义乌市);陕北道情(陕西省延安市、清涧县);庙会(北京市门头沟区妙峰山庙会、北京市朝阳区东岳庙庙会、山西省太原市晋源区晋祠庙会,山东省泰安市泰安东岳庙会,湖北省十堰市武当山庙会,湖南省长沙市火宫殿庙会,广东省佛山市佛山祖庙庙会、陕西省铜川市药王山庙会);民间信俗(福建省厦门市海沧区保生大帝信俗,福建省龙海市、古田县、福州市仓山区陈靖姑信俗,甘肃省泾川县西王母信俗)等入选第二批国家级非物质文化遗产名录。 在加拿大魁北克举行的第32届世界遗产大会上,中国江西省三清山被列入《世界遗产名录》。 福建省道教协会与台湾中华道教总会共同在厦门举办了“闽台道教文化交流座谈会”。 苏州城隍庙和台湾新竹都城隍庙在苏州联合举办“2008海峡两岸城隍会”。 北京白云观、香港蓬瀛仙馆和台北指南宫的两岸三地道教宫观联谊交流活动在北京举行。 蒙古国总统参访北京白云观。 北京奥运会嘉宾罗格夫人等参观北京白云观。

续表

公元	事　　记
2008	马来西亚多元文化宗教旅游考察团参访北京白云观。 哈萨克斯坦国会上院办公厅主任穆·努尔特磊欧夫等一行访问中国道教协会。向任法融会长送交了“世界和传统宗教领袖大会”秘书处邀请函。
2009	为庆祝中华人民共和国成立六十周年,全国各地道教协会和各道观都在国庆节前后举行祈祷国泰民安、风调雨顺的金箓道场。辽宁省丹东市道教协会与普济宫道观还联合举办“首届《太上感应篇》诵讲大赛”。青海省道教协会在西宁举办了以“弘扬道教赞盛世,爱国爱教爱家乡”为主题的青海省首届道家书画作品展。 为纪念汶川特大地震一周年,道教界在四川举行祈福超度法会。 中国道教协会2009年第二次会长扩大会议在北京召开。 国家宗教局王作安局长等一行来到中国道教协会,亲切看望慰问协会负责人并举行了座谈会。 中国道教协会主持召开的道教正一派授箓工作座谈会在鹰潭市召开。 正一派宗师陈莲笙道长羽化一周年之际,上海道教界举行了隆重的纪念活动。 中国道教协会第四、五届理事会理事,第六、七届理事会名誉理事,中国道教文化研究所原副所长,四川省道教协会顾问,四川省博物馆研究员王家祐先生在成都仙逝。 福建三明市道教协会成立。青海省西宁市道教协会成立。湖北省荆门市道教协会成立。江苏泰州市道教协会成立。江西省赣州市道教协会成立。宁夏回族自治区银川市道教协会成立。甘肃省白银市道教协会成立。 龙虎山嗣汉天师府在下元节期间,举行对海外弟子授箓活动。 福建省道教协会首次传度法会在泉州玄妙观举行。 四川省道教界首次正一道传度法会在四川广元市苍溪县西武当真武宫举行。 北京市道教协会举行全真龙门派冠巾仪式。河北省道协举办首届全真派冠巾仪式。四川省道教界举行全真派冠巾仪式。 中国道教学院2009级乾道、坤道宫观管理大专班开学典礼分别在四川青城山和湖南南岳衡山举行。 国家宗教局在京举办了2009年全国道教中青年骨干人士培训班。 山东青岛崂山太清宫举行监院升座仪式。同时,中国人民大学宗教学教学基地在崂山太清宫挂牌成立,中国人民大学宗教学道教研究生班在崂山开学。 北京市道协与中央民族大学共同举办的第二期宗教学研究生课程班结业。 广东省罗浮山冲虚古观隆重举行“纪念葛洪仙师诞辰1726周年暨惠州市罗浮山道教养生研究院成立庆典”。 魏伯阳道教文化研究中心在浙江上虞成立。 上海城隍庙道乐团在“上海之春”国际音乐节上公开售票专场演出。 “当代道教的社会影响力”课题研究启动仪式在北京白云观举行。 浙江省瑞安市道教协会召开创建平安宫观表彰大会。 北京市道协捐建的儿童福利院康复中心竣工。 由湖北省十堰市人民政府和郧阳师专主办的第五届国际道教学术研讨会在武当山举行。学术研讨会以“道教:过去·现在·未来”为主题。 湖南省第二届道文化节暨海内外道教界公祭炎帝大典在株洲举行。

续表

公元	事　记
2009	以"和谐发展,天下有道"为主题的2009年骊山问道活动在西安举行。问道活动由中国道教文化研究所、中国社会科学院道家与道教研究中心和陕西省道教协会主办。 由中国老子道学文化研究会主办,以"大道、科学、和谐、健康"为主题的"首届国际老子道学文化高层论坛"在北京举行。20多个国家和地区的600多位专家学者和各界人士参加论坛。 由中国传统文化促进会、山东省青州市人民政府主办的"首届中国(山东)儒释道传统文化高峰论坛"暨"三圣像"揭幕仪式,在青州市东夷文化标志园举行。 由中国道教协会主办,以"道衍全真、和谐同德"为主题的重阳祖师灵柩安奉大典暨全真道济世思想学术研讨会,在陕西重阳宫举行。 由江西省人民政府台办、民宗局和鹰潭市人民政府主办的以"同源、传承、和谐"为主题的"第三届海峡两岸(鹰潭·龙虎山)道教文化论坛"在江西鹰潭隆重举行,有来自境内外的400多名专家学者、知名人士进行学术交流。 上海音乐学院"中国仪式音乐研究中心"举办的"蓬瀛道教音乐研究基金"系列活动中,来自陕北佳县白云观的12名道长,为上海音乐学院师生作了现场道教音乐演示。 陕西省户县在遇仙宫旧址发现三尊明代所造全真道祖师石像。据文物考古专家介绍,这三尊分别塑造的是全真道祖师王重阳及其两大弟子马钰和孙不二。 浙江省永康市发现一座具有1000多年历史的道教重要建筑——紫霄观。观内尚存有陈亮撰《紫霄观重建记》以及明代《紫霄观楼宇重建记》石碑两通。 山西省稷山县发现清代玉皇庙。 两岸三地道教界为台湾"8·8"风灾水灾举行祈福解厄追荐法会。 香港道教联合会主席汤伟奇一行参访中国道教协会。 香港青松观、蓬瀛仙馆、信善玄宫、圆玄学院、云泉仙馆、省善真堂、飞雁洞佛道社及竹林仙馆的道友庆祝"竹林道观"创建落成。 中国道教协会副会长黄信阳出席了在北京国际俱乐部举行的"中美对话论坛",与美国进步中心代表团座谈。 美国多宗教代表团在国家宗教局外事司司长郭伟的陪同下参访了中国道教协会和北京白云观。代表团此行是对去年中国青年宗教领袖访美的回访,旨在进一步促进两国间的宗教文化交流。 黄世真道长协助墨西哥道教文化交流团访问中国。 日本道观早岛妙听副会长一行参访北京白云观。
2010	国家宗教事务局局长王作安等,到北京白云观看望慰问中国道教协会负责人,并进行座谈。 中共中央统战部常务副部长朱维群等到北京白云观,看望慰问中国道教协会负责人,向道教界人士表示新春祝福。 中国道教协会第八次全国代表大会在北京召开。会议通过了道教宫观管理办法和道教宫观主要教职任职办法。 中国道教协会提出道教界有关保护环境的八年规划(2010—2017)纲要意见。 中国道教界服务上海世博会协调会议在上海召开。

续表

公元	事　记
2010	中国道教界为青海玉树地震灾区祈福解厄大法会暨捐赠善款仪式在北京举行。 中国道教协会在京举行《中华道藏》(线装本)出版座谈会暨颁赠仪式。在上海举行《中华道藏》(线装本)出版赠送仪式。 吉林省道教协会成立。 宁夏石嘴山市道教协会成立。陕西省延安市道教协会成立。 宁夏回族自治区道教协会为青铜峡道教界人士发放《道士证》。 在道教传统的三会日期间(正月初五上会、七月初七中会、十月初五下会),中国内地正一道授箓活动在江西龙虎山嗣汉天师府隆重举行。 吉林省吉林市玄帝观举行神像开光庆典。 江苏金坛市乾元观隆重举行道教文化广场·玉皇殿落成暨神像开光庆典。 武当山道教学院首届宗教学道教研究生班结业。 由中国道教协会、四川省道教协会、成都市道教协会主办的第三届中国(成都)道教文化节在都江堰市举行。 由中国道教协会主办的"2010年中国崂山论道暨第二届玄门讲经"活动在崂山太清宫举行。 陕西省道教界举办首届"玄门讲经"活动。 由中国道教协会、浙江省道教协会、中国社会科学院道家道教文化中心主办的"葛洪与魏晋道教文化研讨会"在杭州举行。 北京市道教协会道教文化研究委员会成立。 江苏无锡道教音乐馆在无锡市水仙道院隆重举行开馆仪式。2006年开始,无锡道教音乐先后被批准为无锡、江苏、国家级非物质文化遗产。无锡道乐在融合江南民间音乐、苏南地方戏曲,形成了独具的道教音乐风格和特色。 昆明市道教协会主办的"祈祷风调雨顺、赈灾济世利民暨真庆观神像开光祈福大法会"在真庆观隆重举行。 中国道教协会为甘肃舟曲灾区举行祈福度亡法会和慈善捐款活动。9月25日,中国道教协会代表团赴舟曲灾区慰问并举行超度祈福法会。 在第十六届亚运会和第十届亚洲残疾人运动会在广州举行期间,黄世真道长被任命为道教事务组组长,在广州亚运城亚运村宗教服务中心道教活动室工作,获得好评。 由广东省民族宗教事务委员会、惠州市人民政府、广东省道教协会主办的"2010广东道教文化节"在岭南道教名山——惠州罗浮山隆重举行。本届文化节以"和谐道教、祈福亚运"为主题。 由中国道教协会、江苏省道教协会主办的以"道坛清韵、中华和风"为主题的第十届道教音乐汇演在江苏省金坛市举行。 由湖北省人民政府台湾事务办公室和十堰市人民政府主办的"第二届海峡两岸武当文化论坛暨海峡两岸交流基地授牌仪式"在湖北十堰武当山举行。 明代道教领袖刘渊然墓列入"2010南京十大考古"名单。 澳门道教协会代表团来京参访。 福建福清市石竹山道院举办"海峡两岸道教圆梦之旅暨第二届石竹山梦文化节"。 韩国金仙学会和神仙学校参访团访问中国道教协会。 奥地利总统夫人玛吉特·菲舍尔一行十余人来到北京白云观参观游览。

续表

公元	事　　记
2011	2011 年省(自治区、直辖市)道教协会秘书长联席会议在成都召开。 中国道教协会举行纪念抗日战争和世界反法西斯战争胜利 66 周年祈祷和平法会。 首届中国(江西·庐山)“盛世中华、五教和谐”论坛举行。论坛由江西省民族宗教事务局、九江市人民政府、江西省宗教文化交流协会主办。江西省道教协会为协办之一。 中国五大宗教“倡导宗教和谐座谈会”在北京召开,发表了《倡导宗教和谐共同宣言》。 中国道教协会致国家宗教事务局成立六十周年贺信。 全国第一批宗教界爱国主义教育基地授牌仪式,在江苏句容市举行。 江苏连云港市道教协会成立。陕西咸阳市道教协会成立。 第一届中华道教灵宝学术论坛暨阁皂山祖师殿奠基典礼举行。 中国道教协会组团考察四川绵竹严仙观灾后重建工作。 由中国道教协会主办、河南省道教协会协办、河南嵩山中岳庙承办的第三届玄门讲经暨中岳论道活动在河南嵩山隆重举行。 “道学与女性:第七届国际道教学术研讨会”在南岳召开。研讨会由湖南省道教协会和中南大学宗教文化研究中心联合主办。有来自中国、新加坡、日本、韩国等国家的 200 余名道教界人士和专家学者参加。 由中国道教协会主办,江苏隆力奇生物科技股份有限公司承办的“道教养生学的现代价值”国际学术研讨会在常熟召开。隆力奇联合中国社科院成立道教文化博士后工作站。 山西九峰山道教文化研讨会召开。 由中国道教协会和中华宗教文化交流协会主办、湖南省组委会承办、香港道教联合会、澳门道教协会、台湾中华道教总会协办的国际道教论坛在南岳衡山举行。 2011 年广东道教文化节在广州隆重举办。文化节由中国道教协会、广东省道教协会主办,广东圆玄道院和广州纯阳宫承办。 北京市道协举办“道教文化与北京精神研讨会”。 中国老庄书画院授牌仪式在武汉举行。 北京市道教协会举办新春祈福音乐会。 由河北省道教协会主办的“神州和音——河北道教界祈祥纳福暨庆祝中国共产党建党 90 周年音乐晚会”在石家庄河北会堂举行。 《老子集成》首发式在京举行。 《中国道教文化之旅》文化丛书论证会在京召开。《中国道教文化之旅》文化丛书以打造道教文化精品、提升道教品位、繁荣文化市场、满足群众需求、整合道教宫观资源、形成道教文化合力为目的,以道教宫观为载体,介绍、宣传道教文化知识,把道教的历史、教理、教义等融入对各个宫观的介绍当中从而提升道教形象,彰显每个宫观的独特魅力,扩大道教文化的影响。 道教界向心智障碍儿童捐助仪式在北京举行。 两岸三地道教宫观联谊交流活动在贵州举行。 南昌万寿宫和香港飞雁洞给南昌地区的困难群众赠棉衣送温暖。 台湾道教法师联合总会参访中国道教协会和北京白云观。 马来西亚沙巴州道教联合总会访问团参访北京白云观。 荷兰政府赠还清代香炉仪式在北京火神庙举行。

续表

公元	事　记
2011	由意大利、中国、马来西亚共同举办了2011年道教节世界庆典。意大利道教协会承办开幕式及初上表仪式。中国安徽亳州涡阳天静宫承办朝圣大典。马来西亚巴州道教联合总会承办闭幕式。
2012	1月15日,中共中央政治局常委、全国政协主席贾庆林邀请全国性宗教团体负责人到中南海座谈,共迎中华民族传统节日春节,并代表中共中央和胡锦涛总书记向全国宗教界人士和广大信教群众,致以节日的问候和新春的祝福。 1月17日上午,中共中央统战部、全国政协民族和宗教委员会、国家宗教事务局在全国政协礼堂共同举行2012年宗教界人士迎春茶话会。 2012年全国各省道教协会秘书长联席会议在苏州举行。 中国道教协会于6月11日,启动"宗教政策法规学习月"活动。上海举办"宗教政策法规学习月"活动座谈会。 中国道协主办的"宗教活动场所管理经验交流会"在上海召开。 山东省临沂市道教协会成立。广西贵港市道教协会成立,桂平市道教协会成立。湖北十堰市道教协会成立。 广东中山市首个道教活动场所挂牌。 山西省太原市首届"玄门讲经"暨道教界人士培训活动在万柏林区居贤观举行。 武当山罗天大醮暨第四届玄门讲经活动开幕式在武当山举行。活动以"蓄德贵生"为主题。 王重阳祖师诞辰900年纪念活动在陕西户县重阳宫隆重举行。 由香港青松观全真道研究中心和华师道家道教研究中心主办的第二届全真道与老庄学国际学术研讨会在武汉召开。 以"迎春纳福,梦圆两岸"为主题的第三届梦文化节在福清石竹山举行。本届梦文化节被列入国台办2012年重点规划交流项目,主办单位为福清市文体局、石竹山道院等。 "道生万物——楚地道教文物特展"在湖北省博物馆举行。 徐州市铜山区利国镇发现了大面积道教壁画。徐州道协组织文史专家、记者考察道教壁画遗迹。 首届中国道家艺术名人书画展开幕式暨"善行河北,点亮心灯"举办。 为宗教慈善事业健康发展提供依据——国家宗教局等部门发布《关于鼓励和规范宗教界从事公益慈善活动的意见》。 由上海城隍庙援建的慈爱湖田希望小学竣工落成。 宗教慈善周启动仪式暨宗教界从事公益慈善活动经验交流会在湖北举行。 天台论道,"祖庭悟真——首届天台山中国道教南宗文化周"在浙江天台山隆重举行。 "太和清音——首届中国道教文化音乐展演暨迎国庆·祈太平·慈爱人间音乐晚会"在京举行。 由中国道教协会、南京大学哲学系主办的"江南会真 金坛论道"——茅山乾元观与江南全真道国际学术研讨会在江苏省金坛市举行。 以"尊道重生·和谐共荣"为主题的2012海峡两岸(济源·王屋山)道文化合作论坛在河南济源隆重开幕。 中国道教学院举办了第一届海外留学生道教科仪初级班,有来自6个国家的17名外国学员学习道教科仪。 韩国大巡真理会尹银道院长一行拜访中国道教协会。 比利时驻华大使奈斯先生访问中国道教协会。

港澳台地区道教大事记

公元	事　记
1169	澳门香山县令范文林建北极观。（澳）
1243	主簿宋之望重建北极观。（澳）
1293	始建高雄市郊五块厝的关帝庙。清咸丰九年（1859 年）二次修建，皆有存于该庙的砖契记述和重修碑石可考。（台）
1389	为安抚官兵情绪，于大尊堂之右再建"关王阁"。（台）
1465—1487	由闽潮来蚝镜的商人们初建澳门妈祖阁。（澳）
1592	始建莲峰庙（古名天妃庙）。（澳）
1647—1660	台湾福安宫创建，原名"敬圣亭"。（台）
1662	台湾南鲲鯓代天府落成，称为"南鲲鯓庙"，又呼为"开基庙"。而后，南鲲鯓沙汕被海水淹没，居民迁徙，决议重建神庙，改择于北门槺榔山建今庙。（台）
1669	台湾台南府城隍庙初建。（台）
1677	建路环岛天后古庙。（澳）
1683	建立台湾最早奉祀三山国王的庙宇。（台） 将明朝朱术桂所居住的台南市永福路二段宁靖王府邸改建为大天后宫。（台）
1685	移居鹿港的福建兴化籍人捐资兴建了台湾鹿港天后宫，又称兴化妈祖宫。（台）
1694	台湾北港朝天宫在云林县北港镇创立。（台）
1700	新港奉天宫初建于笨港，始称"笨港天后宫"。嘉庆六年，在笨新南港即新港重建，御赐宫名为"奉天宫"。（台）
1702	台湾学甲慈济宫初建完成。（台）
1722	建莲峰庙内的天后殿。（澳）
1622—1722	建关帝天后故宫（澳）
1734	澳门人梁金震等醵建太清宫。（澳）
1742	台北市大龙峒保安宫建立，供奉保生大帝吴夲。（台）
1747	台湾新竹城隍庙初建。（台）
1785	氹仔岛的天后宫建于 1785 年前。（澳）

续表

公元	事　　记
1793	重修澳门人梁金震等醵建的太清宫。(澳)
1817	南鲲鯓代天府动工,道光二年(1822年)建成,庙名定为“南鲲鯓代天府”。从1872年起至1923年,南鲲鯓代天府又经过三次扩建,直至1937年才最后完成。(台)
1845	澳门地区建氹仔岛上的三婆庙。(澳)
1860	湖北纸商陈复在广东创建了清远藏霞洞堂所。(港)
1865	建天后古庙。(澳)
1881	台北府衙门在抚台街后方,府直街和北门街口(即今台北市延平南路与汉口街附近)兴建了台北府城隍庙,将淡水县城隍附设在府城隍庙内。该府城隍掌管台北府,因此神格定为“府城隍庙”。(台)
1882	建成九澳三圣宫,起初只是拜洪圣爷,后来又加上了关帝和谭仙。(澳)
1886	“东云堂”被十六祖刘清虚正式更名为“一贯道”。(台)
1888	罗浮山道士罗元一和绅士陆师彦、吕锦辉等开山创建纯阳仙院。(港)
1890	台北市东南文山区木栅指南山指南宫建立。该宫以尊道为中心,兼祀儒、释。来自山西永乐宫的吕祖神像即供奉于此。1920年至1959年间曾多次扩建重修。(台)
1891	香港吕祖仙院建立。(港) 全台官民在新竹城隍庙举行护国佑民祛除灾厄祈醮法会。(台) 澳门三巴门建成吕祖仙院,奉祀道教吕纯阳祖师。(澳) 清朝廷升格新竹城隍庙为省级城隍。(台)
1895	日据台湾时代开始。日据台湾总督府以市区改正为由,将府城隍庙连同台北城郭、县城隍庙、台北天后宫等中国式庙观建筑全部拆除。(台)
1896	广东梅【菉】善士到香港宣道,同年在港创建从善堂。(港)
1908	重修台湾朝天宫。(台)
1913	广州芳村黄大仙祠被民国时期广东警察厅没收,仙祠被迫关闭。(港) 芝兰堂创立。(港)
1915	广东西樵黄大仙祠的梁仁菴带了芳村黄大仙祠的大仙画像来到香港。先后在中环、湾仔开设药店并且设坛供奉。(港)
1916	九龙堂创立。(港)
1918	据日本丸井圭治郎编、台湾总督府出版的《台湾宗教调查报告书》第一卷载:台湾有道教庙观3062所。(台)
1919	《万国道教会》创立。(台)
1920	《五教会道教会》创立。(台)
1921	梁仁菴、梁钧转父子在九龙竹园村设立赤松仙馆,成立啬色园作为管理机构。赤松仙馆只是私家修道场所。(港) 北港朝天宫成立管理委员会。(台)

续表

公元	事　　记
1924	黄大仙观开设了药局。(港) 道德会福庆堂创立。(港)
1925	赤松仙馆又称为"赤松黄仙祠"。(港)
1929	蓬瀛仙馆建成"玉清宝殿",供奉太上老君道祖,吕纯阳祖师,邱长春祖师等。(港) 台湾颁布《寺庙管理条例》以及《地方政府接收处理日人寺庙祠宇注意事项》。(台)
1930	香港蓬瀛仙馆创建。(港)
1932	香港玉壶仙洞创建。(港)
1935	信善堂创建。(澳)
1943	行天宫在民间又称"恩主公庙",由第一代住持郭进得始创于台北市延平区,初称"行天堂",奉祀五圣恩主,以关圣帝君恩主为其主神。1949年迁至九台街,改称"行天宫"。后信徒增多,乃再择地另建新宫,1967年竣工,即现在的"行天宫"。1968年于三峡设立分宫,名曰"行修宫",并在北投区设立分宫。1977年,行天宫董事会在敦化北路及松江路各设图书馆及阅览室一座,供民众使用。此外,行天宫还筹建恩主公医院,1997年完成并开始医疗服务。(台)
1944	移居来港的原广东南海西樵山云泉仙馆道友吴礼和、陈鉴波、陆本良、高廉同香港本地同道等创立云泉仙馆。(港)
1945	城中区区长林阿九、张水银里长及地方人士,集资在武昌街现址重新筹建台湾省城隍庙。(台)
1946	"一贯道"传入台湾:上海的基础组,以张培成为代表,于台北市南昌街设"基础坛";天津的文化组,以赵辅庭为代表,于台北市古亭区设"总堂";河北的宝光组,于台北市太原路开设"宝光堂"。(台)
1947	"一贯道"传入台湾:哈尔滨兴毅组,代表人何宗好,在台南市设"纯阳堂"。(台) 台湾省台北市中正区的武昌街台湾省城隍庙落成。(台)
1948	"一贯道"传入台湾:天津的发一组,以韩雨霖为代表,于台北东门市场内设"同德商行"。(台)
1949	香港青松观创建。(港) 江西龙虎山第六十三代天师张恩溥等移居台北,住在台北觉修宫。(台)
1950	蓬瀛仙馆修订章程,改住持为馆长,采用理监事制度,举行宗教活动以服务信众,积极开展施衣赠药等济贫事业,从而使得蓬瀛仙馆从一个私人潜修的道堂变成一个面向社会的不盈利的宗教场所和团体。(港) 林英、杜光圣、王明韵、黄锡祺、陆吟舫、杨永康、赵聿修等在九龙新界的荃湾三叠潭筹建圆玄学院。(港) 张恩溥设置了嗣汉天师府驻台办事处,同年组织成立了台北道教会和台湾省道教会。(台)
1951	台湾颁布《查禁民间不良习俗办法》。(台)

续表

公元	事　　记
1952	万德至善社创立。(港) 省善真堂创立。(港) 孙克宽在《大陆杂志》发表论文《元初正一教与江南士大夫》,这是台湾光复以后发表最早的道教学术研究论文。(台)
1953	圆玄学院建成。(港)
1956	黄大仙观正式向公众开放。(港)
1957	“道教居士会”组织成立。(台) 赵聿修继任圆玄学院主席,连续出任十五届董事会主席。(港)
1959	宜兰县罗东镇西安里建立炉源寺,供奉“顺天圣母”(陈靖姑)。(台)
1960	在港英当局支持下,香港道教界成立了由二十七个道堂组成的“道教联合会筹备委员会”,圆玄学院赵聿修任主席。(港) 据统计,台湾地区时有道教庙观 2947 所。
1961	香港道教联合会创立。(港) 赵避尘著《性命法诀明指》,台湾真善美出版社影印出版。后被英国人鲁宽瑜译成英文,英文版改名《道教瑜伽》出版。
1964	六合玄宫创建。(港)
1965	由各道堂联合组织的香港道教联合会正式成立,成为香港六大宗教团体之一。(港) 黄大仙观注册为慈善团体,内部实行董事制。首届总理是郭述庭,副总理冯其焯,司理冯萼联。(港) 孙克宽在台中东海大学出版社出版《宋元道教之发展》,是台湾光复以后出版最早的道教学术著作。(台)
1966	台湾时有道教庙观 3332 所。(台)
1967	5 月,香港道教联合会选出第一届理事会,通过联合会章程,宣告正式成立。有团体会员共 35 个道观和道堂。理事会每两年改选一次,至今已经有过二十四届理事会,现在的会长是汤伟奇,主席是梁德华道长。(港) 台北县新店市碧潭旁兴建临水宫,供奉顺天圣母(陈靖姑)。(台)
1968	台湾成立了中华道教会,张恩溥任第一届理事长。(台) 圆玄学院始建三教大殿,1970 年落成。(港)
1969	香港道教联合会创办了第一所小学香港道教联合会学校。1982 年 9 月改为全日制小学。(港) 黄大仙观创办可立中学。(港) 圆玄学院于 1969、1984 年和 1987 年分别在荃湾和中环等地设立三处西医诊疗所。(港) 张恩溥于 12 月去世。陈仙洲代理中华道教会理事长职务。(台)
1970	黄大仙观创办可正小学。(港) 台湾宜兰始建三清宫。同年以专案函请中华道教会,定宜兰三清宫为台湾中华道教总庙。(台)

续表

公元	事　记
1971	9月,台湾中华道教会举行第二届会员代表大会,选举陈仙洲为第二届理事长。(台)
1972	香港道教联合会在葵涌葵盛邨创办邓显纪念学校(港) 北港朝天宫被定为台湾省宗教纪念物。
1974	汤国华连选连任第五届至第十六届圆玄学院主席,直至1998年荣休,改任会长。同期还兼任圆玄学院董事会主席和董事长,直至羽化。(港) 黄大仙观创办可风中学。(港) 澳门儒释道教联会创立。(澳) 台湾首庙天坛管理委员会产生。(台) 台湾北港朝天宫董事会成立。(台)
1975	黄大仙观创办可信小学。(港) 圆玄学院创办圆玄安老院。(港) 12月,台湾中华道教会召开第三届会员代表大会,张培成任代理事长,旋推赵家焯为理事长。(台) 据统计,台湾地区时有道教庙观4084所。
1977	赵镇东任香港圆玄学院副主席兼总务。(港) 啬色园扩建医药局,除了中医诊所外,加设西医门诊,提供收费极其低廉的诊疗和治疗服务。(港) 台湾第一本研究和弘扬道教文化的《道教文化》杂志创刊。(台)
1978	纯阳仙洞创立。(港) 香港道教联合会出版会刊《道心》。 李极初创立宗教哲学研究社,举办中国正宗静坐班,积极筹建台湾天帝教。(台)
1979	香港道教联合会创办圆玄中学第一中学。(港) 赵家焯连任台湾中华道教会理事长。(台) 台湾提出《寺庙教堂条例》(草案)(台)
1980	创办庆云古洞。(港) 云泉仙馆创办道教图书室。(港)
1981	香港道教联合会创办圆玄小学校。(港) 黄大仙观创办可仁幼稚园。(港) 啬色园成立医药基金。(港) 据统计,台湾地区时有道教宫观4229所。(台)
1982	天帝教获准自由传播。(台) 台湾北部唯一的道教总庙三清宫建成。(台) 赵家焯逝世,邓文仪续任台湾中华道教会理事长。(台) 香港道教联合会兴办圆玄幼稚园、邓显纪念中学和石围角小学校。(港) 青松观创办青松幼稚园和湖景幼稚园。(港)
1983	“台湾首庙天坛”定名。(台)

续表

公元	事　记
1984	邱福雄出任蓬瀛仙馆馆长，对仙馆管理方式进行改革，推行企业化的管理方法。（港） 香港道教联合会创办吴礼和纪念学校，以纪念云泉仙馆吴礼和道长。（港） 青松观建立“侯宝垣慈善基金”。（港） 台湾建成高雄道德院，以“弘扬正统道教，铲除迷信，引导信徒步入正信之途”为宗旨，所祀神灵以三清、太上、玉皇大帝为主。（台） 宜兰三清宫第一届管理委员会成立。（台） 台湾中华道教总会曾函致台湾当局称道教总会酿成立台湾中华道教学术研究会。（台）
1985	香港道教联合会属下的第三所政府津贴英文文法男女中学，青松中学创立。（港） 台湾当局将北港朝天宫定为二级古迹。（台） 据统计，台湾省时有道教庙观 5673 所。
1986	以上海市道教协会副会长陈莲笙为首的上海市道教协会参访团，应香港圆玄学院邀请，前往香港参访。（港） 香港道教联合会创办圆玄富善村幼稚园。（港） 台湾中华道教会改选，高忠信出任理事长。（台） 宜兰三清宫又继续兴建圆明殿、弥罗殿。（台） 天帝教设立财团法人。（台）
1987	新加坡青松观得到新加坡政府批准成立。（港） 台湾宣布解除对于一贯道的禁令。（台） 以中国道教协会副会长刘之维为团长的北京白云观参访团，应香港紫阙玄观邀，参访香港道教宫观，并参加紫阙玄观的“祝寿斋醮道场”和“吕祖无极宝忏道场”。（港）
1988	中国道教协会秘书长李文成等赴港，与台北《道教文化》杂志社总经理陈达强进行首次道教经籍、符箓交换活动。（港）
	台湾一贯道建立台湾中华一贯道总会。（台） 中国道教协会黎遇航会长等，应香港道联会赵镇东之邀，赴港访问。（港） 香港道教联合会创办汤邓淑芳纪念学校，圆玄学院第二中学，圆玄翠林邨幼稚园。（港） 台湾“内政部”委托“中央研究院”瞿海源教授从事《宗教法》课题的研究工作。（台）
1989	青松观同台北指南宫合办中华道教学院。（港） 中华灵乩协会成立。（台）
1990	以陈理实为团长的杭州市道教协会访港团赴香港参访竹林仙馆、蓬瀛仙馆和黄大仙祠。（港） 香港道教省善真堂机关刊物《省善月刊》创刊。（港） 汤国华改任圆玄学院董事长，赵镇东出任圆玄学院主席。（港）

续表

公元	事　　记
1991	在澳大利亚的悉尼成立了青松观。(港) 青松观的香港道教学院成立。(港)"中华天帝教总会"成立,李玉阶任理事长。(台)
1992	香港青松观出资,由陈鼓应主编,在上海古籍出版社和三联书店出版《道家文化研究》(辑刊),至2012年止,已经出版了二十二辑。(港) "中华道教瑶池金母慈惠协会"成立。(台) 台湾天帝教与陕西省社会科学院举办海峡两岸宗教文化学术研讨会。(台) 台湾学生书局出版了《两岸宗教现况与展望》一书,汇集1991年台湾地区连续举行的"两岸宗教与文化交流学术研讨会"的论文和讲话。(台) 宜兰三清宫更名为"道教总庙三清宫"。(台) "中国圣贤研究会"成立。(台)
1993	赵镇东被推选为广东省政协委员,第八届和第九届全国政协委员。(港) 山东省道教协会会长张常明率团赴香港,访问香港道教团体及宫观。(港)
1994	龚群长老自筹资金,与龚鹏程一道在台湾中正大学召开海峡两岸道教文化学术研讨会,有两岸学者一百余人参加。这次盛会对海峡两岸道教学术文化的交流起了促进作用,意义十分深远。(台) 台湾《中华日报》报道:台南市道教会总干事郭瑞云称:"台湾道教庙宇共有八千余座"。(台) 台湾天帝教与中国社会科学院举办海峡两岸宗教文化学术研讨会。(台) 卢维干出任蓬瀛仙馆馆长。(港) 天帝教总会理事长李玉阶去世。(台) 北京白云观法务团首次赴香港为信善玄宫慈航圣像开光。(港) 江苏省道教协会赴香港访问。(港) 香港道教联合会举行下元节解厄消灾祈祷世界和平万缘胜会,北京白云观法务团应邀赴港诵经。(港) 中国道教协会第一次组团访问台湾。上海道教协会会长陈莲笙任团长,湖北省武当山道教协会会长王光德任秘书长,率领全国全真、正一两派代表人士赴台参加两岸道教文化交流活动。(台) "中国道教协会道教文化交流团"和武当山道教协会"道教文化交流团"分别访问台湾高雄道德院。(台) 高雄道德院接待大陆道教文化学者访问团,与大陆道教界和学术界开展学术交流。(台) 世界上最大的太上道德经壁在香港蓬瀛仙馆落成。(港)
1995	香港纯阳仙院重修后,改名为鹿湖精舍。(港) 邱福雄被国务院港澳办聘请为"港事顾问"。(港) 陕西省道教协会赴香港访问。(港)
1996	赵镇东、邱福雄被推选为香港特区第一届政府推选委员会委员。(港) 圆玄学院陈吕重德纪念学校,在油塘高超径创立。(港) 中华道教会改选,陈进富出任理事长。(台) 中国道教学院赴香港教学经验交流团出访香港。(港)

续表

公元	事　　记
1997	中国道教协会赴香港参加香港道教界为庆祝香港回归祖国而举行的祈福法会。(港) 江苏省道教访问团赴香港访问。(港) 河北省道教协会参访香港道教宫观。(港)
1998	汤国华荣获香港特区首次颁授的铜紫荆星章。(港) 蓬瀛仙馆开始筹建世界上第一个道教文化网站,取名“道教文化资料库”。(港) 蓬瀛仙馆元辰殿落成,并举行“斗姆圣像祟升、六十太岁开光”庆典。(港) 啬色园社会服务大楼建成。(港) 福建省泉州市道教协会组团赴台交流。(台) 中国道教协会副会长任法融、丁常云等应邀访台,并作了道教教义文化演讲。(台) 中国道教协会道教文化交流团赴台参加台北指南宫“戊寅年扩国祈安罗天大醮”。(台) 江苏省茅山道院、湖北省武当山道教协会组成道教文化交流团,赴台进行道教文化交流活动。(台)
1999	香港青松观观长、香港道教学院院长侯宝垣仙逝。(港) 汤国华在成都主持圆玄学院与四川大学宗教研究所签订资助合同,从1999年起到2013年止,每年帮助出版“儒释道博士论文丛书”,达125种,在海内外引起很大反响。(港) 第二届海峡两岸道教学术研讨会在台湾嘉义召开。(台) 江西龙虎山天师府道教文化参访团应邀赴台。(台) 蓬瀛仙馆道教文化资料库的中文简体字版正式启网,其后,道教文化资料库的繁体字版和英文版相继开网。(港) 中国道教协会代表团参加香港蓬瀛仙馆成立七十周年活动。(港)
2000	中国道教协会组团赴台湾进行道教文化交流。(台) 中国道教协会组团参访澳门道教宫观。(澳) 中国道教协会会长闵智亭等赴港参加蓬瀛仙馆《道教文化资料库》启网一周年庆典。(港)
2001	澳门道教协会成立。(澳) 蓬瀛仙馆与香港中文大学合作在香港举办“首届道教音乐汇演”。其后,每年在不同地区举办一次道教音乐汇演,推动道教文化的复兴和推广,并且沟通社会民众与道教文化接触的渠道。(港) 由香港道教联合会主办的香港首届道教节在港举行,并将农历2月5日(太上道祖宝诞日)定为道教节。中国道教协会黄信阳副会长一行赴港参加道教节。(港) 中国道教学院副院长李养正等一行参加香港道教学院成立十周年庆典暨“道教教义与现代社会”学术研讨会。(港)

续表

公元	事　记
2002	赵镇东荣获香港特别行政区政府颁发的铜紫荆星章。(港) 青松观全真道研究中心创立。(港) 时任中国道教协会会长的闵智亭道长应邀参加了澳门道教协会成立暨澳门道协首届理监事职员就职典礼。(澳) 江苏省镇江市润州道院首次组团赴台参访。(台) 中国道教协会组团赴台湾参加台北指南宫举办的"通天大醮"活动。(台) 甘肃省道教协会以王至全会长为团长的道教参访团赴港、澳参访。(港、澳) 第二届道教音乐会演在台北举行。(台)
2003	卢维干再次出任蓬瀛仙馆馆长。(港) 汤伟奇出任香港道教联合会主席和圆玄学院主席。(港) 蓬瀛仙馆同香港宽频网络合作,推出《道通天地》系列电视节目。(港) 蓬瀛仙馆开始同宗教文化出版社合作,出版道教文化系列丛书,例如,神仙系列有《道教神仙》、《太岁神传略》、《丘处机大传》、《坐虎针龙——药王孙思邈大传》,科仪系列有《拜太岁》、《拜太岁二集》等等。(港) 由香港商务印书馆主办的"世界宗教图书展"在香港举行。(港) 中国道教协会组团参加香港联合会会址落成典礼等活动。(港) 北京白云观法务团赴香港访问,并为香港蓬瀛仙馆主持观音殿神像开光科仪。(港)
2004	江西省龙虎山嗣汉天师府道教访问团赴台湾、香港访问。(港、台) 香港蓬瀛仙馆举行创馆七十五周年馆庆暨道教电视频道《道通天地》开播仪式。(港) 中国道教协会副会长黄信阳赴香港参加竹林仙馆扩建落成暨重塑神像开光庆典。(港) 香港道教联合会会长汤国华仙逝,享年94岁。(港)
2005	澳门道教协会举行庆贺澳门回归五周年祈福典礼、道教音乐"仙韵颂太平"汇演等系列活动。(澳) 从本年起,道教音乐汇演由蓬瀛仙馆与中国道教协会或者地方道教协会联合主办,以调动本地道教发扬光大道教音乐文化的积极性。 香港道教联合会举办第五届香港道教节。(港) 武当功夫艺术团赴香港举行专场功夫表演。(港) 原香港道教联合会主席、圆玄学院主席赵镇东羽化升仙。(港)
2006	中国道教协会任法融会长和袁志鸿副秘书长赴香港访问,并出席蓬瀛仙馆和中文大学联合组建的道教文化研究中心的成立庆典。(港) 澳门道教协会成立五周年庆典及"2006 中国道教文化推广周"在澳门举行。(澳) 中国道教学院师生暑期香港研修班圆满结束。(港) "第一届道教仙道文化国际学术研讨会"在台湾高雄召开。(台)

续表

公元	事　记
2007	广东圆玄道观副主席，香港圆玄学院董事赵耀年从是年起出任广东省第十、十一届政协委员。（港） 香港道教界举行盛大的庆祝回归10周年太上金箓罗天大醮祈福活动，中国道协和各地道协以及名山宫观都组团赴港参加。（港） 由香港道教联合会、香港圆玄学院、香港教育学院联合主办的第四届国际道家学术会议在香港教育学院举行，有150余名中外道教学者与会。会后还参访在圆玄学院举行的罗天大醮。（港）中国道教协会组团参加"澳门道教文化周"。（澳） 第五次国际学术会议"道家经典的诠释——我注六经与六经注我"在香港中文大学召开。（港）
2008	由香港道教联合会、香港中文大学道教文化研究中心及香港中文大学文物馆联合举办的"书斋与道场：道教文物展"在香港中文大学文物馆展出。（港） 由叶圣陶研究会、中华宗教文化交流协会、中华炎黄文化研究会、中华文化交流会（澳门）合办的首届文明对话暨论坛在澳门举行。（澳） 为了提高内地道教界的文化及管理水平，香港中文大学组织大陆道教界青年英才在逸夫书院举办第三届"道教文化及管理暑期研修班"。（港） 中国道教协会副会长黄信阳为团长的道教界参访团，赴台参加了谷关大道院举办的"八八蟠桃圣会"。（台） 10月3—4日，台湾屏东教育大学举办"2008宗教艺术国际学术暨玄天上帝信仰文化研讨会"。中国道教协会代表出席会议并发表论文。（台）
2009	苏州玄妙观一行22人应邀组团赴台参访交流。（台） 台南成功大学丁煌教授的著作《汉唐道教论集》在中华书局出版。（台） 大陆道教文物在台湾高雄县凤山镇南宫展出。（台） 中国道教协会一行5人，赴香港参加了蓬瀛仙馆举行的庆祝中华人民共和国六十华诞暨香港蓬瀛仙馆八十周年的馆庆活动。（港） 蓬瀛仙馆和香港中文大学联合在香港成功举办第四届"道教文化及管理暑期研修班"。（港） 中国道教协会组团参加了在台北、高雄两地举行的"2009两岸三地道教界联合为台湾八八水灾祈福超荐大法会"的活动。（台） 9月25日至29日，中国道教协会副会长黄信阳一行4人，赴香港参加香港啬色园为"庆祝祖国60华诞、迎建太岁元辰殿落成、迎黄大仙诞辰及贺啬色园（黄大仙）成立88周年"系列活动。（港） 由香港中文大学道教文化研究中心和法国远东学院联合主办的国际道教学术研讨会，在香港中文大学召开。会议的主题是"道教与中国文化及社会的关系：新的研究方法与视野"。（港） 澳门道教协会举办"澳门道教文化周"活动。（澳） 作为道教文化周系列活动的重头戏，澳门道教科仪音乐研讨会暨《澳门道教科仪音乐》首发式在澳门博物馆演讲厅举行。（澳）

续表

公元	事　记
2010	香港道教联合会委托专业公证机构统计从年三十到正月十九期间，到圆玄学院、青松观、黄大仙观、蓬瀛仙馆和车公庙拜神人数。统计结果是拜神人数达到135万人次。（港） 香港道教联合会主办第十届香港道教节。（港） 香港青松观举行建观六十周年庆典暨“探古鉴今”国际学术研讨会。（港） 飞雁洞佛道社承办香港离岛区长者斋宴活动。（港） 2010年海峡两岸三地道教友好宫观联谊系列活动在台北举行。（台） 首届海峡两岸宗教出版物联展在台北成功举办。（台） 第四届“海峡两岸道教文化论坛”在台北举行。（台） 中国道教协会赖保荣副会长一行应邀访问台湾高雄、台北道教宫观。（台） 台中举办“庚寅年八八蟠桃盛会”。（台）
2011	香港道教联合会出版《利物济世——香港道教慈善事业总览》，收录了百年来香港道教在中国内地、香港及海外的各种社会公益活动。（港） 香港泓澄仙馆承办第十一届香港道教节。（港） 香港啬色园黄大仙祠举办90周年系列庆祝活动。（港） 中国道教协会组团赴台参加净明道传度仪典和《中华道藏》线装本捐赠仪式。（台） 中国道教协会组团赴台湾高雄镇南宫参加“辛卯年吕祖文化节”活动。（台） 香港道教学院举办成立二十周年庆典。（港）
2012	香港省善真堂举行成立60周年庆典。（港） 中国道教协会赴台参访交流。（台） 中国道教协会组团出席香港飞雁洞佛道社主办的“两岸四地道教界水陆大醮法会”启坛仪式。（港） 应香港道教联合会邀请，国家宗教局张乐斌副局长率团赴港出席香港道教界庆回归十五周年庙会暨第十二届道教音乐汇演活动。（港） 中国道教协会副会长唐诚青一行赴台湾参访。（台） 香港啬色园举办“尊道重礼——道教经坛文物展”。（港） 2012澳门道教文化节举行。（澳） 首届中华五显大帝信仰文化交流暨研讨会在台湾举行。（台）
2013	香港特区政府决定将每年3月的第二个星期日定为道教日，以庆祝道祖诞辰及宣扬道教义理。香港道教日成立仪式暨第十三届香港道教节开幕典礼在香港深水埗举行。中国道教协会组团参加香港道教日成立庆典。（港） 蓬瀛仙馆总裁梁德华道长出任香港道联会主席。（港） 应香港道教联合会和蓬瀛仙馆的邀请，中国道教协会会长任法融一行赴港参访交流。（港）

续表

公元	事　记
2013	在台湾大甲镇澜宫妈祖神像南下绕境登场时，台湾当局领导人亲自主持神像入主神轿仪式，将湄洲妈和正、副炉妈以及千里眼、顺风耳等神像送上神轿安座。（台） 中国道教协会黄至杰副会长率团赴台湾出席高雄道德院承办的“道教节2013 世界庆典”闭幕式。（台） 由蓬瀛仙馆和中文大学主办的 2013 年首期道教中青年骨干培训班结业典礼在中文大学举行。（港） 河南省道协组团赴澳门访问。（澳） 2013 年两岸三地道教宫观联谊祈福法会暨捐赠仪式在台北指南宫凌霄宝殿举行。（台） 中国道教协会组团赴台参加台湾“中华净明忠孝道教会”传度大典。（台）

海外道教大事记*

(一)东亚道教大事记

公元	事　记
197	有史家称,公元197年,从中国去朝鲜半岛的难民带五斗米道传入高句丽。其依据是,朝鲜史书《三国史记》卷十六,“高句丽本纪”故国川王十九年条。(高句丽)
513	据日本史籍《日本书纪》的记载,继体天皇七年,从百济国派遣赴日本有五经博士,其中包括有精通《易》的博士。(日)
553	继体天皇之孙钦明天皇十四年六月,朝鲜半岛上百济受到新罗和高句丽的胁迫,向日本国请求援军。作为报答,钦明天皇要求百济派“医博士、易博士”和“历博士”赴日本。(日)
576	真兴王末年,新罗的花郎道形成。花郎道的精神就是“玄妙之道”。玄妙之道出自《道德经》第一章,具有明显的道家思想。(新罗)
624	高祖李渊遣刑部尚书沈叔安携天尊像赠高丽,并令道士前往讲《道德经》。(高丽)
637	高丽遣使学道教,太宗遣道士八人前往高丽。(高丽)
643	唐太宗遣道士叔达等八人携老子《道德经》往高句丽传播道教。(高句丽)
630—894	据中日两国史籍的记载,从公元630—894年之间,日本派来中国的遣隋使和遣唐使十余次,使团人员中有官吏、学者和僧人等等,一次多达数百人。使团人员归国后带回了当时作为世界文明高峰的唐朝政治制度和思想文化。(日)
735	日本遣使请《老子经》及天尊像以归于国。(日)
738	据《三国史记》的“新罗本纪”称,新罗孝成王二年夏四月,唐玄宗派使臣邢涛“以老子《道德经》等文书”献于孝成王。(新罗)
992	据《大越史记全书》记载,前黎朝皇帝在兴统四年曾宣华山道士陈先生诣阙。(越)
1006	据《大越史记全书》记载,前黎朝应天十三年改文武臣僚僧道官制及朝服,一尊于宋。
1016	李朝李太祖顺天七年,在京师度僧道千余人。(越)
1102	李仁宗龙符元化二年,建造开元、太阳、北帝三所道观。(越)

* 本大事记编写参考严灵峰:《周秦汉魏诸子知见书目》和孙亦平《东亚道教研究》。

续表

公元	事　记
1018	据《高丽史》，显宗九年（1018年）和十四年（1023年），在毬场（球技场）举行大醮，禳灾祈福。（高丽）
1107	睿宗二年，建供奉元始天尊像的玉烛亭。（高丽）
1108	据《高丽史》，睿宗三年，率三品以上官员在会庆殿醮昊天五方帝。（高丽）
1110	据《高丽史》载，宋徽宗大观四年遣道士二人前来传道，选弟子传习道书。（高丽）
1118	睿宗十三年，亲临延英殿清燕阁听讲论《老子》。（高丽）
1120	据《高丽史》，睿宗十五年，在福源宫亲自醮祭。（高丽）
1134	天彰宝嗣二年，李神宗幸京师五岳观，下令五岳观中修建延生殿。（越）
1135	天彰宝嗣三年，李神宗亲临五岳观，庆祝金银三清尊像落（越）。
1169	李英宗郑隆宝应七年春三月，望月食，海门鱼死，命朝野寺观僧尼道士诵经祈祷。（越）
1223	据《高丽史》记载，高宗十年为立太子而在球院醮祭三界灵祇。（高丽）
1302	据《大越史记全书》载，陈英宗兴隆十年，福州道士许宗道随商舶来，居之安华江津，符水斋醮科仪自此兴行。（越）
1370	明太祖派遣朝天宫道士徐师昊到高丽，祭祀高丽山川之神。（高丽）
1396	太祖五年，以都城开基致祭白岳及五方之神。（朝）
1397	太祖六年，罢太一殿合于醮祭老子及星辰的昭格殿。（朝）
1404	太宗四年，命昭格署提调金瞻专门负责“详定星辰醮祭礼”，把道教醮祭礼纳入国家管理体制中。（朝）
1408	十月六日，朝鲜李朝的太宗派遣昭格殿提调孔俯作为谢恩使的书状官来中国学习道教的醮祭。（朝）
1413	太宗十三年，下令焚烧道教的阴阳谶书。（朝）
1417	明成祖派专使送善书600部到朝鲜。（朝） 太宗十七年，重申继续奉行道教的醮礼。（朝）
1428	据《李朝实录》之《明宗实录》，世宗十年十一月，传旨礼曹，自今灵宝道场、三界大醮、神杀醮及堑城醮行香使，勿遣代言，以二品以上差定。（朝）
1429	据《大越史记本纪》载，黎太祖顺天二年六月十日下旨：诸僧道有通经典，及精谨节行，期以今月二十日就省堂，通身检阅考试，中者听为僧道，不中者仍勒还俗。（越）
1466	世宗十二年，将昭格殿改称昭格署，作为国家奉行道教的场所（朝）
1469—1487	室町时期文明年间，京都吉田神社的祠官吉田兼俱创立日本神道教。“吉田神道”，又称“唯一神道”或“卜部神道”一派。（日）
1518	中宗十三年，废除昭格署，革罢忠清道太一殿。（朝）

续表

公元	事　　记
1522	恢复昭格署活动,依照前例举行祭祀三清星辰的活动。(朝)
1530	日本岩维肖著《庄子口义抄》。
1550	日本清原宜贤著《老子经抄》。
1567	莫氏谦太王等一些亲王、公侯捐钱在海阳省修建道观。(越)
1592	朝鲜是年发生壬辰倭乱,昭格殿烧毁,道教的醮祭仪式于是自然废止。(朝)
1645	日本僧泽庵著《老子讲话》。
1648	日本那波方著《老子从语》;松永遐年著《庄子抄》;那波方著《诸子丛话》。
1649	日本熊谷立设著《老子口义头》。
1652	日本林道春著《道春老子经抄》。
1653	日本小出立庭著《翻刻日文标点庄子翼》。
1655	日本熊谷立设著《头书庄子口义》。
1657	日本林道春著《鳌头庄子口义》。
1659	日本无名氏著《眉注日文标点庄子注疏》。
1660	日本小野壹著《庄子口义栈航》。
1662	日本源东庵著《老子道德经会元》。
1665	日本营玄同著《头书庄子》。
1670	日本陈元赟著《老子河上公章句通考》。
1675	日本山本泰顺著《老子林注谚解大成》。
1681	后黎朝的政治军事家郑柞重修河内镇武观。(越)
17—18世纪	长崎自古就同中国有密切联系,从17—18世纪,华侨就陆续兴建了兴福寺、崇福寺、福济寺和圣福寺等寺庙,这些寺庙都属于黄檗宗,因此,各寺庙都有关帝殿堂,供奉关帝。(日)
1703	日本毛利贞斋著《老子经直注》;毛利琥珀著《庄子口义大成俚谚钞》。
1727	日本佚斋雩山著《修身奇语田舍庄子》。
1728	日本物双松著《庄子国字解》。
1729	日本卢草拙著《天地一指论》。
1731	琉球刊《太上感应篇大意》。 日本近藤舜政著《老子本义》。
1732	日本冈田赟著《王注老子道德经》、《老子古今本考证》、《道德指归论校刊》。
1733	黎纯宗龙德二年,下令"禁天下营造寺观佛像",以阻止佛教与道教在越南社会的发展。(越) 日本信更生著《绘图都庄子》。

续表

公元	事　记
1735	日本五井纯贞著《庄子郭注纪闻》。
1736	长崎华侨在唐人坊建造了天后堂，正中主祀妈祖，旁祀关帝和观音。（日）
1739	日本渡边操著《庄子口义愚解》，服部元乔著《校订郭注庄子》，渡边蒙庵著《庄子口义愚解》。
1741	日本服部元乔著《考订唐陆德明庄子音义》。
1744	英祖二十年，禁止巫觋淫祀。（朝）
1746	宪宗十四年，刊行《太上感应篇图说》。（朝）
1747	日本森嘉内著《老子道德经国语解》，日本太宰纯著《老子道德真经训点》。
1753	日本新井祐登著《老子形气》。
1759	中国船员在久米岛建妈祖庙。（日）
1761	日本金德邻著《老子经国字解》。
1771	日本户崎允明著《老子正训》。
1772	日本僧敬雄著《老子玄览》。
1773	日本户崎允明著《庄子考》，田子龙著《庄子国字解》。
1774	日本冈田赟著《王注老子补》。
1779	日本斋宫必简著《老子赘器》。
1785	正祖九年，废除道学。（朝）
1788	日本丰浦怀著《老子道德经妄言》，角田明著《老庄同异考》。
1800	日本佐佐木世元著《老子解》。
1804	日本人汤安道手抄《丹房鉴源》。（日） 日本海爆鹤皋著《老子国字解》。
1805	日本重野苞光著《老子解》。
1813	日本宇野成之著《老子国字辨》。
1817	日本秋野信敏著《老子真解》。
1825	日本大田元贞著《老子妙暾》。
1829	日本中江丰民著《老子详解》。
1830	据《大南会典事例》载，明命十一年，灵佑观的重霄殿、祥光阁二所增募道流十五名，著名为道录司。（越）
1833	日本大田敦著《老子全解》。
1843	重修建于黎朝末年的河内市玉山祠。（越）

续表

公元	事　　记
1830—1844	日本天宝年间发行的《天保新选永代大杂书万历大成》,在“咒咀秘传”部分里带有“急急如律令”字样的符咒就有二十多种,其中有”止小儿夜啼之符”。(日)
1852	日本东条弘著《郭注庄子标注》;佐藤贞吉著《庄子二千年眼》。
1856	崔济愚创立天道教。(朝)
1858	日本亭满磨著《浮世庄子》。
1859	日本伊藤逸彦著《庄子考》。
1864	朝鲜天道教作为异端邪教而受到镇压。(朝)
1866	日本佐藤惟春著《庄子阐》和《庄子筌蹄》。
1873	明治五年修验道被废止,但由于其修持内容被日本佛教真言、天台两宗吸收融合,因此修验道对民众生活仍保持着一定的影响。(日)
1874	明治七年,横滨的关帝庙始建,被视作中华街和横滨华人的保护神。(日)
1876	高宗十三年,刊行了《关圣帝君圣迹图志全集》。(朝)
1877	北海道函馆的关帝庙是在明治十年由当地从广东来的华侨发起建造的,后来由同德堂三江公所建成。(日) 高宗十四年,刊行了《关圣帝君圣迹图志续集》。(朝)
1880	高宗十七年,再版《太上感应篇》。(朝) 日本土井有恪著《庄子抄解》。
1884	高宗二十一年,出版了《关圣帝君圣迹图志全集》汉文本。(朝)
1888	明治二十一年,神户的关帝庙落成,第二次世界大战以前由佛教黄檗宗管理。(日)
1906	高宗四十三年,刊行了《关帝明圣真经》。(朝)
1907	明治四十年,北海道函馆的关帝庙毁于大火,当时就由华侨捐资再造,1910 年建成。(日)
1911	哲宗三年,刊行了《太上感应篇图说图解》。(朝)
1920	东京帝国大学教授常盘大定在日本著名报刊《朝日新闻》上发有关北京白云观和全真道教的长篇专文。(日)
1933	早稻田大学福田康顺教授提交给日本外务省文化事业部的中国寺观现状报告《支那寺观の現状に就て》(日本外务省文化事业部 1935 年版)。(日)
1934	日本东方文化学院东京研究所出版了东京大学小柳司气太教授在北京白云观调查后著《白云观志:附东岳庙志》。(日)
1941	日本吉冈义丰教授出版以白云观为中心的寺观实地调查报告《道教的实态》。(日)
1942	日本野村岳阳著《庄子》。

续表

公元	事　　记
1943	日本小柳司气太著《老庄的思想与道教》。
1944	日本桥本成文著《庄子讲读》。
1945	日本吉冈义丰著《白云观的道教》出版,该文阐述了他在白云观的所见所闻。(日)
1952	日本东洋史学家那波利贞发表了《道教向日本国的流传》一文。(日)
1986	元旦,横滨关帝庙大殿毁于火。(日)
1990	日本重新建成毁于大火的横滨关帝庙大殿,并举行开光仪典。(日)
1994	韩国道教学会主办了国际道教文化学术研讨会,有来自韩国、中国和日本的道教学者参加了会议。(韩)
2009	第一届仙和道国际学术大会在韩国首尔举办。(韩) 受韩国宗教和平委员会邀请,中国宗教界和平委员会代表团对韩国进行了访问。(韩)
2012	上海城隍庙道乐团赴日演出参访。(日) 中国道教协会组团赴韩国访问交流。(韩)
2013	"韩国的道教文化——走向幸福之路"特别展在韩国国立中央博物馆开幕。这是在韩国举行的首次道教文化展览,展示了数百件道教文物。主办者希望通过展览让更多韩国民众了解道教。(韩)

(二)道教传播东南亚大事记

公元	事　　记
618	据《隋书》卷八十二《南蛮》的《真腊》记载,道教可能在唐代立朝以前就已经传入柬埔寨。(柬)
971	丁朝先皇太平二年,宋朝曾经给越南的佛道二教领袖颁授官阶品级,"道士邓玄光授崇真威仪"。(越)
992	据《大越史记全书》的《本纪》载,黎朝大行皇帝在兴统四年,曾经"宣华山道士陈先生诣阙"。(越)
1135	李神宗天彰宝嗣三年,神宗曾经赴五岳观,"庆成金银三尊像"。(越)
1276	据《白鹤通圣观钟记》记载,陈圣宗宝符四年,道士许宗道随商船避难来到越南,获得越南朝野的重视,检校太尉平章事,清化府路都元帅,赐紫鱼袋。(越)
1684	七府古庙开始建设。(越)
1756	修建三宝垄的郭六官祠堂。(印尼)
1760	在越南南部的胡志明市建成天后圣母庙。(越)

续表

公元	事　　记
1792	修建三宝垄的大伯公庙。(印尼)
1796	建成顺天宫。(新)
1809	建成天福宫,供奉天妃妈祖。(新)
1823	客家籍人士建立应和馆,供奉关帝。(新)
1824	福建籍人士建立海唇“福德祠”,供奉大伯公。(新)
1826	潮州籍人士建立粤海清庙,供奉玄天上帝和天后圣母。(新)
1842	由科举及第的文士们组织的“向善会”增建了文昌殿。(越)
1844	建立丹戎巴葛福德祠,为客家籍人士祭祀大伯公的大本营。(新)
1845	潮州籍人士成立义安公司,购置基地设立善堂。(新)
1848	广东帮道士在牛车水的宁阳公司改名为宁阳会馆,馆内供奉妈祖。(新)
1851	淡宾尼地区的12所小庙整合而成新创建的淡宾尼联合宫,其中一所小庙始建于是年。(新)
1857	海南籍人士建立天后宫。(新)
1863	福建帮侨领章芳琳,建巴西班让福德庙。(新)
1867	广肇邑人始建“广福古庙”。(新)
1869	福建帮侨领章芳琳,捐地重修海唇福德祠。(新)
1881	福建帮侨领章芳琳,独资重修了金兰庙。(新) 修建三宝垄的妈祖庙。(印尼)
1884	“广惠肇重修利济桥道碑”设立,此碑是现存最早提到道士和道院。(新)
1887	福建帮侨领章芳琳,建清元真君庙与玉皇殿。(新)
约1892	曼谷唐人街的关帝古庙建立。(泰)
19世纪末20世纪初	广东帮道士最早来到新加坡,大约是在19世纪末至20世纪初。(新)
1900	卢善福创立名为“自在观”的道观。(马)
1905	凤山寺僧人瑞于修建丹戎巴葛地区的都城隍庙。(新)
1906	三位漳州籍人士从马来西亚迁移到凤山宫的前身——葱茅园九皇宫,随身带有九皇大帝的神像。(新)
1911	道士钟善坤购地置产,建成道教宫观。(马)
20世纪20年代	福建帮道士来到新加坡,出现闽南帮道坛。(新)
1923	广惠肇碧山亭举行“万缘盛会”,邀请僧、道、尼三坛诵经礼忏七昼夜。(新)

续表

公元	事　　记
1925	泉州籍陈高迨建立混元道坛。(新)
1926	越南创建高台教,在当地属于新宗教,全称为大道三期普度教,又称梵教。(越)
1927	钟善坤在森美兰州芙蓉市创立"天公五老观"。(马)
1928	凤山宫始建。(新)
1930	钟善坤在森美兰州芙蓉市创立天师宫。(马)
1936	帝力修建关帝庙。(东帝汶)
1941	原籍海南岛嘉积县(今琼海市)道士王经初和王经师两兄弟来新加坡谋生。(新)
20 世纪 50 年代	定光宝殿和大道玄坛都创建。在 20 世纪 60 年代,部分道士从大道玄坛分离出来,另外组建了九霄大道观。到了 80 年代,又有部分道士从九霄大道观分离出来,另外新建了九八凌霄宝殿。(菲) 琼(海南)帮道士出现在新加坡道坛上。(新)
1951	出身道士世家的闽侯县道士陈躬梅携子陈子元来到新加坡,创建"召元道坛",收徒弘道。(新)
1952	华人创立德教,融儒、释、道以及基督教、伊斯兰教为一体,奉祀各教教主,而其供奉主神则是太上老君,并崇信"八仙"等道教神祇。(马)
1962	来自福建南安的余丁财创建"混真道坛"。(新)
1964	第六十三代天师张恩溥到新加坡授箓于余丁财,并名道号为"鼎进"。(新) 陈国显从第六十三代天师张恩溥处授箓,被赐号"鼎达"。(新) 灵宝皇坛的海南道士王经初、王经师、张业新、何良尧、符业光等都在第六十三代天师张恩溥处授箓,赐号"鼎裕"、"鼎扬"、"鼎运"、"鼎宣"、"鼎耀"等。(新) 林茂盛到台湾从第六十三代天师张恩溥受箓,奏职"太上三五都功经箓紫府赞化宏教仙官"。(马)
1965	余丁财向泉州晋江老道长蔡长鑫请教道法。(新)
1973	陈辉荣去世,陈国显成为"混元道坛"掌门人。(新)
1974	10 月 6 日,"庆祝道祖圣诞同盟"成立。(新)
1975	第一届"庆祝道祖圣诞"的活动首先在陈国显的"混元道坛"举行。(新)
1978	广东帮道士加入"庆祝道祖圣诞同盟"。(新) 侯竣吉设"德真坛",受箓后奏职"上清三洞五雷经箓九天金阙玄都大夫"。(马)
1979	海南帮道士加入"庆祝道祖圣诞同盟"。(新) 新加坡最早的道教组织"三清道教会"成立。这是新加坡第一个由闽、粤、琼三帮道士及其道坛联合组成的道教团体。(新)
1981	余丁财主持云山健身社道教诵经团。(新)
1985	三清道教会在劳动公园举行盛大的"全国水陆空超度大法会"。(新)
1986	在吉隆坡士拉央新建成了自在宫。(马)

续表

公元	事　　记
1989	从 1989 年 11 月开始,新加坡道教总会每月举办一次礼斗法会,在各庙宇巡回举行。(新) 马来西亚雪隆三清道教会成立。(马)
20 世纪 90 年代	菲律宾中国道教总会与北京的中国道教协会建立了联系。(菲)
1990	三清道教会和其他 27 个道教组织,联合发起成立"新加坡道教总会"。(新) 新加坡道教总会举办道教画展,时任总理公署部长庄日昆主持开展仪式。(新)
1991	道教总会主办"道教与传统文化研讨会",有国立大学李焯然教授、风水师陈军荣、学者张克润、彭松涛、张兼嘉等主讲道教文化。(新)
1992	新加坡女皇镇忠义庙及裕廊总宫的琼瑶教邸相继成立诵经班,聘请北京白云观监院黄信阳道长及陈信一道长授课。(新) 新加坡道教总会按传统举办"传度大典",为 96 位道教徒举行传度入道仪式。(新) 北京白云观黄信阳监院及陈建功应邀赴新加坡传授道仪。(新)
1993	新加坡韭菜芭城隍庙增设了"六十太岁殿",吸引道教信众护佑转运,弘扬道教意义。(新) 新加坡道教总会在大士伯公宫草场举办连续五昼夜的"护国祈安大清醮暨超度法会"。(新) 中国道教协会副秘书长、北京白云观监院黄信阳为团长的北京白云观法务团,应新加坡道教总会邀请,参加"护国祈安大清醮暨超度大法会",白云观法务团先后作了开坛、清水、拜斗、三清表、玉枢经、罗天醮、皇经、皇忏、施食超度等法事。这是北京白云观第一次派法务团出国参加法会。(新)
1994	1994 年开始,新加坡道教总会联合正道地理研究中心举办道教文化月。新加坡首次"道教文化月"的活动内容有英语和华语的道教讲座,"道教文物书画展览"以及有北京白云观、台湾中华道教会和香港信善玄宫参与的"道教斋醮超度大会"。(新) 北京白云观法务团第二次访问新加坡,参加"道教文化月"的"太上慈悲黄箓大斋度亡法会"。(新)
1995	中国道教协会道教文化交流团参加新加坡道教总会举办的"95 年道教文化月"活动。(新) 韭菜芭城隍庙首次从中国聘请全真道士驻庙,负责科仪法务,终止了新加坡几十年来由和尚主持城隍庙宗教活动的历史现象。(新) 1995 年起,新加坡韭菜芭城隍庙成立道教诵经团,由来自中国的全真道士教授诵经礼忏,建成了庙属道士的科仪经诵法务班子。(新) 三清道教会假黄金广场主办"新加坡道教——现在与未来"的研讨会。(新) 茅山道教文化交流访问团赴新加坡参访。(新)
1996	新加坡道教中部分人另外组织成立了"新加坡道教协会"。新加坡道协的会长,一直由李至旺道长担任。(新) 江苏省茅山道院组成茅山道教文化交流团应邀到新加坡进行道教文化交流。(新)

续表

公元	事　记
1997	韭菜芭城隍庙举行了“庆祝显佑伯主奉祀八十周年暨新庙落成庆典”。（新） 中国道教协会副会长陈莲笙一行赴新加坡，参加新加坡道教总会成立七周年庆典。（新） 马来西亚道教组织联合总会在苏木发、陈文成等人的倡导下成立。（马）
1999	7月，三清道教会在香港蓬瀛仙馆协助下举办了为期三天的“99道教宣弘大会暨新加坡三清道教会成立二十周年庆典”。（新） 中国道教协会回访泰国。（泰） 江苏省苏州市道教协会组团参加新加坡道教节。（新）
2000	新加坡举办第五届道教节。（新）
2002	韭菜芭城隍庙总务陈添来当选为新加坡道教总会会长。（新） 江苏省茅山乾元观坤道经乐团在新加坡主持“礼斗赞星谢太岁大法会”。（新） 马来西亚美里省莲花山三清观举行开光落成大典，中国道教协会组团访问马来西亚美里省莲花山三清观。（马）
2003	中国陕西省道教协会会长任法融率团赴马来西亚进行道文化交流与道文化知识讲座。（马） 三清宫举行落成及神像开光典礼。（新）
2004	中国道教协会副会长黄信阳出席第九届新加坡道教节。（新） 中国道教协会副会长丁常云率团赴新加坡参加第四届道教音乐汇演。（新） 江西龙虎山天师府经乐团赴新加坡访问演出。（新）
2005	马来西亚三清观设立道教全真玄都律坛，隆重举行“全真传戒大法会”，并获得了中国道教协会传戒团协助。（马） 陈翰彬书写的《老子道德经碑》在新加坡落成。（新）
2006	北京白云观参加新加坡三巴旺财神庙新庙落成暨神像开光活动。（新） 茅山乾元观坤道经乐团第六次出访新加坡。（新）
2007	马来西亚老子学院成立，得到吉隆坡三清道观建委会和吉隆坡道教东方养生文化中心的支持。（马） “华族民俗文化与道教思想国际学术会议”在新加坡举行。（新） 中国道教协会参加新加坡韭菜芭城隍庙90周年庆典。（新）
2008	新加坡举办“《道德经》多种语言版本文化展”。 10月17日至21日，中国宗教界和平委员会代表团赴菲律宾马尼拉出席亚洲宗教和平会议第七届大会。大会通过了第七届大会宣言，并选举产生了“亚宗和”新一届领导层。选举产生了第一届“亚宗和”管理委员会和执行委员会成员，来自“中宗和”的丁光训（基督教）、一诚（佛教）、刘柏年（天主教）、任法融（道教）、余振贵（伊斯兰教）、学诚（佛教）、刀述仁（佛教）成为“亚宗和”新一届管理委员会成员，余振贵、刘柏年、刀述仁、任法融等5人担任“亚宗和”新一届执行委员会成员。（菲） 新加坡第一所道教学府“新加坡道教学院”正式成立。作为学院重要配置的“三清道教图书馆”同时启用。（新）

续表

公元	事　记
2009	第一届新加坡"道教节世界庆典"由新加坡道教协会和印尼三宝垄泽海庙共同举行。(新) "中国——新加坡 2009 宗教文化展"在狮城新加坡新达城会议展览中心成功举办。中国五大宗教和新加坡十大宗教首次携手,为新加坡民众献上了一场展现两国宗教多样性和不同宗教信仰和谐共存场面的宗教文化盛宴。(新)
2010	马来西亚、印度尼西亚、新加坡三国道教团体举办了"二零一零道教节跨国联合庆典"。(马、印、新) 新加坡"道教节世界庆典"又增加了马来西亚沙巴州道教联合总会共同举办。(新) 应新加坡玉虚道教协会的邀请,以李信军副监院为团长的北京白云观经乐团出访新加坡,参加"庚寅年祈福增运"大法会活动。(新)
	12 月 3 日至 6 日,中国道教协会秘书长王哲一应邀率团赴新出席了新加坡道教总会二十周年庆典暨新加坡多元宗教及多元种族联欢晚会及相关活动。(新)
2012	马来西亚道教协会正式成立。(马) 香港黄大仙观以香港道教文化交流团的名义访问了泰国的一些主要宫观。(泰) 马来西亚美里莲花山三清观建观十周年庆典。(马)
2013	中国道教协会副会长、武当山道教协会会长李光富率领武当山道士访问泰国华侨崇圣大学和道教华光宝殿,并且举办了道教文化讲座。(泰) 2013 世界道教节庆典暨第四届沙巴道教节庆典在马来西亚沙巴州举行。举行了三清玉皇迎驾大典、太上道祖万寿大典、众神巡游等活动。(马) 龙虎山道教文化交流团一行在中国道教协会副会长、江西省道教协会会长张金涛的带领下赴新加坡和马来西亚开展道教文化交流活动。(新、马)

(三)欧美道教大事记

公元	事　记
1592	前西班牙天主教教士高母羡在菲律宾将《明心宝鉴》译成西班牙文。 其手抄本于 1595 年被带回西班牙献给王子斐利三世,现收藏于马德里西班牙国立图书馆。(西)
1979	旧金山关帝庙被列为加州的历史古迹。(美)
1981	侯宝垣带领青松观同道,在美国三藩市创立了美洲青松观。(美)
1988	北京白云观应加拿大多伦多市道家太极拳社、蓬莱阁道观之邀,派闵智亭、谢宗信道长前往主讲道教哲学和道教气功健身法。(加)
1989	在温哥华市成立了加拿大青松观。(加)
1993	美国纽约坚尼街 94 号的关帝庙筹建,1994 年建成。(美)

续表

公元	事　　记
1994	黄世真道长应邀率领西安八仙宫高功法师以及法国、英国信徒等一行 18 人，到龙虎山天师府与美国夏威夷太玄道观进行国际道教文化交流，张天师后裔太玄道观住持张怡香道长在天师殿收黄世真为正一门徒，并赐道名黄大仁。（美） 江苏省苏州市道教音乐团赴比利时、英国访问演出。（比利时、英）
1995	黄世真道长帮助英国信徒组建成立英国道教协会。（英） 北京白云观法务团赴加拿大参加多伦多蓬莱阁第二分观神像开光活动。（加） 世界宗教与环境保护基金会成立，道教参与该组织的活动。中国道教协会在世界宗教与环境保护首脑会议上，发表《道教和生态环境宣言》。
1996	英国道教协会成立，邀请黄世真道长前往英国传道。（英） 加拿大温哥华道教文化研究会成立。（加）
1999	旧金山市长布朗为了选举连任，还专程到关帝庙烧香，选举获得连任后，还专门到关帝庙还愿。（美） 田诚阳道长应西班牙马德里自治大学和巴塞罗那太极中心邀请，经中国道教协会和国家宗教局批准，赴西班牙讲学传道。（西） 陕西省周至县楼观台道观刘嗣传道长应邀赴斯洛文尼亚，为西方近十个国家和地区代表参加的“99 道教与太极拳修炼大会”传道讲学。（斯洛文尼亚）
2000	道教与中国艺术展览在美国芝加哥开幕，北京白云观有《太和山瑞图》等五件作品参展。（美）
2001	田诚阳道长联合西班牙弟子创立道教协会。（西） 冬至佳节在西班牙巴塞罗那举行道教丛林清静宫落成典礼，这是有史以来由中国全真道士在欧洲创建的第一所道观，得到西班牙政府正式承认，取得与天主教平等的合法地位，成为中国道教传入欧洲大陆的里程碑。（西）
2002	黄世真道长应邀前往俄罗斯，在俄罗斯帮助道教武术信徒，组建并命名了“莫斯科道德养生武院”，并为其武院授课一个星期。（俄） 应塞浦路斯基科修道院文化中心邀请，中国道教协会副会长张继禹率团参加“宗教和文化”世界会议。（塞浦路斯）
2003	田诚阳道长用西班牙语撰写并出版了他的书稿《认识道教》，这是第一部由中国道长直接用西班牙语出版的道教著作，发行西班牙和欧美等国。（西）
2006	第三届道教与当代世界国际研讨会在德国慕尼黑举行，主题为“道教修养的理论和实践”，有来自美国、英国、法国、德国、加拿大、西班牙、新加坡、日本、中国内地及香港、台湾地区 300 余人与会。（德）
2007	田诚阳道长在古巴创建了清静宫，为中国道教在西班牙语地区的传播填补了重要的空白。（西） 西班牙、法国和瑞士等国道教组织，在田诚阳道长的努力下，联合筹备成立了“欧洲道教联盟”。（西）

续表

公元	事　　记
2008	首届英国道教文化艺术节在伦敦大学亚非学院举办，上海城隍庙道乐团应邀参加演出，专家教授作道教文化演讲。（英）
2009	应法国道教协会之邀，黄世真道长前往法国传授道教文化。为了有利于国际道教信徒之间的交流与发展，在法国协助重组了法国道教协会，并在巴黎倡议，组织成立了国际道教协会，还被推选为第一届会长。（法） 由世界宗教与环境保护基金会（ARC）和联合国开发计划署（UNDP）联合举办的名为“天堂众多，地球唯一”的环保活动在英国温莎堡举行。中国道协黄信阳副会长参加会议。（英）
2010	海内外道学研究者、隐修者在美国洛杉矶市罗耀拉大学（Loyola Marymount University）召开第六届道学国际会议。（美） 黄世真道长应邀到葡萄牙和法国传播道教文化。其间，在葡萄牙首都里斯本，出席并主持了“国际道教协会”第一届第一次会议，帮助组建了“葡萄牙道教协会”，创建了“老子庙”，并为老子神像开光，为“老子庙”题名。此外，还参观了“里斯本中医学校”，为该校题字，应邀在该校做了关于“道教与中医”的专题讲座。（葡） 美国华美协进社举办道教音乐专题讲座。（美）
2011	在旅美福建同乡会的支持下，在纽约曼哈顿门罗街的石竹山九仙君宫和南天照天君宫的观址成立了美国道教协会。（美）
2012	中国道教协会组团赴英国、法国、比利时等三国进行工作访问。（英、法、比） 河南省道协副会长、南阳市道协副会长、南阳玄妙观住持孟应仙道长，应瑞士道教协会名誉会长洛朗·罗沙（Laurent Rochat）邀请到日内瓦瑞士道教协会进行参观访问。（瑞士） 纽约·尼山世界文明论坛在联合国总部举行。（美）
2013	中国道教文化对外交流系列活动在比利时首都布鲁塞尔艺术中心正式拉开帷幕。10月1日晚上在布鲁塞尔成功举行道教音乐武术演出后，代表团移师英国和法国分别继续举行活动。此次展览就是在英国期间的主要内容之一。这是首次在英国举办的道教文化展览，为期1个月。正在英国伦敦参加中国道教文化对外交流系列活动的中国道教协会会长任法融道长应邀在伦敦大学亚非学院（School of Oriental and African Studies, University of London）作了题为《道德是道文化的核心思想》的专题演讲。并于10月7日，在牛津大学中国学研究所作了讲座。 以“拥抱多样性——推动实现人的尊严、公民意识和福祉共享”为主题的第九届世界宗教和平会议11月22日下午在维也纳闭幕。这次会议通过了“维也纳宣言”，选举产生了新一届领导。全国政协副主席、中国宗教界和平委员会主席帕巴拉·格列朗杰当选世界宗教和平组织名誉主席之一；中国道教协会会长任法融当选世界宗教和平组织联合主席之一。

（四）其他地区道教大事记

公元	事　纪
1991	香港青松观在澳大利亚的昆士兰省布里斯班成立了“昆省青松观”。（澳大利亚）
1996	加纳共和国发行以江西龙虎山为图案的道教名山邮票。（加纳共和国）
1999	由香港移民陈锦忠发起修建的澳大利亚悉尼市黄大仙祠竣工，中国道教协会会长闵智亭率中国道教代表团参加开光活动。（澳大利亚） 香港青松观在澳大利亚纽修威省（即新南威尔士州）建成“纽省青松观”，并举行新观落成暨列圣崇升开幕典礼。（澳大利亚）
2006	第二届世界和传统宗教领袖大会第四次秘书处会议在哈萨克斯坦召开，中国道教协会副会长丁常云出席会议。（哈萨克斯坦）
2007	世界和传统宗教领袖大会第六次秘书处会议在哈萨克斯坦举行，中国道教协会代表出席了会议。（哈萨克斯坦）
2008	10 月 27 日至 28 日，世界和传统宗教领袖大会第七次秘书处会议在哈萨克斯坦召开，中国道教协会代表出席了会议。（哈萨克斯坦）
2009	7 月 1 日至 2 日，第三届世界和传统宗教领袖大会在哈萨克斯坦首都阿斯塔纳市召开，中国道教协会会长任法融出席会议。（哈萨克斯坦） 12 月 2 日至 3 日，世界和传统宗教领袖大会第九次秘书处会议在哈萨克斯坦首都阿斯塔纳市召开，中国道教协会代表出席了会议。（哈萨克斯坦）
2011	6 月 20 日，世界和传统宗教领袖大会第十次秘书处会议在哈萨克斯坦举行，中国道教协会代表出席了会议。（哈萨克斯坦）
2012	5 月 30 日至 31 日，第四届世界和传统宗教领袖大会在阿斯塔纳召开，中国道教协会副会长黄信阳出席了会议。（哈萨克斯坦）
2013	由埃及文化部、文化发展基金会主办的第六届埃及国际心灵音乐与歌唱艺术节在埃及开罗萨拉丁古城堡举行，江西省鹰潭市道教乐团参加了此音乐节。鹰潭市道教乐团应邀赴中国驻埃及大使馆举办了《道家文化与和谐社会》讲座，并现场演奏了精彩动听的道教音乐。（埃及）

人名（神仙名）索引

（按笔画顺序排列）

五　画

六　画

七　画

八　画

九　画

十　画

十一画

十 二 画

十三画

十四画

十五画

十 六 画

十 七 画

十 八 画

其他名词术语索引

（按笔画顺序排列）

五　画

六 画

七　画

八　画

九　画

十 画

十 一 画

十 二 画

十三画

十四画

十五画

参考文献

一、道教典籍

《庄林续道藏》,台北:成文出版社 1975 年版。

《道藏》,北京:文物出版社、上海书店、天津古籍出版社 1988 年版。

《道藏要籍选刊》,上海:上海古籍出版社 1989 年版。

《藏外道书》,成都:巴蜀书社 1992 年版。

《道藏辑要》,成都:巴蜀书社 1995 年版。

《敦煌道藏》,北京:中华全国图书馆文献缩微复制中心 1999 年版。

《珍藏道书十种》,台北:新文丰出版有限公司 2001 年版。

《道藏精华》,台北:自由出版社 2000 年版。

二、其他古籍

《诸子集成》,北京:中华书局 1954 年版。

《十三经注疏》,北京:中华书局 1980 年版。

《百子全书》,杭州:浙江人民出版社 1984 年版。

《丛书集成初编》,北京:中华书局 1985 年版。

《文渊阁四库全书》,台北:台湾商务印书馆 1986 年版。

《日本藏中国罕见地方志丛刊》,北京:书目文献出版社 1990 年版。

《全宋诗》,北京:北京大学出版社 1991 年版。

《全唐诗》,北京:中华书局 1999 年版。

《北京图书馆古籍珍本丛刊》,北京:书目文献出版社 2000 年版。

《中国地方志集成》,南京:凤凰出版社 2004 年版。
(汉)司马迁:《史记》,北京:中华书局 1959 年版。
(汉)班固:《汉书》,北京:中华书局 1962 年版。
(汉)许慎:《说文解字》,北京:中华书局 1963 年版。
(汉)董仲舒,(清)苏舆撰、钟哲点校:《春秋繁露义证》,北京:中华书局 1992 年版。
(晋)陈寿:《三国志》,北京:中华书局 1959 年版。
(晋)张华撰,范宁校正:《博物志校正》,北京:中华书局 1980 年版。
(晋)常璩撰,任乃强校注:《华阳国志校补图注》,上海:上海古籍出版社 1987 年版。
(晋)干宝:《搜神记》,北京:中华书局 2009 年版。
(南朝)范晔:《后汉书》,北京:中华书局 1965 年版。
(南朝)沈约:《宋书》,北京:中华书局 1974 年版。
(南朝)刘义庆撰、徐震堮校笺:《世说新语校笺》,北京:中华书局 2001 年版。
(南朝)萧统编、(唐)李善注:《文选》,上海:上海古籍出版社 1986 年版。
(北魏)郦道元撰、陈桥驿点校:《水经注》,上海:上海古籍出版社 1990 年版。
(唐)房玄龄等:《晋书》,北京:中华书局 1960 年版。
(唐)徐坚等:《初学记》,北京:中华书局 1962 年版。
(唐)欧阳询:《艺文类聚》,上海:上海古籍出版社 1965 年版。
(唐)李肇:《唐国史补》,上海:上海古籍出版社 1979 年版。
(唐)张鷟撰,赵守俨点校:《朝野佥载》,北京:中华书局 1979 年版。
(唐)段成式:《酉阳杂俎》,北京:中华书局 1981 年版。
(唐)孙思邈:《千金方》,北京:中华书局 1981 年版。
(唐)温大雅:《大唐创业起居注》,上海:上海古籍出版社 1983 年版。
(唐)长孙无忌:《唐律疏义》,北京:中华书局 1983 年版。
(唐)刘肃:《大唐新语》,北京:中华书局 1984 年版。
(唐)王维:《王右丞集笺注》,上海:上海古籍出版社 1984 年版。
(唐)吴兢:《贞观政要》,上海:上海古籍出版社 1984 年版。
(唐)崔致远:《桂苑笔耕集》,北京:中华书局 1985 年版。
(唐)樊绰著,赵吕甫校释:《云南志校释》,北京:中国社会科学出版社 1985 年版。
(唐)杜佑:《通典》,北京:中华书局 1988 年版。
(唐)张九龄:《曲江集》,上海:上海书店 1989 年版。
(唐)李林甫等撰,陈仲夫点校:《唐六典》,北京:中华书局 1992 年版。

(唐)颜真卿:《颜鲁公集》,上海:上海古籍出版社 1992 年版。
(唐)裴庭裕:《东观奏记》,北京:中华书局 1994 年版。
(唐)李邕:《李北海集》,台北:台湾商务印书馆 1996 年版。
(唐)惠能著,邓文宽校注:《敦煌〈坛经〉读本》,沈阳:辽宁教育出版社 2005 年版。
(五代)谭峭撰,丁祯彦、贾似珍点校:《化书》,北京:中华书局 1996 年版。
(五代)何光远撰、刘石校点:《五代史书汇编》,杭州:杭州出版社 2004 年版。
(宋)王溥:《唐会要》,北京:中华书局 1955 年版。
(宋)司马光:《资治通鉴》,北京:中华书局 1956 年版。
(宋)唐慎微:《重修政和经史证类备用本草》,北京:人民卫生出版社 1957 年影印本。
(宋)沈括著,胡道静校注:《新校正梦溪笔谈》,北京:中华书局 1957 年版。
(宋)俞文豹:《吹剑录全编》,北京:古典文学出版社 1958 年版。
(宋)宋敏求编:《唐大诏令集》,北京:商务印书馆 1959 年版。
(宋)王钦若:《册府元龟》,北京:中华书局 1960 年版。
(宋)宋敏求:《长安志》,台北:成文出版社 1970 年版。
(宋)王象之:《舆地纪胜》,台北:文海出版社 1971 年版。
(宋)洪迈:《容斋随笔》,上海:上海古籍出版社 1978 年版。
(宋)张载:《张载集》,北京:中华书局 1978 年版。
(宋)李焘:《续资治通鉴长编》,北京:中华书局 1979 年版。
(宋)陆游:《老学庵笔记》,北京:中华书局 1979 年版。
(宋)吴曾:《能改斋漫录》,上海:上海古籍出版社 1979 年版。
(宋)范镇:《东斋记事》,北京:中华书局 1980 年版。
(宋)宋敏求撰、诚刚点校:《春明退朝录》,北京:中华书局 1980 年版。
(宋)王辟之:《渑水燕谈录》,北京:中华书局 1980 年版。
(宋)程颐、程颢:《河南程氏遗书》,北京:中华书局 1981 年版。
(宋)洪迈:《夷坚甲志》,北京:中华书局 1981 年版。
(宋)江少虞辑:《宋朝事实类苑》,上海:上海古籍出版社 1981 年版。
(宋)王辟之:《渑水燕谈录》,北京:中华书局 1981 年版。
(宋)王栐:《燕翼诒谋录》,北京:中华书局 1981 年版。
(宋)岳珂:《桯史》,北京:中华书局 1981 年版。
(宋)张世南:《游宦纪闻》,北京:中华书局 1981 年版。

(宋)孟元老撰,邓之诚注:《东京梦华录》,北京:中华书局 1982 年版。
(宋)苏辙:《龙川略志》,北京:中华书局 1982 年版。
(宋)蔡绦:《铁围山丛谈》,北京:中华书局 1983 年版。
(宋)方勺:《青溪寇轨》,北京:中华书局 1983 年版。
(宋)方勺:《泊宅编》,北京:中华书局 1983 年版。
(宋)邵伯温:《邵氏闻见录》,北京:中华书局 1983 年版。
(宋)魏泰:《东轩笔录》,北京:中华书局 1983 年版。
(宋)庄绰:《鸡肋编》,北京:中华书局 1983 年版。
(宋)周密:《齐东野语》,北京:中华书局 1983 年版。
(宋)窦仪等编:《宋刑统》,北京:中华书局 1984 年版。
(宋)范祖禹:《唐鉴》,上海:上海古籍出版社 1984 年版。
(宋)吴自牧:《梦粱录》,杭州:浙江人民出版社 1984 年版。
(宋)洪适:《隶释》,北京:中华书局 1985 年版。
(宋)李攸:《宋朝事实》,北京:中华书局 1985 年版。
(宋)计有功:《唐诗纪事》,上海:上海古籍出版社 1985 年版。
(元)马端临:《文献通考》,北京:中华书局 1986 年版。
(宋)王谠撰、周勋初校证:《唐语林校证》,北京:中华书局 1987 年版。
(宋)王应麟:《玉海》,南京:江苏古籍出版社、上海:上海书店 1987 年版。
(宋)黎靖德编:《朱子语类》,北京:中华书局 1988 年版。
(宋)周密:《癸辛杂识》,北京:中华书局 1988 年版。
(宋)陈师道:《后山丛谈》,上海:上海古籍出版社 1989 年版。
(宋)高承:《事物纪原》,北京:中华书局 1989 年版。
(宋)叶绍翁:《四朝闻见录》,北京:中华书局 1989 年版。
(宋)晁公武撰,孙猛校证:《郡斋读书志校证》,上海:上海古籍出版社 1990 年版。
(宋)陆游:《家世旧闻》,北京:中华书局 1993 年版。
(宋)李昉编:《太平御览》,石家庄:河北教育出版社 1994 年版。
(宋)姚铉:《唐文粹》,上海:上海古籍出版社 1994 年版。
(宋)周辉撰、刘永祥校注:《清波杂志校注》,北京:中华书局 1994 年版。
(宋)文莹:《玉壶清话》,北京:中华书局 1997 年版。
(宋)乐史:《宋本太平寰宇记》,北京:中华书局 1999 年版。
(宋)李心传:《建炎以来朝野杂记》,北京:中华书局 2000 年版。

（宋）梁克家：《三山志》，福州：海风出版社2000年版。
（宋）王偁：《东都事略》，济南：齐鲁书社2000年版。
（宋）张邦基：《墨庄漫录》，北京：中华书局2002年版。
（宋）朱熹：《朱子全书》，上海：上海古籍出版社2002年版。
（宋）钱易撰、黄寿成点校：《南部新书》，北京：中华书局2002年版。
（宋）张君房编，李永晟点校：《云笈七籤》，北京：中华书局2003年版。
（宋）程大昌：《雍录》，北京：中华书局2005年版。
（宋）钱若水修，范学辉校注：《宋太宗皇帝实录校注》，北京：中华书局2012年版。
（元）陶宗仪：《南村辍耕录》，北京：中华书局1959年版。
（元）孛兰肹等撰，赵万里校辑：《元一统志》，北京：中华书局1966年版。
（元）脱脱等：《宋史》，北京：中华书局1977年版。
（明）沈德符：《万历野获编》，北京：中华书局1959年版。
（明）朱国祯：《涌幢小品》，北京：中华书局1959年版。
（明）宋濂等：《元史》，北京：中华书局1976年版。
（明）王圻：《续文献通考》，台北：文海出版社1979年版。
（明）田汝成：《西湖游览志余》，上海：上海古籍出版社1980年版。
（明）余继登：《典故纪闻》，北京：中华书局1981年版。
（明）郑晓：《今言》，北京：中华书局1984年版。
（明）陶宗仪编：《说郛三种》，上海：上海古籍出版社1988年版。
（明）田艺蘅：《留青日札》，上海：上海古籍出版社1992年版。
（明）何乔远：《闽书》，福州：福建人民出版社1994年版。
（明）诸葛元声撰，刘亚朝校点：《滇史》，德宏民族出版社1994年版。
（明）黄仲昭：《八闽通志》，福州：福建人民出版社2006年版。
（清）陈梦雷编：《古今图书集成》，北京：中华书局1934年版。
（清）刘锦藻：《清朝续文献通考》，上海：商务印书馆1936年版。
（清）毕沅：《续资治通鉴》，北京：中华书局1957年版。
（清）刘献廷：《广阳杂记》，北京：中华书局1957年版。
（清）徐松辑：《宋会要辑稿》，北京：中华书局1957年版。
（清）赵翼：《陔余丛考》，上海：商务印书馆1957年版。
（清）严可均校辑：《全上古三代秦汉三国六朝文》，北京：中华书局1958年版。
（清）夏燮著，沈仲九标点：《明通鉴》，北京：中华书局1959年版。

(清)萧奭:《永宪录》,北京:中华书局 1959 年版。
(清)郭庆藩撰、王孝鱼点校:《庄子集释》,北京:中华书局 1961 年版。
(清)永瑢、纪昀主编:《四库全书总目提要》,北京:中华书局 1965 年版。
(清)震钧:《天咫偶闻》,台北:文海出版社 1968 年版。
(清)张廷玉等:《明史》,北京:中华书局 1974 年版。
(清)赵尔巽等:《清史稿》,北京:中华书局 1976 年版。
(清)谷应泰:《明史纪事本末》,北京:中华书局 1977 年版。
(清)王继培笺:《潜夫论笺》,北京:中华书局 1979 年版。
(清)昭梿:《啸亭杂录》,北京:中华书局 1980 年版。
(清)李时珍:《本草纲目》,北京:人民卫生出版社 1981 年版。
(清)吴任臣:《十国春秋》,北京:中华书局 1983 年版。
(清)董诰等编:《全唐文》,北京:中华书局 1983 年版。
(清)王先谦:《后汉书集解》,北京:中华书局 1984 年版。
(清)赵翼著、王树民校正:《廿二史劄记校正》,北京:中华书局 1984 年版。
(清)黄宗羲:《宋元学案》,北京:中华书局 1986 年版。
(清)蒲松龄著,路大荒整理:《蒲松龄集》,上海:上海古籍出版社 1986 年版。
(清)俞樾著,梁脩点校:《右台仙馆笔记》,济南:齐鲁书社 1986 年版。
(清)王先谦:《荀子集解》,北京:中华书局 1988 年版。
(清)孙希旦:《礼记集解》,北京:中华书局 1989 年版。
(清)程树德撰,程俊英、蒋见元点校:《论语集释》,北京:中华书局 1990 年版。
(清)梁章钜:《称谓录》,哈尔滨:黑龙江人民出版社 1990 年版。
(清)永忠:《延芬室集》,上海:上海古籍出版社 1990 年版。
(清)王昶:《金石萃编》,西安:陕西人民美术出版社 1990 年版。
(清)张金吾编纂:《金文最》,北京:中华书局 1990 年版。
(清)陈立:《白虎通疏证》,北京:中华书局 1994 年版。
(清)张璐:《张氏医通》,北京:中国中医药出版社 1995 年版。
(清)王先慎著,钟哲点校:《韩非子集解》,北京:中华书局 1998 年版。
(清)严可均辑:《全汉文》,北京:商务印书馆 1999 年版。
(清)傅燮鼎:《中国道观志丛刊》,南京:江苏古籍出版社 2000 年版。
(清)张大昌:《龙兴祥符戒坛寺志》,杭州:杭州出版社 2007 年版。
(清)阮毓崧编:《庄子集注》,北京:中华书局 2008 年版。

(清)胡之玫编纂:《净明宗教录》,南昌:江西人民出版社 2009 年版。
(清)孙诒让:《墨子间诂》,北京:中华书局 2010 年版。
(民国)孙豅公:《中国画史人名大辞典》,上海:神州国光社 1934 年版。
(民国)刘大鹏著,慕湘、吕文幸点校:《晋祠志》,太原:山西人民出版社 2003 年版。
(民国)刘咸炘:《道教征略》,上海:上海科学技术文献出版社 2010 年版。

三、道家与道教著述

饶宗颐注:《老子想尔注校笺》,香港:香港大学出版社 1956 年版。
王明编:《太平经合校》,北京:中华书局 1960 年版。
郭庆潘释:《庄子集释》,北京:中华书局 1961 年版。
陈垣:《南宋初河北新道教考》,北京:中华书局 1962 年版。
孙克宽:《寒原道论》,台北:联经出版事业公司 1977 年版。
李叔还编:《道教大辞典》,台北:巨流图书公司 1978 年版。
陈鼓应:《庄子今注今译》,北京:中华书局 1983 年版。
陈国符:《道藏源流续考》,台北:明文书局 1983 年版。
郑良树:《敦煌老子写卷探微》,上海:世界书局 1983 年版。
王明:《道家和道教思想研究》,北京:中国社会科学出版社 1984 年版。
程南洲:《伦敦所藏敦煌老子写本残卷研究》,台北:文津出版社 1985 年版。
卿希泰:《中国道教思想史纲》,成都:四川人民出版社 1985 年版。
宋恩常:《大理和丽江道教概况》,《云南民族民俗和宗教调查》,昆明:云南民族出版社 1985 年版。
王明编:《抱朴子内篇校释》,北京:中华书局 1985 年版。
庄宏谊:《明代道教正一派》,台北:台湾学生书局 1986 年版。
王家祐:《道教论稿》,成都:巴蜀书社 1987 年版。
陈垣编纂、陈志超校补:《道家金石略》,北京:文物出版社 1988 年版。
黄兆汉:《明代道士张三丰考》,台北:学生书局 1988 年版。
许地山:《扶箕迷信底研究》,上海:上海文艺出版社 1988 年版。
余仲珏编:《陈撄宁先生传略》,上海:翼化堂 1988 年版。
陈撄宁:《道教与养生》,北京:华文出版社 1989 年版。
李养正:《道教概说》,北京:中华书局 1989 年版。
郭树森主编:《天师道》,上海:上海社会科学院出版社 1990 年版。

任继愈主编:《中国道教史》,上海:上海人民出版社 1990 年版。
汤国华:《道教知识教学会参》,香港:香港道教联合会学务部 1990 年版。
徐兆仁主编:《涵虚秘旨》,北京:中国人民大学出版社 1990 年版。
王沐:《内丹养生功法指要》,北京:东方出版社 1990 年版。
王沐:《悟真篇浅解》,北京:中华书局 1990 年版。
洪建林编:《仙学解秘:道家养生秘库》,大连:大连出版社 1991 年版。
任继愈:《道藏提要》,北京:中国社会科学出版社 1991 年版。
饶宗颐:《老子想尔注校证》,上海:上海古籍出版社 1991 年版。
史新民辑:《全真正韵谱辑》,北京:中国文联出版社 1991 年版。
许地山:《道教史》,上海:上海书店 1991 年版。
杨明照校:《抱朴子外篇校笺》,北京:中华书局 1991 年版。
中国道教协会研究室编:《道教史资料》,上海:上海古籍出版社 1991 年版。
朱越利:《道经总论》,沈阳:辽宁教育出版社 1991 年版。
耿兴正、耿玉儒:《中国道教太一道》,郑州:中州古籍出版社 1993 年版。
黄兆汉、郑炜明:《香港与澳门之道教》,香港:加略山房有限公司 1993 年版。
李养正:《当代中国道教》,北京:中国社会科学出版社 1993 年版。
李养正主编:《道教手册》,郑州:中州古籍出版社 1993 年版。
孟乃昌:《周易参同契考辨》,上海:上海古籍出版社 1993 年版。
孟乃昌:《道教与中国炼丹术》,北京:燕山出版社 1993 年版。
孟乃昌:《道教与中国医药学》,北京:燕山出版社 1993 年版。
孟乃昌、孟庆轩辑编:《万古丹经王〈周易参同契〉三十四家注释集萃》,北京:华夏出版社 1993 年版。
王纯五、甘绍成:《中国道教音乐》,成都:西南交通大学出版社 1993 年版。
王光德、杨立志:《武当道教史略》,北京:华文出版社 1993 年版。
闵智亭、李养正主编:《道教大辞典》,北京:华夏出版社 1994 年版。
卿希泰主编:《中国道教》,上海:东方出版中心 1994 年版。
任继愈:《道教、因明及其它》,北京:中国社会科学出版社 1994 年版。
胡孚琛主编:《中华道教大辞典》,北京:中国社会科学出版社 1995 年版。
王忠信编:《楼观台道教碑石》,西安:三秦出版社 1995 年版。
袁啸波编:《民间劝善书》,上海:上海古籍出版社 1995 年版。
祝亚平:《道家文化与科学》,北京:中国科学技术大学出版社 1995 年版。

陈支平主编:《福建宗教史》,福州:福建教育出版社 1996 年版。
朱越利:《道藏分类解题》,北京:华夏出版社 1996 年版。
陈国符:《中国外丹黄白法考》,上海:上海古籍出版社 1997 年版。
龙显昭、黄海德主编:《巴蜀道教碑文集成》,成都:四川大学出版社 1997 年版。
张双棣校:《淮南子校释》,北京:北京大学出版社 1997 年版。
刘兆鹤、王西平编纂:《重阳宫道教碑石》,西安:三秦出版社 1998 年版。
张桥贵:《道教与中国少数民族关系研究》,成都:四川大学出版社 1998 年版。
陈霞:《道教劝善书研究》,成都:巴蜀书社 1999 年版。
赖宗贤:《台湾道教源流》,台北:中华道统出版社 1999 年版。
柳存仁:《道家与道术》,上海:上海古籍出版社 1999 年版。
柳存仁:《想尔注与道教》,兰州:甘肃文化出版社 1999 年版。
许地山:《道教史》,上海:上海古籍出版社 1999 年版。
游子安:《劝化金箴:清代善书研究》,天津:天津人民出版社 1999 年版。
张文、陈法永主编:《丘处机与龙门洞》,西安:陕西人民出版社 1999 年版。
陈耀庭:《道教在海外》,福州:福建人民出版社 2000 年版。
李养正:《当代道教》,北京:东方出版社 2000 年版。
柳存仁:《道教史探源》,北京:北京大学出版社 2000 年版。
刘劲峰:《赣南宗族社会与道教文化研究》,香港:国际客家学会、法国远东学院、海外华人资料研究中心联合出版 2000 年版。
朱越利、陈敏:《道教学》,北京:当代世界出版社 2000 年版。
盖建民:《道教医学》,北京:宗教文化出版社 2001 年版。
蒙文通:《道书辑校十种》,成都:巴蜀书社 2001 年版。
王承文:《敦煌古灵宝经与晋唐道教》,北京:中华书局 2002 年版。
游子安:《道风百年》,香港:利文出版社 2002 年版。
蔡惠霖主编:《弘道阐教——侯宝垣道长纪念集》,香港:道教香港青松观 2003 年版。
李养正:《新编北京白云观志》,北京:宗教文化出版社 2003 年版。
闵智亭:《道教教义的现代阐释》,北京:宗教文化出版社 2003 年版。
潘雨廷:《道教史发微》,上海:上海社会科学院出版社 2003 年版。
王家葵:《陶弘景丛考》,济南:齐鲁书社 2003 年版。
王育成:《明代彩绘全真宗祖图研究》,北京:中国社会科学出版社 2003 年版。
中国道教协会道教文化研究所、上海市道教协会、上海城隍庙合编:《道教教义的现代阐释——道教思想与中国社会发展进步研讨会论文集》,北京:宗教文化出版社2003年版。
陈国符:《陈国符道藏研究论文集》,上海:上海古籍出版社2004年版。
胡孚琛:《道学通论》,北京:社会科学文献出版社2004年版。
王卡:《敦煌道教文献研究——综述·目录·索引》,北京:中国社会科学出版社2004年版。
盖建民:《道教科学思想发凡》,北京:社会科学文献出版社2005年版。
郭武:《净明忠孝全书研究:以宋、元社会为背景的考察》,北京:中国社会科学出版社2005年版。
黎志添主编:《香港及华南道教研究》,香港:中华书局2005年版。
任继愈主编:《道藏提要》,北京:中国社会科学出版社2005年版。
王宗昱:《金元全真教石刻新编》,北京:北京大学出版社2005年版。
陈莲笙:《道风集》(增订本),上海:上海辞书出版社2006年版。
任继愈:《老子绎读》,北京图书馆出版社2006年版。
汤一介:《早期道教史》,北京:昆仑出版社2006年版。
张勋燎、白彬:《中国道教考古》,北京:线装书局2006年版。
陈鼓应:《易传与道家思想》,北京:商务印书馆2007年版。
丁培仁:《增注新修道藏目录》,成都:巴蜀书社2007年版。
高明见编:《海上道教名山——东海崂山》,北京:宗教文化出版社2007年版。
黎志添:《广东地方道教研究》,香港:中文大学出版社2007年版。
张明心、马瑛主编:《青城山道教志》,北京:中央文献出版社2007年版。
刘仲宇:《弘道八十年:陈莲笙道长事略》,上海:上海辞书出版社2008年版。
张超然:《系谱、教法及其整合:东晋南朝道教上清经派的基础研究》,台湾政治大学博士学位论文,2008年。
陈莲笙:《陈莲笙文集》,上海:上海辞书出版社2009年版。
龚鹏程:《道教新论》,北京:北京大学出版社2009年版。
卿希泰主编:《中国道教思想史》,北京:人民出版社2009年版。
任林豪、马曙明:《台州道教考》,北京:中国社会科学院出版社2009年版。
朱越利主编:《道藏说略》,北京:燕山出版社2009年版。
樊光春:《西北道教史》,北京:商务印书馆2010年版。
黎志添等:《香港道教——历史源流及其现代转型》,香港:中华书局2010年版。

徐李颖:《佛道与阴阳:新加坡城隍庙与城隍信仰研究》,厦门:厦门大学出版社 2010 年版。
杨世华主编:《茅山道院历代碑铭录》,上海:上海科学技术文献出版社 2000 年版。
赵卫东、庄明军编:《山东道教碑刻集》(青州昌乐卷),济南:齐鲁书社 2010 年版。
李信军主编:《水陆神全——北京白云观藏历代道教水陆画》,杭州:西泠印社 2011 年版。
李志鸿:《道教天心正法研究》,北京:社会科学文献出版社 2011 年版。
林正秋:《杭州道教史》,北京:中国社会科学出版社 2011 年版。
刘屹:《神格与地域:汉唐间道教信仰世界研究》,上海:上海人民出版社 2011 年版。
孙永乐评注:《刘一明:栖云笔记》,北京:社会科学文献出版社 2011 年版。
张琰:《泰山全真道与社会研究》,中国人民大学博士学位论文,2011 年。
赵卫东、宫德杰编:《山东道教碑刻集》(临朐卷),济南:齐鲁书社 2011 年版。
陈国符:《道藏源流考》,北京:中华书局 2012 年版。
陈莲笙:《道教常识答问》,上海:上海辞书出版社 2012 年版。
程越:《金元时期全真道宫观研究》,济南:齐鲁书社 2012 年版。
吴亚魁:《江南全真道教》,上海:上海古籍出版社 2012 年版。
张文江:《潘雨廷先生谈话录》,上海:复旦大学出版社 2012 年版。
盖建民:《道教金丹派南宗考论:道派、历史、文献与思想综合研究》,北京:社会科学文献出版社 2013 年版。
黎志添主编:《十九世纪以来中国地方道教变迁》,香港:三联书店 2013 年版。
王卡:《正一道教研究》,北京:宗教文化出版社 2013 年版。
萧霁虹主编:《云南道教碑刻辑录》,北京:中国社会科学出版社 2013 年版。
张明心、陈明光主编:《不言之教——纪念傅圆天大师诞辰八十八周年》,北京:中国国际文化出版社 2013 年版。
赵卫东、王予幻、秦国帅编:《山东道教碑刻集》(博山卷),济南:齐鲁书社 2013 年版。
刘仲宇:《道教授箓制度研究》,北京:中国社会科学出版社 2014 年版。
汪桂平:《东北全真道研究》,北京:中国社会科学出版社 2014 年版。
尹志华:《清代全真道历史新探》,香港:中文大学出版社 2014 年版。
张方:《明代全真道的衰而复兴——以华北地区为中心的考查》,中国社会科学院博士学位论文,2014 年。

郭晓峰、王晶译:《道教丛林太清宫志》,济南:齐鲁书社 2015 年版。
赵芃:《山东道教史》,北京:中国社会科学出版社 2015 年版。
王岗点校:《茅山志》,上海:上海古籍出版社 2016 年版。

四、其他著述

吕澂:《中国佛学源流略讲》,北京:中华书局 1949 年版。
明智编:《新加坡庙宇概览》,新加坡:南风商业出版社 1951 年版。
毛泽东:《毛泽东选集》(1—4),北京:人民出版社 1991 年版。
蔡美彪编:《元代白话碑集录》,北京:科学出版社 1955 年版。
夏曾佑:《中国古代史》,北京:生活 · 读书 · 新知三联书店 1955 年版。
王琎等:《中国古代金属化学及金丹术》,上海:中国科学图书仪器公司 1955 年版。
袁翰青:《中国化学史论文集》,北京:生活 · 读书 · 新知三联书店 1956 年版。
王重民等编:《敦煌变文集》,北京:人民文学出版社 1957 年版。
王铁崖编:《中外旧约章汇编》,北京:生活 · 读书 · 新知三联书店 1957 年版。
王毓瑚:《中国农学书录》,北京:中华书局 1957 年版。
向达:《唐代长安与西域文明》,北京:生活 · 新知 · 读书三联书店 1957 年版。
中国史学会主编:《中国近代史资料丛刊》,上海:上海人民出版社 1957 年版。
傅惜华:《明代杂剧全目》,北京:作家出版社 1958 年版。
李俨:《中国数学大纲》,北京:科学出版社 1958 年版。
鲁迅:《鲁迅全集》,北京:人民文学出版社 1958 年版。
王重民:《敦煌古籍叙录》,北京:商务印书馆 1958 年版。
查阜西编:《存见古琴曲谱辑览》,北京:人民音乐出版社 1958 年版。
骆承烈编:《从"巨野教案"到山东义和团》,济南:山东人民出版社 1959 年版。
姚从吾:《东北史论丛》,台北:正中书局 1959 年版。
徐鹏校点:《陈子昂集》,北京:中华书局 1962 年版。
钱宝琮点校:《算经十书》,北京:中华书局 1963 年版。
太平天国历史博物馆编:《太平天国史料丛编简辑》,北京:中华书局 1963 年版。
范文澜:《中国通史》,北京:人民出版社 1965 年版。
万国鼎校注:《陈旉农书校注》,北京:农业出版社 1965 年版。
沈云龙主编:《中国名山胜迹志》,台北:文海出版社 1971 年版。
陈荆和、陈育崧:《新加坡华人碑铭集录》,香港:中文大学出版社 1972 年版。

郭沫若:《奴隶制时代》,北京:人民出版社 1973 年版。
杨家骆编:《义和团文献汇编》,台北:鼎文书局 1973 年版。
陈奇猷释:《韩非子集释》,香港:中华书局有限公司 1974 年版。
林孝胜等:《石叻古迹》,新加坡:南洋学会 1975 年版。
俞鹿年编:《历代官制概略》,哈尔滨:黑龙江人民出版社 1978 年版。
曹元宇:《中国化学史话》,南京:江苏科学技术出版社 1979 年版。
韩国磐:《隋唐五代史纲》,北京:人民出版社 1979 年版。
张益桂、张家璠:《桂林史话》,上海:上海人民出版社 1979 年版。
陈寅恪:《金明馆丛稿二编》,上海:上海古籍出版社 1980 年版。
杜洁祥主编:《中国佛寺史志汇刊》,台北:明文书局 1980 年版。
黄培、陶晋生编:《邓嗣禹先生学术论文集》,台北:食货出版社 1980 年版。
黄云眉:《古今伪书考补证》,济南:齐鲁书社 1980 年版。
吴树平校释:《风俗通义校释》,天津:天津人民出版社 1980 年版。
丁传靖辑:《宋人轶事汇编》,北京:中华书局 1981 年版。
国家文物局编:《中国名胜词典》,上海:上海辞书出版社 1981 年版。
南京中医学院医经教研组编:《黄帝内经素问译释》,上海:上海科学技术出版社 1981 年版。
钱宝琮主编:《中国数学史》,北京:科学出版社 1981 年版。
沈云龙:《近代中国史料丛刊续编》,台北:大海出版社有限公司 1981 年版。
汪篯:《隋唐史论稿》,北京:中国社会科学出版社 1981 年版。
陈遵妫:《中国天文学史》,上海:上海人民出版社 1982 年版。
杜石然等编:《中国科学技术史稿》,北京:科学出版社 1982 年版。
李国豪等主编:《中国科技史探索》,上海:上海古籍出版社 1982 年版。
孙楷第:《中国通俗小说书目》,北京:人民文学出版社 1982 年版。
王伯敏:《中国绘画史》,上海:上海人民美术出版社 1982 年版。
政协天津市委编:《天津文史资料选辑》,天津:天津人民出版社 1982 年版。
庄一拂:《古典戏曲存目汇考》,上海:上海古籍出版社 1982 年版。
郭沫若:《中国史稿》,北京:人民出版社 1983 年版。
刘枝万:《台湾民间信仰论集》,台北:联经出版事业公司 1983 年版。
钱宝琮:《钱宝琮科学史论文选集》,北京:科学出版社 1983 年版。
任继愈主编:《中国哲学发展史》,北京:人民出版社 1983 年版。

唐长孺:《魏晋南北朝史论拾遗》,北京:中华书局 1983 年版。
汤用彤:《汉魏两晋南北朝佛教史》,北京:中华书局 1983 年版。
卢志良编:《中国地图学史》,北京:测绘出版社 1984 年版。
罗大云、李春泰编:《潞西县那目寨傣族知识分子(傣文)情况》,《德宏傣族社会历史调查》,昆明:云南人民出版社 1984 年版。
唐君毅:《中国哲学原论——原教篇》,台北:台湾学生书局 1984 年版。
王重民:《敦煌遗书论文集》,北京:中华书局 1984 年版。
杨启樵:《明清史抉奥》,香港:广角镜出版社 1984 年版。
中共中央统一战线工作部、中共中央文献研究室编辑:《周恩来统一战线文选》,北京:人民出版社 1984 年版。
中国科学院自然科学史研究所地学史组主编:《中国古代地理学史》,北京:科学出版社 1984 年版。
中国人民政治协商会议北京市委编:《文史资料选编》,北京:北京出版社 1984 年版。
姜亮夫:《莫高窟年表》,上海:上海古籍出版社 1985 年版。
杨成武:《敌后抗战》,北京:解放军文艺出版社 1985 年版。
赵匡华主编:《中国古代化学史研究》,北京:北京大学出版社 1985 年版。
周骏富主编:《清代传记丛刊》,台北:明文书局 1985 年版。
金少英释:《〈汉书食货志〉集释》,北京:中华书局 1986 年版。
马学良:《彝文〈劝善经〉译注》,北京:中央民族学院出版社 1986 年版。
关嘉禄、佟永功、关照宏编译:《天聪九年档》,天津:天津古籍出版社 1987 年版。
华印椿编:《中国珠算史稿》,北京:中国财政经济出版社 1987 年版。
蒙文通:《蒙文通文集》,成都:巴蜀书社 1987 年版。
方豪:《中国天主教史人物传》,北京:中华书局 1988 年版。
费成康:《澳门四百年》,上海:上海人民出版社 1988 年版。
赖永海:《中国佛性论》,上海:上海人民出版社 1988 年版。
王鸿钧、孙宏安:《中国古代数学思想方法》,南京:江苏教育出版社 1988 年版。
郑志明:《明代三一教主研究》,台北:台湾学生书局 1988 年版。
黄寿祺、张善文注:《周易译注》,上海:上海古籍出版社 1989 年版。
李文海、刘仰东:《太平天国社会风情》,北京:中国人民大学出版社 1989 年版。
王卜雄、周世荣:《中国气功学术发展史》,长沙:湖南科学技术出版社 1989 年版。
巍山彝族回族自治县县志编委会办公室编:《巍宝山志》,昆明:云南人民出版社

1989年版。
张友仁编:《惠州西湖志》,广州:广东高等教育出版社1989年版。
国家民族事务委员会、中共中央文献研究室编:《新时期民族工作文献选编》,北京:中央文献出版社1990年版。
李世瑜:《现代华北秘密宗教》,上海:上海文艺出版社1990年版。
谢重光、白文固:《中国僧官制度史》,西宁:青海人民出版社1990年版。
杨超主编:《当代中国的四川》,北京:中国社会科学出版社1990年版。
政协北京市委编:《文史资料选编》,北京:北京出版社1990年版。
中国第一历史档案馆、中国社会科学院历史研究所译注:《满文老档》,北京:中华书局1990年版。
陈柏泉编:《江西出土墓志选编》,南昌:江西教育出版社1991年版。
柳存仁:《和风堂文集》,上海:上海古籍出版社1991年版。
毛泽东:《毛泽东选集》,北京:人民出版社1991年版。
任继愈:《任继愈学术论著自选集》,北京:北京师范学院出版社1991年版。
杜石然主编:《中国古代科学家传记》,北京:科学出版社1992年版。
林国平:《林兆恩与三一教》,福州:福建人民出版社1992年版。
灵鹫山般若文教基金会国际佛学研究中心主编:《两岸宗教现况与展望》,台北:学生书局1992年版。
马西沙、韩秉方:《中国民间宗教史》,上海:上海人民出版社1992年版。
阮仁泽、高振农主编:《上海宗教史》,上海:上海人民出版社1992年版。
吴尧峰:《宗教法规十讲》,台北:佛光出版社1992年版。
中共中央文献研究室编:《建国以来重要文献选编》,北京:中央文献出版社1992年版。
周绍良主编:《唐代墓志汇编》,上海:上海古籍出版社1992年版。
周燮藩等:《中国宗教纵览》,南京:江苏文艺出版社1992年版。
郭金彬:《中国传统科学思想史论》,北京:知识出版社1993年版。
国务院宗教事务局政策法规司编:《中国宗教团体资料》,北京:中国社会出版社1993年版。
金恩晖:《金恩晖图书馆学文选》,长春:吉林人民出版社1993年版。
蒙默编:《蒙文通学记》,北京:生活·读书·新知三联书店1993年版。
钱安靖编:《中国原始宗教资料丛编》,上海:上海人民出版社1993年版。

饶宗颐:《梵学集》,上海:上海古籍出版社 1993 年版。
饶宗颐:《饶宗颐史学论著选》,上海:上海古籍出版社 1993 年版。
任继愈主编:《中国科学技术典籍通汇》,郑州:河南教育出版社 1993 年版。
田振铎、刘玉平、秦显耀编:《峄山新志》,济宁:济宁市新闻出版局 1993 年版。
王英志主编:《袁枚全集》,南京:江苏古籍出版社 1993 年版。
徐晓望:《福建民间信仰源流》,福州:福建教育出版社 1993 年版。
杨仲耆、申先甲主编:《物理学思想史》,长沙:湖南教育出版社 1993 年版。
崔贵强:《新加坡华人——从开埠到建国》,新加坡:宗乡会馆联合总会 1994 年版。
王赓武:《中国与海外华人》,香港:商务印书馆 1994 年版。
朱越利主编:《今日中国宗教》,北京:今日中国出版社 1994 年版。
林孝胜:《新加坡华社与华商》,新加坡:新加坡亚洲研究学会 1995 年版。
张江涛编:《华山碑石》,西安:三秦出版社 1995 年版。
中共锦州市委党史研究室编:《辽西抗日义勇军》,锦州:中共锦州市委党史研究室 1995 年版。
中共中央文献研究室综合研究组、国务院宗教事务局政策法规司编:《新时期宗教工作文献选编》,北京:宗教文化出版社 1995 年版。
仇非编:《新修崆峒山志》,兰州:甘肃人民出版社 1996 年版。
任继愈:《任继愈学术文化随笔》,北京:中国青年出版社 1996 年版。
中国第一历史档案馆编:《光绪朝上谕档》,桂林:广西师范大学出版社 1996 年版。
白寿彝总主编,陈得芝主编:《中国通史》,上海:上海人民出版社 1997 年版。
北京市档案馆编:《北京寺庙历史资料》,北京:中国档案出版社 1997 年版。
北京大学古文献研究所编:《全宋诗》,北京:北京大学出版社 1998 年版。
赤耐主编:《当代中国的宗教工作》,北京:当代中国出版社 1998 年版。
胡适:《胡适论学近著》,济南:山东人民出版社 1998 年版。
鲁迅:《中国小说史略》,上海:上海古籍出版社 1998 年版。
王国平、唐力行主编:《明清以来苏州社会史碑刻集》,苏州:苏州大学出版社 1998 年版。
赵绍祖辑:《历代碑志丛书》,南京:江苏古籍出版社 1998 年版。
黎遇航:《遇航诗词集》,北京:中国盲文出版社 1999 年版。
蒙文通:《蒙文通文集》,成都:巴蜀书社 1999 年版。
肖萐父:《吹沙二集》,成都:巴蜀书社 1999 年版。

杨立志点校:《明代武当山志二种》,武汉:湖北人民出版社1999年版。
故宫博物院编:《故宫珍本丛刊》,海口:海南出版社2000年版。
汤用彤:《汤用彤全集》,石家庄:河北人民出版社2000年版。
王堉昌编:《汾阳县金石类编》,太原:山西古籍出版社2000年版。
中国佛教协会、中国佛教图书文物馆编:《房山石经》,北京:华夏出版社2000年版。
陈寅恪:《唐代政治史述论稿》,北京:生活·读书·新知三联书店2001年版。
罗广武主编:《新中国宗教工作大事概览》,北京:华文出版社2001年版。
谭棣华等编:《广东碑刻集》,广州:广东高等教育出版社2001年版。
虞万里:《榆枋斋学术论集》,南京:江苏古籍出版社2001年版。
余英时:《中国近世宗教伦理与商人精神》,合肥:安徽教育出版社2001年版。
张晋平编:《晋中碑刻选粹》,太原:山西古籍出版社2001年版。
中共辽宁省委党史研究室编:《中国共产党辽宁英模大典》,沈阳:辽宁人民出版社2001年版。
李志超:《国学薪火——科学文化学与自然哲学论集》,北京:中国科学技术大学出版社2002年版。
王安怀主编:《咸阳碑刻》,西安:三秦出版社2003年版。
石光明、董光和、杨光辉编:《中华山水志丛刊》,北京:线装书局2004年版。
王纯五主编:《青城山志》,成都:巴蜀书社2004年版。
张金涛主编:《留侯天师世家注》,香港:银河出版社2004年版。
赵世瑜编:《北京东岳庙与北京泰山信仰碑刻录》,北京:中国书店2004年版。
李裕民:《四库提要订误》,北京:中华书局2005年版。
王焕镳编:《墨子集诂》,上海:上海古籍出版社2005年版。
吴敏霞主编:《户县碑刻》,西安:三秦出版社2005年版。
张正明、[英]科大卫编:《明清山西碑刻资料选》,太原:山西人民出版社2005年版。
班朝忠主编:《天书地字》,北京:文物出版社2006年版。
黄夏年主编:《民国佛教期刊文献集成》,北京:全国图书馆文献缩微复制中心2006年版。
刘大杰:《中国文学发展史》,上海:复旦大学出版社2006年版。
刘晓:《元史研究》,福州:福建人民出版社2006年版。
任继愈:《皓首学术随笔》,北京:中华书局2006年版。
任杰、梁凌:《中国的宗教政策——从古代到当代》,北京:民族出版社2006年版。

圣严:《明末佛教研究》,北京:宗教文化出版社 2006 年版。
杜泽逊:《四库存目标注》,上海:上海古籍出版社 2007 年版。
冯友兰、赵复三译:《中国哲学简史》,天津:天津社会科学院出版社 2007 年版。
史景怡编:《寿阳碑碣》,太原:山西古籍出版社 2007 年版。
张正明、[英]科大卫、王勇红编:《明清山西碑刻资料选(续一)》,太原:山西古籍出版社 2007 年版。
林庆彰主编:《民国文集丛刊》,台中:文听阁图书有限公司 2008 年版。
周鼎:《刘咸炘学术思想研究》,成都:巴蜀书社 2008 年版。
任继愈:《任继愈宗教论集》,北京:中国社会科学出版社 2009 年版。
向达:《唐代长安与西域文明》,重庆:重庆出版社 2009 年版。
谢重光:《中古僧官制度与社会生活》,北京:商务印书馆 2009 年版。
姚春鹏译注:《黄帝内经》,北京:中华书局 2009 年版。
张正明、[英]科大卫、王勇红编:《明清山西碑刻资料选(续二)》,太原:山西经济出版社 2009 年版。
常书铭主编:《三晋石刻大全》,太原:三晋出版社 2010 年版。
曹峰主编:《日本学者论中国哲学史》,上海:华东师范大学出版社 2010 年版。
曹中建主编:《中国宗教研究年鉴》(1996—2008),北京:宗教文化出版社 2010 年版。
任继愈:《任继愈讲演集——中华五千年的历史经验》,北京:人民日报出版社 2010 年版。
曹中建主编:《中国宗教研究年鉴》(1997—1998),北京:宗教文化出版社 2011 年版。
曹中建主编:《中国宗教研究年鉴》(1999—2000),北京:宗教文化出版社 2011 年版。
曹中建主编:《中国宗教研究年鉴》(2009—2010),北京:宗教文化出版社 2011 年版。
何善蒙:《三一教研究》,杭州:浙江大学出版社 2011 年版。
蒙文通:《佛道散论》,北京:商务印书馆 2011 年版。
王琳玉主编:《三晋石刻大全》(榆次卷),太原:三晋出版社 2012 年版。
王新英辑校:《全金石刻文辑校》,长春:吉林文史出版社 2012 年版。
张金科、姚锦玉、邢爱勤主编:《三晋石刻大全》(浮山卷),太原:三晋出版社 2012 年。
曹中建主编:《中国宗教年鉴》(2011—2012),北京:中国社会科学出版社 2013 年版。
吴景山编:《崆峒山金石校释》,兰州:甘肃文化出版社 2014 年版。
王川编:《峄山碑刻集》,济南:齐鲁书社 2016 年版。

五、译著

[美]施达格著,吴宣易节译:《庚子义和团运动始末》,南京:正中书局 1941 年版。

[瑞典]多桑著、冯承钧译:《多桑蒙古史》,北京:中华书局 1962 年版。

[意]利玛窦、金尼阁著,何高济等译:《利玛窦中国札记》,北京:中华书局 1983 年版。

[英]呤唎著,王维周译:《太平天国革命亲历记》,上海:上海古籍出版社 1985 年版。

[日]窪德忠著,萧坤华译:《道教史》,上海:上海译文出版社 1987 年版。

[英]李约瑟著,劳陇译:《四海之内》,北京:生活·读书·新知三联书店 1992 年版。

[法]安田朴、[法]谢和耐等著,耿升译:《明清间入华耶稣会士和中西文化交流》,成都:巴蜀书社 1993 年版。

[日]中村璋八、安居香山辑:《纬书集成》,石家庄:河北人民出版社 1994 年版。

[法]傅飞岚著,徐克谦译:《西方学者道教研究现状综述》,《国际汉学》,郑州:大象出版社 2000 年版。

[法]杜赫德编,朱静译:《耶稣会士中国书简集:中国回忆录》,郑州:大象出版社 2001 年版。

[高丽]一然著,[韩]权锡焕、陈蒲清注译:《三国遗事》,长沙:岳麓书社 2009 年版。

[日]酒井忠夫著,刘岳兵、何英莺译:《中国善书研究》(增补版),南京:江苏人民出版社 2010 年版。

[英]李约瑟:《中国科学技术史》,上海:上海古籍出版社 2010 年版。

[俄]陶奇夫著,邱凤侠译:《道教——历史宗教的试述》,济南:齐鲁书社 2011 年版。

[日]丹波康赖著,高文柱校注:《医心方》,北京:华夏出版社 2011 版。

[英]巴瑞特著,曾维加、刘玄文译:《唐代道教——中国历史上黄金时期的宗教与帝国》,济南:齐鲁书社 2012 年版。

[日]五十岚贤隆著,郭晓峰、王晶译:《道教丛林太清宫志》,济南:齐鲁书社 2015 年版。

[日]吉冈义丰著,汪帅东译:《白云观访信录》,北京:北京联合出版公司 2016 年版。

六、外文原著

D.N.Lyon,"Life and Writings of the God of Literature",*The Chinese Recorder and Missionary Journal*,Vol.20,September-October,1886.

Alexander Wylie, *Notes on Chinese literature*, 1901, Printed at the American Presbyterian Mission Press in Shanghai.

小柳司气太:《明末の三教关系》,载《高濑博士还历纪念支那学论丛》,京都:弘文堂 1928 年版。

Alan Elliott, *Chinese Spirit-medium Cults in Singapore*, London: University of London, 1955.

福井康顺:《道教の基础的研究》,东京:书籍文物流通会,1958 年版。

Maurice Freeman, "Immigrants and associations: Chinese in Nineteenth-Century Singapore", *Comparative Studies in Society and History*, Vol.3, No.1, 1960.

J Needham, G Werskey, *Moulds of Understanding: A Pattern of Natural Philosophy*, Allen and Unwin, 1976.

亨利·马伯乐,[日]川胜义雄主持翻译:《道教》,东京:平凡社 1978 年版。

楠山春树:《老子传说 の研究》,东京:创文社 1979 年版。

Henri Maspero, *Taoism and Chinese Religion*, Translated by Frank A. Kierman, Jr., The University of Masschusetts Press, Amherst, 1981.

李能和:《朝鲜道教史》,首尔:普成文化社 1981 年版。

福永光司:《道教的天神降临授诫》,《中国中世纪的宗教和文化》,京都:京都大学人文科学研究所 1982 年版。

Tan Chee Beng, "Chinese Religion in Malaysia: A General View", *Asian Folklore Studies*, 1983(2).

Liu, Ts'un-yan, *My Childhood and My Dreams*, *New Excursions from the Hall of Harmonious Wind*, Leiden: E.J.Brill, 1984.

Eddie C.Y.Kuo, Jon S.T.Quah, *Religion in Singapore: Report of a National Survey*, Ministry of Community Development, 1988.

吉冈义丰:《吉冈义丰作集》,东京:五月书房 1990 年版。

森正夫:《周梦颜と"苏松浮粮"》,《山根幸夫教授退休记念明代史论丛》,东京:汲古书院 1990 年版。

Kenneth Dean, *Taoist Ritual and Popular Cults of Southeast China*, Princeton: Princeton University Press, 1993.

福井文雅主编:《道教事典》,东京:平河出版社 1994 年版。

蜂屋邦夫编:《中国の道教:その活動と道観の現状》,东京:汲古书院 1995 年版。

Isabelle Robinet, *Taoism: Growth of a Religion*. Translated by Phyllis Brooks, Stanford:

Stanford University Press,1997.

山田利明、田中文雄编:《道教の历史と文化》,东京:雄山阁出版 1998 年版。

Kristofer Schipper and Franciscus Verellen, *The Taist Canon—A Historical Companion to the Daozang*, Volume I, The University of Chicago Press, 2004.

前田繁树:《初期道教经典の形成》,东京:汲古书院 2004 年版。

N Sivin, *Old and New Daoism*, *Religious Studies Review*, America: Council of Societies for the Study of Religion(CSSR), 2010, 36(1).

Richard.G.Wang, *The Ming Prince and Daoism*, Oxford University Press, 2012.

七、主要论文

刘国钧:《两汉时代道教概说》,《金陵学报》1931 年 5 月 1 卷第 1 期。

刘国钧:《老子王弼注校记》,《图书馆学季刊》1934 年 8 卷第 1 期。

陈寅恪:《白乐天之思想行为与佛道之关系》,《岭南学报》1944 年 10 卷第 1 期。

蒙文通:《校理老子成玄英疏叙录》,《图书集刊》1946 年第 7 期。

蒙文通:《辑校老子李荣注跋》,《图书集刊》1948 年第 8 期。

饶宗颐:《索紞写本道德经残卷考证》,《东方文化》1955 年第 1 期。

孟乃昌:《关于发现氧气的几个问题》,《化学通报》1955 年第 6 期。

王希琴:《中国古代关于锌镍化学》,《化学通报》1955 年第 9 期。

陈世骧:《"想尔"老子道经敦煌残卷论证》,《清华学报》1957 年第 1 期。

孟乃昌:《再谈发现氧气问题及其他》,《化学通报》1957 年第 5 期。

陕西省文管会:《长安县三里村东汉墓葬发掘简报》,《文物参考资料》1958 年第 7 期。

饶宗颐:《想尔九戒与三合义》,《清华学报》1964 年第 2 期。

严灵峰:《老子想尔注校笺与五千文的来源》,《民主评论》1964 年第 16 期。

严灵峰:《再论老子想尔注与五千文》,《民主评论》1965 年第 3 期。

严灵峰:《老子想尔注写本残卷质疑》,《大陆杂志》1965 年第 6 期。

耿鉴庭:《西安南郊唐代窖藏里的医药文物》,《文物》1972 年第 6 期。

李迪:《十三世纪我国数学家李冶》,《数学通报》1979 年第 3 期。

饶宗颐:《论敦煌残本〈登真隐诀〉(P.2732)》,《敦煌学》1979 年第 4 辑。

陈理实:《修改〈中国道教协会章程〉的说明》,《道协会刊》1980 年第 5 期。

谢国桢:《从出土文物中看东汉黄巾起义》,《史学月刊》1982 年第 2 期。

王伟业:《工作报告(1982年10月22日)》,《道协会刊》1982年第10期。
郭正谊:《从龙虎还丹诀看我国炼丹家对化学的贡献》,《自然科学史研究》1983年第2期。
孟乃昌:《汉唐消石名实考辨》,《自然科学史研究》1983年第2期。
陈国符:《〈道藏〉经中若干可供研究中国古代自然科学与技术之史料》,《自然科学史研究》1983年第3期。
黄长椿:《朱思本及其〈舆地图〉》,《江西师范学院学报》1983年第3期。
马学良:《明代彝文金石文献中所见的彝族宗教信仰》,《世界宗教研究》1983年第3期。
孟乃昌:《周易参同契的实验和理论》,《太原工学院学报》1983年第3期。
王家祐:《张陵五斗米道与西南民族》,《贵州民族研究》1983年第4期。
李远国:《陈抟籍贯小考》,《中国史研究》1984年第2期。
李复华、王家祐:《关于巴蜀图语的几点看法》,《贵州民族研究》1984年第4期。
孟乃昌:《中国炼丹术原著评介》,《世界宗教研究》1984年第4期。
孟乃昌:《张果考》,《宗教学研究》1985年第1期。
孟乃昌:《五子衍宗丸的历史起源》,《中成药》1985年第2期。
邓立木:《撒梅人的西波教》,《云南民族学院学报》1985年第3期。
孟乃昌:《中国蒸馏酒年代考》,《中国科技史料》1985年第6期。
卿希泰、詹石窗:《李道纯"老学"浅析》,《船山学报》1986年第1期。
胡昭曦:《陈抟里籍考》,《四川文物》1986年第3期。
陈智超:《真大道教新史料》,《世界宗教研究》1986年第4期。
黎遇航:《道教的信仰及教理教义》,《中国道教》1987年第1期。
黎遇航:《团结广大道教徒积极参加两个文明建设——中国道教协会第三届理事会工作报告》,《中国道教》1987年第1期。
王家祐:《四川道教摩崖造像概况》,《中国道教》1987年第1期。
习仲勋:《在接见中国道教协会第四届会议代表时的讲话》,《中国道教》1987年第1期。
王家祐:《四川道教摩崖造像述议》,《敦煌研究》1987年第2期。
孟乃昌:《戚继光与太极拳》,《体育文化导刊》1987年第3期。
陈大灿:《茅山道教音乐考》,《中国道教》1987年第4期。
陈真福:《陈毅司令敬重的茅山道长惠心白》,《中国道教》1987年第4期。

黎遇航等:《茅山道教今昔》,《中国道教》1987 年第 4 期。
士心:《抗日战争中的茅山》,《中国道教》1987 年第 4 期。
孟乃昌:《中国外丹黄白术研究的辉煌著作——评介陈国符教授新著〈道藏源流续考〉》,《宗教学研究》1988 年第 1 期。
闵智亭:《道教修道的精义在于“贵生”》,《中国道教》1988 年第 1 期。
全国政协宗教组暨七省(市)政协宗教组:《关于宗教团体和寺观教堂贯彻自养方针的调查报告》,《中国道教》1988 年第 1 期。
束景南:《周敦颐〈太极图说〉新考》,《中国社会科学》1988 年第 2 期。
羊华荣:《关于陈抟的籍贯》,《世界宗教研究》1988 年第 2 期。
王家祐:《梓潼神历史探微》,《中国道教》1988 年第 3 期。
黄明:《为祖国解放事业做贡献的罗浮山道众》,《中国道教》1988 年第 4 期。
闵智亭:《道教的根本教理及其哲学思想》,《中国道教》1988 年第 4 期。
卿希泰:《十年来道教研究的回顾与展望——纪念党的十一届三中全会胜利召开十周年》,《宗教学研究》1988 年第 4 期。
张桥贵:《剑川县马登区白族的民间信仰调查》,《云南民族学院学报》1988 年第 4 期。
单天伦:《我国社会科学研究体制改革的一个重要措施——谈国家社会科学基金的建立》,《中国高等教育》1988 年第 9 期。
丁煌:《叶法善在道教史上地位之探讨》,成功大学历史学系《历史学报》1988 年第 14 卷。
陈雄群:《爱国爱教的好道长——记中国道协副会长刘之维》,《中国道教》1989 年第 1 期。
闵智亭:《急需培养道教事业继承人》,《中国道教》1989 年第 2 期。
孟乃昌:《火药发明探源》,《自然科学史研究》1989 年第 2 期。
林胜利:《紫霄真人谭峭考略》,《中国道教》1989 年第 3 期。
王行道:《清淡无为,爱心照人——忆王教化道长二、三事》,《中国道教》1989 年第 3 期。
李锦善、程时雨:《甘肃丛林的骄傲——记许合德道长冒死救红军的事迹》,《中国道教》1990 年第 1 期。
孟乃昌:《道家内丹术(气功)理论概念的由来和运用》,《中国道教》1990 年第 1 期。
陈雄群:《北京白云观解放后首次开坛传戒》,《中国道教》1990 年第 2 期。

傅圆天:《修戒之目的和我们受戒后的努力方向》,《中国道教》1990 年第 2 期。
黎遇航:《继往开来,育才弘道——在中国道教学院开学典礼上的讲话》,《中国道教》1990 年第 3 期。
孟乃昌:《道藏炼丹原著评述(续)》,《宗教学研究》1990 年第 3—4 期合刊本。
傅圆天:《在青城山道教学校开学典礼上的讲话》,《中国道教》1992 年第 1 期。
黎遇航:《只有在新中国才实现宗教信仰自由》,《中国道教》1992 年第 1 期。
迈克尔·A.迪马科:《西方道教研究概述》,《中国道教》1992 年第 1 期。
孟乃昌:《道家思想与中医学》,《中国文化》1992 年第 1 期。
谢保成:《论〈通典〉的性质与得失》,《中国史研究》1992 年第 1 期。
武玉环:《论金代女真的宗教信仰与宗教政策》,《史学集刊》1992 年第 2 期。
傅圆天:《中国道教协会第四届理事会工作报告》,《中国道教》1992 年第 3 期。
彭松涛:《道教传入新加坡概况》,《道讯》1992 年第 4 期。
杨世华:《今日茅山》,《上海道教》1992 年第 4 期。
朱易经:《抗战中的茅山道众》,《上海道教》1992 年第 4 期。
樊光春:《陕西新发现的道教金石》,《世界宗教研究》1993 年第 2 期。
闵智亭:《我对北京"罗天大醮"的几点感想》,《中国道教》1993 年第 4 期。
王家祐:《西王母与西貘》,《中华文化论坛》1994 年第 2 期。
金炳亮:《风流道士,功不可没》,《历史大观园》1994 年第 2 期。
傅圆天:《加强管理,服务社会,发扬道教优良传统——在中国道教协会第五届二次理事会上的报告》,《中国道教》1994 年第 4 期。
傅圆天:《为促进祖国和平统一贡献力量》,《中国道教》1995 年第 2 期。
唐明邦:《老子想尔注:道教祖师宣道的金科玉律》,《宗教学研究》1995 年第 2 期。
赵宗诚:《〈道藏辑要〉的编纂与增补》,《四川文物》1995 年第 2 期。
杨福程:《〈黄庭〉内外二景考》,《世界宗教研究》1995 年第 3 期。
钟肇鹏:《〈老子想尔注〉及其思想》,《世界宗教研究》1995 年第 3 期。
龚群:《萧天石先生简略》,《道教文化》1995 年第 11 期。
盖建民:《道教房中术的性医学思想及其现代意义》,《宗教学研究》1996 年第 1 期。
王家祐:《西王母昆仑山与西域古族文化》,《中华文化论坛》1996 年第 2 期。
杨立志:《元明正一天师与武当道》,《武当学刊》1996 年第 2 期。
陈莲笙:《道教宫观管理讲座》,《上海道教》1997 年第 1 期。
李豫川:《当代道教大师傅圆天》,《中国道教》1998 年第 3 期。

李瑞环:《与中国道教协会第六届领导班子成员座谈时的讲话》,《中国道教》1998 年第 4 期。
王家祐:《蜀中八仙考》,《四川文物》1998 年第 4 期。
王家祐、李远国:《三教合一的典型神真——文昌帝君》,《道教文化》1998 年第 5 期。
王家祐:《中国龙虎凤文化考古新发现》,《四川文物》1999 年第 1 期。
王家祐、王纯五:《夏禹与道学》,《中华文化论坛》1999 年第 2 期。
司广瑞:《泽州名人李俊民及其〈会真观记〉初探》,《晋东南师专学报》1999 年第 4 期。
闵智亭:《抓住机遇,育才弘道》,《中国道教》1999 年第 6 期。
梁宗华:《道家哲学向宗教神学理论的切换——〈老子想尔注〉道论剖析》,《哲学研究》1999 年第 8 期。
袁志鸿:《道教名宿黎遇航》,《中华儿女(海外版)》1999 年第 12 期。
杨立华:《〈悟真篇〉薛注考》,《世界宗教研究》2000 年第 2 期。
陈耀庭:《一件清代道教的重要史料》,《中国道教》2000 年第 4 期。
杨立志:《三山滴血派与武当清微派》,《郧阳师范高等专科学校学报》2000 年第 5 期。
南京市博物馆:《南京象山 8 号、9 号、10 号墓发掘简报》,《文物》2000 年第 7 期。
丁培仁:《近代成都道教活动管窥——从〈八字功过格〉说起》,《四川大学学报》2001 年第 6 期。
李复华、王家祐:《三星堆宗教内涵试探》,《四川文物》2002 年第 1 期。
陈国符撰,陈耀庭整理:《陈国符先生书函一件》,《上海道教》2002 年第 3 期。
刘嗣传:《九宫山与道教御制派》,《中国道教》2002 年第 4 期。
常人春:《清代火神庙的中元法会》,《中国道教》2002 年第 6 期。
李纪:《"道教思想与中国社会发展进步"研讨会在上海召开》,《中国道教》2002 年第 6 期。
陈开先:《〈数术记遗〉之古算十四法的程序意义解读》,《自然辩证法研究》2003 年第 4 期。
王家祐:《漫话财神赵公明》,《文史杂志》2003 年第 5 期。
张兴发:《仙踪渺黄鹤,人事忆白莲——记中国道教协会会长闵智亭大师》,《中国宗教》2004 年第 1 期。
叶明生:《道教闾山派与闽越神仙信仰考》,《世界宗教研究》2004 年第 3 期。

郭健:《谭峭〈化书〉研究》,《华侨大学学报(社科版)》2004 年第 4 期。
刘昭瑞:《老子想尔注杂考》,《敦煌研究》2004 年第 5 期。
马承玉:《〈正一法文天师教诫科经〉的时代及与〈老子想尔注〉的关系》,《中国道教》2005 年第 2 期。
谭伟伦:《中国东南部醮仪之四种形态》,《历史人类学学刊》2005 年第 3 卷第 2 期。
田承军:《明国本案与泰山三阳观新考》,《历史档案》2005 年第 4 期。
薛明生:《试论太平经及老子想尔注有关持戒在得道过程之作用的思想渊源》,《东方论坛 · 青岛大学学报》2005 年第 5 期。
王丽英:《真有道之士——晚清道士李明彻散论》,《广州社会主义学院学报》2006 年第 1 期。
卿希泰:《精神永在,道业长存——沉痛悼念赖宗贤先生》,《宗教学研究》2006 年第 2 期。
徐李颖:《传承道业创总会,弘扬教义立楷模——陈国显道长与新加坡道教》,《狮城道教》2006 年第 2 期。
周冶:《南岳夫人魏华存新考》,《世界宗教研究》2006 年第 2 期。
史理广:《国家兴亡,匹夫有责——记河北易县狼牙山道观石海中、李圆忠道长》,《中国道教》2006 年第 3 期。
张泽洪:《明代道士周思得与灵官法》,《中国道教》2006 年第 3 期。
赵和平:《武则天为已逝父母写经发愿文及相关敦煌写卷综合研究》,《敦煌学辑刊》2006 年第 3 期。
常人春:《地安门外火神庙》,《西城追忆》2006 年第 4 期。
郭金彬、刘秋华:《鲍澣之与"算经十书"的刊刻流布》,《自然辩证法通讯》2006 年第 4 期。
刘永明:《〈老子中经〉形成于汉代考》,《兰州大学学报》(社会科学版)2006 年第 4 期。
卿希泰:《道教研究百年的回顾与展望》,《四川大学学报》(哲学社会科学版)2006 年第 4 期。
丁常春、李合春:《成都二仙庵历史沿革》,《中国道教》2006 年第 6 期。
林纬毅:《怀念余丁财老道长》,《狮城道教》2006 年第 8 期。
尹志华:《国际道德经论坛在西安和香港成功举办》,《中国道教》2007 年第 3 期。
任宜敏:《元代宗教政策略论》,《文史哲》2007 年第 4 期。

钟来茵:《华夏性文化史上的两块里程碑:〈老子〉与〈老子想尔注〉》,《东南文化》2007 年第 4 期。
任法融:《中国道教协会成立五十周年庆祝大会致辞》,《中国道教》2007 年第 5 期。
中国道教协会联络部:《加强交流,扩大影响,努力开创外事工作新局面》,《中国道教》2007 年第 6 期。
吴亚魁:《论清末民初的江南全真道“坛”——以上海觉云为中心》,《弘道》2008 年第 2 期。
赵卫东:《青州全真修真宫考》,《宗教学研究》2008 年第 4 期。
王书献:《爱国爱教玄门钦——纪念闵智亭大师仙逝五周年》,《中国道教》2009 年第 1 期。
张雪松:《北京火神庙住持田子久小考》,《弘道》2009 年第 1 期。
盖建民、何振中:《道教内丹学视野下的“奇经八脉”初探》,《厦门大学学报》(哲社版)2009 年第 3 期。
郑永华:《清代乾隆初年道教史事两则考订》,《宗教学研究》2009 年第 3 期。
张雪松:《清代以来的太监庙探析》,《清史研究》2009 年第 4 期。
梅莉:《清初武当山全真龙门派中兴初探》,《湖北大学学报》2009 年第 6 期。
盖建民:《道教“农道合修”思想考论》,《哲学研究》2010 年第 1 期。
付海晏:《1930 年代北平白云观的住持危机》,《近代史研究》2010 年第 2 期。
刘莉:《谭紫霄与天心派》,《求索》2010 年第 2 期。
[意]莫尼卡撰,万钧译:《“清代道藏”——江南蒋元庭本〈道藏辑要〉之研究》,《宗教学研究》2010 年第 3 期。
田启涛:《魏晋南北朝天师道典籍中的“县官”》,《宗教学研究》2010 年第 4 期。
夏先忠、俞理明:《从〈上清大洞真经〉用韵看它的成书年代》,《敦煌学辑刊》2010 年第 4 期。
尹志华:《清代道士陈复慧、陈复烜编纂、校勘的道教科仪书略述》,《中国道教》2010 年第 5 期。
杨立志:《万历国舅修道武当》,《武当》2010 年第 10、11 期。
何振中:《“肝生于左,肺藏于右”之道家内炼阐解》,《南京中医药大学学报》(社科版)2011 年第 1 期。
孔祥吉、[日]村田雄二郎:《日本机密档案中的白云观与高道士》,《福建论坛》2011 年第 1 期。

梅莉:《民国〈湖北省长春观乙丑坛登真箓〉探研》,《世界宗教研究》2011 年第 2 期。
李良:《从〈穹窿山执事规范〉看清初全真道与正一道的融合》,《中国道教》2011 年第 3 期。
秦国帅:《明清以来(1368—1949)泰山道派考略》,《中国道教》2011 年第 3 期。
郭清礼:《金山派始祖孙玄清生平考述》,《中国道教》2011 年第 4 期。
郑琢:《尊道贵德,和谐共生——国际道教论坛在南岳衡山隆重举行》,《中国道教》2011 年第 5 期。
张永翔:《儒道融合的劝善书——以〈文昌化书像注〉为例》,《中国宗教》2011 年第 12 期。
卿希泰:《〈老子河上公章句〉的成书时代与基本思想初探》,《辅仁宗教研究》2011 年第 22 期。
王雪枝:《易州龙兴观现存元明两代碑铭镌文传录补正》,《宗教学研究》2012 年第 1 期。
尹志华:《〈吕祖全书〉的编纂和增辑》,《宗教学研究》2012 年第 1 期。
陶金:《苏州、上海〈告斗科仪〉中"启师"节次初探》,《中国道教》2012 年第 2 期。
岳涌:《明长春真人刘渊然墓志考》,《中国道教》2012 年第 2 期。
冯鹤:《通州佑民观小考》,《中国道教》2012 年第 3 期。
南京市博物馆:《南京西善桥明代长春真人刘渊然墓》,《文物》2012 年第 3 期。
张方:《碑刻所见左权紫微观派字传承》,《中国道教》2012 年第 4 期。
陈杰:《继承传统下的进取与创新——近年来道教界从事公益慈善活动的情况分析》,《中国道教》2013 年第 2 期。
刘仲宇:《太一教的唯一传世科仪——蓬壶炼度科》,《宗教学研究》2013 年第 2 期。
张浩智:《荣誉与责任,智慧和担当——全国两会道教界代表委员的所思、所感和所言》,《中国道教》2013 年第 2 期。
周郢:《陶山护国永宁宫与万历宫闱——兼述新发现的周玄贞史料》,《中国道教》2013 年第 2 期。
张方:《岱岳庙碑记所见孙履道之题名》,《宗教学研究》2013 年第 4 期。
常人春口述,陶金辑:《北京火神庙住持田存绪与民国北京道教轶闻》,《中国道教》2014 年第 1 期。
蒋坚永:《爱国爱教,信仰虔诚——纪念闵智亭大师羽化十周年》,《中国道教》2014 年第 1 期。

汪桂平:《明末道士马真一生平行实考》,《世界宗教研究》2014 年第 1 期。
殷鸣放:《一次全国道教教育的盛会》,《中国道教》2014 年第 3 期。
张方:《〈玄风庆会图〉残卷版本考》,《中华文化论坛》2015 年第 2 期。
陈文龙、郑衡泌:《周思得道派与明代道录司》,《世界宗教研究》2015 年第 4 期。
刘莉:《“天心正法”与唐代正一考召法术》,《宗教学研究》2015 年第 4 期。
孔翔毓:《海峡两岸道教界的盛典——2015(乙未)年对台千人专场授箓活动纪述》,《中国道教》2015 年第 5 期。
殷鸣放:《全国道教院校规范化教学研讨会在青城山召开》,《中国道教》2015 年第 5 期。
马海燕:《明清佛教与全真道传戒研究发微》,《法音》2016 年第 4 期。
张方:《许昌天宝宫与明代全真华山派》,《世界宗教研究》2016 年第 4 期。
汪登伟:《晋道成及〈晋真人语录〉小考》,《中国道教》2017 年第 2 期。

后　记

作为中华民族的传统宗教，道教源远流长。然而，道教起源于何时？或者说，道教的历史要从什么时候算起？这个问题至今众说纷纭。2013 年，我曾经在《中国道教》第二期发表了题为《重新认识道教的起源与历史发展》的拙文。在那篇拙文里，我首先介绍了前中国道教协会副会长陈莲笙先生在《道教答问》一书中关于道教起源的论述。陈莲笙先生指出，有关道教产生问题一直以来存在两种不同意见。一种意见认为，道教由黄帝和老子创立，称作“黄老道”，以黄帝道历纪元元年作为道教创立的起始年份，故道教创立至今已有将近五千年历史；另一种意见认为，道教是东汉末年由张陵创立的，至今也有一千八百多年历史。陈莲笙先生虽然没有对这两种意见进行进一步的评判，但从其字里行间可以看出，他是倾向于“黄老创教”看法的。因为道教一向以黄帝为纪年肇始，所以将道教的历史溯源于黄帝，这是自然而然的。

造成以上分歧的主要原因在于对宗教定义不同。以往，学者们在论述道教时大多以西方宗教定义为前提。按照那种看法，所谓宗教必须满足四个基本条件：宗教的神明信仰、经典教义、宗教礼仪与宗教制度。如果按照这种定义，那么先秦时期的道家以及一些学者所讨论的传统宗法性宗教，都未能达到要求，所以常常有人据此而称中国没有宗教信仰。

不过，中国古人却有自己的宗教标准。许慎《说文解字》谓：“宗者，尊祖庙也。从宀从示。”其中的“宀”，象征安放祖先神明的屋子；“示”的上面两横代表“天”，下面的“小”代表日月星，意即《周易》讲的“天垂象，见吉凶”。由此可见,“宗”本有尊天法祖的理趣。至于“教”,许慎《说文解字》也有解释:“上所施下所效也。从支,从孝。”上施,故从支;下效,故从孝。此即教化之意。概括来说,中国传统意义上的“宗教”即是以“尊天法祖”为内涵的人文教化。道教正是遵循这样的古老传统,将其历史远溯于黄帝,并且尊黄帝为道教的开先宗师和旗帜,而以老子为教主,以张陵为天师,经过比较长时间的建设而逐步完备起来。根据这种思路,我曾经把道教的历史概括为三大形态:原初道教、古典道教、制度道教。

所谓“原初道教”,即保持原始面貌的道教。其源头可以远溯于七八千年前的伏羲氏画八卦事件,到了将近五千年前的轩辕黄帝,即树立了以“尊天法祖、修炼成仙”为教化内涵的基本信仰。“古典道教”就是具有经典传承的道教,因其经典由来古远且被后世奉为义理教化依据,故而冠以“古典”之称,其基本标志是老子《道德经》的问世。“制度道教”就是形成了独特的神仙信仰和一整套制度、礼仪、组织形式,这以东汉张道陵创立“正一盟威之道”为标志。这三大形态,既相对独立,但又一脉贯通,因此应该当作一个整体看待。

在学术界,道家与道教的关系是一个引人关注的议题。以往,学者们更多地是看到彼此的区别,而比较少梳理其密切关联。实际上,人们之所以形成“家”与“教”的判断,那是从不同角度审视的结果。从学理立场看,先秦以老庄为代表的道家是“家”,而肇始于东汉的制度道教也可以是“家”,因为制度道教继承了《易经》与《道德经》等传统经典的思想,并且予以义理的发挥,也具有理性思维,这一点彼此是一致的。如果从信仰教化的角度看,那么肇始于老子的“道家”当然也有“教”的特征。《道德经》第42章说:“人之所教,我亦教之:强梁者不得其死。吾将以为教父。”学者们明白,老子《道德经》是以“道德”二字为根本的,他所谓“教”就是“道德之教”,简称之就是“道教”。老子这种“道教”当然不是凭空产生,而是有所因循的,他所因循的就是以黄帝为代表的上古圣人遗训。这种遗训乃具有普适意义,所以被后人奉为“经典”。

如果根据以上思路,我们的《中国道教通史》,完全可以追根究底,远溯于黄帝、老子。但应该指出的是,这部《中国道教通史》是在1996年出版的四卷本《中国道教史》基础上修订而成的。原来的基本框架已经确定，所以本次修订并没有在这方面做大的变化。从这种情况看，本书所谓“道教通史”实际上是以道教基本制度确立为界限来论述的。

《中国道教史》四卷本的撰稿，开始于20世纪80年代初期。作为国家“六五规划”与“七五规划”项目，《中国道教史》的撰稿工作获得全国哲学社会科学规划办公室的大力支持，也得到学界朋友的热心帮助。经过12年时间，《中国道教史》四卷本由四川人民出版社正式出版。这部著作对于人们了解道教历史发展进程以及社会影响，起了重要作用，许多大专院校的人文学科都指定本书作为参考书，而国外学术界也给予很高评价。

随着我国经济的发展、社会的变迁、学术交流的频繁开展，在道教文化领域的新成果不断产生。鉴于这种情况，学术界许多朋友积极建议对书稿进行修订。在进行了多方面评估之后，先师卿希泰教授接受了大家的建议，于2010年重新组织写作班子，开始了书稿的修订工作。这项工作不仅纳入了四川大学道教与宗教文化研究所的总体学术发展规划中，而且作为教育部人文社会科学重点研究基地的重大项目受到支持。教育部长江学者特聘教授、本所所长盖建民先生、副所长周冶副研究员勇挑重担，认真组织实施。

经过充分酝酿和协商，确定了各章节修订的撰稿人，进行适当分工。考虑到工作实施的难度和具体落实的需求，先师卿希泰教授安排了各分卷主编。第一、二卷主编为盖建民，第三、四卷主编为周冶，第五卷主编为陈耀庭。朱展炎为全书工作联络人，詹石窗为全书最后统稿人。

具体分工如下：

第一卷导言，卿希泰原作，詹石窗增补修订。

第一章第一、二、三、四节，赵宗诚原作，詹石窗修订；第五节，“易学思想”部分，杨子路增补；《黄帝内经》医学思想及其对道教的影响，盖建民增补。

第二章第一节，赵宗诚原作；第二节，丁贻庄、詹石窗原作；第三节，丁培仁原作，武清旸增补《老子想尔注》述论的部分内容；第四节，丁培仁原作。

第三章第一、二、三节，卿希泰原作；第四节，卿希泰原作，何江涛增补《老子中经》成书及其基本思想的部分内容；第五、六节，卿希泰、丁贻庄原作，盖建民增补葛洪的科技成就的部分内容，张崇富增补“上清派史料”、“《大洞真经》和《黄庭经》版本”的部分内容；第七节，卿希泰、詹石窗原作，张泽洪增补“灵宝斋法”部分。

第四章第一至第八节，曾召南原作，张泽洪增补第四节第三部分“道教斋醮仪范的制定”；盖建民增补第六节第二部分“陶弘景对道教养生理论和医药学的贡献”；丁强增补第八节第二部分“北朝道教内部管理制度”。

《秦汉魏晋南北朝时期道教（含道教前史）大事记》，李刚原编；余晓红、孙瑞雪、张丽霞修订增补。

第二卷第五章第一至第六节，李刚原作，刘康乐增补第一节第三部分“隋代道官制度”，张泽洪增补第二节第三部分“唐代国家斋醮活动”；杨子路增补第三节第三部分关于“叶法善”的一些内容；盖建民增补第四节第三部分的“《服气精义论》”；陈茉增补第四节第五部分“李筌的《黄帝阴符经疏》”；张泽洪增补第五节第二部分关于“张万福对道教科仪的整理”，以及第四部分“唐代《道藏》与敦煌道经”；盖建民增补第六节第二部分“李淳风注《十部算经》”以及第四部分“《丹元子步天歌》与《二十八宿旁通历》”。刘康乐增补第七节关于唐代道官制度的国家道教管理机构及其官员、宫观使制度、中央和地方各级道官、宫观内部管理制度等内容。

第六章第一至第五节和第七节，赵宗诚原作；杨子路增补了第二节中关于“五代十国”的部分史料，周冶增补第二节第二部分“周世宗的扬道抑佛政策”的一些内容；李海林增补第四节第四部分“编录神仙住地的宗教神学地理集”；张泽洪增补第四节第五部分“修订斋醮科仪”；李海林增补第五节第三部分“谭峭与《化书》”的一些内容。第六节，丁贻庄原作。

第七章第一至第五节和第八节，丁培仁原作；陈茉增补第五节第三部分“蹇昌辰等对《黄帝阴符经》的注解”；孙涛增补第五节第四部分“道教善书《太上感应篇》的出现”。第六、七节，丁贻庄原作；尹志华增补第六节第一部分有关“吕洞宾史料”；盖建民增补第六节第二部分的“张伯端生平”内容和第三部分“《悟真篇》历代注疏文献”的相关内容。张泽洪增补第八节第一部分“北宋的修道科仪和斋醮科仪”。

《隋唐五代北宋时期道教大事记》，李刚、赵宗诚、丁培仁原编；余晓红、孙瑞雪、张丽霞修订增补。

第三卷第八章第一节，张悦新增；第二节，陈兵原作，武清旸、周冶修订增补；第三节，陈兵原作，周冶修订；第四节，陈兵、张桥贵原作，白娴棠、周冶修订增补；第五节、第六节陈兵原作；第七节，陈兵原作，周冶修订增补；第八节，陈兵原作。

第九章第一节，张悦新增；第二节，曾召南原作；第三节，曾召南原作，周冶修订增补；第四节，曾召南原作，周冶修订；第五节，曾召南原作，周冶修订增补；第六节，曾召南原作，周冶修订；第七节，曾召南原作，周冶修订增补；第八节，曾召南原作；第九节，曾召南原作，周冶修订；第十节，张泽洪新增；第十一节，盖建民新增。

第十章第一节，曾召南原作；第二节，陈兵原作，张泽洪、周冶修订增补；第三节，陈兵原作，周冶修订增补；第四节，曾召南原作，孙瑞雪增补。

《南宋金元至明代中叶道教大事记》，陈兵、曾召南原作，由余晓红修订。

第四卷第十一章第一节，曾召南原作，周冶修订增补；第二节，唐大潮原作；第三节，唐大潮原作，周冶、张泽洪修订增补；第四节，唐大潮原作，周冶、张泽洪修订增补；第五节，曾召南原作，周冶修订增补；第六节，曾召南原作，尹志华、周冶、张泽洪修订增补；第七节，曾召南原作，尹志华、周冶、白娴棠、武清旸修订增补；第八节，曾召南原作，周冶、武清旸、刘莉修订增补。

第十二章第一节，赵宗诚原作；第二节，赵宗诚原作，武清旸、周冶修订增补；第三节，唐大潮原作；第四节，赵宗诚原作；第五节，赵宗诚原作，周冶增补；第六节，赵宗诚原作，尹志华、周冶修订；第七节，孙瑞雪、由申新增。

《明中后期至清代和民国时期道教大事记》，唐大潮、柏登基原作，余晓红修订。

第五卷基本为新增。第十三章第一节，由朱展炎撰稿；第二、三节，由尹志华撰稿；第四节的“岳崇岱、黎遇航、傅元天、闵智亭”部分，由尹志华撰稿；“陈莲笙”部分，由詹石窗撰稿。

第十四章第一节，由朱展炎撰稿；第二节，“蒙文通”部分，由罗映光撰稿；“王沐”部分，由王彤江撰稿；“王明”部分，由王卡撰稿；“陈国符”部分，由盖建民、杨子路撰稿;“任继愈”部分,由李申撰稿;“潘雨廷”部分,由伍伟民撰稿;“王家祐”部分,由李远国撰稿;“孟乃昌”部分,由盖建民、杨子路撰稿;“汤一介”部分,由赵建永撰稿。

第十五章至十八章,主要由陈耀庭撰稿。其中第十七章关于新加坡与马来西亚部分,由徐李颖撰稿。

本卷《新中国成立后大陆道教大事记(1949—2012)》、《港澳台地区道教大事记》、《海外道教大事记》,由各章作者首先提供,最后由陈耀庭先生修订确认。

项目启动之初,朱展炎与于国庆负责《中国道教史》四卷本的文字输入;余晓红负责各地来往书信接收、回复,文稿分类保存与移交等。在后期工作中,博士生孙瑞雪、孙伟杰、胡瀚霆、李冀、唐清、张芳、张丽霞等协助查找部分引文。各卷统稿人进行核对。

需要说明的是,2010 年刚刚形成《中国道教通史》修订计划的开初,由于我承担着“国家社会科学基金特别委托重大项目”——《百年道教研究与创新工程》和“教育部哲学社会科学重大课题攻关项目”——《百年道学精华集成》,工作十分紧张,先师并没有让我马上负责《中国道教通史》统稿工作。不过,他不时地找我谈话,最终还是指定我接手全书统稿工作。尤其是到了 2015—2016 年,先师身体健康情况明显下降,更加关心本书的最后统稿。他先后召见我七八次,谈了很多想法,对如何进一步完善书稿提出具体要求,给予开示。他说:“书稿是需要打磨的,我们必须拿出高质量文稿,才能交给出版社,否则就对不起国家的支持,对不起道教界对课题研究的帮助,也对不起读者!”他殷切期望我能够像为《中国道教思想史》四卷本统稿那样再作努力。这几年中,先师忍受着病痛折磨,却以坚强的毅力生活着、工作着,他在年届九旬的时候,还坚持为博士研究生授课,读书不辍,写作未停,这让我十分感动。我向老人家表示,敬请他放心,不论什么情况,一定尽心尽力,做好全书统稿工作。我知道,先师让我来负责全书最后统稿,这是对我的信任,我绝不能辜负他老人家的嘱托。于是,我做好了时间分配,将《中国道教通史》的统稿工作摆在优先地位,力争能够尽快完成任务。可遗憾的是,本书尚未付梓,先师却离我们而去,想起来不禁潸然泪下。而今,书稿已经完成，借此机会，赋七言律诗一首以缅怀先师的栽培与恩德：

白云笼罩劲松阡，滚滚江涛忆往年。
问学三台开眼界，追寻八妙看峰巅。
全神贯注修通史，聚气绵延启慧泉。
蜀地生姜除湿气，都天雅韵润心田。

写毕这首诗，我进入了白日梦状态，仿佛看到了先师在九天之上，那慈祥的脸庞绽放了花一样的笑容。但愿四方的“游仙”能够把我这缅怀诗，连同《中国道教通史》五卷本，一起送到先师的案桌前……

詹石窗

谨识于四川大学老子研究院

黄帝道历四七一四年，天运丁酉，四月初八日

责任编辑:崔秀军　段海宝
版式设计:顾杰珍
封面设计:石笑梦

图书在版编目(CIP)数据

中国道教通史.第五卷/卿希泰,詹石窗 主编. —北京:人民出版社,2019.12
ISBN 978-7-01-021716-1

Ⅰ.①中…　Ⅱ.①卿…②詹…　Ⅲ.①道教史-中国　Ⅳ.①B959.2

中国版本图书馆 CIP 数据核字(2019)第 282300 号

中国道教通史
ZHONGGUO DAOJIAO TONGSHI
第 五 卷

卿希泰　詹石窗　主编

人民出版社 出版发行
(100706　北京市东城区隆福寺街 99 号)

北京雅昌艺术印刷有限公司印刷　新华书店经销

2019 年 12 月第 1 版　2019 年 12 月北京第 1 次印刷
开本:710 毫米×1000 毫米 1/16　印张:46.5　插页:1
字数:700 千字

ISBN 978-7-01-021716-1　定价:312.00 元

邮购地址 100706　北京市东城区隆福寺街 99 号
人民东方图书销售中心　电话 (010)65250042　65289539